国家哲学社会科学成果文库
NATIONAL ACHIEVEMENTS LIBRARY OF PHILOSOPHY AND SOCIAL SCIENCES

《慈悲道场忏法》
西夏译文的复原与研究

杨志高　著

中国社会科学出版社

杨志高　男，甘肃庄浪县人，1964 年生。1987 年于宁夏大学历史系毕业，获历史学学士学位，2006—2009 年在中国社会科学院进修、访学。现为宁夏大学西夏学研究院研究员，中国民族古文字研究会会员。主要从事西夏文献整理研究、西夏历史文化、地方文史方面的研究工作。著有《宋西事案》（校证本）、《西夏文〈经律异相〉整理研究》。在《民族语文》、《西南民族大学学报》、《图书馆理论与实践》、《宁夏社会科学》等学术刊物发表论文 50 多篇。研究成果先后荣获"宁夏第十一届社会科学优秀成果"论文三等奖（2011 年）、"第一届中国民族古文字和古文献优秀奖"论文三等奖（2012 年）、"宁夏第十三届社会科学优秀成果"著作三等奖（2016 年）。主持完成国家社科基金项目（2015 年）、国家社会科学基金特别委托项目子课题（2014 年）、全国高校古委会项目（2004 年）、宁夏高等学校科学研究项目（2010 年），并参与其他同类项目课题多项。目前主持教育部人文社会科学重点研究基地重大项目"西夏学著作总目提要"等课题。

《国家哲学社会科学成果文库》
出版说明

为充分发挥哲学社会科学研究优秀成果和优秀人才的示范带动作用，促进我国哲学社会科学繁荣发展，全国哲学社会科学规划领导小组决定自2010年始，设立《国家哲学社会科学成果文库》，每年评审一次。入选成果经过了同行专家严格评审，代表当前相关领域学术研究的前沿水平，体现我国哲学社会科学界的学术创造力，按照"统一标识、统一封面、统一版式、统一标准"的总体要求组织出版。

全国哲学社会科学规划办公室
2011 年 3 月

序

西夏学发展到今天，解读西夏文献——特别是解读译自汉文的佛教文献已经不是太大的困难，不过此前涉及的文献大都篇幅较短，对多卷本长篇佛典的完整研究尚不多见。读者手上的这本入选 2016 年度《国家哲学社会科学成果文库》的著作，正是杨志高教授以此为目标进行的一次尝试。

西夏时期出现过大量的佛经译本，有的还在若干年后经过校译，其总体数量目前尚无法统计。20 世纪以来在河西地区出土的大部头西夏文献都是残本，若要遍寻存世的诸多资料，通过反复的比勘拼配出一套相对完整的经文，没有多年的苦功是不易做到的。具体到《慈悲道场忏法》来说，其整理工作比其他许多经本的难度又大一些，因为我们虽有中国国家图书馆所藏元刊本作为基本资料，但由于原书在当年流传极广，来自不同时代的不同刻本和写本残件在世界各地都有收藏，且有许多迄今没有得到识别。例如上海古籍出版社 2010 年出版的《英藏黑水城文献》第 1 册里有大量题为"佛经"的残片，其中至少有下面这些也来自《慈悲道场忏法》：

卷一：Or. 12380—304、904；

卷二：Or. 12380—492、687、874、877、918；

卷三：Or. 12380—20、45、53、66、535、613、620；

卷四：Or. 12380—424；

卷六：Or. 12380—315；

卷七：Or. 12380—903、915；

卷九：Or. 12380—183、320N、919、921；

卷十：Or. 12380—68AB、100、484。

当然，这些纸片大都残损非常严重，上面保留的信息很难作为校勘的资料，目前也不知道能为已知的残本补充多少内容，这也许是志高教授决定不予采用的原因。

解读文献的另一个难点是如何处理西夏译文与汉文原本的关系。如志高教授所观察到的,《慈悲道场忏法》的西夏译文与通行的汉文本并非在每个地方都能形成严整的对应,这既可解释为西夏译者的理解特异,也可解释为当初翻译所据的底本不同。如所周知,佛教术语的含义和佛经版本目录始终是西夏学界的短板,任何人都还不能逐一解释那些异文的成因。不过,通过志高教授这样的细致对勘,随着相关资料的不断积累,这个问题一定会逐渐变得清晰起来。

志高教授在学术界师生圈、朋友圈中以少言寡语、埋头苦干著称。多年的学术实践积累使他能流畅地阅读西夏文献,并且在校注方面形成了自己的风格。相信他今后会有更多的好作品问世,不断地为西夏学大厦增砖添瓦。

聂鸿音

2016 年 10 月 6 日

目　　录

Contents

壹

导　论

一　西夏文《慈悲道场忏法》藏卷叙考

西夏文《慈悲道场忏法》十卷，所据汉文原本《慈悲道场忏法》（又称《启运慈悲道场忏法》，俗称《梁武帝忏》、《梁武忏》、《慈悲忏》、《梁皇忏》、《梁皇宝忏》），为中土撰著的佛教律书，一般认为成书于南朝萧梁时期①。其内容主要讲信徒需通过露缠结罪以洗涤过去之罪因，随之发菩提心，从而培植当来之种智。此忏法自梁经宋元延至现今，经世流传。少数民族文种译本有回鹘文、西夏文等。西夏文本学界未全文解读。

现存世的该经本初刊于西夏惠宗秉常（1068—1086 年）时，署皇太后梁氏共惠宗皇帝御译，校刊于西夏仁宗仁孝（1139—1193 年）时②。重刊本印于元时，在俄、英两国和中国北京、宁夏、内蒙古、甘肃等地都有收藏。目前我们能见到的资料有：俄藏本目录，英藏本未鉴定的图版，中国藏本的

---

① 学界对《慈悲道场忏法》的形成持两说：南北朝梁代（以周叔迦先生为代表）、元代（以印顺法师为代表）。分别参见周叔迦《周叔迦佛学论著集》（下册），中华书局 1991 年版，第 636、1060 页；印顺《华雨集》第 4 册《中国佛教琐谈》，正闻出版社 1993 年版，第 136—137 页。

② 俄藏 4288 号 26 行 13 字本（卷第七，图版第 19 行）有西夏仁孝仁宗尊号（徽号）"𗼨𗰭𘜶𗑗𗱕𗗲𘃸𗖒𗢳𘃽𘔼𘎑𗙏𗦜𗠩𗱠𗷞𗵽"（奉天显道耀武宣文神谋睿智制义去邪淳睦懿恭皇帝）的略写"𗼨𗰭𘜶𗑗"（奉天显道）。

图版和著录①。还有 1973 年印度出版的《西夏文大藏经》中所包含的俄藏和中国国家图书馆的部分残卷②。在这些藏品中，俄藏黑水城本（简称"俄藏本"）和中国国家图书馆藏灵武本（即中藏国图本）为其大宗。本成果以中国国家图书馆藏九卷本为主，通过对各地尤其是俄藏本所藏同类文献的叙录考证，了解各卷存佚、各版本异同，最终复原西夏文全本。其意义在于为西夏研究提供又一份较完整的佛经语言文献资料，对研究西夏和西夏遗民的译经、宗教民俗和宋夏文化交流也不无裨益。

叙录以各藏地为经，卷目次序为纬。各藏地先对其来源珍藏，著录研究和刊布，存佚形制，刻写时代及价值等内容进行总述。总述后分卷分版逐一叙录。总述和分卷叙录内容明了的部分尽量避免重复。一般前者出现者，文意明确者在后面不再复出。

（一）俄藏本

俄藏本为科兹洛夫 1909 年内蒙古黑水城出土品，今藏俄罗斯科学院东方文献研究所。1963 年 З. И. 戈尔巴乔娃、Е. И. 克恰诺夫《西夏文写本和刻本目录》③ 中，对《慈悲道场忏法》首次进行了经名著录。1978 年白滨、黄振华两先生的中文译校，刊布于《民族史译文集》第 3 辑④。1999 年克恰诺夫在以前的基础上，重新整理编著了较完善的《西夏文佛教文献目录》⑤，内容涉及刻写装帧、行格、残存叶码标号、扉画题记、纸质等，作者还对首

---

① Е. И. Кычанов, *Каталог тангутских буддийских памятников*, Киото：Университет Киото，1999. 西北第二民族学院、上海古籍出版社、英国国家图书馆编：《英藏黑水城文献》第 1—4 册，上海古籍出版社 2005 年版；宁夏大学西夏学研究中心、国家图书馆、甘肃五凉古籍整理研究中心编：《中国藏西夏文献》第 1—20 册，甘肃人民出版社、敦煌文艺出版社 2002—2007 年版。

② Eric Grinstead, *The Tangut Tripitaka*, 9 vols, New Delhi：Sharada Rani, 1973.

③ З. И. Горбачева, Е. И. Кычанов, *Тангутские рукописи и ксилографы*, Москва：Издательство восточной литературы，1963.

④ 中国社会科学院民族所历史室编：《民族史译文集》第三集（内部资料），1978 年，第 80—81 页。

⑤ Е. И. Кычанов, *Каталог тангутских буддийских памятников*, Киото：Университет Киото，1999.

尾俱佚者，据成书纸张黏合处的经名省称进行了确定。在该目中《慈悲道场忏法》（西夏特藏第 281 号）新叙述顺序号为 No. 307—No. 316，此号内又包含 61 个不同的馆藏编号，惜图版至今未刊。

俄藏本，存西夏文《慈悲道场忏法》十卷。No. 313 所含卷二有 53 叶之多，可补中国国家图书馆藏本所缺。经对该经原件标有叶码的统计得知，修复后约有 1235 叶码（原件部分保存有叶码，部分缺佚），还有近百叶不能修复者。残卷少者 1 叶至 10 叶不等，多者有 50 多叶，刻本卷十则多达 96 叶。由于资料的限制，俄藏本中的刻、写僧俗人生活年代，还得不到其他材料的印证，不像中国国家图书馆藏本有明确的刊工名和明显的书写特征。因此，此本是形成于西夏时的初刻本，还是其遗民翻刻本等，在原件公布之前还不能准确判定。

上述文献为麻纸本（精白纸），并有经折装刻本、梵夹装刻本、梵夹装写本三种，每行 10 字、13 字、14 字、15 字不等。各卷纸幅、版框高广不一。在 10 个顺序号中，No. 307 凡 93 叶，26 行 13 字；No. 316 凡 68 叶，18 行 14 字；其余 8 个号凡 1074 叶，为刻本经折装。后类数量最多，也最为复杂，行格有的差别较大，有的差别较小。计有：(1) 4 行 10 字本（26.5 厘米 ×11.4 厘米）；(2) 4 行 14 字本（26 厘米 ×10.5 厘米）、5 行 14 字本（28.5 厘米 ×11.5 厘米—29 厘米 ×12 厘米，29.5 厘米 ×11.5 厘米—29.5 厘米 ×12.5 厘米，30 厘米 ×13 厘米，32 厘米 ×12.5 厘米）、6 行 14 字本（32 厘米 ×13 厘米）；(3) 5 行 15 字本（29.5 厘米 ×13 厘米—31 厘米 ×13 厘米）、6 行 15 字本（32.5 厘米 ×13.5 厘米）、16 行 15 字本（25 厘米 ×41 厘米）。其中上下双栏的 5 行 15 字本似乎和中国国家图书馆藏本有着某种关联。其梵夹装形式也是继国内敦煌研究院写本［B121：28］号西夏文佛经之后又一为人们所知的文献残卷①。

俄藏本抄写者似为俗众 shyuo ngwe wai shyon、a hua ngi shan，刻写者赐绯僧 phwei 慧净、印面净本者 ndyu 智海。

---

① 宁夏大学西夏学研究中心、国家图书馆、甘肃五凉古籍整理研究中心编：《中国藏西文献》第 5 册，甘肃人民出版社、敦煌文艺出版社 2005 年版。

1. 卷一①

（1）No. 307·инв. № <u>4288、5752、7645、7655</u>？写本梵夹装，纸幅 21.5 厘米 ×57.5 厘米。26 行 13 字。天地留空 2.5 厘米和 3 厘米。右上部叶边有经名省称和页次。凡 12 叶。有九佛礼忏文、梁太后（秉常母，天生全能禄番祐圣国正皇太后梁氏）徽号之"天生"二字及秉常皇帝（救德主国增福民正大明皇帝嵬名）徽号之"救德"二字题记和序。

（2）No. 311·инв. № 2275。刻本经折装。纸幅 31 厘米 ×13 厘米，22 叶。首尾佚。5 行 15 字。天地（双栏）留空 3 厘米和 1.5 厘米。

（3）No. 311·инв. № 2277。刻本经折装。纸幅 31 厘米 ×13 厘米，28 叶。首尾佚。5 行 15 字。天地（双栏）留空 3 厘米和 1.5 厘米。

（4）No. 312·инв. № 7712。刻本经折装。纸幅 32 厘米 ×12.5 厘米，32 叶。首尾佚。5 行 14 字。天地留空 5 厘米和 3.5 厘米。书上角朽烂。

（5）No. 316·инв. № <u>107，108，109，110，7068，7550，7667</u>？刻本梵夹装。纸幅 25.3 厘米 ×43 厘米。18 行 14 字。叶面上角有书名略称和页码。凡 16 叶。经文经西夏时代修复。

2. 卷二

（1）No. 307·инв. № <u>4288、5752、7645、7655</u>？写本梵夹装，纸幅 21.5 厘米 ×57.5 厘米。26 行 13 字。天地留空 2.5 厘米和 3 厘米。右上部叶边有经名省称和页次。凡 7 叶。

（2）No. 310·инв. № 2282。刻本经折装。纸幅 28.5 厘米 ×11.5 厘米，30 叶。首尾佚。5 行 14 字。天地留空 2.5 厘米和 0.7 厘米。有补花，为勾画的横线和圆形内接菱形。

（3）No. 311·инв. № 2273。刻本经折装。纸幅 31 厘米 ×12.5 厘米，3 叶。首尾佚。行字无法确定。天地（双栏）留空各 2 厘米。

（4）No. 311·инв. № 3850。刻本经折装。纸幅 30.5 厘米 ×13 厘米，22 叶。首尾佚。5 行 15 字。天地（双栏）留空 2 厘米和 1.5 厘米。

（5）No. 311·инв. № 3856。刻本经折装。纸幅 31 厘米 ×13 厘米，23

① 俄藏本汉译内容按卷统号。该本叙述号和馆藏号之间用"·"隔开，"——？"表示不能确定号者。

叶。存卷首。5 行 15 字。天地（双栏）留空 2.5 厘米和 2 厘米。有"梁太后和秉常皇帝御译"题记。

（6）No. 311·инв. № 3859。刻本经折装。纸幅 29.5 厘米 × 13 厘米，15 叶。首尾佚。5 行 15 字。天地（双栏）留空 2 厘米和 1.3 厘米。

（7）No. 313·инв. № 3925，卷二。刻本经折装。纸幅 32.5 厘米 × 13.5 厘米，53 叶。佚卷尾。6 行 15 字。天地留空 4 厘米和 3 厘米。有"梁太后和秉常皇帝御译"题记。书经西夏时代修复。

（8）No. 316·инв. №107，108，109，110，7068，7550，7667？刻本梵夹装。纸幅 25.3 厘米 × 43 厘米。18 行 14 字。叶面上角有书名略称和页码。卷二和同号卷一页码相接，并与卷三至十统编页码，凡 52 叶，有 3 叶没有页码。

3. 卷三

（1）No. 307·инв. № 4288、5752、7645、7655？写本梵夹装，纸幅 21.5 厘米 × 57.5 厘米。26 行 13 字。天地留空 2.5 厘米和 3 厘米。右上部叶边有经名省称和页次。凡 12 叶。

（2）No. 310·инв. № 2283。刻本经折装。纸幅 29 厘米 × 11.5 厘米，1 叶 +5 叶版画（佛像）。存卷首。5 行 14 字。天地留空 2 厘米和 1.5 厘米。有"梁太后和秉常皇帝御译"题记。

（3）No. 310·инв. № 2297。刻本经折装。纸幅 29.5 厘米 × 11.5 厘米，39 叶 +4 叶版画（有题名的佛像）。5 行 14 字。天地留空 2.7 厘米和 1.9 厘米。有"梁太后和秉常皇帝御译"题记。

（4）No. 310·инв. № 7713。刻本经折装。纸幅 29.5 厘米 × 11 厘米，11 叶。首尾佚。5 行 14 字。天地留空 2.7 厘米和 2 厘米。

（5）No. 311·инв. № 3852。刻本经折装。纸幅 30 厘米 × 13 厘米，4 叶。首尾佚。5 行 15 字。天地（双栏）留空 2.5 厘米和 1.5 厘米。经西夏时代修复，有托裱。

（6）No. 311·инв. № 3854。刻本经折装。纸幅 30 厘米 × 13 厘米，29 叶。首尾佚。5 行 15 字。天地（双栏）留空 2 厘米和 1.5 厘米。经西夏时代修复，有托裱。

（7）No. 316·инв. № 107，108，109，110，7068，7550，7667？刻本

梵夹装。纸幅25.3厘米×43厘米。18行14字。叶面上角有书名略称和页码。卷三和同号卷二,卷四至十统编页码,凡52叶,有3叶没有页码。

4. 卷四

(1) No. 307·инв. № 4288、5752、7645、7655?写本梵夹装,纸幅21.5厘米×57.5厘米。26行13字。天地留空2.5厘米和3厘米。右上部叶边有经名省称和页次。凡10叶。

(2) No. 310·инв. № 2281。刻本经折装。纸幅29厘米×11.5厘米,10叶+3叶版画(有题名的佛像)。5行14字。天地留空各2厘米。有"梁太后和秉常皇帝御译"题记。

(3) No. 311·инв. № 2274。刻本经折装。纸幅30厘米×13厘米,29叶。首尾佚。5行15字。天地(双栏)留空3厘米和2厘米。

(4) No. 311·инв. № 2279。刻本经折装。纸幅30厘米×13厘米,33叶。首尾佚。5行15字。天地(双栏)留空3厘米和1.7厘米。

(5) No. 311·инв. № 7784。刻本经折装。纸幅30厘米×13厘米。叶面因潮湿而粘连,不能修复以计算叶数。存卷首。5行15字。天地(双栏)留空2.5厘米和1.5厘米。有"梁太后和秉常皇帝御译"题记。精白纸。

(6) No. 316·инв. №107、108、109、110、7068、7550、7667?刻本梵夹装。纸幅25.3厘米×43厘米。18行14字。叶面上角有书名略称和页码。残叶。卷四和同号卷二、三,卷五至十统编页码,凡52叶,有3叶没有页码。

5. 卷五

(1) No. 307·инв. № 4288、5752、7645、7655?写本梵夹装,纸幅21.5厘米×57.5厘米。26行13字。天地留空2.5厘米和3厘米。右上部叶边有经名省称和页次。凡8叶。第9叶背面在经题后有草书的抄经者姓名,不能辨识。

(2) No. 311·инв. № 2305。刻本经折装。纸幅30厘米×13厘米,37叶+2叶版画(佛像)。佚卷首。5行15字。天地(双栏)留空2.3厘米和1.5厘米。有尾题。书经西夏时代修复,有托裱。

(3) No. 314·инв. № 2270。刻本经折装。纸幅32厘米×13厘米,59叶+2叶版画(佛像)。佚卷尾。6行14字。天地留空5.2厘米和3厘米。

有"梁太后和秉常皇帝御译"题记。

（4）No. 316·инв. № <u>107，108，109，110，7068，7550，7667</u>？刻本梵夹装。纸幅25.3厘米×43厘米。18行14字。叶面上角有书名略称和页码。残叶。卷五和同号卷二至四、六至十统编页码，凡52叶，有3叶没有页码。

6. 卷六

（1）No. 307·инв. № <u>4288、5752、7645、7655</u>？写本梵夹装，纸幅21.5厘米×57.5厘米。26行13字。天地留空2.5厘米和3厘米。右上部叶边有经名省称和页次。凡6叶（与同号卷七、八统编页码）。第1叶在经题后有仁孝皇帝徽号"奉天显道"四字。

（2）No. 308·инв. № 6624，卷六。刻本经折装。纸幅26厘米×10.5厘米，4叶。卷首。4行14字。天留空1.5厘米，地留空不详。下部残缺。

（3）No. 310·инв. № 7785。刻本经折装。纸幅30厘米×13厘米，34叶。首尾佚。5行14字。天地留空3厘米和1.5厘米。

（4）No. 311·инв. № 2268。刻本经折装。纸幅30厘米×13厘米，28叶。首尾佚。5行15字。天地（双栏）留空2.5厘米和2厘米。

（5）No. 311·инв. № 7714。刻本经折装。纸幅30厘米×11厘米，3叶。卷尾。5行15字。天地（双栏）留空3.5厘米和2厘米。卷尾有经名及"抄写者赐绯僧phwei慧净"题记。

（6）No. 316·инв. №<u>107，108，109，110，7068，7550，7667</u>？刻本梵夹装。纸幅25.3厘米×43厘米。18行14字。叶面上角有书名略称和页码。残叶。卷六和同号卷二至五、七至十统编页码，凡52叶，有3叶没有页码。

7. 卷七

（1）No. 307·инв. № 4288、<u>5752、7645、7655</u>？写本梵夹装，纸幅21.5厘米×57.5厘米。26行13字。天地留空2.5厘米和3厘米。右上部叶边有经名省称和页次。凡9叶（与同号卷六、八统编页码）。其中4288号有"奉天显道"四字的仁孝皇帝徽号。

（2）No. 310·инв. № 2298。刻本经折装。纸幅28.5厘米×12厘米，8叶。首尾佚。5行14字。天地留空2.5厘米和1厘米。

（3）No. 311·инв. № 2266。刻本经折装。纸幅30.5厘米×13厘米，14

叶 +3 叶版画（佛像）。卷首。5 行 15 字。天地（双栏）留空 3 厘米和 2 厘米。有"梁太后和秉常皇帝御译"题记。

（4）No. 311·инв. No 2278。刻本经折装。纸幅 31 厘米×13 厘米，70 叶。首尾佚。5 行 15 字。天地（双栏）留空 3 厘米和 2 厘米。

（5）No. 311·инв. No 3854。刻本经折装。纸幅 30 厘米×13 厘米，22 叶。首尾佚。5 行 15 字。天地（双栏）留空各 2 厘米。

（6）No. 316·инв. No <u>107，108，109，110，7068，7550，7667</u>？刻本梵夹装。纸幅 25.3 厘米×43 厘米。18 行 14 字。叶面上角有书名略称和页码。残叶。卷七和同号卷二至六，八至十统编页码，凡 52 叶，有 3 叶没有页码。

8. 卷八

（1）No. 307·инв. No <u>4288、5752、7645、7655</u>？写本梵夹装，纸幅 21.5 厘米×57.5 厘米。26 行 13 字。天地留空 2.5 厘米和 3 厘米。右上部叶边有经名省称和页次。凡 7 叶（与同号卷六、七统编页码）。第 18 页背面有卷 8 章题，其后有仁孝皇帝徽号全称。第 26 页背面一侧有题记：天庆甲寅元年五月十三日（即 1194 年 6 月 3 日），抄写者 shyuo ngwe wai shyon。某人随喜抄写一卷（姓名不可辨识）。

（2）No. 310·инв. No 2299。刻本经折装。青布护封。纸幅 29 厘米×12 厘米，31 叶 +2 叶版画（佛像）。卷尾佚。5 行 14 字。天地留空 2 厘米和 1.7 厘米。有"梁太后和秉常皇帝御译"题记。

（3）No. 311·инв. No 3869。刻本经折装。纸幅 30 厘米×11.5 厘米，4 叶。卷首。5 行 15 字。天地（双栏）留空 2 厘米和 1 厘米。有"梁太后和秉常皇帝御译"题记。

（4）No. 316·инв. No<u>107，108，109，110，7068，7550，7667</u>？刻本梵夹装。纸幅 25.3 厘米×43 厘米。18 行 14 字。叶面上角有书名略称和页码。残叶。卷八和同号卷二至七，九至十统编页码，凡 52 叶，有 3 叶没有页码。

9. 卷九

（1）No. 307·инв. No <u>4288、5752、7645、7655</u>？写本梵夹装，纸幅 21.5 厘米×57.5 厘米。26 行 13 字。天地留空 2.5 厘米和 3 厘米。右上部叶边有经名省称和页次。凡 10 叶，尾部题写卷九，后有题记：天庆甲寅元年七月十日（即 1194 年 6 月 29 日），抄写者近事男 a hua ngi shan。

（2）No. 310・инв. № 2304。刻本经折装。天青带白花布护封。纸幅 29 厘米 ×12 厘米，36 叶。卷尾佚。5 行 14 字。天地留空各 2 厘米。保存不佳。

（3）No. 311・инв. № 2267。刻本经折装。纸幅 30 厘米 ×12 厘米，5 叶。卷尾。5 行 15 字。天地（双栏）留空 3 厘米和 1 厘米。卷尾有经名及"抄写者赐绯僧 phwei 慧净"题记。

（4）No. 311・инв. № 2269。刻本经折装。纸幅 31 厘米 ×13 厘米，79 叶。首尾佚。5 行 15 字。天地（双栏）留空 3 厘米和 1.5 厘米。

（5）No. 311・инв. № 2272。刻本经折装。纸幅 30 厘米 ×13 厘米，3 叶。首尾佚。5 行 15 字。天地（双栏）留空 3 厘米和 1 厘米。

（6）No. 311・инв. № 2276。刻本经折装。纸幅 31 厘米 ×12.5 厘米，10 叶 +2 叶版画（佛像）。卷首。5 行 15 字。天地（双栏）留空 3 厘米和 1.5 厘米。有"梁太后和秉常皇帝御译"题记。

（7）No. 311・инв. № 2302。刻本经折装。纸幅 30 厘米 ×13 厘米，18 叶 +1 叶版画（佛像）。卷首。5 行 15 字。天地（双栏）留空 2.5 厘米和 1 厘米。有"梁太后和秉常皇帝御译"题记。精白纸。

（8）No. 316・инв. №107，108，109，110，7068，7550，7667？刻本梵夹装。纸幅 25.3 厘米 ×43 厘米。18 行 14 字。叶面上角有书名略称和页码。残叶。卷九和同号卷二至八，卷十统编页码，凡 52 叶，有 3 叶没有页码。

10. 卷十

（1）No. 307・инв. № 4288、5752、7645、7655？写本梵夹装，纸幅 21.5 厘米 ×57.5 厘米。26 行 13 字。天地留空 2.5 厘米和 3 厘米。右上部叶边有经名省称和页次。凡 11 叶。

（2）No. 310・инв. № 2296。刻本经折装。纸幅 29.5 厘米 ×12.5 厘米，54 叶 +3 叶版画（佛像）。卷尾佚。5 行 14 字。天地留空 2.7 厘米和 2 厘米。有"梁太后和秉常皇帝御译"题记。经文上有朱墨。

（3）No. 311・инв. № 2271。刻本经折装。纸幅 30 厘米 ×13 厘米，96 叶 +2 叶版画（佛像）。首尾佚（据成书纸张粘合处的经名省称确定）。5 行 15 字。天地（双栏）留空 3 厘米和 1.5 厘米。

（4）No. 311・инв. № 2284。刻本经折装。纸幅 29.5 厘米 ×12 厘米，1

叶+本叶版画（佛像）。卷首。首叶2行15字。天地（双栏）留空2.3厘米和1厘米。有"梁太后和秉常皇帝御译"题记。精白纸。

（5）No. 316·инв. №107，108，109，110，7068，7550，7667？刻本梵夹装。纸幅25.3厘米×43厘米。18行14字。叶面上角有书名略称和页码。残叶。卷十和同号卷二至九统编页码，凡52叶，有3叶没有页码。第149叶也有题记："印面监制者经僧智忠。"残存的尾题里也可以清楚地看出慧广的题名（инв. № 4536，1叶，卷九之末有题记：印面净本为者 ndyu 智海）。

此外，还有首尾佚不能确定卷目者：（1）No. 309·инв. № 2300—2301，首尾佚卷目不明，刻本经折装。纸幅26.5厘米×11.4厘米，53叶+1叶版画。版缘极宽。4行10字。天地留空1.7厘米和1厘米。（2）No. 315·инв. № 7972，首尾佚卷目不明，刻本经折装。纸幅25×41厘米，3叶。16行15字。天地留空2厘米和—？厘米，书下部被撕去。叶面上角有书名略称。

（二）英藏本

英藏本《慈悲道场忏法》则为1914年斯坦因率领的英国第三次中亚探险队在黑水城所获，属4000多个编号的西夏文献之一。它连同其他西夏文献的特藏号为 Or. 12380。其最初藏大英博物馆，现藏英国国家图书馆东方书稿部。对英藏西夏文献从20世纪70年代以来，西田龙雄、史金波先生曾先后作过揭示①。2005年，西北第二民族学院等单位主编的《英藏黑水城文献》②，首次刊布了照片。笔者经对英藏本的考证③，得知在第四册有10件被误定为《金刚般若波罗蜜经》。Or. 12380—3421、3422、3423bRV（2

---

① ［日］西田龙雄编著：《西夏文华严经》第3卷，京都大学文学部1977年版；史金波：《西夏佛教史略》，宁夏人民出版社1988年版，第372—373页；史金波、王菡、全桂花、林世田编：《国内现存出土西夏文献简明目录》，《国家图书馆学刊·西夏研究专号》，2002年，第218页。

② 西北第二民族学院、上海古籍出版社、英国国家图书馆编：《英藏黑水城文献》，上海古籍出版社2005年版。

③ 杨志高：《英藏西夏文〈慈悲道场忏罪法〉误定之重考》，《宁夏社会科学》2008年第1期，第44页。此文经修改后，题名《英藏西夏文〈慈悲道场忏法〉误定之重考》，载杜建录主编《西夏学论集》，上海古籍出版社2012年版，第261—268页。

件）、3426 号 5 件：上下双栏刻本，5 行 15 字，每件残存字数不等。Or. 12380—3423aRV（2 件）、3423cRV（2 件）、3429 号残片 5 件：上下单栏刻本，每件残存 4—6 行不等，行 14 字。上 10 件源自《慈悲道场忏法》卷一、五、十残品。原件装帧、大小已不可得知。15 字本形制同《中国藏西夏文献·国家图书馆藏卷》①西夏文本（在本目处和下文"西夏文《慈悲道场忏法》的复原译注"中，简称"中藏本"），14 字本则异于中藏本。英藏本二者同为刻本，但字体风格迥异，其每半页之间内容可以缀合，似判定它和中藏本同为经折装。从 14 字本、15 字本经文中西夏字"人"形笔画和 14 字本 3423cRV 号左有汉文"忏第一十二×"看，这两种本子似和中藏本一样同为元代作品。英藏本其他各册，还有部分误定、未识的《慈悲道场忏法》，由于多是碎纸头的片言只语，对本经的复原意义不大，暂未列录。②经聂鸿音先生考证其卷五（Or. 12380 – 1013 K. K. III. 028. b），有意思出现每个佛名前"南无"（汉译）都被省略之现象。

1. 卷一

（1）Or. 12380—3422，载第 151 页下栏。残片存下半部文字，15 行，除 12 行无字、13 行残存 1 字的笔画外，其他各行 7—12 字不等。同经内容见中藏本第 4 册第 93 页第 1 行第 1 字始至第 94 页第 5 行第 15 字止。其中 1—12 行《慈悲道场忏法序》，不载《大正藏》③。13—15 行，相应汉文见《大正藏》第 45 册《慈悲道场忏法》第一卷《慈悲道场忏法传》第 922 页中栏。

（2）Or. 12380—3423aRV、3423cRV，分别载第 152 页上栏和第 153 页上栏，其内容可以缀合。同经内容见中藏本第 4 册第 114 页第 2 行第 3 字—115 页第 10 行尾，相应汉文见《大正藏》第 45 册《慈悲道场忏法》第一卷《归依三宝第一》第 924 页上栏中栏。

3423aRV 号 2 残片，右、左面内容相连。面 5 行，行 14 字完整，除个

---

① 宁夏大学西夏学研究中心、国家图书馆、甘肃五凉古籍整理研究中心编：《中国藏西夏文献》第 4—5 册，甘肃人民出版社、敦煌文艺出版社 2005 年版。

② 参见前述聂鸿音《〈慈悲道场忏法〉西夏译文的复原与研究·序》。

③ ［日］高楠顺次郎等编：《大正新修大藏经》第 45 册 1909 号《慈悲道场忏法》，财团法人佛陀教育基金会 1990 年版。

别字模糊不清外,其他字迹清晰可见。一件即第 152 页上右面。另一件即第 152 页上左面。3423cRV 号 2 残片,右、左面内容可以缀合。一件即第 153 页上右面,面 6 行,行 14 字。另一件即第 153 页上栏左面,面 4 行,行 14 字,字迹清晰可见。其第一行前为版口接处有西夏文"忏法第一××",并接汉文"忏第一 十二×"。

(3) Or. 12380—3426,载英藏本第四册第 154 页上栏。残片存上半部文字,面 6 行,行 3—9 字。同经内容见中藏本第 4 册第 132 页第 1 行第 1 字始至第 5 行第 15 字止。相应汉文见《大正藏》第 45 册《慈悲道场忏法》第一卷《断疑第二》第 925 页中栏。

2. 卷五

(1) Or. 12380—3421,载第 151 页上栏。残片存上半部文字,6 行,每行 2、3 字不等。同经内容见中藏本第 4 册第 287 页第 6 行第 1 字始至第 10 行第 15 字止。相应汉文为《慈悲道场忏法》第五卷《解怨释结第三》,见《大正藏》第 45 册第 943 页中栏。

(2) Or. 12380—3429,载第 155 页上。残片面 5 行,除第 5 行有 4 字外,其他行 14 字。同经内容见中藏本第 4 册第 315 页第 8 行第 11 字—316 页第 2 行尾,相应汉文见《大正藏》第 45 册《慈悲道场忏法》第五卷《解怨释结第三》第 946 页上栏。

3. 卷十

Or. 12380—3423bRV,包括 2 件残片,内容可以缀合。一件载第 152 页下栏右面。另一件即第 152 页下栏左面。同经内容见中藏本第 5 册第 145 页第 6 行第 1 字始至 146 页第 15 字止。相应汉文见《大正藏》第 45 册《慈悲道场忏法》第十卷《发愿第四》第 964 页上栏。

两件皆存上下部文字,面 5 行,行 15 字。其中第 152 页下栏右面第 1、2 行最后 6 字分别为第 152 页下栏左面第 4、5 行反置的最后 6 字。又第 152 页下栏左面第 3、4、5 行开始的几字为第 152 页下栏右面第 1、2、3 行反置的开始几字。之所以出现反置的西夏字,是该经为经折装,两紧相连的字面相合,可能在原某页面一角处,纸面受潮粘贴所致。

另外,在英藏本"彩色图版和插图目录"中有残散的《梁皇宝忏图》

和扉画①。在冠名"佛名经"残片中，据孙伯君先生考证，部分也可能与《慈悲道场忏法》相关②。

　　（三）中藏本

　　中藏本《慈悲道场忏法》主要指国家图书馆藏卷。中藏国图本是该馆（前身北京图书馆）于1929年购买宁夏灵武出土（1917年）佛经之一，是同名文献中较为完整的元刻本，存九卷（佚卷二）。周叔迦先生最早作了编目③。其后，史金波、白滨两先生的最新著录分别反映在《中国藏西夏文献·国家图书馆藏卷》第4册（第87—366页）、5册（第3—186页）④（在本目处下文，简称"国图本"第4册、第5册）和《中国国家图书馆藏西夏文献》第2册（第57—198页）⑤（在本目处下文，简称"国图本"第2册）。

　　中藏国图本内容完整者有：卷一、四、五、六、八、九，计6卷，占总卷的6/10；残缺者有：卷三、七、十，计3卷，占总卷的3/10。全存869叶（单叶），包括书衣9叶、扉画55叶、经序10叶、经文781叶、衬页14叶＋3纸条，以"新刻慈悲忏法"为名。经文为刻版经折装，无版心、界行、鱼尾，有内细外粗的上下双栏（栏高26.3厘米—27.9厘米）。各卷几为同高同宽，差别不是太大（32厘米×12.8厘米—33厘米×13.1厘米，35厘米×12.9厘米）。麻黄纸，墨书楷体大号字体，间有朱色改正字，空白处间有"卍"和星号等。从对各卷板间折叶处表示卷次及板序数的汉字分析来看，该本每折5行，行15字（题记和文中注为双行小字）。卷次、板序多标在1—2叶处。

　　① 西北第二民族学院、上海古籍出版社、英国国家图书馆编：《英藏黑水城文献》第1册《斯坦因所获黑水城文献和文物（7—8）》，上海古籍出版社2005年版。

　　② 孙伯君：《〈英藏黑水城文献〉中的"佛名经"汇考》（未刊稿）。

　　③ 周叔迦：《馆藏西夏文经典目录》，《国立北平图书馆馆刊》第四卷第三号（西夏文专号），京华印书局1932年版，第259—329页。

　　④ 宁夏大学西夏学研究中心、国家图书馆、甘肃五凉古籍整理研究中心编：《中国藏西夏文献》第4—5册，甘肃人民出版社、敦煌文艺出版社2005年版。

　　⑤ 宁夏社会科学院、中国国家图书馆、上海古籍出版社编：《中国国家图书馆藏西夏文献》第2册，上海古籍出版社2005年版。

通过中藏国图本和俄藏本"右上部叶边有经名省称和页次"卷相比较，更多反映出两者是不同的版式系统。又从经文题记和佛图刊工知道，这部经是元代时对初译于西夏秉常时期的新刻本，刻印地点是"江南经院建康府城"，而且是"奉敕"所为，主持者应为西夏遗民中的元朝廷大员。史书有载的宋元杭州府刊刻名匠俞声，参与了经文卷首《梁皇宝忏图》的刻制。而刊行者何森秀，则不见于其他史书。

在学界已有成果的基础上，下文对所叙考各卷列其所在国图本第2册，第4—5册的图版页码（剔除了极个别重复）和相应的汉文本即《大正藏》45册的页栏，并增补了佚缺汉文本的内容起止，订正了部分误断。

1. 卷一

B11.038〔3.15、4.03〕，载国图本第2册第57—76页，第4册第87—157页，卷前佛名见同名汉文佛经明官版《永乐南藏》、明末清初私版《嘉兴藏》，序二（汉文原序）及相应汉文见《大正藏》45册922页中栏—928页上栏。

版面长32.8厘米×宽13厘米，栏高27.9厘米。书衣1叶、扉画8叶、经序10叶、经文112叶（国图本第4册言：中残2叶。经考证未残缺）、衬页3叶，共134叶。书衣题签西夏文书名，汉译为"新刻慈悲忏法第一卷"。卷前扉页画有完整的《梁皇宝忏图》一幅4叶，叙述郗氏由巨蟒化为天人的过程，并题西夏文（汉译）"郗氏为蛇处"、"郗氏升天处"。其中第一幅图右有汉文"俞声刊"三字。后有佛名画4叶。正文前有两篇序文。第一篇3叶，其第1叶之第2—3行小字分别为西夏秉常皇帝御制题记（汉译）"天生全能禄番祐圣式法皇太后梁氏御译　救德主国增福民正大明皇帝嵬名御译"①。题尾有汉文"何森秀刊"四字。第二篇为该经原序7叶，序末有西夏文双行小字，史金波先生首次译为"此忏罪法出处江南经院建康府城内奉敕已集"②。正文题（汉译）"慈悲道场忏法第一卷"，其中第53叶背有墨书

---

① 史金波：《西夏佛教史略》，宁夏人民出版社1988年版，第72页。中藏西夏文底本原脱（汉译）"祐圣"两字。

② 宁夏大学西夏学研究中心、国家图书馆、甘肃五凉古籍整理研究中心编：《中国藏西夏文献》第4册，甘肃人民出版社、敦煌文艺出版社2005年版，第87页。

西夏文 3 字。正文第 4—5、24—25、32—33、1、24 等叶板间接纸处分别有表示卷次及板序数的汉字"一卷，二"、"一，七"、"第一，九"，"乙"、"乙卷，六"。第 75 叶背有墨书西夏文两处。上 2 字译为"南无"，下 5 字译为"此典为者跋"。间有朱色改正字。封底背有墨书西夏字一行，译文为"有此典者只移慧增"。封面裱衬有汉文残页。

2. 卷三

B11.039［4.04］，载国图本第 2 册第 77—96 页，第 4 册第 158—212 页，相应汉文见《大正藏》45 册 932 页上栏—937 页中栏。

版面 32.4 厘米×13 厘米，栏高 27.3 厘米。缺书衣、扉画 8 叶、经文 92 叶（中残 13 叶①）、衬页 2 叶，共 99 叶。存卷首《梁皇宝忏图》第 4 叶。佛名 4 叶完整。卷下题记同前。正文 23—24、27—28 等叶板间接纸处有表示卷次及板序数的汉字"三，十"、"三，十一"。第 87 叶背面有墨书西夏文 1 字译为"法"。

3. 卷四

B11.040［4.05］，载国图第 2 册本第 97—112 页，第 4 册本第 213—267 页，相应汉文见《大正藏》45 册 937 页中栏—942 页上栏。

版面 32.4 厘米×13 厘米，栏高 27.3 厘米。书衣 1 叶、缺扉画、经文 98 叶（第 67—69 面甚残）、缺衬页，共 99 叶。封面题签为（汉译）"新刻慈悲忏法第四卷"。卷下题记同前。正文 84—83、87—88 等叶板间接纸处有表示卷次及板序数的汉字"第四，二十二"、"四，二十三"。

4. 卷五

B11.041［4.06］，载国图本第 2 册第 113—125 页，第 4 册第 268—317 页，相应汉文见《大正藏》45 册 942 页上栏—946 页上栏。

版面 32.5 厘米×13 厘米，栏高 26.9 厘米。书衣 2 叶、扉画 8 叶、经文 85 叶、衬页 2 叶，共 97 叶。2 题签同为（汉译）"新刻慈悲忏法第五卷"。《梁皇宝忏图》、佛名各 4 叶完整并题"俞声刊"三字。卷下题记同前。正文 71—72、83—84 等叶板间接纸处有表示卷次及板序数的汉字"第五，十

---

① 即相应汉文从"显果报第一"目下"（道）路不同会见无期"至"说罪业报应教化地狱经"，缺。

九"、"五,?"。裱衬处有汉文诗歌。另两面背面各有西夏文 2 残行。

5. 卷六

B11.042［4.07］，载国图本第 2 册第 126—143 页，第 4 册第 318—366 页，相应汉文见《大正藏》45 册 946 页上栏—950 页中栏。

版面 32.3 厘米×13 厘米，栏高 26.8 厘米。书衣 1 叶、扉画 8 叶、经文 83 叶、衬页 1 叶，共 93 叶。题签为（汉译）"新刻慈悲忏法第六卷"，《梁皇宝忏图》、佛名各 4 叶完整并题"俞声刊"三字。卷下题记同前。正文 8—9、22—23 等叶板间接纸处有表示卷次及板序数的汉字"第六，三"、"六，七"等。裱糊衬纸有汉文佛教文献残页。另有内容与版次排列不符。即第 4 册第 339、340、341 页图版次序错乱，今依内容调整为:（上接第 338 页）第 341、339、340（下接 342 页）页。

6. 卷七

B11.043［4.08］，载国图本第 2 册第 144—149 页，第 5 册第 3—33 页，相应汉文见《大正藏》45 册 950 页中栏—954 页中栏。

版面 32 厘米×12.8 厘米，栏高 26.3 厘米。书衣 1 叶、扉画 8 叶、经文 48 叶（前缺约 10 叶，中缺 4 处约 12 叶，尾缺 3 叶①）、缺衬页，共 57 叶。题签为（汉译）"新刻慈悲忏法第七卷"（"七"误作"四"），《梁皇宝忏图》、佛名各 4 叶完整并题"俞声刊"三字。正文 1—2，20—21 等叶板间接纸处分别有表示卷次及板序数的汉字"七，六"、"第七，十二"等。原装裱连接次序有误。

7. 卷八

B11.044［4.09］，载国图本第 2 册第 150—163 页，第 5 册第 34—78 页，相应汉文见《大正藏》45 册 954 页中栏—958 页上栏。

① 前缺相应汉文从"《慈悲道场忏法》卷七"至"坐禅为难而今见有息心定意者（是十五自庆）"。中缺第一处：相应汉文从"警缘三宝第二"目下"（护世有识念处）我常得知"至"诸佛慈恩恩不可报"。中缺第二处：相应汉文从"忏主谢大众第三"至"某甲等今日（唯深随喜）"。中缺第三处：相应汉文从"奉为天道礼佛第一"目下"（如前自庆重遇为难）难得今果"至"俱登法云证常住果（奉为诸仙礼佛第二）"。中缺第四处：相应汉文从"奉为诸仙礼佛第二"目下"南无边身菩萨"至"还接六道（奉为梵王等礼佛第三）"缺。尾缺相应汉文从"南无狮子行佛"至尾"《慈悲道场忏法》卷七"。

版面 32.2 厘米×13 厘米，栏高 26.8 厘米。书衣 1 叶、扉画 7 叶、经文 75 叶（国图本第 5 册言：中缺 2 叶。经考证未缺）、缺衬页，共 83 叶。题签为（汉译）"新刻慈悲忏法第八卷"。《梁皇宝忏图》存 3 面和"俞声刊"三字。佛名 4 面完整。卷下题记同前。正文 10—11 等叶板间接纸处有表示卷次及板序数的汉字"八，六"。

8. 卷九

B11.045［4.10］，载国图本第 2 册第 164—177 页，第 5 册第 79—133 页，相应汉文见《大正藏》45 册 958 页上栏—962 页下栏。

版面 33 厘米×13.1 厘米，栏高 26.8 厘米。书衣 1 叶、扉画 8 叶、经文 96 叶、衬页 3 叶，共 108 叶。题签为（汉译）"新刻慈悲忏法第九卷"。《梁皇宝忏图》、佛名各 4 叶完整及存"俞声刊"三字。卷下题记同前。正文 91—92 等叶板间接纸处有表示卷次"九"及板序数的汉字"二十二"等。第九面背面有西夏文 8 字，为西夏文《大方广佛华严经》佛经函号。裱纸有汉文户籍残片。

9. 卷十

B11.46［4.11］，载国图本第 2 册第 178—198 页，第 5 册第 134—186 页，相应汉文见《大正藏》45 册 963 页上栏—967 页下栏。

版面 35 厘米×12.9 厘米，栏高 27.5 厘米。书衣 1 叶、扉画 3 叶、经文 92 叶（前缺约 12 叶，尾残 1 叶①）、衬页 3 叶 +3 纸条，共 99 叶 +3 纸条。题签为（汉译）"新刻慈悲忏法第十卷"。《梁皇宝忏图》存 3 叶和"俞声刊"三字。佛名 4 面完整。正文 21—22、25—26 等叶板间接纸处分别有表示卷次及板序数的汉字"十，九"、"十，十五"等。经背面多处有墨书西夏文字，如（汉译）"南无释家迦牟尼佛"、"南无"。3 纸条分别为手写西夏文（汉译）"启运慈悲道场忏法"②、"不忘苦则获大罪"、"慈悲忏经第四中立当成佛"。

---

① 前缺相应汉文从"《慈悲道场忏法》卷十"至"南无尽相佛"。尾残缺最后 1 叶 1 行，即相应汉文"《慈悲道场忏法》卷十"。

② 学界前译为"慈悲道场忏法起始竟"，误，应为"启运慈悲道场忏法竟"。见宁夏大学西夏学研究中心、国家图书馆、甘肃五凉古籍整理研究中心编《中国藏西夏文献》第 5 册，甘肃人民出版社、敦煌文艺出版社 2005 年版，第 184 页。

此外，甘肃省、内蒙古藏有此忏法残卷扉叶礼佛像、书衣题签。甘肃省敦煌研究院藏卷中的西夏文《慈悲道场忏法》扉画残片（G11.047〔D.0043〕刻本，24.4 厘米×11.1 厘米。上下右双栏，栏高 15 厘米），为 20 世纪该院从任子宜手中购得，首次刊布于《中国藏西夏文献》第 16 册第 153 页①。任子宜（1901—1972 年），名禄，字子宜，敦煌人。民国时曾任敦煌县教育局局长、民众教育馆馆长。中华人民共和国成立后为甘肃省政协委员，供职于敦煌县文教卫生科②。内蒙古藏残片为西夏文《慈悲道场忏法》的封面，分藏于内蒙古自治区博物馆和区文物考古研究所。前者所藏 5 个编号（M11.018—M11.022）为该经卷三、七、八、十和某卷的写本封面，是 1991 年中央电视台在拍摄纪录片《望长城》时，在额济纳旗绿城发现，后转交内蒙古博物馆③。后者 1 个编号（M21.023）为刻本礼佛像，是 1983—1984 年文物工作队在黑水城遗址发掘品。6 件残片，用黄色纸装裱而成，表层用绢帛裱衬，外边用细木条支撑，表面左上方贴有墨书西夏文经名纸签。两处残片均由史金波等先生译释，《中国藏西夏文献》第 17 册首次公布，分别载国图本第 17 册第 125—157、165 页④。

（四）印度出版《西夏文大藏经》中的图版

印度收藏出版本西夏文《慈悲道场忏法》反映在《西夏文大藏经》⑤（简称"格林大藏本"）中。此图版为 1955 年印度国会联邦院议员、国际印度文化学院院长拉古·维拉访问中国时在北京图书馆（现国家图书馆）拍摄，后由〔丹麦〕格林斯蒂德编著，于 1973 年在新德里出版⑥。《慈悲道场忏

---

① 宁夏大学西夏学研究中心、国家图书馆、甘肃五凉古籍整理研究中心编：《中国藏西夏文献》第 16 册，甘肃人民出版社、敦煌文艺出版社 2006 年版。

② 敦煌研究院编：《敦煌研究文集——敦煌研究院敦煌文献研究篇》，甘肃民族出版社 2000 年版，第 22 页。

③ 史金波、翁善珍：《额济纳旗绿城新见西夏文物》，《文物》1996 年第 10 期。

④ 宁夏大学西夏学研究中心、国家图书馆、甘肃五凉古籍整理研究中心编：《中国藏西夏文献》第 17 册，甘肃人民出版社、敦煌文艺出版社 2006 年版。

⑤ Eric Grinstead：*The Tangut Tripitaka*，9 vols，New Delhi：Sharada Rani，1973.

⑥ 杨志高：《印度出版〈西夏文大藏经〉的相关学术背景》，《书品》2008 年第 4 期。

法》图版刊布在其第 8 册（第 1070—1199 页，计 130 页）、第 9 册（第 2226—2234 页，计 9 页）。20 世纪 70 年代，西田龙雄先生对此曾作过笼统的初步揭示①。近些年来聂鸿音、史金波等先生的相关文章中也有《西夏文大藏经》的直接或间接零星记载②。

得林英津先生帮助复印资料，笔者逐卷考证得知其第 8 册为该经较多量的卷一、卷三至十的残品。行 15 字，刻本，来源于中国国家图书馆藏元刻本。第 9 册是少量的卷二、四、五、八、九散页，来源似为俄藏本。其中卷二，学界已有考证③。该卷为行 14 字本，为中国国内所无。两册图版分上下栏，15 字本各栏一般置 3 个半叶面（个别佛像上占整个上下栏），内容次序多有上下或前后错乱以及内容重复现象。14 字刻本各栏一般置 2 个半叶面。卷中的西夏字"人"形笔画和中藏国图本（大号字体）、英藏本（小号字体）同经文字走势雷同，尤其和英藏本同属小号字体，也可看出此卷似和元代有关。

下面以《中国藏西夏文献·国家图书馆藏卷》④（即中藏国图本）为据，对其进行勘同。编号暂以格林大藏本目录中《慈悲道场忏法》的序号拟定。

1. 卷一

G·11，载第 1070—1092 页上栏，相关内容见国图本第 4 册（第 87—157 页）第 92—102、105—138、141—155 页，相应汉文见《大正藏》第 45 册第 922 页中栏—928 页上栏，中间有缺漏。

卷首有完整的《说法图》、《梁皇宝忏图》和礼佛文。有西夏秉常皇帝御制序，正文内容无序，其中 1084 页下至 1085 页上佛像重复。

2. 卷二

G·41，载第 2226 页上下栏 4 个半页，当来源于俄藏 No. 316，相应汉

① ［日］西田龙雄编著：《西夏文华严经》第 3 卷《西夏文佛经目录》，京都大学文学部 1977 年版。

② 聂鸿音：《西夏文研究小史》，《北京师范大学学报》1990 年第 4 期，第 44 页；史金波：《中国藏西夏文献新探》，杜建录主编《西夏学》（第二辑），宁夏人民出版社 2007 年版，第 12 页。

③ 杨志高：《西夏文〈慈悲道场忏罪法〉卷二残叶研究》，《民族语文》2009 年第 1 期。

④ 宁夏大学西夏学研究中心、国家图书馆、甘肃五凉古籍整理研究中心编：《中国藏西夏文献》第 4—5 册，甘肃人民出版社、敦煌文艺出版社 2005 年版。

文见《大正藏》第45册930页中栏第6行第13字—下栏第6行第5字。

散页。从版式上看，栏18行，分别为行14字（第6行13字，第11行似16字）、12字，属同一版本系统，只是因下栏为佛、菩萨名字数不等和行文风格所致。此外，由于两栏残缺内容模糊程度不一，不少的字仅剩偏旁，整个页面都有折皱的痕迹。栏高和边框形态，不明。上栏第18行第1、2和8—14字残缺，下栏字多有模糊。其中第1行与第2行之间下侧靠近西夏文（汉译）"尽三宝"处有不清晰的汉文数字。下栏第1—2行第1、2字或残缺或模糊。第7—8行第7—12字严重残缺，仅能根据文意才能推断。第1行与第2行之间上侧有西夏文草书（汉译）"二十六"。从内容看，正确的次序应是下栏在前，上栏在后。其属于（汉译）"发菩提心第四"的部分经文内容连贯，始自（汉译）"南无世净光佛"终至"愿生生世世在在"。整个图版除颠倒上、下栏内容的前后次序外，没有和其他佛经散编，可见编者不同寻常的西夏文水平和佛学知识。

3. 卷三

G·11，载第1092页上栏—1107页上栏，相关内容见国图本第4册第161—166、169—212页，相应汉文见《大正藏》45册932页上栏—937页中栏，但中间有缺漏。

4. 卷四

（1）G·11，载第1007页下栏—1123页，相关内容见国图本第4册第214—267页，相应汉文见《大正藏》45册937页中栏—942页上栏。

（2）G·41，散页，载第2227—2230页，其中第2227、2228（下）、2229、2230页相关内容分别见国图本第4册第255页第4行第10字—257页第1行第6字、257页第1行第7字—259页第3行第3字，252页第1行第8字—253页第7行第14字，259页第3行第5字—260页第9行第1字、260页第9行第2字—262页第5行第14字，214页。2228（上）相关内容分别见国图本第4册第253页第7行第13字—255页第4行第10字。相应汉文见《大正藏》第45册第940页下栏—941页下栏，中间有缺漏。

5. 卷五

（1）G·11，载第1124—1139页，相关内容见国图本第4册第273—304、307—316页，相应汉文见《大正藏》第45册第942页上栏—946页上栏，中间有缺漏。卷首有完整的《说法图》、《梁皇宝忏图》和礼佛文。部分叶码内容重复。

（2）G·41，散页，载第2231页，相关内容分别见国图本第4册第275页，相应汉文见《大正藏》第45册第942页中栏。

6. 卷六

G·11，载第1140—1144页上栏，相关内容见国图本第4册第323—326、332—342页，相应汉文见《大正藏》第45册第946页上栏—947页下栏，中间有缺漏。其中第1144页上栏第2页第1、2行文字缺，第3行仅剩左偏旁。卷首有礼佛文。

7. 卷七

G·11，载第1145—1154页上栏，相关内容见国图本第5册第8—33页，相应汉文见《大正藏》第45册第951页上栏—954页上栏，但间有缺漏。卷首有完整的《说法图》、《梁皇宝忏图》和礼佛文。其残存同国图本。

8. 卷八

（1）G·11，载第1154页下栏—1166页上栏，相关内容见国图本第5册第39—70页，相应汉文见《大正藏》第45册第954页中栏—957页下栏，间有缺漏。卷首有完整的《说法图》、《梁皇宝忏图》和礼佛文。正文内容前后错乱。

（2）G·41，散页，载第2232—2233页，见国图本第5册第37—39页相关内容，相应汉文见《大正藏》第45册第954页中栏。第2232页正文相关内容见国图本第5册第39页第3行第1字—第10行第8字。2233页佛像和礼佛文或与2232重，或错乱。

9. 卷九

（1）G·11，载第1166页下栏—1183页下栏，相关内容见国图本第5册第85—132页，相应汉文见《大正藏》第45册第958页上栏—962页下栏。此卷内容次序相当混乱。卷首《说法图》（左半在第1166页下栏，右半在第1175页上栏）、《梁皇宝忏图》和礼佛文（上半在1175页上栏，下半在1172页上栏）。

（2）G·41，散页，载第2234页，相关内容见国图本第5册第84页第1行第1字—85页第1行第9字，相应汉文见《大正藏》第45册第958页上栏。

10. 卷十

G·11，载第1184页上栏—1199页，相关内容见国图本第5册第136—170、172—183页，相应汉文见《大正藏》第45册第963页中栏—967页下栏，间有缺漏。此卷内容次序同样混乱。卷首《梁皇宝忏图》残右半和完整礼佛文置最后一页（第1199页）。

此外，已刊布的日本藏卷①中也有西夏文《慈悲道场忏法》卷一、六、九、十的部分残片。在法国藏卷②中，无论是已考定、未考定文献，还是误定文献，都未见西夏文《慈悲道场忏法》。

二　西夏文《慈悲道场忏法》藏卷的复原

（一）对中藏国图本卷段的补阙复原

前述中藏国图本西夏文《慈悲道场忏法》完整者有卷一、四、五、六、八、九，计六卷；残缺者有卷三、七、十，计三卷；佚卷二。俄藏（4288号）写本十卷不仅有国图本完整各卷，而且还正好有其相应所缺、佚卷，其中卷二多达53叶。

此外，印度版《西夏文大藏经》、英国、日本藏本，以及甘肃省、内蒙古藏卷中的定名和误定同名经文多出自国图本。这样，借助以高丽藏为底本、校以宋元等诸本的《大正藏》，本书得以确定用国图本为底本，对缺佚部分补以俄藏本，以期达到考证、补阙性复原。

现就俄藏本对国图本所佚卷、存卷残缺段落的补阙复原列表如下：

---

① 武宇林、[日]荒川慎太郎主编：《日本藏西夏文献》（上、下），中华书局2011年版。另可参阅[日]松泽博《西夏文献拾遗》（3），《龙谷史坛》第122号，2005年；聂鸿音《中国少数民族古籍总目提要》（西夏卷）（待刊稿）。

② 西北第二民族学院、上海古籍出版社、法国国家图书馆编：《法国国家图书馆藏敦煌西夏文文献》，上海古籍出版社2007年版。

卷目	中藏国图本	俄藏本	残缺部分相应汉文出处（《大正藏》）
卷一	完整，同俄藏本	同国图本	
卷二	全佚	仅缺三处（中两处、尾一处）	俄藏本缺：①"见已作念"至"乐善心"①；②"（无量摄受人道）力"至"恒在现前"②；③"以此发心功德因缘"至"俱登正觉（拜）"③
卷三	残缺（中缺一处）	完整	国图本缺："道路不同"至"（说罪业报应教化地狱）经"④，以俄藏本补足
卷四	完整，同俄藏本	同国图本	
卷五	完整，同俄藏本	同国图本	
卷六	完整，同俄藏本	同国图本	
卷七	残缺六处（前两处、中一处、后三处）	完整	国图本缺：①"今日道场同业大众"至"而今见有息心定意者"⑤；②"生在像末"至"恩不可报"⑥；③"又复归依十方尽虚空界一切三宝"至"（某甲）等今日"⑦；④"（重遇）为（难）。难得今果"至"证常住果"⑧；⑤"南无无边身菩萨"至"奉为梵王等礼佛第三"⑨；⑥"南无师子行佛"至"为法轮王摄化六道（一拜）"⑩。上六处均以俄藏本补足
卷八	完整，同俄藏本	同国图本	
卷九	完整，同俄藏本	同国图本	
卷十	残缺（前缺一处）	完整	国图本缺："慈悲道场忏法卷第十"至"南无尽相佛"⑪，以俄藏本补足

① 《大正藏》0928b21—0929a04（注：注文表示该经文出于财团法人佛陀教育基金会1990年版《大正藏》第45册1909号第928页中栏第21行—第929页上栏第4行。a，上栏；b，下栏；c，下栏。下同）。

② 《大正藏》0929c07—0930b03。

③ 《大正藏》0931c18—0932a20。

④ 《大正藏》0932a01—0932b26。

⑤ 《大正藏》0950b02—0951a23。

⑥ 《大正藏》0951b27—0951c10。

⑦ 《大正藏》0952a02—0952a06。

⑧ 《大正藏》0953b14—0953c09。

⑨ 《大正藏》0953c25—0954a03。"第三"，《大正藏》乙本作"第十六"，西夏文意同，参阅正文注。

⑩ 《大正藏》0954a15—0954a25。

⑪ 《大正藏》0963a01—0963b19。

（二）对中藏国图本单个字词的考补和刊行图版错乱、重复的乙正

中藏国图本《慈悲道场忏法》不仅有所佚缺卷段，而且存卷中还有不少字词或残缺不全或模糊不清或错讹脱倒，有些甚至严重影响阅读理解。另外，刊行图版[1]还有错乱、重复。为此，本书除对有些字意明确者直接径改之外，还有一些借助俄藏本和相关汉文对其做了考补。这也是复原工作，必不可或缺的一环。

现对中藏国图本单个字词的考补（缺笔短画但词义明确的径补者除外）和刊行图版的乙正列表如下：

卷目	文本字词考补和图版乙正统计
卷一	第 92 页第 2 行第 7—8 字[2]，第 101 页第 1 行第 15—18 字[3]
卷三	170 页第 1 行第 13—15 字[4]，第 182 页第 6 行第 6—8 字[5]，第 189 页第 6 行第 7—10 字、第 10 行第 10—12 字，[6]第 190 页第 1 行第 6、8 字[7]，第 194 页第 1—3 行和第 193 页第 8—10 行重复已删，第 198 页第 6—7 行重复已删
卷四	第 214 页第 10 行第 11—12 字[8]，第 215 页第 1 行第 5—14 字[9]，第 250 页第 1—9 行 27 字[10]，第 251 页第 1—5 行 28 字[11]，第 252 页第 1 行第 3 字[12]，第 259 页第 1 行 3 字[13]
卷五	第 279 页第 10 行第 15 字[14]，第 279 和 280 页内容前后颠倒今乙正，第 286 页第 3 行第 12 字[15]，第 290 页第 6 行 5 字[16]，第 291 页第 5 行 6 字[17]

---

① 中藏国图本《慈悲道场忏法》图版卷一至卷六见《中国藏西夏文献》第 4 册第 87—366 页，卷七至卷十见《中国藏西夏文献》第 5 册第 3—186 页。

② 见本书第 71 页注 [1]。

③ 见本书第 80 页注 [5]。

④ 见本书第 170 页注 [64]。

⑤ 见本书第 186 页注 [14]。

⑥ 见本书第 193 页注 [2]、[4]。

⑦ 见本书第 193 页注 [5]。

⑧ 见本书第 211 页注 [6]。

⑨ 见本书第 211 页注 [7]。

⑩ 见本书第 241 页注 [3] — [6]。

⑪ 见本书第 241—242 页注 [7] — [9]。

⑫ 见本书第 242 页注 [10]。

⑬ 见本书第 247 页注 [12]。

⑭ 见本书第 261 页注 [2]。

⑮ 见本书第 266 页注 [3]。

⑯ 见本书第 269 页注 [3]、[4]。

⑰ 见本书第 270 页注 [12]。

卷目	文本字词考补和图版乙正统计
卷六	（两页 18 字缺笔短画但词义明确者径补）第 339—341 页内容次序错乱今乙正①
卷七	第 19 页第 8 行第 5 字②，第 28 页第 1 行 4 字③，第 30 页第 1 行 7 字④，第 30 页第 2 行 2 字⑤
卷八	（无）
卷九	第 131 页第 6 行第 1 字⑥
卷十	第 152 页第 5 行第 11 字⑦，第 157 页第 1—4 行与第 156 页 7—10 行重复已删，第 167 页图版第 1—5 行与第 6—10 行内容颠倒今乙正，第 179 页第 10 行第 15 字至第 180 页第 1 行第 1、2 字⑧，第 181 页第 5—6 行 13 字⑨，第 183 页第 9—10 行 8 字⑩

三　西夏文《慈悲道场忏法》的翻译底本和刊刻

（一）西夏文《慈悲道场忏法》的翻译底本

1. 最初的名称演变和文献记载

名称版本演变和文献记载，是了解不同民族文种翻译底本的切入点。

汉文《慈悲道场忏法》问世后存在几种名称，也不见著于中国唐宋时期诸大经录。前者可能是书面和俗称之故，后者可能是《出三藏记集》、《开元释教录》等以收录印度佛典经律论为原则和南北对禅观的不同态度

---

① 见本书第 303 页脚注。
② 见本书第 348 页注 [8]。
③ 见本书第 356 页注 [12]。
④ 见本书第 360 页注 [33]。
⑤ 见本书第 363 页注 [1]。
⑥ 见本书第 435 页注 [8]。
⑦ 见本书第 453 页注 [12]。
⑧ 见本书第 475 页注 [4]。
⑨ 见本书第 476 页注 [13]、[14]。
⑩ 见本书第 478 页注 [9]、[11]。

所致。① 据现有资料，我们得知汉文本《慈悲道场忏法》最初的经录和文献记载仅仅反映在日本、高丽，以及中国的正史②、佛教史传③。唐宣宗大中十二年（858 年），日本僧人在所撰著的《日本比丘圆珍入唐求法目录》中，就有"梁武帝忏六卷"的记载④。其后在该目录的整理本《智证大师请来目录》中，"梁武帝忏六卷"被修订为"慈悲道场文六卷"，并以小字加注为"梁武"。⑤"梁武帝忏"也异称为"梁武忏"、"梁皇忏"等。高丽僧人义天（1055—1101 年，谥号大觉国师）在其所著当时流通、东亚佛教学者们所使用章疏目录《新编诸宗教藏总录》（1090 年刊行，高丽宣宗七年，北宋哲宗元祐五年，西夏天祐民安元年）中也有记载。至于该经六卷本和十卷本两个版本系统之间到底是何种关系，抑或是纸张不同，分类不一，内容多寡有别，还是另有原因，目前并不清楚。⑥

现存唐朝实物，表明当时已有《慈悲道场忏法》冠名的十卷写本⑦。如果判定无误的话，那么唐写本应是目前所见该经现存的最早版本。赵宋时

---

① 徐立强：《〈梁皇忏〉未见载于隋唐经录的因缘》，载《华严专宗学院佛学研究所论文集》（九），2008 年（内部论文集）。另参阅［韩］崔恩英《关于〈新编诸宗教藏总录〉的研究及其课题》，载财团法人佛光山文教基金会主编《2010 年佛学研究论文集——第一届"国际佛教大藏经"学术研讨会》，佛光山文教基金会 2011 年版，第 95—115 页；圣凯《中国佛教忏法研究》，宗教文化出版社 2004 年版，第 29—78 页。

② （唐）李延寿：《南史》，中华书局 1975 年第 338—339 页；（唐）姚思廉：《梁书》，中华书局 1975 年，第 157 页。

③ （宋）赞宁：《宋高僧传》卷二十六、二十八，《大正藏》第 50 卷，第 876 页下栏（T50n2061_ p0876c19）、第 888 页中栏（T50n2061_ p0888b07）；（元）念常：《佛祖历代通载》卷九，《大正藏》第 49 卷，第 544 页下栏（T49n2036_ p0544c21）；（元）觉岸：《释氏稽古略》卷二，《大正藏》第 49 卷，第 794 页下栏（T49n2037_ p0794c23）。

④ 《大正藏》第 55 卷，第 1101 页下栏（T55n2172_ p1101b03）。

⑤ 《大正藏》第 55 卷，第 1106 页下栏（T55n2173_ p1106c26）。六卷，《大正藏》乙本作十八卷。

⑥ 徐立强：《〈梁皇忏〉初探》，《中华佛学研究》第 2 期，中华佛学研究所 1998 年，第 178—206 页。

⑦ 翁连溪编校：《中国古籍善本总目》第叁册子部，线装书局 2005 年版，第 1110 页。

代，十卷本既有写本，也有了刻本。1956 年出土于浙江龙泉县金沙塔内①，现收藏于温州博物馆的写本十卷《慈悲道场忏法》存一卷（九）。形制为卷轴装，高 29.3 厘米，长 922 厘米，行 17—18 字，乌丝栏。上海图书馆收藏宋刻本十之四卷（卷七至十，3 行 10 字）。太平兴国年间（976—983 年），以"启运慈悲道场忏法"为题刊行，现存其残品（图一）。②西夏文本形制内容同此（图二）③。

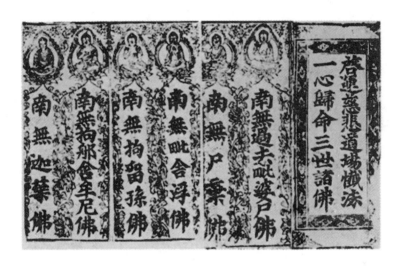

（图一）

此外，民国二十年（1931 年）释范成（1884—1958 年）在西安开元寺佛龛后面尘土堆中发现该经的宋刊本，卷首版面上刻佛像，下印文字，④ 民国二十五年（1936 年）影印出版，首都师范大学、吉林等地图书馆都有

① 《浙江龙泉县大批珍贵文物遭毁坏》，载《文物参考资料》1957 年 第 1 期，第 52 页。此文和翁连溪编校之书中所涉及其善本，应是指同一汉文《慈悲道场忏法》。到底该经写本是属唐、属宋，存疑。

② 张道一编著：《中国木版画通鉴》，江苏美术出版社 2010 年版，第 67 页。

③ 宁夏大学西夏学研究中心、国家图书馆、甘肃五凉古籍整理研究中心编：《中国藏西夏文献》第 5 册，甘肃人民出版社、敦煌文艺出版社 2005 年版，第 90—91 页。西夏文本多出最后一幅（汉译）"南无师长释迦牟尼佛　南无当来弥勒尊佛"，其他内容同图一。

④ 周心慧：《中国古代版刻版画史论集》，学苑出版社 1998 年版，第 150 页。

(图二)

收藏。

元至元二十六年（1289 年），十卷本已见载于《至元法宝勘同总录》。后至元四年（1338 年），智松柏庭以是经"自梁至今，世代更革，历年既久，传写差讹。乌焉之字奚分，亥豕之体莫辨。每临文而叹息，遂兴志以修治，校对本经，精研奥理……以广其传"①。此重订本，遂成为现代佛教法事的定本。明、清以及民国时，又有多种刻本。

2. 大藏经收录情况简述

以上是汉文《慈悲道场忏法》单刊本的情况，其大藏经本（丛书本）相关见载于元《弘法藏》（猷）、明《永乐南藏》（茂）、《永乐北藏》（公）等和韩国《高丽藏》、日本《大正藏》等。②

丽藏本即现在通行的《高丽大藏经》第三次再雕本。该本为高丽高宗二十三年至三十八年（1236—1251 年），用《开宝藏》、《契丹藏》及高丽

---

① （元）智松柏庭：《慈悲道场忏法序》，沈同寅刻本，明万历十三年。

② 参阅蔡运辰《二十五种藏经目录对照考释》，新文丰出版公司 1983 年版；童玮编《二十二种大藏经通检》，中华书局 1997 年版；何梅《历代汉文大藏经目录新考》（上、下），社会科学文献出版社 2014 年版，第 501、1168 页。《弘法藏》现在尚有争议，不得其详。

初刻大藏经校勘雕印。《大正藏》底本是蒙哥大汗灭亡南宋前夕的（1251年）完成的朝鲜续雕本《高丽大藏经》，这是目前业界使用最为广泛的汉文本。

对译自汉文本《慈悲道场忏法》卷首的西夏文"法传（法序）"，周叔迦先生认为"此传仅丽藏中有之。传题同序题之初行，次为忏文。所有文中夹注，皆与丽藏本合。归依三宝第一章之前尽列全忏章目"①。周先生的观点，对我们深入研究该经无疑有推进作用。《高丽大藏经》有《初刻高丽藏》、《高丽续藏经》、《再刻高丽藏》三版本。前两藏均毁于蒙古战火。后者由前者补版、换卷而来。经核查今存的《再刻高丽藏》②，发现西夏文本所有文中夹注（汉译），并不完全与丽藏本合，"归依三宝第一"品之前也没有尽列全忏品目。仅有"归依三宝第一"至"发回向心第六"。其"序"前扉画及文字（汉译）"启运慈悲道场忏法　一心归命三世诸佛！南无过去毗婆尸佛！南无尸弃佛！南无毗舍浮佛！南无拘留孙佛！南无拘那含牟尼佛！南无迦叶佛！南无师长释迦牟尼佛！南无后来弥勒尊佛！"为丽藏本所无，但除两处外几同于该本《礼念弥陁道场忏法》③。

列表如下：

卷目	西夏文	译文
卷一	𗖵𗙫𗹬𗴩𗾪𗫲、𗊢𗹬𗤢𗫲、𗖵𗫨𗖵𗫲	归依三宝第一、断疑第二、忏悔第三
卷二	𗴲𗊢𗖵𗫨𗫲、𗊢𗖵𗫶𗫲、𗷟𗴩𗖵𗫨𗫶𗫲	发菩提心第四、发愿第五、发回向心第六
卷三	𗵘𗷟𗴩𗫲𗤁𗫲	显现果报第七

---

① 周叔迦：《馆藏西夏文经典目录》，载《〈国立北平图书馆馆刊〉第四卷第三号（西夏文专号）》，京华印书局 1932 年版，第 324—325 页。

② 《高丽大藏经》编辑委员会编：《高丽大藏经》（域外汉籍珍本文库）第 80 册，线装书局影印本 2004 年版，第 216—297 页。

③ 两处指："启运慈悲道场忏法　一心归命三世诸佛"，《礼念弥陁道场忏法·弥陀忏赞序》作"启运弥陁道场忏法　一心归命十方三世诸佛"，（载《高丽大藏经》第 80 册，线装书局影印本 2004 年版，第 105 页下栏）；"南无师生释迦牟尼佛"，《礼念弥陁道场忏法》作"南无教主释迦牟尼佛　南无西方阿弥陁佛"，（同上第 103 页下栏）。陁，俗"陀"字。

续表

卷目	西夏文	译文
卷四	𗴒𗣼𗊋𗤻𗤻𗬥𗗟𗏵𗟲𗟲𗾈𗟲、𗜓𗈛𗄈𗗟𗟲	显现果报第七之余言、出地狱第八
卷五	𗤋𘝶𗢸𗗟𗟲	解怨结第九
卷六	𗤋𘝶𗢸𗏵𗤻𗤻𗾈𗟲	解怨结之余言
卷七	𗐯𗤻𗟲𗟲、𗢸𗤻𗴧𗮅𗥑�𗏵𗟲、𗱦𘋈𗢸𗤻𗥑𗤻�𗟲𗵒𗟲、𗫼𗄈𗫂𗥗�𗮤�、𗵘𗤻𗒅𗫂𗏵𗈛𗴻�𗒈�、𗛚𗤻𗈛𗤻𗒅𗏵𗈛𗴻�𗜓�、𗰔𗴺𗤻𗒅𗏵𗈛𗴺�𗏵�	自庆第十、警缘三宝第十一、忏主谢大众第十二、总发大愿第十三、为天道礼佛第十四、为诸仙礼佛第十五、为梵王等礼佛第十六
卷八	𗴺𗤻𗒅𗏵𗈛𗴺�𗏵�、𗏵𗈛𗴺�𗜓�、𗒈𗤻𗒅𗏵𗈛𗴺�𗢸�、𗄈𗴺𗒅𗏵𗈛𗴺���、𗰔𗤻𗤻𗒅𗏵𗈛𗴺�𗏵�、𗴺𗴺𗒅𗏵𗈛𗴺�𗴺�、𗱰𗴺𗴺𗴺𗒅𗏵𗈛𗴺�𗗟�、𗱰𗴺𗴺𗴺𗒅𗏵𗈛𗴺���	为阿修罗道一切善神礼佛第十七、为龙王礼佛第十八、为魔王礼佛第十九、为人道礼佛第二十、为诸王王子礼佛第二十一、为父母礼佛第二十二、为过去父母礼佛第二十三、为师长礼佛第二十四、为十方比丘比丘尼礼佛第二十五、为过去比丘比丘尼礼佛第二十六
卷九	𗏵𘋈𗴧𗜓𗴧𗒅𗏵𗈛𗴺�𗏵�、𗢾𗥗𗄈𗒅𗴧𗜓𗴧𗒅𗏵𗈛𗴺�𗜓�、𗴻𗮅𗴺𗴺𗒅𗴧𗜓𗴧𗒅𗏵𗈛𗴺�𗢸�、𗌲𗴺𗴻𗴻𗒅𗴧𗜓𗴧𗒅𗏵𗈛𗴺���、𗰔𘋈𗌲�𗒅𗴧𗜓𗴧𗒅𗏵𗈛𗴺�𗵒�、𗜓�𗴺𗒅𗏵𗈛𗴺�𗏵�、𗝦𗴺𗒅𗬥𗴺�𗏵𗈛𗴺�𗜓�、𗮅𗴺𗒅𗏵𗈛𗴺�𗴻�、𗱰𗦮𗢸𗒅𗤻𗴻𗤻𗮅𗒅𗏵𗈛𗴺���、𗖠𗮤𗒅𗴧�𗏵�	为阿鼻等地狱礼佛第二十七、为灰河铁丸等地狱礼佛第二十八、为饮铜炭坑等地狱礼佛第二十九、为刀兵铜釜等地狱礼佛第三十、为火城刀山等地狱礼佛第三十一、为饿鬼道礼佛第三十二、为畜生道礼佛第三十三、为六道发愿第三十四、警念无常第三十五、勤为执劳佛事等礼佛第三十六、发回向心第三十七
卷十	𗿧𗣼𗖠𗮤𗴺�𗜓�、𗝦𗱲𗒅𗬥𗴺�𗢸�、𗝦𗾈𗮤��	菩萨回向法第三十八、为六根发愿第三十九、嘱累第四十

　　西夏文经品在正文"归依三宝第一"之前列出汉文本所无的从"显现果报第七"至"嘱累第四十"总品目，个别品目和汉文有小异①。此目不集中见于《大正藏》底本、参校本，且丽藏本是在卷内又依次从"一"起新编目，而西夏文本则是采用卷间接上连下顺次编目，同《大正藏》乙本（明万历十三年，即 1585 年所刊日本东京增上寺报恩藏本）。此外，丽藏本卷三之下品目则有"显果报第一、出地狱第二、解怨释结第三、发愿第四"，正

_____

　　①　见本书第 82—83 页注 [2]—[10]。

文仅有"显果报第一"①、卷七之下品目则有"自庆第一、为六道礼佛第二、回向第三、发愿第四、嘱累第五"②。

《永乐北藏·慈悲道场忏法》卷第一前已增智松柏庭"序"和"启运慈悲道场忏法……南无当来弥勒尊佛"③。这正说明,在智松柏庭重订前,该经多有修改、增减的事实,也说明出自汉文的西夏文《慈悲道场忏法》翻译底本非大藏经本,而是某个单行本。

(二)西夏文《慈悲道场忏法》在宋元时期的刊刻

1.《慈悲道场忏法》内容结构

学界对汉文本《慈悲道场忏法》的历史背景和尊崇对象和其内容结构,已有一定的分析。④

原著用了六万六千多文字,反映了忏悔、皈依的次第过程。内容大致可分四部分:最先是"序"讲缘起"此《忏法》者,梁武帝为皇后郗氏所集作也……恐为此事阴骘未彰,因故此乃做略序"。次之为正文十卷四十品,其中卷一、二(六品),叙归依三宝、断疑、忏悔、发菩提心、发愿和发回向心;卷三至六(三品),讲显果报、出地狱、解怨释结和发愿;卷七至十述自庆(三十一品)、为六道礼佛、回向、发愿和嘱累,用以"涤过去之恶因,植当来之种智"。

全文以"发愿"或"发回向心"为标志,设计了多次高潮。每次高潮以"慈隆即世,悲臻后劫"分作之前的铺垫和高潮的呈示,强调"将欲发菩提心,必须忏悔,故次第三显忏悔法门"。以第一次高潮为例。全文从"今日道场同业大众,宜各人人起觉悟意,念世无常……万物无常,皆当归

---

① 《高丽大藏经》,线装书局影印本 2004 年版,第 233 页上栏。

② 《高丽大藏经》,线装书局影印本 2004 年版,第 266 页下栏。

③ 《永乐北藏》整理委员会编:《永乐北藏》第 152 册,线装书局 2000 年版,第 575—577 页。

④ 参阅周叔迦《周叔迦佛学论著集》,中华书局 1991 年版,第 636、1060 页;李小荣《敦煌密教文献》,人民文学出版社 2003 年版,第 250—258 页;圣凯《中国佛教忏法研究》,宗教文化出版社 2004 年版,第 29—78 页;王志远《中国佛教表现艺术》,中国社会科学出版社 2006 年版,第 198—211 页。

死，天上天下谁能留者？"到"（某甲）等自惟，形同朝露，命速西光……从此一别，愿各努力……"①两段作铺垫，自然而然地转向虔诚的信仰佛教，"……惟愿奉为：国王、帝主、土地、人民……归依十方尽虚空界一切尊法（一拜）！归依十方尽虚空界一切贤圣（一拜）"②。

西夏文本所不同于汉文本的是在原"序"之前增加了新"序"，再叙了译就西夏文的因缘"观诸民，缘贪嗔痴……无有安康……今因怜念，慈悲有情，设立经院，延僧传译诸法……愿此法常传。"③

2. 辽宋夏金时期的弘传

由于《慈悲道场忏法》对修行者来说简单易行，只要称念佛名佛号，就可使亡者解脱、生者得福。所以，在唐宋时期，这部经典在南北僧俗间包括皇室贵族和其他民众中多为崇奉传播。唐朝时，（子瑀）"常礼一万五千佛名，兼礼《慈悲忏》"。宋代"民间唯礼《梁武忏》以为佛事，或数僧呗嘌歌赞相高，谓之禳忏法也"④。当时的女真金朝还流布另一汉文版本的《梁武忏》写本残片。⑤ 据杨富学先生统计和研究在吐鲁番、敦煌等地出土的回鹘文写本中，也有上百件回鹘译《慈悲道场忏法》写本、刻本留存。吐鲁番本均藏柏林（25—37品），敦煌本为新近出土物，现藏敦煌研究院（第六卷残片）。⑥ 宋神宗熙宁六年（1073年）十二月"癸巳……夏国主秉常进马

_____

① 参见卷一"归依三宝第一，《大正藏》0923a28—0923b13（西夏文卷第一，图版第105页第1行—106页第9行）。

② 参见卷一，《大正藏》0923b18—0923b25（西夏文卷第一，图版第107页第5行—108页第2行）。

③ 见本书第71—72页（西夏文卷第一，图版第92页第3行—第94页第2行）。

④ 《大正藏》卷五十《宋高僧传》卷二十八，第888页中栏（T50n2061_ p0888b10 - b12）。

⑤ 俄罗斯科学院东方研究所、中国社会科学院民族研究所、上海古籍出版社编：《俄藏黑水城文献》第五册，上海古籍出版社1998年版，第321—324页。

⑥ 参阅杨富学《回鹘佛教徒忏悔文及其特色》，载刘光华主编《谷苞先生90华诞纪念文集》，兰州大学出版社2007年版，第420—443页；［德］颜思·威尔金斯《吐鲁番博物馆藏回鹘语〈慈悲道场忏法〉两残页研究》，载《吐鲁番研究》2005年第2期，第54—62页；张铁山《莫高窟北区B128窟出土回鹘文〈慈悲道场忏法〉残页研究》，《民族语文》2008年第1期。

赎大藏经,诏特赐之,而还其马"。① 可以推测就是在这一年,《慈悲道场忏法》以单刻本随"进马赎大藏经"传入西夏,为西夏惠宗秉常皇帝(1068—1086 年)时挂名御译流行于皇室。御校于西夏仁宗仁孝(1139—1193 年)时。

3. 蒙元时期的弘传

夏亡元兴时期,《慈悲道场忏法》在西夏遗民、汉民中或重刻刊行或设坛供养,依然是经久传沿。"元至正间(1341—1368 年),城中高氏修礼《梁皇忏》三昼夜,请画像设坛场中供养。满散之夕,至二鼓,其像大放光明,透其屋外。市民以为失火,苍黄来救,乃见所现光明。"② 元代在黑水城地区也流行汉文、西夏文不同的《慈悲道场忏法》版本。汉文本有卷二、七、八、九。③

上举国图元刻本西夏文《慈悲道场忏法》"序"后题记(汉译)"此忏法出处地图者:江南经院建康府城奉敕集"和元大德十年(1306 年)管主八谨题的"……钦睹圣旨:于江南浙西道杭州路大万寿寺雕刊河西字《大藏经》三千六百二十余卷、华严诸经忏板,至大德六年完备。管主八钦此胜缘,印造三十余藏,及《华严大经》、《梁皇宝忏》、《华严道场忏仪》各百余部,焰口施食仪轨千有余部,施于宁夏、永昌等路寺院,永远流通"④ 的《梁皇宝忏》虽是同奉最高当政者所为,但二者不能尽详其相互联系。当然还有一种可能,就是"此忏法出处地图者:江南经院建康府城奉敕集"是

① (南宋)李焘:《续资治通鉴长编》卷二百四十八神宗熙宁六年(癸丑,1073)十二月癸巳,中华书局 1975 年版,第 6063 页。

② (明)无愠:《山庵杂录》卷下,转引自严耀中《汉传密教》,学林出版社 2006 年版,第 162 页;佛光大藏经编修委员会编:《佛光大藏经》禅藏·史传部·宗门武库·外四部,佛光出版社 1994 年版,第 653 页。

③ 参阅李逸友编著《黑城出土文书(汉文文书卷)》,科学技术出版社 1991 年版,第 214—215 页;内蒙古自治区文物考古研究所、宁夏大学西夏学研究中心、甘肃省古籍文献整理编译中心编《中国藏黑水城汉文文献》第 8 册,国家图书馆出版社 2008 年版,第 1739—1741、1743—1744、1771 页;吴超《中国藏黑水城汉文文献所见〈慈悲道场忏法〉考释》,《赤峰学院学报》2011 年第 8 期。

④ 日本善福寺藏《碛砂藏》本《大宗地玄文本论》卷三尾题记,转引自王菡《元代杭州刊刻〈大藏经〉与西夏的关系》,《文献》2005 年第 1 期,第 111—118 页。

汉文经本身原有的。

参与本经卷首版画(佛说法图、梁皇忏图、佛名图)的俞声,是元前至元间杭州的刻工,也参加刻过《普宁藏·中阴经》、《碛砂藏·舍利弗阿毗昙论》、《开元释教录》及《周礼疏》、《礼记正义》、《尔雅疏》、《后汉书注》、《宋书》的补刻版。虽如此,我们对建康府城集结《慈悲道场忏法》等问题的细节,依然不能明了。

考金陵建康府得知:金陵即现在的南京,其名始于战国楚。自楚至元时名称迭有变更。它先后为孙吴、东晋和南朝的"六朝古都",止明清时又为"十朝都会"。其间在南朝时该城曾是南方佛教的中心,梁武帝萧衍力倡佛教,曾三次舍身入建康寺院,《慈悲道场忏法》一说的撰集就缘他而起。南宋建炎三年(1129年),高宗赵构以前朝"江宁府"易名为"建康府",并为"行都"。世祖至元十二年(1275年),蒙古军队占领建康,沿宋制仍为府隶属江东路,并为江南行中书省治所。十四年(1277年)升为建康路,隶属于江浙行省。天历二年(1329年)又改为"集庆路"。1368年,明太祖朱元璋定都于此,先后称应天府、南京。宋元时期,南京基本上不再是国都,但是由于历代都奉行提倡和保护佛教的政策,尤其元代宽容佛教的发展,加上南京仍是重要的政治中心,经济、文化发达,佛学基础较好,所以南京佛教仍然时有兴盛。从元初建康府存在的时间元至元十二年(1275年)到十四年(1277年)来看,似乎说明国图本早于管主八本。

四 西夏文《慈悲道场忏法》的翻译和新式标点运用研究

作为夏汉佛教文化交流见证的西夏文《慈悲道场忏法》译本在传信的原则下,西夏译者采取了直译(对译)和意译两种办法。前者主要涉及佛教名词术语以及人名地名,后者则主要是译者在自己佛学理解和本土文化的基础上,采取对词语或增或减、句子或合或分或倒置等方式的翻译。此译风质朴并多口语化,一改汉文本辞藻华丽深奥难懂,颇具道安"五失本"所允许范围内之范式。

夏译汉籍，尤其翻译有底本的汉籍佛教文献，不仅可以为研究西夏人的佛经翻译特点，了解两种民族的佛教文化异同和西夏人和西夏遗民的精神生活和物质生产，有利于更好掌握其佛经词语的构成、文法，而且还可以补充辞书义项、释义准确、收词赅备和罗列书证尤显特别。此外，借助有坚实基础的汉文文本，还可以尝试用新式标点为西夏文本作进一步的句读。

（一）词

1. 对传统佛教术语翻译的继承

通过整理研究得知，夏译汉文本《慈悲道场忏法》佛经借词的构成，大体沿用了汉语佛经构词法，主要有：

（1）音译词：包括佛名、菩萨名、罗汉名等名物，全译和节译并存，即所谓梵式词①，体现了玄奘的"五种不翻"。

类别	西夏文	汉语音译	梵文、汉语意译（出处）
全译	𗴮𗹙𗊀𗖰𗰖𗴟𗖰𗳫𗤁	阿耨多罗三藐三菩提	Anuttara-samyak-sambodhi 无上正等觉者（卷一第 108 页第 8—9 行）
	𗴮𗏵𗴟	阿修罗	Asura 非天、不端正、非善戏、非同类（卷一第 102 页第 6 行）
	𗴮𗏷𗤋	阿阇黎	Ācārya 轨范师（卷六第 363 页第 2 行）
	𗟲𗟲	比丘	Bhiksu 出家得度、受具足戒之男子（卷一第 103 页第 4 行）
节译	𗡏𗏵𗙈	优婆塞（优波娑迦）	Upāsaka 近事、近事男、近善男、信士、信男、清信士，即男居士（卷三第 70 页第 3 行）
	𗡏𗏵𗵆	优婆夷（优波赐迦）	Upāsikā 清信女、近善女、近事女、近宿女、信女，即女众（卷三第 70 页第 4 行）
	𗡢𗴍	塔婆、佛图、浮图、浮屠（窣堵婆）	Stūpa 坟陵、塔庙、庙、坟（卷一第 131 页第 3 行）
	𗵘𗴈	涅槃（涅槃那、般涅槃、大般涅槃）	Nirvāna 灭、寂灭、灭度、寂、无生（卷一第 139 页第 5 行）
	𗊱𗤗	菩萨（菩提萨埵）	Bodhi-sattva 觉有情（卷一第 107 页第 3 行）

———————————

① 聂鸿音：《西夏佛教术语的来源》，《固原师专学报》2002 年第 2 期，第 13—15 页。

（2）合璧词：包括音译＋西夏语类名、梵夏同义、半音译半意译三类。

类别	西夏文	汉译	梵文	汉语意译（出处）
音译＋西夏语类名	𗼃𗼨𘀄	涅槃乐	Nirvāna-sukha	意指离生死苦得究竟安（卷五第291页第7行）
	𗤀𗵒𗴺	须弥山	Sumeru（须弥、须弥卢）	妙高山、好高山。印度神话中，屹立于世界中央金轮上的高山（卷九第112页第3行）
	𗤀𗴺	彼岸	Pāra（波罗）	为"此岸"之对称。迷界为此方之岸，称此岸；悟界为彼方之岸，称彼岸（卷一第122页第9行）
梵夏同义	𘛠𗈟	忏悔	Ksamā（忏）Ksamāyati（忏摩）	"忏"为梵语"忏摩"之略，义为悔、忍恕（卷一第87页第1行）
	𗍴𗸯𘂤	摩尼珠	Mani（摩尼）	意指珠、宝珠，为珠玉之总称（卷四第220页第2行）
半音译半意译	𗰜𗟲	禅定	Dhyāna（禅）Samādhi（定）	"禅"为梵语"禅那"之略，"定"为梵语"三昧"之译。禅定为令心专注于某一对象，而达于不散乱之状态（卷一第110页第3行）
	𗙟𗤋	佛法	Buddha（佛陀）Dharma（达磨）	指佛所说之教法，包括各种教义及教义所表达之佛教真理（卷三第170页第7行）

（3）意译词：此类词是西夏文佛经造词的主体，特别应该注意的是比喻造词和佛教成语俗谚，即所谓汉式词。

西夏文	汉译	梵文	汉语意译（出处）
𗥃𘃋	世尊	Bhagavat（婆伽婆、薄伽梵）	世尊（卷一第97页第8—9行）
𗥦𗆤	众生	Sattva（萨埵）	众生（卷一第94页第1行）
𗤋𗾧	法轮	Dharma-cakra	对佛法之喻称。意指佛法，能摧破众生之恶，犹如轮王之轮宝（卷四第252页第8行）
𗄟𗫬𘉋𘎑	不可思议	Acintya	又作"不思议、难思议"（卷一第142页第5行）
𗦀𗍫𘃽𗦀	八万四千	Catur-aśīti-sahasra	形容数量极多（卷四第252页第10行）
𗠅𗿷𗰜𗤋	勇猛精进	Aniksipta-dhura	指奋勉修行（卷三第211页第9行）
𗫀𗵒𗤋𘀄	五体投地	Pañca-mandla-pranāma	指双肘、双膝和额顶至地而作礼（卷一第107页第4行）

2. 词义的替换、互训

由于受历史、社会文化、地域环境、民风民俗、物质生活、宗教信仰等方面差异的影响，西夏人在翻译出自汉籍佛教典籍时，采用了适应性方法。改换词义，是其之一。

（1）亲属称谓。

夏译汉本"六亲"为"𗼨𗰜"（九亲）、"𗰜𗰜"（亲族、亲属、骨肉），是亲属称谓改译的一大特点。

"六亲"主要指汉族六种亲属，在当今泛指亲属。历史上的"六亲"众说不一，代表性的说法有四种：一为《左传》说：父子、兄弟、姑姊、甥舅、婚媾、姻亚。① 一为《老子》说：父、子、兄、弟、夫、妇。② 一为《管子》说：父母、兄弟、妻子。③ 一为《史记》说：外祖父母、父母、姊妹、妻兄弟之子、从母之子、女之子。④ 实际上是血亲和姻亲的泛指，不只是指六种亲属。

九亲，犹九族，指从高祖至玄孙的九代直系亲属。《礼记·丧服小记》："亲亲，以三为五，以五为九。"郑玄注："己上亲父，下亲子，三也。以父亲祖，以子亲孙，五也。以祖亲高祖，以孙亲玄孙，九也。"⑤ 康僧会《法镜经序》："尊邪秽，贱清真；连丛琐，谤圣贤；兴狱讼，丧九亲：斯家之所由矣。"⑥《宋书·孝武帝纪》："丙辰，复郡县田秩，并九亲禄俸。"⑦

○汉文：骂辱六亲

---

① 左丘明著、李梦生注释：《左传》卷二十五，凤凰出版社 2008 年版，第 636 页。婚媾，婚姻关系。姻亚，指翁婿、连襟关系。亚，同"娅"。

② 罗义俊撰：《老子译注》，上海古籍出版社 2012 版，第 41 页。

③ 支伟成编纂：《〈管子〉通释》卷一，上海泰东图书局 1924 年版，第 1 页。

④ 霍松林、赵望秦主编：《宋本史记注译》第 7 册《管晏列传第二》，三秦出版社 2011 年版，第 2102 页。

⑤ 任宏点校：《日讲礼记解义》第三十六卷，华龄出版社 2012 年版，第 279 页。亲亲，嫡亲自己的亲人。三，指父、己、子三代。五，指祖、父、己，子、孙五代。九，指高祖、曾祖、祖父、父、己、子、孙、曾孙、玄孙。

⑥ （三国）康僧会：《法镜经序》，《大正藏》第 12 卷，第 15 页上栏（T12n0322 - P0015a09 - a11），又载苏志雄编撰《历代大藏经序跋略疏》上册，宗教文化出版社 2012 年版，第 129—131 页。

⑦ （南朝梁）沈约：(点校本二十四史精装版)《宋书》卷六《本纪第六》，中华书局 2013 年版，第 121 页。

西夏文：▯▯▯▯（诽谤亲族）（卷四第 259 页第 10 行）

〇汉文本：六亲眷属

西夏文：▯▯▯▯（九亲眷属）（卷五第 276 页第 8 行）

〇汉文：愿父母六亲一切眷属

西夏文：▯▯▯▯▯▯▯▯（愿父母九亲一切姻亲）（卷五第 287 页第 6 行）

〇汉文：六亲一切眷属

西夏文：▯▯▯▯▯▯（亲族一切眷属）（卷五第 281 第 2 行）

〇汉文：六亲眷属爱彻骨髓

西夏文：▯▯▯▯，▯▯▯▯▯▯（九亲眷属，互相彻爱殊胜）（卷九第 115 页第 6—7 行）

〇汉文：内外六亲围绕号哭

西夏文：▯▯▯▯▯▯▯（内外亲属围绕号哭）（卷九第 116 页第 3 行）

〇汉文本：慈亲孝子

西夏文：▯▯▯▯（父母孝子）（卷四第 232 页第 4 行）

〇汉文本：离他骨肉

西夏文：▯▯▯▯（离他眷属）（卷四第 260 页第 2 行）

〇汉文：姑姨伯叔

西夏文：▯▯▯▯（大姨小叔）（卷五第 286 页第 4—5 行）

西夏文：▯▯▯▯▯▯（姑姨大伯小叔）（卷五第 288 页第 1—2 行）

（2）颜色禁忌。

〇汉文：眼常……不见玄黄朱紫惑人之色……①

西夏文：▯▯▯……▯▯▯▯▯▯▯▯▯▯▯▯（眼常不见……青黄朱紫惑人之色）（卷十第 140 第 3—5 行）

▯，"青"，汉文本作"玄"。玄，黑。青黄赤白黑，佛教中的五色。在印度教团中认为此五色为华美之色。黑为降魔之色。紫为五间色之一。

---

① 依《大正藏》原文句读。下同。

（3）佛教术语。

汉文本的"和上、和尚、阇梨、阿阇梨"等专有词语，西夏文译为"𘝪𗄼"（师长），用指佛教行辈中的老师、长辈、前辈。

○汉文：和上为说

西夏文：𘝪𗄼𗎫𗏡（师长所说）（卷五第 293 页第 6 行）

和上，即和尚。

○汉文：我大和上空无智慧。但能赞叹虚空之事。

西夏文：𗧓𘝪𗄼𗒟𗡀𗤒𗏵，𗢳𘟙𘋩𗩭𗔇𗼻𘋨𗦀（我师长者又无智慧，唯能但赞叹虚空事矣）。（卷五第 293 页第 7 行—8 行）

○汉文：止于和尚发一恶言

西夏文：𗬠𘝪𗄼𗁬𗍹𗏡𗾊𗏡（其师长发一句恶）（卷五第 294 页第 3 行）

○汉文：经生出家和上阇梨有怨怼者

西夏文：𗦀𗁅𗊡𘝪𗄼𗦴𗌭𗎸𗔇𗵒𗼻𘋨（多世出家师长阿阇梨有怨报者）（卷五第 299 页第 1—2 行）

阇梨，阿阇梨之略。阿阇梨，梵语的音译，义为轨范师。指佛教对教授弟子、纠正弟子行为的导师的称呼。

○汉文：大慈悲父

西夏文：𗤁𗤋𗗂𗝴（大慈悲主）（卷一第 101 页第 5 行，还见其他各卷）

○汉文：又为幽显一切灵祇回向。

西夏文：𘟙𘄒𘝞𘄽𗵒𗰖𗰖𘔈𗦻𘎑（又为幽显一切天神回向）。（卷九第 131 页第 8—9 行）

○恒沙——𗷀𘆨𘋧𘔦（恒伽沙数）、沙数——𘋧𘔦

汉文：烦恼恒沙

西夏文：𗷀𘆨𘋧𘔦𗪚𗦳（恒伽沙数烦恼）（卷一第 152 页第 4 行）

汉文：恒沙铁叉挑其眼睛。

西夏文：𘋧𘔦𘔿𘓄𗖰𘘧𗁬𘎑𗢛（沙数叉枝挑眼珠）（卷四第 245 页第 7 行）

"𘔿"前，疑脱"𘌠"（铁）。

○汉文：起妄语业

西夏文：𗂼𗤛𗴛𗰒（起妄造业）（卷六第 342 页第 5 行）

造业，造下善恶的业因。语业，三业之一，即口之所语，分恶语业（妄言绮语等）、善语业（爱语实语等）。妄，虚妄、虚诳、虚伪、欺。𗂼𗤛𗴛𗰒，也可译为"起造妄业"。妄业，虚妄造恶业因。

除夏汉词语的互换外，还有字词同义互训，即夏汉文二者意思相同，可互相解释。

○汉文：南无离憍佛

西夏文：𗣼𗤋𗲝𗤁𗾀𗗆（南无离憍佛）（卷六第 352 页第 6 行）

𗲝𗤁，字面意是"无敬"、"不敬"等，在此即"憍"。憍，又作"㤭"、"骄"，梵语音译"末陀"，意指恃自己之盛事对他人而心生高傲、不敬。

（4）其他方面。

○汉文：愿行早圆造成正觉。

西夏文：𗣼𗫉�762𗤁𗲝𗤋𗴤（愿行速圆成正等觉）。（卷四第 220 页第 7—8 行）

○汉文：图欲独取

西夏文：𗣼𗴛𗫉�（欲独自有）（卷四第 222 页第 3 行）

○汉文：终日竟夜

西夏文：𗣫𗣦𗫉𗫉（无所日夜）（卷四第 223 页第 6 行）

○汉文：四体不为变动所侵

西夏文：𗣼𗣦𗴛𗫉𗗆𗗩𗲝𗤋（三体不为变动衰老）（卷五第 279 页第 5 行）

○汉文：骄慢

西夏文：𗲝𗤁𗣼𗴤（不恭自恣）（卷六第 343 页第 4 行）

𗲝𗤁，"无敬"、"不恭"，即"憍"、"骄"。慢，出自梵语，七慢之一，即自负、轻蔑之意。自恣，梵语音译"钵利婆剌拏、钵剌婆剌拏、钵和罗"。旧翻"自恣"，新译"随意、满足"。骄慢，亦作"骄嫚"，即骄傲怠慢。

此外，西夏文以"𗣼𗣦𗴛𗫉"字面意"血活脉沸"，在两处分别对译汉文本"含灵抱识"（卷一第 107 页第 8 行）、"含情抱识"（卷七第 9 页第 3—4 行）。

3. 词义的增补、缩减

或出于所要表达的意思更加明了、完整，或出于突出、强调的原因，西夏文本往往用增补的翻译办法。

○汉文：八解洗心

西夏文：[illegible]（以八解脱洗心）（卷四第 220 页第 5 行）

○汉文：入海采宝还

西夏文：[illegible]（入海采珍宝往还）（卷四第 221 页第 5 行）

○汉文：礼忏

西夏文：[illegible]（忏悔礼拜）（卷五第 305 页第 10 行）

○汉文：化阎罗王大声告勅。

西夏文：[illegible]（化阎罗王大声敕受苦者）（卷四第 240 页第 3—4 行）

○汉文：各不自知在何道中。于诸师长上中下座起诸怨结。

西夏文：[illegible]，[illegible]（各自不知在何道中时，于诸师长上中下座曾经起诸怨结）（卷五第 297 页第 9—10 行）

○汉文：品诉圣贤。裁量君父。讥说师长。

西夏文：[illegible]，[illegible]，[illegible]（品评圣贤之高下，裁量国主及父之行技，说师长之恶）。（卷六第 337 页第 9 行—第 338 页第 1 行）

○汉文：一切天主一切诸天。

西夏文：[illegible]（一切天王）（卷七第 17 页第 9 行）

○汉文：愿当今皇帝（旧云大梁皇帝）圣体康御。天威振远帝基永固。

西夏文：[illegible]，[illegible]，[illegible]（愿现今皇帝圣寿长福，天威远闻，王基坚固）。（卷八第 53 页第 8—9 行）

4. 词序的颠倒

词序的颠倒涉及句子，在此不专门列例，放在下文“句子”中讲述。

（二）句子

西夏语简单句的各种语法比较好把握，复杂长句中则要注意各种语法现象。

1. 句中字、词的增减换

增补、缩减和替换在西夏文译本中，是多见现象。

○汉文：令诸众生毕竟不复受诸恶报。令诸众生舍三途苦。悉到智地令得安隐究竟乐处。

西夏文：[illegible]，[illegible]，[illegible]（卷三第 180 页第 4—5 行）

汉译：令永复不受诸恶果报，令舍三途苦悉到智地，令得安乐究竟。

○汉文本：同学共住上中下座。起一恨心怨怼无量。

西夏文：[illegible]，[illegible]；[illegible]，[illegible]。（卷五第 297 页第 5—6 行）

汉译：同学共住，为上中下座；去起一恨心，怨报无量矣。

佛教僧人座籍分比丘籍、比丘尼籍。佛言，比丘从无夏至十夏为下座，从十一夏至二十夏为中座，从二十一夏起为上座。故比丘籍分上、中、下三籍。夏，指戒夏。戒，即受具足戒。

○汉文：无有年期。亦无劫数。

西夏文：[illegible]，[illegible]。（卷五第 298 页第 1—2 行）

汉译：无相果报者无有期限，亦不现劫数。

○汉文：言己则靡德不归。说他则何恶不往。

西夏文：[illegible]，[illegible]。（卷六第 337 页第 8—9 行）

汉译：随己但颂其德，于他唯说其恶。

○汉文：常发广大胜妙之心柔软心。调和心。勇猛心不放逸心。寂灭心。真心不杂乱心。无贪悋心。大胜心。大慈悲心。安住心。欢喜心。先度一切心。守护一切心。守护菩提心。誓等佛心。

西夏文：[illegible]、[illegible]、[illegible]、[illegible]、[illegible]、[illegible]、[illegible]、[illegible]、[illegible]、[illegible]、[illegible]、[illegible]、[illegible]、[illegible]、[illegible]。（卷九第 127 页第 9 行—第 128 页第 3 行）

汉译：令常得柔软心、合和心、不放逸心、寂灭心、真心、不杂乱心、无贪吝心、大胜心、大慈悲心、安住心、欢喜心、先度一切心、守护一切心、守护菩提心、誓与佛心等心。

“发”，西夏文译以“[illegible]”（令得）。“广大胜妙之心、柔软心”，西夏文仅译为“[illegible]”(柔软心)，减译了“广大胜妙之心”。“调和心、勇猛心”，西夏文减译了“勇猛心”，仅译“[illegible]”(合和心)。合和，即调和。“誓等佛心”，即西夏文“[illegible]”(誓与佛心等心)。

○汉文：身常不觉五欲邪媚之触。不觉镬汤炉炭寒冰等触。不觉……不觉……不觉……不觉……不觉……不觉……

西夏文：[illegible]；[illegible]；[illegible]……[illegible]；[illegible]……[illegible]；[illegible]……[illegible]；[illegible]……[illegible]；[illegible]……[illegible]；[illegible]……[illegible]；[illegible]……[illegible]。(卷十第 156 页第 5 行—第 157 页第 7 行)

汉译：身常不觉五欲邪媚之触；**身常**不觉镬汤炉炭寒冰等触；**身常**不觉……**身常**不觉……**身常**不觉……**身常**不觉……**身常**不觉……**身常**不觉……**身常**不觉……。

“身常”（[illegible]），汉文本除第一次出现外，其后俱无，皆为西夏文本翻译而出。

2. 句序的调整

句序的颠倒译法，在西夏文句中也往往常见。此外，还有语句的合述和分述。

○汉文：大慈大悲救护拯接。令诸众生即得解脱。

西夏文：[illegible]，[illegible]。(卷三第 180 页第 2 行)

汉译：以大慈大悲守护救拔诸众生，即令解脱。

○汉文：复有大小泥犁阿鼻地狱。

西夏文：[illegible]。(卷四第 234 页第 5 行)

汉译：阿鼻地狱又复有大小地狱。

○汉文：毕竟不为十恶业。造五逆罪受诸苦恼。

西夏文：[illegible]，[illegible]。(卷四第 254 页第 9—10 行)

汉译：永世不为十恶五逆罪业，不受诸苦恼。

○汉文：阿鼻地狱一日一夜。此阎浮提日月岁数六十小劫。

西夏文：[illegible]。[illegible]，[illegible]

𗏁𗏺𗋐。(卷四第 240 页第 10 行—第 241 页第 2 行)

汉译：阎浮提内依日月岁劫数。如是六十小劫者，故为阿鼻地狱一日一夜。

○汉文：谤师毁师憎师嫉师。

西夏文：𗴺𗎝𗼃𗵑𗪚，𗴺𗎝𗼃𗜓𗡸。(卷五第 293 页第 3 行)

汉译：谤毁师长，嫉憎师长。

○汉文：相与今日何故受生死身不得解脱。进不覩面前授记。退不闻一音演说。良由罪业深厚怨结牢固。

西夏文：𗧃𗰔𗼃𗹙𗦻𗦜𗨨，𗰗𗵑𗥫𗷾。𗌮𗅋𗎫𗎫𗤗𗒹，𗦳𗳒𗊞𗺩𗿳𗺮𗤗𗒹，𗷾𗼓𗌮𗙏𗺮𗤗𗡝。(卷五第 304 页第 6—7 行)

汉译：相与今日罪业深厚，怨结牢固。因故未得解脱，亦未得佛面前授记，复未闻一音说法。

○汉文：忏悔往罪解怨释结。

西夏文：𗊞𗰗𗺮𗥫，𗏇𗏹𗗟𗰗。(卷六第 334 页第 4 行)

汉译：解诸怨结，忏悔往罪。

○汉文：但事不得为心想。何所不念。

西夏文：𗼓𗤊𗤻𗈚𘜶，𗵑𗴾𗴺𗴺𗾔。(卷六第 350 页第 5—6 行)

汉译：心底何不念，但不得为恶。

○汉文：若处三途。或在八难……

西夏文：𗈪𗈩𗈚、𗤺𗊰𗤻𗞞，……（卷八第 62 页第 6 行）

汉译：或在三途、八难中，……

○汉文：……炽然火烧。满中烊铜从四面出灌其身上。乘虚而行……

西夏文：……𗈪𘕿𗅆𗵘𗵑，𗂆𗨨𗴹𗈪𘕿𗷡𗭼𘊲，𗵘𗴺𗼃𘜶……（卷四第 224 页第 1—2 行）

汉译：……下然烧炽火，满中烊铜沸溢灌身，空中而行……

○汉文：盗众园中果子七枚。

西夏文：𗵑𗴹𗈪𘜶𗴹𗖲𗅆𗈚𗏺𗗟。(卷四第 225 页第 5—6 行)

汉译：有众盗树园中树果七枚。

○汉文：以是因缘作厕中虫。

西夏文：𗎫𗥫𗥫𗖲，𗜓𗴹𗂆𘕿𗷡𘊲𗺮。(卷四第 226 页第 3—4 行)

汉译：是因缘故，身受粪坑中虫。

○汉文：是即怀罗汉。胎生罗汉果。

西夏文：𗗙𗼆𗆦𗜓𗆦𗗙，𗆦𗜓𗏹𗗟。（卷五第 291 页第 6—7 行）

汉译：因此缘得罗汉，获罗汉果。

当然，西夏文本也有漏译现象。

○汉文：饿鬼道饿鬼神等各及眷属。畜生道畜生神等自各眷属。

西夏文：𗵆𗴅𗵽𗵆𗴅𗆦𗥃𗿒𗼞𗫀𗒑。（卷四第 262 页第 10—第 263 页 1 行）

汉译：畜生道畜生神等自各眷属。

"饿鬼道饿鬼神等各及眷属"属漏译。"𗫀𗒑"（眷属）原脱，依补。

○汉文：同加覆护、折伏摄受。令三世无量众怨。

西夏文：𗾝𗴩𗉛𗟦𗰜𗌗、𗂧𗉆𗆉𗌺。（卷五第 277 页第 2 行）

汉译：怨主同加覆护、折伏摄受。

西夏文本无译"令三世无量众怨"。

（三）几例典型西夏文本的新式标点

句读是正确理解文言文的基础。就佛教文献来讲，由于其名相繁多，语意艰深难懂，先进行标点这是必需的工作。运用新式标点于西夏文本，起始于聂鸿音先生①。下面结合汉夏文《慈悲道场忏法》，对其几个方面的典型句子试作新式标点和分析。

1. 涉及佛教术语名相

○汉文：从无始无明住地烦恼恒沙。上烦恼止上烦恼观上烦恼。四住地烦恼。《大正藏》[0927c05—07]

依《楞伽经》（卷四）辨析，烦恼有二种：（1）住地；（2）起。住地烦恼有二：一是四住地；二是无始无明住地。起烦恼也有二：一是四住地所起

---

① 聂鸿音：《西夏文〈新集慈孝传〉研究》，宁夏人民出版社 2009 年版。

的——恒沙上烦恼；二是无始无明住地所起的——过恒沙上烦恼。①

"止上烦恼"之"止","观上烦恼"之"观",是相对词。"止",也即"定",梵语音译为"奢摩他"、"三摩地",也是"禅定"的另名。"观"对"止"而言,梵语意译,为观察妄惑、达观真理,即"智"之别名。"止上烦恼",指修三摩地路上所遇到的烦恼。"观上烦恼",则指在修观察上面所遇到的烦恼。另,"上烦恼",又单独为一术语,《大乘起信论》曰:"过恒沙等上烦恼依无明起差别。我见爱染烦恼依无明起差别。"② 据此,相应的西夏文标点似应如下为妥。

西夏文(标点):𗂧𗣫𘝯𗦀𘒣𗣫𗴟𗇃𘃽𗰗——𗇋𗏇𗿒𘙇𘃽𗰗（𘝅𗦀𘃽𗰗、𘝯𗦀𘃽𗰗），𗏁𗴟𗇃𘃽𗰗。（卷一第 152 页第 3—5 行）

汉译(标点):从无始已来无明住地烦恼——恒伽沙数烦恼（止上烦恼、观上烦恼），四住地烦恼。

○汉文:故号如来应供正遍知明行足善逝世间解无上士调御丈夫天人师佛世尊。度人无量。拔生死苦。（《大正藏》[0950a19—20、0931c16—17]）

西夏文(标点):𗦩𗤋：𗊱𗦀、𘏨𗤺、𗤋𗯰𘖑、𗜐𘝊𗦻𗭼、𗰖𗲟、𘂝𘏨𗤋、𗴫𗆧𗒹𗧠𗚜、𗂧𗣂𗐩、𗍶𗴟𗰗、𘝊𘚺𘎹𘜶、𗨙𘘬𘝝𘝅。（卷六第 365 页第 7—9 行、卷二尾）

汉译(标点):故号:如来、应供、正等觉、明行足、善逝、世间解、调御丈夫、无上士、天人师、佛世尊,度人无量,拔生死苦。

𗤋𗯰𘖑,"正等觉",即《大正藏》作"正遍知",为佛十号中第三号。

𗴫𗆧𗒹𗧠𗚜、𗂧𗣂𗐩,"调御丈夫、无上士"。《大正藏》作"无上士、调御丈夫"。

（宋）天息灾译《佛说十号经》云"此十号义若总略释之,则:无虚妄名如来,良福田名应供,知法界名正遍知,具三明名明行足,不还来名善逝,知众生国土名世间解,无与等名无上士,调他心名调御丈夫,为众生眼

---

① 参阅释印顺《胜鬘经讲记》（印顺法师佛学著作系列）,中华书局 2011 年版,第 102—103 页；幼存等注译《胜鬘经今译》,中国社会科学出版社 2003 年版,第 19—20、70—72 页。

② 《大正藏》第 32 册第 578 页中、下栏（T32n1666_ p0578b29—c01）。

名天人师，知三聚名佛。具兹十德，名世间尊。"①

　　○汉文：各得菩萨摩诃萨所有诸心大地心。生诸善根。大海心。受持诸佛智慧大法。须弥山心。令一切安住无上菩提摩尼宝心。远离烦恼金刚心。决定诸法坚固心。众魔外道不能沮坏。莲华心一切世法所不能染。净日心除灭一切愚痴瞖障。虚空心一切众生无能量者。（《大正藏》[0960c20—0961a26]）

　　西夏文本：𗹦𗟲𗟭𘃽𗜐𗟭𘃽𗤱𗐺𗷲𗏇𗠰𗤔𗈁𗉮𗤙𗐺𗑱𗷲𗏇𗷲𗐺𗜟𗐺𗤻𗍲𗵃𗐺𗍔𗟭𗟣𗈁𘃽𗟭𗷲𗑴𗵤𗎹𗺀𗳦𗐺𗏇𗷲𗍲𗈁𗵃𗏔𗕛𗵿𗢭𗐺𗬢𗥃𗫡𗝠𗉘𗐺𗑱𗷲𗏔𗏔𘉻𗤦𗐺𗑴𗑱𗜟𗷲𗤙𗄜𗵤𗵀𗏔𗏔𗘼𗑱𗑣𗧜𗷲𘆈�5（卷九第112页第1—8行）

　　此段句读比较复杂。首先是句子长。"各得……"，西夏文本以"𗹦𗟲……𘆈�5"对应。其次，句中术语层次关系多，还有更换词（《大正藏》丽藏本作"所有诸心"，乙本作"大心"，西夏文作"𗷲𗏇"同乙本）。先分析其中术语。菩萨摩诃萨，梵语汉语音译全称为"菩提萨埵摩诃萨埵"。"菩提萨埵"新译为"觉有情"。"摩诃萨埵"新译"大有情"。二者连用指大圣、圣者（佛、世尊、菩萨）等，通称"大士"。从其汉语语法来看，大体可判断出"菩萨摩诃萨"是"所有诸心大地心"的定语。同样，"生诸善根"是"大海心"的定语，依此类推同理。还有另一种情形，"菩萨摩诃萨"是"所有诸心"的定语，"所有诸心"之下包括九种不同功用的其他各心，这样一来"生诸善根"则是"大地心"的补语，并同理推论。若依第一种情况，汉文本可标点如下：

　　标点1：各得菩萨摩诃萨所有诸心大地心、生诸善根大海心、受持诸佛智慧大法须弥山心、令一切安住无上菩提摩尼宝心、远离烦恼金刚心、决定诸法坚固心、众魔外道不能沮坏莲华心、一切世法所不能染净日心、除灭一切愚痴瞖障虚空心、一切众生无能量者。

　　照此标点下来，到最后"一切众生无能量者"是什么"心"无处落实。

---

　　①　参阅《大明三藏法数》卷第二十七《十号》，载《永乐北藏》第182册第522页下栏—第523页上栏（P182n1615_ p0522b07—p0523a02）；杨志高《西夏文〈经律异相〉整理研究·导论》，社会科学文献出版社2014年版，第41—44页。

显然第一种方法，是行不通的。若用第二方法，试标点：

标点2：各得菩萨摩诃萨所有诸心：大地心（生诸善根）、大海心（受持诸佛智慧大法）、须弥山心（令一切安住无上菩提）、摩尼宝心（远离烦恼）、金刚心（决定诸法）、坚固心（众魔外道不能沮坏）、莲华心（一切世法所不能染）、净日心（除灭一切愚痴瞖障）、虚空心（一切众生无能量者）。

用此方法，语意通顺、明确，似乎可行。这样，西夏文本可标点为：

𗓁𘛛𗥤𗼃𗕤𗥤𗼃𘞂𘄒：（𗂆𘝞𗼃𗓁𘄒）𗥤𗾔𘄒、（𗂆𗸮𘕗𘐽𗥤𘓨𗂧𘒫）𗥤�150𘄒、（𗏹𗏹𗼃𘕰𗼃𗀔𘋨𘊝𘈈𗂭）𘄴𘊝𗾔𘄒、（𗗟𘗂𗷰𗀔）𘝿𘒨𘊱𘄒、（𗂆𗂭𗁬𘊝𗙺）�983𘈈𘄒、（𘗉𗂬𗂭𘍻𘈈𗸕𘒫𗂧）𘊝𗤗𘄒、（𗂆𗂭𗏹𗏹𘖊𘉍𘒫𗂧）𗛱𗯆𘄒、（𘃽𘒣𗺌𗂭𗏹𗏹𘞉𘋝𘒫𗂧）𗍧𗯆𘄒、（𗺌𗽱𗂭𗏹𗏹𘟣𘌡𘒫𗂧）𘝾𗾙𘄒𗉶𗤓。

汉译（标点）：各得菩萨摩诃萨大心：生诸善根（之）大地心、受持诸佛智慧大法（之）大海心、能令一切安住无上菩提（之）须弥山心、远离烦恼（之）摩尼宝心、决定诸法之金刚心、众魔外道不能沮坏（之）坚固心、一切诸法不能污染（之）莲华心、能灭一切愚痴碍障（之）净日心、一切众生无能量（之）虚空心。

在此段中，西夏文分别以"𗥤𘄒"（大心）、"𗂆𗂭"（诸法），换译了汉文本"所有诸心"、"世法"。

2. 特定的句子结构

（1）"𗘮……𘋝"（普为）。

〇汉文：今日至心……普为六道现受苦者当受苦者。……（《大正藏》[0938a 24—26]）

西夏文（标点）：𗄊𘋥𘄒𘞚……𗘮𘏨𘉍𘕃𗎻𘋵𘘚、𗎻𗥃𘕩𘋵𘋝，……（卷三第209页第5—7行）

汉译（标点）：今日至心……普为六道现受苦者、未受苦者，……

上面是一个简单的，下面的则复杂些。

〇汉文：今日道场业同大众。……普为东西南北四维上下。如是十方尽虚空界一切畜生道四生众生。若大若小水陆空界一切众生各及眷属。（某甲）等今日以慈悲心力。普为归依世间大慈悲父。（《大正藏》[0960b19—22]）

西夏文（标点）：𗄊𘋥𘝗𘚢𘊚𗪨𗥤𘘛……𘋽𗘮𘏨𗤁𘎳𗏹、𘊴𘙇𘓨𘊙，𘓽

□□□□□□□□□□□□□□□□□□□□□；□□、□□□□□□□□□□□□□□□□死□□□。（□□）□□□□□□□□□，□□□□□□□□□□□□□。（卷九第108页第6行—第109页第1行）

汉译（标点）：今日道场业同大众……普为东西南北、四维上下，如是十方尽虚空界一切畜生道四生众生；若大、若小水陆空界一切众生各及眷属。（某甲）等今日以慈悲心力，为彼等归依世间大慈悲主。

此句"□……；……□。……□……"。即"普为……；……。……为……"。

（2）"□□□……□"（奉为……）、"……□"（为）。

○汉文：奉为国王皇帝父母师长。历劫亲缘一切眷属。善恶知识。诸天诸仙护世四王。主善罚恶守护持呪。五方龙王。龙神八部。一切灵祇……（《大正藏》[0931b11—15]）

西夏文（标点）：□□□：□□□□、□□□□、□□□□□□□□、□□□□，□□□□、□□□□、□□□□、□□□□、□□□□、□□□□；……□。（卷二俄藏本第11—16行）

汉译（标点）：奉为：国王皇帝、父母师长、历劫亲缘一切眷属、善恶知识，诸天诸仙、护世四王、主善罚恶、守护持咒、五方龙王、龙神八部、一切天神；……

○汉文：奉为天人六道三世众怨父母师长一切眷属。（《大正藏》[0942b14—15]）

西夏文（标点）：□□□：□□□□、□□□□、□□□□□□□□□。（卷五第277页第5—6行）

汉译（标点）：奉为：天人六道、三世众怨、父母师长一切眷属。

○汉文本：奉为有识神已来为多世出家师长阿阇梨有怨怼者。为同坛尊证有怨怼者。同学眷属上中下座有怨怼者。有缘无缘广及四生六道三世众怨。若对未对若轻若重。若各自眷属等。（《大正藏》甲本[0944b27—c01]）

西夏文（标点）：□□□：□□□□□□□，□□□□□□□□□□□□□；□□□□□□□□□；□□□□、□□□□□□□□□；□□□□□□□□□□□□□□□、□□□□□死□□□□□。（卷五第299页第1—5行）

汉译（标点）：奉为：有识神已来，为多世出家师长阿阇梨有怨报者；为同坛尊证有怨报者；为同学眷属、上中下座有怨报者；为有缘无缘广及四生六道三世众怨若报未报、若轻若重自眷属等。

〇汉文：奉为国王天帝回向。奉为父母亲缘回向。奉为师长同学回向。奉为信施檀越善恶知识回向。奉为护世四王回向。又为十方魔王回向。又为聪明正直天地虚空主善罚恶守护持呪五方龙王龙神八部回向。又为幽显一切灵祇回向。又为十方尽虚空界一切众生回向。（《大正藏》[0962c12—19]）

西夏文（标点）：𗆐𘋠𗟲：𗅁𗉜𗣼𘔼𗼃𗤪𘘹；𗷅𗡞𘕕�978𘘹𗼃𗤪𘘹；𗾟𗾟𘏨𘜔𗼃𗤪𘘹；𗆔𘋠𗴮𗴖、𗝾𗦊𘊴𘋕𗼃𗤪𘘹；𘃡𗩱𘉖𗣼𗼃𗤪𘘹；𗸷𘅍𘏨𗣼𗼃𗤦𘘹；𘈪𘀄�𘘹、𘐀𗤩𘓮𗱢𘔼𘈛𗈪𗋽、𗨜𘀿𘝬𗈪、𗝼𘏨𘕕𗣼𗴒𘀄𗭼𗼃𗤪𘘹；𘃡𘐷𘋠𗝾𗼃��𗼃�2𘘹；𗸷𘏨𗱢�978𘚋𗈪𗋑𗋑�3𘘹。（卷九第 131 页第 3 行—10 行）

汉译（标点）：奉为：国王皇帝回向；又为父母亲缘回向；为师长同学回向；为信心施主、善恶知识回向；为护世四王回向；为十方魔王回向；为聪明正直、天地虚空主善罚恶、守护持呪、五方龙王、龙神八部回向；又为幽显一切天神回向；为十方尽虚空界一切众生回向。

"奉为：……"即"𗆐𘋠𗟲：……�2"。𗆐𘋠，也有"敬礼、稽颡"等义。

〇汉文：今日道场同业大众。重复至诚五体投地。为灰河地狱剑林地狱。刺林地狱铜柱地狱。铁机地狱铁网地狱。铁窟地狱铁丸地狱。尖石地狱。如是十方尽虚空界一切地狱。今日现受苦一切众生。（某甲）等以菩提心。普为归依世间大慈悲主。（《大正藏》[0958c20—0959a03]）

西夏文（标点）：𘃡𘐷𘚋𘘬𘊹𘔼𗁝𘉟，𘝼𘃡𘋠𘝬𘕕𘏨𗥃𗨜𘔣�978𘉍𘕕、𘏵𘉍𘕕、𗝶𘉍𘕕、𗸷𘉍𘕕、𗸷𘗠𘉍𘕕、𗸷𘚋𘉍𘕕、𗸷𘓮𘉍𘕕、𗴒𗭪𘉍𘕕，𘃡𘐷�978𗈪𗱢𘔼𘉍𘕕𗋑𗋑�，𘃡𘐷𘕀𗣼�978𗌭𗋑𗋽。（某甲）𗻨𘄆𘏆𘋠𗁥𗻨�3，𗾟𘔣𘄆𗲠𗱢𘝬�𘃺𗩱。（卷九第 92 页第 3—9 行）

汉译（标点）：今日道场同业大众，重复至心五体投地，为灰河地狱、剑林地狱、刺林地狱、铜柱地狱、铁机地狱、铁网地狱、铁窟地狱、铁丸地狱、尖石地狱，如是十方尽虚空界一切地狱，今日现受苦一切众生。（某甲）等以菩提心为彼等，归依世间大慈悲主。

上述"……縱。……縱……"，第一个"縱"前是长句。

○汉文本：又为即世牢狱忧厄困苦图圄系闭及诸刑罚。念其处世。虽获人身乐少苦多。枷锁杻械未尝离体。由何所致或今身造恶。或过去所追。或应免脱无由自申。重罪分死无救护者。如是众生各及眷属。(《大正藏》[0961c07—11])

西夏文：𗾣𗴾𗟲𗰖𗗙𗅆𗰜𗡞𘒣𗸦𗟵𗾣𗤀𘕿𗣼𘕿𗖴𗖵𗴾𗟲𗊱𗆐𘝺𘜶𗴾𗟲𗣼𘏟𘆝𗢳𗴱��𘕿𗈜……（卷九第121页第2—7行）

在此西夏文长句中，由"𗾣……𗖵。……縱……𗖵……縱"（又为……者。……由……者……）构成。其中第一个"縱"字意是"由"，第二个"……𗖵"（……者）是对第一个"……𗖵"（……者）内容的深化，非并列关系。此外，句中还有一些异文①。

汉译（标点）：又为即世受牢狱图圄中系困苦，及受诸刑罚者。此于现世虽获人身，乐少苦多，枷锁杻械未尝分离：或得由于现世所造恶；或随过去世业所追应得脱无处呼告、重罪分死无救护者，如是众生各及眷属。

西夏文（标点）：𗾣𗴾𗟲𗰖𗗙𗅆𗰜𗡞𘒣𗸦𗟵，𗾣𗤀𘕿𗣼𗖵。𘕿𗖴𗖵𗴾𗟲𗊱𗆐𘝺，𘜶𗴾𗟲𗣼𘏟，𘆝𗢳𗴱�𘕿：�𘕿……𗈜；�𘕿……�	𗈜，𗸦𗟵𗾷�𘜶𗣼𗖵𗈜，���𗾣���。

(3)"𗶠𗴮……𘈧𘜶𘟙……西夏语动词"（唯愿以……同加＋谓语……）

○汉文：愿以慈悲力同加救拔。今日现受灰河等苦一切罪缘皆得解脱。一切苦报永得除灭。地狱道业永世清净。《大正藏》[0959a17—19]

西夏文（标点）：𗶠𗴮𗟐𘓺𘜶𗴮，𘈧𘜶𗷖𘕙𗒸𗸁𗣼𗰜𗡞𗴾𗛱�。���𗣼���。（卷九第94页第7—10行）

汉译（标点）：唯愿以慈悲力，同加救拔今日灰河等地狱中受苦者。一切罪缘皆得解脱，一切苦报永得除灭，地狱道业永世清净。

---

① 见本书第427页注[6]—[11]。

𗗙𗊬，同加。𗄊𗤶，救拔，谓语动词。"现受灰河等苦"，西夏文作"𗄊𘉋𘃎𗀔𗧓𘃪𘕿𗤷"（灰河等地狱中受苦者）。

○汉文：愿以慈悲力同加摄受。救拔一切饿鬼道苦东西南北四维上下。尽十方界一切饿鬼道。一切饿鬼神各及眷属。一切饿鬼各及眷属。（《大正藏》[0960b10—12]）

西夏文（标点）：𗡞𘝞𗤶𗤻𘓄𘜶𗗙𗊬𘉋𗳦𘝵𘝵，𗉛𘟙𗷀𘄴、𗫨𗷀𗁲𗤑𗷀𗐯𘃎𗁲𘉋𗳦𘝵𘝵𗀔𘉋𗳦𗉛𘝵𘝵𘖃𗤑𗙏𗭪𗶷，𘉋𗳦𘝵𘝵𘖃𗤑𗙏𗭪𗶷𘜶�� 𗄊𗤶。（卷九第107页第5—8行）

"同加"，西夏文在此作"𗗙"（同），疑应为"𗗙𗊬"。《大正藏》乙种本"一切饿鬼道苦"，西夏文作"𘉋𗳦𘜶𘝵𘝵"（一切饿鬼道）。在西夏文本中谓语动词"𘜶𘄹𗄊𗤶"（摄受救拔），位于很长的句尾。"𗡞𘝞……𘜶𗗙𗊬……𘝵𘝵……𘜶�024𘜶𗄊𗤶"，即"唯愿以……同加摄受救拔一切……等"。

汉译（标点）：唯愿以慈悲力同加摄受救拔一切饿鬼道，东西南北、四维上下尽十方界一切饿鬼道中一切饿鬼神各及眷属，一切饿鬼各及眷属等。

还有一类，"𗡞𘝞……𘜶……𗤷"（唯愿以……来……）格式。

○汉文：惟愿大慈悲。救拔一切苦恼。令诸众生即得解脱。改恶修来不复为恶。从今日去。毕竟不复堕于三途。身口意净不念人恶。离诸业障得清净业。一切众邪不复更动。常行四等精进勇猛。植众德本所为无量。舍身受身恒生福地。念三途苦发菩提心。行菩萨道不休不息。六度四等常得现前。三明六通如意自在。（《大正藏》甲本 [0933c29—0934a08]）

西夏文（标点）：𗡞𘝞𘄴𘝞�𘄴𘜶���𗧓𘝵𘝵�024𗄊𗤶𗱈𗥃𗋽𘕞。𗺖𗗙𘕗𗧚𗺖𘄴𗹙，𗉛𗉛�𘄴𗄈�𗺖𗳦𗀔𘄴𗳦��；𗋒𗱈𘈷𗫨𗣼�𘄴，𗺖𗅂𗅂𘄴𗀔𗧤𗤑𘖃�𗘂𗤗；𘄴𗜓𗯚𗍣𗤑𘐸𗤑𗽻𘄴，𗋒𗫨𗋒𗄊𘄴𗶷𗱈𗽶；𗺖𘄴�𘟦𗍣𘄴𗀔𘄹，�𗁲𗳦𘐸�𗵧�𗵨；𘈷𗑣𗫨𘄴𗺇𗳺𘄴𘂾，𗺇𗵣�𗵸𘐸𘙮�𘅁𗤷。（卷三第173页第7行—174页第5行）

"𗤷"（来），用在长句"𗡞𘝞𘄴�𘄴𘜶……𘐸𘙮��1𗤷"（唯愿以大慈悲来……如意自在）之后，汉译时和句始西夏语动词搭配表示要做某事。另句中有七处异文①。

① 见本书第177页注[2]—[8]。

汉译（标点）：唯愿以大慈悲来救拔一切众生，诸苦恼当得解脱。改恶修善不复为恶，今日之后必定不堕三恶道内；身口意净不怀恨心，离诸业障得清净业；一切众邪亦不能动心，常行四等精进勇猛；无量无边植众德本，舍身受身恒生安处；念三恶苦发菩提心，行菩萨道不休不息；六度四等常得现前，三明六通如意自在。

3. 运用连词

[illegible]……[illegible]，[illegible]……[illegible]……[illegible]，相当于汉文“非唯（非但）……，还亦（乃亦）欲……”[illegible]，字面意为“不纯”或“非但”、“非仅”，相当于“不仅……而且……”或“除之外……还……”。

〇汉文：非唯不见前佛后佛菩萨贤圣。亦恐十二分教闻声传响永隔心路。(《大正藏》乙本［0945a17—18］)

西夏文（标点）：[illegible]、[illegible]、[illegible]，[illegible]。(卷五第304页第7—9行)

汉译（标点）：非唯不见前佛后佛、菩萨、贤圣，还亦欲永隔依次所未言传十二分契经。

〇汉文：非但言空谈有。乃亦题篇造论。(《大正藏》［0939a17—18］)①

西夏文（标点）：[illegible]，[illegible]。(卷四第232页第1行)

汉译（标点）：非但言空谈有，乃亦题篇造论。

4. 疑问句中

〇汉文：大众莫言。我无是罪。我既无罪。何须忏悔。(《大正藏》乙本［0933b20—21］)

西夏文：[illegible]（俄藏本卷三第4叶第3行）

本句整体结构为“[illegible]……[illegible]”(大众莫言我……)。其中“[illegible]”(莫言)，是整个长句的谓语。

西夏文（标点）：[illegible]，[illegible]，[illegible]？

① 参阅钱汝平《大正藏本〈梁皇忏〉标点校勘举误》，《图书馆理论与实践》2007年第5期。

汉译（标点）：大众莫言我未曾作如是罪，我既无罪，何须忏悔？

五　西夏文《慈悲道场忏法》对中原传统
思想文化的传承纳新

　　佛教忏法，起源于古印度原始佛教时期，意指僧团在戒律生活中依佛典向佛前忏悔罪过之仪则，是大乘佛教修行的重要法门。佛教忏法的基本功能是忏悔，但是在它的背后有中国传统思想文化的影响；忏法要求礼忏时要有观照，这是佛教特有的修行方法；忏文的撰写有固定的格式，语言的表达既要反映求忏者的感情，还要能够满足人们的心理需求；中国佛教各个宗派都有属于本宗的忏法，其忏法理论受到了本宗学说的影响；等等。①

　　《慈悲道场忏法》除它所表现固有的"罪性本空"、"无生忏悔"等慈悲利生的大乘佛教忏悔思想外，也同时体现了对儒家、道教等中国传统思想文化的吸收、融合。如果说，《慈悲道场忏法》是中原传统思想文化本土化的产物，那么西夏文《慈悲道场忏法》则是又一次对前者的传承和对西夏党项民族文化的纳新。

　　惠宗秉常的西夏文《慈悲道场忏法序》，沿袭了中国书序文的传统，用以说明翻译意图、主旨在于"朕今怜念，慈悯有情故，乃开道场，延僧传译众经，其中此《忏法》者，于诸经率先选出……今劝众生，切勿不修善典。"② 其正文所表现的传承纳新内容丰富，主要有以下方面。

　　（一）孝悌重礼

　　1. 孝悌

　　孝悌（孝道）观念是中国伦理思想的根本，也是儒家"仁"学思想的核心。"孝"，就是指后辈对长辈的孝敬；"悌"则是指同辈之间的爱睦。

　　在儒、佛圆融过程中，佛教也吸收儒家的"孝悌"的观念，并拓展为

---

　　① 黄夏年：《〈中国佛教忏法研究〉评述》，《世界宗教研究》2005 年第 1 期。

　　② 见本书第 71—72 页（西夏文卷第一，图版第 93 页第 4 行—第 94 页第 1 行）。

"孝名为戒"、"孝为戒先"修道慈悲报恩。其中，报父母恩成为佛教报"四恩"（父母师长恩、众生恩、国土恩、三宝恩）之一。在以血缘制为纽带维系的宗法等级制社会中，在家庭内部由父母层面延伸至父母子女、兄弟姊妹，乃至族亲眷属。

对父母的报恩，《慈悲道场忏法》卷八专门设有"为父母礼佛第二十二"、"为过去父母礼佛第二十三"之章节。忏文大力宣扬父母之恩，希望礼忏者生起报恩之心，不仅应该对现世父母供养孝顺，而且对于过去世的父母，应该通过忏悔礼佛，使其增福解脱。

〇汉文：相与至心等一痛切五体投地。各自奉为有识神已来至于今日。经生父母历劫亲缘一切眷属。归依世间大慈悲父。……愿父母亲缘各及眷属。从今日去至于菩提。（卷八"为父母礼佛第二十二"。参见《大正藏》[0956a21—0956b08]）

西夏文意译：相与至心，痛切心等，五体投地，各自为有识神已来至于今日多世父母、数劫亲缘、一切眷属，归依世间大慈悲主。……愿父母亲缘，及各自眷属，从今日去至于菩提。

汉文本"世间大慈悲父"，按绍轩编著《罗汉传》，是指众首尊者（众首佛）、无边身尊者（无边身菩萨）、观世音菩萨。[1] 西夏文本译者可能考虑到"主"、"父"字意独特，或许是受了敦煌遗书忏文的影响[2]，则改用了"世间大慈悲主"。

〇汉文：奉为过去父母历劫亲缘五体投地。归依世间大慈悲父。……愿大众各有过去父母历劫眷属。从今日去至于道场。（卷八"为父母礼佛第二十二"。参见《大正藏》[0956b24—0956c12]）

西夏文意译：今为过去父母、数劫亲缘，五体投地，归依世间大慈悲主。……唯愿大众各自过去父母、数劫眷属者，从今日起至于道场。

〇汉文：今日惭愧发露忏悔。愿父母六亲一切眷属。以慈悲心受我忏悔。（卷五"解怨结第九"。参见《大正藏》[0943b24—b26]）

---

① 绍轩编著：《罗汉传》，文化艺术出版社2014年版，第217、249页。

② 张锡厚主编：《全敦煌诗》第三编《偈赞14·莫日忏悔愿文》，作家出版社2006年版，第6279页。

西夏文意译：今日惭愧发露忏悔，愿父母九亲一切姻亲，以慈悲心受我忏悔。

关于汉族亲属之"六亲"和西夏时期之"九亲"，可参看本书"导论"①。

2. 重礼

中国是礼仪之邦，谦逊、谦让是礼的核心，并体现在社会生活的各个方面。诸如迎见、驻足的礼拜仪规，在不同的情况下有不同的表达方式。在佛教礼仪中，最常见形式是出自印度的礼法——合掌（也称"合十"。主要用于佛教信众相见）、和南（系对长上问讯之礼）、跪（常用在听讲说法时，分长跪、胡跪两种。胡跪，又称"互跪"），最隆重的礼节是"五体投地"（一般只用于礼拜佛、菩萨、高僧。"顶礼"在"五体投地"中最为尊贵，也称为"头面礼"）在汉化佛礼中又增加了"稽首"（用于下拜上。中国古代九拜中最恭敬的礼仪）、"稽颡"（中国古代一种跪拜礼，屈膝下拜，以额触地，表示极度的虔诚）、"顿首"（即"叩头"。用于平辈之间的拜礼）等仪式。

上述礼节贯穿了《慈悲道场忏法》全文，有趣的是，西夏文本中以一词多译汉文本的现象比较突出。

○汉文：……我今稽首礼　闻名救厄者　我今共归依　世间慈悲父（卷一。【参见《大正藏》[0926c21—c22]】）

西夏文意译：……闻名救苦者　我今稽首礼　世间慈悲主　我今共归依

在本经中，凡有关汉文本"礼、礼敬、礼拜、稽首、顶礼"的词语，西夏文本皆以"𗼨𘕿"作对译。②

○汉文：今日至心等一痛切。五体投地稽颡求哀。惭愧改悔。（卷三。参见《大正藏》[0934b11—b12]）

西夏文意译：今日至心、等痛切心，五体投地，惭愧稽颡岂敢改悔。

此处"稽颡"西夏文作"𗝌𘝿"，他处又作"𘝿𗝌"。③

---

① 见本书"导论"第37页。

② 见本书"索引"第498、582页。

③ 此两词分别见"索引"第534、589页；第534、614页。

○汉文：今日道场同业大众。相与胡跪合掌心念口言。随我今说。(卷九。参见《大正藏》[0962b15—b16])

西夏文意译：今日道场同业大众，相与膝跪合掌、心念口言，随依我说……

"胡跪"，西夏文对以"𗥃𗥛"(膝跪、跪膝)。

○汉文：赞佛呪愿：……一切和南三乘圣众。(卷十。参见《大正藏》[0967c08—0967c23])

西夏文意译：赞佛咒愿：……归依三乘一切圣众。

和南，梵语词，音译又作"婆南、伴题、伴谈"等，意译为"我礼、归礼、敬礼、恭敬、度我、稽首"。西夏文则译以"𗙏𗁬"(归依)。归依，在其他汉文文献底本中又作"皈依"，表示归敬依投。

孝悌重礼，是僧俗礼仪规范之一，也是社会文明进步的标志。否则，按佛教言是"贡高我慢"，易生是非祸端。

(二) 畏鬼敬神

中国汉族先民早有鬼神观念和"人死为鬼"、"慎终追远"的祖宗崇拜思想。边地少数民族也大致如此。所以先秦秦汉以来，鬼神祠祀盛行不绝。从儒家孔子讲"子不语怪力乱神"，到道教说修道驱鬼长生不老，再到佛教传播业报轮回追求今世、来世的幸福，无不涉及鬼神。尤其是佛教、道教从各自神鬼系统相互融摄，构成了中国民间独特的融佛、道和传统鬼神信仰于一体的天堂地狱诸神鬼体系。这样，在儒家"孝"文化和佛道鬼神观念下，畏鬼敬神、超度灵魂、祈求趋利避害，成为社会各阶层的普遍诉求。

《慈悲道场忏法》在"六道"①礼佛内容中有中原传统鬼神名称。

中土所言之"鬼"，通常指逝者之精魂。佛教中的"鬼"一词来自梵语Preta(旧译饿鬼，新译鬼)，属于六道"饿鬼道"，住于阎魔王界，指遭诸

---

① 按佛教说法，"六道"，又称"六趣"，指凡俗众生因善恶业因而流转轮回的六种世界，即三善道：阿修罗、人、天；三恶道(三涂)：地狱、畜生、饿鬼。

天驱使而常受苦饥渴者。中原民间信仰中的泰山府君①、道教的诸大魔王、五帝大魔②、五道大神（一说为佛教轮回五界的主持)③ 和佛教之阎罗王、十八狱主为幽冥地界掌管鬼魂之神。

东汉以来，民间传说泰山治鬼，泰山神因之成为中国最早的冥神。佛教传入中国后，地狱的观念占据统治地位，泰山鬼府之说逐渐衰落，但泰山神的冥神地位却没有动摇。魏晋时代，泰山神称泰山府君，也称泰山令。六朝时期的道经《度人经》说，诸天之中有青天魔王、赤天魔王、白天魔王、黑天魔王、黄天魔王，此五帝大魔为万神之宗，总领鬼兵，游观太空。④ 至于五道大神，成分比较复杂，源出中原固有信仰，即五道将军，后被佛教、道教吸收。

〇汉文：奉为。……诸大魔王五帝大魔。一切魔王。阎罗王泰山府君。五道大神。十八狱主并诸官属。(卷七。参见《大正藏》[0951a28—0951b05])

西夏文意译：奉为：……诸大魔王、五帝大魔、一切魔王、阎罗王、泰山府君、五道大神、十八狱主诸等相从。

〇汉文：又愿阎罗王泰山府君。五道大神十八狱王……（卷七。参见《大正藏》[0952b13—0952b14]）

西夏文意译：又愿阎罗王、泰山府君、五道大神、十八狱王……

《慈悲道场忏法》所阐发的人与鬼神交通，通过对其主管者讨好的奉为和申誓祝愿，体现了功利、面面俱到的实用敬畏态度。当然，礼佛仍是其重点内容。忏文中悔身、口、意三类罪业的礼敬对象不仅从佛延伸至菩萨、罗汉、护法神将、鬼神部众，而且参拜顺序是"南无弥勒佛、南无本师释迦牟尼佛……南无观世音菩萨"。

（三）国王国家

宗教和政治作为两种意识形态或对立或统一，取决于最高统治阶级的利益。在中国古代社会，以儒家宗法观念为核心、正统和宗教服务于政治是其显著特点。从两晋高僧道安（312—385 年）"不依国主则法事难立"①、慧远（334—416 年）"沙门不敬王者"② 两截然相左的立场，到北魏、隋唐以来"皇帝即是当今如来"③ 思想的转型和形成定制，标志着以佛法渐次屈服于礼法的大体终结。

反映在《慈悲道场忏法》中，卷八也设有"为诸王王子礼佛第二十一"之章节。

〇汉文：愿当今皇帝（旧云大梁皇帝）圣体康御。天威振远帝基永固……（卷八。参见《大正藏》[0955c04—0955c06]）

西夏文意译：愿现今皇帝圣寿福长，天威振远，王基永固……

〇汉文：奉为皇太子殿下。分土诸王（旧云临川诸王）各及眷属。归依世间大慈悲父。（卷八。参见《大正藏》[0955c12—0955c15]）

西夏文意译：奉为皇太子殿下、诸王，各及眷属，归依世间大慈悲主。

忏文中如此为皇帝（国王）、皇太子殿下、诸王等礼佛，体现了中国佛教的国家性和忏法的现实性。

六　《慈悲道场忏法》在中国历史上的社会影响

忏法自印度传入中国后，西晋时期以弥天法师道安（312—385 年）为始，吸收外来忏法在本土文化的基础上创立了中国忏法。这一时期，由于具体仪则失传，详情不甚了解。

---

① 《高僧传·释道安传》，《大正藏》第 50 册，第 352 页上栏（T50n2059_ p0352a12）。

② 《弘明集》卷 12，《大正藏》第 52 册，第 83 页下栏（T52n2102_ p0083c03）。

③ 法果语"太祖（拓跋珪）明睿好道，即是当今如来，沙门宜应尽礼"，载《魏书》卷 114《释老志》，中华书局 1982 年版，第 3031 页。

南北朝时，在梁武帝主政下制定的现存《慈悲道场忏法》及其他现存、散佚忏文，推动了忏法在江南、中原渐次兴盛、流传，并因此形成中国忏史发展的第一个高峰。隋唐之际，宗派林立下的佛教各派，除天台宗智顗（538—598 年）大师所造集大成者忏法外，诸如天台宗、净土宗、华严宗、密宗等俱依所遵佛经制定了各自忏法。

宋元时期，伴随着民族融合宋王朝奉行儒佛道三教并举和元代宗教宽容政策，中国佛教总的趋势是发展、繁荣的。以宋代为代表，中土在天台宗高僧弘扬智顗之法立说著述、专务忏仪的同时，其他忏法也并行不悖。一时中国忏法不仅在内地空前绝后、全盛至极，而且大范围流布周边少数民族地区，出现忏史的兴盛的第二个高峰。明清两代承宋代之余绪，几经衰盛。在此过程中，《慈悲道场忏法》忏法成为最常见的法门之一，一直沿用至近现代。

据统计，在中国佛教历史上，现存有名称的忏法计 17 种①，影响大的常用者包括《慈悲道场忏法》在内有 6 种②。各忏法或因所依经典或因宗派或因仪规等之不同，故其功行德用，同中有别。《慈悲道场忏法》作为较早出现的忏法，在其自身完善过程中，它在中国历史上的影响，表现为：一方面，承上启下，即集思时人宏论，又对后世经忏仪规的兴起和发展产生积极影响；另一方面，是传播比较广泛、最久的忏法，它标志着中国忏史发展的第一个高峰。

（一）从内容源头、属类来说，起着承上启下的作用

《慈悲道场忏法》的源头，因本忏法序和史载不一和材料的缺漏，学

① 各忏法有通称、异称、简称之分，有全本、节略之别，等等。17 种者计有：《慈悲道场忏法》、《慈悲三昧水忏》、《大悲忏仪合节》、《礼赞地藏菩萨忏愿仪》、《地藏菩萨本愿忏仪》、《慈悲地藏忏法》、《净土忏法》、《慈悲药师忏法》、《金刚般若宝忏》、《礼八十八佛洪名宝忏》、《过去现在未来三千佛名宝忏》、《佛说佛名经》、《法华三昧忏仪》、《华严普贤行愿忏仪》、《佛母准提焚修悉地仪文宝忏》、《慈悲冥府十王妙忏法》、《慈悲血盆忏法》。参阅祥云法师《常用经典忏法内容述要（慧絮集）》，财团法人佛陀教育基金会版 2007 年版，第 31—39 页。

② 林明珂、申国美编辑：《中国佛教常用忏法六种》，全国图书馆文献缩微复制中心，2003 年版，前言和目录页。

界、僧界似乎没有统一的论断。今人释圣凯据道宣（596—667 年）《续高僧传》卷二十九、宋代赞宁（919—1001 年）《宋高僧传》卷二十九及清代俞樾所著的《茶香室丛钞》卷十三的记载，认为《慈悲道场忏法》的雏形是南朝齐武帝永明年间（483—493 年），文宣王萧子良所撰《净住子》二十卷（"净住"就是保持身、口、意的清净，"子"就是继承三世佛种）。梁武帝（464—549 年，在位 48 年）后来召集高僧大德，依据《净住子》而删去繁芜，采摭经典中的妙语，改集成《慈悲道场忏法》十卷。① 其实，《慈悲道场忏法》也有不少发愿的内容和梁武帝本人的《东都发愿文》极其相似。如卷七"发愿第五"、"发回向心第六·赞佛咒愿"、"总发大愿第十三"；卷十"为六根发愿第三十九"、"嘱累第四十·赞佛咒愿"等。② 元后至元四年（1338 年）智松柏庭在重新校订审核《梁皇忏》，增加诸佛嘉号及地狱之洪名，成为现在的流通本。暂且抛开《慈悲道场忏法》在南北朝的具体内容、名称，甚至作者演变的细则不论，可以确定的是在当时各种忏文盛行的情况下，它参考、模仿而又以新的主旨思想编写的事实是无疑的，况且其自身也有丰富完善的过程。可以说，《慈悲道场忏法》在内容方面的承上是无疑的。

《慈悲道场忏法》对其后的影响还表现在内容和体例上。南宋时志磐（？—1270 年）据《慈悲道场忏法》整理成《水陆修斋仪轨》六卷。元代王子成集净土因缘为《礼念弥陀道场忏法》十卷（略称《弥陀忏法》），其自序谓该忏法"颇依《梁武忏》之仪轨，粗阐弥陀教之功德。千佛备列，圣众全彰"③。可见《弥陀忏法》的仪轨次第、礼拜对象、忏文程序，是受了《慈悲道场忏法》的影响。

---

① 圣凯：《佛教忏悔观》，宗教文化出版社 2012 年版，第 117 页。圣凯：《中国佛教忏法研究》（宗教文化出版社 2004 年版，第 77 页），认为"《梁皇忏》的最初形态是竟陵王萧子良所撰《净住子净行法》的'忏悔篇'，又称为《六根大忏》，因梁武帝欲忏悔六根罪业，所以命令真观增广《六根大忏》成为现在的《梁皇忏》十卷本，在唐宋时期称为《六道慈忏》、《慈悲忏》、《梁武忏》。所以，《梁皇忏》的真正作者是真观，而不是宝唱。"

② 黄征：《敦煌愿文考辩》，载郝春文主编《敦煌文献论集：纪念敦煌藏经洞发现一百周年国际学术研讨会论文集》，辽宁人民出版社 2001 年版，第 554 页。

③ （元）王子成：《礼念弥陀道场忏法》卷一，载《卍新续藏》第 74 册，第 77 页中栏。（X74n1467_ p0077c16－c17）。一说王子成，为金代人。

此外，《慈悲道场忏法》，也是中土大乘忏法中与超度亡灵关系最为密切者。由《慈悲道场忏法》与唐代密教冥道无遮大斋结合，发展形成了水陆法会。水陆法会，就包括礼拜《慈悲道场忏法》与讽诵诸经的仪式。它对焰口施食仪的产生有着极为巨大的影响。

《慈悲道场忏法》也影响道教忏仪及斋醮仪式的制作。唐代道教有名的《九幽忏》，则仿照了《慈悲道场忏法》的制作程序和及忏文内容。还有，它和《慈悲道场目连报本忏法》、《佛说目连救母经》所反映的目连文化也有着紧密的关联[①]。

中国佛教忏法通行的有两种：一种是采用有关佛经所说的忏悔与礼赞内容而纂成的仪则，这是一种单纯的忏法；另一种最早由智颛所创，把忏法与天台宗的止观修持结合在一起，既是忏悔的仪式，也是修行的方法。

《慈悲道场忏法》采集佛典 13 部，属纯粹忏悔礼赞的忏法。在此体例影响下，唐代悟达国师知玄（811—883 年）以《圆觉经修证仪》为来源，立三昧水洗疮而濯除累世冤业的《慈悲三昧水忏》。宋代知礼（960—1028 年）迎合观音信仰，据《大悲咒》创设《大悲忏》。宋代遵式（964—1032 年）契合净土信仰，采《无量寿经》以及称赞净土诸大乘经，撰《往生净土忏愿仪》。明代智旭补撰《赞礼地藏菩萨忏愿仪》，集《大乘大集地藏十轮经》、《占察善恶业报经》、《地藏菩萨本愿经》等而成，用于报亲恩、祈祷父母冥福。清代，大觉寺刊定《药师忏》，以《药师如来本愿功德经》为之，作用于消灾延寿法事。[②]

（二）从流传地域、时间和历史长河来说，是传播比较广泛、历经最久的忏法，它代表着中国忏史的第一个高峰

和其他忏法相比，《慈悲道场忏法》文繁义广，词意恳切，列诸佛菩萨名号约 1676 称，功用多途。但凡超度亡灵、祈福生人、消灾除病、解冤释结、心增福慧、求子求财……，皆可恭敬诚求。正由于此忏法之功德殊胜，加之长期的弥勒信仰和唐宋以来佛教文化的民俗化、大乘化，修行者有僧

---

① 戴云：《〈佛说目连救母经〉研究》，《佛学研究》2002 年，第 286—293 页。

② 方广锠撰：《中华文化通志·宗教与民俗典》(9－081)《佛教志》，上海人民出版社版 1998 年版，第 222—223 页。

界，信众者有上至王室贵族文人，下至民间布衣百姓，或用于个人自律或为普度他人，众生皆可居家、设坛礼诵，简单易行。尤其从梁武帝的亲身躬行始，中经唐宋夏元朝代下及当代，《慈悲道场忏法》不仅在内地得到迅速普及，而且渐次流布边地。

就西北、北方边陲来说，《慈悲道场忏法》文种有党项民族所使用的西夏文、今维吾尔族先民书写的回鹘文，还有汉文。西夏文除前"西夏文《慈悲道场忏法》在宋元时期的刊刻"所述及外，回鹘文有莫高窟北区 B128窟、吐鲁番柏孜克里克出土回鹘文《慈悲道场忏法》残页，① 有保存在德国柏林吐鲁番文献中心、普鲁士文物国立图书馆的其他版本。汉文，还有黑水城出土的文言文、口语化的文本，② 甚至早在敦煌莫高窟第 98 窟，也就是归义军节度使曹议金的功德窟中，其窟顶四坡的千佛名就出自《慈悲道场忏法》。③

作为早期成型的《慈悲道场忏法》，从它的成立到所经世的时间跨度说，若从南朝梁武帝（464—549 年）时代算起，至元代（1271—1368 年）约 900 年，至现代则逾 1500 年。特别重要的是以它为代表，所掀起的中国忏史的第一个顶高峰，是不容忽视的。

（三）《慈悲道场忏法》，是加强中土和党项族的重要文化纽带，也是巩固政权的辅助手段

和其他佛教忏法、经典一样，《慈悲道场忏法》是中土和边地民族重要文化纽带，更是融民俗、祈福，巩固统治于一体的辅助措施。前者此处不再

---

①　这两处回鹘文残叶，经专家研究认为抄写年代可拟定于元代，其施主可能为不同的人。参阅张铁山《莫高窟北区 B128 窟出土回鹘文〈慈悲道场忏法〉残叶研究》，《民族语文》2008 年第 1 期；张铁山《吐鲁番柏孜克里克出土两叶回鹘文〈慈悲道场忏法〉残叶研究》，《民族语文》2011 年第 4 期；杨富学《回鹘文献与回鹘文化》，民族出版社 2003 年版。

②　吴超：《中国藏黑水城汉文文献所见〈慈悲道场忏法〉考释》，《赤峰学院学报》2011 年第 8 期，第 29—33 页；宁夏大学西夏学研究中心、中国国家图书馆、甘肃五凉古籍整理研究中心编：《中国藏西夏文献》第 5 册，甘肃人民出版社、敦煌文艺出版社 1998 年版，第 321—324 页。

③　刘永增、陈菊霞：《〈慈悲道场忏法〉与莫高窟第 98 窟》，载樊锦诗、才让、杨富学主编《丝绸之路民族文献与文化研究》，甘肃教育出版社 2015 年版，第 557—582 页。

赘述，后者则更为具体。

据存世的汉夏文序跋、发愿文之类研究成果表明①，自西夏惠宗秉常（1068—1086 年在位）御译《慈悲道场忏法》之后，仁宗仁孝执政时期（1139—1193 年），仁孝在一些特殊的日期（皇帝本人本命年、镂版经典、皇太后周忌之辰），皇室都要举行大型法会，其中就包括一项重要内容"作忏悔"。其后，太后罗氏则在仁宗三周年忌辰的法会上，也是如此照办。法会上的"大乘忏悔"，或指《慈悲道场忏法》，或指包含《慈悲道场忏法》在内的其他忏法。

夏天盛十九年（1167 年）：

于神姚皇太后周忌之辰，开板印造番汉共二万卷，散施臣民。仍请觉行国师等烧结灭恶趣中围坛仪，并拽六道及讲演《金刚般若经》、《般若心经》，作法华会、大乘忏悔……又愿：六庙祖宗，恒游极乐；万年社稷，永享升平。②

夏乾祐十五年（1184 年）：

朕适逢本命之年，特发利生之愿。恳命国师、法师、禅师……亦致打截截、作忏悔、放生命、喂囚徒，饭僧、设贫诸多法事。……以其所获福善，伏愿：皇基永固，圣裔弥昌。……界内存亡，俱蒙善利。③

夏乾祐二十年（1189 年）：

见佛奥理之功，镂版斯经。……就大度民寺作求生兜率内宫弥勒广大法会……说法作大乘忏悔，散施番、汉《观弥勒菩萨上生兜率天经》一十万

---

　　① 参见史金波《西夏佛教史略》，宁夏人民出版社 1988 年版；聂鸿音《西夏佛经序跋译注》，上海古籍出版社 2016 年版。

　　② 见汉文《圣佛母般若波罗蜜多心经后序》，载《俄藏黑水城文献》第 3 册，上海古籍出版社 1996 年版，第 76—77 页。

　　③ 见汉文《圣大乘三归依经发愿文》，载《俄藏黑水城文献》第 3 册，上海古籍出版社，1996 年版，第 51—53 页。又见汉文《圣大乘胜意菩萨经》残卷，载《俄藏黑水城文献》第 3 册，第 236—237 页。参阅聂鸿音《西夏佛经序跋译注》，上海古籍出版社 2016 年版，第 171—172 页。

卷……以兹功德，伏愿：四祖一宗，主上宫之宝位……四海视升平之年。①

太后罗氏夏天庆三年（1196 年）于仁宗三周年忌辰：

今皇太后罗氏，恸先帝之遐升，祈觉皇而冥荐。谨于大祥之辰，所作福善，暨三年之中，通兴种种利益，俱列于后。……消演番汉大乘经六十一部，大乘忏悔一千一百四十九遍。……兆民贺尧天之庆，万姓享舜日之荣。②

佚名氏夏应天四年（1209 年）：

……做广大法事烧结坛等一千七百五十八次。消演番汉大乘经五部、大乘忏悔一百八十一遍。③

从上面可以看出，汉文、西夏文两种文字的《慈悲道场忏法》在西夏皇室所发起的法会活动中，可能是和其他佛事一起配合使用的。在大规模、长耗时的法会中，其功能不仅可追思、超度，又祈福国家、民众，和西夏文的单行本作用如出一辙。

七 结语

不言而喻，和其他西夏文文献一样，《慈悲道场忏法》不仅具有重要的文物、文献和语言文字价值，而且它对探究西夏及其遗民的信仰观念、社会意识、心理习俗等精神生活和社会阶层等物质文化也大有裨益。

就文物、文献价值而言，无论是大宗的俄藏刻本经折装、梵夹装、写本梵夹装，还是中藏刻本经折装，距今都已近千年历史，是珍本。特别值得一提的是，通过同源、同文种几个藏地西夏文本的汇辑考校，是进行西夏文复

---

① 见汉文《观弥勒菩萨上生兜率天经发愿文》，载《俄藏黑水城文献》第 2 册，上海古籍出版社 1996 年版，第 47—48 页。又同名西夏文见俄藏 инв. № 941。参阅聂鸿音《西夏佛经序跋译注》，上海古籍出版社 2016 年版，第 99—104 页。

② 见汉文《大方广佛华严经普贤行愿品发愿文》，载《俄藏黑水城文献》第 2 册，上海古籍出版社，1996 年版，第 372—373 页。

③ 见西夏文《应天四年施经发愿文》，俄藏 инв. № 5423。参阅聂鸿音《西夏佛经序跋译注》，上海古籍出版社 2016 年版，第 146—148 页。

原整理的有效途径。

就西夏文《慈悲道场忏法》的复原整理而言，开展此工作，对学术界、佛教界的独特意义在于以下几方面。

（1）用古典文献学的版本汇辑勘同、补考方法，对中藏国图本、俄藏本进行比勘、缀合补阙整理最后实现其复原，为西夏研究提供了全面、可靠的文献依据。以往的西夏文献考释，由于受材料存世完整性的限制，多以某一单个卷片本身而论之。西夏译本的复原，将会推进西夏文献研究从微观到宏观，从局部到全面的完整研究。

（2）通过对夏汉文本词语，特别是对异文的考释、研究，有利于深化对西夏佛教民俗和文化的认识，反映的夏汉社会文化、民族交流。由于该忏文表现出的弥勒信仰和当时在法会的实用，西夏人在进行译文时，根据自身对佛理的掌握和本地社会实际，又进行了改造性吸收。因而，译本出现了大量的异文现象，涉及字、词乃至句。数多量大的异文，正是西夏译本的价值所在，这样既可分析西夏人对中原佛教忏法翻译的理念、特点和信仰文化，又可为字典辞书弥补新词、辨证义项和提供语例，构成二者的互动反观。

（3）在前人的基础上，充分运用新式标点在西夏佛教文献整理复原本的研究，是又一次尝试。这会为其后西夏文献，尤其是复杂长句的句读积累非常有益的经验。

（4）西夏复原本不仅为西夏佛教史的研究提供了第一手资料，为中国佛教忏法增添了又一完整的少数民族文本，而且更有助于中国佛教忏法史的研究和进一步深入理解古代汉、回鹘与西夏间的历史文化关系，纠正以往研究的误判。该经从西夏的初译到元代重刻，历经二百多年，这是佛教忏法传播的重要一环。夏译汉本也为梁代说提供了足够佐证。

（5）佛教忏法的基本功能是忏悔，但是在它的背后有中国传统思想文化的影响。西夏文《慈悲道场忏法》除它所表现固有的大乘佛教忏悔思想外，也同时体现了对孝悌重礼、畏鬼敬神、国王国家等中原儒家道教传统思想文化的传承、纳新。

（6）《慈悲道场忏法》，不仅从内容源头、属类来说，起着承上启下的作用，而且从流传地域、时间和历史长河来说，是传播比较广泛、历经最久的忏法，它代表着中国忏史的第一个高峰。该忏法同时是加强中土和党项族文化联系的重要纽带，也是巩固政权的辅助手段，因而在中国佛教历史、忏法历史上产生重要的社会影响，具有重要地位。

关于校读译注和附录编排的简要说明（凡例）

本书的"校读译注"以《大正藏》为基本的汉文材料，对汉夏文本进行对勘复原和研究。内容包括四部分：录文、对译，意译、注释。录文、意译部分的夏汉文用以新式标点，在二者分段起止处注明西夏文原刊行图版所在的页、行。各卷目处标示所藏地文本的简称。

（一）西夏文的电脑录文按《中国藏西夏文献》国家图书馆藏本（简称"中藏本"）版式，依其内容对各卷进行文意分段，残缺部分以俄藏 4288 号 26 行 13 字本（简称"俄藏本"，未刊行的俄藏本在录文时仅注所在行，分段起止仅注为俄藏本）补足，并随各页各行试加新式标点。当中藏本、俄藏本分段共为一处时，则分别标明。无标明者，则为中藏本。此外，由于每卷首的御译题记和卷尾的经名重复，所以仅在第一卷中录文、对译、意译，在其他各卷在相应页行中均示以"（略）"。文中双行小字改录为单行大字，并加"（ ）"加以区别。"X"表示据文意、偏旁所补残字，"□"表示无法补证的残缺字。?表示存疑。底本笔画错，字意明确者径改，个别者在相应注释中指出。底本个别字与现行字库相异者，给以扫描原字。图版叶面重复、错乱标以脚注形式。卷中所缺佚文，依据相应位置标以"（前缺）"、"（中缺）"、"（后缺）"。

（二）西夏文的对译为相应的汉文逐字、词校读，有固定搭配的词则译以特定含义。凡一个西夏词语有多种习惯译法的，则选用最接近的一种，并不与当前通行的字典释义强求一致。对西夏文字面与之对应的相关汉文佛教术语严重相异者，首次加注，后续径直对译为相应词语。如𗏓𘜶，字面意为"句要"，对应"嘱累"；𘜔𘄒，字面意为"与解"，对应"警念"。"〈 〉"号表示难以用汉字对译的西夏文虚词，"[X]"表示对音字。对译内容，不加新式标点。

（三）意译汉文，参照《大正藏》底本。凡中藏本、俄藏本相接部分以" ‖ "表示。部分缺佚的西夏文对应汉文，附以未标点的华文楷体《大正藏》原文。通段结束后，尾标《大正藏》出处（1990 年佛陀教育基金会印

《大正新修大藏经》，简称"参见《大正藏》[页栏行]"）。

（四）注释一般只注异文，即偏重西夏文与汉文不能形成字面对应的字、词和句序，偏重西夏译者因对汉文原本词语的不同理解，所译就与汉文不相对应的语句。对不影响西夏文理解、目前尚无统一规范解释的西夏语动词趋向、时态、前缀和后缀一般不作专门注解。底本凡字词义明确，但笔画有错者径直改正，不出校说明。注文选择现存最早汉文本中能与西夏文本最为接近的底本，即《大正新修大藏经》所用主要底本《再刻高丽藏》(1251年，简称"丽藏本"、"丽本"，文中不特别注明者即为此本）、参校本——明万历十三年（1585 年）刊，日本东京增上寺报恩藏本异文明显者进行释解（沿用《大正藏》所用代号即乙本），兼以《中华大藏经》(任继愈主编)参校本——明《永乐南藏》(简称"南本")。对各卷出现的相同异文，原则上首次注解并标以"下同"，其后拟不再重注。

（五）对涉及的部分汉文底本异体字一仍原貌，对译、意译、注释时则尽量统一为通行字。如"惟、闇、呪、覩、麁、毗、瞋、瘂、瞑"分别作"唯、暗、咒、睹、粗、毘、嗔、哑、冥"等。底本繁体字，一律改为简体字。

（六）"主要参考文献"属附录之一，分夏汉典籍、现代撰著两类。依其分类并按出版时间排列，同一作者的多本（篇）相关论著，以较早时间始一并集中。

（七）"索引"属附录之二，内容包括二方面：一为"西夏文首字四角号码顺序索引"(以下简称"西夏文首字角号序索引")、二为"汉文首字汉语拼音顺序索引"(以下简称"汉文首字拼音序索引")。

贰

西夏文《慈悲道场忏法》的复原译注

《慈悲道场忏法》序、卷第一（中藏本）

《慈悲道场忏法》卷一刊布于《中国藏西夏文献》第四册第 87—155 页，《中国国家图书馆藏西夏文献》第二册第 57—76 页。

录文、对译（中藏本第 87 页—91 页第 4 行）

第 87 页：1. [illegible]《[illegible]》[1][illegible]

对译：新刻慈悲忏法卷一第

第 88 页：俞声刊 [illegible][2][illegible]①

对译：［郗］氏天升处

第 89 页：[illegible]②

对译：［郗］氏蛇身化处

第 90 页：1. [illegible] 2. [illegible][3] [illegible][4][illegible]！3. [illegible]！4. [illegible]！5. [illegible]！6. [illegible]！

对译：1. 慈悲道场忏法运 2. 启一心归命三世诸佛 3. ［南无］过去［毘婆

① 此为《讲经图》中的西夏文注文。

② 此为《梁皇宝忏图》中的西夏文注文。

尸]佛 4.［南无］［尸弃］佛 5.［南无］［毘舍浮］佛 6.［南无］［拘留孙］佛

第 91 页：1. □□□□□□□□！ 2. □□□□□！ 3. □□□□[5] □□□□□！ 4. □□□□[6] □□□□！

对译：1.［南无］［拘那含牟尼］佛 2.［南无］［迦叶］佛 3.［南无］师长［释迦牟尼］佛 4.［南无］当来［弥勒］尊佛

意译、注释（中藏本第 87 页—91 页第 4 行）

新刻《慈悲忏法》卷第一

俞声刊（郗氏升天处　郗氏化蛇身处）

　　　　　启运慈悲道场忏法

一心归命三世诸佛！南无过去毘婆尸佛！南无尸弃佛！南无毘舍浮佛！南无拘留孙佛！南无拘那含牟尼佛！南无迦叶佛！南无师长释迦牟尼佛！南无当来弥勒尊佛！

［1］□□□□□：慈悲忏法，全称为“□□□□□□□”。学界此前多译为“慈悲道场忏罪法”，但随着对该经研究的深入，发现译作“慈悲道场忏法”更为贴切。□□，在本经中对译的汉文有“忏、忏悔、悔过、悔责、忏谢”等。如“虔敬礼忏”，西夏文为“□□□□□□□”。“忏悔往罪”为“□□□□”。此外，西夏人用“□”译“罪”。汉文本作“慈悲道场忏法”，无“罪”字。因此，本书一律改译为现名。

［2］□：字面意为“生”，在此处应译为“升”。

［3］□□□□□□□□：启运慈悲道场忏法。启运，即开启福运，关停罪运。□□，又可译为“建立”等义。

［4］□□：归命。在本经中又对应汉文“归向”、“归依”。下同。

［5］□□：师长，丽藏本《礼念弥陀道场忏法》、明《永乐北藏》作“教主”。

［6］□□：字面意为“后来”。也可译为“当来”，即丽藏本《礼念弥陀道场忏法》、明《永乐北藏》作“当来”。

录文、对译（中藏本第 92 页第 1 行—94 页第 2 行）

第 92 页：1.《𗼕𗟲𗱈𗤀𘃽𘜶》𗤦①2. 𗫸𘉗𗠉𗄈𗖰𘜘 𘊝𗦾[1] 𘜶𗱈𘓞𗦾 𗾔𗇋𗉵 𗜓�󠄀 𗉘𗰜 𗋽𗄈𗥃𘜶𗤙𗷰𗦾𗇑𗒹𗾔𗵜 𗱴𗱰 𗉘𗰜② 3. 𗼊𗤫 𗟲𗘇，𗗙𗹬𗄈𘎟𗤀𗤳；𗦲𗘂𗅠𗐩，𗼕 4. 𗵜𗷟𘀤𗉘𘘥。𗏵𘘥𘂅𗴿，𘊝𘜶𘜶𗤁 𗑴𘓐；5. �[2]𘓐，𗉘𘒣[3] 𘜶𗤀𘕣𗤦。𗄈𘕊𗼊𗐩，𘏞

对译：1. 慈悲道场忏法序 2. 天生全能番禄圣祐法式国正皇太后 [梁]氏　御译　德救国主福增民正明大皇帝　[嵬名]　御译 3. 民去主遣类依教禁治为恶生佛现慈 4. 以教导救援西天自初圣法世出流传 5. 东土教至御僧契经译行朕诸民观贪

第 93 页：1. 𗰜𘓐𗄈，𘜶𗟲𗑴𗤙，𘀀𗾔𗴿𗿷。𗷰𗱈𗙼𘏞，2. 𗤳𗴿𘐓𗷰，𘒣𗤁𘖞𘄄𗴿𗱴，𘙊𗥃𗗙𘓐 3. 𘜶𘈪。𗤳𘘥[4]𗴿𗷰，𘑲𘕊𗱴𘉗𘊝𗤳；�𗉘𗴿 4. 𘜘，𗤁𗴿𗮈𗴿𗱴𗴿。𗄈𘕊𗟲𘏞，𘏜𗷰𗼊𗼕 5. �𗄈，𘜶𗠉𗨅𘜶，𘒣[5] 𗰜𗥃 𘜶𗤀𘜘。𗱴《𗤀𘃽》6. 𗤁，𘕊�𘜶𘜘𘝞𘜩，𘊝𘙊𗽴𗨞𘝞𘙃，𗤳𘝡 7. 𗷟𗫶。

———————

① 此序（即首序），1988 年史金波先生进行了解读，并考证为惠宗秉常（1068—1086）御制。参见史金波《西夏佛教史略》，宁夏人民出版社 1988 年版，第 90、240 页）。2007 年聂鸿音先生对其又作了新译。参见聂鸿音《西夏遗文录》，载杜建录主编《西夏学》（第二辑），宁夏人民出版社 2007 年版，第 146 页；聂鸿音《西夏佛经序跋译注》，上海古籍出版社 2016 年版，第 1—5 页。

② 此题款学界有多种译法。王静如先生《西夏研究》第一辑《西夏文经典题款译释举例》（1932 年）译为“天□院善重禄法古国正皇太后梁氏神译；德成□主福盛民正明大皇帝皇嵬名神译”，并指出文中“梁氏”为崇宗母昭简文穆皇太后梁氏。但有两字未译出，用□代表。[日]西田龙雄先生《西夏文华严经》Ⅰ，译为“天生全能，重禄法古，国正皇太后梁氏贤；德成国主，福盛民正，明大皇帝皇嵬名贤译”（1975 年）。史金波先生《西夏佛教史略》译为“天生全能禄蕃式法正国皇太后梁氏御译，救德主世增福正民大明皇帝御译”。《中国藏西夏文献》第六册译为“天生全能禄蕃佑圣式法正国皇太后梁氏御译；救德主世增福正民大明皇帝御译”。孙伯君先生《德藏吐鲁番所出西夏文〈郁伽长者问经〉残片考》（《宁夏社会科学》2005 年 5 期）译为“天生全能禄番式法国正皇太后梁氏御译；救德主国增福正民大明皇帝御译”。聂鸿音先生《西夏佛经序跋译注》译为“……祐圣……，……世增福……”。本书在孙文基础上，拟译“𘊝𗦾”为“民正”，以对应“国正”。下同。

𗣼𗢭𗪪𗧓𗧓𗧪，𗥃𗤋𗵽𗤋；𘝞𗤋𗤧 8. 𗧟，𗤓𗰜[6]𗧓𗾟𗫔𗥃。𗆜𗯼𗪡𗧓，𘞲𗫠𗧓𗣼 9. 𗡞𗥃？𘘚𗄹𗤹𗤹，𗤒𗧤𗧓𗤧𗣼𗱸；𗱈𗴮𗣗 10. 𗴮，𘏞𗝣[7]𗧓𗥃𗵽𗤋。𗧓𗏇𗧓𗤧，𗴮𗥃𗵽𗤩

对译：1. 嗔痴缘诸境欲起实虚不绝有空执著 2. 坚不舍因故死生界中回转烦恼海内 3. 常在固安无有实乐此即谓矣善德不 4. 修后世自欺未知朕今怜念情有之慈 5. 悲因经院而设僧延诸法译中此忏 6. 者先诸法中〈 〉择圣人辩才义合十卷 7.〈 〉成威仪殊胜恩功比喻者难日出光 8. 如露露不晞所无慈悲依忏诸业不灭 9. 岂有树根养欲水有不摧而茂正道得 10.〈 〉愿心归不获者无忏法功广序喻词义

第 94 页：1. 𗧓𗧤；𗱈𗱸𗤢𗧟，𗤧𗴮𗧓𘃡𗤧𗾟[8]。𗒹𗫔𗴮 2. 𗤧𗳤。何生秀刊

对译：1. 不显今劝众生善典不修勿为此法常 2. 愿传

意译、注释（中藏本第 92 页第 1 行—94 页第 2 行）

《慈悲道场忏法》序

天生全能禄番祐圣式法国正皇太后梁氏　御译
救德主国增福民正大明皇帝嵬名　御译

民去遣主，依类为治教禁；恶生佛现，以慈教导救援。初自西天，圣法出世流传；教至东土，御僧译行契经。朕观诸民，缘贪嗔痴，起诸境欲，虚实不绝。空有执著，因坚不舍，故回转死生界中，常在烦恼海内。无有安康，此即谓实乐也；不修善德，不知后世自欺。朕今因怜念，慈悲有情，设立经院，延僧传译诸法。此《忏》者，先于诸法中择，圣人辩才合义，乃成十卷。威仪殊胜恩功，譬喻者难；如日出光，晨露无所不晞。依慈悲忏，诸业岂有不灭？欲养树根，有水不摧而茂；愿得正道，不获归心者无。忏法功广，序喻词义不显；今劝众生，切勿不修善典。愿此法

常传。

何生秀刊

　　[1]〔Tangut〕〔Tangut〕：祐圣。底本不知何故原脱此两字，据众家所依版本补。下同。

　　[2]〔Tangut〕：本意"业"，指有情之行为。

　　[3]〔Tangut〕：僧，底本误为"〔Tangut〕"。

　　[4]〔Tangut〕〔Tangut〕：固安，即"安康"。底本作"〔Tangut〕"，似误。

　　[5]〔Tangut〕：僧，底本误为"否"。

　　[6]〔Tangut〕〔Tangut〕：露露，在本处作"晨露"。

　　[7]〔Tangut〕〔Tangut〕：归心。在本经中，"〔Tangut〕〔Tangut〕"对应的汉文有"标心、勤意、至诚、运心、至心、增到、心志、一心"等。

　　[8]"〔Tangut〕……〔Tangut〕〔Tangut〕"："不……勿为"，也即"切勿不……"。

录文、对译（中藏本第 94 页第 3 行—97 页第 6 行）

　　第 94 页：3. 《〔Tangut〕〔Tangut〕〔Tangut〕〔Tangut〕〔Tangut〕〔Tangut〕〔Tangut〕》〔Tangut〕[1]①4. 〔Tangut〕《〔Tangut〕〔Tangut〕〔Tangut〕》〔Tangut〕，〔Tangut〕〔Tangut〕〔Tangut〕〔Tangut〕〔Tangut〕〔Tangut〕〔Tangut〕〔Tangut〕〔Tangut〕〔Tangut〕5. 〔Tangut〕〔Tangut〕。〔Tangut〕〔Tangut〕〔Tangut〕〔Tangut〕〔Tangut〕〔Tangut〕〔Tangut〕〔Tangut〕，〔Tangut〕〔Tangut〕〔Tangut〕〔Tangut〕〔Tangut〕6. 〔Tangut〕〔Tangut〕[2]。〔Tangut〕〔Tangut〕，〔Tangut〕〔Tangut〕〔Tangut〕〔Tangut〕[3]；〔Tangut〕〔Tangut〕〔Tangut〕〔Tangut〕〔Tangut〕[4]〔Tangut〕〔Tangut〕。7. 〔Tangut〕〔Tangut〕〔Tangut〕〔Tangut〕〔Tangut〕〔Tangut〕〔Tangut〕[5]〔Tangut〕，〔Tangut〕〔Tangut〕〔Tangut〕〔Tangut〕〔Tangut〕〔Tangut〕〔Tangut〕8. 〔Tangut〕〔Tangut〕〔Tangut〕〔Tangut〕〔Tangut〕，〔Tangut〕〔Tangut〕〔Tangut〕〔Tangut〕[6]。〔Tangut〕〔Tangut〕〔Tangut〕〔Tangut〕[7]，〔Tangut〕〔Tangut〕9. 〔Tangut〕〔Tangut〕，〔Tangut〕〔Tangut〕〔Tangut〕〔Tangut〕。〔Tangut〕〔Tangut〕[8]〔Tangut〕〔Tangut〕〔Tangut〕〔Tangut〕："〔Tangut〕〔Tangut〕〔Tangut〕10. 〔Tangut〕〔Tangut〕，〔Tangut〕〔Tangut〕〔Tangut〕〔Tangut〕〔Tangut〕，〔Tangut〕〔Tangut〕〔Tangut〕〔Tangut〕〔Tangut〕〔Tangut〕〔Tangut〕〔Tangut〕

　　对译：3. 慈悲道场忏法序 4. 此忏法者［梁］皇帝［郗］氏皇后因集结 5. 所作［郗］氏崩后月数已过复帝常啼泣 6. 恋念昼者意乱不安宵亦心愁困不寐 7. 殿内居外又响声闻〈〉视一蟒大见盘 8. 蹯殿上而来目电口张皇帝〈〉视帝大 9. 惊驳逃处不得速起蛇〈〉〈〉问朕宫殿 10. 严警蛇类住处非必妖孽是朕〈〉祸为

---

　　① 参见杨志高《中国国家图书馆藏西夏文〈慈悲道场忏法序〉译考》，载杜建录主编《西夏学》第 8 辑，上海古籍出版社 2011 年版，第 99—103 页。此文出版时被误删"中国国家"4 字。

第 95 页：1. [illegible][9]。" [illegible]，[illegible]："[illegible] 2. [illegible][10]。[illegible]，[illegible] 3. [illegible][11]，[illegible][12]。[illegible]，[illegible] 4. [illegible][13]。[illegible][14] [illegible]。[illegible] 5. [illegible]，[illegible][15]。6. [illegible]，[illegible][16]。[illegible] 7. [illegible]，[illegible]，[illegible]，[illegible]。8. [illegible][17]，[illegible]，[illegible][18] [illegible] 9. [illegible]。[illegible][19]，[illegible] 10. [illegible]。[illegible]，[illegible]。" [illegible]

对译：1. 祟欲〈〉蟒人言乃为皇帝〈〉曰蟒者［郗］2. 氏现身是我昔在〈〉时六宫皇后〈〉嫉 3. 妒性气粗恶一嗔怒生火炽矢如人〈〉4. 害而死之后是罪业以故蛇身为饮 5. 食不得常饥渴受窟穴无有身庇可无 6. 饥窘困迫气力衰弱又一一甲下多 7. 虫有肌肉唼啮痛苦甚剧刀锥穿若〈〉8. 昔日蛇及非复变化以而至王宫深重 9. 亦阻挡不能帝昔我〈〉爱宠因故此丑 10. 形以帝于陈露一德功祈我〈〉拯拔帝

第 96 页：1. [illegible]。[illegible]，[illegible][20]。2. [illegible][21]，[illegible]，[illegible] 3. [illegible][22]，[illegible]。4. [illegible]："[illegible]，[illegible] 5. [illegible][23]。" [illegible]，[illegible]，[illegible]。[illegible] 6. [illegible]，《[illegible]》[illegible][24] [illegible]。[illegible] 7. [illegible]，[illegible]。[25] [illegible]，[illegible]。8. [illegible]，[illegible]，[illegible]，[illegible] 9. [illegible][26]。[illegible]，[illegible]，[illegible][27] [illegible]。[illegible] 10. [illegible]："[illegible]，[illegible]

对译：1. 此闻后呜呼感激复蟒〈〉视遂不见 2. 帝后日殿庭内沙门请集其由所宣善 3. 中最上何所是问其苦赎 4. ［志公］答言惟佛〈〉礼忏悔以方此苦 5. 救能帝其言依契经搜索佛名号录兼 6. 已圣谋眷思忏法作共十卷成皆佛 7. 言精美词闲无有忏〈〉为方礼敬做 8. 又一日宫室内异香馥郁久转香良何 9. 来迷惑帝仰视一天人见形色端丽帝 10.〈〉谓曰我者前蟒之后身也帝德功做

第 97 页：1. [illegible]，[illegible]。[illegible]，[illegible] 2. [illegible]。[illegible][28]。" [illegible]，[illegible] 3. [illegible]。[illegible]，[illegible][29]。[illegible] 4. [illegible]，[illegible] 5. [illegible][30]。[illegible]，[illegible] 6. [illegible]，[illegible][31]（[illegible]《[illegible]》[illegible]：

𗙫𗂧𗾖𗍳𗿷𗄑𘃡𗹙𗐇 𗑗𗧾𗒅𗔟①[32]）。

对译：1. 蒙［忉利］天上生得我今果报显现为故 2. 现身验敬谢以帝之恩德言讫即速不 3. 见［梁］皇帝时此自所迄年数已过此 4. 经本依虔敬以忏礼者其祈求依皆 5. 果报现得又此事阴骘恐未彰为故此 6. 略序所做皆耳闻目所见（此忏法出处地图者江南［金陵建康府］城内敕奉所集）

意译、注释（中藏本第 94 页第 3 行—97 页第 6 行）

《慈悲道场忏法》序

此《忏法》者，梁武帝为皇后郗氏所集作也。

郗氏崩后已过数月，帝常啼泣恋念。昼则意乱不安，宵亦心愁困而不寐。居殿又闻外有响声，视之乃见一大蟒盘蹯殿上而来，电目张口。帝视之大惊驳，不得逃处。速起向蛇问："朕宫殿严警，非蛇类住处，必是妖孽欲祟祸于朕。"

蟒为人语对帝说："蟒是郗氏现身。在我昔时，为六宫嫉妒皇后，性气粗恶。嗔怒一生则火炽如矢，害人而死。之后以是罪业，故为蟒身。不得饮食常受饥渴，无有窟穴无可庇身。饥窘困迫，气力衰弱。又每一甲下则有多虫，唼啮肌肉，痛苦甚剧，若穿锥刀。我非昔日蟒，亦复变化而至，王宫深重亦不能阻挡。因帝昔爱宠于我，故以此丑形陈露于帝。祈一功德，对我拯拔。"帝闻后呜呼感激。复视，蟒遂不见。

帝后日殿庭内请集沙门，宣其由，问善之最，以赎其苦。志公答言："惟以礼佛忏悔，方能救其苦。"帝乃依其言，搜索契经，录佛名号，兼己圣谋眷思，作《忏法》共成十卷，皆精美佛言，无有闲词，作忏悔礼敬。

又一日，宫室内异香馥郁良久转香，迷惑何来。帝仰视，见一天人形色端丽，谓帝曰："我前蟒之后身也，蒙帝功德，得生忉利天。我今为显现果

---

① 参见史金波《中国藏西夏文献》第 4 册，甘肃人民出版社、敦煌文艺出版社 2005 年版，第 87 页。

报故验现身，敬谢帝之恩德"。言讫，即速不见。

自梁皇帝所迄此时，已过数年。依此经本，以虔敬礼忏者，依其祈求皆现得果报。又恐为此事阴骘未彰，因故此乃做略序，皆耳闻目所见。【参见《大正藏》[0922b19—0922c17]】

此《忏法》出处地：江南金陵建康府　奉敕集。

[1] 𗑗：序，《大正藏》作"传"。此序为西夏文本二序，即汉文原序。

[2] 𗧓𗏴𗏹𗆐：啼泣恋念，《大正藏》作"追悼之"。

[3] 𗄈𗵧𗆟𗏹：意乱不安，《大正藏》作"忽忽不乐"。

[4] 𗥃𗊬𗏾：心愁困，《大正藏》作"耿耿"。

[5] 𗵘𗤭：响声，《大正藏》作"骚窣之声"。

[6] 𗵤𗡱𗈁𗵮：目电口张，《大正藏》作"睖睁呀口以向于帝"。

[7] 𗗙𗦵𗆟𗵱：皇帝视之，《大正藏》无作句。

[8] "𗎁𗭼𗦵𗐺。𗣫𗵐"："不得逃处。速起"，《大正藏》作"无所逃遁。不得已蹶然而起"。

[9] 𗵹𗵺𗋒𗴮𗵮𗤭𗗝：欲崇祸于朕，《大正藏》作"欲崇朕耶"。

[10] 𗑐𗵝𗊬𗵬𗾔𗥫𗊰：蟒是郗氏现身，《大正藏》作"蟒则昔之郗氏也"。

[11] 𗵽𗐺𗗙𗫦𗑐𗋒𗠉：为六宫嫉妒皇后，《大正藏》作"妾以生存嫉妬六宫"。

[12] 𗝱𗭽𗋽𗱚：性气粗恶，《大正藏》作"其性惨毒"。

[13] "𗫦𗵝𗴮𗑐，𗣫𗑐𗵮𗧤𗤭𗤻"："火炽如矢，害人而死"，《大正藏》作"火炽矢射损物害人死"。

[14] 𗆟𗵱𗑐𗣫𗵮𗵛：之后以是罪业，《大正藏》作"以是罪谪"。

[15] 𗶈𗵰𗆟𗣫𗵮𗴟𗴠𗵝：不得饮食常受饥渴，《大正藏》作"无饮食可实口"。

[16] 𗴷𗵝𗵜𗵛：气力衰弱，《大正藏》作"力不自胜"。

[17] 𗵹𗵄𗵜𗑐𗭼𗏼：我非昔日蟒，《大正藏》作"为蟒非常蛇"。

[18] 𗒒𗐺：王宫，《大正藏》作"皇居"。

[19] 𗵘𗵤𗵹𗊬𗵱𗅋𗵝：因帝昔于我爱宠，《大正藏》作"感帝平昔眷妾之厚"。

[20] 𗏁𗫂𗰜𗥤：复视蛇，《大正藏》作"既而求蟒"。

[21] 𘃽𘐦𘀄𗧘𗢺𗏹𗄭𘝾𗦴：帝后日殿庭内请集沙门，《大正藏》作"帝明日大集沙门于殿庭"。

[22] 𗋒𘝵𗤮𗏹𘍦𗦾𘊟𗤛：字面意为"问何是善中最上"，即《大正藏》作"问善之最"。

[23] "𘊰𗟼𗰜𗡑𘍦𗷟𗈶，𘝶𗏹𗣀𗤮𗥤"："惟以礼佛忏悔，方能救其苦"，《大正藏》作"非礼佛。忏涤悃歉方可"。

[24] "𗏁𘕘𘄡𗥤𗦜𗏹，《𗡑𗷟𗫂》𘕖"："兼己圣谋眷思作《忏法》"，《大正藏》作"兼亲杼眷思洒圣翰撰悔文"。

[25] "𗧘𘕿𗷣𗢭，𘕿𗤫𗏁𘊾"："佛言精美，无有闲词"，《大正藏》作"采摭佛语削去闲词"。

[26] "𗢺𗏹𗄭𘃸𘟙𗫂𗫂𗲲𗲲𘟙𗀆，𘏷𘞽𗳯𘅍"："宫殿内异香馥郁良久转香，迷惑何来"，《大正藏》作"闻宫室内异香馥郁良久转羔初不知所来"。𘃸𘟙，"异香"。𗲲𗲲，"渐渐、久转"。

[27] 𗥀𘕿："形色"，即《大正藏》作"容仪"。

[28] "𗰜𘄽𗬚𘕿𗤛𗫂𗤮𘝶𗀉𗥀𘕘，𘐩𗫂𗟼𘊰𗡑𘆡𘊟"："我今为显现果报故验现身，敬谢帝之恩德"，《大正藏》作"今呈本身以为明验也。殷懃致谢"。

[29] "𗥶𘒣𘊰𗩁𗫂𗮇𘊟𗥤，𘝶𘏷𘊟𗤫"："自梁皇帝所迄此时，已过数年"，《大正藏》作"自梁迄今已数百年"。

[30] "𘓷𗮍𘌄𘝔𗟼𗫂𗤮𗡑𗷟𗡀𘊟𗥤，𘏷𗸷𗏝𘝔𘕿𗫂𗬚𗤮𗀉"："依此经本虔敬礼忏者，其祈求皆依现得果报"，《大正藏》作"得此经本虔敬礼忏所为所祈者皆有阴隲感应"。

[31] "𗏁𘓷𗥀𘝵𗫂𗫂𗏁𘕿𗥤，𘝶𘓷𘍋𗸷𗥤𘕖，𘏷𘃸𗥨𘕘𘝁𗫂"："又恐为此事阴隲未彰，故乃做此略序，皆耳闻目所见"，《大正藏》作"犹恐厥事闇然未彰。辄以粗记用达诸耳目矣"。𘕿，本意为"言"，名词，在不同的语境下或作"事"。下同。

[32] 𘝁：字面意为"图"。

录文、对译（中藏本第 97 页第 7 行—99 页第 1 行）

第 97 页：7.《□□□□□□□》□□□ 8. □"□□□□"□□□[1]，□□□□[2]。□□□ 9. □□□□□□□□、□□□□□□□[3]。□□ 10. □□□□[4]□□□□□。□□□□□，□□□□□

对译：7. 慈悲道场忏法卷一第 8. 此慈悲道场四字者所梦因有［弥勒］世 9. 尊慈悲两种以此世后世俱饶益为此 10. 依名有移易弗敢此念力以三宝守护

第 98 页：1. □。□□□□，□□□□□□□□□[5]。□ 2. □□□□，□□□□；□□□□□□，□ 3. □□□。□□□□□□□□□□□□[6]，□□ 4. □□□□□。□□□□□□□□□□□；5. □□□□□□□[7]□□。□□□□ □□，□□ 6. □□，□□□□□□□□□□。□□□□，7. □□□□；□□ □□，□□□□□，□□ 8. □□□，□□□□□□。□□□□□□□□ 9. □。□□□□[8]□，□□□□□□□。□□□ 10. □，□□□□[9]。□□□□□□□ □[10]，□□□□

对译：1. 欲魔隐不现增上慢者之摧伏令欲善 2. 根未种者今种令当先善根已种者今 3. 增长令若诸见所得应有执著者皆悉 4. 舍离心发令法小乐者大法而不疑令 5. 大法乐者心喜生令又此慈悲乃诸善 6. 中王众生一切〈〉依归处也日昼照如 7. 月夜照如人之目为人之导师为人之 8. 父母为人之兄弟为同道场归知识真 9. 为慈悲亲缘者肉血亲缘重于亲世世 10. 相随不相分离心随名〈〉称为故上慈悲

第 99 页：1. □□□□[11]。

对译：1. 道场名有

意译、注释（中藏本第 97 页第 7 行—99 页第 1 行）

《慈悲道场忏法》卷第一

此"慈悲道场"四字者，因有所梦。弥勒世尊以慈悲两种，俱为饶益此世、后世。依此有名，弗敢移易。承此念力，欲守护三宝。欲令魔隐不现，摧伏增上慢。未种善根者今当令种；已先种善根者今令增长。若执著有所得诸见者，皆悉令发舍离之心。乐小法者令不疑大法；乐大法者令生欢喜。此慈悲乃诸善中王，一切众生所归依处。如日照昼，如月照夜；为人眼目，为人导师，为人父母，为人兄弟。同归道场，为真知识。慈悲亲缘者，重于血肉亲缘。世世相随，不相分离。随心称名，故有上慈悲道场之名。【参见《大正藏》[0922c19—0923a03]】

[1] □：此，《大正藏》作"立此"。

[2] □□□□：因有所梦，对应《大正藏》"乃因梦感"。

[3] "□□□□□□、□□□□□□"："以两种慈悲俱为饶益此世、后世"，《大正藏》作"既慈隆即世。悲臻后劫"。"□□"（此世）在本经卷中，在此对应"即世"，其下又对应汉文"此生"。下同。

[4] □□□□：依此有名，《大正藏》作"依事题名"。

[5] "□□□□，□□□□□□□□□□"："欲令魔隐不现，摧伏增上慢"，《大正藏》作"令魔隐蔽。摧伏自大增上慢者"。中藏本无"自大"两字。增上慢，七慢之一，佛教术语，言得增上之法而起慢心。

[6] □□□□□□□□□□：若执著有所得诸见者，《大正藏》作"若计有所得住诸见者"。

[7] □□：字面意为"心喜"，《大正藏》作"欢喜"。下同。

[8] □□：亲缘。在本经中此又对应汉文"亲族"、"眷属"、"骨肉"、"近亲"等。下同。

[9] □□□□：不相分离，《大正藏》作"虽死不离"。

[10] □□□□□□：随心称名，《大正藏》作"故目等心"。

[11] □□□□□□□□：故有上慈悲道场之名，《大正藏》作"标号如上"。

录文、对译（中藏本第 99 页第 2 行—101 页第 5 行）

第99页：2. □□□□□□□□□，□□□□□□□□□ 3. □□□，□□□□□□□。□□□□□[1]？□ 4. □，□□□□□□□□[2]；□□，□□□□□

5. 𗣫𗢸𗯟𗾽；𗟱𗫂，𗸒𗤌𗱸𗤀𗨁𗋽𗥢𗩾𗄑6. 𗾔𗰖𗄑𗲠，𗄺𗰗𗦺𗬩𗤋；𗿦𗫂，𗵧𗤌𗱸𗤀7. 𗥢𗩾𗄑𗵧𗣷𗍺𗥤𗉺𗿁𗬩𗤋；𗍣8. 𗫂　𗵧𗤌𗱸𗤀𗥢𗩾𗄑𗫨𗼂𗔭𗧘𗒩𗋽𗬩𗤋9. 𗬩𗤋；𗥛𗫂，𗵧𗤌𗱸𗤀𗥢𗩾𗄑𗔒𗋟10. 𗟱𗙇𗒺𗋽𗬩𗤋；𗼑𗫂，𗵧𗤌𗱸𗤀𗥢𗵧

对译：2. 今日道场幽显大众此忏法立并大3. 心发者十二大因缘有十二者何谓一4. 者六道化愿心限量无二者慈恩报为5. 功限量无三者愿此善力以诸众生之6. 佛禁戒受犯心不起令四者此善力以7. 诸众生对诸尊长人于慢心不起令五8. 者此善力以诸众生之所生〈　〉处恚心9. 不起令六者此善力以诸众生之他身10. 色于妒心不起令七者此善力以诸

第100页：1. 𗤀𗄑𗙏𗫨𗥼𗰖𗰈𗋽𗬩𗤋；𗂴𗫂，𗵧𗤌2. 𗱸𗤀𗥢𗩾𗄑𗜘𗧘[3]𗕥𗕥，𗫨𗭽𗤌𗏵𗓁3. 𗠁𗞡[4]𗴽𗯟𗱊𗱊𗤌𗉙𗋽；𗟱𗫂，𗵧𗤌𗱸𗤀4. 𗥢𗩾𗄑𗫨𗭽𗤌𗏵𗜘𗧘𗥼𗏵𗋽；𗿦𗫂，5. 𗵧𗤌𗱸𗤀𗥢𗩾𗄑𗴺𗴻𗼖𗿙𗼃𗤌6. 𗤍𗫂𗒺𗼂𗟱𗉺𗨁𗻫𗥿𗄑；𗿦𗐯𗫂，𗵧𗤌7. 𗱸𗤀𗲠𗩾𗄑𗟱𗵩𗓁𗬩𗉺𗓁𗬩𗋽8. 𗧘，𗵧9. 𗣷𗓁𗤌𗦺𗣷𗋽𗧘；𗿦𗵧𗫂，𗵧𗤌𗱸𗤀9. 𗩾𗄑𗼂𗔭𗧘𗒩𗵩𗠁𗿨𗤌𗉺𗾔𗫂，10. 𗙇𗪭𗵩𗤀𗲉𗲉𗫂𗤀𗄑。𗤘𗸒𗲠𗲈𗾐𗱊

对译：1. 众生之内外法于悭心不起令八者此善2. 力以诸众生之福德所修自身为不悉3. 救护者无一切为修令九者此善力以4. 诸众生之自身为不四摄法行令十者5. 此善力以诸众生之孤独幽系疾病有6. 见者救济心发安乐得令十一者此善7. 力以若众生有折伏应者折伏令矣摄8. 受应者摄受令矣十二者此善力以诸9. 众生之所生处各恒自[菩提]心发忆念10. 其[菩提]心相续不断令仰愿幽显凡圣

第101页：1. 𗣫𗫂，𗮰𗸱𗔭𗞡，𗮰𗸱𗥮𗾸。(𗠃𗞡)𗭸𗄑（𗠃𗞡□□[5]𗡤𗠁𗨁𗈗，2. 𗤘𗵥𗵧𗆍)𗿧𗷦𗟱𗴽𗸒𗵩𗰄𗫂，𗾽𗸟𗸒𗴅𗸿𗾽3. 𗸟𗸒𗫂𗷨。𗥛𗟖𗜘𗒻𗾏𗾏𗈗𗈗，𗔭𗵩𗸟4. �𗋽，5. 𗣫𗥉𗴽𗞡（𗜘𗦢𗊦𗸱𗟖；𗂯𗴅𗾽𗠃𗣫𗎳；𗱊𗴅𗸒𗾊𗿧。𗣫𗥉𗴽𗔮，𗿀𗸒𗶴𗤀𗣫𗾔𗣫𗈲𗤍𗎝[6]𗄑𗷦𗆍）。

对译：1. 大众同加守护共同摄受某甲等之某甲□□各自名称2. 后皆此例悔所清净愿所成就诸佛心相等诸3. 佛愿相同六道四生皆悉其随[菩提]愿4. 满令5. 三业净法身净浴洗当口净佛德功赞意净心运忏悔三业净已方心标以三宝大慈悲主之依归

意译、注释（中藏本第 99 页第 2 行—101 页第 5 行）

今日道场幽显大众，立此忏法并发大心者，有十二大因缘。

何谓十二？一者，愿化六道心无限量；二者，为报慈恩功无限量；三者，愿以此善力令诸众生受佛禁戒，不起犯心；四者，以此善力令诸众生对诸尊长，不起慢心；五者，以此善力令诸众生在所生处，不起恚心；六者，以此善力令诸众生于他身色，不起妒心；七者，以此善力令诸众生于内外法，不起悭心；八者，以此善力令诸众生凡所修福德不为自身，悉为修一切无救护者；九者，以此善力令诸众生不为自身，行四摄法；十者，以此善力令诸众生见有孤独幽系疾病，起救济心令得安乐；十一者，以此善力若有众生应折伏者而折伏之；应摄受者而摄受之；十二者，以此善力令诸众生在所生各处恒自忆念发菩提心，令菩提心相续不断。

仰愿幽显凡圣大众，共同守护，同加摄受。令（某甲）等（某甲□□各自称名，后皆例此）所悔清净所愿成就，等诸佛心同诸佛愿。六道四生皆悉随从，满菩提愿，净三业法（净身当洗浴；净口赞佛功德；净意运心忏悔。三业既净，方标心依归三宝大慈悲主）。【参见《大正藏》[0923a04—0923a23]】

［1］𗗙𗏋："何云、何谓"，《大正藏》作"何等"。

［2］𗈁𗏋𗘺：无限量，《大正藏》作"无限齐"。下同。

［3］𗣼𗬠：福德，《大正藏》作"福"。

［4］𗦳𗣫：救护，即《大正藏》作"覆护"。下同。

［5］𗖵𗗙□□：此 4 字底本残缺仅留其左偏旁，前 2 字据残留和汉文义"某甲字请"补。俄藏本无"某甲字请各自称名后皆例此"句。

［6］𗼃𗖵𗼃𗷻：大慈悲主，《大正藏》作"大慈悲父"。下同。

录文、对译（中藏本第 101 页第 6 行—104 页第 9 行）

第 101 页：6. 𗵘𗰜𗗚𗍫𗢏①；𗱕𗶷𗅳𗢏；𗏁𗱈𗵘𗢏；7. 𗱕𗵘𗥃𗹙� 𗢏；�649𗹙𗼃𗢏；8. 𗡶𗮔𗥃𗹙𗵘𗢏；𗬿𗤀𗥛𗒽𗤁𗢏[1]；9. 𗵓𗼃𗵰𗿷𗢏；𗳽𗬧𗤀[2]𗭞𗢏；10. 𗸍𗵘��；𗵘𗰜𗦫𗦫𗍥[3]�𗍫�；

对译：6. 三宝依归一第　疑断二第　忏悔三第　7. ［菩提］心发四第　愿发五第　8. 回向心发六第　果报显现七第　9. 地狱出八第　怨结解九第　10. 自庆十第　三宝〈〉警缘十一第

第 102 页：1. 𗩾𗥃[4]𗵘�𗦫𗼃�𗅳�；2. 𗼄𗵘�649𗅳�𗵘�；3. 𗼖𗧊�[5]𗸰𗦫𗟻𗤀�𗹙�；4. 𗍬𗝢�𗸰𗦫𗟻𗤀[6]�𗼃� 5. 𗼗𗏁𗰖�𗸰𗦫𗟻𗤀���；6. 𗍯𗵘𗰣𗧊�𗅳𗅳�𗸰𗦫𗟻𗤀�𗒽�；7. �𗏁�𗸰𗦫𗟻𗤀�𗿷�；8. 𗩾𗏁�𗸰𗦫𗟻𗤀𗼃�𗭞�；9. 𗬧𗧊�𗸰𗦫𗟻����；10. 𗍬𗏁𗏁�𗸰𗦫𗟻���𗍫�；

对译：1. 忏主大众〈〉谢十二第　2. 总大愿发十三第　3. 天道为佛〈〉礼敬十四第　4. 诸仙为佛〈〉礼敬十五第　5. 梵王等为佛〈〉礼敬十六第　6. ［阿修罗］道一切善神为佛〈〉礼敬十七第　7. 龙王为佛〈〉礼敬十八第　8. 魔王为佛〈〉礼敬十九第　9. 人道为佛〈〉礼敬二十第　10. 诸王王子为佛〈〉礼敬二十一

第 103 页：1. 𗳾𗤀�𗸰𗦫𗟻𗼃�𗼃�；2. 𗳽𗨁𗳾𗤀�𗸰𗦫𗟻���𗅳�；3. 𗬄𗾣�𗸰𗦫𗟻���𗹙�；4. 𗾈𗵙𗰣𗧊𗰣𗧊𗭞�𗸰𗦫𗟻�����；5. 𗳽𗼄𗰣𗧊𗰣𗧊𗭞�𗸰𗦫𗟻�����；6. 𗍯𗏁𗰖𗵓𗬧�𗸰𗦫𗟻���𗒽�；7. 𗾜𗮔𗤀𗰖𗵓𗬧�𗸰𗦫𗟻���𗿷�；8. 𗵻𗰜𗮔𗏼𗰖𗵓𗬧�𗸰𗦫𗟻���𗭞�；9. 𗾆𗮔𗵻𗮤𗰖𗵓𗬧�𗸰𗦫𗟻����；10. 𗮔𗥃𗾆𗸯𗰖𗵓𗬧�𗸰𗦫𗟻���𗍫�；

对译：1. 父母为佛〈〉礼敬二十二第　2. 过去父母为佛〈〉礼敬二十三第　3. 师长为佛〈〉礼敬二十四第　4. 十方［比丘］［比丘尼］为佛〈〉礼敬二十五第　5. 过去［比丘］［比丘尼］为佛〈〉礼敬二十六第　6. ［阿鼻］等地狱为佛〈〉礼敬

————————————

① 《大正藏》中《慈悲道场忏法》所用底本为丽本补遗本，该经经目数同乙本（明万历十三年刊增上寺报恩藏本），异于他本。在此注明，在下具体经文中不再另为注释。

二十七第 7. 灰河铁丸等地狱为佛〈〉礼敬二十八第 8. 铜饮炭坑等地狱为佛〈〉礼敬二十九第 9. 刀兵铜釜等地狱为佛〈〉礼敬三十第10. 火城刀山等地狱为佛〈〉礼敬三十一第

第 104 页：1. [illegible]；2. [illegible]；3. [illegible]；4. [illegible][7][illegible]；5. [illegible][8][illegible]；6. [illegible]；7. [illegible]；8. [illegible][9][illegible]；9. [illegible][10][illegible]

对译：1. 饿鬼道为佛〈〉礼敬三十二第 2. 畜生道为佛〈〉礼敬三十三第 3. 六道为愿发三十四第 4. 无常警念三十五第 5. 佛事勤执者等为佛〈〉礼敬三十六第 6. 回向心发三十七第 7. 菩萨回向法三十八第 8. 六根为愿发三十九第 9. 句要四十第

意译、注释（中藏本第 101 页第 6 行—104 页第 9 行）

归依三宝第一；断疑第二；忏悔第三；发菩提心第四；发愿第五；发回向心第六；显现果报第七；出地狱第八；解怨结第九；自庆第十；警缘三宝第十一；忏主谢大众第十二；总发大愿第十三；为天道礼佛第十四；为诸仙礼佛第十五；为梵王等礼佛第十六；为阿修罗道一切善神礼佛第十七；为龙王礼佛第十八；为魔王礼佛第十九；为人道礼佛第二十；为诸王王子礼佛第二十一；为父母礼佛第二十二；为过去父母礼佛第二十三；为师长礼佛第二十四；为十方比丘比丘尼礼佛第二十五；为过去比丘比丘尼礼佛第二十六；为阿鼻等地狱礼佛第二十七；为灰河铁丸等地狱礼佛第二十八；为饮铜炭坑等地狱礼佛第二十九；为刀兵铜釜等地狱礼佛第三十；为火城刀山等地狱礼佛第三十一；为饿鬼道礼佛第三十二；为畜生道礼佛第三十三；为六道发愿第三十四；警念无常第三十五；勤为执佛事者等礼佛第三十六；发回向心第三十七；菩萨回向法第三十八；为六根发愿第三十九，嘱累第四十。【“归依三宝第一”至“发回向心第六”，参见《大正藏》[0923a24—0923a26]】

［1］“[illegible]……[illegible]”：“显现果报第七……嘱累第四十”，其汉译内容不集中见于《大正藏》底本、参校本，分散见于《大正藏》参校本明万历十三年刊增上寺报恩藏本（乙本），又见《中华大藏经》

参校本《永乐南藏》。此处西夏文见图版第 101 页第 8 行—第 104 页第 9 行。

　　[2] ▢▢▢：解怨结，《大正藏》作"解怨释结"。解怨释结，又被译为"▢▢▢▢、▢▢▢▢"（令怨结解），分别见第五卷（图版第 276 页第 9 行、第 302 页第 5 行）。▢▢，怨结，亦译为"结怨"，又对应汉文"结怨怼"（第五卷图版第 282 页第 10 行—283 页第 1 行）。下同。

　　[3] ▢▢：字面意为"缘思、缘念"，《大正藏》作"警缘"。警，敏悟。缘，顺。下同。又见卷七（图版第 10 页第 1 行）。

　　[4] ▢▢：忏主，卷七俄藏本作"▢▢▢"（第 22 行）。

　　[5] ▢：为，《大正藏》"奉为"，下同。

　　[6] ▢▢：礼敬、礼。下同。

　　[7] ▢▢：字面意为"与解"，即《大正藏》作"警念"。下同。

　　[8] ▢▢▢▢▢▢▢：勤为执佛事者等，《大正藏》作"为执劳运力"。卷九（图版第 120 页第 7 行）作"▢▢▢▢▢▢▢▢▢▢"（勤为执劳佛事等）。▢▢，劳、劳累、劳苦、劳扰、驱役。▢▢，执、奉持。疑此处有错漏。

　　[9] ▢▢▢▢▢：为六根发愿，《大正藏》作"发愿"。卷十（图版第 138 页第 9 行），同。

　　[10] ▢▢：句要，即《大正藏》作"嘱累"。《妙法莲华经文句·释嘱累品》卷第十下有"嘱是佛所付嘱，累是烦尔宣传"。嘱累，意为嘱托事情给别人，令其负荷，也即佛烦劳弟子，托付教法的流布。嘱，付嘱、付托；累，被烦劳荷负。下同。

录文、对译（中藏本第 104 页第 10 行—106 页第 9 行）

第 104 页：10. ▢▢▢▢▢▢（▢▢▢▢▢▢▢，▢▢▢▢▢▢▢[1]）

对译：10. 三宝依归一第（永世凭托者依是一〈〉心趣者归是）

第 105 页：1. ▢▢▢▢▢▢▢▢，▢▢▢▢[2]▢▢▢ 2. ▢。▢▢▢▢，▢▢▢▢，▢▢▢▢▢▢ 3. ▢▢▢[3]。▢▢▢▢▢▢▢▢▢▢▢▢[4]▢ 4. ▢▢▢▢▢▢▢▢▢[5]，▢▢▢▢▢▢▢ 5. ▢。▢▢▢▢▢▢▢▢ 贝 ▢，▢▢▢▢▢▢▢ 6. ▢▢▢▢[6]。▢▢▢▢▢▢▢▢[7]，▢▢▢ 7. ▢▢▢▢▢[8]，

𘀉𘟙𘂆𘞂𘔲𘅤𘃽𘟙。𘊟𘋫 8. 𘘥𘜶𘀉𘞂𘄒𘘀。𘀨𘄒𘖼𘖼𘉥𘉰[9]，𘙃𘊦𘟣 9. 𘈞𘐉𘁂𘜶𘋫𘞂𘄒𘘀[10]。𘁂𘁂𘜣𘜣，𘀝𘀪𘅤𘘀。10. 𘘀𘍐𘉝𘙃𘏲𘅤，𘉰𘟲𘞂𘄒。（𘂅𘘀）𘔲𘘀𘙃，𘂄

对译：1. 今日道场业同大众宜随自各觉悟意 2. 起世无常念形久不住少壮者将定衰 3. 老弱为色力恃以污黑泥中自不出〈〉4. 万物无常皆死坏有天上天下谁自留 5. 能年少颜色肌肤鲜泽香芳香美以身 6. 保处无人生合会必归灭尽生老病 7. 死来时无显谁我等〈〉其却除能灾害 8. 卒至脱可不也强弱一切已死之后身 9. 体膨胀臭近可不空爱惜益得所无 10. 自胜业非行者出离可无（某甲）等自惟形

第 106 页：1. 𘎼𘍶𘘇𘖼，𘉥𘘅𘅇𘀨𘈪𘖼[11]。𘁂𘜚𘍐𘒪𘅔 2. 𘉷𘙃𘞂[12]，𘀉𘌝𘁂𘖼𘄒𘄋𘙃𘕜[13]，𘙃𘕲𘀉 3. 𘄒𘖼𘜶𘌊𘐯𘘀[14]，𘉥𘜶𘉗𘘥𘄋𘄒𘊫𘘀[15]，𘄒 4. 𘘥𘎼𘋪𘎼𘘀[16]𘕲𘘀。𘀉𘄋𘄘𘏲𘔲𘞂𘔲𘉰 5. 𘔲𘋪𘖷[17]𘀝。𘌛𘊤𘀉𘞂，𘒮𘈞𘄋𘊟𘕜𘅤𘏲 6. 𘄒，𘁂𘁓𘖺𘀝𘁂𘁂𘞂𘄒𘘀[18]。𘀉𘄘𘞂[19]，𘙃𘘀𘈞 7. 𘎻𘞂。𘀙𘌙𘕜𘌋[20]𘕺𘁂𘏴𘁂，𘘀𘈞𘖼𘀝，𘀪 8. 𘔲𘀉𘄘[21]。𘀉𘋪𘀉𘞂𘘀𘈞𘕜𘝇，𘅇𘊫𘁂𘁂，9. 𘁂𘁓𘔲𘅔。

对译：1. 朝露犹如命速临日光如世在贫乏福 2. 德无有神圣大人如智明无有又复圣 3. 人如洞彻识无正直仁善美和言无进 4. 退下高行节亦无斯小志立以众等而 5. 劳倦使〈〉仰屈大众惭惧心交生 6. 应法席期有追恋处无此分离复自各 7. 努力当朝夕心诚亲奉供养自各进精最 8. 要此是仰愿大众自各心秉辱忍铠被 9. 深法门入

意译、注释（中藏本第 104 页第 10 行—106 页第 9 行）

归依三宝第一（永时恃舍者是依，一向心趣者是归）

今日道场同业大众，宜随各自起觉悟意。念世无常，形不久住，少壮必衰老为弱，恃色力自不出污黑泥中。且万物无常皆有死坏，天上天下谁能自留。年少颜色肌肤鲜泽，芳香美香无处身保。人生合会必归尽灭。生老病死来时无显，谁能与我等却除。灾害卒至不可脱也，一切强弱已死，之后身体膨胀臭不可近。空爱惜，无所得益。自非行胜业者，无可出离。（某甲）等自惟，形同朝露，命速如临日光。在世贫乏无有福德，无有如神圣大人之明智，又复无如圣人洞彻之识，无正直仁善和美之言，亦无进退高下之节行。小立斯志而使众等劳倦，仰屈应大众生惭惧交心，法席有期追恋无处。从此分离，又当各自努力。朝夕诚心亲奉供养，各自精进，此是最要。仰愿大众各自秉心，被辱忍铠，入深法门。【参见《大正藏》[0923a27—0923b13]】

　　［1］"𗫡𗙏𗾞𗣆𗾊𗣿𘃆，𗱕𗟲𗣙𘕞𗼩𗺉𘃆"："永世凭托者是依，一向心趣者是归"，《大正藏》作"一向投往名之为归始终凭托名之为依"。𗫡𗙏，字面意为"永世、长久、常时"，在此对应汉文"始终"，在其下各处又对应"毕竟"。毕竟，终归、终究、到底。下同。

　　［2］𗍫𘕞𗣿𗬢：宜随各自，《大正藏》作"宜各人人"。又对应汉文"宜加用心"。下同。

　　［3］𗉙𗉛𗰜𗬻：为衰老弱，《大正藏》作"衰"。

　　［4］𗭁𗆧𗣆𗥃𗫡𗝣𗭩𘄒𗣆𘏞𘏞：恃色力自不出污黑泥中，《大正藏》作"勿恃容姿自处污行"。

　　［5］𗫊𗵽𗉆𘃡：皆有死坏，《大正藏》作"皆当死归"。

　　［6］𗵹𘘉𘘎𘄒𗥃𗬐𗸵𘘊𘄝𘏞：芳香美香无处身保，《大正藏》作"气息香洁是非身保"。𘘊𘄝，保，又见卷三（图版第183页第7—8行）。

　　［7］𗹀𗼦：尽灭，《大正藏》作"磨灭。"

　　［8］𗠁𗸕𘄝𗸵：来时无显，《大正藏》作"至来无期"。

　　［9］𗬰𗾊𗣶𗣶𘏞𗵽：一切强弱已死，《大正藏》作"一切贵贱因此死已"。

　　［10］𘓮𗾞𘄝𗸵：臭不可近，《大正藏》作"臭不可闻"。

　　［11］𗨝𗾞𗆧𗬰𘄒𗴼：命速如临日光，《大正藏》作"命速西光"。西光，指太阳落山前的一缕亮光。

　　［12］𘜶𗫡𗤋𗴴：无有福德，《大正藏》作"无德可称"。

　　［13］𘄒𗄊𗣶𗭋𘏞𗣐𗱕𗴴𘃡：无有如神圣大人之明智，即《大正藏》"智无神圣大人之明"。

　　［14］𗴴𗄊𗄊𗣶𗬰𘏞𗴼𘜶𘔴𘄝：又复无如圣人洞彻之识，《大正藏》作"识无圣人洞彻之照"。

　　［15］𗫣𗝣𗉯𗪟𗴴𗍫𘐆𗴴：无正直仁善美和之言，《大正藏》作"言无忠

和仁善之美"。

　　[16] 𗹬𗏁：节行。𗏁，节，即"节度、气节"。

　　[17] 𗊋𗏁𗣼𗟠𗥃𗣷𗤋𗏁𗧯𗤋𗨳：立斯小志而使众等劳倦，《大正藏》作"谬立斯志劳倦仁者"。

　　[18] 𗒘𗅉：无处，《大正藏》作"无及"。

　　[19] 𗵒𗟲：分离，即《大正藏》作"一别"。

　　[20] 𗴺𗈶：诚心，即《大正藏》作"勤意"。

　　[21] 𗡪𗟲𗊋𗊱：此是最要，《大正藏》作"唯是为快"。

录文、对译（中藏本第 106 页第 10 行—108 页第 2 行）

　　第 106 页：10. 𗷓𗬩𗈇𗣼𗤋𗕥𗣼𗤋，𗣫𗼃𗧤𗏁𗤙𗡞𗏁、

　　对译：10. 今日道场业同大众自各殷重勇猛心

　　第 107 页：1. 𗊤𗷓𗣼𗏁、𗽃𗨳𗏁、𗣼𗏁、𗤧𗏁、𗣼𗵒𗣼𗏁、2. 𗥃𗦵𗏁、𗏁𗕥𗏁、𗟤𗥦𗏁、𗏃𗏃𗥦𗏁、𗏃𗏃 3. 𗥺𗦵𗏁、𗏃𗏃𗸁𗦵𗏁𗣷𗢤。𗤙𗥃𗏁𗈇𗣼，4. 𗴺𗐜𗈇𗏁𗪢。𗤙𗏁𗊋𗤘[1]，𗴟𗵒𗣉𗣬。𗧤𗏁 5. 𗣼𗐜𗥃[2]：𗅗𗨳𗝦𗐜[3]、𗧯𗣉𗨳𗎻、𗰔𗈇𗸕�)、6. 𗤙𗤕𗒛𗪢、𗥃𗵂𗊤𗵟；𗪢𗾟𗪢𗰗、𗪢𗦵𗵴 7. 𗨳、𗥃𗦵𗵂𗦵[4]、𗬵𗵯𗥽𗦵、𗴟𗤥𗟤𗨳、𗟲𗧤 8. 𗷓𗴨；𗊤𗣫𗱼𗤥𗥧𗏁𗼃𗏁、𗊋𗿒𗴨𗤠[5]𗤋 9. 𗣉𗦦𗨳𗤙𗿒𗏃𗏃𗤋。10. 𗱼𗤥𗸟𗦦𗜝𗨳𗏁𗏃𗏃𗓰𗴖𗈶（𗍫𗤋）！

　　对译：1. 不逸放心安住心大心胜心大慈悲心 2. 善乐心欢喜心恩报心一切度心一切 3. 守护心一切救护心起宜菩萨心相同 4. 如来与心等一心意趣五体地投奉 5. 以唯愿国王皇帝土地人民父母师长 6. 上中下座善恶知识诸天诸仙世护四 7. 王善主恶罚咒持守护五方龙王龙神 8. 八部及广十方穷无尽无血活脉沸水 9. 陆空界众生一切因 10. 十方虚空界尽诸佛一切之依归一拜

　　第 108 页：1. 𗱼𗤥𗸟𗦦𗜝𗨳𗼃𗥖𗏃𗏃𗓰𗴖𗈶（𗍫𗤋）！2. 𗱼𗤥𗸟𗦦𗜝𗨳𗈇𗥖𗏃𗏃𗓰𗴖𗈶（𗍫𗤋）！

　　对译：1. 十方空虚界尽尊法一切之依归一拜 2. 十方虚空界尽贤圣一切之依归一拜

意译、注释（中藏本第 106 页第 10 行—108 页第 2 行）

今日道场同业大众，宜各自殷重起勇猛心、不放逸心、安住心、大心、胜心、大慈悲心、乐善心、欢喜心、报恩心、度一切心、守护一切心、救护一切心。同菩萨心，等如来心。一心意趣，五体投地。唯愿奉为：国王皇帝、土地人民、父母师长、上中下座、善恶知识；诸天诸仙、护世四王、主善罚恶、守护持咒、五方龙王、龙神八部；广及十方无穷无尽、含灵抱识、水陆空界一切众生。归依十方尽虚空界一切诸佛（一拜）！归依十方尽虚空界一切尊法（一拜）！归依十方尽虚空界一切贤圣（一拜）！【参见《大正藏》参见《大正藏》[0923b14—0923b25]】

[1] 𗼃𗵽：意趣，《大正藏》作"志意"。

[2] "𗈜𗴒𗠣𗏹𗖰……𗏹"："唯愿奉为……"，《大正藏》作"奉为"。𗏹，见图版本页第 9 行第 8 字。𗈜𗴒……𗏹，即"奉为……"。下同。

[3] 𗥃𗓽：皇帝，《大正藏》作"帝主"。下同。

[4] 𗏹𗄼𗗙𗵒：对应汉文"主善罚恶"。𗄼，字面意"护，守"，在此作"主"。主善罚恶，一切职掌天地造化的天地鬼神，又名福德正神。下同。

[5] 𗣼𗣼𗔀𗒟：字面意为"活血沸脉"，《大正藏》作"含灵抱识"。含灵抱识，一切有心、有情、众生。

录文、对译（中藏本第 108 页第 3 行—110 页第 4 行）

第 108 页：3. 𗊢𗵽𗊧𗠣𗗙𗫷𗆫𗖰，𗆫𗵒𗷅𗄈𗫸𗊴𗏹 4. 𗏹𗤁𗶷𗴮[1]？𗷒𗼓𗴒𗶷𗵽𗗙[2]𗆫𗴝𗄈𗷅 5. 𗧒𗹟𗫔，𗵒𗄈𗗙𗆫𗀔𗄈𗷒𗧒𗼃𗴮[3]。𗼓𗜓 6. 𗴅𗴅𗢸𗍯𗄈𗜷𗆻𗫴，𗆫𗀔𗆫𗴝𗄈，𗏹𗏹 7. 𗷄𗪚，𗴅𗴅𗤷𗷟𗴒𗶺𗼫𗗙[4]。𗊴𗤁𗼓𗜓𗷅 8. 𗆬𗵙，𗆫𗦳𗊭𗷟[5]，𗆬𗵙𗄈𗝢𗪿𗥁𗷒𗪽𗲤 9. 𗪽𗫸𗵡𗼃𗀎。𗼓𗜓𗶷𗵙𗫷，𗧒𗸰𗬀𗷺𗖍𗤁𗷅𗫷。𗏹𗜓𗷒𗶷

对译：3. 今日道场业同大众三宝〈〉何哉功众 4. 随依归也诸佛菩萨限量无大悲以世 5. 间度脱限量无大慈以世间饶为众生 6. 一切之念子一犹如大慈

大悲以恒善 7. 事求一切利益心懈倦无愿依众生之 8. 教化三毒火灭教化以[阿耨多罗三藐 9. 三菩提]得令众生佛未成此〈　〉自先正 10. 觉不证此义因如故依归应又复诸佛

第 109 页：1. 糙𫑡𫓧𫔂𫓧藏𫓧𫔂．𫔂𫔂𫑡𫓧：藏𫓧 2. 𫓧𫒀𫒀𫔂𫔂𫒀𫔂𫑡，𫒀糙𫑡𫒀𫓧𫒀𫒀𫒀．3. 𫒀藏𫓧𫒀𫒀[7] 𫔂𫑡𫔂𫒀𫔂[8]，𫓧𫔂𫒀𫔂，𫓧 4. 𫒀𫒀𫒀，𫓧𫒀糙𫑡𫓧𫒀𫔂，𫔂𫒀𫒀𫒀[9]．𫔂 5. 糙𫑡𫓧𫔂𫒀𫔂𫒀，𫒀𫔂𫔂𫒀[10] 𫒀𫔂𫒀𫒀 6. 𫔂𫒀𫑡𫔂𫒀糙𫑡𫔂𫓧𫒀𫒀𫒀𫔂，𫒀𫑡 7. 𫒀𫒀、𫒀𫒀糙𫔂，糙𫑡𫓧𫒀藏𫓧𫔂𫓧．𫒀 8. 𫒀糙𫑡𫒀𫒀𫒀𫒀𫔂𫒀𫒀𫒀𫒀．𫒀𫒀糙 9. 𫔂𫔂𫔂𫓧[11] 𫒀𫒀，𫔂𫒀𫒀𫒀 𫔂 𫒀𫒀𫒀𫒀，10. 𫒀𫔂𫒀𫔂𫒀𫔂𫔂𫔂𫔂[12]，𫒀𫒀𫑡𫔂𫔂𫒀

对译：1. 众生〈　〉慈念父母于过契经中言父母 2. 儿念唯一世于止佛众生念慈心无尽 3. 又父母或子恩德背忘时恚恨心生慈 4. 心少薄诸佛众生慈心者此不如矣此 5. 众生见悲心甚益乃至[阿鼻]地狱内大 6. 火轮中入诸众生代各无量苦受故知 7. 诸佛诸大菩萨众生爱念父母胜过其 8. 诸众生等明无慧覆烦恼心覆因佛 9. 菩萨于依归不知法说教化亦信受不可 10. 乃至言粗以妄诽谤作诸佛之恩念心

第 110 页：1. 𫓧𫔂𫒀．𫒀𫔂𫒀，𫒀𫒀𫔂𫒀𫔂、𫔂𫔂𫒀𫒀 2. 𫔂𫑡𫓧，𫒀𫒀𫔂𫒀[13] 𫒀𫔂𫒀𫒀．𫒀𫒀𫒀𫔂，3. 𫔂𫑡𫔂𫔂[14]．𫒀𫔂𫒀𫔂𫔂𫒀𫒀𫒀，𫒀𫒀𫒀 4. 𫔂，𫒀𫔂𫔂𫔂，𫔂𫒀𫔂𫔂，𫓧𫔂𫒀𫔂𫒀𫒀．

对译：1. 发未曾不信因故地狱饿鬼畜生诸恶 2. 道中堕三恶道历无量苦受罪毕脱得 3. 人间生复诸根不具自以庄严禅定水 4. 无智慧力无此如等障皆信心无由也

意译、注释（中藏本第 108 页第 3 行—110 页第 4 行）

今日道场同业大众，何哉为众功归依三宝也？诸佛菩萨有无限量大悲以度脱世间，有无限量大慈以为饶世间。念一切众生犹如一子，以大慈大悲恒求善事，利益一切心无懈倦。依愿教化众生，灭三毒火，教化令得阿耨多罗三藐三菩提。众生不得佛，自不先证此正觉。以是义故，应须归依。

又复诸佛慈念众生过于父母。经言：父母念儿慈止唯一世，佛念众生慈

心无尽。又父母或子背恩忘德时，心生恚恨，薄少慈心。诸佛慈心众生者，不如此也。见此众生悲心益重，乃至入于阿鼻地狱大火轮中，各代诸众生受无量苦。是知诸佛、诸大菩萨，爱念众生过于父母。而诸众生等无明覆慧烦恼覆心，于佛菩萨不知归依，说法教化亦不可信受，乃至妄作麁言诽谤，未曾发心念诸佛恩。以不信，故堕地狱饿鬼、畜生诸恶道中，历三恶道受无量苦。罪毕得脱，复生人间。诸根不具以自庄严，无禅定水、无智慧力，如是等障，由无信心。【参见《大正藏》[0923b26—0923c 14]】

[1] 𗫂𘟃𗾔𗏆𗎫𗀔𗧓𘓨𗆧𘈧：何哉为众功归依三宝也，即《大正藏》"何故应须归依三宝"。

[2] 𘘆𗏵𗤋：无限量，《大正藏》作"无限齐"。齐，定限。下同。

[3] 𗧓𘕿：为饶，《大正藏》作"安慰"。下同。

[4] "𗫂𗒏𘕿𗪚，𗟲𗟲𘗉𘜶𗆧𗡪𘈧𗤋"："恒求善事，利益一切心无懈倦"，《大正藏》作"常无懈倦。恒求善事利益一切"。

[5] "𗤋𘟃𗫡𗷸𗾔𗧓𘈧，𗫂𗇋𘜶𘋕"："依愿教化众生，灭三毒火"，《大正藏》作"誓灭众生三毒之火"。

[6] 𘟃𗤟𘐏𗼝𗷷𘕾𘈷：自不先证此正觉，《大正藏》作"誓不取正觉"。

[7] 𘟃𘄒𘔼𘈧：父母或子，《大正藏》作"父母见子"。

[8] 𗥃𘄒𘟃𗟲𘋤：背忘恩德时，《大正藏》作"背恩违义"。

[9] "𗪚𗇋𗷸𗾔𗏿𘋕𗫡，𘟃𘐏𘐔𘈧"："诸佛慈心众生者，不如此矣"，《大正藏》作"诸佛菩萨慈心不尔"。尔：这样。据下文西夏文意"众生"应为"菩萨"之误。

[10] 𗊏𗼻：阿鼻，《大正藏》作"无间"。

[11] 𘜶𘈧：归依，即《大正藏》"归向"。

[12] 𗏵𗝣𗥃𗤋𗧽𘟃𘕿：妄作粗言诽谤，《大正藏》作"麁言起于诽谤"。

[13] 𗧓𘕿𗫡𘋥：历三恶道，《大正藏》作"遍历三途"。恶道（𘕿𗫡），与"善道"相对而言，指乘恶行往之道途，又作"恶涂"、"恶途"，与"恶趣"同义。三恶道，指十界之中地狱界、饿鬼界、畜生界，又作"三恶趣、三涂、三途、三恶"。下同。

[14] "𗹦𗝣𗈶𘋥，𗧓𘕾𗅁𘃽"："罪毕得脱，复生人间"，《大正藏》作

"罪毕得出。暂生人间。"

录文、对译（中藏本第110页第5行—112页第9行）

第110页：5. [illegible]，[illegible] 6. [illegible]，[illegible]。[illegible] 7. [illegible][1]，[illegible][2]，[illegible]、[illegible]，[illegible] 8. [illegible][3][illegible]。[illegible][4][illegible]，[illegible] 9. [illegible]，[illegible][5][illegible]。[illegible] 10. [illegible]、[illegible]，[illegible]，[illegible]

对译：5. 今日道场业同大众不信罪者众罪间 6. 上行行人之常佛不见令相与今日自 7. 各努力应心意伏调增上心惭愧心生 8. 稽颡以岂敢往罪忏悔罪业既尽毕里表 9. 尚俱净然后心运信门内入若是如 10. 心是如意不起则亲与隔绝一或已失

第111页：1. [illegible][6]，[illegible][7]，[illegible] 2. [illegible]，[illegible][8]？3. （[illegible]）[illegible][9][illegible] 4. [illegible]，[illegible]。[illegible]，[illegible][10][illegible]；[illegible] 5. [illegible]，[illegible]。[illegible]，[illegible] 6. [illegible][11][illegible]。（[illegible]）[illegible]。[illegible] 7. [illegible]，[illegible]，[illegible]，[illegible] 8. [illegible]，[illegible]，[illegible]，[illegible]，9. [illegible]，[illegible]，[illegible] 10. [illegible]，[illegible]，[illegible]。[illegible]

对译：1. 障重所蔽复返处无自各五体地投大 2. 山崩如疑想除断一心信归何云不为 3. 某甲等今日诸佛菩萨慈悲力以始觉悟 4. 蒙深惭愧生已作罪者速乞除灭未作 5. 罪者复造不敢今日于起[菩提]而至牢 6. 固信起常不退转某甲等此身命舍又若 7. 地狱道生若饿鬼道生若畜生道生若 8. 人道生若天道生其三界中若男身受 9. 若女身受若非男非女等身受若大若 10. 小若降若升诸迫恼受忍难堪难此苦

第112页：1. [illegible]，[illegible][12]。[illegible] 2. [illegible]。[illegible][13]，[illegible] 3. [illegible]。[illegible]，[illegible] 4. [illegible]，[illegible]。（[illegible]）[illegible]，[illegible] 5. [illegible]，[illegible]，[illegible] 6. [illegible]，[illegible][14][illegible]，[illegible]，7. [illegible]（[illegible]）！8. [illegible]（[illegible]）！9. [illegible]

𗫡𗾺𘜨𗂧𘎆𗥹𗟰𗥦𗥦𗣜𘂤𗫨（𗣜𘈩）！

对译：1. 得故今日信心永不失退宁于千劫万 2. 劫种种苦受虽能〈〉此苦受故今日信 3. 心永不失退仰愿诸佛大地菩萨共同 4. 救护同加摄受某甲等之信心坚固令诸 5. 佛心与等诸佛愿与同众魔道外毁灭 6. 不能相与心归痛切心等五体地投 7. 十方虚空界尽诸佛一切之依归一拜 8. 十方虚空界尽尊法一切之依归一拜 9. 十方虚空界尽贤圣一切之依归一拜

意译、注释（中藏本第 110 页第 5 行—112 页第 9 行）

今日道场同业大众，不信行罪者众罪之上，令行人常不见佛。相与今日应各自努力，调伏心意，生增上心、惭愧心，岂敢稽颡忏悔往罪。罪业既尽毕，表里尚俱净，其然后运心入信门。若不起如是心、如是意，则与亲隔绝，一或失重障所蔽复无返处，各自五体投地如大山崩，断除疑想，一心信归，云何不为？

（某甲）等今日以诸佛菩萨慈悲力，始蒙觉悟深生惭愧。已作之罪速乞除灭；未作之罪不敢复造。从今已去至于菩提，起坚固信不常退转。

（某甲）等舍此身命，若生地狱道，若生饿鬼道，若生畜生道，若生人道，若生天道。其三界中若受男身，若受女身，若受非男非女等身，若大若小，若升若降。受诸迫恼难堪难忍，得此苦故，永不退失今日信心。虽我能宁于千劫万劫受种种苦，受此苦故，永不退失今日信心。

仰愿诸佛大地菩萨，同加救护，同加摄受。令（某甲）等信心坚固，等诸佛心，同诸佛愿。众魔外道不能毁灭。相与归心，等痛切心，五体投地，归依十方尽虚空界一切诸佛（一拜）！归依十方尽虚空界一切尊法（一拜）！归依十方尽虚空界一切贤圣（一拜）！【参见《大正藏》[0923c15—0924a07]】

[1] 𗥹𗟰𗥦𗥦：应各自努力，《大正藏》作"各自慷慨"。

[2] 𗫨𗟰𗤋𗤓：调伏心意，《大正藏》作"折意挫情"。

[3] 𗫨𗾺𗤼𗄈𗓁：岂敢稽颡，《大正藏》作"稽颡求哀"。"𗄈𗓁"（岂敢），相当于"怎么敢、不敢"，表示谦逊的态度。"稽颡"（𗫨𘎆），西夏文又作"𗾫𗫨"，古代一种跪拜礼，屈膝下拜，以额触地，表示极度的虔诚。

下同。在本经卷中"𗣼𗾟"出现的次数较多，在不同的语境下要具体分析。这里是第一次出现。

[4] 𗣼𗾟：罪业，《大正藏》作"业累"。

[5] 𗾟𗫷𗥃𗆟𗟲：然后运心，《大正藏》作"然后运想"。𗫷𗥃，连词，相当于"然后"、"后"、"乃"。相同例句又见卷二（图版第240页第10行，注[14]）、卷八（图版第49页第6行）。"𗾟"（尔）有时不翻译，这样也可笼统把"𗾟𗫷𗥃"看作连词。下同。

[6] "𗸐𗥃𗤋𗤻𗤛，𗌱𗉞𗫂𗏂𗤒𗆟𗟲𗝰𗟲𗤋𗣼"："则与亲隔绝，或一失重障所蔽无处复返"，《大正藏》作"直恐隔绝障滞难通。一失斯向冥然无返"。

[7] 𗤛𗤚𗤋𗲾𗤒𗝰：各自五体投地，《大正藏》作"岂得不人人五体投地"。

[8] "𗧨𗤚𗷰𗫷𗌱𗤋𗤰𗟲，𗣼𗴫𗥃𗤻"："断除疑想一心归信，何云不为"，《大正藏》作"一心归信无复疑想"。𗣼𗴫，西夏文意"何云"对应前句《大正藏》"岂得"。

[9] 𗫷：力，《大正藏》作"心力"。

[10] 𗣲𗟲："速乞、速愿"，《大正藏》作"愿乞"。下同。

[11] 𗟲𗤙：常起。"𗟲"（起），底本笔画错。"常"，《大正藏》作"复"。

[12] "𗸐𗤒𗙏𗫷，𗷰𗫳𗤰𗤋𗤙𗥃𗤻𗤚"："得此苦故，永不退失今日信心"，《大正藏》作"誓不以苦故退失今日信心"。下同。

[13] 𗸐𗤒𗫷𗫳：受此苦故，《大正藏》无此句。

[14] 𗤋𗫽：归心，即《大正藏》"志心"。

录文、对译（中藏本第112页第10行—117页第10行）

第112页：10. 𗷰𗫳𗤚𗵜𗾟𗤋𗤒𗫽，𗤋𗫳𗴯𗫷[1]，𗱜𗋏𗲾

对译：10. 今日道场业同大众心摄谛听人天幻

第113页：1. 𗼳，𗥃𗤋𗷷𗣼。𗌱𗼳𗥃𗤻𗫷，𗤋𗾓𗵜𗫂𗉞。2. 𗷷𗣼𗥃𗥓𗫷，𗤋𗸣𗲚𗥃𗵜[2]；𗵜𗾓𗫷，𗤙 3. 𗥃𗲾𗧽𗉞𗷷𗫂𗲚𗫷[3]，𗤋𗴫𗥃𗤒𗵞𗼃𗈍 4. 𗋏[4]。𗸐𗥃𗧨𗲾𗔁𗻠𗣼𗵜𗤒𗆟，《𗤛𗫷𗟇 5. 𗤚》𗧽𗐩：𗧨𗫽𗤋𗟇𗤚

□□□。□□□□6. □□□□，□□□□[5]。□□□□□□，□7. □□□□□[6]□□□□。□□□，□□8. □□□[7]□□□□，□□□□□□□□□。9. □□□□，□□□□□□□□□□10. □□[8]。□《□□□□》□□：□□□□，□□

对译：1. 惑世界虚假幻惑非真由故实果报无2. 虚假不固因故迁变不休果实无因久3. 死生中轮转迁变故则常爱苦海里坠4. 没是如众生〈〉贤圣悲念为也悲华契5. 经中言菩萨佛成各本愿有[释迦]如来6. 寿促短为寿长不现此众生〈〉变化不7. 稍长苦海中沦舍离可无慈愍为故方8. 此土在诸弊恶救苦切言以刚强教化9. 苦疾不畏善法方便弘济益心以众生10. 度脱故[三昧]契经中言诸佛心者大慈

第114页：1. □□□，□□□□□□□□[9]。□□□□□□2. □□□，□□□□，□□□□。□□□□，3. □□□□。□□□□□□□□□。□□4. □□□□□□□。□□□□□□□□□5. □□□□，□□□□□□□[10]，□□□□6. □□[11]□□□□，□□□□□□□□□□7. □□□□□。□□□□□□□□。□□8. □□□□□□[12]，□□□□□□□[13]□□□，9. □□□□，□□□□[14]。□□□□□□□[15]□10. □。□□□□□□，□□□□□□。□□□

对译：1. 悲是慈悲观所苦众生是若众生等苦2. 受见时心箭入如眼目破如见又悲泣3. 腹心无安其苦救拔安乐得令欲又诸4. 佛智等教化均同唯[释迦]佛苦忍能以5. 众生度脱故最中勇猛称得当知[释迦]6. 师长慈恩实重苦恼众生中种种法说7. 一切利益能我等今日解脱不蒙进法8. 言时一句不闻退树双间[涅槃]亦不睹9. 皆业障由其与未遇俱共今日喜恋心10. 起如来之喜恋因故善心浓厚苦中在

第115页：1. □□□□□□，□□、□□、□□、□□，□2. □□□，□□□□，□□□：[16]□□□□、□3. □□□、□□□□、□□□□[17]、□□□□；4. □□□□□□□□、□□□□□□□□5. □、□□□□□、□□□□、□□□□6. □□；□□□□□□□□□□□□□。7. □8. □□□□□□□□□□□（□□）！9. □□□□□□□□□□□□（□□）！10. □□□□□□□□□□□□（□□）！

对译：1. 尚如来之恩忆呜咽懊恼惭颜哽恸痛2. 切心等五体地投奉以国

王皇帝地3. 土人民父母师长信心施主善恶知识4. 诸天诸仙聪明正直天地虚空世护四5. 王善主恶罚咒持守护五方龙王龙神6. 八部及广十方穷无尽无众生一切为7. 复8. 十方虚空界尽诸佛一切之依归一拜9. 十方虚空界尽尊法一切之依归一拜10. 十方虚空界尽贤圣一切之依归一拜

　　第116页：1. 𗼇𗼇𗼇𗼇，𗼇𗼇[18]𗼇𗼇，𗼇𗼇𗼇𗼇，𗼇𗼇𗼇𗼇：2. 𗼇𗼇𗼇𗼇𗼇　𗼇𗼇𗼇𗼇[19]𗼇　𗼇𗼇𗼇𗼇𗼇[20]3. 𗼇𗼇𗼇𗼇𗼇　𗼇𗼇𗼇𗼇𗼇　𗼇𗼇𗼇𗼇𗼇4. 𗼇𗼇𗼇𗼇𗼇　𗼇𗼇𗼇𗼇𗼇𗼇𗼇𗼇𗼇5. 𗼇𗼇𗼇𗼇𗼇　𗼇𗼇𗼇𗼇𗼇　𗼇𗼇𗼇𗼇𗼇6. 𗼇𗼇𗼇𗼇𗼇　𗼇𗼇𗼇𗼇𗼇　𗼇𗼇𗼇𗼇𗼇[21]7. 𗼇𗼇𗼇𗼇𗼇[22]　𗼇𗼇𗼇𗼇𗼇[23]　𗼇𗼇𗼇𗼇𗼇8. 𗼇𗼇𗼇𗼇𗼇　𗼇𗼇𗼇𗼇𗼇9. 𗼇𗼇𗼇𗼇，𗼇𗼇𗼇𗼇。𗼇𗼇𗼇𗼇𗼇𗼇10. 𗼇𗼇𗼇𗼇𗼇、𗼇𗼇𗼇𗼇，𗼇𗼇𗼇𗼇、𗼇𗼇

　　对译：1. 相与心归膝跪掌合心念口言是如言说2. 诸佛大圣尊　法觉不知无　人天之师长3. 是为故依归　法一切常住　清净[修多罗]4. 身心病除能　此因故依归　大地诸菩萨5. 著无四沙门　苦一切救能　此因故依归6. 三宝世界护　我今头面礼　六道众生因7. 此刻尽依归　慈悲一切救　皆安乐得令8. 众生哀愍者　我等共依归9. 五体地投自各言念仰愿十方三宝10. 一切慈悲力以本愿力以大神通力思议

　　第117页：1. 𗼇𗼇、𗼇𗼇𗼇𗼇𗼇、𗼇𗼇𗼇𗼇𗼇、𗼇𗼇𗼇2. 𗼇𗼇、𗼇𗼇𗼇𗼇𗼇𗼇[24]。（𗼇𗼇）𗼇𗼇𗼇𗼇𗼇𗼇𗼇3. 𗼇𗼇𗼇，𗼇𗼇𗼇𗼇𗼇𗼇𗼇𗼇[25]。𗼇𗼇𗼇𗼇4. 𗼇，𗼇𗼇𗼇𗼇𗼇𗼇𗼇[26]𗼇。𗼇𗼇𗼇𗼇𗼇𗼇5. 𗼇𗼇，𗼇𗼇𗼇𗼇。𗼇𗼇𗼇𗼇𗼇𗼇𗼇，𗼇𗼇6. 𗼇𗼇𗼇𗼇[27]。𗼇𗼇𗼇𗼇𗼇，𗼇𗼇𗼇𗼇[28]。𗼇𗼇7. 𗼇𗼇𗼇、𗼇𗼇𗼇𗼇𗼇，𗼇𗼇𗼇𗼇[29]。𗼇𗼇𗼇8. 𗼇𗼇𗼇𗼇𗼇𗼇𗼇𗼇𗼇𗼇𗼇[30]，𗼇9. 𗼇𗼇𗼇𗼇𗼇𗼇𗼇，𗼇𗼇𗼇𗼇𗼇𗼇𗼇𗼇，10. 𗼇𗼇𗼇𗼇𗼇𗼇𗼇𗼇𗼇[31]（𗼇𗼇）！

　　对译：1. 不力无量自在力众生度脱力众生救2. 护力众生饶为力依某甲等之今日三宝3. 依归者诸众生等皆当知觉此德功力4. 以诸众生等各愿发令若诸天诸仙中5. 在者诸漏令尽若[阿修罗]中在者无敬6. 自骄应舍若人道在者众苦当无若7. 地狱饿鬼畜生道在者即当解脱又复令8. 日若三宝名闻及未闻等佛神力以诸9. 众生尽解脱令得究竟无上[菩提]成就10. 诸菩萨如皆正觉成一拜

意译、注释（中藏本第 112 页第 10 行—117 页第 10 行）

今日道场同业大众，摄心谛听。人天幻惑，世界虚假。由幻惑非真，故无报实果。因虚假不固，故迁变不休；因无实果，久死生中轮转迁变故，则长坠没爱苦海。

如是众生为贤圣所悲念也，故《悲华经》言：菩萨成佛各有本愿。释迦如来为促短寿，不现长寿。此众生变化，不稍长沦苦海中无可舍离。为慈愍，方故在此土救诸弊恶，以刚强苦切之言教化。不畏苦疾，以善法方便弘济益心度脱众生。所以《三昧经》言：诸佛心是大慈悲，是观慈悲苦众生。若见众生受苦时，如箭入心，如破眼目。见悲泣，心腹无安。欲拔其苦，令得安乐。又诸佛等智教化均同。唯释迦佛能忍苦以度脱众生，故最称得勇猛。当知释迦师长慈恩实重，能于苦恼众生之中，说种种语利益一切。我等今日不蒙解脱，进法言时不闻一句，退亦不睹双树涅槃，皆由业障，与其未遇。相与今日起喜恋心，以喜恋如来。故善心浓厚，既在苦中忆如来恩。呜咽、懊恼、惭颜、哽恸、痛切心等，五体投地。奉为：

国王皇帝、土地人民、父母师长、信心施主、善恶知识；诸天诸仙聪明正直、天地虚空护世四王、主善罚恶、守护持咒、五方龙王、龙神八部；广及十方无穷无尽一切众生。

重复归依十方尽虚空界一切诸佛（一拜）！归依十方尽虚空界一切尊法（一拜）！归依十方尽虚空界一切贤圣（一拜）！相与志心，跪膝合掌，心念口言，作如是说：

诸佛大圣尊　觉法无不知
人天之师长　为是故归依

一切法常住　清净修多罗
能除身心病　因此故归依

大地诸菩萨　无著四沙门

能救一切苦　　因此故归依

三宝护世界　　我今头面礼
六道为众生　　此刻尽依归

慈悲救一切　　皆令得安乐
哀愍众生者　　我等共归依

　　五体投地，各自念言。仰愿十方一切三宝，以依慈悲力、以本愿力、大神通力、不思议力、无量自在力、度脱众生力、救护众生力、饶为众生力。（某甲）等今日归依三宝者，诸众生等皆当觉知。以此功德力，令诸众生各等发愿。若在诸天诸仙中者，令尽诸漏。若在阿修罗中者，应舍无敬自骄。若在人道者，当无众苦。若在地狱饿鬼、畜生道者，即当解脱。又复今日若闻三宝名及与不闻，以等佛神力，令诸众生尽得解脱，究竟成就无上菩提，皆如诸菩萨成正觉（一拜）。【参见《大正藏》[0924a08—0924b27]】

　　[1] 𗾔𗟦𗄊𗆟：摄心谛听，《大正藏》作"善摄心听"。

　　[2] "𗥢𗣠𗤳𗃛𗉞，𗾔𗣵𗟟𗤳𗊊"："因虚假不固，故迁变不休"《大正藏》作"虚假浮脆故迁变无穷"。𗣵𗟟，又作"𗟟𗣵"。

　　[3] 𗴂𗜓𗆘𗗙𗗚𗤳𗣵𗟟𗃛："久死生中轮转迁变故"，《大正藏》作"所以久滞生死之流。迁变改故"。

　　[4] 𗦀𗧘：坠没，即《大正藏》"泛"。

　　[5] "𗤓𗧪𗾔𗂧𗗙𗩾𗵨𗃀，𗗙𗈁𗃛𗦅"："释迦如来促为短寿，不现长寿"，《大正藏》作"释迦不现长年。促为短寿"。

　　[6] "𗗚𗤳𗒸𗴖𗣵𗣠，𗃛𗵽𗴂𗄼𗈁𗒅𗗙"："此众生变化，不稍长沦苦海中"，《大正藏》作"悲此众生变化俄顷长沦苦海。"𗵽，稍、留。"𗃛𗵽"（不稍），即汉文本"俄顷"。

　　[7] "𗂰𗄼𗣵，𗾔𗍫𗴖𗷅𗉞"："为慈愍，方故在此土"，《大正藏》作"故在此土"。

　　[8] "𗁬𗴻𗃛𗆫，𗵽𗷅𗁆𗄼𗵽𗒆𗣢𗾔𗵽𗃀𗵽𗫔𗃉"："不畏苦疾，以善法方便弘济益心度脱众生，《大正藏》作"不舍于苦而度众生。未尝不以善法

方便弘济益之心"。

　　[9]𗏁𗣪𘝦𗰱𘁨𗧾𗏹𗤧：是观慈悲苦众生，《大正藏》作"慈悲所缘缘苦众生"。

　　[10]"𗣫𘚢𗧁𗤴𘁨𘉒𘝀𗫵𗧾𗏹𗤧𗡶，𘟍𗗉𘕾𘕤𗡶𘌧𗎫"："唯释迦佛能忍苦度脱众生，故最称得勇猛"，《大正藏》作"至于释迦偏称勇猛。以能忍苦度脱众生"。𘕾，底本笔画错。

　　[11]𘚢𗣜𘉮𘝀：释迦师长，《大正藏》作"本师"。

　　[12]𗧂𗫼𗤭𘅃𘁢𘉍𘓱𗩾：进法言时不闻一句。一句，《大正藏》作"一音之旨"。

　　[13]𗒹𘐊𘚝𗒞𘐥：双树涅槃，《大正藏》作"双树潜辉"。"涅槃"即"潜辉"。双树潜辉，指如来于娑罗双树之间入灭，如日落西山。

　　[14]"𗱽𘄒𘄈𘒣，𘋆𘎀𘉍𗫵"："皆由业障，其与未遇"，《大正藏》作"良由业障念与悲隔"。

　　[15]𘎀𗴺：喜恋，即《大正藏》"悲恋"。下同。

　　[16]𘇂𘆼𗠇：奉、以奉，《大正藏》作"志心奉为"。下同。

　　[17]𘟙𘆼𗟭𗹏：信心施主，《大正藏》作"信施檀越"。檀越，即"施主"。檀，即"檀那"，译为"布施"。"越"是超越贫穷之意。下同。

　　[18]𗼅𗫩：膝跪，《大正藏》作"胡跪"。胡跪，又称互跪，指古代僧人跪坐致敬的礼节，右膝着地，竖左膝危坐，倦则两膝姿势互换。下同。

　　[19]𗢯𗫤：不知，《大正藏》作"不尽"。

　　[20]𘉮𘝀：师长，《大正藏》作"无上师"。

　　[21]𗥃𗫼𗧾𗏹𗤧：六道为众生，《大正藏》作"六道一众生"。

　　[22]𘓱𘎀𗱽𘎲𗷸：此刻尽归依，《大正藏》作"今尽为归依"。"𘓱𘎀"（此刻），即汉文本"今、今日"。下同。

　　[23]𘔼：救，《大正藏》作"覆"。

　　[24]𘋊𗴺𗤹𘋶：依为饶力，《大正藏》作"安慰众生力。令诸众生皆悉觉悟知"。

　　[25]𘏅𗫵𗏹𘋊𗱽𗤧𗢯𗤧：诸众生等皆当知觉，《大正藏》无此句。

　　[26]𘋊𘐊𘆼𗩾：各等发愿，《大正藏》作"各得所愿"。

　　[27]𘝦𗫩𗒛𘄒𗣁𘎅：应舍无敬自恣，《大正藏》作"舍憍慢习"。"𘝦

咙"（无敬），"𗧒𗆬"（自傲、自恣），分别相当于汉文"憍"、"慢"。西夏文有时候不甚严格，直接用"𗧒咙𗧒𗆬"来翻译汉文"憍慢"。下同。

[28]　𗧒𗆬：当无，《大正藏》作"无复"。

[29]　𗧒𗧒𗆬𗆬：即当解脱，《大正藏》作"即得免离"。

[30]　𗧒𗧒𗆬𗆬：以等佛神力，《大正藏》作"以佛神力"。

[31]　𗧒𗆬𗧒𗆬𗧒𗆬𗧒𗆬：如诸菩萨皆成正觉，即《大正藏》"同诸菩萨俱登正觉"。下同。

录文、对译（中藏本第118页第1行—122页第3行）

第118页：1.**𗧒𗆬𗧒𗆬**（𗧒𗆬𗧒𗆬𗧒𗆬𗧒𗆬𗧒𗆬，𗧒𗆬𗧒𗆬𗧒𗆬𗧒𗆬𗆬𗆬，𗧒𗆬𗧒[1]）2.𗧒𗆬𗆬𗧒𗆬𗧒𗆬𗆬，𗧒𗆬[2]𗧒𗆬。𗧒𗆬𗆬3.𗧒𗆬𗧒𗆬𗧒𗆬𗆬。𗧒𗆬𗆬𗆬𗆬𗆬[3]。𗧒𗆬4.𗆬𗆬𗆬𗆬，𗧒𗆬𗆬𗆬，𗆬𗆬𗆬𗆬，𗆬𗆬5.𗆬𗆬𗆬[4]，𗆬𗆬𗆬𗆬，𗆬𗆬𗆬𗆬。𗆬𗆬𗆬𗆬，6.𗆬𗆬𗆬𗆬𗆬[5]，𗆬𗆬𗆬𗆬𗆬[6]，𗆬𗆬𗆬𗆬𗆬7.𗆬𗆬𗆬。𗆬𗆬𗆬𗆬𗆬𗆬𗆬𗆬𗆬，𗆬𗆬8.𗆬𗆬𗆬[7]；𗆬𗆬𗆬𗆬𗆬𗆬𗆬[8]，𗆬𗆬𗆬𗆬9.𗆬；𗆬𗆬𗆬𗆬𗆬𗆬𗆬，𗆬𗆬𗆬𗆬𗆬𗆬[9]；𗆬10.𗆬𗆬𗆬𗆬𗆬𗆬𗆬，𗆬𗆬𗆬𗆬𗆬[10]。𗆬𗆬𗆬

对译：1. 疑断二第众生一切疑惑未离所以法于多障碍生是故今日疑断当2. 今日道场业同大众心至谛听因果影3. 响相于相生感应必然差舛无有诸4. 众生业行不纯善恶迭用业不纯因故美5. 丑报受或贵或贱或善或恶其报匪一6. 万种参差有故本末不了不了因则乱7. 疑惑起或进精戒奉人寿长得应寿短8. 受反言屠杀人者寿短得应寿延受反9. 言不贪好人富大成应苦贫招反言10. 偷盗人者贫穷为应富大为反言此如疑

第119页：1.𗆬𗆬𗆬𗆬𗆬[11]？𗆬𗆬，𗆬𗆬𗆬𗆬𗆬𗆬𗆬𗆬2.𗆬。𗆬《𗆬𗆬𗆬𗆬𗆬》𗆬𗆬[12]：𗆬𗆬𗆬𗆬𗆬3.𗆬𗆬、𗆬𗆬𗆬𗆬𗆬𗆬𗆬[13]，𗆬𗆬𗆬𗆬𗆬4.𗆬𗆬𗆬𗆬𗆬。𗆬𗆬𗆬𗆬𗆬𗆬𗆬。𗆬𗆬5.𗆬𗆬𗆬𗆬𗆬，𗆬𗆬𗆬𗆬𗆬𗆬𗆬6.𗆬𗆬，𗆬𗆬𗆬𗆬𗆬，𗆬𗆬𗆬𗆬[14]，𗆬𗆬𗆬𗆬[15]。7.𗆬𗆬𗆬𗆬𗆬𗆬𗆬，𗆬𗆬𗆬𗆬𗆬𗆬𗆬。8.𗆬𗆬𗆬𗆬𗆬，𗆬𗆬𗆬𗆬𗆬𗆬[16]。𗆬𗆬𗆬𗆬，9.𗆬𗆬𗆬𗆬𗆬𗆬𗆬𗆬[17]。𗆬𗆬𗆬𗆬𗆬𗆬𗆬10.𗆬𗆬。𗆬𗆬𗆬𗆬𗆬𗆬𗆬𗆬，𗆬𗆬𗆬𗆬𗆬

对译：1. 惑何〈〉不生此者皆往业因植所致不2. 知又金刚［般若］契经中言若人此契经3. 读诵他人不恭诋毁者是人先世罪业4. 依恶道堕应此世人不敬毁訾故先世5. 罪业方消灭得诸众生等契经深信不6. 能者皆明无所蔽颠倒惑故故此疑起7. 又三界内苦是不信三界外乐是不信8. 每世间贪染一切皆乐是言若乐及是9. 则何云其中烦苦生矣饮食已过便10. 疾疹成音塞喘迫鼓胀暴疾乃至衣服因

第120页：1. 𗧬𗟲𗴺𗼇𗰜，𗫲𗰧𗯟[18]。𗥚𗴕𘂝𗤆𗵀𗴕𘂝2. 𗟻𗳮，𗟲𗴺𗥩𗽻𘎑𗟲𗴺[19]？𘎑𗟷𗴕[20]𗇋𗥚𗤆3. 𗴺𗼇？𗧒𗼇𗒽𗜓、𘂝𗔇𘝵，𗙴𘎑𗣓𗼲。𗴾𗼑4. 𗬐𘎑𗴕𗟜𗭊𘎑𗟷𗴕，𗇋𗤆𗫲𗴺𘓞𘓞𘓞5. 𘍞𗴖𗴾𗉵𗢳[21]。𗥚𗰧𘒣𗴕𗴾𗉲𗐓𗧬，6. 𗤒𗔇𗊟𗬨𗉵𘓩𗥔𗇋[22]。𘘦𗈁𘝯𗉲𗴱𗤻𗧠，7. 𗇐𘒘𗭠𗴾𗽺[23]。𗴾𗧬𘈥𗴕𘄒𗤻𗧬𗵀，𗤒𗴕8. 𘂝𗧠𗽺𗧠𗹷[24]𗠋𗼑。𗇋𘓩𗫲𗥚𗬐，𗤥𗉲𘄒9. 𗴕[25]。𘒘𗉲𗬦𗴱，𗟱𘝯𗼑𗴕[26]。𗤒𗊟𗴕，𗇋𘈥𘘦10. 𘍼𗟜𗠋𗶇𗟲𗴺𗬐𘎑𗴕�[27]。𗼲𘌒𘎑𗇋𗬐

对译：1. 亦恼苦弥生何云矣寒时衣薄暑时衣2. 厚甚恼苦增乐所何有乐及是则何意3. 恼生故知饮食衣服者真乐非也又4. 眷属乐是言者乐及是则互相欢娱歌笑5. 常时无止也何意天时无常临来俄倾6. 死病倏焉在此刻无此因天地之号叩7. 悲悼痛切矣又复生者始何所来死者8. 今何头所见不知啼泣以送行墓地〈〉9. 投一时已离万劫不见众生迷故诸此10. 如等无量苦有皆乐是谓世出乐故皆

第121页：1. 𗟷𗴕�。𗠋𗹷𗄟𗧠𗼇𗤻𗟜。�]𗜓𘂝𗊮𗴾2. �[28]。𗇉𗵋�ᵒ𗊟𘀗𗧠𗴕𗴕[29]，𗬐𘘦𗟲𗄟𗄟𗴕3. �𗊞�[30]，𘘦𗥚𘈥𗈁𘝵𗼇𗊟[31]𗴕𗠋𗼑。𗠋𗉲4. 𘎑𗴾𗴾𘏑𗟷𗋽𗇐�、𘈥𗋽𗫬𗃀、𗟷𗈁5. 𗌮𗠋𘀗𗜓𘀗𗊮𗴾𗴕[32]，𗬐𗟷𗴕�，𘘦�ᵒ𗼲6. 𗥹𗇋𘝚𗠋𗼑。𗧒𗠋𗥹��ᵒ𗤒𗴕𘄒𗼎𗧠[33]7. 𗼑，��᳕𘘦𗄟𗇋𗤒𗛚𗄟𗟷[33]。𗄟𗊮𘅍8. 𘈥𘘦𘀗𗇋𗟲？𗄟𘍞𗟷𗴾�]，𗇋𘘦𗈁�𗢳[34]，9. 𗄟𗥹𘝯𗤒𘟄�𗼇𗇐。𗠋𗄟𗭃𗴕𗼑，𘇚𗴾10. 𘘦𗈁�[35]。𘇚𘝯𘔽𗙸[36]𗠋𗼑，𘝯𘘦𘄒𗼑。𗠋𗇉

对译：1. 苦是言或身瘦时食菜粗饮食衣美不2. 求衲弊衣穿人〈〉见时皆是等自己苦3. 作〈〉言此行业者解脱缘是不知或翘4. 勤不懈怠以布施戒持辱忍进精习行5. 礼拜经诵人之见时皆苦是言此等世6. 出心修不知假若病遇已死时速即疑7. 起日日此形心累劳暂止未曾人之气8. 力此与何堪自勤劳不为

故此如为也 9. 身命徒丧益得所无或自言是秉说理 10. 此如说果因随现不知妄此惑构若善

第 122 页：1. 𗰜𗆐𗝢𗾟，�781𗲍𗴴�。𗗠𗰜𗆐𗝢𗾟，� 2. 𗲍𗴴𗴺𗰊[37]。𗴴𗥫�，�𗗠𗝢𗈖。𗗠𗝢𗲍 3. 𗴺，𗁬�𗝚𗇋？[38]

对译：1. 知识与遇则此疑方除恶知识与遇则 2. 此疑甚深疑惑因故三恶道堕恶道中 3. 在悔处岂有

意译、注释（中藏本第 118 页第 1 行—122 页第 3 行）

断疑第二（一切众生未离疑惑，所以于法多生障碍，是故今日当断疑）

今日道场同业大众，至心谛听。因果影响者于感应相生，必然无有差舛。而诸众生业行不纯，善恶迭用。因业不纯，故报受美丑，或贵或贱或善或恶，其报不一，参差万品。故本末不了，不了则疑惑乱起。或言精进奉戒之人应得长寿，而反短寿；言屠杀人者应得短寿，而反延寿；言不好贪之人应成大富，而反招贫苦；言偷盗之人应为贫穷，而反为大富。何不生如此疑惑？而不知此者，皆往业植因所致。

又《金刚般若经》言：若有读诵此经、不恭诋毁他人者，是依人先世罪业应堕恶道，以此世人不敬毁訾故。先世罪业方得消灭，而诸众生等不能深信经者，皆无明所蔽，颠倒惑故，故此起疑。

又不信三界内是苦，不信三界外是乐。常贪染世间，皆言一切是乐。若是乐，则何云其中生烦苦。饮食已过便成疾疹，音塞喘迫鼓胀暴疾，乃至因衣服亦弥生苦恼，何云矣？寒时衣薄暑时衣甚厚，增苦恼所乐何有？乐是，则何意生恼？故知饮食衣服者，非真乐也。又言眷属以为乐者，则应长相欢娱歌笑无止也。何意天时无常临来俄倾，病死倏焉无在此刻。因此号天叩地，悲悼痛切矣。

又复不知生者始何所来，死者今何头所见。啼泣以送行，投于墓地。一时已离，万劫不见。众生迷，故有诸如此等无量苦皆谓是乐。出世乐，故皆言是苦。或身瘦时食粗菜，不求饮食美衣。见穿弊衲衣之人时，皆言是等作苦自己，不知此业是解脱缘。或见布施持戒、忍辱精进、习行礼拜诵经人翘勤不懈，皆言是苦，而不知是等修出世心。假若遇病死时速即起疑，日日劳累此心形未曾暂止，人之气力何以堪此？自不勤劳，故为如此也，徒丧身命无所得益。或自秉其说，说理如此。不知随果现因，妄构此惑。若遇善知识则其惑可除，遇恶知识则此疑甚深。因疑惑故堕三恶道。在恶道中，岂有悔处？【参见《大正藏》[0924b28—0925a05]】

[1] 𗊩𗧨𗖩𗖰𗫴𗒘：今日当断疑，《大正藏》作"今须永断此疑"。

[2] 𗼃𗸦：至心，《大正藏》作"一心"。下同。

[3] 𗥃𗟲𗤧𗤛𗤒𗗙：必然无有差舛，《大正藏》作"必然之道理无差舛"。

[4] 𗍫𗥃𗥚𗰜𗫴：故受报美丑，《大正藏》作"以报有精麁"。

[5] 𗣼𗤱𗜀𗝠𗗙：有万种参差，即《大正藏》作"参差万品"。

[6] 𗖌𗲲𗤧𗤒𗫴：则本末不了，《大正藏》作"既有参差不了本行"。"𗲲𗤧"（本缘），对应汉文"本行"。

[7] "𗤉𗯆𗧯𗌭，𗤉𗠟𗰜𗰚𗯿"："应得长寿，而反受短寿"，即《大正藏》"应得长生。而见短命。""……𗌭……𗠟……𗰚"连用，表示"应……而反……"，或"应……反而……"。下同。

[8] 𗰜𗰟𗌭𗤧𗤉𗠟𗧯𗌭：屠杀人者应得短寿，即《大正藏》作"屠杀之人应见促龄"。

[9] "𗤒𗝆𗚉𗌭𗫹𗤉𗫴𗌭，𗤷𗆐𗯿𗰚𗯿"："言不好贪之人应成大富，而反招贫苦"，即《大正藏》"清廉之士应招富足。而见贫苦"。

[10] "𗙡𗭪𗌭𗤧𗙏𗆐𗫴𗌭，𗫹𗤉𗫴𗰚𗯿"："言偷盗之人应为贫穷，而反为大富"，即《大正藏》"贪盗之人应见困踬。而更丰饶"。

[11] 𗫾𗥃𗤒𗗙：何不生，即《大正藏》"人谁无念"。

[12] "𗤒《𗤎𗪯𗫤𗤤𗪿𗪊》𗙩𗴓"："又《金刚般若契经》言"，《大正藏》作"又如般若所明"。

[13] 𗱵𗊝𗤒𗭊𗰟𗕜𗤧：不恭诋毁他人者，《大正藏》作"为人轻贱者"。"𗤒𗭊"（不恭、不敬），可对应汉文"轻"、"轻慢"。"𗰟𗕜"（诋毁、毁訾），对应汉文"贱"。下同。

[14] "𗫺𗤢𗵈𗧽𗪭，𗭽𗧥𗱢𗤧"："皆无明所蔽，颠倒惑故"，《大正

藏》作"有此疑者。皆由无明惑故。妄起颠倒"。无明，为"痴"之异名，
"烦恼"之别称。

［15］𘝞𗄈𗖊𗡺：故此起疑，《大正藏》无此句。

［16］"𗟲𗥃𘞌𗭆𗜈，𗦎𗦎𗣼𗿒𗳒𗴾"："常贪染世间，皆言一切是乐"，
《大正藏》作"每染世间皆言是乐"。染，是对世间诸种事物执著心之总称。
贪染，即"耽染"，取之于五欲、六尘之境。

［17］"𘀄𗣓𘋈𘒭𘞌𘞎𘝞𗡺𗡻"：则何云其中生烦苦矣，《大正藏》作"何意
于中复生苦受"。

［18］"𘞎𘝞𗷸𗡺，𗣓𗣼𗡻"："弥生苦恼，何云矣"，《大正藏》作"弥
见忧劳"。弥，广、久、远。"𗣓𗣼𗡻"（何云矣），又对应汉文"何以"、
"何以故然"、"何以知然"、"何以故尔"。下同。

［19］"𗷸𘈈𗵃𗴟𘊝𘈈𗵃𘌊𗡻，𘞎𘝞𗌗𗿒𘂈𘞎𗴾"："寒时衣薄暑时衣甚
厚，增苦恼所乐何有"，《大正藏》作"寒得缔络则恩薄念浅。热见重裘则苦
恼已深。"

［20］𗿒𘈄𗴾：乐是，即《大正藏》"若言是乐"。

［21］"𗠋𗓕……𘌊𗕵𘝯"："互相……无止也"，《大正藏》作"相……
无极"。𗠋𗓕，单个字面意为"自共"，对应汉文"相"、"互相"、"更相"。
下同。

［22］"𗼱𘈈𘌊𗟲𘋇𘌊𗠖𗺉，𘑍𗵒𘌊𘊃𘒭𘖱𗥃𗧉"："天时无常临来俄尔，
死病倏焉无在此刻"，《大正藏》作"俄尔无常倏焉而逝。适有今无向在今
灭。""𗵒"（病），底本笔画错。

［23］"𗴼𗺻𗹭𘊍𗡻"：悲悼痛切矣，《大正藏》作"肝心寸断"。

［24］"𘑍𘆃𘋇𗡻𗵘𘀔𗧉"：死者今何头所见，《大正藏》作"死所趣向"。
疑"𗧉"（见），应为"𘚙"（趣）之形误。"𗵘"（头），指物的两端或末梢。

［25］"𘀄𘈄𗾭𘇂𗔆，𘋲𘎀𗷸𘉒"："啼泣送行，投于墓地"，《大正藏》
作"衔悲相送直至穷山"。穷山，深山、荒山。

［26］"𘔄𘎀𘒮𘈄，𗻂𗂍𘌊𗴾"："一时已离，万劫不见"，《大正藏》作
"执手长离一辞万劫"。

［27］"𘑍𘋇𘈈，𗦎𗥃𘊃𘋈𘋲𘈄𘄄𘞎𗺉𗣼𗿒𗳒𗴾"："众生迷，故有诸如
此等无量苦皆谓是乐"，《大正藏》作"诸如此者其苦无量。众生迷见谓其是

乐"。

［28］"□□□□□□□，□□□□□□"："或身瘦时食粗菜，不求饮食美衣"，《大正藏》作"或见噉蔬涩节身时食"。

［29］□□□□□□□：见穿弊衲衣人时，《大正藏》作"去于轻软习粪扫衣"。"□"（纳），底本笔画错。

［30］□□□□□□□□□：皆言是等作苦自己，《大正藏》作"皆言是等强自困苦"。

［31］□：缘，《大正藏》作"道"。

［32］□□：习行，《大正藏》作"经行"。

［33］"□□□□□□□□□□□，□□□□□□□□□□□□"："假若遇病死时速即起疑，日日劳累此心形未曾暂止"，《大正藏》作"脱有疾病死亡之日。便起疑心。终日役此心形。无时暂止"。脱，倘若，对应"□□"（假若）。

［34］□□□□□：故为如此也，《大正藏》作"岂当致困"。

［35］□□□□□：说理如此，《大正藏》作"理实如之"。

［36］□□□□：随果现因，即《大正藏》作"推果寻因"。

［37］□□□□□：则此疑甚深，《大正藏》作"则其愚更甚"。

［38］□□□□：岂有悔处，《大正藏》作"悔何所及"。□□，字面意为"岂有、何有"，在本经出现频率也多，其多与"□"结合，在不同的语境中有"何、何容、何况、而况；无有是处、未之有"等意。下同。

录文、对译（中藏本第 122 页第 4 行—126 页第 5 行）

第 122 页：4. □□□□□□□□□，□□□□□□□[1] □□ 5. □。□□□□，□□□□□□□□□。□□ 6. □□□□□□□□[2] □□[3] □□，□□□□ 7. □□□□□，□□□□□□□□[4]。□□□□ 8. □，□□□□□[5]，□□□□□□□□[6]。□□□、9. □□□□□□□□□□□□，□□□□ 10. □□□，□□□□□□□□□。□□□□

对译：4. 今日道场业同大众此疑惑者因缘无量 5. 有疑惑习气三界出尚断尽未能此现 6. 形而断尽可何有此世不断后世倍增 7. 大众相与自各劫长苦

行修俱佛所语 8. 法其依习行疑惑起以劳倦不辞诸佛 9. 圣人死生中出彼岸于
至者皆善行德 10. 功积由故碍无自在解脱得我等今日

第 123 页：1. 𗫴𗫴𗫴𗫴𗫴，𗫴𗫴𗫴𗫴[7]。𗫴𗫴𗫴𗫴𗫴𗫴 2. 𗫴𗫴𗫴𗫴𗫴？
𗫴𗫴𗫴𗫴𗫴𗫴，𗫴𗫴𗫴𗫴。3. 𗫴𗫴𗫴𗫴𗫴𗫴𗫴𗫴[8]，𗫴𗫴𗫴𗫴𗫴𗫴𗫴 4. 𗫴？
𗫴𗫴𗫴𗫴𗫴𗫴𗫴，𗫴𗫴𗫴𗫴𗫴[9]𗫴 5. 𗫴𗫴𗫴𗫴。𗫴𗫴𗫴𗫴𗫴𗫴𗫴𗫴𗫴？𗫴
𗫴𗫴 6. 𗫴，𗫴𗫴𗫴𗫴[10]。𗫴𗫴𗫴𗫴𗫴𗫴𗫴𗫴𗫴𗫴，7. 𗫴𗫴𗫴𗫴[11]。𗫴𗫴
𗫴𗫴𗫴𗫴𗫴𗫴𗫴𗫴，𗫴𗫴 8. 𗫴𗫴𗫴𗫴[12]。𗫴𗫴𗫴𗫴𗫴𗫴𗫴𗫴，𗫴𗫴𗫴
9. 𗫴[13]？𗫴𗫴𗫴[14]𗫴𗫴𗫴𗫴、𗫴𗫴𗫴𗫴𗫴𗫴。𗫴 10. 𗫴𗫴𗫴，𗫴𗫴𗫴𗫴𗫴
𗫴𗫴𗫴𗫴𗫴𗫴[15]。𗫴

对译：1. 死生未离因自己詈骂又此世恶中我 2. 贪住可何容此刻四大未
衰五福康念 3. 坐起游行来去自在此于不努力复何待 4. 〈〉过去一世真谛不见
此世又空过复 5. 证悟所无未来世于何以度脱其依 6. 思虑实悲痛当大众今日
自各一心课劝 7. 努力以行修又圣道长远一朝办难渐渐 8. 修〈〉不辞是如朝朝
空过作所何时办 9. 得或俄顷契经诵读禅坐苦行勤行 10. 小疾病便此言诵习
勤苦由致〈〉此

第 124 页：1. 𗫴𗫴𗫴，𗫴𗫴𗫴𗫴𗫴。𗫴𗫴𗫴𗫴𗫴𗫴𗫴 2. 𗫴𗫴，𗫴𗫴𗫴
𗫴[16]。𗫴𗫴𗫴𗫴[17]𗫴𗫴𗫴𗫴，𗫴 3. 𗫴𗫴𗫴𗫴𗫴𗫴𗫴。𗫴𗫴𗫴𗫴，𗫴𗫴𗫴
𗫴。4. 𗫴𗫴𗫴𗫴，𗫴𗫴𗫴𗫴。𗫴𗫴𗫴𗫴，𗫴𗫴𗫴 5. 𗫴[18]。𗫴𗫴𗫴𗫴𗫴𗫴
𗫴，𗫴𗫴𗫴𗫴𗫴𗫴𗫴，6. 𗫴𗫴𗫴𗫴[19]。𗫴𗫴𗫴𗫴𗫴𗫴𗫴𗫴𗫴𗫴𗫴 7. 𗫴，𗫴
𗫴[20]𗫴𗫴。𗫴𗫴𗫴𗫴𗫴𗫴𗫴𗫴𗫴𗫴[21]，8. 𗫴𗫴𗫴𗫴𗫴𗫴𗫴𗫴[22]，𗫴𗫴𗫴
𗫴，𗫴𗫴𗫴 9. 𗫴。𗫴𗫴𗫴𗫴：𗫴𗫴𗫴𗫴𗫴𗫴，𗫴𗫴𗫴𗫴𗫴 10. 𗫴𗫴𗫴[23]、𗫴
𗫴𗫴𗫴、𗫴𗫴、𗫴𗫴𗫴、𗫴𗫴𗫴

对译：1. 行不作则早死应此行修因故今日 2. 而至自不知矣四大不和常
疾病有乃 3. 至老死避为可不人世间生皆磨灭当 4. 若道得欲佛语依当违复得
者说处岂 5. 有众生一切佛语违故方三恶途轮转 6. 万苦备受佛言语依不休息
以诸法勤 7. 修头火救如作所行不修以世空无历 8. 相与自各痛切心等五体地
投大山崩 9. 如奉以神识有从所来此身于至生 10. 处父母劫历亲缘和尚 [阿
阇犁] 坛同尊

第 125 页：1. 𗫴；𗫴𗫴𗫴𗫴、𗫴𗫴𗫴𗫴、𗫴𗫴𗫴𗫴；𗫴𗫴 2. 𗫴𗫴、𗫴
𗫴𗫴𗫴、𗫴𗫴𗫴𗫴、𗫴𗫴𗫴𗫴、𗫴 3. 𗫴𗫴𗫴、𗫴𗫴𗫴𗫴；𗫴𗫴𗫴𗫴𗫴𗫴𗫴𗫴

𗧃 4. 𗣼𗯨𗙫𗙫𗫂。𗡝𗉟𗤋𗯉𗣩𗅲𗗚𗩾𗃀。5. 𘀠𗤁𗤊𘄴𗆟！𘀠𗤁𗆀𗌊𗆟！
6. 𘀠𗤁𘃜𗫧𗆟！𘀠𗤁𗦻𘃺𗆟！7. 𘀠𗤁𗔇𘃪𗎫𗆟！𘀠𗤁𗔇𘃮𗢭𗆟！8. 𘀠𗤁𘄼
𘃺𗆟！𘀠𗤁𗫨𘄼𘋩�ul𗆟！9. 𘀠𗤁𗵆𘝼𗧃𗣼𗥾！𘀠𗤁𗡝𗴢𘝼𗣼𗥾！10. 𗦻𗆜𗤣
𗡥𘄴𗄊𗡝𘄴𗗚𗥫𗫂𗃀𗗚𗆟！

对译：1. 证上中下坐信心施主善恶知识诸天 2. 诸仙世护四王善主恶罚
咒持守护五 3. 方龙王龙神八部及广十方穷无尽无 4. 众生一切因世间大慈悲
主之依归 5. [南无][弥勒]佛[南无][维卫]佛 6. [南无][式弃]佛[南无]
[随叶]佛 7. [南无][拘留秦]佛[南无][拘那含]佛 8. [南无][伽叶]佛[南
无][释迦牟]尼佛 9. [南无]身边无菩萨[南无]世音观菩萨 10. 又复十方虚
空界尽三宝一切之依归

第 126 页：1. 𗅲𗯉𗣩𗫨𗷣𗦬�𗫨𗆍，𘀠𘗽𗫨𗷣𗙏𗕓 2. 𘙦𗀔，𗥓𗋒𗙫𗫂
𘅾𗷣𗙫𗫨。𗂧𗴷𗦬𗆟、𗆀 3. 𘅾𗣛𗙏𗥵𘗽𘄴𘆄；𗂧𘗽𗡝𗆍、𗆀𘀠𘗽𗫨 4. 𗯨𗫂
𗖑𗢳。𗣼𗥾𗴢𗌊𗆟𗆍𗥾𘌋，𘄴𗡥𗥵 5. 𘆄𗴜𗢭𘗽𗢰 （𘈞𗆍）。

对译：1. 愿慈悲力以共同摄受神通力以覆护 2. 拯接今日从起[菩提]而
至四无量心六 3. [波罗蜜]常现前得四碍无智六神通力 4. 意如自在菩萨道行
佛智慧入同十方 5. 化俱正觉成一拜

意译、注释（中藏本第 122 页第 4 行—126 页第 5 行）

今日道场同业大众，有此疑惑者，因缘无量。疑惑习气出三界尚未能尽
断，尽断此现形处何有？此世不断，后世倍增。大众相与自各长劫，俱修苦
行。法以佛语依其习行，起疑惑而不辞劳倦。诸佛、圣人出生死至于彼岸
者，皆由行善所积功德，故得无碍自在解脱。我等今日未离生死因，自已
詈骂。

又此恶世中，何容我可贪住？此刻四大未衰，五福康念，起坐游行去来
自在，于此不努力复何待？过去一世不见真谛，此世又空过复无所悟证，于
未来世以何济度？依其思虑实当悲痛。

大众今日各自一心劝课，努力修行。圣道长远一朝难办，渐修不辞。所
作如是终朝空过，何时得办？或俄顷诵读契经、坐禅勤行苦行。小疾病，便

诵习此言，由致勤苦。不作此行，则应早死。因此修行故至于今日，自不知矣。四大不和常有疾病，乃至老死不可为避。人生世间皆当磨灭。若欲得道，当依佛语。违而得者，岂有言处？一切众生违佛语故，所以轮转三恶途，备受万苦。若如佛语都无休息，勤于诸法如救头火。所作不修行以世不空过。

相与各自等痛切心，五体投地，如大山崩。奉为：有识神以来，至于此身经生父母、历劫亲缘、和尚、阿阇梨、同坛尊证；上中下座、信心施主、善恶知识；诸天诸仙、护世四王、主善罚恶、守护持咒、五方龙王、龙神八部；广及十方无穷无尽一切众生。归依世间大慈悲主。

南无弥勒佛！南无维卫佛！南无式弃佛！南无随叶佛！南无拘留秦佛！南无拘那含佛！南无迦叶佛！南无释迦牟尼佛！南无无边身菩萨！南无观世音菩萨！

又复归依十方尽虚空界一切三宝。愿以慈悲力同加摄受，以神通力覆护拯接，从今日去至于菩提。四无量心、六波罗蜜常得现前；四无碍智、六神通力随心自在。行菩萨道入佛智慧，同化十方俱成正觉（一拜）！【参见《大正藏》[0925a06—0925b12]】

[1] 𗱕𗰖："𗱕"（因）下原脱"𗰖"（缘），据汉文本补。

[2] 𗫂𗗙𗴿𗙗𗱕𗤛𗣩𗉛：尽断此现形处何有，《大正藏》作"况在今形云何顿去"。

[3] 𗫂𗬩：此世，《大正藏》作"此生"。下同。

[4] 𗦾𗵒𗡞𗴿𗎭𗯨𗱩𗇜：自各长劫俱修苦行，《大正藏》作"方涉长途。自行苦行"。

[5] "𗦜𗤋𗴩𗵱，𗊧𗫁𗱕𗫻"："法以佛语，依其习行"，《大正藏》作"当依佛语如教修行"。

[6] 𗆐𗟭𗇋𗤻𗫲𗤛𗵒𗴩：起疑惑而不辞劳倦，即《大正藏》作"不得疑惑辞于劳倦"。

[7] 𗟻𗤲：訾骂，《大正藏》作"可悲"。

[8] 𗵑𗬘𗶤𗅋𗜓𗷾𗦾𗰖：起坐游行去来自在，即《大正藏》作"游行动转去来适意"。

[9] 𗴡𗄊：空过，即《大正藏》"空掷"。下同。

［10］“[illegible]，[illegible]”：“依其思虑，实当悲痛”，《大正藏》作“抚臆论心实悲情抱”。

［11］“[illegible]，[illegible]”：“各自一心劝课，努力修行”，《大正藏》作“唯应劝课努力勤修。不得复言且宜消息”。

［12］[illegible]：渐修不辞，《大正藏》无此句。[illegible]，渐渐、徐缓。

［13］“[illegible]，[illegible]”：“所作如是终朝空过，何时得办”，即《大正藏》作“如是一朝已复一朝。何时当得所作已办”。

［14］[illegible]：或俄顷，《大正藏》作“今或因”。

［15］[illegible]：由致勤苦，《大正藏》作“勤苦所致而不自知”。

［16］“[illegible]，[illegible]”：“至于今日，自不知矣”，《大正藏》作“得至今日”。

［17］[illegible]：四大不和，《大正藏》作“且四大增损”。

［18］[illegible]：岂有言处，即《大正藏》作“无有是处”。

［19］[illegible]：备受，《大正藏》作“备婴”。

［20］[illegible]：头火，《大正藏》作“头然”。然，同“燃”。

［21］[illegible]：所作不修行以世不空过，《大正藏》作“勿使一生无所得也”。

［22］[illegible]：相与自各等痛切心，《大正藏》作“相与人人等一痛切”。“[illegible]”（各自）、“[illegible]”（等），分别对应汉文本“人人”、“等一”。下同。“[illegible]”（等痛切心），在本处及以下相关各卷及卷九（图版第118页第3行）中一般都对应汉文“等一痛切”。

［23］[illegible]：生处父母，即《大正藏》作“经生父母”。下同。经生父母，在卷八（图版第58页第2—3行），又作“[illegible]”。下同。

录文、对译（中藏本第126页第6行—129页第10行）

第126页：6. [illegible]，[illegible] 7. [illegible]，[illegible]。[illegible] 8. [illegible]。[illegible][1]。[illegible] 9. [illegible]，[illegible]。[illegible]，[illegible]，[illegible] 10. [illegible]，[illegible]。[2] [illegible]

𗰗[3] 𗖵𗏵𗟲𗈪

对译：6. 今日道场业同大众重复心志诚摄念 7. 应相与信门人得已毕惟意秉所向趣 8. 以期为内外法于障碍莫为若本业不 9. 明自造不能人福作见掌合善哉言颂 10. 语以劝殊心起令当又心起诸妨碍为

第 127 页：1. 𗝤，𗭊𗀰𗶷𗬠𗴢𗰜𗴢𗆢𗑪。𗅡𗙴𗃀𗃀，𗟲 2. 𗏵𗧀𗶷[4]。𗑍𗌷𗝤𗆢𗭊，𗽀𗥃𗋽𗵀[5]𗿿𗆉𗄻 3. 𗆢[6]，𗥃𗾔𗅺𗭊？𗙴𗶷𗌷𗃀𗏵𗈪𗈪𗆢𗷬，𗿿 4. 𗖵𗖃𗴢𗆢𘒏𗊬，𗺔𗵃𘃋𗵃。𗙴𗖵𗆢𗴢𗌷 5. 𗏵𗈪𗈪𗈪[7]，𗿿𗮔𗮇𗝡𗃀𗅺𘃽𗆈𗘍𗷬𗣀

对译：1. 以彼行行人之心不退使若是不退前 2. 如修行彼损虽不能自疾病成空罪过 3. 构自益何有若善修而障碍不为能故 4. 此者道与合顺力大人是若此刻善修 5. 而障碍作则未来世于何云佛道通达

第 128 页：1. 𗭊𗷬？𗮔𘒏𗈪𗿿𗵃𗲵𗭊𗸦。𗞞𗶷𗃀𗶷𗾔 2. 𗈪𗷬𗺔，𗳃𗸦𗈪𗆉。𘋒《𗥃𗙴𗙴𗍫》𗪛𗀹：𗣼 3. 𗴕𗵀𗟲，𗥃𗆢𗈜𗵐，𗘍𗶷𗵀𗥃𗈪𗷾𗶷𗅭。 4. 𗥃𗩴𗵜𗆢𘒏𗊬𗶷𗺔。𗥃𗱕𗆢𗆢𗴢𗘍𗆢 5. 𗅭。𘕿𗸦𗖵𗥡[8]𗝤𗥃𗥃𗆢𗈪。𘖑𗵜𗏵�", 6. 𗋽𗆢𗅭。𗈪𗥃𗣒𗜍𗆢𗴕𗴢𘒏𗵃，𗙨𗹙𗿿 7. 𘖑𗷬𗀇𗣸𗥡。𗶿𗥃𗱕𗺉[9]𗴕𗵀𗶷𗾙 8. 𗝣：𗝣𗱕𗅺𗃀？𗿿𗖵𗥡𗿿。𗴕𗵀𗺉𗾙：𗷬𗱕 9. 𗆢[10]𗃀𗦻𗙋𗷬𗿿，𗙴𗵜𗬧𘖷[11]，𘉋𗮔𗈪𗿿。𗝤 10. 𘘣𗈪𗙴，𗭊𗆢𗈪𗆉。𗙴𗵜𘒏�"𗭊𗶷𗬠𗴢𗘍，

对译：1. 得能理依寻则损害极重他善根之 2. 阻碍为者罪重不轻故口护契经中说一 3. 饿鬼有形状丑恶见者毛竖不惧者莫 4. 身猛焰出火聚犹如口虫蛆出〈〉尽处 5. 无脓血诸苦以自身庄严臭气远彻前所 6. 近可不又口内焰吐节支火起声举 7. 号哭东西驰走尔时满足 [罗汉] 饿鬼于言 8. 问汝宿何罪今此苦受饿鬼答言我往 9. 世于沙门作曾财宝恋着贪啬不舍 10. 威仪不护言出粗恶若戒持进精者之见

第 129 页：1. 𗿿𗪱𗝤𗷬，𗾃𗴢𗝤𗷬[12]。𗈪𗭊𗴕𗝤𘊝�𘏡 2. 𗯨𗆢，𗵜𗆢𘕣��𗿿𘏡𗷬。𗖵𗆉𗿿𗦻𗺉 3. 𗭊𗵀𗅭，𗴢𗾅𗆬𘖙𗝤𗥃𗥖𗥃𗢆。𗰜𘘣𗰜 4. 𗵃，𗥡𘒏𗝤𘉛𗷬[13]。𗶽𗅭𗾙𘓄𗝤𗞞𗿿𗪱𗄒 5. 𗷬𗆢𗷬。𘊋𗶷𗘍𘈩𘈘𗶿𗰜𗴢𗷬𗥃𗆢𗆢，𗰜 6. 𗽁𗠄𗈪𗀇�𗝤𗶷𗆋：𗥃𗾔𗙴𗵀，𗿿𗵃𗆢 7. 𗷬。𗙴𗵜𘒏、𗵜𗈪𘒏𗷾𗰜𗴢，𗑪𘒏𘓷𗜟[14]。𗑪 8. 𗴕𗥡𘒏𗝤𗤁𗰜𘘣，𗋽𗆨𗿿𗅭𗥃𗃀𘕮𗵃[15] 9. 𗑪𗖵𗴢𗸃，𗈪𘕣𘕿𗌷𗶷。𗘍𗆢𗴕𗴢𘕣𗞞𗵃 10. 𗆢𗵃，𗭊𗷬𘒏𘖑，𗑪𗑪𗥖𘕤，

㪠㹾甓㧪。

对译: 1. 妄辱骂为眼瞪以视豪强恃以常不死 2.〈〉〈〉故无量不善本所造此刻心悔补 3. 得当无宁于刀利以自舌自截劫历劫 4. 至苦受与甘〈〉一句言恶以他善诽谤 5. 为不敢尊者[阎浮提]还时我形状言诸 6. [比丘]及佛弟子之诫口过护应妄言勿 7. 为设戒持戒不持者见时德依颂誉我 8. 鬼身受数千劫经日夜所无苦楚备受 9. 我此命尽复地狱中入彼时饿鬼此言 10. 说已声举号哭地于自投大山崩如

意译、注释（中藏本第 126 页第 6 行—129 页第 10 行）

今日道场同业大众，重复志诚应摄心念，相与已得入信门毕，唯应秉意以趣向为期，于内外法莫为障碍。若本业不明，自不能造。见人作福，合掌言善哉，颂语以殊劝，当令起心。

又起心为诸妨碍，使彼行行人之心不退。若是不退，如前修行，彼虽不能损，自成疾病。空构罪过，何有身益？若能修善不为障碍，故此与道顺合，是力大人。若此刻修善而作障碍，则于未来世，云何能得通达佛道？依理而寻则损害极重，阻碍他善根者，罪重不轻。

故《护口经》说：有一饿鬼，形状丑恶。见者毛竖，莫不畏惧。身出猛焰犹如火聚，口出蛆虫无有穷尽。脓血诸苦以自身庄严，臭气远彻不可近。又口内吐焰支节火起，举声号哭东西驰走。尔时，满足罗汉问饿鬼问言：汝宿何罪？今受此苦。饿鬼答言：吾往世曾作沙门。恋着财宝，悭食不舍。不护威仪，出言粗恶。若见持戒精进之人，妄为骂辱，瞪眼而视。恃以豪强谓常不死，故造无量不善之本。此刻悔心当无得补，宁以利刀自截其舌。历劫至劫甘与受苦，不敢以一句恶言诽谤他善。尊者还阎浮提时言我形状，诫诸比丘及佛弟子：应护口过，勿为妄言。设见持戒、不持戒者时，依德颂誉。吾受鬼身经数千劫，无所日夜备受苦楚。若此命尽，复入地狱。彼时饿鬼说此语已，举声号哭自投于地，如大山崩。【参见《大正藏》[0925b13—0925c08]】

[1] 㪠㹾㪠㧪：莫为障碍，《大正藏》作"莫复留难"。"㪠㹾"（障碍），对应汉文"留难"。下同。

［2］"花𗣼𗣼𗣼𗣼，𗧠𗤋𗤋𗧠𗧠，𗧠𗧠𗧠𗧠"："合掌言善哉，颂语以殊劝，当令起心"，《大正藏》作"唯应奖劝。弹指合掌明进其德"。"𗧠"（殊），底本笔画错。

［3］𗤋𗧠𗧠：又起心，《大正藏》作"不宜起心"。

［4］𗧠𗧠𗧠𗧠：如前修行，《大正藏》作"彼进如故"。

［5］"𗧠𗧠𗤋𗧠𗧠，𗧠𗧠𗧠𗧠"："彼虽不能损，自成疾病"，《大正藏》作"彼既无减唯当自损"。

［6］𗧠𗧠𗧠𗧠：空构罪过，《大正藏》作"空构是非"。

［7］𗧠𗧠𗧠𗧠𗧠𗧠：修善而作障碍，即《大正藏》"作碍者"。

［8］𗧠𗧠：诸苦，即《大正藏》"诸衰"。

［9］𗧠𗧠：罗汉。"𗧠"（汉），底本笔画原错，已改。

［10］𗧠𗧠：往世，即《大正藏》"往昔"。

［11］𗧠𗧠𗧠𗧠：恋着财宝，即《大正藏》"恋著资生"。

［12］"𗧠𗧠𗧠𗧠，𗧠𗧠𗤋𗧠"："妄为骂辱，瞪眼而视"，《大正藏》作"辄复骂辱偏眼恶视"。

［13］𗧠𗧠𗧠𗧠𗧠𗧠𗤋𗧠𗧠：历劫至劫甘与受苦，《大正藏》作"从劫至劫甘心受苦"。"𗧠"（甘、服），即"甘心"。

［14］𗧠𗧠𗧠𗧠：依德颂誉，即《大正藏》"念宣其德"。

［15］𗧠𗧠𗧠𗧠𗤋𗧠𗧠𗧠：无所日夜备受楚苦，即《大正藏》"终日竟夜备受楚毒"。下同。

录文、对译（中藏本第 130 页第 1 行—133 页第 10 行）

第130页：1. 𗧠𗧠𗧠𗧠𗧠𗧠𗧠𗧠，𗧠𗧠𗧠𗧠𗧠𗧠𗧠2. 𗧠。𗧠𗧠𗧠𗧠[1]，𗧠𗧠𗧠𗧠𗧠。𗤋𗧠𗤋𗧠𗧠3. 𗧠𗧠𗧠𗧠𗧠。[2]𗧠𗧠𗧠𗧠，𗧠𗧠𗧠𗧠。𗧠𗧠4. 𗤋𗧠，𗧠𗧠𗧠𗧠？𗧠𗧠𗧠，𗧠𗧠𗧠𗤋𗧠。𗧠5. 𗧠𗤋𗧠，𗧠𗧠𗧠𗧠。𗧠𗧠𗧠𗧠𗧠𗧠𗧠𗧠。6. 𗤋𗧠𗧠𗧠，𗤋𗧠𗧠𗧠[3]。𗧠𗧠𗧠𗤋[4]𗧠𗧠𗧠7. 𗧠，𗧠𗧠𗧠𗧠𗧠𗧠𗧠𗧠。𗤋𗧠𗧠𗧠[5]，𗧠𗧠8. 𗤋𗧠。𗧠𗧠𗧠𗧠，𗧠𗧠𗧠𗧠𗧠𗧠𗧠𗧠𗧠。9. 𗧠𗧠𗤋𗧠[6]，𗤋𗤋𗤋𗧠𗧠，𗧠𗧠𗧠𗧠𗧠。𗧠10. 𗧠𗧠𗧠𗧠𗧠，𗧠𗧠𗧠𗧠𗧠，𗧠𗤋𗧠、𗧠𗤋

　　对译：1. 今日道场业同大众契经说如大怖畏2. 可口过一种亦累劫报受其余不善本3. 报言处岂有身舍苦受皆业作由若因4. 不作果何云得若因造则果终不失罪5. 福不远自身当也譬如影响舍离可不6. 明无因生明无因灭现在未来逸放行7. 人解脱得者见未曾〈〉不逸放者福受8. 无穷今日大众自各惭愧以身心浣洗9. 前罪忏毕又新不造者诸佛称叹也相10. 与今日而起若人善作见成不成终不

　　第131页：1. 𗿲[7]𗣀𗤋。𘃷𗟍𗢳𗤁[8]，𘃷𗣼𘃷𗷦，𘃽𘄄𘊭𘏞，2. 𗭋𗣁𘊭𗭋𗶷，𗼞𗫨、𗭪𗭅𗼮𗤷𗴾𘓜。[9]𘏇《𘄄3. 𗤁𗷜𘑽》[10]𘊦𗤋：𗰌𗧯𗨛� 𗹏𘌬[11]𗙟𗤶𘏞𗪺4. 𗙏𘐘𗼜，𗎫𘕿𗭗𗙏𗪵，𗫨𗼐𗷦𘋙𘓜，𗭪5. 𗬩𘖒�¥𗙏𘓜𘄄𘄄𗪵𘄄𗴂𘇝[12]。𗤋𗴾𘜶6. 𗜢，𗭪𘋵𗨞𗼮𗤷𘄄𘃷𘎪𗣀𗴾𘓜[13]。(𗤴𗥫)𗙟𘝐7. 𗪤[14]，𗢻𘀜𗿜𗲼𘜶𘊭𗜶𗭈𘒪𘜶𗫾，𗣀𘞯𗣀8. 𗪮𘈷𗙏𘐘𘖀𗤷𗴾𗺉𘜷𗰌𗰕𗭠，𗿳𗷢𘅋𗤋9. 𗢻𘓜[15]？𗰌𘖒𗭪𘏞[16]，𗴂𗥦𗢻𗲼𘄄𗾽𘜷𗴾𘜶10. 𘜷𗭠𗼥𗺉。𗀚𘞯𗬋𗣀𗒀，𗤘𗽐𗙏𘔽𗣀𗫨。

　　对译：1. 终莫论一念一顷一时一刻一日一月2. 年半一岁时作者不作者于胜矣故华3. 莲契经中言若人塔精舍中入散乱4. 心以一遍[南无]佛称亦皆佛道成矣又5. 人是如大心发能者言处何有善法于6. 勤不随喜者于贤圣慈愍为矣某甲等自7. 思始无死生上以来今日于至已应无8. 量恶心以人之胜善障碍为办〈〉〈〉何9. 云矣若是无如则何云今日诸善法于10. 障碍多有禅定习不能智慧亦修不能

　　第132页：1. 𗤘𗣼𘆡𗣀𗤋𗥑𘔽𗪺。𘍣𘇝𗷜𘑽𘎪[17]，𗭪𘒪2. 𘆡𗶷。𘊭𗤗[18]𘝐𗢳，𗀟𗀚𘋊𗶷，𗨛𘏇𗧯𘜷𘍇3. 𗎫𗤗𗀟𘒪。𘞨𘜼�<𘍣，𗪤𘖹𗪤𗎫；𘙊𗭾𗪹4. 𘊦𗪤𘆣𘍣[19]，𗒽𘀔𘕰𗸰。𗭾𘍣𗙟𘝐，𗣀𘞯𘈴5. 𗎫。𗀒𗣀𗴂𘝐、𗀒𗣀𗳂𘝐、𗀒𗣀𗪮𘝐𗫨，𗷦6. 𘈷𗴂𘐘𗺉𗀒𗨮𘋁𗭾𘓜。𗣀𘖒𗭪𘐙𗫾[20]，𗤋7. 𗣀𘜼𗶷，𗣀𗙏�£𘈺𗢻𗹏𗙏𗺆𘍣。𗬋𘒪𗼥8. 𗙏、𗼥𗣀𘏑𗣼𘎪𗤷𗴂𗥶，（𗤴𗥫）𗙟𗴾𘓜�?�?9. 𗤐𗥝𗼯𗘻。𘍣𗫨𗺆𘔵，𗎫𗫨𘌬𘗽。𗴂𗥦𘜷10. �?𗣀𘞯𗶷𗫯𘒢𘀔𘌬𘜶，𗷦𘛐𗣀𗨛。𗷦𗼯

　　对译：1. 少时礼拜大苦是言暂时经卷诵复2. 厌怠生日数劳扰诸恶业起因故此身未3. 解脱使〈〉蚕茧作如自萦自缚蛾火4. 中自赴如夜长燋然是如等障无量边5. 无[菩提]心障[菩提]愿障[菩提]行障者皆6. 恶心以他善诽谤由矣彼然后知〈〉大7. 惭愧生稽颡以岂敢前罪忏悔唯愿诸8. 佛诸大菩萨慈悲

心依某甲等〈　〉神力以 9. 同加忏者除灭悔者清净障碍罪 10. 业无量有者今忏悔因皆尽无余相与

第133页：1. ▯▯▯▯▯▯，▯▯▯▯，▯▯▯▯▯ 2. ▯▯▯▯。3. ▯▯▯▯▯！▯▯▯▯▯▯！4. ▯▯▯▯▯！▯▯▯▯▯▯！5. ▯▯▯▯▯！▯▯▯▯！6. ▯▯▯▯▯！▯▯▯▯▯！7. ▯▯▯▯▯！▯▯▯▯▯！8. ▯▯▯▯▯▯！▯▯▯▯▯！9. ▯▯▯▯[21]▯▯▯▯！▯▯▯▯▯▯▯▯！10. ▯▯▯▯▯▯▯！▯▯▯▯▯▯！

对译：1. 人人痛切心等五体地投世间大慈悲 2. 主之依归 3. [南无][弥勒]佛[南无][释迦牟尼]佛 4. [南无]善德佛[南无]忧无德佛 5. [南无][栴檀]德佛[南无]宝施佛 6. [南无]无量明佛[南无]华德佛 7. [南无]相德佛[南无]三乘行佛 8. [南无]众广德佛[南无]明德佛 9. [南无]师子游戏菩萨[南无][师子]奋迅菩萨 10. [南无]身边无菩萨[南无]世音观菩萨

意译、注释（中藏本第130页第1行—133页第10行）

今日道场同业大众，如经所说大可怖畏。一种口过，亦受报累劫，其余不善之本，何况言报处。舍身受苦，皆由作业。若不作因，云何得果？若造因，则果终不失。罪福不远，身自当也。譬如不可舍离影响。因无明生，因无明灭。现在未来，行放逸人，解脱得者未曾见。不放逸者，受福无穷。今日大众，各自惭愧洗浣身心，前忏罪毕，又不造新，诸佛称叹也，相与今日而起，若见人作善，莫论成与不成、终与不终。一念一顷，一时一刻，一日一月，半年一岁时，胜于作者、不作者矣。所以《莲华经》言：若人以散乱心入塔精舍中，一称南无佛，皆成佛道，而况又人能发如是大心者。勤于福善，不随喜者，为贤圣慈愍矣。

（某甲）等自思，无始生死以来至于今日，已应有无量恶心障碍人之胜善，何云办矣？如若无是，则云何今日于诸善法多有障碍。禅定不能习，智慧亦不能修。少时礼拜，言是大苦。暂诵经卷，复生厌怠。数日劳扰，起诸恶业，因故使此身未解脱。如蚕作茧，自萦自缚。如蛾赴火，长夜燋然。如是等障，无量无边。障菩提心、障菩提愿、障菩提行者，皆由恶心诽谤他善缘矣。彼然后知，生大惭愧，岂敢稽颡忏悔前罪。唯愿诸佛、诸大菩萨依慈悲心，与（某甲）等同加神力。忏者除灭，悔者清净。有无量障碍、罪业者因今忏悔，皆尽无余。相与人人等痛切心，五体投地，归依世间大慈悲主。

南无弥勒佛！南无释迦牟尼佛！南无善德佛！南无无忧德佛！南无栴檀德佛！南无宝施佛！南无无量明佛！南无华德佛！南无相德佛！南无三乘行佛！南无广众德佛！南无明德佛！南无师子游戏菩萨！南无师子奋迅菩萨！南无无边身菩萨！南无观世音菩萨！【参见《大正藏》[0925c08—0926a12]】

[1] □□□□：一种口过，《大正藏》作"止以口过"。

[2] □□□□□□□□□：其余不善之本岂有言报处，《大正藏》作"何况其余不善之本"。□□，在此对应汉文"何况"。

[3] □□□□：灭无明因，《大正藏》作"亦因而死"。

[4] □□□□：现在未来，即《大正藏》作"去来现在。"

[5] □□□□：不放逸者，《大正藏》作"能守护者"。"放逸"（□□），又作"懒惰"。下同。

[6] □□□□：前忏罪毕，《大正藏》作"忏谢前咎毕"。

[7] □□□："终不终"或"竟不竟"，《大正藏》作"久与不久"。

[8] □□□□：一念一顷，《大正藏》作"但使一念一顷"。□□，一顷，稍会。

[9] "□□、□□□□□□□"："胜于作者、不作者矣"，《大正藏》作"已自胜于不作者矣"。

[10] □□□□：莲华经，《大正藏》作"法华经"。《法华经》，为《妙法莲华经》之略称。

[11] □□□□：塔精舍，《大正藏》作"塔庙"。"塔"（□□），梵语音译作"窣睹婆、窣堵婆、窣都婆、薮斗婆、数斗波、苏偷婆、素睹波、私俞簸、率都婆、卒都婆"，略译作"塔婆、偷婆、兜婆"。略译为"塔婆、偷婆、兜婆、佛图、浮图、浮屠、佛塔"。意译作"方坟、圆冢、归宗、高显、聚相、灭恶生善处"等，指埋藏遗骨、经卷，或为标示特别灵地而造的建筑物。"精舍"（□□），又作"精庐"，指僧众住处、寺院或佛堂，是行者从事修行的道场。对"□□□□"的分析，参见聂鸿音《西夏"寺院"解诂》（甘肃省古籍文献整理编译中心编《文献研究》（第2辑），学苑出版社2011年版，第86—89页）。

[12] 𘀺𘝞𗴺𗗙：何有言处，对应《大正藏》作"而况"。

[13] 𗭒𗵘𗣫𘝵𗧯𗜓：为贤圣慈愍矣，即《大正藏》作"圣所悲念"。

[14] 𗩢𘓱：自思，即《大正藏》作"自惟"。

[15] 𗪙𗸐𗏹𗜓𗾺𗧯：何云办矣，《大正藏》丽本和甲乙本分别作"何以故然"、"何以知然"。

[16] 𗣻𘃠𗦊𗡪：若无如是，即《大正藏》作"若无是事。"

[17] 𘝵：诵，《大正藏》作"执。"

[18] 𗥽𗾟：数日，即《大正藏》作"终日。"

[19] 𗰖𗔴𘈩𗣫𗩢𗣬𗡪：如蛾自赴火中，《大正藏》作"如蛾赴火"。𗰖𗔴，意为"蛾"或"蝴蝶"。此词又见《番汉合时掌中珠》。下同。

[20] 𗵽𗵒𗸐𘕿𘅤：彼然后知，《大正藏》作"今始觉悟"。"𘕿"（知），即"觉悟"。

[21] 𗷸𘎟："师子"或"狮子"，《大正藏》既作"师子"，又作"狮子"。下同。

录文、对译（中藏本第 134 页第 1 行—138 页第 6 行）

第134页：1. 𘓱𗆧𘃠𗡪𘞽𗤮𘘥𘗠𗠅𗣍𗵒𗊲𗊲𗩭 2. 𗺮𗸼，𗼃𗲲𗭷𗠠𘈈𗘺，𗩢𗷅𗳐𗭒、𗉩𗾺、𗨁 3. 𗭒。(𘍞𘀆)𗷕，𗸐𗫂𗽘𗴺𘃡𘃠𗖍𗭴𗾟𗜓𗉧，𗲣 4. 𘈷𗀚𗾟，𘃠𘟣𗧯𗰗。𘔲𗉮𗘗𗜍𗒹𘈷𗤙，𗣍 5. 𗟻𗵘𗾟，𘈘𗼃𗀚𗍒，𗅆𗧩𗉧𗡸。𗵒𗨁𗵒𗵒 6. 𗤮𗠅𗊲𗥽[1]，𗩢𗸊𗵦𗵘�》。𗺖𗭒𗐁𗮔𗤮𗠅 7. 𗊲𗥽[2]，𗩢𘟣�《�》，𗸊𗵦𗉧�《�》。𗋽𗋽𗊲𘎥 8. �’𘒣𗣬𗠅𗊲𗥽，𗩢𘟣�《�》，𗸊𗵦𗉧�《�》。9. 𘃠𗡪𗷕𘋨，�《𗖍𗷅𘍞。𗖍𗾟𗃺𗡪，𘐩𗷅𗴳 10. 𗼃。𘓱𗆧𗸐𗫂𘃡𘃠𗖍𗭴𗾟𗜓𗉧，𗣻𘃠𗣬𗌖

对译：1. 又复是如十方虚空界尽三宝一切〈〉2. 依归相与膝跪掌合自各称名心念口 3. 言某甲等始无死生而以来今日于至道 4. 未得因此报身受四事中分离未得三 5. 毒炽盛贪嗔嫉妒众恶业起布施戒持 6. 人之见时自随喜不能辱忍进精人之 7. 见时自行不能随喜又不能禅坐智慧 8. 业修人之见时自行不能随喜亦不能 9. 是如等罪无量边无今日忏悔速愿除 10. 灭又复始无以来今日于至或善作诸

第 135 页：1. 𗣼𗧓𗏹𗂧𗏣𗴷𗷌，𗷌𗭁𗪙𗯁。𗫂𗐰𗰔𗴆，2. 𗿒𗏵𘝲𗎆𗵘𗪴𗴘𗓋。𗪙𗤁𗣼𗆊𘛽𘘥𗷸 3. 𗏹[3]𗆊𗪴𗆊𗛱。𘓨𗙤𗵘𗼻，𗆊𗼻𘉋𗎵𗍫𗷒 4. 𗾟𗪙𗫨。𗕖𗙤𗷌𘄒𗄅𗄅𗴲𗷸：𗏣𘘥𘍦𗷸，5. 𗾊𘆝𘜡𗄉𗏹𗂧𗵱𗴷𗴘；𗣼𗧓𗏹 𗏹𗏹 6. 𗔆𗏹𗂧𗵱𗴷𗴘。𘓨𗴘𗅁𗏣，𗪙𗫨𗎵𗼻。7. 𗡞𘃎𘑲𘓨，𗫴𗹰𗗠𗳒。𗆊𗐆𗅳𗼻𗄉𘃽𘝲 8. 𗡞𘃎𗄅𘝲，𗏣𘘥𘝲𘎀𘚭𘕿𘄒𗆊𗏧。𘖎𘖎 9. 𗏹𗂧𗵱𗴘，𗄉𗵱𗏹𗂧𗵱𗴘，𗆠𗭼𗏹 10. 𗂧𗵱𗴘，𗆊𗭼𗏹𗂧𗵱𗴘，𘛻𗷸𗏹𗂧

对译：1. 德功修人之见时随喜不能行住坐卧 2. 四威仪中惭愧心无无恭自恣懈怠真 3. 人无常不念此身命舍复定地狱内堕 4. 将不知他身色于种种恶起三宝建立 5. 供养兴显人于阻障但作德功一切修 6. 习人于阻障但作是如罪障无量边无 7. 今日忏悔速愿除灭又复始无于乃来 8. 今日于至三宝者依归处是不信家出 9. 人于障碍作戒持人于障碍作布施人 10. 于障碍作辱忍人于障碍作进精人〈〉

第 136 页：1. 𗵱𗴘，𘂚𗪙𗏹𗂧𗵱𗴘，𘜠𘖎𗏹𗂧𗵱 2. 𗴘，𘜠𘔼𗏹𗂧𗵱𗴘，𘛻𗷸𗏹𗂧𗵱 3. 𗴘，𗟍𗞞𗏹𗂧𗵱𗴘，𗾊𘆝𗏹𗂧𗵱 4. 𗴘，𘟙𗄈𗐰𗏹𗂧𗵱𗴘，𘚶𗐰𗏹𗂧𗵱 5. 𗴘，𗣼𗄀𗕖𗭥𘓨�ﾟ[4]𘛻𗴘，𗊟𗵱�ﾟ 6. 𘄒。𗵱 7. 𗟍𗞞𗕖𘝲𘚭𗷸𘜡�。𗆊𗭼𗵱𘌓𘛻𘄒𗪙 8. 𗂑𘄒𘜡𗷸𗅁。𗷌𗅠𘝲𘘛�|[5]𗫂𗵱�ﾟ 9. 𘄒。𘓨𗴘�ﾟ，𗆊𗼻�ﾟ。�ﾟ𗫂𘄒、𗫂𘘥𘝠 10. 𗫨，𗷸𘄒𗷸𗴷。𗫂𘄒、𘝠𘕿𗆊𗴷[6]�ﾟ𗷸𗏧𗄉

对译：1. 障碍作禅坐人于障碍作经诵者〈〉障 2. 碍作经写人于障碍作像造人于障碍 3. 作斋会做人于障碍作供养人于障碍 4. 作苦行行人于障碍作道行人于障碍 5. 作乃至他人毫厘许善作皆障碍生家 6. 出者远离法是不信辱忍者安乐行是 7. 不信平等者[菩提]道是不知妄想离者 8. 世出心是不知则故所生处各诸障碍 9. 多是如罪障无量边无唯诸佛诸大 10. 菩萨尽知尽见诸佛菩萨知见罪量多少

第 137 页：1. 𘘥。𗡞𘃎𗷸𘘥𗏧𗄉�ﾟ𘜡𘑲𘓨[7]。�ﾟ𗭼𗏣𗵘 2. 𗏹𗏹，𗐰𘝲𗙳𗕖。𗡞𘃎𗄅𗷸𘘛𘘥�ﾟ，𘝠 3. 𗂑𗐰𘔼𘆝𗅳� 4. 𗍯𘕿𗙤𗷌𗵱𗵱𗆆。𗷌𗴷𗏹𗏹，�ﾟ𗏧𘉋 5. �ﾟ。𗷸𘝲�𘄒，𗙤𗴲𗸿𗏨，�ﾟ

对译：1. 如今日惭愧心以罪弃忏悔罪因苦果 2. 一切速愿消灭今日而起道场于至 3. 菩萨行行疲厌无有法施财施穷尽无有 4. 智慧方便所作不空闻见

一切不解脱 5. 无相与心诚五体地投唯愿十方诸佛

第 138 页：1. 𗰜𗰜、𗧨𗤁𗄈𗅥，𗿒𗕑𗰜𗰜，𗧨𗫦𗄈𗏵。𗫴 2. 𗣼𗄈𗆟𗰜𗰜𗤊𗿒𗰩𗾔𗄿𗁫𗙆。𗄚《𗦻 3. 𗏁𗤦》𗰸[9]，𗥽𗤁𗰜𗰜𗨨𗨨𗰘𗧍。𗕣𗳒𗵒𗼩，4. 𗠇𗫦[10]𗄈𗄈。𗦓𗣼𗁬𗰩，𗤁𗤊𗌗𗌗。𗄈𗅥𗤈 5. 𗄿[11]，𗄈𗤁𗄈𗤊。𗤈𗲠𗥼𗴿[12]，𗧘𗒛𗤁𗄈。𗙆𗏭 6. 𗫦𗤁，𗄈𗤊𗴿𗤦（𗰖𗧨）。

对译：1. 一切大地菩萨贤圣一切大悲心依六 2. 道众生一切于神力以同加此忏 3. 悔法依众苦一切皆悉除断颠倒缘离 4. 恶心不起四趣业舍智慧生得菩萨行 5. 行不休不息行愿圆满速十地登金刚 6. 心入正等觉成一拜

意译、注释（中藏本第 134 页第 1 行—138 页第 6 行）

又复归依如是十方尽虚空界一切三宝，相与膝跪合掌，各自称名、心念、口言。（某甲）等从无始生死以来至于今日，未得道因，受此报身。四事中未得分离，三毒炽盛，贪嗔嫉妒，起众恶业。见人布施持戒之时，自不能随喜。见人忍辱精进之时，自不能行，又不能随喜。见人坐禅修智慧业之时，自不能行，亦不能随喜。如是等罪，无量无边。今日忏悔，速愿除灭。

又复无始以来至于今日，或见人作善修诸功德之时，不能随喜。行住坐卧，四威仪中无惭愧心。憍慢懈怠真人，不念无常。不知舍此身命，复必将堕地狱。于他身色起种种恶：但作障碍于建立三宝、兴显供养之人；但作障碍于修习一切功德之人。如是罪障，无量无边。今日忏悔，愿乞除灭。

又复无始以来至于今日，不信三宝者是归依处。障碍人出家，障碍人持戒，障碍人布施，障碍人忍辱，障碍人精进，障碍人坐禅，障碍人诵经，障碍人写经，障碍人造像，障碍人斋会，障碍人供养，障碍人行苦行，障碍人行道，乃至他人毫厘许善，皆生障碍。

不信出家者是远离法，不信忍辱者是安乐行。不知平等者是菩提道，不知离妄想者是出世心。则故所生各处，多诸障碍。如是罪障，无量无边。

唯诸佛、诸大菩萨，尽知尽见。如诸佛菩萨，知见罪量多少。今日以惭愧心弃罪忏悔。一切罪因苦果，速愿消灭。

今日而起至于道场，行菩萨道，无有疲厌。法施财施，无有穷尽。智慧方便，所作不空。一切见闻，无不解脱。相与诚心，五体投地，唯愿十方一切诸佛、大地菩萨、一切贤圣依慈悲心，同加神力于六道一切众生。依此《忏法》，一切众苦皆悉断除。离颠倒缘，不起恶心。舍四趣业，得智慧生。行菩萨行，不休不息。行愿圆满，速登十地。入金刚心，成等正觉（一拜）。【参见《大正藏》[0926a13—0926b15]】

[1] [illegible]：见人布施持戒之时，《大正藏》作“见人布施见人持戒”。

[2] [illegible]：见人忍辱精进之时，《大正藏》作“见人忍辱，见人精进”。

[3] [illegible]：字面意为“无恭自恣懈怠真人”，即《大正藏》作“憍慢懈怠”。“[illegible]”(无恭自恣)，对应汉文“憍慢”。下同。“真人”([illegible])，“阿罗汉”之异名。以彼等乃修无伪真道者，故称“真人”。

[4] [illegible]：毫厘许，《大正藏》作“一毫”。下同。

[5] [illegible]：则故所生各处，《大正藏》作“致使生处”。

[6] [illegible]：知见，《大正藏》作“所知所见”。

[7] [illegible]：以惭愧心弃罪忏悔，《大正藏》作“今日惭愧发露忏悔”。[illegible]，字面意为“弃罪”，对应汉文“发露”。发露，即揭露。又见卷五（图版第 310 页第 1 行）。

[8] [illegible]：法施财施，《大正藏》作“财法二施”。下同。

[9] [illegible]：依此忏法，《大正藏》作“以今忏法”。

[10] [illegible]：恶心，《大正藏》作“恶觉”。

[11] [illegible]：行菩萨行，即《大正藏》作“行菩萨道”。下同。

[12] [illegible]：圆满，《大正藏》作“早圆”。

录文、对译（中藏本第 138 页第 7 行—145 页第 2 行）

第 138 页：7. **[illegible]**([illegible]，[illegible]，[illegible][1]) 8. [illegible]，[illegible]：[illegible] 9. [illegible]，[2] [illegible]；[illegible]，[illegible] 10. [illegible]。[illegible]，[illegible]。[illegible]，[illegible]

对译：7. 忏悔三第[菩提]心发将时必须忏悔当故次依三第忏悔法门显言 8. 今日道场业同大众契经中言凡家在 9. 者缚是圣家在者解是缚者三业随

所 10. 起恶是解者碍无善是圣人一切斯心

第 139 页：1. 𗹬𗊰。[3] 𗆐𗯨𘊏𗫡，𘊟𗦾𘛒𗤋𗫡。𗰜𗠁𗰜𗦳 2. 𗧘𗤻𗟶𘕤𗡅，𗱳𗼨𗫡𘊟𗾟𘞙；𗱳𗼨𗫡 3. 𗤋𗤋𘂧𗰞；𘍦𗠱𗫡𗜓𘕿𗼊，𗜓𘕿𗫡𘍦𗠱 4. 𗀰𗹬𗾖[4]，𘝞𗬾𗐂𘞆𗪚；𗰩𘊶𘞆𗾖，𘝞 5. 𗵆𗷒𗼆𘊏。𗆐𘝯𗯨𗔢，𗽦𘊏𘝗𗥃。𗿒𗹬𘜶

对译：1. 依在神智方便无量法门以诸众生之 2. 善恶业明了一身以无量身作一形以 3. 种种变现一劫以一日促一日以一劫 4. 延能暂停欲则永世不灭无常现欲则 5. 示[涅槃]入神通智慧出没自在意如空

第 140 页：1. 𗰜，𘜶𗣼𘓓𘛒。[5] 𗖰𗰜𘊏𘈈，𘈬𘈜𗰩𗭪。𘜗𘜴 2. 𗗙𘜶[6] 𗫡𗹬𗭪𗆐𘅹。𗤦𘛒𗤻𘊜，𘜶𘛙𘜗𗤻。3. 𘝞𘂝𗯨𗔢，𘊟𗦾𘝃𗥃。𘈗𘈈𗦾𘛒𘜶，𘈜𘊶 4. 𗯻𗰩𗤋；𘙒𘜴、𘈬𘅻𗯻𗰩𗤋；[7] 𗫡𗇋𗜏𘈜𗯻 5. 𗰩𗤋；𗔭�2[8] 𘐦𘔆𗯻𗰩𗤋。𘊟𘈗𘜶𘜴𘜶𘞒

对译：1. 行空中坐卧水履地如险难不见毕竟 2. 寂灭以止栖〈〉为万法通达空有俱明 3. 辩才智慧无量成就是如等法者恶业 4. 中不生贪嗔嫉妒中不生愚痴邪见中 5. 不生逸放懈怠中不生无恭自恣自养

第 141 页：1. 𗯻𗰩𗤋。𘊓𗶦𘕕𗫡[9]、𘊲𗰜𗰩𘝃、𗤶𘈫𗤻𘜗 2. 𘊜𗤋𗔢[10]。𘝯𗇋𗰜𗤻𘈈𘔆，𘝞𗾟𘜶𘜗，𘈜𘊜 3. 𘋪𘋇、𘈶𘔕、𘝍𗶦𗤋𘜶[11]𗰩𘜶𘊏 𘝗、𘞈𗺙𘈬 4. 𗺮𘜴𘝃[12]、𘜶𘂝𗾟𗼨𘈈𗰩𘂤𘜗[13]𘈜𘐒𘊏𗔢，[14] 5. 𘈜𘝃𘜗𗾟𗫡 𘝗[15]。𘝯[16] 𘝞𗼨𗖵𘊓、𘜶𗾟𘊜𗖼 6. 𗰜𗤋𘆡𘔆𘔥，𘈜𗯻𗜓𗇋𗼨𗰩𗺮𘈫𘜗；[17] 𘈢 7. 𘛒𘈛𗧥𗒅𘔥𗤋𗤋𗤳𘜗𗾟𘈜𘂤𗺮[18]，𗡡 8. 𗈊𗇋𗦳𗰩𗺮𘈫𗿒𘜗，𘈜𘐒 𘊏𗔢[19]。9. 𘔽𘕿𘜋𘜶𘈗𘊏𗧱𘊜，𘝯𗉣𘊜𗱳𗥃𘞆𘜗，10. 𘝞𘔢𗾟𘝯𘞃𘞆𗼨𘈈 𘊜。𗯨𗜽𗜽[20] 𘊜，𘐆𘐦

对译：1. 中不生唯勤修以众恶不作善业勤行 2. 为生也若人诸善业修佛语依行此因 3. 贫穷丑陋病疾种种又自不在卑贱人 4. 轻蔑受自所言说人不信者此式无也 5. 此刻我身以证若佛语随从自身为不 6. 诸德功修者此中一人些恶报得者宁 7. 于[阿鼻]地狱内种种苦者我〈〉受〈〉此 8. 等人于恶报得使者此式无也 9. 今日道场业同大众若凡舍圣入欲者 10. 佛所语教其依修行当小疲劳因懒堕

第 142 页：1. 𘝞𘊏𗼊𗡑[21]，𘜶𘌃𗼆𘊜，𗊩𘈜𘕋𗼨[22]。𘛒𘜋𗥃 2. 𘊏：𗊩𗥃，𘛙𘛙𗪚𘞙，𘛙𘛙𗪚𘜶。𘊓𗎫𘊏𘈈 3. 𘜶，𗼈𗼈𗭪𘜶[23]𘈜𗎫𘈜𗷨𗰩𘜴

〿[24]〿，〿〿 4. 〿〿〿。〿〿〿〿〿〿〿〿，〿〿〿〿。5. 〿〿〿〿，〿〿〿〿，〿〿〿〿？〿〿〿

对译：1. 心莫生〈 〉自各努力应罪业忏悔契经中 2. 言罪者因缘依生因缘依灭凡类与未 3. 离所作皆迷此忏悔于非依恃者出离 4. 可无矣相与今日勇猛心起忏悔意发 5. 忏悔力者思议可不何云知何云知〈 〉昔［阿阇］

第 143 页：1. 〿〿〿〿〿〿，〿〿〿〿〿[25]，〿〿〿〿。2. 〿〿《〿〿〿》〿，〿〿〿〿〿〿〿〿[26]。3. 〿〿〿〿，〿〿〿〿[27]。〿〿〿〿[28]，〿〿〿 4. 〿，〿〿〿〿〿，〿〿〿〿〿〿〿〿。[29] 〿 5. 〿〿〿，〿〿〿〿。〿〿〿〿，〿〿〿 6. 〿[30]。〿〿〿〿[31]，〿〿〿〿，〿〿〿〿。〿〿 7. 〿〿。〿〿〿〿：〿〿〿〿〿〿　〿〿〿 8. 〿〿 9. 〿〿〿〿〿　〿〿〿〿〿[32] 10. 〿〿〿〿〿　〿〿〿〿〿　〿〿〿〿〿[33]

对译：1. ［世］王大逆罪作惭愧以忏悔苦重轻受 2. 又此忏法者诸行行者〈 〉安乐得令 3. 若自课能岂敢努力当心诚稽颡忏悔依 4. 归愿如期度上诸佛不应感处何有恶 5. 业果报影响与无差怖惧生当岂敢忏 6. 悔自各心归痛切心等五体地投心念 7. 口言是如说言　遥遥诸佛〈 〉请　同加哀 8. 愍来 9. 唯愿大悲以　我之苦厄救　又一切与覆 10. 普净光明放　冥痴暗灭除　我等一切与

第 144 页：1. 〿〿〿〿〿　〿〿〿〿〿[34]　〿〿〿〿〿 2. 〿〿〿〿〿　〿〿〿〿〿[35]〿〿〿〿〿 3. 〿〿〿〿〿[36] 4. 〿〿〿〿〿！〿〿〿〿〿〿〿！5. 〿〿〿〿〿〿！〿〿〿〿〿！6. 〿〿〿〿〿！〿〿〿〿〿！7. 〿〿〿〿〿！〿〿〿〿〿！8. 〿〿〿〿〿！〿〿〿〿〿！9. 〿〿〿〿！〿〿〿〿〿！10. 〿〿〿〿〿！

对译：1. 地狱苦念为　应感道场来　皆于安乐施 2. 名闻苦救者　我今礼稽首　世间慈悲主 3. 我今共依归 4. ［南无］［弥勒］佛［南无］［释迦牟尼］佛 5. ［南无］金刚不坏佛［南无］宝光佛 6. ［南无］龙尊王佛［南无］进精军佛 7. ［南无］进精喜佛［南无］宝火佛 8. ［南无］宝月光佛［南无］愚无现佛 9. ［南无］宝月佛［南无］垢无佛 10. ［南无］垢离佛

第 145 页：1. 〿〿〿〿〿〿〿！〿〿〿〿〿〿〿！2. 〿〿〿〿〿〿〿！〿〿〿〿〿〿〿！

对译：1. ［南无］师子幡菩萨［南无］师子作菩萨 2. ［南无］身边无菩萨

［南无］世音观菩萨

意译、注释（中藏本第 138 页第 7 行—145 页第 2 行）

忏悔第三（将发菩提心之时，应必须忏悔，故依次第三显言忏悔法门）

今日道场同业大众，经言：在凡家者是缚，在圣家者是解。缚者，是随三业所起之恶；解者，是无碍之善。一切圣人，依心斯在。

神智方便以无量法门。明了众生善恶之业，能以一身作无量身；能以一形种种变现；能促一劫为一日；能延一日为一劫。欲暂停，则永世不灭。欲现无常，则示入涅槃。神通智慧，出没自在。意如行空，坐卧空中。履水如地，不见险难。毕竟寂灭，以为栖止。通达万法，空有俱明。成就辩才，智慧无量。

如是等法者，不生恶业中；不生贪嗔、嫉妒中；不生愚痴邪见中；不生放逸懈怠中；不生憍慢自养中。唯为勤修、不作众恶、勤行善业生也。

若人修诸善业，行依佛语，因此贫穷、丑陋、病疾种种又不自在、卑贱受人轻蔑、自所说言人不信者此式无也，此刻我以身证。

若随从佛语、不为自身修诸功德者，此中一些人得恶报者；宁以我受阿鼻地狱内种种苦者，使此等人得恶报者，此式无也。

今日道场同业大众，若欲舍凡入圣者，当依佛语如教修行。因小疲劳，莫生懒堕心，宜自努力，忏悔罪业。经言：罪者，依因缘生，依因缘灭。未离凡类，所作皆迷。非依恃于此忏悔者，无可出离矣。相与今日起勇猛心，发忏悔意。忏悔之力，不可思议，何以知然？昔阿阇世王作大逆罪，惭愧忏悔，重苦轻受。

又此《忏法》者，令诸行行者得安乐。若能自课，岂敢当努力。诚心稽颡，忏悔归依，在如愿期度，诸佛不感应处何有。恶业果报，影响无差。当生怖惧，岂敢忏悔。自各归心等痛切，五体投地，心念口言，如是言说：

遥遥请诸佛　同加来哀愍　唯愿以大悲
救我之苦厄　及覆与一切　普放净光明

灭除痴暗冥　我等与一切　为念地狱苦
感应来道场　皆于施安乐　闻名救苦者
我今稽首礼　世间慈悲主　我今共归依

南无弥勒佛！南无释迦牟尼佛！南无金刚不坏佛！南无宝光佛！南无龙尊王佛！南无精进军佛！南无精进喜佛！南无宝火佛！南无宝月光佛！南无现无愚佛！南无宝月佛！南无无垢佛！南无离垢佛！南无师子幡菩萨！南无师子作菩萨！南无无边身菩萨！南无观世音菩萨！【参见《大正藏》[0926b16—0926c06]】

[1] 𗵟𗟲：显言，《大正藏》作"显"。

[2] 𗫂𗵒𗾟𗬥𗪊𗖻：在凡家者是缚，《大正藏》作"在凡谓之缚"。下同。

[3] 𘓞𗱆𘓨𗾟：依心斯在，《大正藏》作"安心斯在"。

[4] 𗏁𗾟𗋽：欲暂停，《大正藏》作"欲停寿命"。

[5] "𗥃𗳅𗰜𗭩，𗰜𗣜𗆫𗷝"："意如行空，坐卧空中"，《大正藏》作"飞行适性坐卧虚空"。

[6] 𗗙𗵘：寂灭，《大正藏》作"空寂"。

[7] "𗧯𗰖、𗆛𗱰𗭣𗵒𘝵"："不生贪嗔、嫉妒中"，《大正藏》作"不从贪瞋嫉妒中生"。

[8] 𗴟𗯨：放逸。《大正藏》作"懒惰"。

[9] 𘃡𗫖𗭧𘄽：唯以勤修，《大正藏》作"唯从谨慎"。

[10] 𗼋𗆫𗷝：为生也，《大正藏》作"中生"。

[11] 𗔥𗼦𘈩𘕿：病疾种种，即《大正藏》作"癃残百疾"。

[12] 𗥃𗫖𘄿𘏨𘂤𗵒：卑贱受人轻蔑，《大正藏》作"卑贱为人陵懱"。

[13] 𗩶𗾔𗟲𗗙𘂤𗱰𘄽𗵒：自所说言人不信者，《大正藏》作"有所言说不为人信用者"。

[14] "𗩱𗬉𗰜𘅤𗰛𗫡……𘓞𘖑𘏨𗵘"："若人修诸善业……此式无也"，《大正藏》作"何处见人修诸善业……"。

[15] 𘓞𗵘𗫂𗟨𗭧𗗙：此刻以我身证，即《大正藏》作"今以身证"。

[16] 𗩱：若，《大正藏》作"若有一人"。

[17]"𗈁𗽀𘜒𗡪𗷃𘄼𗼨𗏇，𗷖𗗙𘏞𗉛𗧓𗾈𗖰𗖰"："不为自身诸德功修者，此中一些人得恶报者"，《大正藏》作"修诸功德。不为自身而得恶报者"。

[18]𗓑𗖷𗉛𗆫𗼅𗑠𗡪𗄈𗄈𗧓𗖰𗡢𘝵𗖰：宁以我受阿鼻地狱内种种苦者，《大正藏》作"宁以我身入阿鼻地狱受种种苦"。

[19]𗷖𘏞𗵄𗖰：此式无也，《大正藏》作"无有是处"。

[20]𗯴𗆫𗆫：小疲劳，《大正藏》作"小苦"。

[21]𗤒𗾈：莫生，《大正藏》作"莫辞"。

[22]𗭽𘝵𗆫𘄼：忏悔罪业，《大正藏》作"忏悔灭罪"。

[23]"𘕘𗢛𗤒𗉛𘔼，𗸰𗸰𗭔𘟀"："未离凡类，皆迷所作"，《大正藏》作"既未免于凡类。触向多迷"。

[24]𗻅𗾈𘄼：非依恃，《大正藏》作"非资以"。

[25]𗆫𘄼：忏悔，《大正藏》作"悔责"。

[26]𗵜𗊏𘉒𗡪𘍦𗸰𗖰𗤌：令诸行行者得安乐，《大正藏》作"令诸行人得安隐乐"。

[27]𗺎𗽻𗸦𗾈：岂敢当努力，《大正藏》作"努力"。

[28]𘋊𗾈𗹙𗄈：诚心稽颡，《大正藏》作"披诚至到稽颡"。

[29]"𗼅𗸰𘏞𘗽𗖰，𗵜𗸞𗻅𗸰𘍦𘄼𗏇𘄙"："如愿期度，诸佛不感应处何有"，《大正藏》作"毕竟为期者。而不通感诸佛。未之有也"。"𗸰𘍦"（感应），在本经中对应汉文"通感"、"感"。"𘄼𗏇𘄙"（何处有），在此对应"未之有"。下同。

[30]𗺎𗽻𗆫𘄼：岂敢忏悔，《大正藏》作"苦到忏悔"。

[31]𗈁𗕚𘋊𗾈：自各归心，即《大正藏》作"各各志心"。

[32]"𘕘𗼅𗤒𗡪𗖰　𗾈𗡪𗅋𗹦𘄙　𗻅𗔿𗔿𗡪𘔼"："唯愿以大悲　救我之苦厄　及覆与一切"，《大正藏》作"愿救我苦厄　大悲覆一切"。

[33]𗾈𘉼𗔿𗔿𗡪：我等与一切，《大正藏》作"念我及一切"。

[34]"𗑠𗼅𗅋𗯴𗄈　𗸰𘍦𗹲𘃲𗣓"："为念地狱苦　感应来道场"，《大正藏》作"方婴地狱苦　必来至我所"。

[35]"𗭔𗡪𘉒𗸲𗹙　𘓆𗋭𗅋𗹦𗡪　𗾈𗸰𗹙𗼲𘄼"："皆于施安乐　闻名救苦者　我今稽首礼"，《大正藏》作"施令得安乐　我今稽首礼　闻名救厄

者”。[illegible]，礼。[illegible]，稽首、礼。[illegible]，底本笔画原错。

[36]“[illegible]　[illegible]”：世间慈悲主　我今共依归，《大正藏》作“我今共归依　世间慈悲父”。

录文、对译（中藏本第 145 页第 3 行—155 页第 10 行）

第 145 页：3. [illegible]，[illegible]。4. [illegible]，[illegible]，[1] 5. [illegible]。[illegible]。[illegible] 6. [illegible]，[illegible]。[illegible] 7. [illegible]，[illegible]。[illegible] 8. [illegible]，[illegible]。[illegible]，[illegible] 9. [illegible]，[illegible]，[illegible]：([illegible]) [illegible] 10. [illegible]，[illegible]，[illegible][2]，[illegible]

对译：3. 又复十方虚空界尽三宝一切〈〉依归 4. 唯愿必定道场中来我等〈〉三毒苦救 5. 安乐得令及大[涅槃]施与大悲水以垢 6. 秽洗除毕竟清静[菩提]得令四生六道 7. 此罪有者同清静得[阿耨多罗三藐三 8. 菩提]成就究竟解脱相与心志悲思心 9. 等五体地投心念口言某甲等始无已来 10. 今日于至明无所覆爱恼以所缠嗔恚

第 146 页：1. [illegible]，[illegible]。[illegible]，[illegible]。[3] 2. [illegible]，[illegible]。[illegible] 3. [illegible]。[illegible][4] [illegible]，[illegible]。[illegible] 4. [illegible]，[illegible]。[illegible]，[illegible] 5. [illegible]。[illegible]，[illegible]。[illegible] 6. [illegible]，[illegible]。([illegible]) [illegible]，[illegible]。7. [illegible]，[illegible]，[illegible] 8. [illegible]。[illegible]，[illegible]、[illegible]、9. [illegible][5]、[illegible]，[illegible]。[illegible]，[illegible] 10. [illegible]。[illegible]，[illegible]

对译：1. 以所缚愚网内堕三界轮回六道经历 2. 苦海中沉沦自拔不能往业过去因缘 3. 不识或自正命破或他正命破令自梵 4. 行破他梵行破使自戒净破他戒净破 5. 使是如罪恶无量边无今日惭愧以忏 6. 悔速乞除灭某甲等重复志诚五体地投 7. 又复始无以来今日于至身口意依十 8. 恶业行身以杀盗淫行口以妄作语绮 9. 谗舌恶骂意以贪嗔痴起自十恶行他 10. 教十恶行使十恶法赞叹十恶法行者

第 147 页：1. [illegible]。[illegible][6]，[illegible]。[illegible] 2. [illegible]，

〔西夏文〕……3.（叠句）……4.……[7]……5.……，……，……[8]……6.……〔9〕7.……8.……（叠句）……9.……10.……

对译：1. 之赞叹是如一念稍时四十种恶起是 2. 如等罪无量边无今日忏悔速愿除灭 3. 某甲等重复心诚五体地投又复始无以 4. 来今日于至六根依六识起六尘观眼 5. 色著耳声著鼻香著舌味著身撞著意 6. 法尘著种种业起乃至八万四千烦恼 7. 门开是如罪恶无量边无今日忏悔速 8. 愿除灭某甲等重复心诚五体地投又复 9. 始无以来今日于至身口意依不平等 10. 行但自身有知他身有不知但自苦有

第 148 页：〔西夏文〕1.……2.……3.……[10]……4.……；[11]……5.……[12]……6.……[13]……7.……[14]……8.……9.……10.……

对译：1. 知他苦有不知但自安乐求知他安乐 2. 求不知但自解脱求知他解脱求不知 3. 但自眷属有知他眷属有不知但自身 4. 小疮小病忍受不能他身极楚挞拷复 5. 楚变不算但自身上小苦现有及畏惧 6. 心起诸恶业作〈 〉死之后地狱内堕其 7. 地狱中众苦备受及不畏乃至饿鬼道 8. 畜生道〔阿修罗〕道人道天道内种种苦 9. 有亦不知不平等因故彼我心起怨亲 10. 想生故此怨报六道遍有是如等罪无

第 149 页：〔西夏文〕1.……（叠句）……2.……3.……4.……5.……6.……[15]……7.……8.……（叠句）……[16]……

[西夏文] 9. [西夏文]，[西夏文]，[西夏文]。[西夏文] 10. [西夏文]，[西夏文]。

对译：1. 量边无今日忏悔速愿除灭某甲等重复2. 心诚五体地投又复始无以来今日于3. 至心颠倒想颠倒见颠倒善知识离恶4. 知识近八正道背八邪道行非法法说5. 法非法说不善善说善不善说无憍慢6. 幢起愚痴帆张明无流随死生海入是7. 如罪恶无量边无今日忏悔速愿除灭8. 某甲等重复岂敢五体地投又复始无以9. 来今日于至三不善根以四颠倒起五10. 逆罪造十恶业行三毒炽然八苦养长

第150页：1. [西夏文][17][西夏文] 2. [西夏文]。[西夏文]。3. [西夏文]。[西夏文]4. [西夏文]。[18][西夏文] 5. [西夏文]。[西夏文]，[西夏文]。（[西夏文]）[西夏文]6. [西夏文]，[西夏文]，[西夏文][19]。[西夏文]7. [西夏文]，[西夏文]，[西夏文] 8. [西夏文][20]，[西夏文]。[西夏文]，[西夏文]9. [西夏文]，[西夏文]。[西夏文]、[西夏文]、[西夏文] 10. [西夏文]。[西夏文]，[西夏文]

对译：1. 八寒八热诸地狱因造八万四千鬲2. 地狱因造畜生一切因造饿鬼一切因造3. 人天生老病死种种苦因造六道内不4. 闻见可忍难受难无量苦报受是如罪5. 恶无量边无今日忏悔速愿除灭某甲等6. 重复岂敢五体地投心诚悔过又复始7. 无以来今日于至三毒根随起其三界8. 中生二十五有中历处处皆罪恶起业9. 风随逐自不知觉或戒持定修慧修人10. 〈 〉障碍作或诸德功修诸神通修人〈 〉

第151页：1. [西夏文]。[西夏文]，[西夏文]，[西夏文]，2. [西夏文]。[西夏文]，[西夏文]。（[西夏文]）[西夏文] 3. [西夏文]，[西夏文]。[西夏文]4. [西夏文]，[西夏文]，[西夏文]。[西夏文]，[西夏文] 5. [西夏文]。[西夏文][21]，[西夏文]，[西夏文] 6. [西夏文]，[西夏文]。[西夏文] 7. [西夏文]，[西夏文]，[西夏文]。[西夏文] 8. [西夏文]，[西夏文]。[西夏文]，[西夏文][22]，9. [西夏文]、[西夏文]、[西夏文]、[西夏文]。[西夏文]，[西夏文] 10. [西夏文]。[西夏文]，[西夏文]，[西夏文]，[西夏文]

对译：1. 障碍作是如罪障[菩提]心障[菩提]愿障2. [菩提]行障今日忏悔速愿除灭某甲等重3. 复岂敢五体地投又复始无以来今日4. 于至贪爱心以

六识构起六尘随逐众5. 多罪起或众生处起或非众生处起或6. 漏无人处起或漏无法于起是如贪嗔7. 以罪恶起者今日忏悔速愿除灭又愚8. 痴心以颠倒行起邪师〈〉信邪说言闻9. 断著常著我著见著愚痴随行无量罪10. 起是如因缘[菩提]心障[菩提]愿障[菩提]

第152页：1. 𗄊𗋽。𗪇𗟲𗙤𗤲，𗧸𗟷𗫤𗏭。（𗣼𗶷）𗕨𗗿𗅬𗣆2. 𗠁，𗧾𗖻𗟲𗄛。𗧾𗋲𗖶𗟎𗨁𗪇𗟲𗙹𗫮，3. 𗣊𗄊𗑑𗋽，𗫐𗙟𗑑𗋽，𗁦𗄊𗑑𗋽。𗖶𗟎𗙹4. 𗣊𗙤𗫹𗟷𗗿𗤦𗍍𗤲——𗝠𗤦𗫮𗄊𗤦𗤲（𗰗5. 𗙤𗤦𗤲、𗵀𗙤𗤦𗤲），𗟎𗗿𗤦𗤲。[23]𗄊𗪇𗟎6. 𗤲，𗧾𗶦𗽺𗠁，𗢳𗣣𗞲𗬆，𗫮𗸮𗤧𗵘。𗕊𗙤7. 𗤦𗤲𗟲𗕨𗫤𗫤，𗤦𗏲𗽝𗟷。𗙹𗄊𗙹𗟲，𗙹8. 𗄊𗵘𗟲，𗙹𗄊𗄊𗟲。𗪇𗟲𗙤𗤲，𗧸𗟷𗫤𗏭。9. （𗣼𗶷）𗕨𗗿𗅬𗣆𗠁，𗧾𗖻𗟷𗣆。𗧾𗋲𗖶𗟎𗙹10. 𗙤𗪇𗟲𗙤𗫮，𗨳𗨁𗙹𗑑𗤗𗸮，𗢳𗫺𗙹𗑑

对译：1. 行障今日忏悔速愿除灭某甲等重复心2. 诚五体地投又复始无以来今日于至3. 身三恶业口四恶业意三恶业始无已4. 来从明无地住烦恼[恒伽]沙数烦恼止5. 上烦恼观上烦恼四地住烦恼三毒四6. 取五盖六爱七漏八垢九结十使是如7. 烦恼障等一切无量边无[菩提]心障[菩8. 提]愿障[菩提]行障今日忏悔速愿除灭9. 某甲等重复心诚五体地投又复始无以10. 来今日于至慈悲心修不能喜舍心修

第153页：1. 𗄊𗸮。𗪇𗙹𗪻𗴦、𗑑𗙹𗪻𗴦、𗩾𗑑𗙹𗪻𗴦、2. 𗔫𗱈𗋽𗙹𗪻𗴦、𗵀𗙹𗪻𗴦、𗿧𗸮𗙹𗪻𗴦、3. 𗋲𗑑𗄊𗸮。𗧾𗙹𗄊𗆧𗫤𗫤、𗋲𗑑𗄊𗸮。4. 𗕊𗙤𗑑𗄊𗧾𗴪，𗄊𗧬𗧾𗴪。𗙹𗄊𗙹𗟲，𗙹5. 𗄊𗵘𗟲，𗙹𗄊𗄊𗟲。𗪇𗟲𗙤𗤲，𗧸𗟷𗫤𗏭。6. （𗣼𗶷）𗕨𗗿𗅬𗣆𗠁[24]，𗧾𗖻𗟷𗣆。𗧾𗋲𗖶𗟎𗙹7. 𗙤𗪇𗟲𗙤𗫮，𗄊𗴪𗦜𗒟，𗚟𗴦𗯨𗁆，𗟎𗗿8. 𗣊𗫺。𗨳𗄊𗨳𗵯，𗧾𗄊𗧾𗵯。𗵀𗫤𗫤𗯨𗫮，9. 𗄊𗏲𗵀𗟺。𗨳𗣊𗄊𗷄𗑑𗶷，𗢳𗮗𗴪𗪎[25]。𗨳10. 𗣊𗄊𗷄𗑑𗶷，𗢳𗮗𗴪𗪎。𗕊𗙤𗕨𗫀𗄛，𗄊

对译：1. 不能[檀波罗蜜][尸波罗蜜][羼提波罗蜜]2. [毘梨耶波罗蜜]禅[波罗蜜][般若波罗蜜]3. 亦修不能又[菩提]助法一切复修不能4. 是如方便无有智慧无有[菩提]心障[菩5. 提]愿障[菩提]行障今日忏悔速愿除灭6. 某甲等重复心诚五体地投又复始无以7. 来今日于至三界轮转六道备历四生8. 身受或男或女非男非女处一切遍到9. 无量罪起或身大众生为相互相食或10. 身细众生为相互相食是如等杀业无

第 154 页：1. [illegible]。[illegible]，[illegible]，[illegible]。2. [illegible]，[illegible]。（[illegible]）[illegible]，[illegible]3. [illegible]。[illegible]，[illegible]4. [illegible]，[illegible]。[illegible]5. [illegible]，[illegible][26]。[illegible]，[illegible]，[illegible]6. [illegible]，[illegible]。[illegible]、[illegible]7. [illegible]。[27][illegible]，[illegible][28]，8. [illegible]。[illegible]，[illegible]；[illegible]9. [illegible]，[illegible]。[illegible]，[illegible]10. [illegible]，（[illegible]）[illegible]。[illegible]，

对译：1. 量边无[菩提]心障[菩提]愿障[菩提]行障 2. 今日忏悔速愿除灭某甲等重复心诚五 3. 体地投始神识有上以来今日于至其 4. 二间于六道中生四生身受罪恶所作 5. 者限无尽无是如等罪唯十方诸佛大 6. 地菩萨一切尽知尽见诸佛菩萨罪恶 7. 多少知见如今日心志岂敢稽颡哀愍 8. 惭愧以忏悔已作罪者愿尽消灭未作 9. 罪者复作不敢惟愿十方诸佛一切大 10. 悲心以某甲等〈〉今日忏悔受大悲水以

第 155 页：1. （[illegible]）[illegible][29]、[illegible]。[illegible]2. [illegible]，[illegible]。[illegible]，[illegible]3. [illegible]，[illegible]，[illegible]，4. [illegible]。（[illegible]）[illegible]，[illegible][30][illegible]5. [illegible]。[illegible]，[illegible]，6. [illegible]。[illegible][31]，[illegible]7. [illegible]。[illegible]，[illegible]，[illegible]8. [illegible]。（[illegible]）[illegible][32]，[illegible]9. [illegible]。[illegible]，[illegible][33][illegible]。10. 《[illegible]》[illegible]

对译：1. 某甲等〈〉[菩提]心障罪垢一切洗除道场 2. 至令毕竟清净又愿十方诸佛一切思 3. 议可不力以本愿力以众生度脱力以 4. 众生覆护力以某甲等于今日愿依[菩提]5. 心起令今日于起已至道场毕竟成立 6. 复不退转誓愿有者悉菩萨行应誓愿 7. 与同唯愿十方诸佛一切大地菩萨慈 8. 悲心以同加摄受某甲等于愿如皆得[菩 9. 提]愿满众生一切自各[菩提]愿满得令 10. 慈悲道场忏法卷一第

意译、注释（中藏本第 145 页第 3 行—155 页第 10 行）

又复归依十方尽虚空界，一切三宝。唯愿必定来道场中，救我等三毒

苦。施令得安乐，及与大涅槃。以大悲水洗除垢秽，得令菩提毕竟清净。六道四生有此罪者，同得清净。成就阿耨多罗三藐三菩提，究竟解脱。相与志心等痛切心，五体投地，心念口言：

（某甲）等无始已来至于今日，无明所覆，爱恼以所缠。嗔恚所缚，愚网中堕。轮回三界，经历六道。沉沦苦海中，不能自拔。不识往业、过去因缘。或令自破正命，破他正命。使自破梵行，破他梵行。使自破净戒，破他净戒。如是罪恶，无量无边。今日惭愧忏悔，速乞除灭。

（某甲）等重复志诚，五体投地。又复无始以来至于今日，依身口意，行十恶业。身杀盗淫，口妄言、绮语、谗舌、恶骂，意起贪嗔痴。使自行十恶，教他行十恶。赞叹十恶法，赞叹行十恶法者。如是一念稍时，起四十种恶。如是等罪，无量无边。今日忏悔，速愿除灭。

（某甲）等重复诚心，五体投地。又复无始以来至于今日，依六根，起六识，观六尘。眼著色，耳著声，鼻著香，舌著味，身著触，意著法尘。起种种业，乃至开八万四千烦恼门。如是罪恶，无量无边。今日忏悔，速愿除灭。

（某甲）等重复诚心，五体投地。又复无始以来至于今日，依身口意，行不平等。但知有身身，不知有他身。但知有自苦，不知有他苦。但知自求安乐，不知他求安乐。但知自求解脱，不知他亦求解脱。但知自有眷属，不知他有眷属。但知自身小疮小病，不能忍受；楚挞他身，唯恐不复楚。自身但现有小苦，才起畏惧心。不畏作诸恶业死后堕地狱，于地狱中备受众苦。乃至亦不知饿鬼道、畜生道、阿修罗道、人道、天道，有种种苦。不平等因，故起彼我心，生怨亲想，所以怨怼遍有六道。如是等罪，无量无边。今日忏悔，速愿除灭。

（某甲）等重复诚心，五体投地。又复无始以来至于今日，心颠倒、想颠倒、见颠倒。离善知识，近恶知识。背八正道，行八邪道。非法说法，法说非法。不善说善，善说不善。无起憍慢幢，张愚痴帆。随无明流，入生死海。如是罪恶，无量无边。今日忏悔，愿乞除灭。

（某甲）等岂敢重复，五体投地。又复无始以来至于今日，以三不善根，起四颠倒。造五逆罪行十恶业，炽然三毒长养八苦。造八寒八热诸地狱因。造八万四千鬲地狱因。造一切畜生因。造一切饿鬼因。造人天生老病死种种苦因。应受六道不见闻、难忍难受无量苦报。如是罪恶，无量无边。今日忏悔，愿乞除灭。

（某甲）等岂敢重复，五体投地，诚心忏悔。又复无始以来至于今日，随三毒根起，生三界中，历二十五有。处处起诸罪恶，随逐业风，不自知觉。或障碍人持戒、修定、修慧。或障碍人修诸功德、修诸神通。如是罪障，障菩提心，障菩提愿，障菩提行。今日忏悔，愿乞除灭。

（某甲）等岂敢重复，五体投地。又复无始以来至于今日，以贪爱心，构起六识。随逐六尘，起众多罪。或于众生处起，或于非众生处起。或于无漏人处起，或于无漏法处起。如是贪嗔，以起罪恶者，今日忏悔，愿乞除灭。又以愚痴心，起颠倒行。信于邪师，闻言邪说，著断、著常、著我、著见。随愚痴行，起无量罪。如是因缘，障菩提心，障菩提愿，障菩提行。今日忏悔，愿乞除灭。

（某甲）等重复诚心，五体投地。又复无始以来至于今日，身三恶业，口四恶业，意三恶业。从无始已来无明住地烦恼——恒伽沙数烦恼（止上烦恼、观上烦恼），四住地烦恼。三毒四取，五盖六爱，七漏八垢，九结十使。如是一切烦恼等障，无量无边。障菩提心，障菩提愿，障菩提行。今日忏悔，愿乞除灭。

（某甲）等重复诚心，五体投地。又复无始以来至于今日，不能修慈悲心，不能修喜舍心，亦不能修檀波罗蜜、尸波罗蜜、羼提波罗蜜、毗梨耶波罗蜜、禅波罗蜜、般若波罗蜜。又一切助菩提法，复不能修。如是无有方便，无有智慧。障菩提心，障菩提愿，障菩提行。今日忏悔，速愿除灭。

（某甲）等重复诚心，五体投地。又复无始以来至于今日，轮转三界，备历六道，受四生身。或男或女，非男非女。遍到一切处，起无量罪。或为大身众生，相互相食。或为细身众生，相互相食。如是等杀业，无量无边。障菩提心，障菩提愿，障菩提行。今日忏悔，愿乞除灭。

（某甲）等重复诚心，五体投地。自从有识神以来至于今日，于其中间生六道中，受四生身。所作罪恶者，无限无尽。如是等罪，唯十方一切诸佛、大地菩萨，尽知尽见。如诸佛、菩萨知见罪恶多少。今日志心岂敢稽颡哀愍，惭愧忏悔。已作之罪，愿尽消灭；未作之罪，不敢复作。

唯愿十方一切诸佛以大慈心，受（某甲）等今日忏悔。以大悲水洗除

（某甲）等菩提心障、一切罪垢。令至道场，毕竟清净。又愿十方一切诸佛以不思议力，以本愿力，以度脱众生力，以覆护众生力。令（某甲）等于今日，依愿发菩提心。起于今日已至道场，毕竟成立，不复退转。有誓愿者，悉同菩萨应行誓愿。唯愿十方一切诸佛、大地菩萨以慈悲心，同加摄受。令（某甲）等皆得如愿，满菩提愿。令一切众生，得自各满菩提愿。《慈悲道场忏法》卷第一【参见《大正藏》[0927a01—0928a09]】

[1] "𗅳𗥃𘈷𗀖𘊲𗖰𗅇𘊩，𗱲𗣀𗠁𗜀𗖜𗃽𘏞"："唯愿必定来道场中，救我等三毒苦"，《大正藏》作"唯愿必定来愍我三毒苦"。

[2] 𗴮𗾺𗣀𗩩𗄭：爱恼以所缠，《大正藏》作"爱使所缠"。

[3] "𘄒𘚗𗣓𗓁，𘃸𗸍𗼨𗬜"："轮回三界，经历六道"，即《大正藏》作"经历三界备涉六道"。

[4] 𗦠𗬁：正命，《大正藏》作"净命"。下同。净命，指比丘远离四种邪命法而清净活命，即八正道中之正命，亦即正当、清净的生活方法。

[5] 𗣀𗥩：字面意为"谗舌"、"佞舌"、"嚼舌"，对应《大正藏》"两舌"、"传恶"等。下同。

[6] 𗬧𘘂：字面意有"之时"、"之间"、"之顷"、"之时"、"顷"、"顷时"等意。在此对应汉文"之间"。𗬧，稍。下同。

[7] "𘃸𘑘𗼨，𘃸𗰣𘏞"："起六识，观六尘"，《大正藏》作"行于六识。取于六尘"。

[8] 𗦆𗥩𘉒：身著触，《大正藏》作"身著细滑"。六尘，又作"外尘、六贼、六境"，包括色尘、声尘、香尘、味尘、触尘、法尘等六境。触尘，指身根所对之境。著，执著、执着。

[9] 𘄒𗩔：烦恼，《大正藏》作"尘劳"。

[10] 𗅳𘂤𘈷𘏞𘄒𘊡：但知自有眷属，即《大正藏》作"但知有自家有自家眷属"。

[11] "𘄽𗖰𘄽𗾦，𘒣𗒯𗬧𘗠"："不能忍受小疮小病"，即《大正藏》作"一痒一痛不可抑忍"。

[12] 𗷅𗴫𘁌𘊲𘏞：字面意为"不变算复楚"，《大正藏》作"唯恐苦毒不深"。"𘁌𘊲𘏞"（不变算、不换算），在本经中分别对应汉文"唯恐不"、"不齿录"，即"不以为"。楚，痛苦。唯恐，只怕、就怕。又见卷三（图版

第 167 页，注[31]）。

[13]"⿰⿰⿰⿰⿰，⿰⿰⿰"："自身但现有小苦，才起畏惧心"，《大正藏》作"但自知畏现身小苦"。

[14]"⿰⿰⿰⿰⿰⿰⿰⿰……⿰⿰⿰"："不畏作诸恶业死后堕地狱……"，《大正藏》作"而不知畏起诸恶业舍身应堕地狱"。

[15]⿰⿰⿰⿰⿰⿰：起无憍慢幢，⿰，原脱据西夏文法补。

[16]⿰⿰⿰⿰：岂敢重复，《大正藏》作"重复苦到"。下同。

[17]⿰：鬲，《大正藏》作"鬲子"。

[18]"⿰⿰⿰⿰⿰⿰，⿰⿰⿰⿰，⿰⿰⿰⿰"："应受六道不见闻、难忍难受无量苦报"，《大正藏》作"受于六道无量苦果。难可堪忍。不可闻见"。"⿰⿰"（苦报），在以下部分卷中，又被用以翻译汉文"果报"。下同。

[19]⿰⿰⿰⿰：诚心悔过，《大正藏》作"求哀悔过"，在卷四（图版第 228 页第 2 行、第 263 页第 1 行）又作"求哀忏悔"。下同。

[20]⿰⿰⿰⿰⿰：生三界中，《大正藏》作"于三有中"。三有，"三界"之别名，指欲界欲有、色界色有和无色界无色有。

[21]⿰⿰："……处起"或"起于……"，《大正藏》作"边起"、"起"。下同。

[22]⿰⿰⿰⿰：闻言邪说，《大正藏》作"受于邪说"。

[23]"⿰⿰⿰⿰⿰⿰⿰⿰⿰⿰⿰——⿰⿰⿰⿰⿰（⿰⿰⿰⿰、⿰⿰⿰⿰），⿰⿰⿰⿰⿰"："从无始已来无明住地烦恼——恒伽沙数烦恼（止上烦恼、观上烦恼），四住地烦恼"，《大正藏》作"从无始无明住地烦恼恒沙。上烦恼止上烦恼观上烦恼。四住地烦恼"。依《楞伽经》（卷四）辨析，起烦恼有二：一是四住地所起的——恒沙上烦恼；二是无始无明住地所起的——过恒沙上烦恼。住地烦恼也有二：一是四住地；二是无始无明住地。参阅释印顺《胜鬘经讲记》（印顺法师佛学著作系列，中华书局 2011 年版，第 102—103 页）；幼存等注译《胜鬘经今译》（中国社会科学出版社 2003 年版，第 19—20、70—72 页）。"⿰⿰"（沙数），《大正藏》作"恒沙"。下同。

[24]⿰⿰：心诚，《大正藏》作"增到"。下同。

[25]⿰⿰⿰⿰：相互相食，即《大正藏》作"更相噉食"。下同。

[26]"⿰⿰⿰⿰⿰⿰⿰⿰，⿰⿰⿰⿰。⿰⿰⿰⿰⿰，⿰⿰⿰⿰"："于

其二间生六道中受四生身。所作罪恶者，无限无尽"，《大正藏》作"于六道中受四生身。于其中间所起罪恶无穷无尽"。

［27］"虓絊、糒玹舵綝猊豥虓蒾豭"："如诸佛、菩萨知见罪恶多少"，《大正藏》作"如诸佛菩萨所知所见。罪恶多少"。"楒槲"（两间），即"中间"。

［28］豭豰豭豰豭豰：岂敢稽颡哀愍，《大正藏》作"稽颡求哀"。

［29］綃豰綃豰：障菩提心，《大正藏》作"能障菩提"。

［30］舵豭：依愿，《大正藏》作"起誓"。

［31］豭舵豭豰：有誓愿者，《大正藏》作"所有誓愿"。

［32］舵豭豭豰：皆得如愿，即《大正藏》"得如所愿"。

［33］豭豰綃豰舵豭豰：得自各满菩提愿，《大正藏》作"各各具足满菩提愿"。

《慈悲道场忏法》卷第二（俄藏本）

《慈悲道场忏法》卷二为中藏本所佚缺，俄藏本有写本、刻本残页。格林斯蒂德《西夏文大藏经》2226 页上下栏也有 14 字部分图版。现据以未刊布的俄藏 4288 号 26 行 13 字之写本 8 叶，补。佚缺未能补者有三处（中两处、尾一处），5 叶左右。

录文、对译（俄藏本）

俄藏本：16—21.（略）22.《𗹙𗰖𗵤𗩾𗣼𗧘𗗱》𗏃𗧾𗊗23. 𗓽𗣼𗰖𗾟𗄑𗁰𗠋𗗟24. 𗤷𗏃𗵤𗩾𗜓𗁂𗭧𗣁，𗹙𗎫𗰖𗗙𗰖25. 𗩾𗵤𗬰，𗤭𗋒𗃵𗹙𗹙𗟻𗄱𗷲。𗗗26. 𗑠𗧘𗩾[1]𗇋𗟻𗹙𗹮，𗧘𗨻𗮅𗰖𗗟𗦽

对译：16—21.（略）22. 慈悲道场忏法卷二第 23.［菩提］心发四第 24. 今日道场业同大众相与心垢洗 25. 浣已竟十恶障重亦净尽无余罪 26. 业灭除内外俱洁次随菩萨〈〉修

俄藏本：1. 𗹙𗟻，𗵤𗄑𗟚𗟻[2]。𗁰𗑠𗤭𗟚𗁱𗰖𗟚𗹙，2. 𗓽𗁱𗗟𗷲𗰖𗰖𗝠𗵤𗗗𗰖，𗵤𗣼 3. 𗃵𗗙𗵤𗵤𗤭。𗾟𗉫𗃵𗰖𗣼𗹙𗗟𗇋𗗱[3] 4. 𗟻，𗃵𗁰𗵤𗤭𗨻𗇋𗣼𗰖𗨻𗩐[4]。𗵤𗵤 5. 𗗟𗤭，𗮅𗁱𗮅𗄑𗫦𗨻𗟻𗕜[5]。𗹙𗎫𗏃 6. 𗏃𗹙𗡢𗁱𗹙，𗏃𗻡𗗇𗨻𗤭𗗙𗃵𗗟 7. 𗤭，𗵤𗨻𗑠𗃵𗓽𗣼𗵤𗟻𗹙。𗓽𗣼𗵤𗰖，8. 𗗙𗵤𗃵𗤭。𗁰𗑠𗤭𗟚𗇋𗹙𗗟𗕜。𗦽𗎪𗃵 9. 𗓽𗣼𗵤𗟻𗄱𗁱𗮅𗤭，𗮅𗁰𗇋𗟻𗰖 10. 𗕜𗣼𗤭𗷲？[6] 𗎪𗵤𗁰𗵤[7] 𗣼𗎪𗏃𗟻，𗙸 11. 𗦽𗁱𗤭𗤭𗟻𗝠𗹙。𗄱𗁱𗓽𗣼𗵤𗰖，12. 𗁰𗑠𗗟𗵤𗏃𗞂𗦽𗣼𗸋。𗆈𗤭𗕜𗰖，13. 𗄱𗗱𗣼𗟟𗤭。𗮅𗦽𗕜𗹙𗏃𗁰𗹙𗗴，14. 𗞂𗁱𗓽𗣼𗵤𗗟𗮅𗟻𗰖，𗕜𗨻𗙆𗣼 15. 𗘂𗮅𗤥，𗘂𗹙𗄱𗮅𗗟𗗟𗃵𗸋[8] 𗄱？𗁱 16. 𗴭𗁱，𗘂𗣼𗬰𗓽𗣼𗵤𗟻𗕜，𗁱𗁱𗤭 17. 𗑠。𗁰𗗙𗗇𗙸𗸨，𗥚𗇋𗇋𗗇𗁰 18. 𗗙𗡢𗬰𗓽𗗇𗸋𗵤[9]：𗭀𗤭！𗭀𗤭！𗁰𗏃 19. 𗣼𗮅，𗮅𗁰𗇋𗇋𗗇𗤭 𗃵𗝠𗁱𗓽𗣼𗗙 20. 𗗗，𗁱𗰖𗘂𗎫𗗇〈〉𗁰𗊗𗸨𗬰𗃵𗤭。𗮅 21. 𗓽𗣼𗵤𗗗𗰖𗜓𗗗 𗃵𗁲，𗵤𗵤𗗗𗃵 22. 𗓽𗣼𗵤𗞢𗞢𗮅𗨉𗏃𗟻[10]。𗓽𗍣𗵤𗏃 23. 𗣼：𗮅𗑡𗄱𗹙𗃵

𗹙𗀋，𗀕𗴾𗵑𗟻。𘀂 24. 𗤙[11] 𗴢𗟻𗒟，𗴾𗸯𗬩𗴾。𗢭𗰜𗸯𗴢𗟻 25. 𗬩，𗢫𗰜𗏵𗵹𗸯𗴢，𗴢𗣠𗀖𗴢𗟻𗾺，26. 𗌭𗸯𗜐𗹙𗟻𗼪𗼃𗢭𗰜𗴢𗟻𗮀𗫡[12]。𘓄

对译：1. 行应道直学应德功智慧此由产生 2. 所以佛诸每叹心发者道场 3. 是事办能矣唯愿大众自各心勇勤 4. 应寿命恃以烦恼自尽莫待空 5. 勿去之后如悔益得可无相与今 6. 日时好遇值日夜烦恼以心而不 7. 覆宜随努力以[菩提]心发当[菩提]心者 8. 佛心是矣德功智慧格量不无一念以 9. [菩提]心发尚此如矣况多念发者 10. 比处岂有假使历劫无量福修乃 11. 至此世余善备行复此[菩提]心发 12. 德功〈〉万分中一不及算数譬喻 13. 亦尽不能矣又一人有福德但作 14. 无上[菩提]道心不发者譬如田耕 15. 种子不下既芽尚无出实何云得是 16. 义以故须[菩提]心发应因缘以 17. 证上佛〈〉恩报下一切〈〉拔故 18. 佛诸天子〈〉赞叹善哉善哉汝所 19. 说如众生一切〈〉利益欲为[菩提]心 20. 发此者如来一第供养是也又 21. [菩提]心发者一发与非时时发以 22. [菩提]心相续不断令应故契经中 23. 言[那由他]沙数佛所大善愿发此 24. 为心发者数无量矣又[菩提]心发 25. 者但善知识相遇则便心发得 26. 有须佛世出然后心发与非[文]

俄藏本：1. 𗥃𗵒𗟜𘀂，𗢭𗴢𗸯𗴢𗟻𗬩𗲆𗨳𗹙[13]。2. 𗧱𗴾𗉼𗟻，𘝞𗴾𗟻𗢭𗬩𗈁𗢭𗟻 3. 𗴾，𗴢𗧠𗴢𗢭𗧠𗵒𗵄[14]𗴾𗞞𗤣𗾆𗤙 4. 𗹙𗫡𗒟𗵒。𗫶𗤰𘃞𗺌𗼪𗣠𗵒𗾆，𗴴 5. 𘟣𗢭𗰜𗵄𗸯[15]。𗴝𘀂𗴢𗺡，𗟻𘉊𗉴𗤆 6. 𗗙。𗸯𘝞𗴾𗬩𗺡，𘝞𗼪𗣠𗮀𗢭𗴾。

对译：1. [殊师利]如始[菩提]心发时女人于 2. 初心〈〉发故心发式者凡品不惟 3. 也心志心不至当无大乘仰渴由 4. 佛法求贪诸契经依世事譬取怨 5. 亲无差平等愿斯善因俱解脱〈〉 6. 得若同信者解故戏论非知也

意译、注释（俄藏本）

《慈悲道场忏法》卷第二

发菩提心第四

今日道场同业大众，相与已得洗浣心垢，十恶重障亦净尽无余。罪业灭除内外俱洁，次应随修行菩萨应学直道，功德智慧由之而生。所以诸佛每叹发心，是道场能办事矣。唯愿大众自各勤勇其心，莫以恃寿命待烦恼自尽。勿空去，后悔无益。相与今日值遇好时，不日夜烦恼覆心，宜当努力发菩提心。菩提心者，是佛心矣，功德智慧无不格量。一念发菩提心尚如此矣，况发多念者岂有比处？假使历劫修无量福，乃至今生备行余善，不及发心万分之一。算数譬喻，亦不能尽矣。又有一人但作福德，不发菩提无上道心。譬如耕田不下种子，既无其芽出何云求实？以是义，故须发菩提心因缘为证，上报佛恩下拔一切。所以佛赞叹诸天子：善哉！善哉！

　　如汝所说，为欲利益一切众生发菩提心，是为第一供养如来。又发菩提心非一发，应时时发令菩提心相续不断。是以经言：于那由他河沙佛所，发大善愿。是为发心，其数无量。

　　又发菩提心，但遇善知识便得心发，则非有须佛出世然后发心。如文殊师利，始时发菩提心于女人。故发心式者不惟凡品也，当无心志心不至，由渴仰大乘贪求佛法。依倚诸经取譬世事，怨亲无差平等。愿因斯善，俱得解脱。若同信解，故知非戏论也。【参见《大正藏》[0928a14—0928b09]】

　　[1] ▢▢▢▢：罪业灭除，《大正藏》作"业累既遣"。

　　[2] ▢▢▢▢▢▢▢▢▢▢：次应随修行菩萨应学直道，《大正藏》作"次应仰学菩萨修行直道"。"▢"（行），写本原脱，据文意补。

　　[3] ▢▢▢▢▢：自各勤勇心，即《大正藏》作"各坚其志"。

　　[4] ▢▢▢▢▢▢▢▢▢：莫以恃寿命待烦恼自尽，《大正藏》作"莫以年命待时漏尽"。

　　[5] ▢▢▢▢▢▢▢▢▢：之后如悔无可得益，即《大正藏》作"后悔无益"。

　　[6] "▢▢▢▢▢▢▢▢▢，▢▢▢▢▢▢▢▢▢▢"："一念发菩提心尚如此矣，况发多念者岂有比处"，《大正藏》作"盖论一念况复多念"。

　　[7] ▢▢：字面意为"弥劫"或"多劫"。又作"▢▢"（历劫），即《大正藏》作"历劫"。历劫，又作"弥劫、经劫、久远"，指经历无限长远劫数的时间。历，是经历的意思。劫，为梵语"劫波"之略称。弥，多、长、久。下同。

　　[8] ▢▢：何云，即《大正藏》作"何处"。

[9] ▢▢：赞叹，即《大正藏》作"言"。

[10] "▢▢▢▢，▢▢▢……▢"："非一发，应时时发……"，《大正藏》作"非止一过。唯应数发"。

[11] ▢▢：是为，《大正藏》作"是知"。

[12] ▢▢▢▢▢▢▢▢▢▢：非有须佛出世然后发心，《大正藏》作"未必皆须值佛出世"。

[13] ▢▢▢▢▢▢▢▢▢：始时发菩提心于女人，即《大正藏》作"始向菩提乃因女人"。

[14] "▢▢▢▢▢▢▢▢▢，▢▢▢▢▢▢▢"："故发心式者不惟凡品也，当无心志心不至"，《大正藏》作"以发初心慧式不惟凡品轻标心志"。凡品，世间常人。"▢"（凡）原误作"▢"。

[15] ▢▢：平等，《大正藏》作"六道一相"。

录文、对译（俄藏本）

俄藏本：7. ▢▢▢▢▢▢▢▢▢，▢▢▢▢▢，8. ▢▢▢▢▢▢▢▢。▢▢▢▢▢▢▢▢ 9. ▢[1]，▢▢▢▢▢▢▢▢▢▢，▢▢ 10. ▢▢▢▢▢[2] ▢▢▢▢，▢▢▢▢▢，11. ▢▢▢▢▢▢，▢▢▢▢▢▢▢▢ 12. ▢▢。▢▢▢▢，▢▢▢▢▢？▢▢ 13. ▢▢▢▢▢。[3]（▢▢）▢▢▢▢▢▢▢▢▢▢。[4] 14. ▢▢▢▢▢▢▢▢▢▢▢▢▢[5]；15. ▢▢▢▢▢▢▢▢▢▢▢▢▢；▢ 16. ▢▢▢▢▢▢▢▢▢▢▢▢▢▢；17. ▢▢▢▢▢▢▢▢▢▢▢▢▢▢▢ 18. ▢▢▢；▢▢▢▢▢▢▢▢▢▢▢ 19. ▢▢▢▢▢▢；▢▢▢▢▢▢▢ 20. ▢▢▢▢▢▢▢[6] ▢▢▢▢▢▢。▢ 21. ▢▢▢▢▢▢▢▢▢▢▢▢▢[7]。▢▢ 22. ▢▢▢▢▢▢▢。▢▢▢▢▢▢ 23. ▢▢▢。▢▢▢▢▢▢▢▢▢。24. ▢▢▢▢▢▢▢▢▢▢。▢▢▢▢ 25. ▢▢▢▢▢。▢▢▢▢▢▢▢▢▢ 26. ▢。▢▢▢▢▢▢▢、▢▢▢▢▢

对译：7. 今日道场业同大众[菩提]心发者 8. 必须想起以先缘亲〈〉系念之时 9. 观己父母师长眷属〈〉念又饿 10. 鬼地狱饿鬼畜生〈〉念又诸天诸仙 11. 善神一切〈〉念又人道人类一切 12.〈〉念苦受有者何云救当见复喻 13. 以同加摄受某甲等〈〉愿随艰苦救能 14. 若一众生〈〉观竟二众生〈〉观应 15. 二

众生〈〉观竟三众生〈〉观应三 16. 众生〈〉观竟一室满众生〈〉观应 17. 一室满
众生〈〉观竟一[由旬]满众生 18.〈〉观应一[由旬]满众生〈〉观竟[阎浮
19. 提]众生〈〉观应[阎浮提]满众生 20.〈〉观竟三河圆满众生〈〉观应是
21. 如渐广乃至十方世界皆观东方 22. 众生尽我〈〉父是西方众生尽我 23.〈〉
母是南方众生悉我〈〉兄是 24. 北方众生悉我〈〉弟是方下众生 25. 悉我〈〉姊
妹是方上众生悉我〈〉师长 26. 是其余四维悉沙门[婆罗]门等是

（中缺）

俄藏本①：1. 𗼻𗼻[8]、𗼻𗼻𗼻𗼻𗼻、𗼻𗼻𗼻𗼻𗼻，𗼻 2. 𗼻𗼻𗼻。（𗼻𗼻）
𗼻𗼻𗼻𗼻𗼻𗼻𗼻𗼻𗼻𗼻𗼻，3. 𗼻𗼻𗼻𗼻𗼻，𗼻𗼻𗼻𗼻𗼻，𗼻𗼻𗼻[9] 4. 𗼻𗼻。𗼻
𗼻𗼻𗼻、𗼻𗼻𗼻𗼻𗼻𗼻、𗼻 5. 𗼻𗼻𗼻𗼻𗼻𗼻𗼻𗼻𗼻𗼻𗼻𗼻𗼻。𗼻6. 𗼻𗼻𗼻𗼻
𗼻𗼻𗼻𗼻𗼻𗼻、𗼻𗼻 7. 𗼻𗼻、𗼻𗼻𗼻𗼻𗼻𗼻𗼻𗼻𗼻𗼻𗼻𗼻8. 𗼻𗼻𗼻。𗼻𗼻
𗼻𗼻（𗼻𗼻）𗼻𗼻𗼻𗼻𗼻𗼻 9. 𗼻，𗼻𗼻𗼻𗼻𗼻𗼻𗼻𗼻𗼻𗼻𗼻𗼻 10. 𗼻𗼻。𗼻𗼻𗼻
𗼻𗼻𗼻𗼻𗼻𗼻，𗼻𗼻 11. 𗼻𗼻𗼻𗼻𗼻，𗼻𗼻𗼻𗼻𗼻𗼻𗼻𗼻𗼻，12. 𗼻𗼻𗼻𗼻[10]
𗼻𗼻𗼻𗼻𗼻𗼻𗼻𗼻。𗼻 13. 𗼻𗼻𗼻𗼻𗼻[11]𗼻𗼻𗼻𗼻𗼻，𗼻𗼻𗼻14. 𗼻，𗼻𗼻
𗼻𗼻𗼻𗼻[12]𗼻𗼻𗼻𗼻𗼻𗼻𗼻 15. 𗼻𗼻𗼻。𗼻𗼻𗼻𗼻𗼻𗼻𗼻𗼻，𗼻𗼻 16. 𗼻𗼻。
𗼻𗼻𗼻𗼻，𗼻𗼻𗼻𗼻（𗼻𗼻𗼻𗼻）[13]。

对译：1. 度心一切覆护心诸心佛与等[菩 2. 提]心发某甲等今日从去至
坐道场 3. 人天心不著声闻心不起独觉心 4. 不起唯大乘心一切种智求心[阿
5. 耨多罗三藐三菩提]成就心起唯 6. 愿十方虚空界尽诸佛一切大地 7. 菩萨
圣人一切本愿力以现我〈〉8. 证为慈悲力以某甲等〈〉加助摄 9. 受今日心发所
生于处坚固不 10. 退令若三恶途及八难中堕三界 11. 中种种身受种种苦受忍
难堪难 12. 此苦受亦今日大心誓不退失宁 13. 于[阿鼻]地狱内大火轮中种种
苦 14. 受及〈〉我苦此受亦今日大心誓 15. 不退失此心此愿诸佛心等同诸 16.
佛愿重复至诚三宝顶礼一次礼拜

意译、注释（俄藏本）

今日道场同业大众，发菩提心必须起想先缘。视亲系念之时，念已父母

---

① 据汉文本，此前还上接相关应有经文。俄藏本此页叶面上角有书名略称"𗼻𗼻"（慈
悲）和卷目叶码"𗼻"（二）"𗼻"（三），似表明该版本没有翻译与之上接的相关汉文经文。

师长眷属，又念地狱饿鬼畜生，又念诸天诸仙一切善神，又念人道一切人类。有受苦者，当云何见救？复喻以同加摄受。(某甲)等随愿能救艰苦。

若观一众生竟应观二众生；观二众生竟应观三众生；观三众生竟应观满一室众生。观一室满众生竟应观满一由旬众生；观一由旬满众生竟应观满阎浮提众生；观阎浮提众生竟应观圆满三河。如是渐广，乃至皆观十方世界。见东方众生，尽是其父。西方众生，尽是其母。南方众生，悉是其兄。北方众生，悉是其弟。下方众生，悉是姊妹。上方众生，悉是师长。其余四维悉是沙门、婆罗门等。见已作念。若受苦。时自作我想。诣诸人所调身按摩誓拔其苦。得解脱已为其说法。赞佛赞法赞菩萨众。作是赞已心生欢喜。见其受乐如己无异今日道场同业大众。发菩提心。应当如是不舍于苦而度众生。相与人人等一痛切。五体投地心念口言。作是誓愿。(某甲)等从今日去乃至道场。于其中间在所生处。值善知识。常发无上菩提之心。若在三途及堕八难。常使忆念发菩提心。令菩提心相续不断（一拜）。

今日道场同业大众。当起勇猛之心殷重誓愿发菩提心。等一痛切五体投地归依世间大慈悲父。

南无弥勒佛　南无释迦牟尼佛　南无勇施佛　南无清净佛　南无清净施佛　南无娑留那佛　南无水天佛　南无坚德佛　南无旃檀功德佛　南无无量菊光佛　南无光德佛　南无无忧德佛　南无那罗延佛　南无功德华佛　南无坚勇精进菩萨　南无金刚慧菩萨　南无无边身菩萨　南无观世音菩萨

又复归依十方尽虚空界一切三宝。(某甲)等今于十方一切三宝前。发菩提心。从今已去乃至道场。行菩萨道誓不退还。恒作度脱众生心。恒作安立众生心。恒作覆护众生心。众生不得佛者。誓不先取正觉。仰愿十方一切诸佛。大地菩萨一切贤圣。现为我证。令(某甲)等一切行愿皆悉成就。

今日道场同业大众。设使历劫行多种善。乃得人天华报。未得出世实果。寿终福尽还堕恶趣。身坏苦逼不能自免。自非立弘誓愿发广大心。无由永离生死衰恼。相与今日唯当缘念诸佛。起坚固志发菩提心。发心功德不可称量。诸佛菩萨说不能尽。如是善力不可思议。岂得不至心学在一意。大集经言。譬如百年闇室一灯能破。勿谓一念心轻而不努力。相与胡跪一心。合掌遍缘十方一切三宝。心念口言。(某甲)等今于十方一切诸佛前。于十方一切尊法前。于十方一切菩萨前。于十方一切贤圣前。胡跪合掌直心正念起殷重心。不放逸心。安住心。乐善心。度一切心、覆护一切心、等诸佛心、发菩提心。(某甲)等从今日去至坐道场，不著人天心，不起声闻心，不起独觉心。唯起大乘心、求一切种智心、成就阿耨多罗三藐三菩提心。唯愿十方尽虚空界一切诸佛、大地菩萨、一切圣人以本愿力现为我证。以慈悲力加助摄受，令（某甲）等今日发心在所生处，坚固不退。若在三途及堕八难，于三界中受种种身，受种种苦难堪难忍，亦誓不以此苦受退失今日大心。宁入阿鼻地狱大火轮中受种种苦，亦誓不以我受此苦退失今日大心。此心此愿等诸佛心，同诸佛愿。重复至诚，顶礼三宝（一次礼拜）。【参见《大正藏》[0928b10—0929a16]】

［1］□□□□□□□：视亲系念之时，《大正藏》作"所亲系念之时"。□□，在此对应"之时"，在卷五（图版第 311 页第 9 行）又对应汉文"将欲"。

［2］□□□□□□：饿鬼地狱饿鬼，《大正藏》作"地狱饿鬼"。

［3］□□□□□□□：复喻以同加摄受，《大正藏》作"见已起想应作是念"。

［4］（□□）□□□□□□□□：(某甲)等随愿能救艰苦，《大正藏》作"唯有大心能拔彼苦"。"□"（艰），底本下右部笔画模糊，据文意和笔画推论。

［5］□□□□□□□□□□□□□□：若观一众生竟应观二众生，《大正藏》作"若一想成应作二想"。□，字面意为"观"，汉文本作"想"。□，字面意为"竟"，汉文本作"成"。下同。

［6］□□□□：圆满三河，《大正藏》作"已满三天下"。三河，泛指全国的江河，代指天下。

［7］□□□□□□□：乃至皆观十方世界，《大正藏》作"满十方界"。

［8］□□：字面意为"度心"。由于底本文字前脱，据汉文本和卷一、卷九（图版分别为第 107 页第 2 行、第 87 页第 9 行）相同词语，似应补为"□□□□"（度一切心）。按西夏语文法应为"□□□□"。

［9］□□□：独觉心，《大正藏》作"辟支佛心"。辟支，又作"贝支迦"，即"辟支迦佛陀"的梵语之音译简称，意译则作"缘觉、独觉"。

下同。

　　[10]"𗏁𗋽𗴫𗰟……"："亦……受此苦"，《大正藏》作"誓不以苦故……"。

　　[11]𗇋𗘚𘂣𗈁：阿鼻地狱，《大正藏》作"无间"。

　　[12]𗵒𗵃𘜶𗋽𗏁𗴫：我受此苦，《大正藏》作"誓不以苦。故……"。𗵒𗵃，虚词，可不译。

　　[13]𘟣𗰗𗧘𗎫："一次礼拜"或者"一拜"。此为写本后补内容。《大正藏》所用甲本（元刊本）有句。

录文、对译（俄藏本）

　　俄藏本：17.（𗹙𗤳）𘃡𗆀𘟣𗧇𗤋𘃋𘟙𗉋𘕿，𗘂𗫡𗶷𘂆。18. 𗫡𗊲𗊲𘗠𘚝，𘎑𗉻𘊝𗵒𗫡𗊲𘂆19. 𘂆。𗏼𗜓𗴲𘜶，𘏒𗋽𗴲𗥩，𘘥𘕿𗈪𘜞20. 𘜞，𗴲𘏙𘃥𗉩。（𗹙𗤳）𘃡𗌏𗣫𘓋𗥩𗉳𗴻21. 𘜞𗉻𘗣，𘟙𗉋𗫡𗥩𗥩𘃤𗭪𗴻𘄄𗥪22. 𘜥𘚩𗴻𗣫。𗆀𘟣𗧇𗤋𘃋𘟙𗉋，𘜶23. 𘄄𗠁𘜘𘟙𗉋𗫡𗥩𗥩𘃤𗺌𘊟𘜘[1]，𗵒𗘔24. 𗊛𘟙𗤁𗕥𗕥[2]𘈈。𘟙𗉋𗭉𗵒𗉡[3]𗧒𗇃25. 𗴖𗚔𘈐𗏞𗏤𗨖，（𗹙𗤳）𘃡𘏒𘞵𗵒𘂆𗭼，26.（空格）

　　对译：17. 某甲等今日已去至于佛成二法不舍18. 法一切空知十方众生一切不19. 舍相与心至痛切心等五体地20. 投心念口言某甲等自身为无上[菩21. 提]不求众生一切〈〉救济为故无22. 上[菩提]取今日从去至于佛成无23. 量边无众生一切〈〉荷负为大慈24. 悲起未来世尽众生若三恶罪重25. 六趣厄难有时某甲等誓众苦不避

　　俄藏本：1. 𗣫𗵒𘚔𗆀，𘟙𗉋𗲢𗹙𗆴𗧘。𘀄𘏒𘜥2. 𘚝𗘺𗆴𘂆𘈈𘘥𘃋𗥩�3. 𘃤𗺌𘂅。𘃥𗹙𗌏𗶷𘃋！𘃥𗹙𘗠𘜈𘝊𗹧𘃋！4. 𘃥𗹙𗵒𘑇𘜈𘗁𘈐𘚐𘃋！5. 𘃥𗹙𗊲𗘂𘃋！𘃥𗹙𘕿𘔼𘕥𗊲𘔱𘃋！6. 𘃥𗹙𗏁𘘥𘜶𗳕𘃋！7. 𘃥𗹙𘃤𘟣[5]𗊲𘔱𘃋！𘃥𗹙𘄄𘄄𘃤𘟣𘃋！8. 𘃥𗹙𘄄𘄄𘈈𘎑𘈐𘕥𗳕�}！9. �}𗹙𗰗𗊲𗺌�！�}𗹙𘔼�}𗺌�！10. �}𗹙𗴲𘈜𘈐𗕥𗊲𘔱�！11. �}𗹙𘄄𘕕𘂆𘟙�}！�}�{𘞵𘏒�{�}！12. �}�}𗌏�{�}�{�}！�}�}𘝊𗍀𘄄�{�}！13. 𘏒𗣫𗘔𗊛𗴫𗵒𘘥�}�{�}𘏙𗀓。（�}�}）�}14. �}�}�}�}�}�}�}�{�{，�}�}�}15. �}[6]�}�}�}�{，�}�}�}[7]�}�}�}�}�{。16. �}�}�}�}，�}�}�}�}，�}�}�}�}�}�}17. �}�}�}

（𗹟𗹟𘃽𗆟）。18.（𗏁𗦂）𗗙𘛧𗿉𗆞𗰖𗿒𗾈𗆀𗥼�，𗂈𘜶 19. 𘕿𗩱𗙏𗙏𗢤𗅢𗈪𘕎𗾒𗪢𗆀𗥼�，20. 𗤁𗷝𗦺𘄒𗺌𗥥𘕿𘜶。𗙩𘕿𗩱𗦺𘈷 21. 𗆀𗙈、𗂸𗫂𗆀𘍰𗅁𗁬𘉒𗍑𗤴𗱒，𗥼 22. 𘕿𗩱𘙟𗶼𗆀𗁬𘝯𗚩𘛧𗈪，𗗟𘕛𘈐 23. 𘕿𗩱𘄒𗈪𘍞𗷖𗂮。（𗏁𗦂）𗗙𘝗𗁬𗈪、𘍎𗈪、𗆀 24. 𗂛𗈪𘟙，𗗙𗗙𗄭𗗙𗤴𗁬�$\langle$$\rangle$，� 25. 𘕿𗩱𗙏𗙏𗗙𗄭、𘈷𗷾𘜶�。𗌋26. 𘕎𗁬𗩱，𘍰𘜶𗁬𘅍，𗹟𘙟𗵖𗂮，𗂈𘜶

对译：1. 身以救护众生安隐得令唯愿十2. 方虚空界尽诸佛一切〈 〉依归3. ［南无］［弥勒］佛［南无］［释迦牟尼］佛4. ［南无］花莲光游戏神通佛5. ［南无］德念佛［南无］善名称德功佛6. ［南无］焰红幢王佛7. ［南无］游步德功佛［南无］宝华游步佛8. ［南无］宝华莲善住［娑罗］树王佛9. ［南无］斗战胜佛［南无］善游步佛10. ［南无］周匝庄严德功佛11. ［南无］阴盖弃菩萨［南无］根寂菩萨12. ［南无］身边无菩萨［南无］世音观菩萨13. 愿大慈悲力以现我〈 〉证为某甲等14. 今日［菩提］心发菩萨道行所生处15. 各具足成就到往处各一切解脱使16. 重复心诚五体地投十方三宝一切17. 〈 〉顶礼一次礼拜18. 某甲等不自身为无上［菩提］求十方19. 众生一切〈 〉度为方无上［菩提］取20. 今日从去至于佛成若众生愚痴21. 黑暗正法不识诸异见起者有复22. 众生道行虽修法相不达复此如23. 众生乃至未来某甲等誓佛力法力贤24. 圣力以种种方便以佛慧入令此25. 众生〈 〉一切种智具足成就令悉26. 相与心至痛切心等五体地投十方

俄藏本：1. 𗣼𘓍𗶼𘋠𗹟𘋠𗙏𗙏𘄒𘟙𗵖。2. 𗆀𗤴𗄬𗣲𘋠！𗆀𗤴𘜶𘛧𘑗�𘋠！3. 𗆀𗤴𗈪�𘋠！𗆀𗤴𗈪𘌍𘋠！4. 𗆀𗤴𗈪𗬠𘋠！5. 𗆀𗤴𘏚�𗹊𗆁𘍰𗥑𘗰𘋠！6. 𗆀𗤴𘍰𘍰𘕎�𘋠！𗆀𗤴�𘓄𗆰𘋠！7. 𗆀𗤴𘋚𘔪𗶼�𘓄𗤴𘔯𘋠！8. 𗆀𗤴𗶼𘋠𗙏𗙏𗵖𘔯𗈪𘕎𗷼𘋠！9. 𗆀𗤴�𘓄𗆰��𘋠！10. 𗆀𗤴𘘃𘘃𘌍𘋠！𗆀𗤴𗱤𗂸�𘌍𘋠！11. 𗆀𗤴𘎑𗜓𘝯𗗙𘎧�𗈪𗤴𘋠！12. 𗆀𗤴𗄬𗈪[8]𘑗𗵖𗊲𘕎𘋠！13. 𗆀𗤴𗄬𗙩�𘋠！𗆀𗤴𘝗𗈪𗇋𘋠！14. 𗆀𗤴𘝗𗙩𘋠！15. �a𗤴𗱤𗈪𘕿𗈪！�a𗤴𘏚𗶼𘜶𘕿𗈪！16. �a𗤴𗯿𗠣𗷖𘕿𗈪！�a𗤴𗹟𘞪𗺌𘕿𗈪！17. 𗈪𘍰𗶼𘋠、𗹟𗥑𘕿𗈪𗥥𗷝𗷝𗈪、𗥥 18. �™𗱤𗈪、𗹟𘙟𗇋𗈪、�a𘎓𗣲𗄭�，𘊟 19. 𗍑𘔷𗣶�、𗹟𗿉�°𗆟�、𗹟𘝗𗵃𗴘 20. �、�a𘎓𘔯𘈷[9]�𘘒�、��󠄁𘘀𗵉𗆀 21. 𗼀�、��󠄁𘂩�𗯿�a𗼀�、��󠄁𘔯 22. �°�a𘖖�、��󠄁𘕿𗩱𘙟𘑗�、��󠄁 23. 𘕉𗩱𗤴𗙩�、��󠄁𘕿𗩱�—𘕿�、�a24. �󠄁�Ⅱ𘔷𘔘�™�、��󠄁�Ⅱ𗷸𘕉𘈵�、25. ��󠄁[10]�Ⅱ𗤴𗥑𘕘�、��󠄁𗷉𘕻𗥑𘞨 26. �、��󠄁��a𘟙��™�、��󠄁

鏺蕤[11]

对译：1. 虚空界尽诸佛一切〈〉依归2.［南无］［弥勒］佛［南无］［释迦牟尼］佛3.［南无］普光佛［南无］普明佛4.［南无］普净佛5.［南无］［多摩罗跋］［旃檀］香佛6.［南无］［跋旃檀］光佛［南无］［摩尼］幢佛7.［南无］欢喜藏［摩尼］宝积佛8.［南无］世间一切见乐上大进精佛9.［南无］［摩尼］幢灯光佛10.［南无］慧炬照佛［南无］海德光明佛11.［南无］金刚牢强金光普散佛12.［南无］大力进精勇猛佛13.［南无］大悲光佛［南无］慈力王佛14.［南无］慈藏佛15.［南无］慧上菩萨［南无］世常不离菩萨16.［南无］身边无菩萨［南无］世音观菩萨17. 仰愿诸佛诸大菩萨大慈悲力大18. 智慧力思议不力无量自在力四19. 魔降伏力五盖断除力诸烦恼灭20. 力无量罪垢清净力无量观智开21. 发力无量漏无慧开发力无量边22. 无神通力无量众生度脱力无量23. 众生覆护力无量众生安隐力无24. 量苦恼断除力无量地狱解脱力25. 无量饿鬼济度力无量畜生救拔26. 力无量［阿修罗］摄化力无量人道

（后缺）

意译、注释（俄藏本）

（某甲）等从今已去至于成佛，不舍二法。知一切法空，不舍十方一切众生。相与至心，等一痛切，五体投地，心念口言。（某甲）等不为自身求无上菩提，为救济一切众生故取无上菩提。从今去至于成佛，为荷负无量无边一切众生，起大慈悲尽未来世。众生若有三恶重罪六趣厄难，（某甲）等誓不避众苦以身救护，令此众生得安隐。唯愿归依十方尽虚空界一切诸佛。

南无弥勒佛！南无释迦牟尼佛！南无莲华光游戏神通佛！南无财功德佛！南无德念佛！南无善名称功德佛！南无红焰幢王佛！南无游步功德佛！南无宝华游步佛！南无宝莲华善住娑罗树王佛！南无斗战胜佛！南无善游步佛！南无周匝庄严功德佛！南无弃阴盖菩萨！南无寂根菩萨！南无无边身菩萨！南无观世音菩萨！

愿以大慈悲力现为我证，令（某甲）等今日发菩提心行菩萨道，所生各处具足成就，到往各处一切解脱。重复至诚，五体投地，顶礼十方一切三宝（一拜）。

（某甲）等不为自身求无上菩提，为度十方一切众生方取无上菩提，从今已去至于成佛。若有众生愚痴黑暗、不识正法起诸异见者，复众生虽修道行、不达法相者，复如此众生乃至未来。（某甲）等誓以佛力、法力、贤圣力种种方便令入佛慧，令此众生具足成就一切种智。相与至心，等痛切，五体投地，归依十方尽虚空界一切诸佛。

南无弥勒佛！南无释迦牟尼佛！南无普光佛！南无普明佛！南无普净佛！南无多摩罗跋旃檀香佛！南无旃檀光佛！南无摩尼幢佛！南无欢喜藏摩尼宝积佛！南无一切世间乐见上大精进佛！南无摩尼幢灯光佛！南无慧炬照佛！南无海德光明佛！南无金刚牢强普散金光佛！南无大力精进勇猛佛！南无大悲光佛！南无慈力王佛！南无慈藏佛！南无慧上菩萨！南无常不离世菩萨！南无无边身菩萨！南无观世音菩萨！

仰愿诸佛、诸大菩萨大慈悲力、大智慧力、不思议力、无量自在力、降伏四魔力、断除五盖力、灭诸烦恼力、无量清净罪垢力、无量开发观智力、无量开发无漏慧力、无量无边神通力、无量度脱众生力、无量覆护众生力、无量安隐众生力、无量断除苦恼力、无量解脱地狱力、无量济度饿鬼力、无量救拔畜生力、无量摄化阿修罗力、无量摄受人道力、无量尽诸天诸仙漏力。具足庄严十地力。具足庄严净土力。具足庄严道场力。具足庄严佛果功德力。具足庄严佛果智慧力。具足庄严法身力。具足庄严无上菩提力。具足庄严大涅槃力。无量无尽功德力。无量无尽智慧力。以如是无量无边自在不可思议力。不违本誓不违本愿。悉以施与十方一切四生六道及今日同发心者。必使皆得发心圆满具足成就诸功德力。具足成就菩提愿力。具足成就菩提行力。今日十方若幽若显。若怨若亲若非怨亲。四生六道有缘无缘。穷未来际一切众生。以此忏法永得清净。在所生处同得如愿。一向坚固心无退转。等与如来俱成正觉。乃至后流一切众生异于愿界。皆悉令入大愿海中。即得成就功德智慧。同诸菩萨满十地行。具足一切种智庄严无上菩提。究竟解脱（一拜）。【参见《大正藏》[0929a17—0929c24]】

[1] 𗱆：为，《大正藏》作"誓当"。
[2] 𗼕𗰱𗼕：未来世，《大正藏》作"未来际"。下同。
[3] 𗦻𗥤：三恶，《大正藏》作"三途"。下同。
[4] 𗆧𗸍：安隐，《大正藏》作"安隐地"。

［5］𗏰𗵆：游步，《大正藏》作"善游步"。

［6］𗏆𗗟𗆻𗦲：所生各处，《大正藏》作"在所生处"。

［7］𗬩𗆢𗆻𗦲：到往各处，即《大正藏》作"所到之地"。

［8］𗉝𗆐：大力，《大正藏》作"大强"。

［9］𗌭𗉥：罪垢，《大正藏》作"业尘"。

［10］𗆐𗖵：无量，写本原颠倒，今乙正。

［11］"𗆐𗖵𗹬𗏁……"："无量……人道"。此 4 字之下底本原缺，据汉文意和西夏语法，补充完整应为"𗆐𗖵𗹬𗏁𗴈𗾕𗿒"（无量摄受人道力）。

录文、对译（俄藏本）

𗗙𗖵𗾖𗵃[1]

对译：愿发五第

（前缺）

俄藏本①：15. 𗆐𗦲 𗫂𗵘𗌭𗆫𗏆𗵆𗆴𗹾𗐯，𗬩𗖵𗄿𗦺[2]。16. 𗠁𗟀𗰖𗦎，𗌭𗆐𗳸𗐯𗷅𗬩𗥃 17. 𗉝。𗏱𗆫𗄼𗵘，𗗙𗪛𗀔𗋽，𗾖𗺉𗆴𗑱，𗏤18. 𗥃𗆐𗼇𗆴𗷅𗾔𗵘。19. 𗦳𗫂𗆑𗗟𗋽！𗦳𗫂𗺉𗴺� 𗵫𗋽20.② 𗦳𗫂𗾙𗏕𗵫𗋽！21. 𗦳𗫂𗵧𗗟𗰖𗆫𗌟𗹾𗋽！22. 𗦳𗫂𗏆𗡞𗤶𗹾𗋽！𗦳𗫂𗷅𗰖𗵫𗋽！23. 𗦳𗫂𗷅𗰖𗄯𗵫𗋽！𗦳𗫂𗽃𗍌𗵘𗹾𗋽！24. 𗦳𗫂𗗙𗷅𗒆𗀔𗾕𗬩𗹾𗋽！25. 𗦳𗫂𗵘𗟀𗆫𗋽！𗦳𗫂𗬩𗵫𗉝𗋽！26. 𗦳𗫂𗏤𗴺𗰖𗋽！𗦳𗫂𗽃𗉝𗴺𗹾𗋽！

对译：15. 处处四碍无智得六神通具恒现前在 16. 常不失忘此以众生一切〈 〉教 17. 化相与心至痛切心等五体地投世 18. 间大慈悲主〈 〉依归19.［南无］［弥勒］佛［南无］［释迦牟尼］佛 20.［南无］世净光佛 21.［南无］善寂月音妙尊智王佛 22.［南无］龙种上尊王佛［南无］日月光佛 23.［南无］日月珠光佛［南无］慧幡胜王佛 24.［南无］师子吼自在力王佛 25.［南无］胜妙音佛［南无］常光幢佛 26.［南无］世灯观佛［南无］慧威灯王佛

---

① 本页俄藏本第 1—14 行，为粘连并覆盖原叶的其他非本经内容。第 15 行仅剩余原文两字，其下部也为粘连部分遮盖。

② 俄藏本 20—26 行，又见格林斯蒂德《西夏文大藏经》2226 页下栏第 1—7 行。

俄藏本①：1. [illegible]！[illegible]！2. [illegible]！3. [illegible]！4. [illegible]！[illegible]！5. [illegible]！6. [illegible]！7. [illegible]！[illegible]！8. [illegible]！9. [illegible]！10. [illegible][3][illegible]！[illegible]！11. [illegible]！[illegible]！12. [illegible]，[illegible] 13. [illegible]，[illegible]、[illegible]、[illegible] 14. [illegible]。([illegible])[illegible] 15. [illegible]。([illegible]) 16. [illegible]，[illegible] 17. [illegible][4]，[illegible] 18. [illegible]。[illegible]，[illegible] 19. [illegible]，[illegible][5][illegible]。[illegible] 20. [illegible]、[illegible]、[illegible][6][illegible]、21. [illegible]、[illegible][7][illegible]。([illegible])[illegible] 22. [illegible]，[illegible] 23. [illegible] 24. [illegible]，[illegible]，[illegible] 25. [illegible]，[illegible] 26. [illegible]。([illegible])[illegible]，[illegible]

对译：1. [南无]法胜王佛[南无][须弥]光佛 2. [南无][须曼那]华光佛 3. [南无][优昙钵罗]华胜殊佛 4. [南无]大慧力王佛[南无][阿閦毘]欢喜光佛 5. [南无]无量音声王佛 6. [南无]山海慧自在通王佛 7. [南无]大通光佛[南无]才光佛 8. [南无]金海光佛 9. [南无]法一切常满王佛 10. [南无]大势力菩萨[南无]普贤菩萨 11. [南无]身边无菩萨[南无]世音观菩萨 12. 又复是如十方虚空界尽三宝13. 一切〈〉依归愿诸佛诸大菩萨贤圣 14. 一切〈〉大悲心力承某甲等〈〉誓愿 15. 所发者所生处处心随自在令某甲 16. 等今日从去又复世世生生所在17. 处处若众生我色身见时即解 18. 脱〈〉得若地狱内入地狱一切变 19. 净土为苦器变乐具为诸 20. 众生六根清净身心安乐三禅乐如 21. 诸疑网断初漏无智发令某甲等今 22. 日从去愿世世生生所在处处 23. 若众生我声闻时心即安隐罪垢 24. 灭除[陀罗尼]解脱[三昧]得大忍具 25. 足辩才变不断俱法云登正等觉〈〉26. 成某甲等今日从去愿世世生生所

① 俄藏本第 1—11 行，又见格林斯蒂德《西夏文大藏经》2226 页下栏第 8—18 行；12—26 行，又见格林斯蒂德《西夏文大藏经》2226 页上栏第 1—14 行第 11 字。

俄藏本：1.① 绖毅死，糒虪祔祔绲絤藗潹，虎虎 2. 絴㻌霂骹绒絖。虆散皴薉㞸绖，絥 3. 叚綧蒻。虆慭朡綝绖，庞絥霂瓨，蓆 4. 死[8]鼏绚慨絾蒅絾。(祝绪) 靯祂绬耗㿎，5. 毓敿敿㫜㫜虦绖毅死，糒祔祔 6. 耗厁祾绬毅[9]、狝肂絖绖。敿㣋佷綝，7. 虦絤觬绖[10]。敿禩輚劣，毅㧸鼏㼫，祔 8. 祔祾㴵刐絥绱㧱。(祝绪) 靯祂绬耗㿎，9. 毓敿敿㫜虦绖毅死，糒祔祔 10. 耗絴㬠絤毅虒藗绱㧱。皴磪慨蒅 11. 狝肂慨虤[11]，毲敿[12]絴谎絴敿羡㣳，祾 12. 綀㻏㿎祾蓆綀㣳，糒虪毅㺪庞絥 13. 庞㹨。[13]祾霂绖耗㿎[14]㬠㫜蒅瓨。虎㹢絤 14. 絴绖，毦㻏絴㻾，庞薉綀祾，蓆㿎敿15. 㧸鼏㴵祔㣳绗。16. 毅靲薮㻾絴！毅靲薉㿥敿荒絴！17. 毅靲敿𥜽絴！毅靲敿觬絴[15]！18. 毅靲敿蒚絴！毅靲敿㿥絴！19. 毅靲敿毲羡絴！毅靲敿㿥㣳絴！20. 毅靲㿥䓃絴！毅靲敿㿥㣳絴！21. 毅靲毲峰荒絴！毅靲敿絤绗絴！22. 毅靲敿磪荒㻾絴！毅靲絤佷荒絴！23. 毅靲祾死绖絴！毅靲㺪荒絴！24. 毅靲絤绗死绖絴！毅靲㺪㿥絴！25. 毅靲㣳绖㿥絴！毅靲祾㿥絴！26. 毅靲蔎蘷䓖糒绒！毅靲虒藗䓖糒绒！

对译：1. 在处处众生一切我名闻时皆悉 2. 欢喜有未曾得若三恶途内到众 3. 苦断除若人天中在诸漏有尽往 4. 处自在不解脱无某甲等今日从去 5. 愿世世生生所在处处众生一切 6. 于与夺平等怨亲想无三毒根断 7. 彼我相无大法信乐等慈悲行 8. 一切和合圣众犹如某甲等今日从去 9. 愿世世生生所在处处众生一切 10. 于心常平等虚空犹如毁誉不动 11. 怨亲不异广大心入佛智慧学十 12. 地行具子一地至众生等视[罗睺 13. 罗]如子有无于离常中道行相与 14. 心至痛切心等五体地投世间大 15. 慈悲主〈 〉依归 16. [南无][弥勒]佛[南无][释迦牟尼]佛 17. [南无]宝海佛[南无]宝相佛 18. [南无]宝成佛[南无]宝光佛 19. [南无]宝幢幡佛[南无]宝光明佛 20. [南无][阿閦]佛[南无]大光明佛 21. [南无]无量音佛[南无]大名称佛 22. [南无]大安隐得佛[南无]正音声佛 23. [南无]净限无佛[南无]月音佛 24. [南无]名称限无佛[南无]月光佛 25. [南无]垢无光佛[南无]净光佛 26. [南无]金刚藏菩萨[南无]虚空藏菩萨

---

① 俄藏本第 1 行第 1 字—5 行第 6 字，又见格林斯蒂德《西夏文大藏经》2226 页上栏 14 行第 11 字—18 行第 14 字。

俄藏本：1. 𘚦𗗼𗢩𗼃𘊖𗉛𘜶！𘚦𗗼𗂪𗣼𘜶𗉛𘜶！2. 𗤁𗰚𘟣𗼃𗤓𗌭𗾟𗪟𗐯𗼪𘈖𘟄𗈪𘕿3. 𘕿𗸕𘜶𗾟。（𗓰𗼃）𘀇𘟣𗈪𗇳𗼭𗫂𗅋4. 𘃜𗴿𗉛𗁬𗇴，𗈪𗈧𗰖𗩾𘖑𗤰[16]𘝵𘝘5. 𗰜𗉛𘊖𘍯𗾞𗈪。𘜶𗉛𘝵𗔿，𘈓𘈷𗤁6. 𘝁。𘏒𘐆𘓼𘐆[17]𘉐𘈖𗤁𘝁。𘝴𘈷𗁬𘈖7. 𘇷𗀂𘝵𗤁。𘟣𗐯𘝵𗮂𘕤𗈪𗪙𘔼[18]。𗔭8. 𘀄𗸕𗸕𗼃𘊖𘖑𗤓𗉛。（𗓰𗼃）𘀇𗤁𗰚𗫂𗈪9. 𘔼𗰜𗉛𘊖𘍯𗾞𗈪。𘜶𗉛𗔿𗮂𘏭10. 𗥞[19]𗤓𘟣，𘌤𗈪𘙣𗂪𗈧𗾣𘓶𘈖𘝵11. �120121𗓰𘓶𗲬𘕤𘕨𘌯�〈12. 𘕿𘕿，𗤁𘑾𗉛𘕿。𘊖𗉛𘀇𗤁，𘕨𗾢𘂿13. 𘜶。�240𗊠𗙫，𗑱𗐯𘓶𘓶。𘜶𗉛𗸕𗈧14. 𘚋𗸄𗕟𗆷𘈀，𗓰𘍖�1𗢩𗥫�是𗏹𘈖。15.（𗓰���）𘀇𗤁𘈖𗉛𘜶𗗼𗤁𗟊，𗾟𗯼𗩾16. 𘜶𗉛𗸕𗰖𗫂𗈪𗤓𗀊。�1𗰚𗟊𗩾𗀊17. 𗅢𗴡𗰜𗼃�1，𘌤𗫂𘕿𘕿𘈖�18. 𘟄𘌤𘕤𘉅𗈪，𗲑𘙣𘈖�或𗮂𗆷𗈪。�2（𗓰����)𘀇�2 19. 𘟣�7𗵘𗜓𗈪𗵘𗺖，𘜶𗉛𘕿𘕿𗏹𗔿20. ��7��2�|21�2𘚋�7𗜓��7。𗈪�2𘞰�2𘕤21. ��，𗗉���、𘜶𗉛��、𗇐�22. ��𗿀���𗑱𘖑𗸕�𘖑��。23. �1𗰚𘟄𘞰��、𗟊�3[22]��、�𗇴24. ��、𘘭𗇴��𘀢�4𗿀�ъ𘞘�ɔ�4 25. �$𗰄𘀇，𗑱�ɔ���Ⱥ𗀊。�ɔ�Ɛ�㸿𘀇，26. �《�Ɛ�ъ�ɔ�《（��㢒�㼒）。

对译：1.[南无]身边无菩萨[南无]世音观菩萨 2. 又复是如十方虚空界尽三宝 3. 一切〈〉依归某甲等此刻忏悔愿发 4. 德功因缘以唯愿四生六道今日 5. 从去至于[菩提]菩萨道行疲厌无 6. 有法施财施穷尽无有智慧方便 7. 作者空不根随法说病应药授闻 8. 见一切同解脱〈〉得某甲等又复今 9. 日从去乃至[菩提]菩萨道行诸障 10. 碍〈〉无所到往处常大佛事作道 11. 场建立心自在得法自在得[三昧] 12. 一切不入者无总持门开佛果显 13. 示法云地居露甘注雨众生〈〉四 14. 种魔怨灭除清净法身妙果得使 15. 某甲等今日众愿发者悉十方诸大 16. 菩萨〈〉誓愿如〈〉为又复十方诸 17. 佛本于所发大愿一切如〈〉为 18. 广大法性如究竟虚空如愿某甲等愿 19. 随〈〉得[菩提]愿满众生一切亦皆 20. 悉此如愿如〈〉得仰愿十方诸佛 21. 一切尊法一切菩萨一切贤圣 22. 一切慈悲力以现我〈〉证为 23. 又复天主一切仙人一切善神 24. 一切龙神一切三宝〈〉拥护慈善 25. 根力以现我〈〉知者〈〉为诸行愿等 26. 意随自在令一遍礼拜

意译、注释（俄藏本）

发愿第五

今日道场同业大众。相与已得发大心竟。喜踊无量。宜复应发如是大愿。等一痛切五体投地。归依世间大慈悲父。

南无弥勒佛　南无释迦牟尼佛　南无旃檀窟庄严胜佛　南无贤善首佛　南无善意佛　南无广庄严王佛　南无金刚华佛　南无宝盖照空自在王佛　南无虚空宝华光佛　南无瑠璃庄严王佛　南无普现色身光佛　南无不动智光佛　南无降伏诸魔王佛　南无才光明佛　南无智慧胜佛　南无弥勒仙光佛　南无药王菩萨　南无药上菩萨　南无无边身菩萨　南无观世音菩萨

愿以不思议力同加覆护。令（某甲）等所有誓愿皆悉成就。在所生处常不忘失。究竟无上菩提。成等正觉（一拜）。各自心念口言。（某甲）等从今日去。愿生生世世在在处处。常得忆念发菩提心。令菩提心相续不断。（某甲）等从今日去。愿生生世世在在处处。常得奉值无量无边一切诸佛。常得供养。供养众具皆悉满足。（某甲）等从今日去。愿生生世世在在处处常。得护持大乘方等一切诸经。供养众具皆悉满足。（某甲）等从今日去。愿生生世世在在处处。常值十方无量无边一切菩萨。供养众具皆悉满足。（某甲）等从今日去。愿生生世世在在处处。常值十方无量无边一切贤圣。供养众具皆悉满足。（某甲）等从今日去。愿生生世世在在处处。常得奉报覆荫慈恩。有所奉给随心满足。（某甲）等从今日去。愿生生世世在在处处。常得奉值和尚阿阇梨。所应供养随念满足。（某甲）等从今日去。愿生生世世在在处处。常得奉值大力国王。共兴三宝使不断绝。（某甲）等从今日去。愿生生世世在在处处。常得庄严诸佛国土。无有三毒八难之名。（某甲）等从今日去。愿生生世世在在处处，得四无碍智具六神通，恒在现前。常不忘失，以此教化一切众生。相与至心，等痛切，五体投地，归依世间大慈悲主。

南无弥勒佛！南无释迦牟尼佛！南无世净光佛！南无善寂月音妙尊智王佛！南无龙种上尊王佛！南无日月光佛！南无日月珠光佛！南无慧幡胜王佛！南无师子吼自在力王佛！南无妙音胜佛！南无常光幢佛！南无观世灯

佛！南无慧威灯王佛！南无法胜王佛！南无须弥光佛！南无须曼那华光佛！
南无优昙钵罗华殊胜佛！南无大慧力王佛！南无阿閦毗欢喜光佛！南无无量
音声王佛！南无山海慧自在通王佛！南无大通光佛！南无才光佛！南无金海
光佛！南无一切法常满王佛！南无大势力菩萨！南无普贤菩萨！南无无边身
菩萨！南无观世音菩萨！

又复归依如是十方尽虚空界一切三宝，愿承诸佛、诸大菩萨、一切贤圣
大悲心力，令（某甲）等所发誓愿所生之处随心自在。

（某甲）等从今日去，又愿生生世世所在处处，若有众生，见我身色即
得解脱。若入地狱，一切地狱变为净土，一切苦器变为乐具。令诸众生六根
清净、身心安乐、如乐三禅、断诸疑网、发初无漏智。

（某甲）等从今日去，愿生生世世所在处处，若有众生，得闻我声心即
安隐灭除罪垢，得陀罗尼解脱三昧，具足大忍辩才不断，俱登法云成等
正觉。

（某甲）等从今日去，愿生生世世所在处处，一切众生得闻我名，皆悉
欢喜得未曾有。若到三恶途断除众苦，若在人天尽诸有漏，往处自在无不解
脱。（某甲）等从今日去，愿生生世世在在处处，于一切众生与夺平等，无有
怨亲之想。断三毒根离我我所，信乐大法等行慈悲，一切和合犹如圣众。

（某甲）等从今日去，愿生生世世所在处处，于一切众生心常平等犹如
虚空。毁誉不动怨亲不异，入广大心学佛智慧。等视众生如罗睺罗，具十地
行至一子地，离于有无子常行中道。相与至心，等痛切，五体投地，归依世
间大慈悲主。

南无弥勒佛！南无释迦牟尼佛！南无宝海佛！南无宝相佛！南无宝成
佛！南无宝光佛！南无宝幢幡佛！南无宝光明佛！南无阿閦佛！南无大光明
佛！南无无量音佛！南无大名称佛！南无得大安隐佛！南无正音声佛！南无
无限净佛！南无月音佛！南无无限名称佛！南无月光佛！南无无垢光佛！南
无净光佛！南无金刚藏菩萨！南无虚空藏菩萨！南无无边身菩萨！南无观世
音菩萨！

又复归依如是十方尽虚空界一切三宝。

愿（某甲）等以此刻忏悔发愿功德因缘，唯愿四生六道从今日去至于菩
提。行菩萨道无有疲厌，法施财施无有穷尽，智慧方便所作不空，随根说法

应病授药，一切见闻同得解脱。

　　（某甲）等又复从今日去乃至菩提，行菩萨道无诸障碍，所到之处常作大佛事。建立道场，得心自在，得法自在。一切三昧，无不能入。开总持门显示佛果。居法云地注甘露雨。灭除众生四种魔怨，使得清净法身妙果。

　　（某甲）等今日所发众愿，悉如十方诸大菩萨誓愿。又复如所发于十方诸佛本一切大愿，广大如法性，究竟如虚空。

　　愿（某甲）等得如所愿满菩提愿，一切众生亦皆悉如此得如所愿。仰愿十方一切诸佛、一切尊法、一切菩萨、一切贤圣以慈悲力现为我证。又复一切天主、一切仙人、一切善神、一切龙神以拥护三宝慈善根力现为证知。令诸行愿等，随意自在(一拜)。【参见《大正藏》［0929c25—0931a13］】

　　［1］𘟼𗦀𗣴𗟻：发愿第五，据卷一经文目录补充，见卷一（图版第101页第7行）。

　　［2］此处由于原本粘连被覆盖13字，据《大正藏》文意和西夏文语法应补为"𗤊𗏇𗧘𗪊𗵘𘃞𗼋𘈷𘜶，𗤋𗤋𘓿𗥃"（得四无碍智具六神通，恒在现前）。"𗤋"（恒）或为"𘊏"（恒）。

　　［3］𗤱𘃐𗖵：大势力，《大正藏》作"大势至"。下同。"𘃐𗖵"（势力），据卷三(图版第211页第1行)补。大势至，音译作"摩诃那钵"，意为"得大势、大势志、大精进"，或简称"势至、势志"。我国佛教界习称为"西方三圣"之一，象征智慧。《观无量寿经》云"以智慧光普照一切，令离三涂，得无上力，是故号此菩萨名大势至"。下同。

　　［4］𘃯𗥃𗤁𗷅：字面意为"所在处处"或"所在各处"，即《大正藏》作"在在处处"。下同。

　　［5］𘊶𘕖：苦器，《大正藏》作"苦缘"。

　　［6］𗤱𘄒𘃰：乐三禅，《大正藏》作"第三禅"。

　　［7］𗤋𗟻𗧘：无漏智，《大正藏》作"无漏"。

　　［8］𘉒𗷅：往处，即《大正藏》作"所向"。

　　［9］𘗘𗧘𘃯𗷅：与夺平等，《大正藏》作"无有与夺之心"。

　　［10］𘊏𘀘𗖌𗟻：彼我无相，《大正藏》作"离我我所"。无相，不具形体之意，"有相"的相对词。相对于有相是表示生灭流转的无常事物，无相则是指超越差别之相，绝对平等的境涯。无相又视为事象的真实状态，而与

“实相”同义。“离我我所”的“我”指人的主观意识。“我所”则指意识赖以存在的身体以及身体赖以存在的万事万物。“离我我所”即摒弃自我与外界事物之间的隔阂，以平等的态度对待自我和外界事物，是对“我”和“我所”持“不二”的认知态度。参阅孙尚勇《佛教文学十六讲》(陕西人民出版社 2012 年版，第 319 页)。我、我所：我即“自身”，我所，即身外之事物，执之为我所有。佛教认为，一切众生都是五蕴和合的产物，并没有一个恒常不变的实体或主宰者，故倡“人无我”；同样，自身之外的其他事物，也都是因缘凑合而成的，并不是恒常不变的实在，故倡“法无我”。参阅赖永海主编《维摩诘经》(中华书局 2010 年版，第 30 页)。

[11] [illegible]：不异，《大正藏》作“一相”。

[12] [illegible]：广大，即《大正藏》作“深广”。

[13] “[illegible]，[illegible]”：“具十地行至一子地，等视众生如罗睺罗”，《大正藏》作“等视众生如罗睺罗。满十住业得一子地”。十地，又作“十住”，是大乘佛教修行成就的十个阶段。一子地，“极爱一子地”的略称，指菩萨修行位五十二位中第四十一位的初地（欢喜地）。

[14] [illegible]：离于有无子，《大正藏》作“离于有无”。

[15] [illegible]：宝相佛，《大正藏》作“宝英佛”。宝相佛，即“宝相如来”。宝相，又译作“宝英”。

[16] “[illegible]，[illegible]”：“以此刻忏悔发愿功德因缘，唯愿四生六道”，同《大正藏》乙本作“以今忏悔发愿功德因缘愿四生六道”。

[17] [illegible]：法施财施，即《大正藏》作“财法二施”。

[18] [illegible]：随根说法应病授药，《大正藏》作“随根应病授以法药”。

[19] [illegible]：障碍，《大正藏》作“留难”。

[20] “[illegible]，[illegible]”：“又复如所发于十方诸佛本一切大愿”，《大正藏》作“所有众愿。悉如十方诸佛本时。所发一切大愿”。

[21] [illegible]：亦皆悉如此，即《大正藏》作“皆悉随从”。

［22］ 🈳🈳：仙人，《大正藏》作"仙主"。

录文、对译（俄藏本）

俄藏本：1. 🈳🈳🈳🈳🈳🈳2. 🈳🈳🈳🈳🈳🈳🈳🈳，🈳🈳🈳🈳，🈳3. 🈳🈳🈳🈳🈳，🈳🈳🈳🈳🈳🈳🈳。4. 🈳🈳🈳🈳，🈳🈳🈳🈳，🈳🈳🈳🈳，🈳5. 🈳🈳🈳🈳🈳🈳🈳🈳。6. 🈳🈳🈳🈳🈳！🈳🈳🈳🈳🈳🈳🈳！7. 🈳🈳🈳🈳🈳！🈳🈳🈳🈳🈳！8. 🈳🈳🈳🈳🈳🈳🈳！🈳🈳🈳🈳🈳！9. 🈳🈳🈳🈳🈳！🈳🈳🈳🈳🈳🈳！10. 🈳🈳🈳🈳🈳🈳！🈳🈳🈳🈳🈳！11. 🈳🈳🈳🈳🈳🈳！12. 🈳🈳🈳🈳🈳🈳🈳🈳🈳🈳！13. 🈳🈳🈳🈳！14. 🈳🈳🈳🈳🈳🈳🈳🈳🈳🈳[1]🈳🈳🈳15. 🈳🈳！16. 🈳🈳🈳🈳🈳🈳🈳！🈳🈳🈳🈳🈳🈳🈳🈳！17. 🈳🈳🈳🈳🈳🈳🈳🈳！🈳🈳🈳🈳🈳！18. 🈳🈳🈳🈳🈳🈳🈳！🈳🈳🈳🈳🈳🈳🈳🈳！19. 🈳🈳🈳🈳🈳🈳🈳🈳🈳🈳20. 🈳🈳。🈳🈳🈳🈳🈳，🈳🈳🈳🈳🈳🈳。21.（🈳🈳）🈳🈳🈳🈳🈳🈳🈳🈳🈳🈳、🈳🈳22. 🈳🈳🈳🈳🈳🈳🈳、🈳🈳🈳🈳🈳🈳🈳🈳23. 🈳🈳🈳🈳🈳🈳、🈳🈳🈳🈳🈳🈳24. 🈳[2]🈳🈳🈳🈳🈳🈳🈳🈳🈳。🈳🈳🈳25. 🈳🈳🈳🈳🈳，🈳🈳、🈳🈳🈳🈳🈳🈳[3]，26. 🈳🈳🈳🈳🈳🈳🈳🈳🈳🈳🈳🈳。🈳🈳🈳

对译：1. 回向心发六第2. 今日道场业同大众先［菩提］心又3. 大誓愿发竟次依回向心发应4. 相与心至痛切心等五体地投世5. 间大慈悲主〈〉依归6. ［南无］［弥勒］佛［南无］［释迦牟尼］佛7. ［南无］日光佛［南无］无量宝佛8. ［南无］花莲最尊佛［南无］身尊佛9. ［南无］金光佛［南无］梵自在王佛10. ［南无］金光明佛［南无］金海佛11. ［南无］龙自在王佛12. ［南无］香华一切自在王佛13. ［南无］树王佛14. ［南无］勇猛甲胄兵器持战斗弃15. 舍佛16. ［南无］珠光内丰佛［南无］无量香光明佛17. ［南无］［文殊师利］菩萨［南无］妙音菩萨18. ［南无］身边无菩萨［南无］世音观菩萨19. 又复十方虚空界尽三宝一切〈〉20. 依归愿慈悲力以现我〈〉明证为21. 某甲等愿过去所起善业一切现前22. 所起善业一切未来起当善业23. 一切以若多若少若轻若重悉四24. 生六道众生一切〈〉回施诸众生25. 〈〉皆道心得二乘三有〈〉回不向26. 同共无上［菩提］〈〉回向令又愿

俄藏本：1. 🈳🈳🈳🈳🈳🈳🈳🈳🈳、🈳🈳🈳🈳🈳2. 🈳、🈳🈳🈳🈳🈳🈳🈳🈳[4]🈳🈳🈳🈳，🈳3. 🈳🈳🈳🈳🈳🈳🈳，🈳🈳🈳🈳🈳🈳🈳4. 🈳🈳。🈳🈳🈳🈳🈳🈳🈳🈳

[illegible]，[illegible] 5. [illegible]，[illegible]，[illegible]，6. [illegible]，[illegible]。[illegible]、[illegible] 7. [illegible]、[illegible]、[illegible] 8. [illegible]。[illegible]，[illegible] 9. [illegible]（[illegible]）。（[illegible]）[illegible]，[illegible]，10. [illegible]。[illegible]，[illegible]，[illegible] 11. [illegible]：[illegible]、[illegible]、[illegible] 12. [illegible][5] [illegible]、[illegible]，[illegible] 13. [illegible]、[illegible]，[illegible][6] [illegible]、[illegible] 14. [illegible]、[illegible]、[illegible][7] [illegible]；[illegible] 15. [illegible]、[illegible]、[illegible][8] [illegible] 16. [illegible]、[illegible]，[illegible] 17. [illegible]。18. [illegible]！[illegible]！19. [illegible]！[illegible]！20. [illegible]！[illegible]！21. [illegible]！[illegible]！22. [illegible]！[illegible]！23. [illegible]！[illegible]！24. [illegible]！[illegible]！25. [illegible]！[illegible]！26. [illegible]！

对译：1. 众生一切〈〉若过去善业若现在善 2. 业若未来善业有者各各回施二 3. 乘三有〈〉不回向同共无上［菩提］4. 向回今日道场业同大众相与［菩 5. 提］心发竟大誓愿发竟回向心发竟 6. 广大法性如究竟虚空如过去未 7. 来现在诸佛诸大菩萨一切贤圣 8. 一切皆明证为重复心诚三宝〈〉9. 顶礼一遍礼拜某甲等心发愿发其事已毕 10. 喜踊无量重复心归五体地投奉 11. 以国王皇帝父母师长历劫亲 12. 缘眷属一切善恶知识诸天诸 13. 仙世护四王善护恶罚咒持守护 14. 五方龙王龙神八部天神一切过 15. 去现在未来际至怨亲及非怨亲 16. 一切四生六道众生一切为世间大 17. 慈悲主〈〉依归 18.［南无］［弥勒］佛［南无］［释迦牟尼］佛 19.［南无］师子向佛［南无］大强进精勇力佛 20.［南无］过去坚住佛［南无］鼓音王佛 21.［南无］日月英佛［南无］众华超出佛 22.［南无］世灯明佛［南无］多休宁易佛 23.［南无］宝轮佛［南无］常度灭佛 24.［南无］净觉佛［南无］无量宝华明佛 25.［南无］［须弥］步佛［南无］宝华莲佛 26.［南无］众宝一切普集佛

俄藏本：1. [illegible]！2. [illegible]！[illegible]！3. [illegible]！[illegible]！4. [illegible] 5. [illegible]！6. [illegible] 7. [illegible][9]！8. [illegible] 9. [illegible]！10. [illegible]！11. [illegible]！12. [illegible]

􀀀􀀀􀀀􀀀􀀀！13.􀀀􀀀􀀀􀀀􀀀􀀀􀀀􀀀􀀀􀀀􀀀！14.􀀀􀀀􀀀􀀀􀀀􀀀􀀀􀀀􀀀􀀀􀀀！15.􀀀􀀀􀀀：16.􀀀􀀀􀀀　􀀀􀀀􀀀17.􀀀􀀀􀀀　􀀀􀀀􀀀18.􀀀􀀀􀀀　􀀀􀀀􀀀[10]19.􀀀􀀀􀀀[11]　􀀀􀀀􀀀[12]􀀀􀀀􀀀20.􀀀􀀀􀀀　􀀀􀀀􀀀　􀀀􀀀􀀀21.􀀀􀀀􀀀　􀀀􀀀􀀀[13]􀀀􀀀􀀀22.􀀀􀀀􀀀　􀀀􀀀􀀀　􀀀􀀀􀀀[14]23.􀀀􀀀􀀀　􀀀􀀀􀀀[15]24.􀀀􀀀：􀀀􀀀、􀀀􀀀、􀀀􀀀􀀀、􀀀􀀀􀀀[16]、􀀀25.􀀀、􀀀􀀀􀀀、􀀀􀀀􀀀􀀀、􀀀􀀀􀀀、􀀀26.􀀀􀀀、􀀀􀀀􀀀，􀀀􀀀􀀀􀀀􀀀􀀀􀀀。􀀀①[17]

对译：1.［南无］法轮众宝普集丰盈佛2.［南无］树王丰长佛［南无］尊特德净围绕佛3.［南无］垢无光佛［南无］日光佛4.又复过去数无劫诸佛大师海德如来5.〈〉依归6.无量边无虚空界尽生无法身菩萨7.〈〉依归敬礼8.无量边无虚空界尽漏无色身菩萨9.〈〉敬礼10.无量边无虚空界尽心发菩萨〈〉敬礼11.正法兴令者马鸣大师菩萨〈〉敬礼12.像法兴令者龙树大师菩萨〈〉敬礼13.十方虚空界尽身边无菩萨〈〉敬礼14.十方虚空界尽苦救世音观菩萨〈〉敬礼15.佛赞咒愿16.大圣世尊　巍巍堂堂17.神智妙达　众圣中王18.十方六道　形分俱遍19.顶肉髻垂　项背光出　面月满如20.金色妙庄　仪容挺特　行止安详21.威大千震　群魔惊惶　三洞照达22.众邪潜藏　苦恶救拔　此以粮为23.舟以众生度　死生海脱24.故号如来供应正等觉明行足善25.逝世间解丈夫〈〉调御无上士天26.人师佛世尊无量人度死生苦拔此

（后缺）

意译、注释（俄藏本）

发回向心第六

今日道场同业大众，先发菩提心，又发大誓愿竟，次应发回向心。相与至心，等痛切心，五体投地，归依世间大慈悲主。

南无弥勒佛！南无释迦牟尼佛！南无日光佛！南无无量宝佛！南无莲华

---

①　本页俄藏本"􀀀"（此）下，底本原缺。

最尊佛！南无身尊佛！南无金光佛！南无梵自在王佛！南无金光明佛！南无金海佛！南无龙自在王佛！南无一切华香自在王佛！南无树王佛！南无勇猛持甲胄兵器弃舍战斗佛！南无内丰珠光佛！南无无量香光明佛！南无文殊师利菩萨！南无妙音菩萨！南无无边身菩萨！南无观世音菩萨！

又复归依十方尽虚空界一切三宝，愿以慈悲力现为我证，（某甲）等愿过去所起一切善业、现前所起一切善业、未来当起一切善业若多若少、若轻若重悉以回施四生六道一切众生。令诸众生皆得道心，不回向二乘、三有，同共回向无上菩提。又愿一切众生有若过去善业、若现在善业、若未来善业者各各回施，不向二乘、三有，同共回向无上菩提。

今日道场同业大众相与发菩提心竟，发大誓愿竟，发回向心竟，广大如法性，究竟如虚空。去来、现在一切诸佛诸大菩萨、一切贤圣皆为证明。重复至诚，顶礼三宝（一拜）。

（某甲）等发心发愿其事已毕，喜踊无量。重复至心，五体投地，奉为：

国王皇帝、父母师长、历劫亲缘一切眷属、善恶知识，诸天诸仙、护世四王、主善罚恶、守护持咒、五方龙王、龙神八部、一切天神；过去、现在、至未来际一切怨亲及非怨亲、四生六道一切众生，归依世间大慈悲主。

南无弥勒佛！南无释迦牟尼佛！南无师子向佛！南无大强精进勇力佛！南无过去坚住佛！南无鼓音王佛！南无日月英佛！南无超出众华佛！南无世灯明佛！南无休多易宁佛！南无宝轮佛！南无常灭度佛！南无净觉佛！南无无量宝华明佛！南无须弥步佛！南无宝莲华佛！南无一切众宝普集佛！南无法轮众宝普集丰盈佛！南无树王丰长佛！南无围绕特尊德净佛！南无无垢光佛！南无日光佛！

又复归依过去无数劫诸佛大师海德如来！归依敬礼无量无边尽虚空界无生法身菩萨！敬礼无量无边尽虚空界无漏色身菩萨！敬礼无量无边尽虚空界发心菩萨！敬礼兴正法马鸣大师菩萨！敬礼兴像法龙树大师菩萨！敬礼十方尽虚空界无边身菩萨！敬礼十方尽虚空界救苦观世音菩萨！

赞佛咒愿：

大圣世尊　　巍巍堂堂

神智妙达　　众圣中王

> 十方六道　分形俱遍
>
> 顶垂肉髻　项背出光
>
> 面如满月　妙色金庄
>
> 仪容挺特　行止安详
>
> 威震大千　群魔惊惶
>
> 三达洞照　众邪潜藏
>
> 苦恶救拔　以此为粮
>
> 舟度众生　脱死生海

故号：如来、应供、正遍知、明行足、善逝、世间解、无上士、调御丈夫、天人师、佛世尊，度人无量拔生死苦。以此发心功德因缘。仰愿

当今皇帝(旧云大梁皇帝)皇太子殿下。国家眷属。从今日去至于道场。亡身为法如萨陀波仑。大悲灭罪如虚空藏。能远听法如瑠璃光。善解难法如无垢藏。

又愿(某甲)等所生父母历劫亲缘。从今日去至于道场。散形空界如无边身。具十功德如高贵德王。闻法欢喜犹如无畏。神力勇猛如大势至。

又愿（某甲)等和尚阿阇梨同学眷属。上中下座一切知识。从今日去至于道场。各得无畏如师子王。影响大化犹如宝积。闻声济苦如观世音。善能诘问如大迦叶。又愿(某甲)等出家在俗信施檀越。善恶知识各及眷属。从今日去至于道场。解诸危厄犹如救脱。相貌端严犹如文殊。能舍业障如弃阴盖。设最后供等于纯陀。又愿诸天诸仙护世四王。聪明正直天地虚空。主善罚恶守护持咒。五方龙王龙神八部。幽显灵祇各及眷属。从今日去至于道场。大慈普覆如阿逸多。精进护法如不休息。远证读诵犹。如普贤。为法焚身犹如药王。

又愿十方一切怨亲及非怨亲。四生六道一切众生各及眷属。从今日去至于道场。心无爱染如离意女。微妙巧说如胜鬘夫人。能行精进如释迦文。所有善愿等无量寿。所有威神如诸天王。不可思议如维摩诘。一切功德各成就。无量佛土悉庄严。仰愿十方尽虚空界。无量无边诸大菩萨一切贤圣。以慈悲心同加摄受。救护拯接所愿圆满。信心坚固德业日远。慈育四生等如一子。令诸众生得四无量心。得六波罗蜜。十受修禅。三愿广被。应念见佛皆

如胜鬘。一切行愿毕竟成就等与如来。俱登正觉（拜）。【参见《大正藏》[0931a14—0932a21]】

[1] [illegible]：持甲胄兵器，《大正藏》作“执持牢仗”。

[2] [illegible]：四生，写本错为“[illegible]”(生四)。

[3]“[illegible]、[illegible]”：“不回向二乘、三有”，《大正藏》作“不向二乘。不向三有”。下同。

[4]“[illegible]、[illegible]、[illegible]”：“又愿一切众生有若过去善业、若现在善业、若未来善业者”，即《大正藏》作“又愿一切众生所起善业。若过去若现在若未来”。

[5] [illegible]：历劫亲缘。[illegible]，“亲缘”，底本原“[illegible]”误作“[illegible]”。[illegible]，汉文意“历劫、余劫”。历劫，西夏文又作“[illegible]”。

[6] [illegible]：护，《大正藏》作“主”。下同。

[7] [illegible]：天神，《大正藏》作“灵祇”。

[8] [illegible]：至，《大正藏》作“穷”。

[9] [illegible]：归依敬礼，《大正藏》作“敬礼”。

[10]“[illegible]　[illegible]”：“十方六道　分形俱遍”，《大正藏》作“形遍六道　体散十方”。

[11] [illegible]：顶垂肉髻，即《大正藏》作“顶肉髻相”。

[12] [illegible]：项背出光，《大正藏》作“项出日光”。

[13] [illegible]：惊惶，即《大正藏》作“惊遑”。惶，通“遑”。

[14]“[illegible]　[illegible]”：“苦恶救拔　以此为粮”，《大正藏》作“见恶必救　济苦为粮”。

[15]“[illegible]　[illegible]”：“舟度众生　脱死生海”，《大正藏》作“度生死岸　为行舟航”。[illegible]，原脱据补。

[16] [illegible]：明行足。[illegible]，足、圆满。明者，智慧；行者，实践；足者，圆满。

[17]“[illegible]”(此)下原缺相邻部分，据汉文意和西夏语文法似应补为“[illegible]，[illegible]”(以发心功德因缘，仰愿)。

《慈悲道场忏法》卷第三（中藏本、俄藏本）

《慈悲道场忏法》卷三刊布于《中国藏西夏文献》第四册 158—212 页，《中国国家图书馆藏西夏文献》第二册第 77—96 页。中缺一处，以现据所见的俄藏 4288 号 26 行 13 字写本足补。

录文、对译（中藏本第 161 页第 1 行—168 页第 3 行）

第 158—160 页：（略）

第 161 页：1.《[illegible]》[illegible]2.（略）① 3. [illegible] 4. [illegible]，[illegible] 5. [illegible]。[illegible]，[illegible]。[illegible]，[illegible] 6. [illegible]，[illegible][1] [illegible]。[illegible] 7. [illegible]，[illegible]，[illegible]、[illegible]，[illegible] 8. [illegible]。[illegible]、[illegible]9. [illegible]，[illegible] 10. [illegible]。[illegible]，[illegible]

对译：1. 慈悲道场忏法卷三第 2.（略）3. 果报显现七第 4. 今日道场业同大众罪恶过患前俱述 5.〈〉竟过患故则胜业与乖不善业依故 6. 三恶道堕恶道备历及人间生诸苦报 7. 受皆过去世宿报因缘依身舍身受暂 8. 无停息故此诸佛诸大菩萨神通天眼 9. 以三界内众生一切福尽业随苦处堕 10. 见色无界天定心乐著不觉命终欲界

第 162 页：1. [illegible][2]，[illegible]。[illegible]，2. [illegible]。[illegible]，[illegible]。[illegible] 3. [illegible]，[illegible]。[illegible]，[illegible]，4. [illegible]。[illegible][3] [illegible] 5. [illegible]，[illegible][4]，[illegible] 6. [illegible]。[illegible]，[illegible] 7. [illegible]，[illegible] 8. [illegible]，[illegible]。[5] [illegible] 9. [illegible][6]，[illegible][7]。[illegible] 10. [illegible]，[illegible]

① 第 2 行为经卷题款，同卷一，注以"略"不再录文。下同。

𗋒𗰞𗰱，𗱁𗴮𗹦

对译：1. 中生福尽之后禽兽形受见色界诸天 2. 亦皆其〈 〉如清净处离欲界内生不净 3. 处在亦复欲乐受六天福尽地狱内堕 4. 无量苦受又人道中十善力以人身资 5. 得其人身于复多苦受寿尽乃多诸恶 6. 道中堕见又畜生道内众生一切鞭杖 7. 以驱驰负重远致困苦疲剧项领破穿 8. 铁锅以烧诸苦恼受见又饿鬼道内常 9. 饥渴迫或火以烧火难劫如微福无者 10. 永不解脱片福有者劣人身得亦病多

第 163 页：1. 𗅆𗰦。𗰱𗲔𗾺𗲾，𗰲𗴮𗹦𗴕：𗵤𗰦𗎹𗷖𗰞 2. 𗰜𗸕𗾺，𗨁𗰚𗰱𗰚𗶐𗺉𗹦𗰱[8] 𗺉𗰱𗹡𗾺 3. 𗹤𗴮𗲎𗴺。𗾺𗹦𗯆𗲔𗨁𗰱𗴮𗸗𗲘[9]。𗎱𗲕 4. 𗴗𗲘𗴕：𗴂𗋒𗸗𗺉𗲎𗴮𗎹，𗸗𗲘𗸗𗴮，𗰚 5. 𗸰𗰞𗹦𗸰𗔪𗶰𗴮𗰱[10]。𗴂𗋒𗰱𗰚𗴮，𗺝𗼻 6. 𗴮𗰱。𗴂𗋒𗅆𗰦𗴮，𗸕𗸝𗴮𗰱。𗴂𗋒𗾺𗾺 7. 𗴮，𗰦𗎹𗴮𗰱。𗴂𗋒𗰲𗹡，𗾺𗸕𗸗𗴮，𗰲𗰱 8. 𗴮𗰱。𗴂𗋒𗰲𗸕𗺉𗲎[11]𗴮，𗸗𗾺𗴮𗰱。𗴂𗋒 9. 𗴈𗴙𗅆𗹦𗴮，𗸗𗸕𗹡𗴮𗴮𗰱。𗴂𗋒𗴺𗹡，10. 𗸕𗴮𗸗𗴮，𗾺𗸕𗴮𗰱。𗴂𗋒𗼻𗸗𗾺𗾺𗴮，

对译：1. 命短自以庄严大众知当善恶二轮暂 2. 辍未曾果报连环休息无有贵富贫贱 3. 行随出生因无有以果招者非矣故 4. 契经中言若人为贵豪国王长者为者三 5. 宝〈 〉礼事供侍依得若人富大者布施 6. 依得若人寿长者戒持依得若人端正 7. 者辱忍依得若人勤修懈怠无者精进 8. 依得若人聪明悟达者智慧依得若人 9. 声音清彻者三宝歌咏依得若人净洁 10. 疾病无者慈心依得若人长大端庄者

第 164 页：1. 𗦻𗴮𗹡𗴮𗴮𗰱[12]。𗴂𗋒𗲔𗴮𗴮，𗦻𗴮𗰦𗲾 2. 𗴮𗰱。𗴂𗋒𗹡𗲘𗴮，𗲔𗸗𗴮𗰱。𗴂𗋒𗹦𗷖 3. 𗸗𗸗𗴮，𗹦𗸕𗹡𗴮。𗴂𗋒𗸰𗹡𗴮，𗦻𗴮 4. 𗹦𗴮𗴮𗰱。𗴂𗋒𗸕𗴮，𗦻𗴮𗰲𗴮𗴮𗰱。� 5. 𗋒𗦻𗴮𗱁𗺉𗹤𗰱[13]𗸗𗸗𗴮，𗦻𗰜𗹦𗦻𗴮

对译：1. 人〈 〉恭敬依得若人短小者人〈 〉轻蔑 2. 依得若人丑陋者嗔恚依得若人知识 3. 所无者不学问依得若人颛愚者他〈 〉4. 不教依得若人痖者人〈 〉谤毁依得若 5. 人人〈 〉奴婢使当为者他债不偿依

第 165 页：1. 𗰱。𗴂𗋒𗹦𗸕𗴮，𗱁𗦻𗲎𗸕𗴮𗰱。𗴂𗋒𗶰 2. 𗸗𗺉[14]𗹦𗲾𗴮，𗸕𗹡𗸕𗸝、𗹡𗷖𗦻𗸕𗺝[15]𗰱 3. 𗰱。𗴂𗋒𗲘𗸕𗺉𗎹𗲾𗴮，𗴗𗸕𗸕[16]、𗹡𗸕𗱁𗰦 4. 𗸕𗰜𗴮𗰱。𗴂𗋒𗸰𗺝𗹡𗺉[17]𗲾𗴮，𗺝𗼻𗺉 5. 𗷖，𗹡𗎹𗺉[18]𗴮𗰱。

𗁬𗂰𗉃𗅁𗔲𗆀𗏇，𗄼𗐂 6. 𗟲𗔲𗹦。𗷲𗹦𗂰𗏇，𗰣𗏨𗔴𗔲𗹦。𗱪𗤒𗅋 7. 𗏇，𗘼𗑗𗂴𗅺𗫂𗔲𗹦。𗁬𗂰𗄼𗟲𗣼𗆀 8. 𗈁𗏇，𗰜𗤂𗟲𗄼𗂴𗣼𗆀𗱼[19]𗔲𗹦。𗁬𗂰𗼋 9. 𗺬𗣼𗬺𗄍𗵾𗏇，𗰜𗷲𗤒𗂴𗏬𗬓𗔲𗹦[20]。𗁬 10. 𗂰𗫂𗣼𗟲𗷲𗬺𗔑𗫫、𗄼𗫫𗣼𗫂𗏇，𗃛𗈜

对译：1. 得若人黑丑者佛光明遮依得若人衣 2. 无国中生者衣美恃依尊贵〈 〉不敬依 3. 得若人马蹄中生者木屐着己〈 〉胜 4. 前行依得若人胸口穿国生者布施福 5. 作心悔退依得若人鹿獐中生者人惊 6. 怖依得龙中生者调戏喜依得身疮恶 7. 生者众生〈 〉鞭挞依得若人人自见 8. 欢喜者前世自人〈 〉见欢喜依得若人时 9. 时狱牢内遭者前众生〈 〉笼系依得若 10. 人法语闻中杂言为人心乱使者后耳

第 166 页：1. 𗩴𗒅𗔲𗂰[21]。𗁬𗂰𗫂𗣼𗔑𗩴，𗰜𗑠𗱟𗏇[22]，𗃛 2. 𗺬𗄯𗫿𗺚𗔲𗂰。𗁬𗂰𗵾𗔞𗄎𗱝𗟙𗵺[23]𗏇 3. 𗵩𗮼𗔲𗬓，𗵷𗒅𗂰𗔲𗂰𗧎𗘾𗫮𗰏𗹵。4. 𗁬𗂰𗰈𗤒𗄼𗔄𗏇[24]，𗃛𗰔𗒓𗅛𗰏𗔲𗂰。𗁬 5. 𗂰𗄼𗣝𗱝𗺄𗏇，𗃛𗺜𗔲𗂰𗹦𗹦𗅺𗀉，𗱪 6. 𗰜𗄼𗎁。𗁬𗂰𗬦𗏬𗱝𗏇，𗃛𗰜𗅏𗔲𗂰，𗰜 7. 𗄼𗹦𗬺[25]𗫼。𗬺𗔑𗔑𗱝、𗄼𗂴𗬠𗫿𗏇[26]，𗰒𗵩 8. 𗏬𗬺𗬓，𗘇𗬺𗫂𗰔𗋚，𗫿𗵾𗴮𗫂𗫿𗮊𗹵 9. 𗔑[27]，𗰏𗩴𗒅𗧎𗘽𗃼𗔲𗂰。𗹵𗂴𗆙𗷲𗫫𗏇，10. 𗰜𗐂𗏈𗫚，𗰜𗷦𗃡𗉌[28]，𗴇𗃼𗰒𗤒。𗀩𗵺𗰒

对译：1. 耽狗中生若人法言说闻不听采者后 2. 耳长驴子中生若人贪悭自独或食者 3. 饿鬼中堕〈 〉出人中生又贫穷饥渴矣 4. 若人食恶人饲者后猪豚蜣螂中生若 5. 人人物劫夺者后羊中生活生皮剥身 6. 肉人噉若人偷盗喜者后牛马中生又 7. 人使当为妄语作喜人〈 〉佞舌者死地 8. 狱内堕铜烊以口灌舌拔犁以舌上耕 9. 为罪毕出复鸲鹆中生其〈 〉声音闻者 10. 不惊怖无皆怪难言咒以死令酒饮醉

第 167 页：1. 𗵺𗏇，𗃛𗰠𗺤𗵩𗚾[29]𗱟𗬓，𗰏𗩴𗒅，𗧎𗰔𗰔 2. 𗔲𗂰。𗰔𗰔𗱤𗩴，𗃛𗂰𗱪𗹵。𗤒𗱟𗂴𗰜𗰜 3. 𗵔𗑠𗫚，𗂰𗫼𗰜𗅻[30]。𗂴𗂴𗫅𗩴𗏇，𗃛𗼆𗔲 4. 𗂰。𗁬𗈜𗷲𗹦𗈒𗏇，𗟲𗩴𗂰𗂴𗵺𗄯，𗰗𗀉 5. 𗰜𗑠[31]。𗴫𗮼𗵺𗂰，𗰒𗵩𗱤𗬓，𗵷𗈅𗚾𗮊，6. 𗾟𗤂𗱟𗏇。𗵩𗱤𗱤𗒅，𗧎𗵲𗰜𗔲𗂰，𗄼𗵩 7. 𗱼𗒅，𗫐𗺬𗱟𗢥，𗮿𗺣𗀉𗵺，𗵞𗰏𗱝𗫚[32]。𗁬 8. 𗂰𗣼𗾟𗄼𗏇，𗺜𗔲𗱮𗤂。𗵩𗚾𗄎𗰜𗏇 9. 𗏇，𗒅𗔲𗱮𗤂。𗃛𗵺𗂴𗱝𗏇[33]，𗰜𗺜𗔲𗱮𗤂。10. 𗁬𗂰𗵷𗬦𗔑、𗱗𗣼𗵲𗏇[34]，𗀩𗼹𗔲𗱮𗤂。𗱪

对译：1. 喜者后屎沸地狱内堕罪毕出复猩猩 2. 中生猩猩业毕后人身得愚痴心昧知 3. 情所无人变不算人〈 〉力贪者后象中 4. 生若贵富尊崇者〈 〉下人〈 〉鞭打告诉 5. 不闻是如等人死地狱内入数千万岁 6. 诸苦报受地狱内出复水牛中生口鼻 7. 贯穿船挽车牵杖大以打往罪报受若 8. 人不净清者猪中所来贪悭己财不舍 9. 者狗中所来恨嫉心怀者殺羊中所来 10. 若人浅轻语忍非能者猕猴中所来身

第 168 页：1. 𗙟𗫰𗴍𘜶，𘝺𗹟𘎨𘜉𘏨。𗟻𗒹𗥤𘋨𘘴 2. 𘜶，𗑗𘎨𘏨。𗟻𗒹𗥤𘋨𘁦𘜶，𘝺𘝡𘎨𘏨 3. 𘏨。

对译：1. 体臭腥者鱼鳖中所来若人毒心含 2. 者蛇中所来若人慈心无者虎狼中所 3. 来

意译、注释（中藏本第 161 页第 1 行—168 页第 3 行）

《慈悲道场忏法》卷第三

显现果报第七

今日道场同业大众，罪恶过患前已具述。以过患故，乖于胜业。以不善业，所以堕三恶道，备历恶道。及生人间受诸苦报，皆由过去宿报因缘，舍身、受身无暂停息。是以诸佛、诸大菩萨以神通天眼见三界内一切众生，福尽随业堕于苦处；见无色界乐著定心，不觉命终生欲界中，福尽之后受禽兽形。色界诸天亦复如是。离清净处，在欲界内生；在不净处，亦复受欲乐。六天福尽，堕地狱内受无量苦。又人道中，以十善力资得人身。于其人身复受多苦，寿尽多堕诸恶趣中。

又见畜生道一切众生，鞭杖驱驰负重致远行困苦疲剧，项领穿破铁锅以烧，受诸苦恼。又饿鬼常迫饥渴，或以火烧如劫火难。无微福者永不解脱，有片福者劣得人身亦多病短命。

以自庄严，大众当知：善恶二轮未曾暂辍，果报连环无有休息，贵富贫贱随行生出。非有无因而招果者矣。故契经中言：

若为人贵豪国王，为长者者，得依礼事供侍三宝。若人大富者，得依布施。若人长寿者，得依戒持。若人端正者，得依辱忍。若人勤修无懈怠者，得依精进。若人聪明悟达者，得依智慧。若人音声清彻者，得依歌咏三宝。若人洁净无疾病者，得依慈心。若人长大端庄者，得依恭敬人。若人短小者，得依轻蔑人。若人丑陋者，得依嗔恚。若人无所知识者，得依不学问。若人颛愚者，得依不教他。若人痖者，得依谤毁人。若人为人当奴婢使者，得依他债不偿。若人黑丑者，得依遮佛光明。若人生无衣国中者，得依恃依美衣、不敬尊贵。若人生马蹄国中者，得依着木屐、胜己前行。若人生穿胸国者，得依布施作福悔退心。若人生鹿獐中者，得依惊怖人。生龙中者，得依喜调戏。身生疮恶者，得依鞭挞众生。若人人见欢喜者，得依前世见人欢喜。若人遭时时牢狱者，得依前笼系先众生。

若人闻法语中杂言、使人心乱者，后生耽耳狗中。若人闻法言、说不听采者，后生耳长驴子中。若人贪悭独食者堕饿鬼中，出生人中又贫穷饥渴矣。若人恶食饲人者，后生猪豚蜣螂中。若人劫夺人物者，后生羊中活生剥皮，人噉身肉。若人喜偷盗者，后生牛马中又当使人。喜作妄语，佞舌人者，死堕地狱内。烊铜灌口，犁拔舌耕为舌上。罪毕复出，生鸲鹆中。闻其声音者无不惊怖，皆言怪难，咒令以死。喜饮酒醉者，后堕屎沸地狱内。罪毕复出，生猩猩中。猩猩业毕，后得人身。愚痴昧心无所情知，人不变算。贪人之力者，后生象中。若尊崇贵富者，鞭打下人，不闻告诉。

如是人等，死入地狱内，数千万岁受诸苦报。复出地狱内，生水牛中。贯穿鼻口，挽船牵车，大杖以打，受报往罪。若人不净清者，猪中所来。贪悭己财不舍者，狗中所来。怀恨嫉心者，殺羊中所来。若人语轻浅、非能忍者，猕猴中所来。身体臭腥者，鱼鳖中所来。若人含毒心者，蛇中所来。若人无慈心者，虎狼中所来。【参见《大正藏》[0932a23—0932c20]】

　[1]　𗋒𗰽：恶道，《大正藏》作"恶趣"。下同。

　[2]　𗥃𗸕𗢭𗎫：生欲界中，《大正藏》作"堕于欲界"。

　[3]　𗡜𗤁𗰽𗢭：又人道中，《大正藏》作"又见人道，就人道中"。

　[4]　𗀭𗤁𗟲𗰱𗡜𗟨𗬩𗫻：于其人身复受多苦，《大正藏》作"恶缘杂染复有多苦"。

　[5]　"𗡜𗾺𗅲𗰽𗾔𗰱𗫻𗈪𗈪……𗣛𗟨𗩾𗣛𗰱𗬟𗪮𗬩𗢫"："又见畜生道一

切众生……铁锅以烧，受诸苦恼"，《大正藏》作"又见畜生道一切众生受诸苦恼。鞭杖驱驰负重致远困苦疲剧。项领穿破热铁烧烙"。"𗥢𗦲𗆞𗪊"（铁锅以烧），对应汉文本"热铁烧烙"。

　　［6］𗅳𗴷𗣼𗫷：常迫饥渴，《大正藏》作"常苦饥渴"。

　　［7］𗣀𗫂𗥃𗣂𗣀𗥚𗴾𗥤：或以火烧如劫火难，《大正藏》作"恒被火烧犹如劫尽"。

　　［8］𗴷𗆞：无有，《大正藏》作"初无"。

　　［9］𗤁𗴷𗭪𗥃𗤁𗍩𗣀𗫵𗥧：非有无因招果者矣，《大正藏》作"非有无因而妄招果"。"……𗭪𗥃……𗫵𗥧"，相当于"非有……而……"。

　　［10］𗥚𗤁𗀔𗆞𗤁𗥃𗣀𗴷𗪊：得依礼事供侍三宝，即《大正藏》"从礼事三宝中来"。"……𗪊𗴷"，即"得依…"或"依……得"，在此和下几行经文中对应汉文"从……（中）来"，"故"。下同。

　　［11］𗫡𗤁𗦓𗹔：聪明悟达，即《大正藏》作"才明远达"。

　　［12］"𗣀𗴜𗈜𗥚𗆊𗆊𗤁，𗧀𗀔𗭪𗫻𗪊𗴷"："若人长大端庄者，得依恭敬人"，《大正藏》乙本作"为人长大姝好恭敬人故"。姝好，美好，义同"端庄"、"庄严"。

　　［13］𗥰𗫍𗪺𗴧：奴婢使，即《大正藏》作"下使"。𗥰，奴。𗫍𗪺，婢。𗴧，动词"使"。

　　［14］𗣀𗀼𗭼：无衣国，即《大正藏》作"裸国"。

　　［15］"𗣀𗀔𗫍𗐛、𗤁𗭵𗀔𗥃𗴜"："恃依美衣、不敬尊贵"，《大正藏》作"轻衣搪揆胜己"。搪揆，即冒犯，又作"搪突"，西夏文对译以"𗥃𗴜"（不敬）。

　　［16］𗤕𗥃𗣀：着木屐，《大正藏》作"著屐"。著，异体字作"着"

　　［17］𗫏𗥍𗋽𗀼：穿胸口国，即《大正藏》作"穿胸国"。𗫏𗥍，胸、胸口。

　　［18］𗋅𗮇𗫇：悔退心，《大正藏》作"悔惜心"。

　　［19］"𗣀𗴜𗷟𗵽𗥃𗋅𗎡𗤁，𗧀𗟣𗾛𗷟𗵽𗥃𗋅𗎡"："若人人见欢喜者，前世见人欢喜"，《大正藏》作"人见欢喜。见人欢喜"。

　　［20］"𗣀𗴜𗷟𗷟𗦫𗴝𗱥𗆉𗤁，𗧀𗱍𗉺𗀔𗇝𗵽𗪊𗴷"："若人时时遭牢狱者，得依前笼系众生"，《大正藏》作"喜遭县官。笼系众生故"。

[21] "𘀂𗫶𗄊𗰿𗸪𗵤𗣼𗋽𗵺，𗦳𗯻�𗐴𗵺，𘕢𗤱𗫮𗟃𗿒𗰙"："若人闻法语中杂言、使人心乱者，后生耽耳狗中"，《大正藏》作"闻说法语。于中两舌乱人听受。后堕耽耳狗中"。

[22] 𗣤𗵺𗄉𗵺：不听采者，《大正藏》作"心不飡采"。飡，异体字作"餐"。

[23] 𗊂𗰖𘕢𘊷：独自或食，即《大正藏》作"独食"。

[24] 𘀂𗫶𘁨𗮪𗦳𘗽𗵺：若人恶食饲人者，《大正藏》作"恶食饲人"。

[25] 𗦳𗟻𗿒：当使人，《大正藏》作"下使"。

[26] 𗦳𗝰𘝊𗭾𗵺：佞舌人者，《大正藏》作"传人恶者"。

[27] 𗭾𘜶𗱣𗢿𗭾𗰙𗷸𗣼：犁拔舌耕为舌上，《大正藏》作"拔出其舌以牛耕之"。

[28] 𗾆𘕕𘋋𗖵：皆言怪难，《大正藏》作"皆言变怪"。

[29] 𗵨𘊴：地狱，《大正藏》作"泥犁"。泥犁，梵语略译，意即地狱。

[30] "𗦅𗵲𗯻𗣤𗟃𘓁𗵺𗎤，𗫶𘜶𗣤𗚩"："愚痴心昧无所知情，人不变算"。《大正藏》作"顽无所知人不齿录"。"𘜶𗣤𗚩"（不变算、不换算），在此对应汉文"不齿录"，即"不以为"。又见卷一（图版第 148 页注 [12]）。

[31] "𘀂𗵺𘋠𘜶𘋋𗵺，𗣼𗥼𗫶𗝰𗼃𘍟，𗺭𗭾𗣤𗵺"："若贵富尊崇者，鞭打下人，不闻告诉"。《大正藏》乙本作"为人上者鞭杖其下为下之人告诉无地"。"𘋠𘜶"（贵富、豪强、豪贵），在卷六（图版第 333 页第 2 行）中，又对应汉文"升进"。

[32] "𘓱𗝫𗣠𗵲，𗺇𗰝𘕢𗽘"："大杖以打，受报往罪"，《大正藏》作"还复受彼大杖打扑偿往宿殃"。

[33] 𗫮𗫏𗫶𗿒：心怀恨嫉，《大正藏》作"很戾自用"。很，异体字作"狠"。

[34] "𘀂𗫶𘍟𘝊𗣼、𗿟𗥼𗟃𗵺"："若人语轻浅、非能忍者"，《大正藏》作"为人轻躁不能忍事"。

录文、对译（中藏本第 168 页第 4 行—169 页第 10 行，俄藏本）

中藏本第 168 页：4. 𗋽𘓁𘝞𘕥𘝊𗭾𗦳𗵺，𗫶𘊰�𗰿𗰙𗫮𗿒 5. 𗦵𘊴，𗯻

[illegible]

对译：4. 今日道场业同大众人世间中生多病 5. 命短种种病苦具说可不者皆三业以

中藏本第 169 页：1. [illegible][1]。[illegible] 2. [illegible][2]，[illegible]，[illegible] 3. [illegible]。[3] [illegible]，[illegible] 4. [illegible]，[illegible]，[illegible]。[illegible]，5. [illegible]。[illegible] 6. [illegible]，[illegible]。[illegible][4] 7. [illegible]。[illegible][5] [illegible] 8. [illegible]，[illegible]。[6] [illegible] 9. [illegible]，[illegible][7]。[illegible]，[illegible] 10. [illegible][8]。[illegible][9] [illegible]，[illegible]

对译：1. 所造罪依得故三恶途报因行行者〈〉2. 缠绕人间所多贪嗔痴三毒有则此因 3. 故三恶途有又复三恶以自〈〉燃烧口 4. 常恶言心常恶念身常恶行此六种以 5. 人身常苦恼受无休息使此于命终神 6. 魂独逝父母孝子者救不能大未为时 7. ［阎罗］王所到地狱头领其死者〈〉先〈〉8. 有时善恶多少案上检挍势凌所无神 9. 识自度隐匿可无此善恶因缘随各生 10. 往令苦乐报受杳杳冥冥长久别离道

俄藏本：14. ① [illegible] 15. [illegible]。[illegible][10] [illegible]，16. [illegible]。[illegible]，[illegible] 17. [illegible]；[illegible]。[illegible] 18. [illegible]，[illegible] 19. [illegible]，[illegible]。[11]

对译：14. 路不同会 15. 见期无又复天王神大人之善恶记 16. 乃至毛发片无遗善人善行福获得 17. 寿益恶人恶行苦长命短是如轮 18. 转又饿鬼中堕饿鬼中脱复畜生 19. 中生忍难苦受竟无矣

意译、注释（中藏本第 168 页第 4 行—169 页第 10 行，俄藏本）

今日道场同业大众，人生世间多病短命，种种痛苦不可具说者，皆得依三业所造之罪。故因行三恶途报缠绕行行者，人间多有贪嗔痴三毒，则因此故有三恶途。

---

① 俄藏 4288 号写本自第 14 行第 10 字始，上接中藏本。

又复三恶以自燃烧，口常言恶，心常念恶，身常行恶。以此六种，使人身常受苦恼无休息。于此命终神魂独逝，父母孝子不能相救。为时未大到阎罗王所，地狱头领先案上检校死者有时善恶多少，无所凌势。神识自度，无可隐匿。此善恶因缘，各随往生。苦乐受报杳杳冥冥别离长久，道‖路不同会见无期。又复诸天神记人善恶，乃至毛发无片遗。善人行善获得福益寿寿；恶人行恶命短苦长。如是轮转又堕饿鬼，从饿鬼脱生畜生中，难忍受苦无竟矣。【参见《大正藏》[0932c21—0933a05]】

[1] ▢▢▢▢▢：得依所造罪，《大正藏》作"所造所得"。

[2] ▢▢▢▢▢▢▢▢▢▢：故因三恶途报缠绕行行者，《大正藏》作"能令行人婴三途报"。婴，缠绕。

[3] "▢▢▢▢▢▢▢▢▢，▢▢▢▢▢▢▢▢"："人间多有贪嗔痴三毒，则因此故有三恶途"，《大正藏》作"所以有三途者。人有三毒贪恚愚痴"。三毒，又作"三火、三垢"，指贪嗔痴三种烦恼，因其能毒害人们的身命与慧命，故名。

[4] ▢▢▢▢：为时未大，《大正藏》作"倏忽之间"。"▢▢▢"（为未大），在卷四（图版第242页第6行、第245页第9行），分别对应汉文"俄尔"、"已须臾"。下同。

[5] ▢▢▢▢：地狱头领，《大正藏》作"地狱狱卒"。"▢▢"，头领、头主，即对应汉文"狱卒"。西夏文又以"▢▢"（狱主）来翻译汉文"狱卒"，下同。

[6] "▢▢▢▢▢▢▢▢▢▢▢▢，▢▢▢▢▢▢▢▢"："先案上检校死者有时善恶多少，无所凌势"，《大正藏》作"不问尊卑。但案罪录检校生时善恶多少"。"▢▢"（有时），对应汉文"狱生时"，下同。

[7] "▢▢▢▢，▢▢▢▢"："神识自度，无可隐匿"，《大正藏》作"神识自首不敢隐匿"。

[8] "▢▢▢▢▢，▢▢▢▢▢"："此善恶因缘，令各随往生"，《大正藏》作"以是因缘随业至趣"。

[9] ▢▢▢▢：受报苦乐，《大正藏》作"苦乐之地。身自当之"。

[10] ▢▢▢▢：天王大神，《大正藏》作"诸天神"。

[11] ▢▢▢▢▢▢▢▢："难忍受苦无竟矣"，《大正藏》作"罪苦难忍。

受之无竟"。

录文、对译（俄藏本，中藏本第 170 页第 1 行—171 页第 5 行）

俄藏本：20. 𗴟𗗓𗎯𗢳𗫐𗗙𗏹𗏣，𗤁𗫂𗗙𗧫𗣀21. 𗣀𗺋𗂧𗏣。𗐩𗎯𗯴𗷋：𗏣𗨳𗏣𗦲[1]，𗊬22. 𗨳𗊬𗦲。𗀂𗶷𗼑𗊬𗹭𗷋𗊬𗟠𗨳𗏣。23. 𗏣𗨳𗏣𗦲𗹢，𗊬𗨳𗊬𗦲𗫵。[2]𗏣𗊬𗏣24. 𗊬，𗦲𗫐𗵢𗣼。[3]𗀂《𗐯𗴒𗒀》𗬋𗂧𗣀，𗐩25. 𗎯𗷋𗷋：𗏣𗏣𗵢𗗙𗫐𗵢𗣼[4]，𗷫𗐖26. 𗼆𗥤𗢳𗢳𗏹𗶷𗘂，𗏣𗏣𗦲𗮟𗣀𗡊

对译：20. 今日道场业同大众自各觉悟惭21. 愧心起应契经中言善作善报恶22. 作恶报此五浊恶世中恶不作可23. 善作善报得恶为恶报受善恶少24. 矣报无莫言此忏法设立者25. 契经中言小善莫轻福无莫言水滴26. 微虽渐渐大器盈小善不积者圣

俄藏本：1. 𗮟𗵢𗫐；𗏣𗊬𗵢𗤁𗟨𗫐𗵢𗣼，𗏣𗊬2. 𗣼𗦴𗝠𗫽𗬅𗗓[5]。𗏣𗣀𗦲𗣀，𗠋𗫉𗫽3. 𗫽𗣀𗨻𗺋𗢲𗨳，𗤎𗣑𗦴𗨳𗦲[6]𗥤𗦴4. 𗹢。𗊬𗮟𗫽𗗙𗶵𗦴𗢳，𗰖𗺋𗏣𗷋5. 𗦴𗤱𗫱𗨳。𗀂𗵤𗢲𗥃𗤁𗫂𗼆𗐹𗟙6. 𗤁。𗤎𗤁𗩱𗨻𗏣𗦴𗤏𗣀𗣀[8]，𗮞𗼽𗴺7. 𗐯𗫉𗹢𗣀𗫐[9]。𗀂𗵢𗤁𗫂𗵤𗦴𗗙[10]，8. 𗐩𗎯𗷋𗨻𗤁𗫂𗵤𗏣𗦴，𗏣𗦴𗊬9. 𗦴𗣀𗏣𗦴𗧫[11]？𗀂𗵢𗮅𗤎𗺋𗯝[12]𗵢𗣀，𗀂10. 𗵤𗣀[13]𗦴𗵢𗷑𗻰𗴺𗧫𗤱。𗀂𗣀𗏣𗦴[14]？11. 𗤎𗦴𗨳𗵢[15]，𗴟𗺋𗵢𗊬、𗬙𗴺𗯛𗊬𗺋12. 𗵤𗂧𗧫𗏣𗣀𗫐。[16]𗤎𗣑𗦴𗴺𗵢，𗩱𗺋13. 𗤖𗫱[17]𗤎𗦇𗂧𗵢，𗮕𗦇𗫽𗷋𗵢𗦴14. 𗷋。[18]𗤎𗣑𗦴𗫍，𗵢𗤱𗦠𗵇𗣀𗴒；𗤎𗣑15. 𗦴𗫝𗥃，𗬅𗦠𗧫𗫽𗴒[19]；𗤎𗫽𗩱𗵢[20]，𗏣16. 𗩽𗣀𗫐𗫽𗦴𗫽𗴺，𗏣𗦉𗣀𗫐𗫽𗦴17. 𗊬𗵢[21]，𗑱𗣀𗲔𗹢𗹃𗮅𗤖𗴺[22]，𗵤𗦴𗩱𗷋；18. 𗤎[23]𗫉𗨳𗵢，𗏣𗺋𗊬𗂧；𗮕𗺋𗂧𗗸𗫗19. 𗫉𗨳𗷋[24]𗥤𗦴𗲔𗊬，𗮕𗰞𗨳𗷋𗦴𗵢20. 𗴟𗣼。[25]𗺋𗦴𗩒𗪙𗷓𗵤𗵤𗩱𗦴，[26]𗺋𗦴𗵂21. 𗏣𗥤𗥤𗩒𗻰[27]𗀂𗫽𗵤𗨳𗵢𗺋𗺓[28]𗟙22. 𗣀，𗫉𗨳𗵢𗷓𗺋𗪙𗦪。𗀂𗵢𗏣𗊬𗣑23. 𗊬，𗏣𗦴𗊬𗵤𗦲𗺓𗦴[30]。𗐩𗎯𗷋𗷋：𗐯24. 𗣀，𗵤𗦴𗩱𗫐。𗤎𗐯𗴒𗰀𗵢，𗶷𗥤25. 𗩒𗵢[31]，𗏣𗧱𗩒𗴺。𗵢𗵂𗦴𗤞𗣀[32]，𗩱𗵤26. 𗵂𗵂𗨳𗤏𗮞𗗝[33]。𗦴𗯓𗟙𗫉𗺋𗵢，𗤁

对译：1. 成可无小恶莫轻罪无莫言小恶2. 集聚身灭使能大众知当吉凶福3. 祸者皆心由作若因不作报亦不4. 得殃积罪大肉眼不见诸佛所说5. 不信谁敢我等相与自各现身强6. 健苟自力随善不勤学者死临悔7. 改利得所无

此刻自各罪有皆知 8. 契经说如自各罪有既知何云恶 9. 不舍善不修此世假若心诚不能此 10. 形舍复必定地狱内堕此者何云 11. 若罪为时毒心暴恶怀恨深重心 12. 等起未尝者不若人于嗔时杀心 13. 已来若嫉生时人〈〉胜好眼见不 14. 欲若人〈〉恨必定苦于至使若人 15.〈〉鞭挞极苦楚受使若忿恚时小 16. 大所无皆〈〉暴害下高所无皆〈〉17. 恶骂乃至声高天雷犹如眼中火出 18. 若福为时善心微劣始心起时多 19. 福作欲末遂减少初速为欲后不 20. 速〈〉心不至因日日空过心懈怠 21. 以渐渐已忘是者罪作时心意刚 22. 强福为时意心劣弱此刻善微因 23. 以何云恶极报离矣契经中言忏 24. 悔者罪无灭不若忏悔之时五体 25. 地投大山崩如身命不惜者灭罪 26. 因缘为人真是相与刚强心修自

俄藏本：1. 𗷅𗹦𗣼。[34] 𗙏𗜓𗾺𗱒𗿬𘝣𗹬、𗾔𘐈𗹙 2. 𗋽𗈈，[35] 𗾫𗫨𗡪𗇋𗗙𗗙𗤙𗫨。𗩾𗳉𗈈，3. 𗂧�𘟣𗰖𘞵𘐈𗗙𗥦[36]，𗂧�𗺌𗣀𘃧 4. 𘝙𘜶𗱷[37]。𗤙𘈈𗂧𗂧𗅫𗰖，𗂧𗓟𗤊𗘉 5. 𗱷[38]；𗤙𘈈𗤨𗂧𘝙𗫽𗱷𘔼𘝣𘔼𗠣𗟷𗢶[39]，6. 𗷖𗣗𗈈𗘉。𗂧�𗤗𘂋𗔊𗾏𗳉𘙌𘟣 7. 𗱷[40]。𗱖𗎰𗱷，𘝔𗳉𗱒𘕛𗟇𗺌𗫨、𗺥𗇋 8. 𗳉𗵃，𗤮𗦳𗾺𗤮𗵃𗱷𘔼𗧘𗗰？[41] 𗥩𗈁 9. 𗾺𗧘𗱷[42]：𗷇𗺲𗇋𘍟[43] 𗺥𘄄𗾺𗵃 𘃧𗾺 10. 𘜶；𘔼𗿰𗤨𗥦𗺥𗵃𘜼𘔼𘃧𗾺𗳉𘟣 11. 𗈈[44]。（𗾠𗫽）𗤙𗱖𘔼𗇋𗹬𗾔 𗿬，𗋽𗬩𘜶𘝣 12. 𘔼𗕑[45]，𗱖𗾺𗤰𘞵？𗴻𗩾𗊀[46]𗾔，𗊀𗩾𘒤 13. 𗾔，𘒤𗩾� 𗾔，� 𗩾𗴻𗾔，𗪂𗾔𘒤𗾔 14. 𘒤𗪂、𘒤𗣼𗂧𗤙�[47]𗘉𗨔�🬼𗬈𗵄 15. 𘊄𘕙 𗚴𗣼𗣼；𗘉𗨔�🬼�8𗉅𗚴𗈁 16. 𘔵𗣼�𗣼[48]；𗘉𗨔�🬼𘒙𘟓𗚴𗈁𘔼 17. 𗣼𗾅；𗘉𗨔�🬼𘕛𗷍𗶎𗼁𘍟𗪁 18. 𘟣𗣼𗵃；𗘉𗨔�🬼𗁣𘓫𗵃𗣼𗵃𘏬 19. 𗔐𘞵𗣼𗵃。𗱒𗢛𗺲𘞵，𘝔𗱀𘜼𗚴𘄄 20. 𘒤𗥦𗣼𗱖[49]，𘜵�🬼𗺌𘃑𘟐�🬼𗉶𗈈[50]。𗲀 21. 𗱖𗎰𗣼𗢛𗺲，�🬼𗣼�8𘔼𗚴𗣼𗵃𗱒 22. 𗱷。𗲀𗵃𗾺�8，�8�𗉅𗊀𗱒𘔨𗉅�6 23. 𗫨；𗱒𗵃𗱒�🬼𗣟�🬼𗗙𗱒𗱷。𗗙𗿰�8 24. 𗵃[51]，�8𗩱𘊄𗣼。𗱖𗮀�🬼𘜼[52]，�1𘈈𗈁🬼 25. 𗣼𗵃。𗱒�〈𘟣𗱒𗄈�〈𗾔𘐈𗣗，𗲀𘒤 26. 𗫽𗂸𘒙𗱒𗣗𗾜𗗙[53]𗣼 �〈𗵃𗱷𗄈𗚶𗷅

对译：1. 各思念已生来今此忿责罪几次 2. 所作身命不惜捍劳苦受忏悔作 3. 暂时道行便厌倦生暂时礼拜气 4. 力不言或复暂身端坐暂消息应 5. 言或复此身力已可过不劳使 6. 将养为应暂时生在死于不胜乎 7. 言此虽言则复我佛〈〉礼敬塔 8. 扫拭办难者办〈〉〈〉处何有故 9. 契经中言懈怠逸放中一善产生者 10. 无无敬自恣中小福产生者无有 11. 矣某甲等此刻人形虽得所多正道 12. 与背此者何云旦从午至午从暮 13. 至暮从夜至夜从晓至乃至一时

14. 一刻一念暂顷时片心以三宝 15. 四谛〈〉无报念片心以父母之 16. 恩无报念片心以师长之恩 17. 无报片心以布施戒持辱忍进 18. 精无欲片心以禅定习学智慧 19. 业修无欲今捡挍试则清白之法 20. 一复无有烦恼障重眼前多矣若 21. 此如不捡察则又自德功不少我 22. 言设小善有亦我既作能他作不23. 能我既行能他行不能言无敬自 24. 傲傍人无若此追思〈〉则实羞耻 25. 可矣今大众面前众罪忏悔愿心 26. 喜布施后障当〈〉无又大众亦自各

俄藏本：1. [illegible]，[illegible] 2. [illegible][54]，[illegible][55]，[illegible]？3. [illegible]，[illegible]，4. [illegible][56]？[illegible]，[illegible] 5. [illegible]。[illegible][57]，[illegible] 6. [illegible][58][illegible]。[illegible]，[illegible] 7. [illegible][59]。[illegible][60]。[illegible] 8. [illegible]；[illegible][61]。9.（[illegible]）[illegible][62]，[illegible] 10. [illegible]，《[illegible][63][illegible] 11. [illegible]①

对译：1. 身心浣洗宜果报证长并向具所 2. 说何云此刻自满心放舍离不求 3. 大众我是如罪作未曾我罪既无 4. 忏悔何须莫言若此念当有复即 5. 愿除灭微几咎积渐渐大成小意 6. 不适便嗔恚起性习已成改革可 7. 不心意禁遏逸放可不若忍能则 8. 方烦恼除若怠惰则益得甚何有 9. 某甲等今日诸佛念力及诸大菩萨 10. 本誓愿力承罪业果报地狱之教 11. 化

中藏本第 170 页：1. [illegible]》[illegible]，[illegible]：[illegible][64]，2. [illegible]，[illegible] 3. [illegible]、[illegible]，[illegible]、[illegible]、[illegible]、4. [illegible]、[illegible]。[illegible] 5. [illegible]：[illegible]，[illegible] 6. [illegible]、[illegible]、[illegible]，[illegible][65]。[illegible] 7. [illegible][66][illegible]，[illegible]；[illegible] 8. [illegible]；[illegible]；[illegible]。[illegible] 9. [illegible]，[illegible]，[illegible]。[illegible] 10. [illegible][67]，[illegible][68]，[illegible]

对译：1. 契经说自各静虑一心谛听是如闻我 2. 一时佛王舍城［耆阇崛］山中住［菩萨摩 3. 诃萨］声闻眷属亦［比丘］［比丘尼］［优婆塞］4.［优婆夷］诸天龙鬼神等与皆悉集会尔 5. 时信相菩萨佛〈〉言白世尊今地狱饿 6. 鬼畜生

① “[illegible]”（化）下内容衔接中藏本。

奴婢贵富贫贱种种类有 7. 假若众生佛法说闻孩子母见如病人医 8. 得如衣无衣得如暗中灯秉如世尊法 9. 说众生之利益复是如尔时世尊法说 10. 时观言时至知诸菩萨亦心归劝请即

中藏本第 171 页：1. 𗧁𗊏𗈁𗖻𗄿𗢳𗤶𗆟，𗏁[囗囗囗囗]𗋒𗐯𗄊 2. 𗡞，𗅆𗏨𗲆𗏨𗤋𗱕𗧧𗤋 3. 𗤁𗤁，𗤋𗢳𗄈𗱕，𗤋𗖵𗣷𗄑。𗸐𗦴𗈪𗏨𗖻 4. 𗎫𗈪𗀔，𗆟𗐯𗀔𗺉，𗧓𗾔[69]𗢳𗴮，𗆟𗱕𗤋𗤕 5. 𗳉𗒬𗤔𗣷。

对译：1. 眉间毫白相上光放十方无量世界普 2. 照地狱病苦休息安宁尔时苦受众生 3. 一切佛光明随佛所乃来七匝围绕心 4. 至作礼世尊〈〉请道法广宣诸众生等 5. 解脱蒙得

意译、注释（俄藏本，中藏本第 170 页第 1 行—171 页第 5 行）

今日道场同业大众，应各自觉悟起惭愧心。

经言：作善报善，作恶报恶。此五浊恶世不可作恶。作善得善报，为恶受恶报。善恶少矣，莫言无报。立此《忏法》者，经言：莫轻小善莫言无福，水滴虽微渐盈大器，小善不积者无可成圣；莫轻小恶莫言无罪，小恶集聚能使身灭。

大众当知，吉凶祸福者皆由心作，若不作因亦不得报。殃积罪大肉眼不见，诸佛所说谁敢不信。我等相与各自现身强健，苟自力随善不勤学者，临死改悔无所得利。今各自皆知有罪，如经说既自知其罪，岂得不舍恶不修善？今生假若不能诚心，舍此形复必定堕地狱。此者何云？若为罪时，未尝不起暴恶毒心、怀恨深重等心。若人嗔时，已来杀心；若生嫉时，眼不欲见人胜好；若恨人必定使陷于苦处；若鞭挞人，使受极楚苦；若忿恚时，无所大小皆于暴害，无所高下皆于恶骂，乃至声高犹如天雷，眼中出火；若为福时，善心微劣；始起心时欲多作福末遂减少，初欲为速后不速。因心不至终日空过，心懈怠渐渐已忘。是者作罪之时心意刚强；为福之时心意劣弱。今以弱善之因，岂可离报极恶矣？

经云：忏悔者，无罪不灭。若忏悔之时，五体投地，如大山崩。不惜身命者，为灭罪因缘是真人。相与修刚强心，各自思念。已生来今所作此忿责、几次罪，不惜身命捍劳受苦。作忏悔，暂时行道便生厌倦，暂时礼拜不言气力。或复暂身端坐，暂言应消息；或复使此身力不可过劳应为将养，言暂时在生胜于不死乎。言虽此，则我复处礼佛、扫塔，何处有办难办者？

故经言：无一善从懈怠放逸中产生；无有小福从憍慢自恣中产生矣。

（某甲）等今日虽得人形，所多与正道背，何以知然？从旦至午，从午至暮，从暮至夜，从夜至晓，乃至一时一刻、一念暂顷无片心念三宝四谛；无片心报念父母之恩；无片心报师长之恩；无片心欲布施持戒忍辱精进；无片心欲学习禅定修智慧业。今试捡挍，则清白之法无一复有，烦恼重障眼前多矣。若不如此捡察，则又自言我功德不少。设有小善，亦言我既能作他不能作；言我既能行他不能行。无敬自傲傍若无人，追此而思实可羞耻矣。今大众面前忏悔众罪，愿布施欢喜当后无障。又大众亦宜各自浣洗身心，果报长证具如向所说，岂得此刻放心自满，不求舍离？大众莫言我未曾作如是罪，莫言我无罪，莫言何须忏悔。若当有此念，复愿即除灭。积微几咎渐渐成大，小不适意嗔恚便起。性习已成不可改革，心意不可禁遏放逸。若能忍则方除烦恼；若怠惰则何有甚益得。

（某甲）等今日承诸佛念力、及诸大菩萨本誓愿力，说《罪业报应教化地狱经》，宜各静虑一心谛听：

如是我闻，一时佛住王舍城耆阇崛山中，与菩萨摩诃萨、声闻眷属，亦与比丘、比丘尼、优婆塞、优婆夷及诸天龙鬼神等皆悉集会。

尔时信相菩萨白佛言：世尊，今有地狱饿鬼、畜生、奴婢贫富贵贱，有种种类。假若有众生闻佛说法，如孩子见母，如病得医，如无衣得衣，如暗中秉灯。世尊说法，利益众生，复如是。尔时世尊说法时至言观时，知诸菩萨亦归心劝请，即放眉间白毫相光，普照十方无量世界，地狱苦病休息安宁。尔时一切受罪众生，随佛光明乃来佛所，绕佛七匝至心作礼，劝请世尊广宣道法，（令）诸众生得蒙解脱。【参见《大正藏》[0933a06—0933c09]】

　[1] 蒻：报，《大正藏》作“得”。下同。

　[2] “𗰖𗫡𗰖蒻𗗿，𗰱𗫡𗰱蒻𗰱”：“作善得善报，为恶受恶报”，《大正藏》作“善不失善报。为恶自招殃”。

　[3] “𗰖𗰱𗱟𗗟，蒻𗫻𗱟𗹟”：“善恶少矣，莫言无报”，《大正藏》作“莫言轻脱”。

　[4] 𗱟𗹟：莫言，《大正藏》作“以为”。

［5］𗑱𗏁𗦻𗡊𗘘𗤁：集聚能使身灭，《大正藏》作"所积足以灭身"。

［6］𗥽：报，《大正藏》作"果"。

［7］𗥃𗽀𗙏𗥃：自各现身，《大正藏》作"生世"。

［8］"𗓱……𗆶……"："苟不……"，《大正藏》乙本作"复不……"。

［9］𗤋𗣼𗥐𗡞𗤁𗩾𗙏𘝢：临死改悔无所得利，《大正藏》作"临穷方悔亦何所及"。

［10］𗥃𗽀𗏴𗥃𗦳𗦲：自各皆知有罪，《大正藏》作"已共见一切过患"。

［11］𗏹𗤛𗦲𗆶𗩾𗩾𗆶𗣓：何云不舍恶不修善，即《大正藏》作"岂得不舍恶从善"。"𗏹𗤛"（何云），即"岂得"。

［12］𗙏𗤛：诚心，《大正藏》作"用心"。

［13］𗤛：舍，《大正藏》作"判舍"。

［14］𘃎𗤛𗏹𗤛：此者何云，在本经中分别对应《大正藏》本"何以知之"、"何以故尔"、"何以知然"。下同。

［15］𗓱𗏴𗤛𘑲：若为罪时，即《大正藏》作"今见为罪之时"。

［16］"𗤊𗙏𗥙𗦲、𗦳𘂤𗫉𗘚𗙏𗤺𗥑𗤻𗥐𗦲𘝢"："未尝不起暴恶毒心、怀恨深重等心"，《大正藏》作"未尝不含毒猛烈怀恨深重"。"𗥙𗦲"（暴恶），对应汉文"猛烈"。

［17］"𗓱𗤺𗙏𗫅𘑲，𘃣𗙏𘎵𗢸"："若人嗔时，已来杀心"，《大正藏》作"若嗔一人必欲令死"。本页第14行两处"𗤺"（人），《大正藏》均作"一人"。

［18］"𗓱𗧹𗫅𘑲，𘉍𗙏𗈁𘖑𗡞𗦲𗢸𗯿"："若生嫉时，眼不欲见人胜好"，《大正藏》作"若嫉一人恶见其好"。

［19］𘖑𗠬𗡯𗤛𗏴：使受极楚苦，《大正藏》作"穷天楚毒"。

［20］𗓱𗫉𘏇𘑲：若忿恚时，《大正藏》作"忿恚"。

［21］"𘘣𗱀𗥑𘝢𗫅𗙏𗦲𘄏，𘘦𘗉𗥑𘝢𗫅𗙏𗏴𘑲"："无所大小皆于暴害，无所高下皆于恶骂"，《大正藏》作"暴害不避尊卑。恶骂丑言无复高下"。

［22］𗪼𘝰𗤏𘈖𘛳𗤋：声高天雷犹如，即《大正藏》作"声震若雷"。"𗤏𘈖𘛳𗤋"（犹如天雷），在第四卷（图版第238页第2行）又对应汉文"如天震雷"。

［23］𗓱：若，《大正藏》作"至于"，在下文中又对应"每至"。

［24］[illegible]：始起心时欲多作福，《大正藏》作“始欲为多”。

［25］[illegible]：初欲为速后不速，《大正藏》作“初欲速营续后且住”。

［26］[illegible]：因心不诚日日空过，《大正藏》作“心既不至日月推迁”。[illegible]，日日空过、终日空过，对应汉文“日月推迁”。

［27］[illegible]：心懈怠渐渐已忘，《大正藏》作“如是进退遂就忘失”。

［28］[illegible]：心意，《大正藏》作“心气”。

［29］[illegible]：心意，《大正藏》作“志意”。

［30］[illegible]：何云离报极恶矣，《大正藏》作“求离强恶之报。岂可妄得”。“[illegible]”（何云），对应汉文“岂可”。下同。

［31］[illegible]：五体投地，《大正藏》作“必须五体投地”。

［32］[illegible]：不惜身命者，即《大正藏》作“此云不惜身命”。

［33］[illegible]：是真人，《大正藏》无此语。

［34］“[illegible]，[illegible]”：“相与修刚强心，自各思念”，《大正藏》乙本作“殷勤督励。相与各省”。“[illegible]”（思），底本形误作“[illegible]”（嵬），乙正。

［35］“[illegible]、[illegible]”：“已生来今所作此忿责、几次罪”，《大正藏》作“今生已来曾经几过。作此忿责”。

［36］[illegible]：暂时行道便生厌倦，《大正藏》乙本作“旋绕便生厌倦暂时”。“[illegible]”（行道），对应汉文本“旋绕”。“[illegible]”（便），底本形错，径改。

［37］[illegible]：不言气力，《大正藏》作“已言气力不堪”。

［38］[illegible]：暂言应消息，《大正藏》作“复言应须消息”。“[illegible]”（应），底本形错，径改。

［39］[illegible]：或复此使身力不可过劳，《大正藏》作“或言四体不可过劳”。“[illegible]”（或），底本笔画错，“[illegible]”（可）形误作“[illegible]”（不），径改。

［40］[illegible]：言暂时在生胜于不死乎，《大正藏》作

"不可使困。一伸脚眠差如不死"。𘟂，底本笔画错。"𗫂𗦊𘟂"（不胜于），
对应于汉文"差如"。

［41］"𗒟𘃞𗫴，𗥃𗦊𗎬𗸑𘕿𗆀𘄿、𗰖𘒣𗋒𗩮，𗼞𗠇𘔂𗼞𗫴𘄿𗴭𘏽𘄽"："言虽此，则我复礼佛、扫塔，何处有办难办者"，《大正藏》作"何处复忆
我应礼佛。扫塔涂地办所难办"。

［42］𗈁𗹐𗆀𘍞𗫴：故契经中言，《大正藏》作"且经教所明"。

［43］𗍫𗞞：放逸，即《大正藏》作"懒堕"。

［44］𘄿𘟂𗣀𗄁𗈩𗥃𘝿𗸒𗫂𗠇𘏽：无有小福无敬自恣中产生者矣，
《大正藏》作"无有一法从憍慢自恣中得"。"𘄿𘟂𗣀𗄁"（无敬自恣），在此
又对应汉文"憍慢自恣"。

［45］𘃢𘔵𘕰𘟣𘄿𘏷：所多与正道背，《大正藏》作"心多背道"。

［46］𗬞：午，《大正藏》作"中"。午，即中午。下同。

［47］𘟟𗕥𗎸𗢲𘒣：一念暂顷，《大正藏》作"一念一顷"。

［48］𗃀𗕥：报念，《大正藏》作"报"。

［49］𘟟𘃞𘟂𘏽：无一复有，《大正藏》作"无一可论"。

［50］𘎃𗰖𗧃𘏽：眼前多矣，《大正藏》作"森然满目"。

［51］𘄿𘟂𗣀𗄁：无敬自傲，即《大正藏》作"意气高傲"。

［52］𘃢𘓨𘍞𘕿：若此追思，《大正藏》作"追此而言"。

［53］"𘕿𗤟𗰗𘕰……𗹐𗦳𗄂𗫴"："忏悔众罪，当后无障"，《大正藏》
丽本和乙本作"披诚发露忏悔众罪……将来无障"。"𗹐……𗄂"（当后），对
应汉文"将来……"。

［54］𗴭𘕾𘂽𘔵𘃞𘕿𘔘𘃢𗫴：果报长证所说具向，《大正藏》作"果报之
征具如向说"。征，证明，证验，征兆、迹象。𘕿，前。向，从前。

［55］𗭷𗪴𘃢𘄿𘑾𘃢𘔘𗩱：何云此刻放心自满，《大正藏》作"岂得
自宽"。

［56］"𗧃𘕾𘕰𘃢𗕥𗰗𘅡𘓨𘘦，𘕰𗰗𘃞𘑾，𗎬𘕿𘅡𘝿𘄿𗫴"："大众莫言
我未曾作如是罪，我既无罪，何须忏悔"，《大正藏》作"大众莫言。我无是
罪。我既无罪。何须忏悔"。"𘅡𘝿"（未曾），底本形错，径改。

［57］𗆀𘓨𗎬𘔵𘎰𘎰𗆀𘕰：积微几咎渐渐成大，《大正藏》作"且几微小
失已成大咎"。

[58] 𗱕𗆐𗧾𗼃：小不适意，《大正藏》作"瞥然之恨"。此4字西夏文，在卷五（图版第282页第1行）、六（图版第355页第3行）对应汉文"小不适意"。

[59] 𗥤𗏁𗆟𗸐𗫡𗄼𗤁𗫻：性习已成不可改革，即《大正藏》作"性与习成难可改革"。"𗸐"（已）、"𗫡"（革）底本形误，径改。

[60] 𗫻𗿟𗆟𗮔𗙏𗽬𗆟𗧪：心意不可禁遏放逸，即《大正藏》作"心不可纵意不可逼"。

[61] 𗱈𗫷𗯴𗦳𗪊𗗙𗆟𗤁𗴂：若怠惰则何有甚益得，《大正藏》作"如其怠惰未见济度"。"𗫷𗯴"（怠惰），底本形错，径改。

[62] 𗯼𗤁：念力，《大正藏》作"慈悲念力"。

[63] 𗳤𗴂：字面意为"果报"，《大正藏》作"报应"。果报，即由过去业因所招感之结果。此为梵语之意译，又作"异熟、果熟、报果、应报、异熟果"。下同。西夏文也以"𗴂𗧃"（报应）或"𗴈𗴂"（华报）来翻译。

[64] 𗤋𗥼𗤁𗫻：如是我闻。后3字，底本残缺不清，据文意补。本页第2行1字和第171页第1行3字均残缺，同此补。

[65] 𗆈𗆈𗰖𗴂：有种种类，《大正藏》作"种类若干"。

[66] 𗪊𗤁：假若，《大正藏》作"凡"。

[67] 𗾓𗏵𗫦𗥦𗤑𗥦𗤑𗫦𗫻：世尊说法时至言观时，《大正藏》作"世尊观时已至"。

[68] 𗥤𗵘𗪊𗴩：劝请归心，《大正藏》作"劝请殷勤"。

[69] 𗠌𗫦：道法，《大正藏》作"道化"。

录文、对译（中藏本第171页第6行—174页第6行）

第171页：6. 𗵘𗥃𗂸𗋏𗤋𗤁𗆈𗫻，𗤋𗰖𗥤𗵘，𗾓𗵘𗥦 7. 𗴩𗴂。𗙏𗄼𗫱𗱈𗅆[1]，𗄅𗾓𗏵𗆈，𗆐𗫻𗄼𗥱 8. 𗴂。𗆐𗪊𗥤𗵘𗂸𗵘𗥤𗤑，𗆐𗸐𗗙𗆟，𗥼𗪊 9. 𗴂𗫻𗫷𗭽，𗾓𗵘𗫡𗫡𗱈𗴩𗴂。𗄅𗆐𗱕𗫷 10. 𗵘𗾓𗆐𗤋𗧃，𗄅𗱈𗴂𗑠。𗆐𗙏𗾓𗫷𗱕𗆐

对译：6. 今日道场业同大众我今心诚诸佛〈〉 7. 劝请亦皆前〈〉如愿诸众生皆解脱当 8. 得相与心诚痛切心等五体地投十方 9. 虚空界尽诸佛一切〈〉劝

请愿慈悲力 10. 以诸苦恼救安乐得令又复世间大慈

172 页：1. 𗟲𗟲𗟲𗟲𗟲。2. 𗟲𗟲𗟲𗟲！𗟲𗟲𗟲𗟲𗟲！3. 𗟲𗟲𗟲𗟲！𗟲𗟲𗟲𗟲𗟲𗟲！4. 𗟲𗟲𗟲𗟲𗟲！𗟲𗟲𗟲𗟲𗟲！5. 𗟲𗟲𗟲𗟲𗟲！𗟲𗟲𗟲𗟲！6. 𗟲𗟲𗟲𗟲𗟲！𗟲𗟲𗟲𗟲𗟲！7. 𗟲𗟲𗟲！𗟲𗟲𗟲𗟲𗟲！8. 𗟲𗟲𗟲𗟲！𗟲𗟲𗟲𗟲𗟲！9. 𗟲𗟲𗟲𗟲！𗟲𗟲𗟲𗟲𗟲！10. 𗟲𗟲𗟲𗟲！𗟲𗟲𗟲𗟲𗟲！

对译：1. 悲主〈　〉劝请 2. ［南无］［弥勒］佛［南无］［释迦牟尼］佛 3. ［南无］梵天佛［南无］不退轮转首成佛 4. ［南无］大光兴王佛［南无］法种尊佛 5. ［南无］日月灯明佛［南无］［须弥］佛 6. ［南无］大［须弥］佛［南无］［须弥］超出佛 7. ［南无］香像佛［南无］香勋围绕佛 8. ［南无］净光佛［南无］香自在王佛 9. ［南无］大集佛［南无］香光明佛 10. ［南无］大光佛［南无］无量光明佛

第 173 页：1. 𗟲𗟲𗟲𗟲𗟲𗟲！𗟲𗟲𗟲𗟲𗟲𗟲！2. 𗟲𗟲𗟲𗟲𗟲！𗟲𗟲𗟲𗟲𗟲！3. 𗟲𗟲𗟲𗟲𗟲！𗟲𗟲𗟲𗟲𗟲！4. 𗟲𗟲𗟲！𗟲𗟲𗟲𗟲！𗟲𗟲𗟲𗟲！5. 𗟲𗟲𗟲𗟲𗟲𗟲𗟲𗟲𗟲𗟲，𗟲𗟲𗟲𗟲𗟲 6. 𗟲𗟲（𗟲𗟲𗟲𗟲）。7. 𗟲𗟲𗟲𗟲𗟲𗟲𗟲𗟲𗟲𗟲𗟲𗟲𗟲𗟲𗟲 8. 𗟲𗟲𗟲𗟲。𗟲𗟲𗟲[2]𗟲𗟲𗟲𗟲，𗟲𗟲 9. 𗟲𗟲𗟲𗟲𗟲𗟲𗟲𗟲𗟲𗟲[3]；𗟲𗟲𗟲𗟲𗟲 10. 𗟲𗟲𗟲[4]，𗟲𗟲𗟲𗟲𗟲𗟲𗟲𗟲；𗟲𗟲𗟲𗟲

对译：1. ［南无］师子游戏菩萨［南无］师子奋迅菩萨 2. ［南无］坚勇进精菩萨［南无］金刚慧菩萨 3. ［南无］身边无菩萨［南无］世音观菩萨 4. ［南无］［佛陀］［南无］［达摩］［南无］僧［伽］5. 又复是如十方虚空界尽三宝一切〈　〉6. 依归一遍礼拜 7. 唯愿大慈悲以诸苦恼众生一切〈　〉救 8. 拔解脱当得恶改善修复恶不为今日 9. 之后必定三恶道内不堕身口意净恨 10. 心不怀诸业障离清净业得众邪一切

第 174 页：1. 𗟲𗟲𗟲𗟲𗟲[5]，𗟲𗟲𗟲𗟲𗟲𗟲𗟲𗟲；𗟲𗟲 2. 𗟲𗟲𗟲𗟲𗟲𗟲[6]，𗟲𗟲𗟲𗟲𗟲𗟲𗟲𗟲[7]；𗟲 3. 𗟲𗟲𗟲𗟲𗟲𗟲𗟲，𗟲𗟲𗟲𗟲𗟲𗟲𗟲𗟲 4. 𗟲𗟲𗟲𗟲𗟲𗟲𗟲𗟲，𗟲𗟲𗟲𗟲𗟲𗟲𗟲𗟲 5. 𗟲𗟲[8]。𗟲𗟲𗟲𗟲𗟲𗟲𗟲𗟲𗟲，𗟲𗟲𗟲𗟲[9]，6. 𗟲𗟲𗟲𗟲，𗟲𗟲𗟲𗟲。

对译：1. 复心动不能常四等行进精勇猛无量 2. 边无众德本植身舍身受恒安处生三 3. 恶苦念［菩提］心发菩萨道行不休不息 4. 六度四等常现前得三明六通意如自 5. 在来诸佛境界内游戏出入阻障无有 6. 菩萨与等俱正觉成

意译、注释（中藏本第 171 页第 6 行—174 页第 6 行）

今日道场同业大众，我今诚心劝请诸佛。亦皆前如，愿诸众生皆当得解脱。相与诚心等痛切心，五体投地。劝请十方尽虚空界一切诸佛，愿以慈悲力，救诸苦恼令得安乐。又复劝请世间大慈悲主。

南无弥勒佛！南无释迦牟尼佛！南无梵天佛！南无不退转轮成首佛！南无大兴光王佛！南无法种尊佛！南无日月灯明佛！南无须弥佛！南无大须弥佛！南无超出须弥佛！南无香像佛！南无围绕香勋佛！南无净光佛！南无香自在王佛！南无大集佛！南无香光明佛！南无大光佛！南无无量光明佛！南无师子游戏菩萨！南无师子奋迅菩萨！南无坚勇精进菩萨！南无金刚慧菩萨！南无无边身菩萨！南无观世音菩萨！南无佛陀！南无达摩！南无僧伽！

又复归依如是十方尽虚空界，一切三宝（一拜）。唯愿以大慈悲来救拔一切众生，诸苦恼当得解脱。改恶修善不复为恶，今日之后必定不堕三恶道内；身口意净不怀恨心，离诸业障得清净业；一切众邪亦不能动心，常行四等精进勇猛；无量无边植众德本，舍身受身恒生安处；念三恶苦发菩提心，行菩萨道不休不息；六度四等常得现前，三明六通如意自在。出入游戏诸佛境界内无有阻障，等与菩萨俱成正觉。【参见《大正藏》[0933c10—0934a08]】

[1] 𗏹𗆧𘄄𗄛𗎫：亦皆如前，即《大正藏》作"亦复如是"。

[2] 𗿦𗦲𗠁𘃭：改恶修善，《大正藏》作"改往修来"。

[3] 𗍫𗰔𘄴𗆀𗤵𗤳𘉋𗸰𘃽𘝏𗋽：今日之后必定不堕三恶道，《大正藏》作"从今日去毕竟不复堕于三途"。"𗍫𗰔𘄴𗆀"（今日之后），对应汉文"从今日去"。下同。

[4] 𗦾𘈪𘄄𗅲：不怀恨心，《大正藏》作"不念人恶"。

[5] 𗏹𘈩𗷆𘝵𘏣：亦不能动心，《大正藏》作"不复能动"。

[6] 𘝵𗎁𗉞𘅍𗽋𗏮𘃭𘝵：无量无边植众德本，《大正藏》作"植众德本所为无量"。

[7] 𗉞𘕕𗎪𘘣：恒生安处，《大正藏》作"恒生福地"。

[8] "𘊞"（来），用在长句"𘏣𗆫𗏮𗋽𗋽𗷖……𗏮𘟗𗼮𗿉𘊞"（唯愿以大

慈悲来……如意自在）之后，表示要做某事。

［9］[illegible]：无有阻障，《大正藏》无此句。

录文、对译（中藏本第174页第7行—177页第9行）

第174页：7. [illegible]，[illegible]，[illegible] 8. [illegible]，[illegible][1]：[illegible] 9. [illegible]，[illegible]。[illegible] 10. [illegible]，[illegible][2][illegible]，[illegible]，[illegible]

对译：7. 今日道场业同大众怖畏心起慈悲心 8. 起心归谛听尔时世尊眉间毫白相上 9. 光放六道众生一切上遍照尔时信相 10. 菩萨诸众生〈〉慈愍因故座处〈〉起佛

第175页：1. [illegible]，[illegible]，[illegible]：[illegible]，[illegible] 2. [illegible]，[illegible]，[illegible] 3. [illegible]，[illegible][3]，[illegible][4][illegible]，[illegible] 4. [illegible]。[illegible][5]，[illegible]，[illegible][6]？5. [illegible]：[illegible]，[illegible][7]，[illegible][8][illegible]，[illegible] 6. [illegible][9]。[illegible]，[illegible][10]。[illegible] 7. [illegible][11]，[illegible]。[illegible] 8. [illegible][12]。[illegible]，[illegible][13]，[illegible]，[illegible] 9. [illegible]，[illegible]，[illegible] 10. [illegible]，[illegible][14]。[illegible]，[illegible]，[illegible]

对译：1. 面前至膝跪掌合佛〈〉言白世尊若 2. 众生有诸地狱头主〈〉〈〉碓以身剉顶自 3. 足至皆斩为斩为讫风巧活使复 4. 斩之为此如苦受休息无有何罪因得 5. 佛言是诸众生先过去世三宝不信 6. 供养不做恶逆心兴父母〈〉不孝顺屠斩 7. 魁脍为曾众生〈〉杀害是因缘以故苦 8. 报受复众生有身体皆痹眉须〈〉落身 9. 举洪烂亲族〈〉厌所见人无旷野处宿 10. 如足迹无有是如恶报名者癞疮何

第176页：1. [illegible]？[illegible]：[illegible]，[illegible] 2. [illegible]、[illegible]、[illegible][15]，[illegible] 3. [illegible]，[illegible][16]，[illegible]，[illegible] 4. [illegible]。[illegible][17]，[illegible][18]。[illegible]，5. [illegible][19]。[illegible]，[illegible]。[20][illegible] 6. [illegible]。[illegible]，[illegible]，7. [illegible]，[illegible]，[illegible]，[illegible] 8. [illegible]。[illegible]。[illegible]，9. [illegible]，[illegible]？[illegible]：[illegible] 10. [illegible]，[illegible]，

𗗉𗊱𗰜𗰔，𗖵𗊱𗼻𗟲。[21] 𗴖𗵘

对译：1. 因缘以故苦报受佛言先过去世三宝不 2. 信父母〈〉不孝塔破众园坏行行者 3.〈〉无理衣服剥为贤圣〈〉斫射师长〈〉4. 伤害心反复无恩背负弃尊上〈〉玷污 5. 犬技艺为辈近辈远等处惭愧心无是 6. 因缘以故苦报受复众生有身体长大 7. 聋騃足无宛转腹行惟土泥纯食其以 8. 命活诸虫蛆小〈〉嚼食所为昼夜苦受 9. 休息无有何罪因得佛言先过去人为 10. 时自用为因言好不信自用随为父母

第177页：1. 𗀔𗗉𗊱𗠬𗰔，𗿒𗰜𗊱𗴖[22]。𗴖𗵘𗰜[23] 𗫂，𗴖𗰰 2. 𗰔[24]、𗏵𗆧𗒅𗈜、𗼻𗭪𗰜𗈜、𗴖𗫔𗀊𗊱，[25] 𗈁 3. 𗰜𗴖𗶷𗊱𗰔𗫨𗰔𗴖𗗉𗵘𗈚，𗰰𗫂𗊱𗈁。[26] 4. 𗍴𗰜𗗟𗫨𗈚𗈁𗺉𗈜。𗊱𗉝𗟲𗰔，𗵣𗨁𗉈 5. 𗶷[27]，𗴖𗰰𗶷𗈜。𗴖𗼻𗼻𗈁，𗴖𗾔𗵘𗵘。𗗟𗫨 6. 𗴖𗖵，𗊱𗰜𗄉𗈚。𗀊𗰜𗊱𗵘[28]，𗈁𗎁𗰜𗈜？𗼻 7. 𗗉：𗰜𗐜𗊱𗰰，𗈁𗆧𗊱𗒅，𗼻𗾔𗳉𗈜。𗾔𗶷 8. 𗴖𗗟，𗆧𗟲𗀔𗈁𗵘。[29] 𗊱𗌭𗈜𗺉𗊱𗰜𗆧𗈜[30]。9. 𗍴𗰜𗗟𗫨𗈚𗈁𗺉𗈜。

对译：1.〈〉言戾反逆孝顺不行或国王为或大 2. 臣为四方主持城乡长令勤事决断势 3. 力恃依无理以庶民〈〉物夺苦贫受使 4. 是因缘以故苦报受复众生有二目盲 5. 瞑都见所无或树木抵或沟坑堕其以 6. 已死更复身受复前如为何罪因得佛 7. 言先过去世罪福不信佛光明障他之 8. 眼缝众生〈〉坑陷头盛障阻不见〈〉使 9. 是因缘以故苦报受

意译、注释（中藏本第 174 页第 7 行—177 页第 9 行）

今日道场同业大众，起怖畏心，起慈悲心，归心谛听：

尔时世尊放眉间白毫相光，遍照六道一切众生。尔时信相菩萨，为慈愍诸众生故，即从座处起前至佛，膝跪合掌白佛言：世尊，今有众生，为诸地狱头主以剉碓身。自顶至足皆斩之为讫，巧风使活复为斩之。如此受苦，无有休息，因得何罪？佛言：是诸众生先过去世，不信三宝，不做供养。兴恶逆心，不孝父母。为斩屠魁脍，斩害众生。以是因缘，故受苦报。

复有众生，身体皆瘿。眉须堕落，举身洪烂。亲族厌无人所见，如宿旷野处，足迹无有。如是恶报，名之癞病。以何因缘故苦受报？佛言：以先过去世不信三宝、不孝父母、破塔坏众园，无理行行者，剥其衣服。斫射圣贤，伤害师长。心无反复，背恩负弃。玷污尊上，为犬技艺。近辈远辈等处，心无惭愧。以是因缘，故受苦报。

复有众生，身体长大。聋騃无足，宛转腹行。唯食泥土，以其活命。为诸小虫之所嚼食，昼夜受苦，无有休息，因佛何罪？佛言：先过去，随意自为，不信好言，随意自为。言戾反逆父母，不行孝顺。或为国王，或为大臣、四方主持、城乡令长、勤事决断，依恃势力无理夺庶民物，使受贫苦。以是因缘，故受苦报。

复有众生，两目盲瞑都无所见。或抵树木，或堕沟坑。以其死已，更复受身。复为如前，因得何罪？佛言：先过去世，不信罪福，障佛光明。缝他之眼，坑陷众生。障阻盛头不使见。以是因缘故受苦报。【参见《大正藏》[0934a09—0934b08]】

[1] 𗧁𗧁𗧁𗧁：归心谛听，《大正藏》作"一心一意摄耳谛听"。汉文"摄耳"，西夏文以"𗧁𗧁"（归心）等意对应翻译。下同。

[2] 𗧁𗧁：慈愍、哀愍，《大正藏》作"愍念"。

[3] "𗧁𗧁𗧁𗧁𗧁𗧁𗧁𗧁𗧁𗧁……𗧁𗧁𗧁𗧁，𗧁𗧁𗧁𗧁"："为诸地狱头主以剉碓身……皆斩，斩之为讫"，即《大正藏》作"为诸狱卒剉碓斩身……斩之已讫"。𗧁𗧁，用在被动句中行为发出者之后，起介词作用，一般相当于汉语的"被"、"为"、"由"。下同。𗧁𗧁，"斩"、"斩之"。

[4] 𗧁𗧁：字面意为"风吹"，对应《大正藏》作"巧风"。巧风，为佛经中赋予众生生命的生命之风。参阅蒋冀骋《敦煌文书校读研究》（文津出版社1993年版，第262页）。

[5] 𗧁𗧁𗧁𗧁：受如此苦，《大正藏》作"受此苦报"。

[6] 𗧁𗧁𗧁𗧁：因得何罪，即《大正藏》作"何罪所致"。下同。

[7] 𗧁𗧁𗧁𗧁：先过去世，即《大正藏》作"以前世时"。下同。

[8] 𗧁𗧁：三宝，即《大正藏》作"三尊"。下同。

[9] 𗧁𗧁：不做，即《大正藏》作"不知"。

[10] "𗧁𗧁𗧁𗧁，𗧁𗧁𗧁𗧁𗧁𗧁"："兴恶逆心，不孝父母"，《大正藏》作"不孝父母。兴恶逆心"。

[11] 𗧁𗧁𗧁𗧁𗧁：屠斩魁脍，即《大正藏》作"屠儿魁脍"。𗧁𗧁，魁脍、斩斫。下同。

　　[12]〔西夏文〕：故苦受报，《大正藏》作"故获斯罪"。

　　[13]〔西夏文〕：皆痹，《大正藏》作"顽痹"。

　　[14]"〔西夏文〕"："亲族厌无人所见，如宿旷野处，足迹无有"。《大正藏》作"鸟栖鹿宿人迹断绝。亲族弃舍人不喜见"。

　　[15]〔西夏文〕：破塔坏众园，《大正藏》作"破塔坏寺"。〔西夏文〕，众园、众园宫。众园，梵文"僧伽蓝摩"（Saṃghârāma，略称僧蓝）之意译。在本经中对应汉文"寺"、"塔寺"、"精舍"。下同。

　　[16]"〔西夏文〕"："无理行行者，剥其衣服"，《大正藏》作"剥夺道人"。〔西夏文〕，无理。〔西夏文〕，字面意为"行行者"、"行行人"，即对应汉文"道人"。下同。

　　[17]〔西夏文〕：心无反复，《大正藏》作"尝无反复"。

　　[18]〔西夏文〕：背恩负弃，《大正藏》作"背恩忘义"。

　　[19]"〔西夏文〕"："玷污尊上，为犬技艺"，《大正藏》作"常行狗犬。玷污所尊"。

　　[20]"〔西夏文〕"："近辈远辈等处，心无惭愧"，《大正藏》作"不避亲疏。无有惭愧"。

　　[21]"〔西夏文〕"："随意自为，不信好言，随意自为"，《大正藏》作"为人自用。不信好言"。疑后一句"〔西夏文〕"为衍文，似应删除。

　　[22]"〔西夏文〕"："言戾反逆父母，不行孝顺"，即《大正藏》作"不孝父母。违戾反逆"。戾，违背、违反、违逆。

　　[23]〔西夏文〕：国王，《大正藏》作"地主"。

　　[24]〔西夏文〕：或作大臣，《大正藏》作"及作大臣"。

　　[25]"〔西夏文〕"："四方主持、城乡令长、勤事决断"，即《大正藏》作"四镇方伯。州郡令长。里禁督护"。

　　[26]"〔西夏文〕"："依恃势力无理夺庶民物，使受贫苦"，即《大正藏》作"恃其威势侵夺民物。无有道理使民穷苦"。"〔西夏文〕"（无理），对应汉文"无有道理"。

　　[27]〔西夏文〕：字面意"盲瞑"，《大正藏》作"失明"。

［28］𗱕𗣼𘃽𗢺：复为如前，《大正藏》作"既得生已还复如是"。

［29］"𗒀𗤑𗂢𗴺，𗭪𘂋𗤑𗫒𘃽"："缝他之眼，坑陷众生"，即《大正藏》作"缝闇他眼笼闭众生"。

［30］𗲆𗣼𗬬𘓶𗿢𗣼𗑌𗏹："障阻盛头不使见"，《大正藏》作"皮囊盛头不得所见"。

录文、对译（中藏本第 177 页第 10 行—180 页第 7 行）

第 177 页：10. 𗉩𗣋𗟰𘖑𗙈𘏵𗫶𘕰，𘓕𗟰𗣋𗴺𗭯𗫵[1]，𘏵

对译：10. 今日道场业同大众前契经中说者大

第 178 页：1. 𘏵𗯪𗫶。𗫽𗯨𗕪𘓕𘓶𗬀𗫶[2]，𘓶𘏵𗫒𘒸𘕰 2. 𗂢𗣟𗫾。𘓕𘃽𗯨𘓶，𗣟𘀄𘘅𘏵。𘜶𗟰𗣋𗦺 3. 𘄇𗣟𘖑𗫶。𗉩𗣋𗣋𗤧，𗬬𗫵𗣋𘆛，𘜶𘕰𗒀 4. 𘄒，𗰆𗫔𗣋𘕰𗣟𗫽𘙳𗫶𗫢。[3]𘓶𘏵𘐨𗫶，𘓶 5. 𘕰𗴺𗟰；𘃽𘏵𘐨𗫶，𘜶𘃽 𘜶𗬀[4]。𘓕𗰆𗷉𗣋 6. 𘏶𗫶𗤑𗤑。7. 𘉞𗫘𘏵𘕰𗫶！𘉞𗫘𗟰𘒸𗒀𘖑𗫶！8. 𘉞𗫘𗒀𗰀𘀄𗫶！𘉞𗫘𗿢𘓉𗒀𗫶！9. 𘉞𗫘𗿢𗒀𗫶！𘉞𗫘𗣋𗿢𗒀𗰀𗫶！10. 𘉞𗫘𘚷𗒀𗰀𗫶！𘉞𗫘𘃴𗋽𗫶！

对译：1. 怖畏可我等亦是罪作曾明无覆为忆 2. 知不能是如等罪无量边无未来世自 3. 方苦报受今日心至愁思心等五体地 4. 投惭愧稽颡以岂敢悔改所作罪者忏 5. 因除灭未作罪者重复不为唯愿十方 6. 诸佛一切 7. ［南无］［弥勒］佛［南无］［释迦牟尼］佛 8. ［南无］光明开佛［南无］月灯光佛 9. ［南无］月光佛［南无］日月光明佛 10. ［南无］火光明佛［南无］音集佛

第 179 页：1. 𘉞𗫘𘕰𗣟𗥔𗫶！𘉞𗫘𗒀𗰀𘒓𗫶！2. 𘉞𗫘𘕰𗯖𘓠𗫶！𘉞𗫘𘕰𗯖𘃴𗫶！3. 𘉞𗫘𗂢𗣝𗫶！𘉞𗫘𗬬𘓶𘐨𗫶！4. 𘉞𗫘𗬬𘓶𘃴𗫶！𘉞𗫘𘓀𗴩𘓠𗫶！5. 𘉞𗫘𘘍𘓠𘓶𗣟𗫶！𘉞𗫘𘒋𘕰𘕰𘘅𗫶𘕪𗫫𗫶！6. 𘉞𗫘𗤧𘏵𘓠𘗼𗫶！𘉞𗫘𘓶𘙳𗫶！7. 𘉞𗫘𗦺𘕪𘗤𘕰𗫶！𘉞𗫘𘕰𗣟𗣟𗫶！8. 𘉞𗫘𗬬𘓶𗣝𗪻𘓕！𘉞𗫘𘃴𘘎𗾟𗪻𘓕！9. 𘉞𗫘𗉜𗋽𗪻𘓕！𘉞𗫘𗬬𗾟𘜶𗾟𗪻𘓕！10. 𘉞𗫘𘃴𘀄𘕰𗪻𘓕！𘉞𗫘𘏶𘃴𘔥𗪻𘓕！

对译：1. ［南无］最威仪佛［南无］光明尊佛 2. ［南无］花莲军佛［南无］花莲响 3. ［南无］多宝佛［南无］师子吼佛 4. ［南无］师子音佛［南无］进精军佛 5. ［南无］金刚踊跃佛［南无］禅一切度众疑绝佛 6. ［南无］宝大侍从佛［南无］

忧无佛7.［南无］地力勇持佛［南无］最踊跃佛8.［南无］狮子作菩萨［南无］阴盖弃菩萨9.［南无］根寂菩萨［南无］常世不离菩萨10.［南无］身边无菩萨［南无］世音观菩萨

第180页：1. ▢▢▢▢！▢▢▢▢！▢▢▢▢！2. ▢▢▢▢▢▢▢▢▢▢▢▢▢▢，▢▢3. ▢▢。[5]▢▢▢▢▢▢▢▢▢、▢▢▢▢4. ▢▢。▢▢▢▢▢▢▢，▢▢▢▢▢5. ▢▢▢，▢▢▢▢▢。[6]▢▢▢▢，▢▢6. ▢▢。▢▢▢▢▢▢▢▢▢，▢▢▢7. ▢▢▢、▢▢▢▢▢。

对译：1.［南无］［佛陀］［南无］［达摩］［南无］僧［伽］2. 大慈大悲以诸众生〈〉救护拯接即解3. 脱令又诸众生之地狱饿鬼畜生等业4. 灭除诸恶果报永复不受三途苦舍悉5. 智地到究竟安乐得令大光明以愚痴6. 暗灭又深大妙法以广分别为无上［菩7. 提］具足正等觉成使

意译、注释（中藏本第177页第10行—180页第7行）

今日道场同业大众，前经说者，大可怖畏。我等亦曾作是罪，为无明所覆，不能忆知。如是等罪，无量无边。于未来世，方受苦报。今日至心、等痛切心，五体投地，惭愧稽颡岂敢改悔。所作罪者，因忏除灭；未作罪者，重复不为。唯愿十方一切诸佛：

南无弥勒佛！南无释迦牟尼佛！南无开光明佛！南无月灯光佛！南无月光佛！南无日月光明佛！南无火光明佛！南无集音佛！南无最威仪佛！南无光明尊佛！南无莲华军佛！南无莲华响佛！南无多宝佛！南无师子吼佛！南无师子音佛！南无精进军佛！南无金刚踊跃佛！南无度一切禅绝众疑佛！南无宝大侍从佛！南无无忧佛！南无地力持勇佛！南无最踊跃佛！南无师子作菩萨！南无弃阴盖菩萨！南无寂根菩萨！南无常不离世菩萨！南无无边身菩萨！南无观世音菩萨！南无佛陀！南无达摩！南无僧伽！

以大慈大悲守护救拔诸众生，令即解脱。

又灭除诸众生地狱饿鬼、畜生等业。令永复不受诸恶果报，令舍三途苦悉到智地，令得安乐究竟。以大光明，灭诸痴暗。又广为分别深大妙法，使（得）具足无上菩提、成等正觉。【参见《大正藏》[0934b09—0934c04]】

[1] ▢▢▢▢▢▢：前经说者，《大正藏》作"如经所说"。下同。

[2] 𗊊𗿦𗧌𗟲𗏮𗄼𗎶：我等亦曾作是罪，《大正藏》作"我等亦可已作是罪"。

[3] 𗢲𗵘𗰖𗏮𗏵𗦀𗗙𗐯𗂧：惭愧稽颡岂敢改悔，即《大正藏》作"稽颡求哀。惭愧改悔"。

[4] 𗙏𗩽𗙏𗪉：不为重复，《大正藏》作"从今清净"。

[5] "𗙏𗰔𗙏𗼃𗦀𗏮𗧽𗅲𗘅𗄼𗎶𗊱，𗣼𗟲𗷆𗆀"："以大慈大悲守护救拔诸众生，即令解脱"，即《大正藏》作"大慈大悲救护拯接。令诸众生即得解脱"。

[6] "𗏮𗿫𗦀𗲲𗡝𗦀𗙏𗄼，𗙏𗿫𗪍𗷖𗩳𗅱𗨻𗏮，𗉼𗧽𗹏𗵘𗭪𗆀"："令永复不受诸恶果报，令舍三途苦悉到智地，令得究竟安乐"，《大正藏》作"令诸众生毕竟不复受诸恶报。令诸众生舍三途苦。悉到智地令得安隐究竟乐处。"

录文、对译（中藏本第 180 页第 8 行—183 页第 1 行）

第 180 页：8. 𗆀𗊱𗜏𗵘𗖼𗷸𗙏𗧽，𗙏𗪉𗰖𗟲𗒀𗰖𗰛9. 𗧽。𗢲𗪥𗵘𗧽𗖼𗷖𗵘𗵘𗤻：𗰔𗷸𗙏𗵘𗧽𗷸，10. 𗊱𗫠𗊱𗗙，𗷖𗗙𗣼𗏮[1]。𗟲𗾟𗷖𗑣𗩽𗙏𗧽

对译：8. 今日道场业同大众复重心诚一心谛9. 听信相菩萨佛〈〉言白世尊复众生有10. 睿吃喑哑言为不能或若说尚彼不明

第 181 页：1. 𗆀，[2]𗏮𗿫𗵘𗗙？𗰖𗷖：𗉼𗖼𗗙𗆀，𗆀𗲲𗷖𗭪2. 𗒅，𗏆𗷸𗷖𗙏𗢲、𗭪𗨻。[3]𗩽𗷖𗆀𗒀𗗙，𗙏𗐯3. 𗆀𗗙。[4]𗫦𗊱𗭪𗗙[5]，𗉼𗉼𗢲𗷖𗙯𗫡𗧽𗤻。[6]𗩽4. 𗵘𗵘𗏵，𗐯𗆀𗲲𗷸。5. 𗙏𗙏𗰔𗷖𗷸，𗅲𗏵𗰛，𗟲𗆀𗟲，𗫡𗫦𗣼𗧽。𗟲6. 𗰔𗵘𗷸，𗷸𗰛𗦍𗶷𗰇，𗏮𗿫𗵘𗗙？𗰖𗷖：𗉼7. 𗼃𗵘𗆀，𗆀𗤻𗷖𗫦𗰇。𗟲𗆀𗦍𗗙[7]𗗙，𗫦𗴿8. 𗙏𗫒𗵘，𗷖𗷖𗏵𗷸𗫦𗰇[8]，𗷖𗙯𗼃𗻪。𗉼𗉼9. 𗐯𗱈𗜚，𗩽𗧟[9]𗷸𗊱。𗭪𗰔𗵘𗃛，𗩽𗷖𗪍𗆀。[10]10. 𗙐𗤻𗣼𗗙，𗊱𗫠𗣼𗤻𗅧，[11]𗆀𗐯𗩽𗲲𗷸。𗙏𗰔

对译：1. 了何罪因得佛言先过去世三宝〈〉诽2. 谤圣道〈〉不敬诋蔑他〈〉是非论又过3. 求为善亲诬言清白人〈〉憎嫉诬谇是4. 因缘以故苦报受5. 复众生有腹及大颈及细食下不能若6. 食所有亦变脓血为何罪因得佛言先7. 过去世大众之食盗或大会斋为膳肴8. 施设时私些许食盗屏处〈〉食已物

9. 及悭惜他物但贪常恶心兴人〈〉毒喂 10. 咽喉抓为音通可不因故苦报受复

第 182 页：1. [illegible]，[illegible]，[illegible]。[illegible] 2. [illegible]，[illegible]。[illegible]，[illegible]。3. [illegible]，[illegible]，[illegible]？[illegible]：[illegible] 4. [illegible]，[12] [illegible]，[illegible] 5. [illegible]。[13] [illegible]，[illegible]。6. [illegible]，[illegible]。[illegible][14]，[illegible] 7. [illegible]，[illegible]。[15] [illegible]，[illegible] 8. [illegible]，[illegible][16] [illegible] 9. [illegible]？[illegible]：[illegible]，[illegible]，[illegible] 10. [illegible]，[illegible]。[17] [illegible]，[illegible]

对译：1. 众生有常地狱头主〈〉〈〉常烧炙为铁烊 2. 以身灌铁钉以钉为既讫自然火起 3. 身遍焚烧悉皆焦烂何罪因得佛言先 4. 过去世针匠为尝病除及不能人身体 5. 伤诳以物取他痛苦受令因故苦报受 6. 复众生有常镬中在牛头［阿旁］体悬铁叉捉叉 7. 以刺镬中着熬焖犹为风吹活使又 8. 前如煮是如常镬中煮苦受何罪因 9. 得佛言先过去世众生之屠杀水热以10. 皮又毛搣为数量可无是恶业因故苦

第 183 页：1. [illegible]。

对译：1. 报受

意译、注释（中藏本第 180 页第 8 行—183 页第 1 行）

今日道场同业大众，重复诚心一心谛听。

信相菩萨白佛言：世尊，复有众生，謇吃喑哑不能为言。或若说尚彼不明了，因得何罪？佛言：先过去世，诽谤三宝，不敬、诋蔑圣道。论他是非，又求为过。言诬善亲，憎嫉诬谗人之清白。以是因缘，故受苦报。

复有众生腹大颈细，不能下食。若有所食，亦变为脓血，因得何罪？佛言：先过去世，盗大众食。或为大会斋，施设膳肴时，私盗些许食，屏处食之。悭惜己物，但贪他物。常兴恶心，与人喂毒。抓为咽喉，不可通音。故受苦报。

复有众生，常为地狱头主烧炙。烊铁灌身，铁钉为钉。既讫自然火起。遍身焚烧，悉皆焦烂。因得何罪？佛言：先过去世为针匠，尝不能除病，及伤人身体。诳以取物，令他受痛苦，故受苦报。

复有众生，常在镬中。牛头阿旁悬体捉铁叉，叉着刺镬中，煮为犹烂。风吹使活，又如前煮，如是常受镬中煮苦，因得何罪？佛言：先过去世，屠杀众生。水热皮又为搣毛，无可数量。以是恶业，故受苦报。【参见《大正藏》[0934c05—0934c24]】

［1］[illegible]：不能为言，即《大正藏》作“口不能言”。

［2］[illegible]：或若说尚彼不明了，《大正藏》作“若有所说不能明了”。

［3］“[illegible]、[illegible]”：“不敬、诋蔑圣道”，即《大正藏》作“轻毁圣道”。

［4］“[illegible]，[illegible]”：“论他是非，又求为过”，《大正藏》作“论他好恶。求人长短”。

［5］[illegible]：言诬亲善，《大正藏》作“强诬良善”。

［6］[illegible]：“憎嫉诬谗人之清白”，《大正藏》作“憎嫉贤人”。

［7］[illegible]：大会斋，《大正藏》作“大会”。

［8］[illegible]：私盗些许食，《大正藏》作“私取麻米”。

［9］[illegible]：他物，《大正藏》作“他有”。

［10］“[illegible]，[illegible]”：“常兴恶心，与人喂毒”，《大正藏》作“常行恶心与人毒药”。

［11］“[illegible]，[illegible]”：“抓为咽喉，不可通音”，《大正藏》作“气息不通”。

［12］[illegible]：曾为针匠，即《大正藏》作“坐为针师”。

［13］“[illegible]，[illegible]”：“不能除病，伤人身体”，即《大正藏》作“伤人身体不能差病”。

［14］“[illegible]。[illegible]”：“常在镬中。牛头阿旁悬体捉铁叉”，《大正藏》作“常在镬中。牛头阿旁手捉铁叉”。据汉文意“[illegible]”（常）下应有遗文，依卷三（图版第187页第1行）“[illegible]”（常在雪山）句式，似应拟补漏译的“（[illegible]）[illegible]”（常在镬中）。

［15］“[illegible]，[illegible]”：“叉着刺镬中，煮为犹烂”，《大正藏》作“叉著镬中煮之令烂”。

[16] "𗥫𗤻𗳦𗧁，𗕑𗵧𗭴𗪊𗐏𗧁𗭴𗄊𗗙"："又如前煮，如是常受镬中煮苦"，《大正藏》作"而复煮之"。后一句西夏文正是前面遗漏的内容。

[17] "𗔫𗵽𗁡𗧑𗥫𗾗𗟲𗐔，𗄊𗄞𗰜𗟻"："水热皮又为搣毛，无可数量"，《大正藏》作"汤灌搣毛不可限量"。搣，用手拔。

录文、对译（中藏本第 183 页第 2 行—186 页第 3 行）

第183页：2. 𗷛𗥢𗤙𗐆𗹟𗟻𗳦𗬩，𗥪𗵽𗤙𗅲𗾈𗧁，𗰔3. 𗄊𗟷𗰜。𗥪𗐔𗥪𗄊𗳦𗐏𗗙𗹟𗢏[1]𗕑𗵧𗐉4. 𗤻𗫸�É𗫐𗞞𗥪，𗬩𗫊𗄊𗬥𗩙𗀔𗰔𗣁5. 𗧁[2]。𗥫𗋽𗴺𗿀[3]𗬥𗴺𗰛𗃬𗟵，𗨳𗩁𗄊𗥪。𗥫6. 𗣀𗄊𗴍𗗋𗄊𗸿，𗂧𗨫𗄊𗧁，�É𗬥𗄊𗥪𗩱[4]。7. 𗄊𗒹𗴺�É𗄊𗠂𗄊𗟻[5]，𗷛𗥢𗄊𗹢𗧁𗬭𗗙𗗊8. 𗠙𗥚[6]，𗺻𗣁𗵧𗥫𗄊𗄊𗗔�👉?[7]𗤶𗺝𗤙𗂧𗟷9. 𗄊𗥪𗽒𗄊𗕑�É𗄊𗟻[8]，𗄊𗆊𗄊𗉵。�Ñ𗵧𗟷10. 𗣌，𗥫𗩱𗓽𗴺，𗷛𗥢𗭴𗒹�É𗣌𗩱�É𗧁、𗥫

对译：2. 今日道场业同大众先契经中说者大 3. 怖畏可我等初何道中〈　〉在时是如无 4. 量恶业作应经〈　〉未来世于方苦剧报 5. 受又复现身而謇吃音哑言为不能又 6. 腹及大颈及细食下不能等苦与遭遇 7. 人生世在所定处无今日虽安乐 8. 明保难果报到来脱处何有宜随自各心 9. 直正念而是言悟当余想莫起痛切心 10. 等五体地投今日四生六道现苦受及

第184页：1. 𗵧𗬩𗧁，𗴺𗫊𗅲𗅲𗳦，𗴺𗩱𗄊𗰜𗼈𗖻𗨎2. 𗔫𗤻。3. 𗚟𗰜𗄊𗫐𗟻！𗚟𗰜𗤙𗔖𗬅𗿀𗟻！4. 𗚟𗰜𗳜𗄊𗥸𗟻！𗚟𗰜𗄊𗤻𗰛𗟻！5. 𗚟𗰜𗠂𗬅𗭴𗟻！𗚟𗰜𗣀𗬅𗭴𗟻！6. 𗚟𗰜𗣀𗤙𗤙�❓𗟻！𗚟𗰜𗫐𗣀𗟻！7. 𗚟𗰜𗙟𗄊𗟻！𗚟𗰜𗩄𗄊𗟻！8. 𗚟𗰜𗔖𗷛𗰛𗟻！𗚟𗰜𗸗𗬅𗟻！9. 𗚟𗰜𗁡𗰛𗟻！𗚟𗰜𗪊𗴺𗁬𗼈𗬊𗟻！10. 𗚟𗰜𗼈𗅲𗥸𗄊𗰜𗟻！𗚟𗰜𗣀𗤛𗟻！

对译：1. 苦未受众生一切为世间大慈悲主〈　〉 2. 依归 3. ［南无］［弥勒］佛［南无］［释迦牟尼］佛 4. ［南无］自在王佛［南无］无量音佛 5. ［南无］定光明佛［南无］宝光明佛 6. ［南无］宝盖空照佛［南无］妙宝佛 7. ［南无］谛幢佛［南无］梵幢佛 8. ［南无］［阿弥陀］佛［南无］殊胜佛 9. ［南无］集音佛［南无］金刚步进精佛 10. ［南无］自在王神通佛［南无］宝火佛

第185页：1. 𗚟𗰜𗵧𗼈𗣀𗅲𗬅𗭴𗟻！𗚟𗰜𗤻𗔖𗟻！2. 𗚟𗰜𗤙𗰛𗣀𗴍𗟻！𗚟𗰜�9𗴍𗟻！3. 𗚟𗰜𗄊𗬅𗉵𗵥𗟻！𗚟𗰜𗣀𗄊𗟻！4. 𗚟𗰜𗴖𗅲𗅲𗵥！�??

𗹲𗁬𗤒𗓽𗫘𗦮! 5. 𗏵𗫾𗤋𗰖𗦻𗫘𗦮! 𗏵𗫾𗁬𗌭𗮁𗫘𗦮! 6. 𗏵𗫾𗙫𗡅! 𗏵𗫾
𗡅𗥤! 𗏵𗫾𗡪𗰔!

对译：1.［南无］月静幢称光明佛［南无］妙乐佛 2.［南无］无量幢幡佛
［南无］无量幡佛 3.［南无］大光普遍佛［南无］宝幢佛 4.［南无］慧上菩萨［南
无］常世不离菩萨 5.［南无］身边无菩萨［南无］世音观菩萨 6.［南无］［佛陀］
［南无］［达摩］［南无］僧［伽］

第 185 页：7. 𗫣𗤒𗢯𗢯，𗳽𗤒𗮅𗏹𗵃𗼃，𗦸𗸣𗫶𗫶𗤋 8. 𗮟𗫘。𗫝𗫜𗹲
𗷸、𗹲𗦸𗫘𗦮𗦸𗷭𗦸𗌭𗈪 9. 𗮕𗫝。𗫘𗫾𗫶𗫶𗤋𗫾𗤒，𗏵𗎘𗫶𗈪𗹲𗫘 10. 𗫘
𗤋𗤀𗸤𗬰𗳉，𗋽𗜀𗤀𗫄𗲢𗫣𗫣𗵘𗴟[9]。

对译：7. 又复是如十方虚空界尽三宝一切〈〉8. 依归唯愿诸佛诸大菩萨
大慈大悲以 9. 苦受众生一切〈〉救护神通力以诸 10. 众生〈〉恶业除灭永世苦
处重复不堕令

第 186 页：1. 𗥤𗺌𗤜𗬰𗥤𗦜𗭚𗡘，[10]𗫝𗤅𗮅𗈪𗼃𗸣𗫾 2. 𗲢。𗤋𗹲𗤜𗺷
𗹲𗹲𗷸𗬰𗫬，𗹲𗫘𗦮𗬰𗬰 3. 𗫝𗽁𗾦。

对译：1. 清净生得清净土住德功满足穷尽可 2. 不身舍身受恒诸佛同值
诸菩萨同俱 3. 正觉成

意译、注释（中藏本第 183 页第 2 行—186 页第 3 行）

今日道场同业大众，如经所说，大可怖畏。我等初在何道时曾经作如是
无量恶业，于未来世方受苦剧报。又复现身而瘖吃音哑，不能为言。又大腹
小颈，不能下食，遭遇等苦。人生在世所定无处，今日虽安明难保，果报到
来何有脱处？宜随各自直心正念而当悟是言，莫起余想。等痛切心，五体投
地，为今日四生六道现受苦、及未苦受众生一切，归依世间大慈悲主。

南无弥勒佛！南无释迦牟尼佛！南无自在王佛！南无无量音佛！南无定
光明佛！南无宝光明佛！南无宝盖照空佛！南无妙宝佛！南无谛幢佛！南无
梵幢佛！南无阿弥陀佛！南无殊胜佛！南无集音佛！南无金刚步精进佛！南
无自在王神通佛！南无宝火佛！南无净月幢称光明佛！南无妙乐佛！南无无
量幢幡佛！南无无量幡佛！南无大光普遍佛！南无宝幢佛！南无慧上菩萨！
南无常不离世菩萨！南无无边身菩萨！南无观世音菩萨！南无佛陀！南无达

摩！南无僧伽！

又复归依如是十方尽虚空界一切三宝。

唯愿诸佛、诸大菩萨大慈大悲以救护一切受苦众生。以神通力灭除诸众生恶业，令永世不重复堕苦处。得清净生住清净土，功德满足不可穷尽。舍身受身恒值诸佛，同诸菩萨俱成正觉。【参见《大正藏》[0934c25—0935a22]】

[1] 𗷠𘃡𗱦𘇜𘓄𗳲𗟲𘋩：我等初在何道中时，《大正藏》作"我等不知在何道中"。

[2] 𗢾𘃡𗟟𘜶𗱇：方受苦剧报，即《大正藏》作"方婴剧报"。婴，遭受、遇。

[3] 𗤛𘉑𗰖𗢩：又复现身，《大正藏》作"亦可即身应见此苦"。

[4] 𘃡𘃡𘔉𘖄𘓄：遭遇等苦，《大正藏》无此句。

[5] 𘃡𘃖𗊉𗱦𘔉𗾩𘔉𗐽：人生在世所定无处，《大正藏》作"人生何定"。

[6] 𘝞𘃑𗀕𘃓：明难保，《大正藏》作"明亦难保"。𘝞，底本错。𘃑𗀕，保。

[7] 𘄓𗰖𘄊𗰉𗢩𘔉𗱇𗊈：果报到来何有脱处，即《大正藏》作"果报一来不可得脱"。

[8] 𘃟𘉑𘃖𗏓𘃡𘓎𗟟𘃖：＂直心正念而当悟是言＂，《大正藏》作"觉悟此意。直心正念"。

[9] 𘊞𘃖𘉑𘔉𘓄𗱦𗱦𘍺𗾫：令永世不重复堕苦处，《大正藏》作"令诸众生毕竟不复堕于苦处"。

[10] 𘉑𗍵𘃡𗰉𘉑𗍵𘏲𗱦：得清净生住清净土，《大正藏》作"得清净趣得清净生"。

录文、对译（中藏本第 186 页第 4 行—188 页第 6 行）

第186页：4. 𗗺𘃖𗂠𗩼𗐽𗟲𘃡𘃡𘓄，𘔉𗤛𘃟𘃖𘃟𘏽𗾝5. 𘃡[1]。𘃡𗓟𗱦𘃖𘃟𗲁𗟒𘃓：𗊉𘃡，𗤛𗱦𘃖𘉑6. 𘗜𗤛𗱦𘃓，𗅲𘃖𘔉𗰖。𘅝𘃡𘃖𗳤，𗰖𗀔𗂠7. 𗰖。𗤛𗟟𘃡𗢹，𘗜𘉑𘓽𘃟𘔉𗐽𗰉[2]，𘃡𘋱𘅝8. 𗰖？𘃟𘄊：𗀕𘃡𘃖𗳤，𘄊

[illegible]，[illegible]，9. [illegible][3]。[illegible]，[illegible] 10. [illegible]。[illegible]。

对译：4. 今日道场业同大众重复恭敬心诚谛 5. 听信相菩萨佛〈〉言白世尊复众生有 6. 火城中在煻煨胸齐四门开视到时自 7. 闭东西驰走火以烧尽可不矣何罪因 8. 得佛言先过去世山泽烧放陂池决撤 9. 鸡子蛋烤诸众生〈〉淤泥又煨火以杀 10. 使是因缘以故苦报受

第 187 页：1. [illegible]，[illegible]。[illegible] 2. [illegible]，[illegible][4]。[illegible] 3. [illegible]，[illegible]？[illegible]：[illegible]，[illegible] 4. [illegible][5]，[illegible]，[illegible]。[illegible]，[illegible] 5. [illegible][6]。[illegible]，[illegible]。[illegible] 6. [illegible]。7. [illegible]，[illegible]。[illegible][7]，8. [illegible]，[illegible]，[illegible]，[8] [illegible] 9. [illegible]，[illegible]？[illegible]：[illegible]，[illegible] 10. [illegible][9]。[illegible]，[illegible]，[illegible]

对译：1. 复众生有常雪山中在风寒身吹肉皮 2. 剥裂死亦不得生亦不得万端苦毒忍 3. 堪可不何罪因得佛言先过去世道横 4. 偷窃人衣剥夺是以自养冬月寒隆他 5. 冻死使牛羊皮剥忍难苦受使是因缘 6. 以故苦报受 7. 复众生有常刀山剑树上在立所捉处 8. 即便割伤节支段堕痛苦辛酸忍堪可 9. 不何罪因得佛言先过去世屠杀以自 10. 养众生杀害屠割剥裂骨肉离头脚

第 188 页：1. [illegible][10]。[illegible]，[illegible]。[illegible][11]，[illegible] 2. [illegible]。[illegible]。3. [illegible]，[illegible]，[illegible]？[illegible]：[illegible] 4. [illegible]，[illegible]，[illegible]。[illegible] 5. [illegible]，[illegible]。[illegible]，[illegible]。[illegible] 6. [illegible]。

对译：1. 段截高处悬挂量称而卖或活生悬痛 2. 忍可不是恶业以故苦报受 3. 复众生有五根不具何罪因得佛言先 4. 过去世鹰飞狗走鸟兽〈〉弹射或头破 5. 为或足断活生翼搣痛苦受使是恶业 6. 以故苦报受

意译、注释（中藏本第 186 页第 4 行—188 页第 6 行）

今日道场同业大众，重复恭敬诚心谛听。

信相菩萨白佛言：世尊，复有众生在火城中，煻煨齐胸。四门开视，到时自闭。东西驰走，不能得出。火不可尽烧矣，因得何罪？佛言：先过去世放烧山泽，决撤陂池，烤鸡子蛋，使诸众生泥淤又火煨而死。以是因缘故受苦报？

复有众生，常在雪山。寒风吹身皮肉剥裂，死亦不得生亦不得。苦毒万端，不可堪忍。因得何罪？佛言：先过去世，横道偷窃。剥夺人衣，是以自养。冬月隆寒，使他冻死。使皮剥牛羊，难忍受苦。以是因缘，故受苦报。

复有众生，常立刀山剑树之上。捉处，即便割伤，节支段堕。痛苦辛辣，不可堪忍，因得何罪？佛言：先过去世，屠杀以自养。杀害众生，屠割剥裂，骨肉分离，头脚段截。悬挂高处，称量而卖。或活生悬，痛不可忍，以是恶业故故苦受报。

复有众生，五根不具，因得何罪？佛言：先过去世，飞鹰走狗，弹射鸟兽。或破头，或断足。活生搣翼，使受痛苦。以是恶业故受苦报。【参见《大正藏》[0935a23—0935b13]】

［1］▯▯▯▯▯▯▯：重复恭敬诚心谛听，《大正藏》作"重加心力摄耳谛听"。

［2］▯▯▯▯▯▯▯：火不可尽烧矣，《大正藏》作"为火烧尽"。

［3］▯▯▯▯：烤鸡子蛋，即《大正藏》作"火炮鸡子"。

［4］▯▯▯▯▯▯▯▯：亦不得死亦不得生，即《大正藏》作"求死不得求生不得"。

［5］▯▯：偷窃、偷盗，即《大正藏》作"作贼"。

［6］▯▯▯▯：使他冻死，《大正藏》作"裸他冻死"。

［7］▯▯▯：所捉处，《大正藏》作"若有所捉"。

［8］"▯▯▯▯，▯▯▯▯"："支节段堕，痛苦辛酸"，《大正藏》作"支节断坏。痛毒辛酸"。

［9］▯▯▯▯▯：屠杀自养，《大正藏》作"屠杀为业"。

［10］▯▯▯▯：头脚段截，即《大正藏》作"头脚星散"。

［11］▯▯▯▯：或活生悬，《大正藏》作"或复生悬"。

录文、对译（中藏本第 188 页第 7 行—191 页第 5 行）

第 188 页：7. ▯▯▯▯▯▯▯▯▯，▯▯▯▯▯▯▯，▯ 8. ▯▯▯。▯▯

[illegible]，[illegible]，[illegible]。9. [illegible]、[illegible][1]，[illegible] 10. [illegible]。

对译：7. 今日道场业同大众前契经中说者大 8. 怖畏可相与心至痛切心等五体地投 9. 十方现苦受后苦未受众生一切世间 10. 大慈悲主〈〉依归

第 189 页：1. [illegible]！[illegible]！2. [illegible]！[illegible]！3. [illegible]！[illegible]！4. [illegible]！[illegible]！5. [illegible]！[illegible]！6. [illegible][2][illegible]！[illegible]！7. [illegible]！[illegible]！8. [illegible]！[illegible][3][illegible]！9. [illegible]！[illegible]！10. [illegible]！[illegible][4][illegible]！

对译：1.［南无］［弥勒］佛［南无］［释迦牟尼］佛 2.［南无］静光佛［南无］宝王佛 3.［南无］树根华王佛［南无］［维卫］庄严佛 4.［南无］菩萨开化佛［南无］见恐惧无佛 5.［南无］一乘度佛［南无］内德丰严王佛 6.［南无］金刚坚强消伏散坏佛［南无］宝火佛 7.［南无］宝月光明佛［南无］最贤佛8.［南无］宝华莲步佛［南无］魔罗网坏独行佛 9.［南无］师子吼力佛［南无］悲进精佛 10.［南无］金宝光明佛［南无］无量尊丰佛

第 190 页：1. [illegible][5][illegible]！[illegible]！2. [illegible]！[illegible]！3. [illegible]！[illegible]！

对译：1.［南无］无量尊垢离王佛［南无］德首佛 2.［南无］药王菩萨［南无］药上菩萨 3.［南无］身边无菩萨［南无］世音观菩萨

第 190 页：4. [illegible]，[illegible]，[illegible] 5. [illegible]。[illegible]。

对译：4. 又复是如十方虚空界尽三宝一切〈〉5. 依归大慈悲以十方众生一切〈〉救拔

第 191 页：1. [illegible]；[illegible] 2. [illegible][6]，[illegible][7]。[illegible] 3. [illegible]。[illegible]，[illegible]。[illegible] 4. [illegible]，[illegible]。[illegible]，[illegible] 5. [illegible]，[illegible]。

对译：1. 现苦受者解脱当得令后苦受者苦报 2. 除灭必定永世恶道内不堕今日而自 3. 所至道场三障业除五怖畏灭德功智 4. 慧具足庄严众生一切〈〉

摄取共同无5. 上［菩提］〈〉回向正等觉成

意译、注释（中藏本第188页第7行—191页第5行）

今日道场同业大众，前经说者，大可怖畏。相与至心，等痛切心，五体投地。十方现受苦、后苦未受一切众生，归依世间大慈悲主。

南无弥勒佛！南无释迦牟尼佛！南无净光佛！南无宝王佛！南无树根华王佛！南无维卫庄严佛！南无开化菩萨佛！南无见无恐惧佛！南无一乘度佛！南无德内丰严王佛！南无金刚坚强消伏坏散佛！南无宝火佛！南无宝月光明佛！南无贤最佛！南无宝莲华步佛！南无坏魔罗网独行佛！南无师子吼力佛！南无悲精进佛！南无金宝光明佛！南无无量尊丰佛！南无无量尊离垢王佛！南无德首佛！南无药王菩萨！南无药上菩萨！南无无边身菩萨！南无观世音菩萨！

又复归依如是十方尽虚空界一切三宝。以大慈悲救拔十方一切众生。令现受苦者，当得解脱；后苦受者灭除苦报，必定永世不堕恶道内。自今日至道场，除三障业，灭五怖畏。功德智慧，具足庄严。摄取一切众生，同共回向无上菩提，成等正觉。【参见《大正藏》[0935b14—0935c06]】

［1］"𗹙𗙬𗗟𗤁𗢭、𗤴𗤁𗤔𗢭𗖥𗜐𗤀𗤀"："十方现受苦、后苦未受一切众生"，即《大正藏》作"普为十方一切众生已受苦者当受苦者"。"𗗟𗤁𗢭"（现受苦）、"𗤴𗤁𗤔𗢭"（后苦未受）分别对应汉文"已受苦"、"当受苦"。下同。

［2］𗜁𗖥𗤔𗾔𘓆𘛮：坚强消伏坏散。此6字底本为小字，不清晰，据笔画补。

［3］𗽴𗪉：独行，即《大正藏》作"独步"。

［4］𗤴𗰗𗤀：无量尊。此3字底本左部残缺，据右部笔画补。

［5］𗤀𗣓𗼱𗠫：尊离垢王。"𗣓"（垢）、"𗠫"（王）2字底本残缺，分别据左部、上部笔画补。下同。

［6］𗤴𗤁𗢭𘃸𗤁𗷅𗗑𘒤：后受苦者灭除苦报，《大正藏》作"当受苦者毕竟断除"。下同。

［7］𗤴𗠅𗗟𗰛𗈤𘓪𗆉𗤴𗚛：必定永世不堕恶道，即《大正藏》作"毕竟

不复堕于恶趣”。

录文、对译（中藏本第 191 页第 6 行—194 页第 4 行）

第 191 页：6. [illegible] 7. [illegible] 8. [illegible]。[1] [illegible] 9. [illegible][2] [illegible]？[illegible]：[illegible] 10. [illegible][3]，[illegible][4]。[illegible]

对译：6. 今日道场业同大众重复心至一心谛 7. 听信相菩萨佛〈〉言白世尊复众生有 8. 挛结背偻背腰内半厚重脚跛手折路 9. 行不能何罪因得佛言先过去世人〈〉10. 憯剋道内枪安弓换施为众生〈〉发是

第 192 页：1. [illegible]。2. [illegible] 3. [illegible][5]。[illegible][6] [illegible] 4. [illegible]？[illegible]：[illegible][7] 5. [illegible]。[illegible][8]，[illegible]

对译：1. 如业以故苦报受 2. 复众生有诸狱主〈〉〈〉其身縶系木枷3. 桎梏设为是以苦受免得不能何罪因 4. 得佛言先过去世网罗以众生捕畜生 5. 缚系或大臣为或城主为不义以庶民

第 193 页：1. [illegible]。[9] [illegible]。[10] 2. [illegible]。3. [illegible]，[11] [illegible] 4. [illegible][12]，[illegible]？[illegible]：[illegible]，5. [illegible][13]。[illegible] 6. [illegible][14]，[illegible]。7. [illegible][15]。[illegible]，8. [illegible]。[16] [illegible] 9. [illegible]？[illegible]：[illegible][17]。[illegible][18] 10. [illegible]。[illegible][19]，[illegible]

对译：1.〈〉物取善人〈〉枉系又冤诉亦不闻为 2. 是恶业以故苦报受3. 复众生有或癫或狂或痴或騃善恶不 4. 知何罪因得佛言前过去世酒饮乱醉 5. 三十六种罪失犯故今痴报身受醉人 6. 犹如幼长不知是恶业以故苦报受7. 复众生有其形短小阴根粗大挽以行 8. 故身疲劳也行住坐卧皆妨碍为何罪 9. 因得佛言先过去世畜生贩卖己宝物 10. 誉他宝财毁斗秤以人诈是恶业以故

第 194 页①：4. 𘙲𘀂𗏣。

对译：4. 苦报受

意译、注释（中藏本第 191 页第 6 行—194 页第 4 行）

今日道场同业大众，重复增到，一心谛听。

信相菩萨白佛言：世尊，复有众生，挛结背偻，背腰内半厚重。脚跛手折，不能行路，因得何罪？佛言：先过去世为人憎克，道内安枪。施换为弓，发于众生。以如是业故受苦报。

复有众生，诸为狱主行，縶系其身，设为木枷桎梏。以是苦受，不能得免，因得何罪？佛言：先过去世，网捕众生，笼系畜生。或为大臣或为城主，不义取民物拄系善人。又冤诉亦为不闻。以是恶业故受苦报。

复有众生，或癫或狂，或痴或骏，不知善恶，因得何罪？佛言：前过去世，饮酒醉乱，犯三十六种罪失，故今受报痴身。犹如醉人，不知长幼。以是恶业，故受苦报。

复有众生，其形短小，阴根粗大。挽以行，故身疲劳也。行住坐卧，皆为妨碍，因得何罪？佛言：先过去世，贩卖畜生。自誉宝物，毁他财宝，斗秤诈人。以是恶业，故受苦报。【参见《大正藏》[0935c07—0935c23]】

[1]"𗾣𗾣𗾿𗼕，𗼕𘀶𗗟𗃛𘆙𘏋"："挛结背偻，背腰内半厚重"，《大正藏》作"𗀽𘘵背偻腰宽不随"。

[2]𗈁𘜶：行路，《大正藏》作"行步"。

[3]𗈁𗗟𘆙𗓽：道内安枪，《大正藏》作"行道安枪"。

[4]𘙲𘔿𗏣𗮔𘋩𘃡𘝵：施换为弓发于众生《大正藏》作"或施弋陷阱坠众生"。参阅钱汝平《大正藏本〈梁皇忏〉标点校勘举误》（《图书馆理论与实践》2007 年第 5 期）。

[5]𘛛𘕿𘙺𘅍𘙲𗮔：设为木枷桎梏，《大正藏》作"枷杻苦厄"。𗮔，底本笔画错，径改。

[6]𘝵𘀂𘙲𘀂：是以受苦，《大正藏》无此句。

---

① 中藏本本页第 1—3 行和上页第 8—10 行重复，删。

［7］𘜶𗓽：畜生，即《大正藏》作"六畜"。

［8］𘝣𗐲𗷨𗰲𘝣𘉞𗯨𗰲：或为大臣或为城主，《大正藏》作"或为宰主令长"。

［9］"𗔅𗗙𗔈𗖰𘄊𗷨𗣼𗰅，𗣩𗄈𗷪𘜶𗧁"："不义取庶民物，抂系善人"，《大正藏》作"贪取民物。抂系良善"。抂系，《大正藏》乙本又作"枉系"。

［10］𗔅𘝙𗤓𘖑𗔅𘝄𗰲：又冤诉亦为不闻，《大正藏》作"冤诉无所"。

［11］"𘝣𗿁𘝣𗬜，𘝣𘄄𘝣𘈖"："或癫或狂，或痴或騃"，即《大正藏》作"或颠或痴或狂或騃"。

［12］𘔺𗱈𗷨𘕺：善恶不知，即《大正藏》作"不别好丑"。

［13］𗣤𗷭𘄄𗄈𗱕𘃝：故今受报痴身，即《大正藏》作"后得痴身"。

［14］𘌶𘏋𗷨𘕺：不知长幼，即《大正藏》作"不别尊卑"。

［15］𘋩𗂗𗣩𗐲：阴根粗大，《大正藏》作"阴藏甚大"。

［16］"𗂐𗷭𘈏，𗣤𘃝𗴟𗴟𗰲"："挽以行，故身疲劳也"，《大正藏》作"挽之身疲。皆复进引"。

［17］𘜶𗓽𗧁𘘤：畜生贩卖，《大正藏》作"持生贩卖"。疑"持"系音误所致。

［18］𗸍𗐻：宝物，《大正藏》作"己物"。

［19］𘜐𘊽𗗙𘘤𘄊：斗秤诈人，《大正藏》作"巧弄升斗踏秤前后"。

录文、对译（中藏本第 194 页第 5 行—197 页第 1 行）

第 194 页：5. 𗗙𗤋𘈄𗫡𘊠𗷭𗷨𗫀，𗉜𗑲𗿁𘉞，𗷨𗱕𗯨6. 𗰅，𘙰𘅣𗉜𘙇，𘌶𘌊𗉜𗣭，𗱕𗀔𗰾𗤵。𗗙𗤋7. 𘕤𗵹𗤋𗱈𗤵𗴟𗴟、𗢳𗵹𗤋𗱈𗤵𗴟𗴟，𗑲8. 𗫽𗼦𗴿𘄄𗤋𗢳𗤋𗱈𗤵𗴟𗴟，𗔅𘝙𗈁𗯨

对译：5. 今日道场业同大众佛所说如大怖畏6. 可相与心至忧思心等五体地投今日7. 现苦受众生一切后苦受众生一切乃8. 至六道现受后受众生一切又父母师

第 195 页：1. 𗦴、𗊱𗉜𗱕𗷭、𗣩𗱈𗔅𘕺，𗔅𗢭𗲷𗢳𗤵𗱈2. 𗴟𗴟𗷭，𘆚𗑷𗷨𘙮𗷭𗷨𘙰𗫀。3. 𘃸𘒣𘄊𗲴𗉜！𘃸𘒣𗥃𗥢𘊽𗸍𗉜！4. 𘃸𘒣𗷨𘄊𗭾𘌊𗐻𗉜！𘃸𘒣𘊽𘄊𘕻𗉜！5. 𘃸𘒣𘈉𘄊𗷭𗉜！𘃸𘒣𗑲𗷨𘌊𗉜！6. 𘃸𘒣𗔅𘄊𘊽𗸍

[illegible]！[illegible]！7. [illegible]！[illegible]！8. [illegible]！[illegible]！9. [illegible]！[illegible][1][illegible]！10. [illegible]！[illegible]！

对译：1. 长信心施主善恶知识及广十方众生 2. 一切故世间慈悲主〈〉依归 3. [南无][弥勒]佛[南无][释迦牟尼]佛 4. [南无]数无进精丰[兴]佛[南无]言无胜佛 5. [南无]愚无丰佛[南无]月英丰佛 6. [南无]异无光丰佛[南无]空逆光明佛 7. [南无]最清净无量幡佛[南无]谛好住惟王佛 8. [南无]诸刹一切丰成就佛[南无]静慧德丰佛 9. [南无]静轮幡佛[南无]流离光最丰佛 10. [南无]宝德步佛[南无]最清净德宝佛

第 196 页：1. [illegible]！[illegible]！2. [illegible]！[illegible]！3. [illegible]！[illegible]！4. [illegible]，[illegible]，[illegible] 5. [illegible]。([illegible])[illegible]、[illegible]、[illegible]，6. [illegible][2]。[illegible]，[illegible]，7. [illegible]；[illegible]，8. [illegible]，[illegible] 9. [illegible]，[illegible]，[illegible]。[illegible]，[illegible] 10. [illegible]，[illegible]，[illegible]，[illegible]，

对译：1. [南无]宝光明塔度佛[南无]无量惭愧金最丰佛 2. [南无][文殊师利]菩萨[南无]普贤菩萨 3. [南无]身边无菩萨[南无]世音观菩萨 4. 又复是如十方虚空界尽三宝一切〈〉 5. 依归某甲等今日佛力法力诸菩萨力承 6. 其为稽颡岂敢忏悔若现苦受者诸佛 7. 菩萨大慈悲力以即令解脱苦未受者 8. 今日上自乃至道场重复永世恶道于 9. 不堕八难苦离八福生受诸善根得平 10. 等成就智慧具足清静自在如来与同

第 197 页：1. [illegible]。

对译：1. 俱正觉成

意译、注释（中藏本第 194 页第 5 行—197 页第 1 行）

今日道场同业大众，如佛所说，大可怖畏。相与至心忧思心等，五体投地。今日现受苦一切众生、后受苦一切众生，乃至六道现受后受一切众生。又为父母师长、信心施主、善恶知识，广及十方一切众生，归依世间大慈

悲主。

南无弥勒佛！南无释迦牟尼佛！南无无数精进兴丰佛！南无无言胜佛！南无无愚丰佛！南无月英丰佛！南无无异光丰佛！南无逆空光明佛！南无最清净无量幡佛！南无好谛住唯王佛！南无成就一切诸刹丰佛！南无净慧德丰佛！南无净轮幡佛！南无瑠璃光最丰佛！南无宝德步佛！南无最清净德宝佛！南无度宝光明塔佛！南无无量惭愧金最丰佛！南无文殊师利菩萨！南无普贤菩萨！南无无边身菩萨！南无观世音菩萨！

又复归依，如是十方尽虚空界一切三宝。(某甲)等今日承佛力、法力、诸菩萨力，为其稽颡岂敢忏悔。若现受苦者，以佛菩萨大慈悲力，令即解脱；未受苦者，自今日上乃至道场，永世不重复堕于恶道。离八难苦，受八福生。得诸善根，成就平等。具足智慧，清净自在。同与如来，俱成正觉。【参见《大正藏》[0935c24—0936a18]】

　　[1]　𗣼𗰆：字面意为"流离"，《大正藏》作"琉璃"，西夏文似音译之误，待考。

　　[2]　𗣼𗴂𗫂𗫡𗤩𘉍𗗙𗬆：为其稽颡岂敢忏悔，即《大正藏》作"为其稽颡求哀忏悔"。

录文、对译（中藏本第 197 页第 2 行—203 页第 2 行）

　　第197页：2. 𗵘𗫨𘝞𘜶𗤩𘗴𗾟，𗼋𗼣𗦻𗰉[1]𗫂𗴂𗧓 3. 𗴂。𘕦𗼩𗟶𗵟𗾺𘛥𗣩𗙴：𗊬𗫨，𗼩𗴂𗗠 4. 𗭾，𗫂𗫂[2]𗫰𗤿，𗦛𘕕𗬆𘓯，𘎑𗣫𘗽𗾺，𘓜𗰛 5. 𗵘𗴾[3]，𘏍𗴸𗴛𗮔，𘓯𘕡𘌴𘒀，𗷒𗧻𗰉𗷸，𗆐 6. 𘛊𗵁𗴒，𗽔𗸫𗦻𗴸，𗻰𗼃𗣩𗴹，𗟲𘛒𗫂𗰉。7. 𘄡𗼏𘜶𗴾，𗫌𘌴𗤿𗧓，𗴁𘓹𗼩𗤙。[4]𗖻𗈪𗖻 8. 𗲲，𗫤𗫕𘏍𗫖[5]，𘓼𘍞𗼃𗤙。𗫂𗫂𗊬𗈪，𘓜𗰛 9. 𗦓𘓯。𗷦𗵘𗤦𗫢𘌴，𗷦𘝞𗼩𗗉。[6]𗼭𗰉𗊬𗷦 10. 𗢝，𗦻𗾺𗅉𗤦。𘛤𗴂𗣩𗼩𗴹，𘛤𘝀𗼩𗫒，𗼩

　　对译：2. 今日道场业同大众宜随自各心归谛 3. 听信相菩萨复佛〈〉言白世尊复众生 4. 有容现极丑身黑漆如两耳青色面颊 5. 高阜面疱鼻平两眼黄赤齿牙疏缺口 6. 气臭腥矬短臃肿腹大腰小脚复缭戾 7. 脊偻肋凸衣服费〈〉食不健疮恶脓 8. 血水疾渴疾疥癫痫疽种种诸恶身上 9. 聚集人处〈〉亲附人意不适若罪及他 10. 作自横殃罹永佛〈〉不见永法不闻

第 198 页：1. ␣␣␣␣␣␣。␣␣␣␣，␣␣␣␣，2. ␣␣␣␣？␣␣：␣␣␣␣，␣␣␣␣␣ 3. ␣␣␣，␣␣␣␣␣␣␣[7]，␣␣␣␣ 4. ␣␣[8]，␣␣␣␣␣␣␣。␣␣␣␣␣␣，5. ␣␣␣␣␣␣␣。[9] ␣␣␣␣␣␣，␣␣①

对译：1. 菩萨及贤圣亦不识苦出苦人休息无有 2. 何罪因得佛言先过去世子为父母〈 〉3. 不孝顺臣为王处正忠不为大为下人 4. 不敬小为大〈 〉为不恭朋友与心同不为 5. 乡党与义礼不从王为赏财不行决判

第 199 页：1. ␣␣␣␣。[10]␣␣␣␣，␣␣␣␣[11]。␣␣␣ 2. ␣，␣␣␣␣。[12]␣␣␣␣，␣␣␣␣␣␣ 3. ␣[13]。␣␣␣␣，␣␣␣␣。␣␣␣␣，␣␣ 4. ␣␣。␣␣␣␣，␣␣␣␣[14]，␣␣␣␣。␣ 5. ␣␣␣，␣␣␣，␣␣␣␣␣␣␣。6. ␣␣␣␣␣␣[15]␣␣，␣␣␣␣␣␣␣ 7. ␣，␣␣␣␣，␣␣␣␣，␣␣␣␣：␣␣ 8. ␣␣␣␣␣␣，␣␣␣␣␣␣␣。␣ 9. ␣：␣␣␣␣␣␣，␣␣␣␣，␣␣␣␣。10. ␣␣␣␣␣␣，␣␣␣␣。␣␣␣，␣␣

对译：1. 道依不断心意颠倒语度失违王臣杀 2. 害尊长不尊国伐民掠城及复聚落舍 3. 破偷劫盗窃恶业非一己美彼恶孤老 4. 侵凌贤善诬谤师长不敬下贱欺为罪 5. 业一切悉俱已犯众罪业以故苦报受 6. 尔时诸报受人一切佛世尊是如所说 7. 闻号泣地动泪下雨如佛〈 〉言白唯愿 8. 世尊久住法说我等之化解脱得令佛 9. 言若我久世住者福薄人等善根不种 10. 我之长久在谓无常不念善男子譬如

第 200 页：1. ␣␣␣␣␣␣，␣␣␣␣␣␣␣。␣␣ 2. ␣␣␣␣，␣␣␣␣␣。[16]␣␣␣␣，␣ 3. ␣␣␣。␣␣␣，␣␣␣␣。␣␣␣␣␣␣ 4. ␣，␣␣␣␣␣␣，␣␣␣␣␣␣␣。␣␣ 5. ␣␣␣␣␣␣␣␣[17]␣␣␣␣：

对译：1. 婴儿母侧在母〈 〉遭难想不生若母 2. 暂时不在便即仰渴心生母还来方悉 3. 心喜生善男子我亦是如诸众生善恶 4. 业缘好丑报受知则故［涅槃］入〈 〉尔时 5. 世尊苦受众生于偈言所说

第 201 页：1. ␣␣␣␣␣␣　␣␣␣␣␣␣　␣␣␣␣␣ 2. ␣␣␣␣␣[18]

___

① "␣␣"（判决）下第 6—7 行和下页（第 119 页）重复，删。

[illegible]　[illegible][19] 3. [illegible][20] [illegible]　[illegible] 4. [illegible]，[illegible]，[illegible] 5. [illegible]：[illegible]，[illegible]，[illegible] 6. [illegible]？[illegible]：[illegible]，[illegible]，7. [illegible]，[illegible]；[illegible] 8. [illegible]，[illegible]，[illegible]，[illegible]。9. [illegible]，[illegible]。[illegible]，[illegible] 10. [illegible][21]。[illegible]，[illegible]。[illegible]

对译：1. 流水常不满　猛火久不燃　日出须臾没 2. 月满又亏有　豪贵尊荣者　无常其过速 3. 思念勤进精　顶上尊〈〉礼 4. 尔时世尊此偈说已诸苦受人衔悲以 5. 佛〈〉言白世尊众生一切何善行以斯 6. 苦相离佛言善男子勤以父母〈〉孝养 7. 师长〈〉敬事三宝〈〉依归勤以布施戒 8. 持辱忍进精禅定智慧慈悲喜舍行当 9. 怨亲平等二相无有孤老〈〉不欺凌下 10. 贱〈〉尊仰彼护己犹恶念不起你等若

第 202 页：1. [illegible]，[illegible][22]。[illegible] 2. [illegible]，[illegible]。[illegible]，[illegible] 3. [illegible] 4. [illegible]，[illegible]。5. [illegible]，[illegible]。[illegible]，[illegible] 6. [illegible]，[illegible]。[illegible]，[illegible] 7. [illegible]。[23] [illegible]：[illegible]，[illegible] 8. [illegible]？[illegible]？[illegible] 9. [illegible]：[illegible]，[illegible]，《[illegible][24] 10. [illegible]》[illegible]。[illegible]，[illegible]

对译：1. 是如修行能者此者佛〈〉恩报回是永 2. 三恶途离众苦无有佛是契经说已［菩 3. 萨摩诃萨］即［阿耨多罗三藐三菩提］心 4. 生得声闻缘觉即六通三明八解脱得 5. 其余大众皆净法眼得若众生有是 6. 契经闻三涂八难处不堕地狱苦息即安 7. 宁乐得信相菩萨佛〈〉言白世尊斯契经 8. 何名［菩萨摩诃萨］何云奉持佛信相 9. 菩萨〈〉告善男子此契经名者罪业应报 10. 地狱之教化契经名是汝奉持当广流

第 203 页：1. [illegible][25]，[illegible]。[illegible]，[illegible]，[illegible] 2. [illegible]，[illegible]。

对译：1. 布则德功无量时诸大众此此法说闻一 2. 心欢喜顶戴奉行

意译、注释（中藏本第 197 页第 2 行—203 页第 2 行）

今日道场同业大众，宜随各自摄耳谛听。

信相菩萨复白佛言：世尊，复有众生，现容极丑，身黑如漆。两耳青色，面颊高阜。疱面平鼻，两眼黄赤。牙齿疏缺，口气腥臭。矬短臃肿，大腹小腰。脚复缭戾，偻脊凸肋，费衣健食。恶疮脓血，水疾渴疾，疥癞痈疽。种种诸恶，聚集身上。虽亲附人，人不适意。若他作罪，自罹横殃。永不见佛，永不闻法，亦不识菩萨及贤圣。出苦入苦，不得休息，因得何罪？佛言：先过去世，为子不孝顺父母，为臣不为王正忠，为大不敬下人，为小不恭于大。朋友不为同心，乡党不从义礼。为王不行赏财，断判决不依道。心意颠倒，语度失违。杀害王臣，不尊尊长。伐国掠民，破城及复聚落舍。偷劫盗窃，恶业非一。美己恶彼，侵凌孤老。诬谤贤善，不敬师长，欺为下贱。一切罪业，悉具已犯。以众罪业，故受苦报。

尔时一切诸受报人，闻佛世尊作如是说，号泣动地，泪下如雨，白佛言：唯愿世尊，久住说法，化我等令得解脱。佛言：若我久住此世者，薄福等人，不种善根。谓我之长在，不念无常。善男子，譬如婴儿在母侧，于母不生难遭之想。若母暂时不在，便生仰渴心。母方还来，悉生喜心。善男子，我亦如是。知诸众生善恶业缘，受报好丑，则故入涅槃。尔时世尊于受苦众生，说偈言：

水流不常满　　火猛不久燃

日出须臾没　　月满又有亏

尊荣豪贵者　　无常速其过

思念勤精进　　顶礼无上尊

尔时世尊说此偈已，诸受苦人衔悲白佛言：世尊：一切众生，行何善以相离斯苦。佛言：善男子当行勤孝养父母，敬事师长，归依三宝；勤布施持戒，忍辱精进，禅定智慧，慈悲喜舍。怨亲平等，无有二相。不欺凌孤老，不轻下贱。护彼犹己，不起恶念。你等若能如是修行者，此是回报佛恩。永离三恶途，无有众苦。佛说是经已，菩萨摩诃萨即生得阿耨多罗三藐三菩提心，声闻缘觉即得六通三明八解脱。其余大众，皆得法眼净。若有众生得闻是经，不堕三途八难处。息地狱苦，即得安乐。信相菩萨白佛言：世尊，斯经何名？菩萨摩诃萨云何奉持？佛告信相菩萨：善男子，此经名者，是《罪业报应教化地狱经》，汝当奉持，广流布，则功德无量。时诸大众闻说此法，一心欢喜，顶戴奉行。【参见《大正藏》[0936a19—0936c05]】

　　[1] 𗙦𗥩𗏆𗆫：宜随自各，《大正藏》作"宜加用心"。

　　[2] 𘂤𗏁：现容，《大正藏》作"其形"。

　　[3] 𗙩𗥛𗱒𗦻：面颊高卑，《大正藏》作"高颊俱卑"。"𗱒"（颊），底本笔画错。

　　[4] "𘗜𗫡𗹙𘕿，𗍫𘓄𗭢𗹦"："费衣服，食不健"，即《大正藏》作"费衣健食"。𗹙，底本笔画错。

　　[5] 𗋽𗵒𗏅𗵒：水疾渴疾，《大正藏》作"水肿干消"。

　　[6] 𘝵𗖵𗭢𗏆：人不适意，即《大正藏》作"人不在意"。

　　[7] 𗵒𗾫𗋩𗤁𗵒𗤫𗭢𗾫：为臣不为王正忠，即《大正藏》作"为臣不忠其君"。

　　[8] 𗾫𗤁𗬢𗤁𗭢𗤫：为大不敬下人，《大正藏》作"为上不敬其下"。

　　[9] "𘀄𘕿𗥤𗴺𗬢𗭢𗾫，𗫉𗤁𗥤𘓨𘈧𗭢𗾝"："朋友不为同心，乡党不从义礼"，即《大正藏》作"朋友不赏其信。乡党不以义从"。𘀄𘕿，眷属、朋友。

　　[10] "𗬢𗾫𗁅𗤭𗭢𗏅，𘃜𗖵𘓨𘕿𗭢𘎪"："为王不行赏财，断判决不依道"，《大正藏》作"朝廷不以其爵。断事不以其道"。

　　[11] 𗐞𗴺𗱪𗆜：语度失违，《大正藏》作"无有其度"。

　　[12] "𗬢𘕘𘃡𘗠，𗍬𗰷𗭢𗰷"："杀害王臣，不尊尊长"，即《大正藏》作"杀害君臣。轻凌尊长"。

　　[13] 𘄷𘔼𗭢𘔼𘕙𘗜𘕿：破城及复聚落舍，即《大正藏》作"攻城破邑"。𘔼𘕙，聚落。

　　[14] 𗭢𗤫：不敬，即《大正藏》作"轻慢"。

　　[15] 𘏨𘎧𗤁：受报人，《大正藏》作"受罪人"。下同。

　　[16] "𘀄𘕿𗺉𘕘𗭢𗴺，𗸏𗖵𘍞𗵒𘈬𗆜"："若母暂时不在，便生仰渴

心"，《大正藏》作"若母去时便生渴仰思恋之心"。

[17]"▢▢▢▢▢▢▢▢▢……"："尔时世尊于受苦众生……"，《大正藏》作"于时世尊即于受罪众生"。

[18]▢▢▢▢▢：月满又有亏，《大正藏》作"月满已得亏"。

[19]▢▢▢▢▢：无常速其过，《大正藏》作"无常复过是"。

[20]▢▢：思念，即《大正藏》作"念当"。

[21]▢▢：尊仰，即《大正藏》作"不轻"。

[22]▢▢▢▢▢▢▢：此是回报佛恩，《大正藏》作"则为已得报佛之恩"。

[23]"▢▢▢▢，▢▢▢▢"："息地狱苦，即得安宁乐"，《大正藏》作"地狱休息苦痛安宁"。

[24]▢▢：果报，《大正藏》作"报应"。

[25]▢▢▢：广流布，《大正藏》作"广令流布"。▢▢，流布、传行、流通、弘通。下同。

录文、对译（中藏本第 203 页第 3 行—205 页第 7 行）

第 203 页：3. ▢▢▢▢▢▢▢▢▢，▢▢▢▢▢，▢▢▢ 4. ▢，▢▢▢▢▢▢▢▢，▢▢▢▢。▢▢ 5. ▢▢▢▢▢▢，▢▢▢▢▢▢▢▢▢▢，▢▢ 6. ▢▢▢▢▢▢▢▢▢▢▢▢、▢▢▢▢ 7. ▢▢▢▢▢▢▢▢▢▢▢▢▢▢▢▢ 8. ▢▢▢，▢▢▢▢▢▢▢▢▢▢，▢▢ 9. ▢▢▢▢▢▢▢[1]，▢▢▢▢▢▢▢▢▢▢。10. ▢▢▢▢▢▢[2]▢▢▢▢▢▢▢▢▢，▢▢

对译：3. 今日道场业同大众佛所说如大怖畏 4. 可相与今日怖畏心起慈悲心起诸佛 5. 力承菩萨道行地狱苦念[菩提]心发今 6. 日现地狱内苦受众生一切现饿鬼道 7. 中苦受众生一切现畜生道中苦受 8. 众生一切乃至六道现苦受者等为心至 9. 以忏悔礼敬当其众生〈　〉即解脱令得 10. 我等若时时方便以祸转福不为则一

第 204 页：1. ▢▢▢▢▢▢▢▢▢▢[3]。▢▢▢▢，▢▢ 2. ▢▢、▢▢▢▢▢▢▢▢▢▢▢▢▢，3. ▢▢▢▢▢、▢▢▢▢▢▢▢[4]▢▢。▢▢ 4. ▢▢，▢▢▢▢，▢▢▢▢，▢▢▢▢[5]。▢ 5. ▢▢▢▢▢▢▢▢▢▢▢▢▢▢▢

𘕴𘓾，𘓥𗏁𗤘 6. 𗣼𗀔𗣔𗵐𘜶𘄽𘝘𘊽。𘃵𗼈𗭪𗾈𘃝𘊽𗤾

对译：1. 一地狱皆内所属苦有相与心至父母 2. 师长亲戚眷属〈〉未来苦报应受念当 3. 亦自身未来现在此苦曾受为念痛切 4. 心等五体地投诚恳心至特殊心起愿 5. 一念以十方诸佛所有应感来一遍礼 6. 拜以无量众苦断除若六道中现苦受

第 205 页：1. 𘊽，𗼈𗭪、𗾈𗭪、𗣔𘂚𗭪𗀔𘃝𗦺𗾈�752𘜶𘊚 2. 𘃵𗤾𘐭。𘃵𘟙𘜶𘄽𗄈𘊽𘊽，𗼈𗭪、𗾈𗭪、3. 𘃝𗣔𘂚𗭪𗀔𘃝𗦺𗾈�752𗄈𗕡[6]𘊽𘝘。𘃤𘗠 4. 𗍁𘜶，𗤙𗂲𗸁𗴺𗄈𘜶𘄽𗣔𗤘[7]。𗣼𘅍𘅍𘝘，5. 𗢳𘄽𗷰𘈷。𘃤𗣼𘂤𘗽，𗸕𘄘𗺌𘈷。𘜶𘙵𗾟 6. 𗥃，𘈷𘟀𘈷𘋠。𘜂𗥃𗣔𗣼，𗾈𗗷𘕢𘛞。𗏹𗄈 7. 𗫂𘐔，𗼅𗣔𘞖𘗠。

对译：1. 者佛力法力贤圣力以此众生〈〉即解 2. 脱令蒙若六道中苦未受者佛力法力 3. 诸贤圣力以此众生〈〉苦报断除今日 4. 从去重复永世恶道中不堕三业障除 5. 念随生往五怖畏灭自在解脱道业勤 6. 修不休不息妙行庄严法云地过金刚 7. 心入正等觉成

意译、注释（中藏本第 203 页第 3 行—205 页第 7 行）

今日道场同业大众，如佛所说，大可怖畏。相与今日起怖畏心，起慈悲心。承诸佛力行菩萨道，念地狱苦发菩提心，当为今日现受地狱道苦一切众生、现受饿鬼道苦一切众生、现受畜生道苦一切众生，乃至六道现受苦者等至心礼忏，令其众生即得解脱。

我等若时时不为方便转祸为福者，则于一一地狱皆内有所属苦。相与至心，当念父母师长、亲戚眷属未来应受苦报，亦为念自身未来、现在曾受此苦。等痛切心，五体投地。诚恳至心，起特殊心。愿一念来感应十方所有诸佛，一拜断除无量众苦。若六道中现受苦者，以佛力、法力、贤圣力，令此众生即蒙解脱。若六道中未受苦者，以佛力、法力、诸贤圣力，令此众生苦报断除，从今日去永世重复不堕恶道中。除三障业，随念往生。灭五怖畏，自在解脱。勤修道业，不休不息。妙行庄严，过法云地。入金刚心，成等正觉。【参见《大正藏》[0936c06—0936c22]】

[1] 𗾈𘟙𗀔𘈷𗅀𗏹𗣼𘊽：当至心礼忏，《大正藏》作"一心一义为其

礼忏"。

　　[2] □□：时时，《大正藏》作"勤行"。

　　[3] □□□□□□：皆内有属苦，《大正藏》作"皆有罪分"。"皆有罪分"又对应"□□□□□"，见卷四（图版第 249 页第 10 行—第 250 页第 1 行）。下同。

　　[4] □□：曾受，即《大正藏》作"方婴"。

　　[5] "□□□□，□□□□"："诚恳至心，起特殊心"，《大正藏》作"至诚恳恻至到用心"。□，底本笔画错。

　　[6] □□：苦报，《大正藏》作"永得"。

　　[7] □□□□□□□□□：永世重复不堕恶道中，《大正藏》作"毕竟不复堕于恶趣"。下同。

录文、对译（中藏本第 205 页第 8 行—208 页第 8 行）

　　第 205 页：8. □□□□□□□□□，□□□□□，□□□□ 9. □[1]。《□□□□》□□：□□□□，□□□□

　　对译：8. 今日道场业同大众重复心用谛听思 9. 念杂藏契经中说时一鬼有［目连］〈 〉言

　　第 206 页：1. □：□□□□□□，□□□□□，□□□ 2. □，□□□□？□□□□：□□□□□，□ 3. □□□□□□。□□□□，□□□□，□ 4. □□□，□□□□□□□□□。□□□□□ 5. □，□□□□□□□□。6. □□□□，□□□□□：□□□□□□ 7. □□[2]，□□□□□□□□，□□□□□□[3] 8. □□□□。□□□□□□□□□，□□□ 9. □？□□□□：□□□□□，□□□□□□[4]，10. □□□□□□□□[5] □，□□□□□□□□

　　对译：1. 白我两肩上眼有胸上口鼻有头无〈 〉2. 也何罪因得［目连］答言汝前过去世恒 3. 魁脍〈 〉弟子作若人杀时汝常心喜是 4. 以绳挽是因缘以故此苦受此者华报 5. 是果报复地狱内受 6. 又一鬼有［目连］〈 〉言白我此身形肉块 7. 圆如足手眼耳鼻等全无恒虫蛆鸟禽 8. 食噉所为是如病苦堪难忍难何罪因 9. 得［目连］答言汝先过去世常他〈 〉毒喂 10. 诸众生之命不全令是因缘以故此苦

第 207 页：1. 〔西夏文〕。〔西夏文〕，〔西夏文〕。2. 〔西夏文〕，〔西夏文〕：〔西夏文〕3. 〔西夏文〕[6]〔西夏文〕，〔西夏文〕，〔西夏文〕？4. 〔西夏文〕：〔西夏文〕，〔西夏文〕。〔西夏文〕5. 〔西夏文〕，〔西夏文〕。〔西夏文〕，〔西夏文〕，〔西夏文〕6. 〔西夏文〕，〔西夏文〕。〔西夏文〕7. 〔西夏文〕，〔西夏文〕。8. 〔西夏文〕，〔西夏文〕：〔西夏文〕[7]，〔西夏文〕9. 〔西夏文〕，〔西夏文〕。〔西夏文〕，〔西夏文〕？〔西夏文〕10. 〔西夏文〕：〔西夏文〕，〔西夏文〕

对译：1. 受此者华报是果报及地狱内受 2. 又一鬼有[目连]〈〉言白我腹极大咽喉 3. 针耳如年穷岁卒饮食不得何罪因得 4. [目连]答言汝前过去世聚落主作自贵 5. 豪恃酒饮纵横他人侵凌食饮夺为 6. 一切饥渴受使是因缘以故此苦受此者 7. 华报是果报及地狱内受 8. 又一鬼有[目连]〈〉言语我此世上二铁 9. 热轮两腋下有身举焦烂何罪因得[目 10. 连]答言汝前过去世众〈〉饼作二饼盗

第 208 页：1. 〔西夏文〕。〔西夏文〕。〔西夏文〕2. 〔西夏文〕，〔西夏文〕。3. 〔西夏文〕，〔西夏文〕：〔西夏文〕4. 〔西夏文〕，〔西夏文〕。〔西夏文〕，〔西夏文〕？〔西夏文〕5. 〔西夏文〕：〔西夏文〕〔西夏文〕[8]，〔西夏文〕6. 〔西夏文〕。〔西夏文〕[9]〔西夏文〕，〔西夏文〕。7. 〔西夏文〕。〔西夏文〕，〔西夏文〕8. 〔西夏文〕。

对译：1. 两腋下挟是因缘以故此苦受此者华 2. 报是果报及地狱内受 3. 又一鬼有[目连]〈〉言语我常物以自头 4. 蒙笼人杀来畏心常怖惧何罪因得 [目 5. 连]答言汝前过去世人与淫犯常人见 6. 畏又或夫主〈〉〈〉捉打杀畏常恐怖怀为 7. 故此苦受此者华报是果报及地狱 8. 内受

意译、注释（中藏本第 205 页第 8 行—208 页第 8 行）

今日道场同业大众，重复用心，谛听思念。

《杂藏经》中说：时有一鬼，白目连言：我两肩有眼，胸有口鼻。无有头也，因得何罪？目连答言：汝过去世，恒作魁脍弟子。若杀人时，汝常心喜，是以绳挽。以是因缘，故受此苦。此者是华报，果报复受地狱内。

复有一鬼，白目连言言：我此身形圆如块肉，无有手足眼耳鼻等，恒为虫蛆鸟禽所食噉。受如是病苦，难忍难，因得何罪？目连答言：汝先过去世，常喂他毒，令诸众生命不全，以是因缘故受此苦。此者是华报，果报地狱内受。

复有一鬼，白目连言：我腹极大咽喉如针耳，穷年卒岁不得饮食，因得何罪？目连答言：汝前过去世，作聚落主。自恃豪贵，饮酒纵横。侵凌他人，夺为饮食，使一切受饥渴。以是因缘，故获斯罪。此者是华报，果报及地狱内受。

复有一鬼，白目连言：我此世上，有二热铁轮两腋下。举身焦烂，何因得何罪？目连答言：汝前过去世与众作饼，盗取二番，挟两腋下。以是因缘故受此苦。此者是华报，果报及受地狱内。

复有一鬼，语目连言语：我常以物自蒙笼头，畏人来杀。心常怖惧，因得何罪？目连答言：汝前过去世与人淫犯，常畏人见。又或为畏夫主捉打杀，常怀恐怖。因故受此苦。此者是华报，果报及地狱内受。【参见《大正藏》[0936c23—0937a18]】

[1] 𗟲𗟲𗟲𗟲：谛听思念，《大正藏》作"摄耳谛听。善思念之"。

[2] 𗟲𗟲：圆如，《大正藏》作"常如"。

[3] 𗟲𗟲𗟲𗟲：虫蛆鸟禽，即《大正藏》作"虫鸟"。

[4] 𗟲𗟲𗟲𗟲𗟲：常喂他毒，《大正藏》作"常与他药"。

[5] 𗟲𗟲：不全，即《大正藏》作"不全活"。

[6] 𗟲𗟲：针耳，际《大正藏》作"针"。

[7] 𗟲𗟲𗟲𗟲：我此世上，即《大正藏》作"我一生来"。下同。

[8] 𗟲𗟲𗟲𗟲：与人淫犯，《大正藏》作"淫犯外色"。

[9] 𗟲𗟲：夫主、丈夫。"𗟲"形误作"𗟲𗟲"（夫妻）之"𗟲"，今乙正。

录文、对译（中藏本第 208 页第 9 行—212 页第 2 行）

第 208 页：9. 𗟲𗟲𗟲𗟲𗟲𗟲𗟲𗟲，𗟲𗟲𗟲𗟲𗟲𗟲𗟲𗟲，10. 𗟲𗟲𗟲𗟲𗟲𗟲𗟲𗟲𗟲𗟲𗟲𗟲？𗟲𗟲𗟲𗟲[1]𗟲𗟲

对译：9. 今日道场业同大众前契经中说者如 10. 岂得自各大怖畏不生相与自各始无

第 209 页：1. 𗟲𗟲𗟲𗟲𗟲𗟲，𗟲𗟲𗟲𗟲𗟲𗟲𗟲𗟲𗟲𗟲。2. 𗟲𗟲𗟲𗟲，𗟲𗟲𗟲𗟲𗟲𗟲。𗟲𗟲𗟲𗟲𗟲𗟲，3. 𗟲𗟲𗟲𗟲𗟲𗟲。𗟲𗟲𗟲𗟲，𗟲𗟲𗟲𗟲𗟲 4. 𗟲，𗟲𗟲𗟲𗟲，𗟲𗟲𗟲𗟲𗟲，𗟲𗟲𗟲𗟲𗟲。5. 𗟲𗟲𗟲𗟲，𗟲𗟲𗟲𗟲𗟲𗟲𗟲。[2]𗟲𗟲𗟲𗟲，6. 𗟲𗟲𗟲𗟲，𗟲𗟲𗟲𗟲，𗟲𗟲𗟲 𐀼 [3] 𗟲𗟲𗟲、7. 𗟲𗟲𗟲𗟲𗟲，𗟲

𗣼𗤋𗟟𘕣𘏊。𘊊𘟁𗵦𗣛8. 𗭷𘔻𗙬𗹟𗹟𘓄，𗴺𗣼𗤋𗟟𘕣𘏊。𗏏𗟛𘓄9. 𗐰，𗴺
𗣼𗤋𗟟𘕣𘏊。𗏾𗢍𗟭𗄊𗀇𗢸𗾔𗵳，10. 𗤯𗢍𗟭𗄊𘇂𗢍𘟁𗣼。𗷓𗤩𘏞𗈁𗰛𗾈𗜢

对译：1. 已来今日于至先是如无量罪恶作曾 2. 是如等罪或慈悲心无因
强以弱侵凌 3. 众生〈〉伤害因是如罪作乃至他物盗 4. 窃迷惑道失贤善〈〉谗
谤因种种罪作 5. 是如罪依必恶道中报受今日心至 6. 痛切心等五体地投普六
道现苦受者 7. 苦未受者为岂敢礼敬忏悔亦父母师 8. 长眷属一切为岂敢礼敬
忏悔自身为 9. 亦岂敢礼敬忏悔已作罪者即乞除灭 10. 未作罪者复作不敢唯
愿世间大慈悲

第 210 页：1. 𗐰：2. 𗗙𘟪𗟭𗤒𗣼！𗗙𘟪𗸐𘛀𘟁𗴀𗣼！3. 𗗙𘟪𗫻𗄍𗨳𗥴
𗣼！𗗙𘟪𗤭𗥲𗥴𗈁𗣼！4. 𗗙𘟪𘉧𘓨𗤙𗏣𗣼！𗗙𘟪𘘝𗵘𘓨𗣼5. 𗗙𘟪𘔑𗺉𗹟𗹟
𘗜𗣼！𗗙𘟪𗷻𗤒𘇂𘍯𘐊𘏛𗣼！6. 𗗙𘟪𗹟𗹟𗄍𗀕𘘾𗖵𗣼！𗗙𘟪𗲢𘋩𘐓𘚢𘔼𘍿𗣼！
7. 𗗙𘟪𘅣𗇋𘘐𘊊𗴺𗝠𘙓𗣼！8. 𗗙𘟪𘎳𗾟𗣼！𗗙𘟪𘋢𗸣𘊒𗤒𗣼！9. 𗗙𘟪𘘝
𘋢𘌻𗣼！𗗙𘟪𘘝𘗒𗣼！10. 𗗙𘟪𘘝𘚢𗣼！

对译：1. 主 2. [南无][弥勒]佛[南无][释迦牟尼]佛 3. [南无]华莲尊
丰佛[南无]静宝兴丰佛 4. [南无]电灯幡王佛[南无]法空灯佛 5. [南无]众德
一切成佛[南无]贤幡幢王佛 6. [南无]一切宝緻色持佛[南无]疑断欲拔冥除
佛 7. [南无]意恐惧无威毛不竖佛 8. [南无]师子佛[南无]名称远闻佛 9. [南
无]法名号佛[南无]法奉佛 10. [南无]法幢佛

第 211 页：1. 𗗙𘟪𗄊𗷉𘛑𘘾𘟢！𗗙𘟪𗫡𘖍𗴀𘘾𘟢！2. 𗗙𘟪𘊊𘛵𘕜𘘾𘟢！
𗗙𘟪𘑘𗸐𗣦𘘾𘟢！3. 𗗙𘟪𗀕𗰚𘈷𘘾𘟢！𗗙𘟪𘏞𘊚𘉶𘘾𘟢！4. 𗤯𗈁𗤯𗾈𗄊𘇟
𗸐𗣗𘐭�❮，𗵈�❮�𘘾𘟢5. 𗹟𗹟𘕃𘊻𘜶。𘞶𘘾𗌅𗄡𘂂�❮。�𗝅6. 𘛑�❮𘚖
𘜶𘊊𘞪𘙓𘚹𗵳 𗛡 。 𘊊 𘍯𗝠𘝂7. 𘗰𘑞𗵠𘍿𘛊𗕙，𘟣𘊊𘋍𘝫𘚖𘜶𗥖�❮
8. 𘁝。�❮𗣛𗵠�𘝂𘅇𗦀𗵠𘙓；𘚬�❮𗷉𘞉𘍯𗝈9. 𘀩𘙓；𘚬𗝈�❮𗷉𗤄�𘚢；𘗭
𗤒𘖍𗵠𘊊10. �❮�❮。𗏾𘍯𘜀𘘐𗈁�❮𘁝，�❮𘊊𘘾𘟢

对译：1. [南无]大势力菩萨[南无]常进精菩萨 2. [南无]不休息菩萨
[南无]虚空藏菩萨 3. [南无]身边无菩萨[南无]世音观菩萨 4. 大慈大悲以
六道现苦受后苦受众生 5. 一切〈〉救护此众生即解脱当得神通 6. 力以恶道及
地狱业断除又诸众生今 7. 日上自乃至道场重复永世恶道内不 8. 堕苦报身舍
金刚身得四等六度常现 9. 前得四辩六通意如自在勇猛进精不 10. 休不息乃
至进修十地行满还复众生

第212页：1. [illegible]。2.（略）

对译：1. 一切〈〉度脱2.（略）

意译、注释（中藏本第208页第9行—212页第2行）

今日道场同业大众，如前经中说者，岂得不各自生大怖畏？相与自各无始已来至于今日，先曾作如是无量罪恶。如是等罪，或因无慈悲心。以强凌弱，伤害众生。作如是罪，乃至盗窃他物。迷惑失道，谗谤贤善，作种种罪。依如是罪，恶道中必受报。

今日至心，等痛切心，五体投地。普为六道现受苦者、未受苦者岂敢礼忏。亦为父母师长、一切眷属岂敢礼忏，亦为自身岂敢礼忏。已作罪者即乞除灭，未作罪者不敢复作。

唯愿世间大慈悲主：

南无弥勒佛！南无释迦牟尼佛！南无莲华尊丰佛！南无净宝兴丰佛！南无电灯幡王佛！南无法空灯佛！南无一切众德成佛！南无贤幡幢王佛！南无一切宝致色持佛！南无断疑拔欲除冥佛！南无意无恐惧威毛不竖佛！南无师子佛！南无名称远闻佛！南无法名号佛！南无奉法佛！南无法幢佛！南无大势力菩萨！南无常精进菩萨！南无不休息菩萨！南无虚空藏菩萨！南无无边身菩萨！南无观世音菩萨！

以大慈大悲救护六道现受苦、后苦受一切众生。令此众生，即当得解脱。以神通力，断除恶道及地狱业。又诸众生上自今日乃至道场，永世不重复堕恶道内。舍苦报身得金刚身；四等六度常得现前；四辩六通如意自在；勇猛精进不休不息。乃至进修满十地行，还复度脱一切众生。【参见《大正藏》[0937a19—0937b19]】

[1] [illegible]：相与自各，《大正藏》作“相与”。

[2] “[illegible]”：“依如是罪，恶道中必受报”，《大正藏》作“如是罪报。于恶道中必受其苦”。

[3] “𗂧”（现），底本残，据偏旁补。第211页第6行两字，同据偏旁补。

《慈悲道场忏法》卷第四（中藏本）

　　《慈悲道场忏法》卷四刊布于《中国藏西夏文献》第四册第213—267页,《中国国家图书馆藏西夏文献》第二册第97—112页。

录文、对译（中藏本第213页—217页第3行）

　　第213页：▨▨《▨▨▨▨▨》▨▨▨

　　对译：新刻慈悲忏法卷四第

　　第214页：1.《▨▨▨▨▨▨▨》▨▨▨2.（略）3. ▨▨▨▨▨▨▨▨ ▨▨▨▨[1]4. ▨▨▨▨▨▨▨▨,▨▨▨▨,▨▨▨5. ▨。▨▨▨▨▨▨▨ ▨▨▨▨▨。▨▨▨6. ▨▨▨▨▨,▨▨▨[2]▨▨▨,▨▨▨▨7. ▨[3]▨ ▨▨。▨▨▨▨▨▨▨▨▨,▨▨8. ▨▨▨▨▨▨▨。▨▨▨▨:▨▨▨▨ ▨9. ▨▨▨[4],▨▨[5]▨▨,▨▨▨▨。▨▨▨▨10. ▨▨▨,▨▨▨▨ ▨▨▨▨|▨|,|▨|▨[6]▨▨?

　　对译：1. 慈悲道场忏法卷四第2.（略）3. 果报显现七第〈〉下随所余言4. 今日道场业同大众重加心诚一心谛5. 听佛王舍城［迦阑陀］竹园内在尔时［目6. 连］禅定自起［恒伽］水边〈〉游诸饿鬼苦7. 受不同见时诸饿鬼各恭敬心起［目连］8. 处来往昔因缘问一鬼言问我此世自恒9. 饥渴受粪坑上至粪取噉欲粪坑上力10. 大鬼有杖以我打所近可不何罪因得

　　第215页：1. ▨▨▨▨:|▨▨▨▨▨▨▨▨▨|,|▨▨|2. ▨▨[7],▨▨ ▨▨▨▨。▨▨▨▨,▨▨▨3. ▨。▨▨▨▨,▨▨▨▨▨[8]。▨▨▨▨, ▨4. ▨▨▨。▨▨▨▨,▨▨▨▨。▨▨▨▨5. ▨,▨▨▨▨▨▨▨。▨ ▨▨▨,▨▨▨6. ▨▨:▨▨▨▨▨▨▨▨▨▨▨▨7. ▨,▨▨▨▨▨ ▨▨▨。▨▨▨▨,▨▨8. ▨▨?▨▨▨▨:“▨▨▨▨▨,▨▨▨▨▨ 9. ▨,▨▨▨▨▨。▨▨▨▨,▨▨▨▨,▨10. ▨▨▨,▨▨▨▨,▨▨

[illegible]。[illegible]

对译：1.［目连］答言汝人为时佛图主作客［比 2. 丘］有众园中食乞来汝悭惜因客食不 3. 与客去之后旧住者〈〉食汝无道以众 4. 物悭惜是因缘以故斯苦受此乃华报 5. 是果报复地狱中受复一鬼有［目连］〈〉6. 言问我此世于肩上大铜瓶有内铜烊 7. 满常杓以取自头上灌痛苦忍难何罪 8. 因致［目连］答言汝人为时众园内［维那］9. 作大众〈〉事知酥一瓶有屏处已藏时 10. 依不行客去之后旧住者〈〉饮酥者四

第 216 页：1. [illegible]，[illegible]。[9] [illegible]，[illegible] 2. [illegible]。[illegible]，[illegible]。”[illegible]，[illegible] 3. [illegible]。[illegible]，[illegible]：4. “[illegible]，[illegible]，[illegible]?”[illegible] 5. [illegible]：[illegible]，[illegible]，[illegible]，[illegible]

对译：1. 方众物是一切悉有汝无道以众物悭 2. 惜是因缘以故斯苦受此乃华报是果 3. 报复地狱内受复一鬼有［目连］〈〉言问 4. 我此世于常铁热丸吞何罪因致［目 5. 连］答言汝人为时沙［弥］作曾清净水取石

第 217 页：1. [illegible]。[illegible][10]，[illegible]，[illegible]。2. [illegible]，[illegible]。[illegible]，[illegible] 3. [illegible]。[illegible]，[illegible]。

对译：1. 蜜浆作石蜜大坚汝盗心起少许已打 2. 又大众未饮先一口盗是因缘以故斯 3. 苦受此乃华报是果报复地狱内受

意译、注释（中藏本第 213 页—217 页第 3 行）

《慈悲道场忏法》卷第四

显现果报第七之余言

今日道场同业大众，重加诚心，一心谛听。

佛在王舍城迦阑陀竹园，尔时目连自禅定起，游恒伽水边，见诸饿鬼受苦不同。时诸饿鬼各起恭敬心，来目连处问往昔因缘。

一鬼问言：我一生来，恒受饥渴。欲至粪坑上取粪噉之，粪坑上有大力鬼，以杖打我，不可近，因得何罪？目连答言：“汝为人时作佛图主，有客比丘来众园乞食，而汝悭惜不与客食。客去之后，食旧住者。以汝无道，悭惜众物，以是因缘，故受斯苦。今是华报，果报复地狱中受。”

复有一鬼，问目连言：“我于此世肩上有大铜瓶，内满烊铜。常以杓取之自灌头上。痛苦难忍，因致何罪？”目连答言：“汝为人时，作众园维那，知大众事。有一瓶酥，已藏屏处，不依时行，客去之后，饮旧住者。酥是四方众物，一切悉有。汝以无道，悭惜众物。以是因缘，故受斯苦。今是华报，果报复地狱中受。”

复有一鬼，问目连言：“我于此世，常吞热铁丸，因致何罪？”目连答言：“汝为人时，曾作沙弥，取清净水，作石蜜浆。石蜜坚大，汝起盗心，已打少许。大众未饮，先盗一口。以是因缘，故受斯苦。今是华报，果报复地狱中受。”【参见《大正藏》[0937b25—0937c17]】

［1］􀀀􀀀􀀀􀀀􀀀􀀀􀀀􀀀􀀀􀀀：显现果报第七末随余言，即《大正藏》作“显果报第七之余”。􀀀􀀀􀀀􀀀，末随余言，即“之余”、“之余言”。下同。

［2］􀀀􀀀􀀀：恒伽水，《大正藏》作“恒水”。

［3］􀀀􀀀：受苦，《大正藏》作“受罪”。下同。

［4］􀀀􀀀􀀀􀀀：恒受饥渴，即《大正藏》作“恒抱饥渴”。

［5］􀀀􀀀：粪坑，即《大正藏》“厕”。下同。

［6］“􀀀􀀀􀀀，􀀀􀀀”：“不可近，何罪”，《大正藏》作“初不得近何罪”。“􀀀”（无），据残留右偏旁补。“􀀀”（何），据文意补。

［7］“􀀀􀀀􀀀􀀀􀀀􀀀􀀀，􀀀􀀀􀀀”：“汝为人时作佛图主，有客比丘”。前4字原残，据本页第8行和《大正藏》补。中间残缺“􀀀􀀀􀀀􀀀”4字，据残留左偏旁汉文意补。“􀀀􀀀”2字，也据残留左偏旁补。

［8］“􀀀􀀀􀀀􀀀􀀀”：食旧住者，《大正藏》作“乃行旧住”。􀀀，使动用法，“使……食”。下同。

［9］“􀀀􀀀􀀀􀀀􀀀􀀀􀀀，􀀀􀀀􀀀􀀀”：“酥是四方众物，一切悉有”，即《大正藏》作“酥是招提之物一切有分。”招提，本为梵语音译“拓斗提奢”、“柘斗提舍”之省称“拓提”。意译“四方、四方僧、四方僧房”。据《玄应音义》卷十六记载，一般皆以“柘”、“招”字形近似而讹作“招提”。

[10] [illegible]：字面意为“大坚”，《大正藏》作“坚大”。[illegible]，底本作“[illegible]”，字库无此字。

录文、对译（中藏本第 217 页第 4 行—220 页第 8 行）

第 217 页：4. [illegible]，[illegible]，[illegible] 5. [illegible]。[illegible]，[illegible]，6. [illegible]。[illegible]，[illegible] 7. [illegible]。[illegible]，[illegible]，8. [illegible]，[illegible]。[illegible] 9. [illegible]，[illegible]。[illegible] 10. [illegible]，[illegible]。[illegible]、[illegible]

对译：4. 今日道场业同大众[目连]见者如大怖 5. 畏可我等亦此罪作曾经明无所覆为 6. 忆知不能若是如无量罪业当有未来 7. 世于苦报受应又今日心诚痛切心等 8. 五体地投惭愧忏悔速愿除灭又复十 9. 方空虚界尽饿鬼一切为心诚忏悔又 10. 父母师长缘心诚忏悔又坛同尊证上

第 218 页：1. [illegible]，[illegible]。[illegible]，[illegible] 2. [illegible][1][illegible]，3. [illegible]。[illegible]，[illegible] 4. [illegible]。[illegible]：5. [illegible]！[illegible]！6. [illegible]！[illegible]！7. [illegible]！[illegible]！8. [illegible]！[illegible]！9. [illegible]！[illegible]！10. [illegible]！[illegible]！

对译：1. 中下座缘心诚忏悔又善恶知识及广 2. 十方无量边无四生六道众生一切缘 3. 心诚忏悔若已作罪者此因除灭未作 4. 罪者复造不敢唯愿十方诸佛一切 5. [南无][弥勒]佛[南无][释迦牟尼]佛 6. [南无][拘楼孙]佛[南无][拘那含牟尼]佛 7. [南无][伽叶]佛[南无]师子佛 8. [南无]明焰佛[南无][牟尼]佛 9. [南无]妙华佛[南无]华氏佛 10. [南无]善宿佛[南无]导师佛

第 219 页：1. [illegible]！[illegible]！2. [illegible]！[illegible]！3. [illegible]！[illegible]！4. [illegible]！[illegible]！5. [illegible]！[illegible]！6. [illegible]！[illegible]！7. [illegible]！8. [illegible]！[illegible]！9. [illegible]！[illegible]！

10. 𘟂𗩱𗢤𗴺！𘟂𗩱𗮔𗴺！𘟂𗩱𗩲𘄴！

对译：1. [南无]臂大佛[南无]力大佛 2. [南无]宿王佛[南无]药修佛 3. [南无]名相佛[南无]大明佛 4. [南无]炎肩佛[南无]照耀佛 5. [南无]日藏佛[南无]月氏佛 6. [南无]众炎佛[南无]善明佛 7. [南无]忧无佛 8. [南无]师子游戏菩萨[南无]师子迅奋菩萨 9. [南无]身边无菩萨[南无]世音观菩萨 10. [南无][陀]佛[南无][达摩][南无]僧[伽]

第 220 页：1. 𗧓𘟙𗫶𘟙𗍫𗥫，𗭴𗥝𗫺𗘿𗠁𗰗𗤻𘄴，𘑨 2. 𗫂𗠇𗠇𗘰𘄴𘜶。𗹙𗧓𗭴𗥝𗘿𘘜𗰗、𗱕𗤟 3. 𗰗、𗊲𗰗𗍖𗫂𗠇𗠇𗘰𘄶𘉞𗤻𘄴。𗿳 4. 𘛫𗍖𗫂𘃨𗖻𗥥𘈇𗒉。𗥫𗷬𗴺𗴧，𘙆𘆚𗧇 5. 𗙳，𗫡𗷬𗤓𗥫𗫻𘕿，𘃽𗥫𗧓𘈖[2]。𘉞𗤝𘛫𗢤 6. 𘟙𗥩[3]，𗫡𗡜𗥫𘄴。𗴺𘓉𘘢𗠁𗰘，𘛫𗫙𗤧𗴟 7. 𗤶𘈖。[4]𘛫𗢤𗍵𘁍𘄰𘛫𗥩𗬳，[5]𗶷𗧓𗢨𘜘𘜻 8. 𘟂𘄛𗣫[6]（𗥩𘄴）。

对译：1. 愿大慈大悲以十方现饿鬼道苦受 2. 众生一切〈 〉救拔又愿十方地狱道畜生 3. 道人道众生一切〈 〉无量众苦救拔其 4. 诸众生即解脱令得三障业断五怖畏 5. 无八解脱以心洗四弘愿随人教诸佛 6. 面见妙教咨承坐处所不起诸漏永尽诸漏永尽 7. 念随诸佛土内行游皆遍行愿速圆正 8. 等觉成一拜

意译、注释（中藏本第 217 页第 4 行—220 页第 8 行）

今日道场同业大众，如目连见者，大可怖畏。

我等亦经作此罪，为无明所覆，不能忆知。若当有如是无量罪业，于未来世应受苦报。今日诚心，等痛切心，五体投地，惭愧忏悔速愿除灭。

又复为十方尽虚空界一切饿鬼，诚心忏悔。又为父母师长，诚心忏悔。又为同坛尊证、上中下座，诚心忏悔。又为善恶知识，广及十方无量无边四生六道一切众生，诚心忏悔。若已作罪者因此除灭，未作罪者不敢复造。唯愿十方一切诸佛：

南无弥勒佛！南无释迦牟尼佛！南无拘楼孙佛！南无拘那含牟尼佛！南无迦叶佛！南无师子佛！南无明焰佛！南无牟尼佛！南无妙华佛！南无华氏佛！南无善宿佛！南无导师佛！南无大臂佛！南无大力佛！南无宿王佛！南无修药佛！南无名相佛！南无大明佛！南无炎肩佛！南无照曜佛！南无日藏佛！南无月氏佛！南无众炎佛！南无善明佛！南无无忧佛！南无师子游戏菩

萨！南无师子奋迅菩萨！南无无边身菩萨！南无观世音菩萨！南无佛陀！南无达摩！南无僧伽！

愿以大慈大悲，救拔十方现受饿鬼道苦一切众生。又愿救拔十方地狱道、畜生道、人道一切众生无量众苦。令其诸众生，即得解脱。断三障业，无五怖畏，以八解脱洗心，四弘随愿。面奉慈颜，咨承妙教。不起坐处，随念诸漏永尽。皆遍游诸佛土，愿行速圆成正等觉（一拜）。【参见《大正藏》[0937c18—0938a21]】

［1］□□□□：无量无边，即《大正藏》作"无穷无尽"。

［2］□□□□：四弘随愿，《大正藏》作"四弘被物"。四弘，指一切菩萨于因位时所应发起的四种广大之愿，又作"四弘愿、四弘行愿、四弘愿行、四弘誓、四弘。"弘，广。被物，被是"使蒙受"，物是"众生"之意。

［3］□□□□□：字面意为"教人见诸佛面"，即《大正藏》作"面奉慈颜"。

［4］"□□□□□，□□□□□□"："不起所坐处，随念诸漏永尽"，《大正藏》作"不起本处诸漏永尽。随念俯应"。

［5］□□□□□□□：皆遍游行诸佛土，即《大正藏》作"遍诸佛土"。

［6］□□□□□□□□：愿行速圆成正等觉，即《大正藏》作"愿行早圆造成正觉"。

录文、对译（中藏本第 220 页第 9 行—227 页第 1 行）

第 220 页：9. □□□□□□□□□，□□□□□，□□□ 10. □。□□□□□□□□，□□□□□□□

对译：9. 今日道场业同大众重复心诚一心谛 10. 听尔时佛王舍城内在城东南方一水

第 221 页：1. □□。□□□□□，□□□□□，□□□□□。□ 2. □□□，□□□□。□□□□，□□□□。3. □□□□，□□□□□。□□□□[1]，□□□ 4. □。□□□□□□□□□□。□□□□[2]：□□ 5. □□□□□□[3] □□□□□□□。□□□ 6. □□：□□□□□□□□□[4]，□□□□ 7. □□

󰀀󰀀，󰀀󰀀󰀀󰀀󰀀。󰀀󰀀󰀀󰀀󰀀󰀀8.󰀀󰀀󰀀󰀀󰀀[5]。󰀀󰀀󰀀󰀀，󰀀󰀀󰀀󰀀，󰀀󰀀9.󰀀󰀀󰀀。[6]󰀀󰀀󰀀󰀀󰀀，󰀀󰀀󰀀󰀀󰀀󰀀󰀀，10.󰀀󰀀󰀀󰀀。󰀀󰀀󰀀󰀀󰀀󰀀󰀀󰀀[7]󰀀，󰀀󰀀

对译：1. 池有屎尿污秽尽其中入臭近可不一 2. 大虫有此水中生身长数丈足手无有 3. 低昂宛转观者数千[阿难]其见佛〈　〉具 4. 启佛大众与共池所诣大众忧念今日 5. 如来必当大众〈　〉虫之本末说佛大众 6.〈　〉告昔[维卫]佛[涅槃]之后一众园有五 7. 百[比丘]有众园中已过众园主欢喜〈　〉8. 请岂敢供养悭惜心无馔食备供滞遗 9. 未曾余复五百商人海入珍宝采往还 10. 众园处过五百[比丘]进精行修见自各

第222页：1.󰀀󰀀󰀀󰀀󰀀󰀀[8]：󰀀󰀀󰀀󰀀，󰀀󰀀󰀀󰀀，󰀀2. 󰀀󰀀󰀀，󰀀󰀀󰀀󰀀󰀀󰀀󰀀[9]，󰀀󰀀󰀀󰀀3. 󰀀。󰀀󰀀󰀀󰀀󰀀，󰀀󰀀󰀀󰀀，󰀀󰀀󰀀󰀀[10]，󰀀4. 󰀀󰀀󰀀。󰀀󰀀󰀀󰀀："󰀀󰀀[11]󰀀󰀀󰀀，󰀀󰀀󰀀5. 󰀀。"󰀀󰀀󰀀󰀀󰀀："󰀀󰀀󰀀󰀀󰀀󰀀，󰀀󰀀󰀀

对译：1. 心起欢喜共议福田遇难薄供养当各 2. 一珠舍都案五百[摩尼]珠施众园主处 3. 寄众园主之后不善心生自独有欲 4. 设供不为大众问言商人珠施者设供为 5. 当众园主答言此珠我〈　〉已施若珠夺

第223页：1.󰀀，󰀀󰀀󰀀󰀀󰀀󰀀󰀀󰀀。[12]󰀀󰀀󰀀󰀀，󰀀󰀀2. 󰀀󰀀󰀀󰀀󰀀，󰀀󰀀󰀀󰀀󰀀󰀀。"󰀀󰀀3. 󰀀󰀀󰀀󰀀󰀀󰀀󰀀，󰀀󰀀󰀀󰀀[13]。󰀀󰀀󰀀4. 󰀀󰀀󰀀󰀀󰀀，󰀀󰀀󰀀󰀀󰀀，󰀀󰀀󰀀󰀀。󰀀5. 󰀀󰀀󰀀󰀀，󰀀󰀀󰀀󰀀󰀀，󰀀󰀀󰀀󰀀，󰀀󰀀6. 󰀀󰀀󰀀，󰀀󰀀󰀀󰀀󰀀。󰀀󰀀󰀀󰀀[14]，󰀀󰀀󰀀7. 󰀀。󰀀󰀀󰀀󰀀󰀀󰀀："󰀀󰀀󰀀󰀀，󰀀󰀀󰀀󰀀?"[15]8. 󰀀󰀀󰀀󰀀󰀀󰀀："󰀀󰀀󰀀󰀀，󰀀󰀀󰀀󰀀󰀀9. 󰀀󰀀[16]。󰀀󰀀󰀀󰀀󰀀󰀀󰀀󰀀，󰀀󰀀󰀀󰀀，10. 󰀀󰀀󰀀󰀀󰀀󰀀󰀀󰀀。[17]󰀀󰀀󰀀󰀀，󰀀󰀀󰀀

对译：1.〈　〉〈　〉粪恶〈　〉〈　〉乃取〈　〉若不去〈　〉则汝 2. 等之足手割为粪坑内投弃〈　〉〈　〉大众 3. 念其愚痴人是〈　〉自各而去是恶罪 4. 复此虫身受后地狱中入又众苦受佛 5. 王舍城在又众生一见舌长极大铁钉 6. 以舌钉又然炽火起日夜所无苦楚备 7. 受[目连]佛〈　〉言问何罪业因此苦报受 8. 佛[目连]〈　〉答言此众生者昔世众园主 9. 作曾诸客[比丘]〈　〉呵骂驱遣食饮不与 10. 同供养受中不养同斯因缘以故此苦

第224页：1.󰀀。"󰀀󰀀󰀀󰀀󰀀󰀀󰀀󰀀，󰀀󰀀󰀀󰀀󰀀󰀀2. 󰀀󰀀󰀀，󰀀󰀀

[illegible][18]，[illegible][19]3. [illegible]。[illegible]：“[illegible]，[illegible]4. [illegible]?”[illegible]：“[illegible]，[illegible]5. [illegible][20][illegible]，[illegible]，[illegible]

对译：1. 受又众生有身体长大头上镬有下然 2. 炽火烧中铜烊满沸溢身灌空中行走 3. 休息无有[目连]佛〈〉言问何罪业因此 4. 苦报受佛[目连]〈〉答言此众生者昔世众 5. 园中[维那]作曾施主麻油送来诸客[比]

第 225 页：1. [illegible][21]。[illegible]，[illegible]。[illegible]2. [illegible]，[illegible]。”[illegible]，3. [illegible][22]。[illegible]，[illegible]。[illegible]4. [illegible]：“[illegible]，[illegible]?”[illegible]5. [illegible]：“[illegible]，[illegible]，[illegible]6. [illegible]。[illegible]，[illegible]7. [illegible]。[illegible][23]，[illegible]。”[illegible]，8. [illegible]。[illegible][24]，[illegible]。[illegible]，9. [illegible]，[illegible]，[illegible][25]。[illegible]10. [illegible]：“[illegible]?”[illegible]：“[illegible]

对译：1. [丘]〈〉不与客去之后方旧住〈〉分作为 2. 因缘以故此苦受又众生有然炽铁丸 3. 顶上入下方出空中行走忍难苦受[目 4. 连]佛〈〉言问何罪业因此苦报受佛[目 5. 连]〈〉答言此众生者沙[弥]作曾众有树 6. 园中七枚树果盗已死之后地狱入无 7. 量苦受所余业因此苦报受又鱼大见8. 身一百头头数自各他网中堕世尊见 9. 又慈[三昧]内入此鱼〈〉唤鱼即声应世 10. 尊言问汝母何在答言母粪坑中虫

第 226 页：1. [illegible]。”[illegible]：“[illegible]，[illegible]2. [illegible]，[illegible]，[illegible]，[illegible]。3. [illegible]，[illegible][26][illegible]。[illegible]，[illegible]4. [illegible]。”[illegible]：[illegible]，[illegible]5. [illegible][27][illegible]，[illegible][28]，6. [illegible]，[illegible]，[illegible]7. [illegible][29]。[illegible]，[illegible]8. [illegible]。[illegible][30]，[illegible]。[illegible]，[illegible]9. [illegible]。[illegible]，[illegible]，[illegible]10. [illegible][31]，[illegible]。[illegible]：[illegible]，[illegible]

对译：1. 一已作佛诸[比丘]〈〉语此鱼大者[迦叶]2. 佛时三藏[比丘]作口恶业以头多报受 3. 尔时其母子〈〉利养受是因缘故粪坑 4. 中虫身受佛言此报得者皆众生〈〉5. 口恶言粗佞舌以此彼两家斗乱兴使 6. 因死地狱中入狱主〈〉〈〉铁鎚已烧里 7. 表洞赤其舌上边为复铁钩烧钩三刃 8. 有其刃锋利其

舌断为复牛犁以其舌 9. 上耕破复铁杵烧咽喉中刺数千万劫 10. 罪尽出复鸟兽中生佛言若众生有国

第 227 页：1. 𗥃、𗟲𗢸、𘘣𗟲𘝾𗍊𗾔[32] 𗫂，𗉛𘘣𗤁𗑲[33]。

对译：1. 王父母师长〈〉恶言者罪其胜过

意译、注释（中藏本第 220 页第 9 行—227 页第 1 行）

今日道场同业大众，重复诚心，一心谛听。

尔时佛在王舍城，城东南方有一池水，屎尿污秽，尽入其中，臭不可近。有一大虫，生此水中，身长数丈，无有手足，宛转低昂，观者数千。阿难见其，具以启佛。佛与大众，共诣池所。大众忧念：今日如来当为大众说虫之本末。佛告大众：昔维卫佛涅槃之后，有一众园，有五百比丘经过众园中。众园主欢喜，请岂敢供养。心无悭惜，馔食备供，未曾余遗。后有五百商人，入海采珍宝往还，过众园处。见五百比丘精进修行，各自起心欢喜共议：福田难遇，当设薄供，各舍一珠。都案施五百摩尼珠，以寄众园主。众园主后生不善心，欲独自有，不为设供。大众问言："商人施珠，应当设供"。众园主答言："是珠施我。若欲夺珠，于汝乃取恶粪。若不去，割汝手足投之粪坑。"大众念其是愚痴人，各自而去。是罪恶受此虫身，后入地狱，又受众苦。"

佛在王舍城，又见一众生，其舌长极大，铁钉钉舌，又炽然火起，无所日夜，备受楚痛。目连问佛："因何罪业，受此苦报？"佛答言目连："此众生者，昔世曾作众园主。呵骂驱遣诸客、比丘，不与饮食，不同供养。以是因缘，故受斯苦。"

又有众生身体长大，头上有镬下然烧炽火，满中烊铜沸溢灌（其）身，空中而行无有休息。目连问佛："因何罪业，受此苦报？"。佛答言目连："此众生者，昔世作曾作众园维那，施主送来麻油，不与诸客、比丘，客去之后分旧住。以是因缘，故受此苦。"

又有众生炽然铁丸，从顶上入从下方出，空中行走，受苦难忍。目连问言佛："因何罪业，受此苦报？"佛答言目连："此众生者，往昔曾作沙弥子，有众盗树园中树果七枚。已死后入地狱，受无量苦。因所余业，受此苦报。"

又见大鱼，一身百头，各自数头，堕他网中。世尊见，又入慈三昧乃唤此鱼，鱼即应声。世尊问言："汝母何在?"答言："母粪坑中已作一虫。"佛语诸比丘："此大鱼者，迦叶佛时作三藏比丘，以恶口业，受多头报。其母子尔时，受其利养。是因缘故，身受粪坑中虫"。佛言：得此报者，皆由众生恶口粗言佞舌，兴使彼此斗乱两家。因死入地狱，狱主已烧铁鎚，表里洞赤为其舌上。复烧铁钩，钩有三刃，其刃锋利，以断其舌。复以牛犁，耕破其舌。复烧铁杵，刺咽喉中。数千万劫罪尽出，复生鸟兽中。佛言：若有众生与国王、父母、师长恶言者，其罪胜过。【参见《大正藏》[0938a22—0938c06]】

[1] 𗼮𗤭𘃜𗟻：阿难见其，《大正藏》作"阿难往见"。

[2] 𗤺𗧓：忧念，《大正藏》作"念言"。

[3] 𗥃𗴲：大众，《大正藏》作"众会"。众会，与会者。参阅李维琦《佛经续释词》(岳麓书社1999年版，第5—8页)。

[4] 𘝞𗴲𗣥𗤙：有一众园，《大正藏》作"时有塔寺"。下同。

[5] 𗢸𗴲𗰖𗼑𘋨𘆄：请岂敢供养，《大正藏》作"请留供养"。

[6] "𗭾𗭾𗴺𗖻，𘊖𗾊𘃽𘟏，𗾭𗷗𗤂𗹙𘝆"："心无悭惜，备供馔食，未曾余遗"，《大正藏》作"尽心供馔无有遗惜"。

[7] 𗥉𘉑𗰱𗧓：精进修行，即《大正藏》作"精勤行道"。

[8] 𗴺𗖖𗼑𘉞：欢喜共议，即《大正藏》作"欣然共议"。

[9] 𘕕𗵒𘊖𘉑𘄊𘃽𘃽𘝞：施都案五百摩尼珠，《大正藏》作"得五百摩尼珠"。𘕕𗵒，都案，在佛教中指上一级僧官。《番汉合时掌中珠》有"𘕕𗵒𗰊𗀔"(都案案头)、"𘕕𗵒𘊧𗴴"(都案判凭)。参阅黄振华、史金波、聂鸿音整理《番汉合时掌中珠》(宁夏人民出版社1989年版，第58、61页)。

[10] 𘒣𗤭𘖝𘒏：欲独自有，《大正藏》作"图欲独取"。

[11] 𘄒𗘎：商人，即《大正藏》作"贾客"。

[12] 𘖚�
𗤂𗖖𘕕𘃽𗴲𗤙：于汝乃取恶粪，《大正藏》作"粪可与汝"。𗤙，呼应词，用在主语是第一二人称复数形式时，在本句中义为"汝"。

[13] 𘒣𗾺𘘚𗴲：字面意为"各自而去"，《大正藏》作"默然各去"。

[14] 𗴹𗾹𗸝𘅆：所无日夜，即《大正藏》作"终日竟夜"。

　　[15]"𗼋𗰜𘏨𗴺，𗁮𗼋𗤒𗤑"："因何罪业，受此苦报"，《大正藏》作"此何罪报今受此苦"。下同。

　　[16]"𗁮𘓓𘗽𗴺，𘟥𘑇𗴺𘗉𗭴𗭘𗴺"："此众生者，昔世曾作众园主"，即《大正藏》作"此人昔时经作寺主"。"𗁮𘓓𘗽𗴺"（此众生者），下文对应汉文均作"此人"。

　　[17]𗦻𘝞𗭴𗴺𘝊𗰜𗭴𗤱：受同供养中不同养，即《大正藏》作"不同供养"。"𗭴"（养）底本形误作"𗰜"（人），乙正。

　　[18]𗫸𘟀𘄒𘃜𗭴𘃧𗋭𗀔：满中烊铜沸溢灌身，《大正藏》作"满中烊铜从四面出灌其身上"。下同。

　　[19]𗱕𗫒𗴦𗀭：空中行走，即《大正藏》作"乘虚而行"。下同。

　　[20]𗣼𗋽：维那，《大正藏》作"知事"。维那，系梵汉兼举之词。又作"都维那"，旧称"悦众、寺护"，为寺中统理僧众杂事之职僧。维，纲维，统理之义；那，为梵语音译"羯磨陀那"之略译，意译"授事"，即以诸杂事指授于人。

　　[21]𗟲𗗋：不与，《大正藏》作"不以分与"。

　　[22]𗴲𗰜𗾧𘋘𘃜𘄳：顶上入下方出，即《大正藏》作"从身上入从身下出"。

　　[23]𘎧𗰖𘏨𗴺：因所余业，《大正藏》作"余业未尽"。

　　[24]𗰜𘑇𗙏𗵤：各自数头，《大正藏》作"头头各异"。

　　[25]𗵐𘋊𗇋𗴺：鱼即应声，《大正藏》作"鱼实时应"。

　　[26]𗴩𘑇：母子，《大正藏》作"母"。

　　[27]𗤒𗥺𘉍𘈌𗗂𗷦：恶口粗言佞舌，《大正藏》作"恶口麁强"。

　　[28]𗥃𗤱𘃊𘓓𘐀𘕰𘑇𘒑：兴使彼此斗乱两家，即《大正藏》作"宣传彼此斗乱两家"。

　　[29]𘃧𗷦𘘙𘊟𗭘：为其舌上，《大正藏》作"以烙其舌"。𘊟，在已有文献中除有"边"（名词）意外，在此处似应有动词"烙"之意，待考。

　　[30]𘃧𗵺𗼋𗓵：其刃锋利，《大正藏》作"利如锋铓"。

　　[31]𗼋𗣼𗴺：罪尽出，即《大正藏》作"罪毕"。

　　[32]𘏨𗧀：恶言，《大正藏》作"论说"。

　　[33]𗼋𘃧𘘚𘄄：其罪胜过，即《大正藏》"其罪过是"。

录文、对译（中藏本第 227 页第 2 行—231 页第 2 行）

第 227 页：2. 𗟲𗟲𗙴𗟲𗙴𗟲𗟲𗟲𗟲，𗟲𗟲𗟲𗟲𗟲，𗟲𗟲 3. 𗟲𗟲。𗟲𗟲𗟲𗟲𗟲𗟲𗟲，𗟲𗟲𗟲𗟲𗟲𗟲𗟲𗟲𗟲，4. 𗟲𗟲𗟲𗟲。[1] 𗟲𗟲𗟲𗟲𗟲𗟲𗟲𗟲𗟲，𗟲𗟲𗟲 5. 𗟲𗟲𗟲，𗟲𗟲𗟲𗟲𗟲。[2] 𗟲𗟲𗟲𗟲𗟲𗟲𗟲 6. 𗟲[3]，𗟲𗟲𗟲𗟲𗟲𗟲𗟲𗟲𗟲𗟲[4]。𗟲𗟲𗟲𗟲𗟲 7. 𗟲𗟲𗟲𗟲𗟲[5]，𗟲𗟲𗟲𗟲𗟲𗟲𗟲𗟲，8. 𗟲𗟲𗟲𗟲𗟲𗟲𗟲𗟲𗟲𗟲𗟲𗟲，𗟲𗟲 9. 𗟲𗟲𗟲𗟲𗟲𗟲𗟲[6]，𗟲𗟲𗟲𗟲𗟲𗟲𗟲𗟲𗟲 10. 𗟲[7]。𗟲𗟲𗟲𗟲，𗟲𗟲𗟲𗟲，𗟲𗟲𗟲𗟲，𗟲𗟲

对译：2. 今日道场业同大众此佛所言闻大 3. 怖畏可今善恶二种罪福果报皎然显现 4. 真了疑无自各努力以勤忏悔作相与 5. 契经读依方此事具悟若或不努力复暂懈 6. 怠则我今作者何云成就譬如饥人心 7. 内百味饮食思念自饥苦于益济所无 8. 故胜妙法求又众生〈 〉度脱欲者心不 9. 休息可心于及在则自各努力以翘勤修 10. 行相与心诚忧思心等五体地投地狱

第 228 页：1. 𗟲、𗟲𗟲𗟲、𗟲𗟲𗟲、𗟲𗟲𗟲𗟲𗟲𗟲𗟲，𗟲 2. 𗟲𗟲𗟲𗟲𗟲[8]。𗟲𗟲𗟲𗟲𗟲，𗟲𗟲𗟲𗟲，𗟲 3. 𗟲𗟲𗟲𗟲𗟲𗟲𗟲，𗟲𗟲𗟲𗟲𗟲𗟲𗟲。𗟲𗟲 4. 𗟲𗟲𗟲𗟲𗟲；𗟲𗟲𗟲𗟲𗟲𗟲𗟲𗟲。𗟲 5. 𗟲𗟲𗟲𗟲𗟲𗟲𗟲：6. 𗟲𗟲𗟲𗟲！𗟲𗟲𗟲𗟲𗟲𗟲𗟲！7. 𗟲𗟲𗟲𗟲𗟲！𗟲𗟲𗟲𗟲𗟲！8. 𗟲𗟲𗟲𗟲𗟲！𗟲𗟲𗟲𗟲𗟲𗟲！9. 𗟲𗟲𗟲𗟲𗟲！𗟲𗟲𗟲𗟲𗟲！10. 𗟲𗟲𗟲𗟲𗟲！𗟲𗟲𗟲𗟲𗟲！

对译：1. 道饿鬼道畜生道人道众生一切为心 2. 诚忏悔礼敬又父母师长善恶知识及 3. 自身眷属一切为心诚忏悔礼敬已作 4. 罪者速愿除灭未作罪者复作不敢仰 5. 愿世间大慈悲主 6. ［南无］［弥勒］佛［南无］［释迦牟尼］佛 7. ［南无］［提］沙佛［南无］明耀佛 8. ［南无］鬘持佛［南无］德功明佛 9. ［南无］义示佛［南无］灯耀佛 10. ［南无］兴盛佛［南无］药师佛

第 229 页：1. 𗟲𗟲𗟲𗟲𗟲！𗟲𗟲𗟲𗟲𗟲！2. 𗟲𗟲𗟲𗟲𗟲！𗟲𗟲𗟲𗟲𗟲！3. 𗟲𗟲𗟲𗟲𗟲！𗟲𗟲𗟲𗟲𗟲！4. 𗟲𗟲𗟲𗟲𗟲！𗟲𗟲𗟲𗟲𗟲！5. 𗟲𗟲𗟲𗟲𗟲！𗟲𗟲𗟲𗟲𗟲！6. 𗟲𗟲𗟲𗟲𗟲！𗟲𗟲𗟲𗟲𗟲！7. 𗟲𗟲𗟲𗟲𗟲！𗟲𗟲𗟲𗟲𗟲！8. 𗟲𗟲𗟲𗟲𗟲！𗟲𗟲𗟲𗟲[9]𗟲！9. 𗟲𗟲𗟲𗟲𗟲！10. 𗟲𗟲𗟲𗟲𗟲𗟲𗟲！𗟲𗟲𗟲𗟲𗟲𗟲𗟲！

对译：1. ［南无］善濡佛［南无］毫白佛 2. ［南无］坚固佛［南无］福威德佛

3. ［南无］坏可不佛［南无］德相佛 4. ［南无］［罗睺］佛［南无］众主佛 5. ［南无］声梵佛［南无］际坚佛 6. ［南无］不高佛［南无］明作佛 7. ［南无］大山佛［南无］金刚佛 8. ［南无］众将佛［南无］为无佛 9. ［南无］珍宝佛 10. ［南无］师子幡菩萨［南无］师子作菩萨

第 230 页：1. 𘝵𗵤𗼨𗪟𘟣𗦻𘝵！𘝵𘞌𗆧𗷝𗺉𗦻𘝵！2. 𗡲𗤓𗯛𗊱、𗡲𗳅𗤱𗊱、𗭼𗥹𗴿𗪟𗊱、𘞌𘏒 3. 𗰷𘝵𗊱𗥃、𘟙𘟣𗩉𗼈𗌰𗌰𗾺𗩱、𗢭𘟣 4. 𗋽𗌰𗌰𗱽𗄈。𘃽𗩉𗾺𗥃𘄄𘟣𗡤[10]，5. 𗤗𗠶𗄈𗴺。𘝴𘉞𗥃𘄄𘈗𘎵𗢭𗣼，𘜶𘏒𗥹 6. 𘄄𘟣𗺖𗢭𗯝。[11]𘃽𘕣𗸰𘕡，𗆧𗲢𗱀𗢭，𘏒𘞜 7. 𗱀𗾺；𗆧𗲢𗼈𗢭𗥹𗤱𗺉𗺃；8. 𘝲𗼨𗾺；𘄄𗩉𗆧𗢭𗥹𗩼𗩱𗾺；𘄄𗩉𗆧𘜶 9. 𘐊𗥹𗺃𗴺。𘘚𗥹𗴿𗪟𗊱𘉌𗺃𗾺；𘘚𗥹𗴿 10. 𗰜𘂤𗵤𗰷𘝵；𗺉𗊱𘉞𗥜𗿉𘞮𗿉𘟙，𘃽𗊱

对译：1. ［南无］身边无菩萨［南无］世音观菩萨 2. 大慈悲力大智慧力思议可不力无量 3. 自在力以六道众生一切〈〉度脱六道 4. 〈〉众苦一切灭除诸生〈〉三恶途苦 5. 皆灭除令复又十恶五逆不造永世三 6. 恶途内不堕今日于起苦报生舍净土 7. 生得苦报命舍智慧命得苦报身舍金 8. 刚身得恶道苦舍［涅槃］乐得恶道苦念 9. ［菩提］心发四等六度常现前得四辩六 10. 通意如自在勇猛进精不休不息乃至

第 231 页：1. 𘜶𘏒𗥹𗰷𘝵𗪟。𘉞𗥃𘄄𗌰𗌰𗾺𘄄𗩱[12] 2. （𗤱𗿉𘃽𗣼）。

对译：1. 进修十地行满复众生一切度脱解能 2. 一遍礼拜

意译、注释（中藏本第 227 页第 2 行—231 页第 2 行）

今日道场同业大众，闻佛此言大可怖畏。今善恶二种，皎然显现罪福果报，真了无疑。以各自努力勤作忏悔，相与依读契经，方具悟此事。若不努力暂复懈怠，则我今作何云成就。譬如饥人心内思念百味饮食，于自饥苦无所济益。故欲求胜妙法度脱众生者，心不可休息，心在于及，则自各努力翘勤修行。相与至心，等痛切心，五体投地，为地狱道、饿鬼道、畜生道、人道一切众生，诚心忏悔礼敬。又为父母、师长、善恶知识，及自身一切眷属，诚心忏悔礼敬。已作罪者愿乞除灭、未作罪者不敢复作。仰愿世间大慈悲主：

南无弥勒佛！南无释迦牟尼佛！南无提沙佛！南无明曜佛！南无持鬘

佛！南无功德明佛！南无示义佛！南无灯曜佛！南无兴盛佛！南无药师佛！南无善濡佛！南无白毫佛！南无坚固佛！南无福威德佛！南无不可坏佛！南无德相佛！南无罗睺佛！南无众主佛！南无梵声佛！南无坚际佛！南无不高佛！南无作明佛！南无大山佛！南无金刚佛！南无将众佛！南无无为佛！南无珍宝佛！南无师子幡菩萨！南无师子作菩萨！南无无边身菩萨！南无观世音菩萨！

　　以慈悲力、大智慧力、不思议力、无量自在力，度脱六道一切众生，灭除六道一切众苦。令诸众生皆灭除三恶途苦。复又不造十恶五逆，永世不堕三恶途。从今日去，舍苦报生得净土生；舍苦报命得智慧命；舍苦报身得金刚身；舍恶道苦得涅槃乐；念恶道苦发菩提心。四等六度常得现前；四辩六通如意自在；勇猛精进不休不息；乃至进修满十地行。复能解度脱一切众生（一拜）。【参见《大正藏》[0938c07—0939a10]】

　　[1]"龍厀炵蕭羵譁雛絖，虽絖慵絔"："罪福果报皎然显现，真了无疑"，即《大正藏》作"皎然可见。罪福果报谛了无疑"。谛，真实不虚。

　　[2]"瓺緷瘦茲薙薤，靳絓靪躏絖"："相与依读契经，方具悟此事"，《大正藏》作"相与披经具见此事。"

　　[3]慨羸慨蕭：复暂懈怠，《大正藏》作"小复懈退"。

　　[4]飜緷薪絖：何云成就，《大正藏》作"何由得办"。

　　[5]顑牮絓幈絼觍庀毹燃幯：饥人心内思念百味饮食，《大正藏》作"歉乏之人心注百味"。

　　[6]絓慨縫緀緂絓粍敠羿：心不可休息心在于及，《大正藏》作"不可止在于心。既在心事"。

　　[7]幧秡幈絍：翘勤修行，即《大正藏》作"勤而行之"。"秡幈"（翘勤），又对应汉文"进修"。

　　[8]絓縼靳慨毹敠："诚心忏悔礼敬"或"诚心礼忏"，即《大正藏》作"求哀礼忏"。下同。

　　[9]牋絗：无为，《大正藏》作"无畏"。

　　[10]散毯薤叝：三恶途苦，《大正藏》作"三途罪业"。

　　[11]"絗慨敚毯慨薤敠牋，謯緷散毯薤幈敠痮"："复又不造十恶五逆，永世不堕三恶途"，即《大正藏》作"毕竟不复造五逆十恶更堕三途"。

［12］[illegible]：能解度脱，《大正藏》作“度脱”。“[illegible]”（解），疑衍。

录文、对译（中藏本第 231 页第 3 行—232 页第 5 行）

第 231 页：3. **[illegible]**（[illegible]，[illegible]，[illegible][1]）4. [illegible]，[illegible]，5. [illegible]。[illegible]，[illegible] 6. [illegible]。[2] [illegible][3] [illegible]，[illegible] 7. [illegible]。[illegible]，[4] [illegible] 8. [illegible]。[illegible]，[illegible] 9. [illegible]，[illegible]，[illegible] 10. [illegible]。[5] [illegible]，[illegible]。[6]

对译：3. 地狱出八第因缘果报向具述已不善业以恶道堕矣次依相续地狱显现 4. 今日道场业同大众复万法虽差品 5. 用功亦不一明暗以比使〈〉则善恶二 6. 是善语者人天〈〉胜报是恶述者三恶 7. 途苦剧是二事不同现前又显明愚惑 8. 人者疑异多起或人天者妄造言地狱 9. 亦非真说因推报验不知报因验亦不 10. 知因报区分不能因故自各世解执著

第 232 页：1. [illegible]，[illegible]。[illegible] 2. [illegible][7]，[illegible] 3. [illegible]。[illegible]，[illegible]。[illegible][8]，[illegible] 4. [illegible]。[illegible][9] [illegible]。[illegible] 5. [illegible][10]，[illegible]。[illegible]，[illegible][11]。[illegible][12]，6. [illegible][13]！

对译：1. 但有言空谈又非但乃亦题篇论造心 2. 胜善相乖已谬不云设示诲复益坚执 3. 固是如等人恶道内自投箭射顷时 4. 地狱中堕父母孝子亦相救不能唯自独 5. 往火镬内入身心摧碎精神苦受尔时 6. 悔改已不及也

意译、注释（中藏本第 231 页第 3 行—232 页第 5 行）

出地狱第八（向已具述因缘果报，以业不善坠在恶道矣，依次相续显现地狱）

今日道场同业大众，虽复万法差品，功用亦不一。使明暗以比，则善恶二是。语善者是人天胜报，述恶者是三恶途苦剧报。二事不同，现前显明，愚惑人多起疑异。

　　或言人天者妄造，地狱非真说，不知推因验报，亦不知验报因。报因不能区分，因故自各执世解。非但言空谈有，乃亦题篇造论。心乖胜善已云不谬，设示诲复执固益坚。如是等人，自投恶道。射箭顷时，堕地狱中。父母孝子，亦不能相救。唯自独往，入于火镬，身心摧碎，精神受苦。尔时，悔改已不及也！【参见《大正藏》[0939a12—0939a21]】

　　[1] 𗙹𗫂𗙦𗙦𗣼𗋽𗿢𗡏：依次相续显现地狱，《大正藏》作"故复相续显地狱门"。

　　[2] "𗨁𗣼𗊬𗲤𗪙𗏊，𗫴𗫸𗣼𗱕𗢯"："使明暗以比，则善恶二是"，《大正藏》作"至于明闇相形。唯善与恶"。

　　[3] 𗦴𗣛：胜报，《大正藏》作"胜果"。

　　[4] 𗱕𗸰𗩱𗮂𗫴𗫆𗼄𗿢𗡏：二事不同现前显明，《大正藏》作"二事列世皎然非虚"。

　　[5] "𗝆𗫂𗣛𗉾𗤧𗋽，𗣛𗝆𗉾𗍫𗩱𗫱"："不知推因验报，亦不知验报因"，即《大正藏》作"不知推因验果。不知验果寻因"。

　　[6] "𗝆𗣛𗹙𗵒𗤧𗡏，𗝆𗆐𗣛𗕨𗰖𗫱𗱺𗷖"："报因不能区分，因故自各执世解"，《大正藏》作"既因果不分。各执世解"。𗝆𗣛，字面意为"报因"，在本处和卷九汉文本又作"因果"。

　　[7] 𗭴𗋦𗩱𗤧：已云不谬，《大正藏》作"未曾云谬"。

　　[8] 𗤩𗷟𗥫𗫺：箭射顷时，《大正藏》作"如射箭顷"。下同。

　　[9] 𗡪𗷢：父母，《大正藏》作"慈亲"。

　　[10] 𗤧𗥫𗰖𗹙：唯自独往，《大正藏》作"唯得前行"。

　　[11] 𗢯𗫱：受苦，《大正藏》作"痛苦"。

　　[12] 𗴾𗵗：尔时，《大正藏》作"当此之时"。

　　[13] 𗸰𗋦𗭴𗷟𗾦𗫜：悔改已不及也，即《大正藏》作"悔复何及"。

录文、对译（中藏本第 232 页第 6 行—238 页第 9 行）

　　第 232 页：6. 𗊬𗥫𗷟𗢯𗋦𗸰𗫱，𗫸 7. 𗣼𗣛𗫂[1]𗭴𗣛𗳐𗷟，𗰖𗥫𗫺𗡏𗼄𗥫𗫂𗨴[2]，8. 𗣛𗕨𗤧𗸰[3]𗱕𗫴𗤧𗉾。𗣼𗋽𗝆𗣼𗫜？𗫺𗵗 9. 𗫴𗤧：𗥫𗲤𗥫

𘓁𘓠𘝿，𗥢𗤋𗤵𘅛𗲨，𘞤𗀔 10. 𗟲𗽴[4]，𗥥𗼺𘀗𗢌。𗤋𗈀𗤑𗥩𗊱𘐆𘓁𗌮𘖨

对译：6. 今日道场业同大众善 7. 恶报随影响犹如罪福异处宿业随显 8. 自各信守疑心无措地狱者何谓契经 9. 中言三千大千世界两铁围山间明无 10. 遍处地狱是也铁城纵广凡一千六百

第233页：1. 𗣼𘐨，𗈀𗣋𗫤𗣼𗰔𘓁𘀁𗌱。𗢌𗥢𗀆𗵏𘅛，2. 𘗰𗥢𗀆𗒽𘅛。𘓤𗀆𗈀𗎜，𗣋𗚝𗫽𗄑，𗫬𘓤 3. 𗢌𗟲，𗢌𘓤𗫬𗟲。𗟡𗵏𗬂：𗟲𗟅𗥥𗼺[5]、𗥔𗡱 4. 𗥥𗼺、𗀷𗹦𗥥𗼺、𘝰𗤋𗥥𗼺、𗥢𗟡𗥥𗼺、𗋽 5. 𗤋𗥥𗼺、𗥢𗒽𗥥𗼺、𗥢𗝿𗥥𗼺、𗥢𗫽𗥥𗼺、6. 𘘿𗀊𗥥𗼺、𘗙𗰓𗥥𗼺、𘓋𗤋𗥥𗼺、𘎬𘞁𗥥 7. 𗼺、𘏚𘚴𗥥𗼺、𗎣𗮔𗥥𗼺、𗣺𘞀𗥥𗼺、𗥔𘞁 8. 𗥥𗼺、𗵏𗯴𗥥𗼺、𘓤𗥤𗥥𗼺、𘓤𗈀𗥥𗼺、𗡓 9. 𗥟𗥥𗼺、𗥢𗀗𗥥𗼺、𘓤𘕱𗥥𗼺、𘓤𗹦𗥥𗼺、10. 𗷲𗱵𘘢𗥥𗼺[6]、𗤽𘓤𗱢𗥥𗼺[7]、𗤵𘊃𗥥𗼺、𗤵

对译：1. 万里城中八万四千鬲有下铁以地为 2. 上铁以网为火以城烧里 表洞赤上火 3. 下彻下火上彻其名者众合地狱黑暗 4. 地狱刀轮地狱剑林地狱 铁机地狱刺 5. 林地狱铁网地狱铁窟地狱铁丸地狱 6. 石尖地狱炭坑地狱烧林 地狱虎狼 7. 地狱叫唤地狱镬汤地狱炉炭地狱刀山 8. 地狱剑树地狱火磨地狱 火城地狱铜 9. 柱地狱铁床地狱火车地狱火轮地狱 10. 铜烊饮地狱口火吐地 狱大热地狱大

第234页：1. 𗽴𗥥𗼺、𗫻𘛮𗥥𗼺、𗓑𗀊𗥥𗼺、𗥢𘞤𗥥𗼺、2. 𘓤𘊃𗡓𗥤 𗥥𗼺、𗟲𘕧𗥥𗼺、𗴂𗥢𗥥𗼺、𘒽 3. 𗫤𗥥𗼺、𗤋𘜶𗥥𗼺、𘗰𘗰𗥥𗼺、𗤑𗣋𗥥 𗼺、4. 𗤵𘘦𗥥𗼺、𘊃𘞤𗥥𗼺、𘋇𘓱𗥥𗼺、𗥢𘓤𗥥 5. 𗼺、𗥢𘏚𗥥𗼺。�æ𗣋 𗥥𗼺𘞀𗣫 𗢌𗩾𗥥𗼺 6. 𗴟[8]。𘒢𘚴𘝴𗌱𘇂：𗤵𗼺�æ𗣫�𗼺𗀆𗵏？� 7. 𗫫𗴀𘊃[9]，𗣫𗫫𗤑𘊃。�æ𗫫𗴀𘊃，𗣫𗫫𘆀𘊃。8. 𘘦𗤋𗭋𗀔𘊃𗴀𘆀𗤵𗴀𘆀𘇂。��æ𗫫 𗭾𗒽𘊃，9. 𗣫𗫫𗭾𗤅𘊃。�æ𗫫𘖖𘊃，𗣫𗫫𘖖𘈷𘊃[10]。10. �æ𗫫𗭾𗫽𘊃， 𗣫𗫫𗭾𗤟𘊃。𗭾𗫽� 絶，𗄑

对译：1. 寒地狱舌拔地狱身钉地狱犁耕地狱 2. 斩斫刀兵地狱屠裂地狱 灰河地狱屎 3. 沸地狱寒冰地狱淤泥地狱愚痴地狱 4. 啼哭地狱聋盲地狱喑哑 地狱铁钩 5. 地狱铁嘴地狱[阿鼻]地狱又复小大地狱 6. 有佛[阿难]〈 〉告何 云[阿鼻]地狱名为[阿]7. 者无是[鼻]者遮是[阿]者无是[鼻]者救是 8. 结 合〈 〉则遮无救无言又[阿]者无间是 9. [鼻]者无动是[阿]者极热是[鼻]者极 苦是 10. [阿]者不闲是[鼻]者不住是不闲不住则

第 235 页：1. 𗗙𗵆𗏁𗢹𗗙𗬩𗼨。𗉣𗵆𗵘𗼨𗧤𗼨，𗏁𗾟 2. 𗬩𗆩𗼨。𘃽𗎯𗆩𘇂𗪜，𗏅𗗙𗵆𗏁𗢹𗗙𗬩 3. 𗼨。𘃽𗎯𘝞𗗱𗊩：𗵆𗏁𗢹𗗱𗬐𗾨𗏟𗺦[11]。𗼨 4. 𗵃𗮅𗥔𗬩，𗍫𗦲𗮅𘄽，𗍫𗉜𗮅𘃡。𗭼𗵃𘝞 5. 𗦲，𗍫𗦲𗪜𘍦𗧡𗕿𗭼𘏚𘝞[12]，𗍫𗦲𘇂𗁦𗉣 6. 𘔼𗧡𗖵。𗭼𗵃𘝞𗦲，𗦲𗦲𗜀[13]𘝞𗥔𗑏𗫵𗦲。7. 𗍓𗑏 𘐫𘇂，𗑏𗖵𘏚𗏷[14]，𗍓𗽢𗭟𗼨𗥔𗩱𗫵 8. 𗬩，𘝴𗙷𗾙𘇂，𗉣𗬦𗩠𘇂，𘓴𗗉𗥨 𘇂，𗍿 9. 𘜶𗸮[15]。𗽢𗄈𘏐𘏐𗫙𗫦𗼨，𗍓𗾙𘃀𗉶，𘇢 10. 𘀗𘃀𘟍𗆩[16]。𗉣𘝞𘍦𗏁𘄽𗫵，𘏚𘔼𗼷𘏚𘇂，

对译：1. 故[阿鼻]地狱名也又[阿]者大焰是[鼻]者 2. 热猛是极火猛心入则故[阿鼻]地狱名 3. 也佛[阿难]〈〉告[阿鼻]地狱纵广同等三 4. 十二万里七重铁城七层铁网下十八 5. 鬲七重刀林以首尾周匝七重城内复 6. 剑林有下十八鬲鬲鬲各八万四千重 7. 其四角上四铜狗有其身长大万六千 8. 里眼电掣如牙剑树如齿刀山如舌铁 9. 刺连身毛一切皆猛火出其烟臭恶世 10. 间臭〈〉甚又十八狱主有头[罗刹]头如

第 236 页：1. 𗸱𗟱𗼷𗸱𘇂。𘏚𗵃𗑏𘝞，𘝴𗁦𗬦𘃽𘂅𗭢，2. 𗵃𗬩𘃽 𗲲[17]。𘏚𗉣𗟱𘃽，𘃽𗇁𗄈𘏚𗵃𗬩[18]。𗉣 3. 𘏚�½𗫵，𗏅𗬦𘃽𗆩𘔴。𗍓𗬦� 𗕿，𗵃𗵃𗕿 4. 𘏚𗵔𗼷𘅇𘀩�½𗗉，�½𘊧𘉕𗘆𗷒，𘏐�½𗧤 5. �¾𗫵。𗮼𘇂�½𗷒，𗵆𗼷𘇂𘔴。𗍓𗵆𗼷𘇂𗝝

对译：1. 口[夜叉]口如六十四眼眼中铁丸迸散 2. 十里车许狗牙上出下高百六十里牙 3. 头火流前铁车而烧其铁车轮一一轮 4. 辋一亿锋刃火刀剑枝戟化为皆火焰 5. 中出是如火流[阿鼻]城烧其[阿鼻]城铜

第 237 页：1. 𗍓𘌌𘇂。𗑏𘄽𗏚𘇂，𘝞𗏃𗏚𗸮。𗵃𗵃𗏚𘇂，2. 𗵃𘝞𗷆𗸮。𗵃𗵃𗷆𗆩，𘏐𗫦𘊛𗫵。𗫦𘊛𗆩 3. 𗉣𗸍𗵃𘝞𗫦𗭟𗟤𘒭。𗫦𗭟𗉣𗸍𗧤𗗉𗭟 4. 𗟤𘒭，𗧤𗫦𗭟𘒯𘇂[19]，𗭟𗭟𗸸𗸸𗫦𗧤𘉕𗱀，5. 𗵆𗏁𗢹𗗱𗁦𗮉。𘄽𗏚𗸱𗼨，𗍿𘔼𘇂𘇢。𗍿 6. 𗄈𗭼𘜶𘇂[20]，𗍿𗸮𘛫𘎒，𗧤𗟆𗍿𘈿，𗵆𗏁𘇂 7. 𗮉。𗍫𗦲𘇂𗁦𗍫𗦲𘄽𗼴。𘄽𗏁𗫵，𗇁𘉕 8. 𗫵𘇂。𗍓𗵃𗼷𘔴，𗵆𗏁𘇂𗮉。𗵆𗏁𗑏𗫝，𗍓 9. 𗫝𘐽𘇂，𗜀𗵃𘝞𗤋�。𘔴𗁦���½𗫵 10. �，𗧤𗫝𘒯𘇂[21]，𗵆𗏁𘇂𗁦𗮉。𗵃𗵃𗦲𗁦𗜀

对译：1. 赤融如狱主头上八牛头有一一头上 2. 十八角有一一角上皆火聚出火聚而 3. 又复十八火辋化成火辋又复大刀轮 4. 变作大车轮犹如轮轮相次火炎间在 5. [阿鼻]地狱内满铜狗口张舌地在吐舌 6. 粗铁刺如舌出之时无

量舌化[阿鼻]城7. 满七重城内七铁幢立幢头火涌涌泉8. 沸如其铁流迸[阿鼻]城满[阿鼻]四门其9. 门阃上各十八釜有其中铜烊沸漫涌10. 流水洪犹如[阿鼻]城内满一一鬲中各

第238页：1. [illegible][22][illegible]。[illegible][23]，[illegible] 2. [illegible]。[illegible]，[illegible][24]。[illegible]，[illegible] 3. [illegible]。[illegible][25]，[illegible][26]。[illegible] 4. [illegible]，[illegible]。[illegible]，[illegible] 5. [illegible]。[illegible]，[illegible]，[illegible] 6. [illegible]。[illegible]，[illegible]。[27] [illegible] 7. [illegible]，[illegible]。[illegible] 8. [illegible]，[illegible]。[illegible]，[illegible] 9. [illegible][28]，[illegible]，[illegible]。

对译：1. 八万四千铁蟒大有口火毒吐身城内2. 满其蛇哮吼天雷犹如大铁丸雨[阿鼻]3. 城满城中苦受八万亿千种有苦中最4. 苦悉此城内集又五百亿虫有八万5. 四千嘴有嘴上火流雨下犹如[阿鼻]城6. 满其火雨时[阿鼻]猛火益坚炽盛火炎7. 赤光三百三十六万里照[阿鼻]地狱从8. 起上大海冲焦山下沃大海水滴车轴9. 犹如大铁尖成[阿鼻]城满

意译、注释（中藏本第232页第6行—238页第9行）

今日道场同业大众，善恶随报犹如影响，罪福异处宿业随显，各自守信无措疑心。

何谓地狱？经言：三千大千世界，铁围两山，遍处无明，是地狱也。铁城纵广一千六百万里，城中有八万四千鬲。下以铁为地，上以铁为网。以火烧城，表里洞赤。上火彻下，下火彻上。

其名：众合地狱、黑暗地狱、刀轮地狱、剑林地狱、铁机地狱、刺林地狱、铁网地狱、铁窟地狱、铁丸地狱、尖石地狱、炭坑地狱、烧林地狱、虎狼地狱、叫唤地狱、镬汤地狱、炉炭地狱、刀山地狱、剑树地狱、火磨地狱、火城地狱、铜柱铁床、火车地狱、火轮地狱、饮铜烊地狱、口吐火地狱、大热地狱、大寒地狱、拔舌地狱、钉身地狱、犁耕地狱、斩斫刀兵地狱、屠裂地狱、灰河地狱、沸屎地狱、寒冰地狱、淤泥地狱、愚痴地狱、啼哭地狱、聋盲地狱、喑哑地狱、铁钩地狱、铁嘴地狱。阿鼻地狱，又复有大小地狱。

佛告阿难：云何名阿鼻地狱？阿者是无，鼻者是遮。阿者是无，鼻者是救。合言无遮无救。又阿者是无间，鼻者是无动。阿是极热，鼻是极苦。阿是不闲，鼻是不住。不闲不住则故名阿鼻地狱也。又阿是大焰，鼻是猛热。极火猛入心，则故名阿鼻地狱也。

佛告阿难：阿鼻地狱纵广同等三十二万里，七重铁城七层铁网。下十八鬲，首尾周匝以七重刀林，七重城内复有剑林。下十八鬲，各鬲鬲八万四千重。其上四角有四铜狗，其身长大万六千里，眼如掣电，牙如剑树，齿如刀山，舌连铁刺，一切身毛皆出猛火。其烟臭恶，世间甚臭。又有十八狱主，头如罗刹头，口如夜叉口。六十四眼，眼散迸铁丸，十里车许。狗牙上出，下高百六十里，牙头火流烧前铁车。其铁车轮，一一轮辋化为一亿火刀锋刃，剑戟皆从火炎中出。如是流火烧阿鼻城，阿鼻城赤如融铜。狱主头上，有八牛头。一一头上，有十八角。一一角上，皆出火聚。火聚又复化成十八火辋，火辋又复变作大刀轮。犹如大车轮，轮轮相次在火炎间，满阿鼻狱。铜狗张口吐舌在地。舌粗如铁刺，舌出之时化无量舌，满阿鼻城。七重城内，立七铁幢，幢头火涌如沸涌泉。其铁流迸，满阿鼻城。阿鼻四门，于门阃上各有十八釜。其中烊铜沸漫涌流，犹如洪水，满阿鼻城。一一鬲间，各有八万四千大铁蟒，口吐毒火，身满城内。其蛇哮吼，犹如天雷。雨大铁丸，满阿鼻城。城中受苦，有八万亿千种，苦中最苦悉集此城。又有五百亿虫，有八万四千嘴。嘴上火流，犹如雨下，满阿鼻城。其雨火时，阿鼻猛火益坚炽盛。赤光火炎，照三百三十六万里。从阿鼻地狱上，冲大海沃焦山下。大海水滴，犹如车轴，成大铁尖，满阿鼻城。【参见《大正藏》[0939a22—0939c07]】

[1] 𗟲𗟲𗟲𗟲：善恶随报，即《大正藏》作"善恶相资"。

[2] 𗟲𗟲𗟲𗟲：宿业随显，即《大正藏》作"宿预严持"。

[3] 𗟲𗟲𗟲𗟲：自各守信，即《大正藏》作"幸各明信"。

[4] 𗟲𗟲𗟲𗟲：无明遍处，即《大正藏》作"黑闇之间"。

[5] "𗟲𗟲𗟲：𗟲𗟲𗟲𗟲"："其名：众合地狱"，《大正藏》作"其名则有众合"。汉文本仅有地狱名简称，无"地狱"2字，下同。

[6] 𗟲𗟲𗟲𗟲𗟲：饮烊铜地狱，《大正藏》作"饮铜"。

[7] 𗟲𗟲𗟲𗟲𗟲：口吐火地狱，《大正藏》作"吐火"。

［8］𗣼𗩼𗥫𗤗𗝠𗆐𗫻𗥢𗩼𗤗𗥢：阿鼻地狱又复有大小地狱，《大正藏》作"复有大小泥犁阿鼻地狱"。

［9］𗣼𗆐𗄭𗖵：阿者是无，《大正藏》作"阿者言无"。"𗖵"（是），对应汉文本"言"，下同。

［10］𗅿𗏵：极苦，即《大正藏》作"极恼"。下同。

［11］𗬩𗥃：同等，《大正藏》作"正等"。

［12］𗤒𗆐𗗚𗗩𗧀𗩾𗒻𗩃𗺌：周匝首尾七重刀林，《大正藏》作"周匝七重皆有刀林"。

［13］𗥢𗥢𗣼：各𗥿𗥿，《大正藏》作"𗥿"。

［14］𘕿𗥤𗆐𗺌：有四铜狗，《大正藏》作"有四大铜狗"。

［15］𗾷𗤒𗺵𗗷：舌连铁刺，《大正藏》作"舌如铁刺"。

［16］𗣼𗡞𗱪𗭴𗍯：世间甚臭，《大正藏》作"世间臭物无以为譬"。

［17］𗤒𗪟𗺵𗪿：十里车许，《大正藏》作"如十里车"。

［18］𗗚𗗩𗧀𘟂𗤒𗪟：下高百六十里，《大正藏》作"高百六十里"。

［19］𗤒𗺌𗣚𗫭𗝠：犹如大车轮，《大正藏》作"如车轮许"。

［20］𗾷𗧂𗤒𗺵𗝠：舌粗如铁刺，《大正藏》作"舌如铁刺"。

［21］"𗗷𗣊𗆐𗍏𗤒𗤉𗡠𗣊"，𗤉𗩃𗝠𗝠"："其中烊铜沸漫涌流，犹如洪水"，《大正藏》作"沸铜涌出从门漫流"。

［22］𗤒𗥃𗆐：大铁蟒，《大正藏》作"铁蟒大蛇"。

［23］𗬩𗣊𗥩𘕺：口吐毒火，《大正藏》作"吐毒吐火"。

［24］𘄒𗥃𗝠𗝠：犹如天雷，《大正藏》作"如天震雷"。

［25］𗏵𗧀：受苦，《大正藏》作"苦事"。

［26］𗣼𗣦𘕘𘝵𘝤𗺌：有八万亿千种，《大正藏》作"八万亿千"。

［27］"𗍯𗣊𗱤𘝸，𗣼𗩼𘝷𗣊𘏋𗻷𗥫𗆐"："其火雨时，阿鼻猛火益坚炽盛"，《大正藏》作"此虫下时阿鼻猛火其炎大炽"。

［28］𗣊𗥪𗝠𗪿：犹如车轴，《大正藏》作"如车轴许"。

录文、对译（中藏本第238页第9行—243页第6行）

第238页：9. 𗀊𗣊𗱪𘃸𘕺：10. 𘃸𗥌𗺌𗥢，𗥫𘄄𗤒𗥫，𗣊𗪿𗱤𘝤，𘃸

[illegible]

对译：9. 佛[阿难]〈〉告 10. 若众生有父母杀害六亲辱骂此罪作

第 239 页：1. [illegible]，[illegible]。[illegible] 2. [illegible]，[illegible][1]，[illegible]。3. [illegible]，[illegible]：[illegible][2]，[illegible] 4. [illegible]。[illegible]，[illegible]：[illegible] 5. [illegible][3]，[illegible]，[illegible][4]。[illegible]，[illegible] 6. [illegible]。[illegible][5]，[illegible]；[illegible] 7. [illegible]，[illegible]，[illegible][6]，[illegible] 8. [illegible][7]。[illegible]，[illegible] 9. [illegible]。[illegible]，[illegible]10. [illegible]，[illegible]。[illegible]，[illegible]。[illegible]

对译：1. 者命终之时铜狗口张十八车化出金 2. 车状如上宝盖遮火炎一切化玉女为 3. 罪人遥其见心欢喜生我彼往〈〉〈〉我 4. 彼往〈〉〈〉风刀身解寒急声失火宁得 5.〈〉〈〉其车上坐火自然空此念作已即 6. 便命终天明之间金车上已坐玉女〈〉 7. 瞻皆铁斧捉罪人〈〉斩截下方火出火 8. 轮犹如譬如士壮臂屈伸顷直直[阿鼻]9. 大地狱中堕其上鬲于火轮犹如下鬲10. 际至身鬲内满铜狗大吼骨啮髓嚼狱

第 240 页：1. [illegible]，[illegible] 2. [illegible][8]。[illegible]，[illegible]。[illegible][9]，3. [illegible]。[illegible] 4. [illegible][10]：[illegible]！[illegible]，5. [illegible][11][illegible]。[illegible] 6. [illegible]。[illegible]，[illegible] 7. [illegible][12]？[illegible]，[illegible]。8. [illegible]，[illegible]，[illegible]，[illegible] 9. [illegible]。[illegible][13][illegible]，10. [illegible]，[illegible][14]。[illegible]

对译：1. 主[罗刹]大铁枝叉捉枝以罪人之头刺 2.〈〉拔体遍火炎[阿鼻]城满又铁网刀者 3. 毛孔内入化[阎罗]王大声以苦受者〈〉4. 敕狱种痴人汝世在时父母〈〉不孝顺 5. 邪见自傲无道作因故今已生此者[阿 6. 鼻]地狱也汝恩不知惭愧无有以此 7. 苦恼受而乐耶是语说已随即不现 8. 尔时狱主复罪人驱下鬲于起乃至上 9. 鬲八万四千鬲中身捋以过皆行令 10. 铁网际至一日一夜尔然后行毕[阎浮]

第 241 页：1. [illegible]。[illegible] 2. [illegible]。[15] [illegible] 3. [illegible][16]。[illegible]，[illegible]

4. 𗫊[17]。𗣼𗫂𗰜𗋽，𘉒𘜶𗯴𗕈𗀓𗈪𗫐，𗣘𗗙5. 𗬬𗫂。𘔼𗧾，𗫊𗥃𗞞𗁬𘋠𗈪。𘍵𗪮𗫊𘄢𗓾

对译：1. ［提］内日月岁依劫算是如六十劫小者2. 则［阿鼻］地狱内一日一夜为是如寿限3. 一大劫受五逆罪人惭无愧无五逆罪4. 为命终临时十八风刀铁火车如身体5. 解截热逼因故便即言作色好华清凉

第242页：1. 𗰖𗱈𗱈𗏁，𗫂𗰑𗏁𗫊𗏼𘃶，𘔼𗫐𗫂𗱠𗧓？2. 𘔼𗣼𗧓𗫂，𘉒𗆾𘎮𘓨𗤁𗁬𘔼𗰜𘋠3. 𗰜𗼃𗉮𗫊𗱈𗼮。𗫊𘈖𗧓𗧓，𗥏𗆾𗑱𗫊。𗰖4. 𘉒𗀓𗔇𗉮𗫊𗃽𗼮，𗇁𗱈𗫆𗮀。𗭍𘋠𗞞𘋠，5. 𗫂𗧓𗬫𗿯𘔼𗧓𗁬𗫊[18]。𘔼𗣼𗧓𘋠[19]，𘝵𗫝𗰳6. 𗔇，𗫊𗃽𗈪𗮀。𗮀𗰖𘋠𗼮[20]，𗁬𘓨𗈪𗼆𗁬𗫊7. 𗮔𗫚，𗫊𗰘𗫊𘀍，𗥏𘄢𗰜𘉄[21]。𗰐8. 𗏼𗦜𗦜𗰑𗀓𗫊𘍵，𗁬𘋩𗕈𗓾𘄄𗣘𗈪𗮀[22]。9. 𗀓𗈪𗓾𗱈𘉒𘜶𗰞𗁬[23]，𘉒𘍵𗵒𗴵[24]。𘔼𗌍𗫊10. 𗋽，𗉮𗺓𗫊𗁬，𗫊𘎮𗩤𘍵[25]。𗣘𗫊𗫐𗈪，𗫐𗞽

对译：1. 大树当得我且其下游戏不乐我乎〈〉2. 此言说时［阿鼻］地狱内八万四千诸恶3. 剑林化宝树作华果茂盛在前行列大4. 热火炎化花莲为彼树下在罪人见已5. 我所愿如此刻得〈〉是语说已雨暴于6. 疾花莲上坐坐大未为铁嘴诸虫火花7. 中起骨穿髓入心彻脑穿速起树攀剑8. 枝一切肉削骨彻无量刀林落身上着9. 火车炉炭十八种苦齐时皆来此相现10. 时陷地下坠下鬲从至身华敷如下鬲

第243：1. 𗴵𘔼。𗫐𗞽𗩤𗫊，𗀓𗈪𘠣𘋩𗣘𗫐𗩤𘍵。𗣘2. 𗞽𘎮𘋠，𗣘𗩤𘉄𗴵。𘍵𗪮𗧾𗥃，𗰘𗉮𗝵𗧫。3. 𘔼𗧾𗴵𗀓，𗉮𗫊𗃽𗫊𘄢𘋠𗕈𘉒，𗰞𗧟𗤁4. 𗋞，𗁬𘌽� 𗉬𗌍𗫐。𗀓𗦜𗴵𗴵，𗫂𗰘𘉁𗫝5. 𘄢𘋠𗉮𘌒𘉄。𘔼𗴵𗴵𗩤𗒑𘉄。𗀓𗴵� 𗾁𗇁，�0𗰘𗀓�[handwave]6. 𗀓𗴵𘍶𗝵。

对译：1. 遍满下鬲从起火炎猛炽上鬲于至上2. 鬲至已身其中满热恼急故眼张舌吐3. 此人罪故万亿铜烊百千刀轮空中从4. 下头上入足下出苦事一切上所说于5. 百千万倍过五逆具作人者其人苦受6. 五劫具满

意译、注释（中藏本第238页第9行—243页第6行）

佛告阿难：若有众生，杀父害母骂辱六亲，作是罪者命终之时，铜狗张口化出十八车。状如金车上遮宝盖，一切火炎化为玉女。罪人遥见，心生欢喜：我往彼，我往彼。风刀解身，寒急失声：宁得火，坐其车上，然火自爆。

作是念已，即便命终。待天明之间，已坐金车；瞻玉女，皆捉铁斧斩截罪人。下方火出犹如火轮，譬如壮士屈伸臂顷，直堕阿鼻大地狱中。其于上鬲犹如火轮至下鬲际，身满鬲内。铜狗大吼，啮骨嗜髓。狱主罗刹捉大铁叉，枝以刺拔罪人头。遍体火炎满阿鼻城，铁网刀者从毛孔入。化阎罗王大声敕受苦者：痴人狱种！汝在世时不孝顺父母，邪慢无道。因故今已生此阿鼻地狱也。汝不知恩无有惭愧，受此苦恼为乐而不耶？说是语已，随即不现。

尔时，狱主复驱罪人，从于下鬲乃至上鬲。令皆悉行八万四千鬲中身挃以过，至铁网际，一日一夜尔然后行毕。阎浮提依劫算日月岁。如是六十小劫者，则为阿鼻地狱一日一夜。如是寿限，受一大劫。

五逆罪人无惭无愧，为五逆罪。临命终时，十八风刀如铁火车解截身体。热逼，故便作言。得好色华清凉大树，我于下游戏不亦乐乎？说此言时，阿鼻地狱，八万四千诸恶剑林化作宝树。华果茂盛行列在前，大热火炎化为莲华在彼树下。罪人见已，我所如愿此刻得。是语说已，疾于暴雨坐莲华上。坐未为大，铁嘴诸虫从火华起，穿骨入髓彻心穿脑，速起树攀。一切剑枝削肉彻骨，无量刀林落身上着。火车炉炭十八苦，齐时皆来。此相现时陷坠地下，从下鬲至。身如华敷，遍满下鬲。从下鬲起火炎猛炽至于上鬲。至上鬲已，身满其中。热恼急故，张眼吐舌。此人罪故，万亿烊铜百千刀轮从空中下，头上入足下出。

一切苦事过于上说百千万倍。具作五逆者，其人受苦具满五劫。【参见《大正藏》[0939c08—0940a12]】

[1] 𗹬𗫫𗊰𗆚：上遮宝盖，《大正藏》作"宝盖在上"。

[2] 𗗙𗫴𗤁𗗙𗪸：我彼往，即《大正藏》作"我欲往中"。𗗙𗪸，字面意为"我谓、我言、我曰"，引述语人称呼应词，在此语境下也可标注为虚词。下同。

[3] 𗊱𗣼𗊰𗗙𗪸：宁得火，《大正藏》作"宁得好火"。

[4] 𗊱𗔪𗤋𗅆：字面意为"火自然空"，《大正藏》作"然火自爆"。空，在此作动词，使空虚、使罄尽。爆，燃着。然，同"燃"。

　　[5] 𗀔𗥤𗏴𗖫：天明之间，《大正藏》作"挥霍"。挥霍，迅疾貌。

　　[6] 𘓨𗣼𗤀𘜶𗘺：斩截罪人，《大正藏》作"斩截其身"。

　　[7] 𗥤𗣼𗫂𗗙𗫂𗬩𗧘𗍺：下方火出犹如火轮，《大正藏》作"身下火起如旋火轮"。

　　[8] 𗵃𗥃𘓨𗣼𘜶𗩱𗏇𗢯𗁅：以枝刺拔罪人头，《大正藏》作"叉头令起"。疑"𗵃"（枝）下遗漏"𗥃"（叉）字。

　　[9] 𗟲𗤀𗼕𗰖：铁网刀者，《大正藏》作"铁网雨刀"。

　　[10] 𗤭𗸅𘝞𗬼𗥺𘝞𗸅𗢢𗰖𗧘𗬣：化阎罗王大声敕苦受者，《大正藏》作"化阎罗王大声告敕"。"𗤭"（化、化作），动词，按，西夏语文法，不应置于词首。

　　[11] 𗗙𗰀𗥦𗥃𗈪𗤖：字面意为"邪见自傲无道"，即《大正藏》作"邪慢无道"。

　　[12] 𗢸𗥃𗒗𗫂𗤀𗨁𘝵𗰖：受此苦恼而乐耶，《大正藏》作"受此苦恼为乐不耶"。𗤀𗨁，连词，表示转折、后续，相当"而"、"且"。"𗤀𗨁……𗰖"，表示"为……而不耶"。下同。

　　[13] 𗏆𗤖𗠵：皆悉行，《大正藏》作"经历"。

　　[14] 𗨁𗬼𗁅𗁅𗥨：尔然后行毕，《大正藏》作"尔乃周遍"。𗬼𗁅，连词，相当于"然后"，在此对应汉文"乃"。

　　[15] "𗬼𗣼𘝺𗦳𘞽𗰖𗦼𘏒𗥤𗯼。𗢸𗍺𗤀𗬣𘝞𗩱𗤀𗥤𗫂𗀔𗥤𗼕𗑣𗯼𗑣𗾫𗑣"："阎浮提依劫算日月岁。如是六十劫小者，则为阿鼻地狱一日一夜"，即《大正藏》作"阿鼻地狱一日一夜。此阎浮提日月岁数六十小劫。"

　　[16] 𗢸𗍺𗥭𗥃𘝺𗥃𗦼𘝺：如是寿限受一大劫，即《大正藏》作"如是寿命尽一大劫"。

　　[17] 𗊤𘜶𘓨𗣼：为五逆罪，《大正藏》作"造作五逆"。

　　[18] 𘞽𗋽𗱚𘟙𗢸�𘜶𗱚：依我所愿此刻得，即《大正藏》作"我所愿者今已得果"。

　　[19] 𗢸𘐁𗨁𗥨：是语说已，《大正藏》作"作是语时"。

　　[20] 𘓞𗣼𘘦𗫅：坐为未大，《大正藏》作"坐已须臾"。

　　[21] 𘕿𗄈𗖟𗄈：速起攀树，《大正藏》作"攀树而上"。

　　[22] 𗨻𗟱𗩱𘐂：着落身上，《大正藏》作"当上而下"。

［23］[illegible]：苦，《大正藏》作“苦事”。

［24］[illegible]：齐时皆来，《大正藏》作“一时来迎”。

［25］[illegible]：从下鬲至，《大正藏》作“从下鬲上”。

录文、对译（中藏本第243页第6行—249页第7行）

第243页：6. [illegible]，[illegible]，[illegible] 7. [illegible][1]，[illegible]，[illegible]，[illegible] 8. [illegible]，[illegible]，[illegible]，[illegible] 9. [illegible]，[illegible][2][illegible]。10. [illegible][3]，[illegible]，[illegible]

对译：6. 复众生有佛禁戒破虚信心 7. 施主之食受邪见诽谤因果不识［般若］8. 学断十方佛毁佛法物偷诸污秽不清 9. 净行起惭愧不知诸亲毁辱众恶业造 10. 此人罪依命终临时风刀身解辗转不

第244页：1. [illegible][4]，[illegible]。[illegible][5][illegible]，[illegible] 2. [illegible]，[illegible][6]。3. [illegible]，[illegible]。[illegible]，[illegible] 4. [illegible]：[illegible]，[illegible] 5. [illegible]？[illegible]？[7][illegible]

对译：1. 安他楚挞如心意恐惧狂痴想发已有 2. 宅府女男小大见一切皆悉不净纯也 3. 屎尿臭秽外又盈流尔时罪人即语 4. 发何云此处吾游戏可城郭好及山林 5. 好无有是如不净纯间处吾何当是语

第245页：1. [illegible]，[illegible]，[illegible] 2. [illegible]。[illegible] 3. [illegible]，[illegible] 4. [illegible]，[illegible][8]。[illegible] 5. [illegible]，[illegible]。[illegible]，[illegible] 6. [illegible]。[9][illegible]，[illegible]。[illegible] 7. [illegible]，[illegible] 8. [illegible][10]。[illegible]，[illegible] 9. [illegible]。[illegible][11]，[illegible]，[illegible] 10. [illegible]。[illegible]，[illegible]

对译：1. 说已狱主［罗刹］大铁枝叉擎［阿鼻］地狱 2. 及诸刀林者化宝树及清凉池作火炎 3. 者化金叶莲花作诸铁嘴虫者化雁凫 4. 为地狱痛声者化歌咏音为罪人闻已 5. 此如好处〈〉至吾已念又即速火莲花 6. 上坐诸铁嘴虫身毛孔遍躯体嚼食百 7. 千铁轮落顶上人沙数枝叉以眼珠挑 8. 为地狱铜狗化百亿

铁狗作其身竞分 9. 心挖食作大未为时身铁花如十八鬲 10. 满一一花八万四千叶一一叶头身手

第 246 页：1. 𗣼[藏]𗣼𗣼𗣼𗣼[12]。𗣼𗣼𗣼𗣼，𗣼𗣼𗣼𗣼，2. 𗣼𗣼𗣼𗣼𗣼𗣼𗣼。𗣼𗣼𗣼𗣼𗣼𗣼𗣼 3. 𗣼𗣼𗣼，𗣼𗣼𗣼𗣼𗣼𗣼𗣼。𗣼𗣼𗣼𗣼 4. 𗣼[13]，𗣼𗣼𗣼𗣼𗣼𗣼𗣼，𗣼𗣼𗣼𗣼。𗣼𗣼 5. 𗣼𗣼𗣼𗣼𗣼𗣼𗣼𗣼，𗣼𗣼𗣼𗣼𗣼，𗣼𗣼 6. 𗣼𗣼𗣼。《𗣼𗣼𗣼𗣼》𗣼，𗣼𗣼𗣼𗣼[14]，𗣼𗣼𗣼 7. 𗣼，𗣼𗣼𗣼𗣼。𗣼𗣼𗣼𗣼𗣼𗣼𗣼，𗣼𗣼𗣼 8. 𗣼𗣼𗣼𗣼，𗣼𗣼𗣼𗣼𗣼𗣼𗣼𗣼。𗣼𗣼𗣼 9. 𗣼𗣼，𗣼𗣼𗣼𗣼𗣼𗣼𗣼𗣼。𗣼𗣼𗣼𗣼，𗣼 10. 𗣼𗣼𗣼。𗣼𗣼𗣼，𗣼𗣼𗣼𗣼、𗣼𗣼𗣼𗣼𗣼

对译：1. 节支鬲鬲皆满地狱不大此身亦不小 2. 此如大地狱中遍满此等罪人此地狱 3. 中堕者八万四千大劫经历此地狱中 4. 脱复东方十八鬲中入前如苦受此[阿 5. 鼻]地狱南亦十八鬲西亦十八鬲北亦 6. 十八鬲方等契经谤五逆俱作贤圣破 7. 坏诸善根断此如罪人众罪作随身[阿 8. 鼻]地狱满四支复十八鬲中满此[阿鼻]9. 地狱但此如狱种众生烧劫尽欲时东 10. 门即开东门外又涌泉水花果树林

第 247 页：1. 𗣼𗣼𗣼𗣼。𗣼𗣼𗣼𗣼𗣼𗣼𗣼𗣼，𗣼𗣼𗣼 2. 𗣼。𗣼𗣼𗣼𗣼，𗣼𗣼𗣼𗣼。𗣼𗣼𗣼𗣼𗣼，𗣼 3. 𗣼𗣼𗣼，𗣼𗣼𗣼𗣼，𗣼𗣼𗣼𗣼𗣼𗣼𗣼𗣼。4. 𗣼𗣼𗣼𗣼，𗣼𗣼𗣼𗣼，𗣼𗣼𗣼𗣼𗣼𗣼𗣼 5. 𗣼𗣼，𗣼𗣼𗣼𗣼𗣼𗣼𗣼[15]，𗣼𗣼𗣼𗣼𗣼𗣼 6. 𗣼𗣼。𗣼𗣼𗣼𗣼，𗣼𗣼𗣼𗣼，𗣼𗣼𗣼𗣼。𗣼 7. 𗣼𗣼𗣼、𗣼𗣼𗣼𗣼𗣼。𗣼𗣼𗣼𗣼，𗣼𗣼𗣼 8. 𗣼[16]。𗣼𗣼𗣼𗣼𗣼𗣼，𗣼𗣼𗣼𗣼𗣼𗣼𗣼。𗣼 9. 𗣼𗣼𗣼𗣼𗣼𗣼，𗣼𗣼𗣼𗣼。𗣼𗣼𗣼𗣼，𗣼 10. 𗣼𗣼𗣼。𗣼𗣼𗣼𗣼，𗣼𗣼𗣼𗣼。𗣼𗣼𗣼𗣼[17]，

对译：1. 一切俱现见是诸罪人下鬲从见眼火暂 2. 歇下鬲从起宛转腹行身挌以上走上 3. 鬲中到手刀轮攀时虚空中铁热丸雨 4. 趣东门走门阃上至狱主[罗刹]手铁枝 5. 又捉其罪人之眼刺为铜狗心啮闷绝 6. 而死死又复生南门开见前如不异是 7. 如西门北门亦此如此时间半劫已 8. 过[阿鼻]地狱中死复寒冰地狱中生又 9. 寒冰地狱中死黑暗处生八千万年目 10. 见所无大虫身受宛转腹行诸情不明

第 248 页：1. 𗣼𗣼𗣼𗣼。𗣼𗣼𗣼𗣼𗣼𗣼𗣼𗣼𗣼。𗣼𗣼𗣼 2. 𗣼，𗣼𗣼𗣼𗣼。𗣼𗣼𗣼𗣼，𗣼𗣼𗣼𗣼[18]。𗣼𗣼 3. 𗣼𗣼𗣼𗣼𗣼𗣼，𗣼𗣼𗣼𗣼𗣼𗣼𗣼𗣼[19]，𗣼

4. 𗗔𗗥𗰖，𗄊𗅳𗆟𗆟𗗕𗄊𗰗𗆀[20]。𗰗𗜈𗄊𗜈 5. 𗀔𗅳𗆟𗰀𗰒[21]，𗄊𗰉𗗘𗰗𗜈。𗰗𗗘𗰗𗆉𗗰 6. 𗢳𗐇、𗄊𗰉𗜈𗅩𗗏𗰖，𗗰𗰖𗗽𗰗："𗘇𗰖𗰒 7. 𗰣𗀔𗗕𗄍𗐇𗢳𗄏𗅳𗗽𗄍𗗔𗆇𗄖[22]，𗰟𗰖𗄊 8. 𗆷𗜈𗆖𗄊𗅳𗙏𗰖，𗰒𗗽𗰒𗗔。𗘇𗰍𗆟𗄔 9. 𗗔𗀔𗜈"。𗙏𗄊𗄊𗰉𗰗𗗽𗅳𗰀，𗗽𗜈𗗽𗰗，10. 𗗽𗆷𗰖𗰖[23]。𗆟𗖎𗅳𗰖，𗐇𗅳𗰖𗰖。𗅳𗰖

对译：1. 知解所无百千狐狼牵掣啮食命终 2. 后畜生中生五千万岁鸟兽生受是如 3. 罪毕又人中生聋盲喑哑痈疽疥癞贫 4. 穷下贱诸苦一切身于聚集是如五百 5. 世苦身受已复饿鬼道生饿鬼道中善 6. 知识诸大菩萨相遇呵责言语汝前无 7. 量世〈〉诽谤不信以限无罪作[阿鼻]8. 地狱内堕诸苦恼受具说可不汝今慈悲 9. 心发应时诸饿鬼是语闻已[南无]佛称 10. 佛功力依寻即命尽四天上生天生

第249页：1. 𗰒，𗗔𗰗𗅳𗄍，𗗥𗰒𗗽𗗕。𗄊𗰗𗗽𗆉𗰖，𗰗 2. 𗆷𗗏𗄊𗰖，𗰗𗆷𗐇𗄊。𗢳𗆉 3. 𗢳𗜈𗰉𗆷𗗰𗄔，𗗽𗜈𗰉𗜈。𗰗𗆷𗄊𗗏 𗰗：4. 𗰗𗗽𗆉𗙏𗄍𗄊𗗸𗰖，𗙏𗰗𗜈𗙏𗗔，𗅩 5. 𗗔𗄊𗅳𗅩𗰃𗰖𗆖；𗰗𗗽𗆉 𗰗[25]𗰖，𗙏𗰗𗆷 6. 𗗰𗆖𗅩𗰃𗗔𗆉。𗰗𗗽𗰖𗗽𗗔𗰖𗰖。𗄍 7. 𗰒𗗔𗆟𗅳[26]，𗐐𗆖𗰗𗗏𗗥𗰖𗗽𗗔𗅳。

对译：1. 已自责悔改[菩提]心发诸佛心光者是 2. 等〈〉不舍是等〈〉摄受是等慈哀[罗睺 3. 罗]如地狱避教眼目护如佛王大〈〉告 4. 佛心光明所照知欲者常此如间无救 5. 无诸苦众生于照佛心观可者常此等 6. 极恶众生〈〉观佛心力以自庄严矣算 7. 数无劫过彼恶人〈〉[菩提]心发令

意译、注释（中藏本第 243 页第 6 行—249 页第 7 行）

复有众生，破佛禁戒，虚受信心施主之食，诽谤邪见，不识因果，断学般若，毁十方佛，偷佛法物，起诸秽污不清净行，不知惭愧毁辱诸亲，造众恶业。

依此人罪，临命终时，风刀解身辗转不安，如被楚挞。心意恐惧发狂痴想，见己府宅男女大小，一切皆悉不纯净也，屎尿臭秽盈流于外。尔时，罪人即发语：云何此处无好城郭及好山林吾可游戏？吾当何处如是不纯净间？是语说已，狱主、罗刹擎大铁枝叉，阿鼻地狱及诸刀林化作宝树及清凉池，火炎化作金叶莲华，诸铁嘴虫化为凫雁，地狱痛声化为咏歌之音。罪人闻已，如此好处，吾至。念已，又即速坐火莲华上。诸铁嘴虫遍身毛孔嚼食躯体，百千铁轮从顶上入，沙数（铁）枝叉以挑眼珠。地狱铜狗化作百亿铁狗，竞分其身挖心作食。为时未大，身如铁华满十八鬲，一一华八万四千叶，一一叶头身手支节鬲鬲皆满。地狱不大此身亦不小，遍满如此大地狱中。此等罪人堕此地狱，经历八万四千大劫。

脱此地狱，复入东方十八鬲中，如前受苦。此阿鼻狱南亦十八鬲，西亦十八鬲，北亦十八鬲。谤《方等经》，俱作五逆，破坏贤圣，断诸善根。如此罪人作众罪，随身满阿鼻地狱。四支复满十八鬲中。此阿鼻地狱，但烧如此狱种众生。劫欲尽时，东门即开。见东门外又见（清）泉流水、华果林树，一切俱现。是诸罪人从下鬲见，眼火暂歇。从下鬲起，宛转腹行。将身上走，到上鬲中，手攀刀轮，时虚空中雨热铁丸。走趣东门，至于门阃，狱主、罗刹手捉铁枝叉刺其罪人眼，铜狗啮心闷绝而死。死又复生，见南门开如前不异。如是西门、北门亦如此。如此时间，所过半劫。阿鼻狱死，复生寒冰地狱中；寒冰狱死生黑暗处。八千万岁，目无所见，受大虫身宛转腹行。诸情不明，无所解知，百千狐狼牵掣啮食。

命终之后，生畜生中。五千万岁，受生鸟兽。如是罪毕又生人中，聋盲喑哑痈疽疥癞，贫穷下贱，一切诸苦聚集于身。

如是受五百世身苦已，复生饿鬼道。饿鬼道中相遇善知识、诸大菩萨，呵责言语："汝于前无量世诽谤不信作无限罪，堕阿鼻狱受诸苦恼不可具说。汝今应当发慈悲心"。

时诸饿鬼闻是语已，称南无佛，依佛功力。寻即命尽，生于四天。生于天已，改悔自责，发菩提心。诸佛心光者不舍是等，摄受是等，慈哀是等。如罗睺罗教避地狱，如护眼目。

佛告大王：欲知佛心光明所照者，常照如此无间、无救诸苦众生；佛心可观者，常观此等极恶众生。以佛心力自庄严矣。过算无数劫，令彼恶人发菩提心。【参见《大正藏》[0940a13—0940c02]】

[1] 𗈬𗋕𗵜𗼋𗐴𗛝𗎫：虚受信心施主之食，即《大正藏》作"虚食信施"。

[2] 𗖻𗘂：恶业，《大正藏》作"恶事"。

［3］𗗕𗹟：依罪，《大正藏》作"罪报"。

［4］𗢛𗱤𗒹𗫤：辗转不安，即《大正藏》作"偃卧不定"。

［5］𘋨𗱵𗦻𗔺：心意恐惧，《大正藏》作"其心荒越"。

［6］𗒹𗢖𗫂𗫭：不纯净也，《大正藏》作"不净之物"。

［7］𗤋𗤋𗒹𗢖𗫂𗢖𗤁𗫤𗜓𗹟：吾当何处如是不纯净间，《大正藏》作"乃处如此不净物间"。

［8］𘄒𗦹𗢛𗌣𗫤：化为咏歌之音，《大正藏》作"如咏歌音"。

［9］"𗤋𗤋𗹏𗤻，𗨁𗖵𗫤。𘟛𗆀，𗒹𘓄𗱵𘄒𗴪𗢖𗲎𗜓𘍵"："如此好处，吾至。念已，又即速坐火莲花上"，《大正藏》作"如此好处吾当游中。念已寻时坐火莲花"。𘓄𗱵，对应汉文"寻时"。

［10］𗆜𗤻𗷖𗨁𗮔𗲎𗀔𗪀：沙数叉枝挑眼珠，《大正藏》作"恒沙铁叉挑其眼睛"。"𗷖"（枝）前，疑脱"𗮔"（铁）。

［11］𗼐𗿷𗀓𗯼：为未大时，《大正藏》作"俄尔之间"。

［12］𗸔𗸔𗺔𗺬：鬲鬲皆满，《大正藏》作"在一鬲间"。

［13］𗤋𘟂𗈶𗖵𗤁：脱此地狱，《大正藏》作"此泥犁灭"。

［14］𗍫𘟂𗺔𗜓：俱作五逆，即《大正藏》作"具五逆罪"。

［15］𗭾𗭾𗨁𗾈𗮔𗫂𗜓：刺罪人之眼，即《大正藏》作"逆刺其眼"。

［16］𗐯𗴟𗋽𗫭：所过半劫，《大正藏》作"经历半劫"。

［17］𗒹𗨅：不明，《大正藏》作"闇塞"。

［18］𗤀𗫲𘖎𗫲：受生鸟兽，《大正藏》作"身受鸟兽形"。

［19］𗟻𗰗𗟻𗰗：痛疽疥癞，即《大正藏》作"疥癞痛疽"。"𗟻𗰗"（痛疽），又作𗰗𗟻，此处底本笔画全错，据卷三（图版第197叶第8行）和俄藏本校证。

［20］𗾭𗤁𗭼𗭼𗩥𗸘𘓄𗣫：一切诸苦聚集于身，《大正藏》作"一切诸衰以自庄严"。

［21］𗤋𗤋𗄻𗱵𗤻𗤁𗇊𗸘𗫲𗷮：如是受五百世身苦已，《大正藏》作"受此贱形经五百身"。

［22］𘞽𗫲𘟛𘖄𗤻𗀔𗳦𗤋𗒹𗳃𗀔𗺉𘂛𗗕𗷮：汝于前无量世诽谤不信作无限罪，《大正藏》作"汝于前身无量世时作无限罪。诽谤不信"。

［23］𘋨𗾈𗸕𗹟：依佛功力，《大正藏》作"称佛恩力"。

［24］▯▯▯▯▯：摄受是等，即《大正藏》作"摄受是辈"。

［25］▯▯▯▯：佛心可观，《大正藏》作"佛心所缘"。▯，观，汉文本作"缘"，下同。

［26］▯▯▯▯▯：过算无数劫，《即大正藏》作"过算数劫"。

录文、对译（中藏本第 249 页第 7 行—255 页第 7 行）

第 249 页：7. ▯▯ 8. ▯▯▯▯▯▯，▯▯▯▯▯▯▯▯▯，9. ▯▯▯▯▯[1]，▯▯▯▯。▯▯▯▯▯▯▯ 10. ▯▯▯▯▯▯▯▯，▯▯▯▯▯▯▯▯▯

对译：7. 今日 8. 道场业同大众佛世尊处诸苦所说闻 9. 自各心摄逸放莫为相与若或勤方便 10. 以菩萨道不行者——地狱中皆自属

第 250 页①：1. ▯▯▯[2]。▯▯▯▯▯▯▯▯▯ 2. ▯▯▯▯▯[3]、▯▯▯▯▯▯▯ 3. ▯▯▯▯[4]，▯▯▯▯▯▯▯▯▯，▯▯ 4. ▯[5]、▯▯▯▯▯▯▯▯▯▯▯，▯▯ 5. ▯▯[6]，▯▯▯▯，▯▯▯▯▯▯▯▯。6. ▯▯▯▯▯！▯▯▯▯！7. ▯▯▯▯▯▯！▯▯▯▯▯▯！8. ▯▯▯▯▯▯！▯▯▯▯▯▯▯！9. ▯▯▯▯▯▯▯！▯▯▯▯▯▯！10. ▯▯▯▯▯▯▯！

对译：1. 苦有矣今日相与［阿鼻］地狱等中现苦受 2. 众生一切为［阿鼻］地狱等中后苦受 3. 众生一切为及广十方地狱一切中现苦 4. 受后苦受穷无尽无众生一切为痛切 5. 心等五体地投世间大慈悲主〈〉依归 6. ［南无］［弥勒］佛［南无］七佛 7. ［南无］十方十佛［南无］三十五佛 8. ［南无］五十三佛［南无］百七十佛 9. ［南无］庄严劫千佛［南无］贤劫千佛 10. ［南无］星宿劫千佛

第 251 页：1. ▯▯▯▯▯▯▯▯▯！▯▯▯▯▯▯▯！2. ▯▯▯▯▯▯▯▯！▯▯▯▯▯▯▯！3. ▯▯▯▯▯▯▯▯▯▯▯▯▯▯：▯▯▯[7] 4. ▯▯、▯▯▯，▯▯▯▯▯、▯▯▯▯▯[8]、▯ 5. ▯▯▯▯，▯▯▯▯▯▯、

① 中藏本本页和下页（第 251 页）原本或下部、中部或左右、下部有严重残缺。

□□、□□□[9]、

对译：1. ［南无］十方［菩萨摩诃萨］［南无］十二菩萨 2. ［南无］身边无菩萨［南无］世音观菩萨 3. 又复十方虚空界尽无量形像［优填］王 4. 金像［旃檀］像［阿育］王铜像［吴］国石像 5. 狮子国玉像诸国土中金像银像［琉璃］像

第252页：1. □□□、□□□、□□□、□□□、□□□[10]、2. □□□□、□□□□□□□[11]□□□□□。3. □□□□□□□□□□□□、□□□ 4. □□、□□□□□、□□□□□、□□□[12]□ 5. □□□、□□□□□□□□□、□□□ 6. □□□□□、□□□□、□□□□□□□ 7. □□□[13]。□□□□□□□□□[14]。8. □□□□□□□□、□□□□□□、□□□ 9. □□□□、□□□□□□□、□□□□□□、10. □□□□□□□□□□□□□□、□□□□□、

对译：1. 珊瑚像琥珀像砗磲像码碯像珠真像 2. ［摩尼］宝像上色［阎浮檀］金紫磨像〈　〉依归 3. 又复十方如来〈　〉发塔一切齿塔 4. 一切牙塔一切爪塔一切顶骨 5. 塔一切身中诸［舍利］塔一切［袈裟］6. 塔匙［钵］塔澡瓶塔锡杖塔等〈　〉7. 依归是如等以佛事为矣 8. 又复诸佛生处塔道得处塔法轮 9. 转处塔［般涅槃］处塔多宝佛塔 10. ［阿育］王所造八万四千塔天上塔

第253页：1. □□□□、□□□□□□□□□□□□□ 2. □。3. □□□□□□□□□□□□□□□□□□。4. □□□□□□□□□□□□□□□。5. □□□□□□□□□□□□□□□。6. □□□□□□□、□□□□□、□□□ 7. □□□、□□□□□□□□□□□□□□、8. □□□□□□□□□□□□、□□□□□□□ 9. □，□□□□□□□□□□□□□□□□ 10. □□，□□□□、□□□□□□□□□□□

对译：1. 人间塔龙王宫中宝塔一切〈　〉依 2. 归 3. 又复十方虚空界尽诸佛一切〈　〉依归 4. 十方虚空界尽尊法一切〈　〉依归 5. 十方虚空界尽贤圣一切〈　〉依归 6. 唯愿共同慈悲力众生安慰力无量自 7. 在力无量大神通力以今日道场摄受 8. 共同［阿鼻］大地狱苦受众生一切为 9. 忏悔乃至十方说可不地狱众生一切为 10. 忏悔又父母师长眷属一切为今日悔

第254页：1. □。□□□□□□□□□□□□□□□□ 2. □□□□□□□□□□□□□□□□，□ 3. □□□。□□□□□□□□□□□□□□ 4. □、□□□

𘝞𘜔𘜔𘟂𘃉𘋤𘓅𘏽，𘊁𘄄𘏍5.𘝞。𘃰𘟛𘟠𘏚𘝓𘜔𘜔𘟂𘃉𘋤𘓅𘏽。𘉋𘟤6.𘊷𘜈𘝞，𘒧𘄡𘊁𘏍𘝞。𘝞𘟜𘈧𘞝𘝈𘜈𘉻7.𘟤，𘜰𘝜𘃿𘄄𘄷𘃰𘟈𘈐𘝁𘕿𘒧𘟩8.𘜺𘜈𘜺𘜺𘜈𘝓𘄷�?，𘜰𘏽𘟛𘏍。𘝢𘜨9.𘆖𘀝𘟠𘝈𘟩𘜺[15]，𘝢𘜨𘝓𘝈𘟩𘜺，𘝢𘜨10.𘆖𘀝𘃰𘜴𘜳𘕏𘟩𘝓。𘃰𘄷𘜕𘟩𘃰，[16]𘝀𘜴

对译：1. 忏大悲水以今日现[阿鼻]地狱等及余 2. 地狱等苦受众生一切之罪垢洗除清 3. 静得令又今日道场同忏悔者及其父 4. 母师长眷属一切之罪垢洗除清静得 5. 令又六道众生一切之罪垢洗除道场 6. 于至令毕竟清净令今日从起乃至道 7. 场皆[阿鼻]地狱苦及十方虚空界尽说 8. 可不说可不诸地狱苦皆断除得永世 9. 三恶道中不入永世地狱中不堕永世 10. 十恶五逆罪业不为诸苦恼不受众罪

第 255 页：1. 𘄉𘄉𘄉𘓷𘁇𘉫。𘃿𘏚𘟊𘌰𘃉𘟙𘟊𘕏；𘃿 2. 𘏚𘚩𘟛𘄄𘞀𘟛𘕏；𘃿𘏚𘃿𘞀𘟠𘟢𘃉𘕏；3. 𘃿𘏚𘈧𘞀𘐹𘈕𘟤𘕏；𘃿𘏚𘈧𘚵𘏜𘄡𘄞4.𘁇。𘜩𘄷𘟛𘊧𘜔𘘆𘏟𘕏；𘜩𘋷𘟛𘁈𘕍𘟣5.𘉋𘊖；𘄄𘞀𘏞𘄞𘟠𘜔𘟛𘒧；𘐨𘄉𘜩𘆖𘃰6.𘟘𘃰𘟘。𘏎𘟠𘉋𘚩𘄷𘊦𘄅𘟊；𘚵𘟣𘄞𘊁7.𘏎𘋃𘀤，�≀𘝓𘜔𘟠𘝓𘄉𘄉𘟚𘈫𘈐。

对译：1. 一切皆愿消灭地狱生舍净土生得 2. 地狱命舍智慧命得地狱身舍金刚身得 3. 地狱苦舍[涅槃]乐得地狱苦念[菩提]心 4. 发四等六度常现前得四辩六通意如 5. 自在智慧具足菩萨道行勇猛进精不 6. 休不息乃至勤修十地行满金刚心入 7. 正觉成还十方众生一切〈〉度超来

意译、注释（中藏本第 249 页第 7 行—255 页第 7 行）

今日道场同业大众，闻佛世尊所说诸苦，各自心摄莫为放逸。相与若或不勤方便行菩萨道者，一一地狱中皆自属有苦矣。今日相与为阿鼻地狱等现受受苦一切众生，为阿鼻地狱等后受受苦一切众生，为广及十方一切地狱现受苦、后受苦无穷无尽一切众生，等痛切心，五体投地，归依世间大慈悲主。

南无弥勒佛！南无七佛！南无十方十佛！南无三十五佛！南无五十三佛！南无百七十佛！南无庄严劫千佛！南无贤劫千佛！南无星宿劫千佛！南无十方菩萨摩诃萨！南无十二菩萨！南无无边身菩萨！南无观世音菩萨！

又复归依十方尽虚空界无量形像：优填王金像、旃檀像，阿育王铜像、吴国石像、师子国玉像，诸国土中金像、银像、琉璃像、珊瑚像、琥珀像、砗磲像、码磈像、真珠像、摩尼宝像、紫上色阎浮檀金像。

又复归依十方如来一切发塔、一切齿塔、一切牙塔、一切爪塔、一切顶骨塔，一切身中诸舍利塔、袈裟塔、匙钵塔、澡瓶塔、锡杖塔。如是等为佛事矣。

又复归依诸佛生处塔、得道处塔、转法轮处塔、般涅槃处塔、多宝佛塔、阿育王所造八万四千塔、天上塔、人间塔、龙王宫中一切宝塔。又复归依十方尽虚空界一切诸佛。归依十方尽虚空界一切尊法。归依十方尽虚空界一切贤圣。

唯愿同以慈悲力、安慰众生力、无量自在力、无量大神通力摄受今日道场，同为阿鼻大地狱受苦一切众生忏悔，乃至十方不可说一切地狱众生忏悔，及父母、师长一切眷属今日忏悔。以大悲水洗除今日现受阿鼻地狱等及余地狱等苦，一切众生罪垢，令得清净。又洗除今日道场同忏悔者及其父母、师长一切眷属罪垢，令得清净。又洗除六道一切众生罪垢，令至道场毕竟清净。从今日起乃至道场，皆得断除阿鼻地狱苦及十方尽虚空界不可说不可说诸地狱苦。永世不入三恶道，永世不堕于地狱，永世不为十恶五逆罪业。不受诸苦恼，一切众罪皆愿消灭。舍地狱生得净土生；舍地狱命得智慧命；舍地狱身得金刚身；舍地狱苦得涅槃乐；念地狱苦发菩提心。四等六度常得现前；四辩六通如意自在；具足智慧行菩萨道；勇猛精进不休不息。乃至勤修满十地行，入金刚心成正觉，还来超度十方一切众生。【参见《大正藏》[0940c03—0941a20]】

［1］𗿊𗾔𗼪𗗘：各自摄心，《大正藏》作"宜加摄心"。

［2］𗫔𗿊𗼆𗵽𗰷𗗵：皆自属有苦矣，《大正藏》作"皆有罪分"。

［3］𗼃𗩴𗫔𗮅𘃽𗣊𗖻𘁟𗓨𗵽𗼩𘅜𗡊𗥃𗥃𘂤：今日相与为阿鼻地狱等现受苦一切众生，《大正藏》作"今日同为现受阿鼻地狱等苦一切众生"。"𘁟𗵽𗼩"（现受苦），𘁟，原脱，据文意和西夏文法应补。

［4］𘃽𗣊𗖻𘁟𗗎𗵽𗼩𘅜𗡊𗥃𗥃𘂤：为阿鼻地狱等后受苦一切众生，《大正藏》作"当受阿鼻地狱等苦一切众生"。"𗗎𗵽𗼩"（后受苦），即汉文"当受苦"，"𗗎"（后）原在"𘃽𗣊"（阿鼻）之前，今据西夏语文法乙正。

"𗅁𗥤"（众生），据汉文本文意补。

　　[5]"𗟻，𗖰𗀔𗅁"："中，现苦受"，据汉文本文意补。

　　[6]"𗥃，𗆈𗊬𗫸𗍺"："为……等痛切心"。此4字，据汉文本文意和前卷相同内容补。本处第250页第5—9行至第251页第1—2行，据补理由同上。

　　[7]𗇋𗓰𗣼：优填王，据汉文本文意和俄藏本补。

　　[8]𗴛𗓰𗰗𗤎：吴国石像，《大正藏》作"吴中石像"。据俄藏本和汉文本文意补。

　　[9]"𗰔𗓰𗰦𗟻𗷒𗤎、𗴺𗤎、𗰄𗐯𗤎"："诸国土中金像、银像、琉璃像"，据俄藏本和汉文本文意补。琉，汉文本原作"瑠"。

　　[10]𗦳𗷒𗤎：真珠像，据残存笔画和汉文本文意补。

　　[11]𗴺𗷢𗗙𗼅𗰗𗷒𗤌：紫磨上色阎浮檀金，《大正藏》作"紫磨上色阎浮檀金"。"𗤌"（紫磨），上等黄金。上金为紫磨金。下同。

　　[12]𘝶𗥤：顶骨，《大正藏》作"顶上骨"。

　　[13]𘜶𗢳：归依，即《大正藏》作"归命"。下同。

　　[14]𗫸𗴄𗥹𗅆：为佛事矣，《大正藏》作"为佛事者"。

　　[15]𘙜𗗙𗙉𗰖𗐯𗟻𗴄𗫡：永世不入三恶道中，《大正藏》作"毕竟不复入于三途"。𘙜𗗙，意为"永世"，《大正藏》作"毕竟"。下同。

　　[16]"𘙜𗗙𗙉𗰖𗰌𗝾𗰦𗠝𗴄𗴳，𗰔𗀔𗶸𗴄𗅁"："永世不为十恶五逆罪业，不受诸苦恼"，《大正藏》作"毕竟不为十恶业。造五逆罪受诸苦恼"。

录文、对译（中藏本第255页第7行—261页第5行）

　　第255页：7. 𘝦 8. 𗥤𘜶𗗢𗰗𘊝𗗙𗥠，𗴄𗰔𘈈𗰗𗀔𗶸𗴄𗅁，9. 𘝦𗉛𗴄𘂣。𘜶𗭼𗺉𗅆，𗹙𘜶𗄼𗴘𗰖𗫸𗴄 10. 𘊝。[1]𗗙𗌣𗺉𗅁，𗹙𘜶𗈜𗢳。[2]𗰌𗹙𘜶𗴘𗥹：𘈈

　　对译：7. 今8. 日道场业同大众余诸地狱苦报杂受9. 毒楚无量是如名称契经中有皆有可10. 不若知欲者契经读当又契经中云[阎]

　　第256页：1. 𗰔𗣼𗐯𗖷𗙉𘜶，𗼅𘈈𗵀𗢳[3]。𗺉𗗙𗴄𘊝，𗗣 2. 𗃀𗀔𗅁𗴳。[4]𘈈𗰔𗣼𗗙𗥤，𗸷𗱪𘈈𗓰𗣼𗴳 3. 𗸰，𗴄𗟻𗬾𗣼𗴄𗬜𗬺，𗗣𗤛𘛗𘋿[5]𘜶𗥤

𦥑 4. 𦥑：𦥑𦥑𦥑𦥑𦥑𦥑𦥑𦥑，𦥑𦥑𦥑𦥑𦥑𦥑 5. 𦥑。𦥑𦥑𦥑𦥑𦥑𦥑𦥑𦥑𦥑𦥑𦥑𦥑𦥑𦥑。𦥑𦥑 6. 𦥑𦥑，𦥑𦥑𦥑𦥑𦥑。𦥑𦥑𦥑𦥑𦥑，𦥑𦥑𦥑 7. 𦥑𦥑𦥑。𦥑𦥑𦥑𦥑，𦥑𦥑𦥑𦥑𦥑𦥑。𦥑𦥑 8. 𦥑𦥑𦥑𦥑𦥑𦥑𦥑𦥑𦥑𦥑𦥑𦥑。[6]《𦥑𦥑𦥑 9. 𦥑𦥑》𦥑𦥑：𦥑𦥑𦥑𦥑𦥑𦥑，𦥑𦥑𦥑𦥑𦥑 10. 𦥑𦥑𦥑𦥑。𦥑𦥑𦥑𦥑𦥑𦥑𦥑𦥑。《𦥑𦥑𦥑

对译：1.［罗］王一念恶随便狱帝为量度可无自 2. 亦苦受作［阎罗］王大者昔［毘］沙国王作 3. 时［维陀始］王共战争自兵〈〉弱此因愿 4. 立愿我后世狱帝当为此我罪人〈〉断 5. 治十八大臣及百万众愿起皆同［毘］沙 6. 王者今［阎罗］王是十八大臣者今十八 7. 狱主是百万众者今牛头［阿旁］是此类 8. 相等悉北方［毘］沙门天王所有长［阿含］9. 契经中云［阎罗］王大住处［阎浮提］南金 10. 刚山内在王宫纵广六千［由旬］地狱

第 257 页：1. 𦥑》𦥑𦥑𦥑：𦥑𦥑𦥑𦥑𦥑，𦥑𦥑𦥑𦥑𦥑𦥑 2. 𦥑，𦥑𦥑𦥑𦥑。𦥑𦥑𦥑𦥑𦥑𦥑𦥑𦥑，𦥑𦥑 3. 𦥑𦥑𦥑𦥑𦥑𦥑。[7]𦥑𦥑𦥑𦥑𦥑𦥑𦥑𦥑𦥑 4. 𦥑𦥑𦥑𦥑𦥑。𦥑𦥑𦥑𦥑𦥑𦥑，𦥑𦥑𦥑𦥑。5. 𦥑𦥑𦥑𦥑，𦥑𦥑𦥑𦥑。𦥑𦥑𦥑𦥑𦥑𦥑𦥑𦥑 6. 𦥑。𦥑𦥑𦥑𦥑𦥑：𦥑𦥑𦥑𦥑𦥑，𦥑𦥑𦥑𦥑 7. 𦥑[8]；𦥑𦥑𦥑𦥑𦥑，𦥑𦥑𦥑𦥑𦥑；𦥑𦥑𦥑𦥑[9] 8. 𦥑，𦥑𦥑𦥑𦥑𦥑；𦥑𦥑𦥑𦥑𦥑，𦥑𦥑𦥑𦥑 9. 𦥑；𦥑𦥑𦥑𦥑𦥑，𦥑𦥑𦥑𦥑𦥑；𦥑𦥑𦥑𦥑 10. 𦥑，𦥑𦥑𦥑𦥑𦥑；𦥑𦥑𦥑𦥑[10]𦥑，𦥑𦥑𦥑𦥑；

对译：1. 契经依云〈〉则地狱内住宫城纵广三万 2. 里铜铁以作昼夜三时在前自然大铜 3. 镬有中铜烊满大狱主〈〉〈〉其王〈〉铁 4. 热床上卧令铁钩以口擘作铜烊以灌 5. 咽流下彻不焦烂无诸大臣亦俱彼犹 6. 如十八狱主者一曰［迦延］者［泥犁］地狱 7. 主二号［屈］尊者刀山地狱主三名永沸 8. 者沙沸地狱主四名沸曲者屎沸地狱 9. 主五名［迦世］者耳黑地狱主六名嵯傶 10. 者火车地狱主七名热汤者镬沸地狱

第 258 页：1. 𦥑；𦥑𦥑𦥑𦥑𦥑𦥑，𦥑𦥑𦥑𦥑𦥑；𦥑𦥑𦥑 2. 𦥑𦥑，𦥑𦥑𦥑𦥑𦥑；𦥑𦥑（𦥑𦥑𦥑𦥑𦥑𦥑）𦥑𦥑𦥑𦥑[11]𦥑𦥑 3. 𦥑；𦥑𦥑𦥑𦥑𦥑𦥑，𦥑𦥑𦥑𦥑𦥑；𦥑𦥑𦥑 4. 𦥑𦥑𦥑，𦥑𦥑𦥑𦥑𦥑；𦥑𦥑𦥑𦥑𦥑，𦥑 5. 𦥑𦥑𦥑𦥑；𦥑𦥑𦥑𦥑𦥑𦥑，𦥑𦥑𦥑𦥑𦥑；

对译：1. 主八名铁［迦然］者铁床地狱主九名恶 2. 生者山嵯地狱主十名契经中王名无寒冰地狱 3. 主十一名［毘迦］者皮剥地狱主十二名 4.［遥头］者

畜生地狱主十三名［提薄］者刀5. 兵地狱主十四名［夷大］者铁磨地狱主

第259页：1. 𗢳𗾫𗿩𘗠𗏇𗖵，𘝲𘝲𘜼𗹗𗵄；𗢳𗢼𗾫（�"𗈞𗯨 𗉾𗾫𗁡）

2. 𗏇𗪼[12]𘜼𗹗𗵄；𗢳𗤁𗾫𗋽𗖵，𘜘𗰜𘜼𗹗𗵄；3. 𗢳𗍫𗾫𗋽𗑐𗖵，𘜘𘋩𘜼𗹗𗵄。𘝴𗌶𗥃𗰜4. 𗸖𘃡𘜼𗹗，𗹮𘝞𘑘𗛖[13]。𘜼𗌫𗾫𗍫𘝵𘜼𗹗5. 𗵄𗾺𗤟[14]，𘞜𘝾𗌶𗗥，𗢳𗢼𘄒𗁡𗑉，𗼷𗌶𘟢6. 𘝴𗢳𘄒𗁡𘓐𗥃。𘗠𗌶𗆧𘝵𗌶𗁡，𘜼𗌶𘄏7. 𗟲。[15]𗍫𘜼𗵄𗥰𘕕："𗌬𗾺𗁡𘝵𗏇𘕕𗎫𗕻𗺓8. 𗅆𗹙𗗂，𗾹𗐲𗛥[16]𘀄𘕕𗫒𗗂𗥃，𗕻𗺓𗫒𗁡9. 𗅆"。𘜼𗵄𘔴𘉋：𘝴𗌶𗥃𗁡𗫒𘝵𗏇𗖵，𗼷𗘶10. 𗥰𗌶𘙰𘚴，𗥤𗌶𗍬𘜼，𗉯𘜰𗊧

对译：1. 十五名［悦头］者寒冰地狱主十六名契经中王名无2. 铁笄地狱主十七名身者蛆虫地狱主3. 十八名身观者铜烊地狱主是如自各4. 无量地狱有类为也一牛头［阿旁］地狱5. 主一有性气凶虐些许慈心无诸众生6. 此恶报苦受使时又复忧不苦恐不楚7. 称或狱主〈〉问众生苦受者应依悲念8. 为当是何云汝常毒酷心怀慈愍心无9. 矣狱主答言此如罪恶诸苦受者父母10. 〈〉不孝顺佛谤法谤诸贤圣谤亲族谤

第260页：1. 𗏇𘘾[17]，𘞜𗅆𘝴𗦜，𗸒𗸒𘑘𘝾，𗒹𗌶𗸁𘉋，𘟢𗌶2. 𘝴𗐲，𗬢𘃸𗅆𘝾[18]，𗾹𗐲𘜘𗾺，𗼷𗺓𘜘𘟢，𘝳3. 𘜮𗁡𗺓𘘾[19]𘝴𘝳𗗥，𗼷𘝾𗗽𗒹𘘾𗁡𗸒𘝞4. 𗅆。𘝴𗌫𗅆𗗂，𘚴𗁡𘜼𗹗。𘜼𗁡𗨁𗬢𘝞，𗹮5. 𘟢𘞜𗅆𗟲。𘝴𗈜𗁡𗰜，𗣋𘜼𘉋𗁡。𗛥𗹮𗗂6. 𘚴，𗅆𗩽𗅯𗟲𗟲𘜼。𘝴𗌶𗩽𗗽𘞜𘂙𗁡𗁡，7. 𘓐𘜼𗌬𘂟𗩽𗅆𗁡𘟢，𗥤𗄻𗥑𘜼𗁡𘀄8. 𗥤，𘝴𗌬𗾫𗺓𘊲𘞔𘎥𘜼𘜰[20]，𗹮𘅍𗹮𘓐𘜘9. 𘓐𘉋𘝴。𘝴𗌫𘜘𗥐𗬹[21]，𘝴𗄻𗥡𘜘𗁡𗏇𘑘10. 𗁡，𗫒𘟢𗁡𗊧。𘝴𗁡𘟢𘜘𗦜𘜘𘜼𗹗，𗅆𗐲

对译：1. 诽师长不敬一切毁陷口恶嚼舌谀曲2. 嫉妒他眷属离嗔恚杀害贪欲欺诈邪3. 求以命养及邪见懈怠逸放以诸怨结4. 造是如等人此苦受来每苦免得时恒5. 谕语以劝此中苦剧忍耐可非汝今出6. 得复罪无造〈〉〈〉此等罪人悔改心无7. 今日出得俄倾复还展转轮回痛苦不8. 知此众生处已厌恶〈〉为劫从劫至常9. 其相对是如为则故我罪人于片慈心10. 无毒楚苦加此苦楚为惭愧〈〉起复今

第261：1. 𗹗𘝞𘜘𗵄𗭪𗆧。[22]𘝴𗌬𗾫𘜼𗑐，𘜘𗈜𘜼𗁡2. 𘙉𗈩𘝵𗵄𗣋[23]，𗵄𘜲𘜽𗛥𗐲𗵓�6𗫮3. 𗸙𗛖[24]。�6𘗼𘚴𗁡𗵄𘙉[25]，𗁡𗈩𗸒𘗜𗵄𗈞，𗥐4. 𗤴�6𗅯𗁡𘙉�21𗁡�g𘉙[26]，𗼷𗼓�6𗥰𗏇𗅆5. 𗒹𗗂。

对译：1.〈　〉不还〈　〉〈　〉〈　〉此众生〈　〉观乃至极苦 2. 亦避为不肯决善修以[涅槃]求者及 3. 非矣知识当无人是苦避乐求不能 4. 所以此剧痛人间苦倍于何云此〈　〉慈不 5. 愍为

意译、注释（中藏本第 255 页第 7 行—261 页第 5 行）

今日道场同业大众，余诸地狱苦报杂受，楚毒无量。如是名称，经中不可有皆有。若欲知者，当读契经。

又经云：阎罗王随一念之恶，便为狱帝。无可量度，亦自受苦。阎罗大王昔为毘沙国王时，与维陀始王共战争，自兵弱因此立愿：愿我后世当为地狱帝，断治我此罪人。十八大臣及百万众起愿皆同。毘沙王者，今阎罗王是。十八大臣者，今十八狱主是。百万之众者，今牛头阿旁是。此类相等悉上有北方毘沙门天王。

《长阿含经》云：阎罗大王住处，在阎浮提南金刚山内，王宫纵广六千由旬。

依《地狱经》云：则住地狱内，宫城纵广三万里，铜铁以作。昼夜三时自然在前，有大铜镬中满烊铜。令大狱主卧王热铁床上。铁钩擘口烊铜以灌，流咽下彻，无不焦烂。彼诸大臣亦俱犹如。

十八狱主者：一曰迦延，泥犁地狱主；二号屈尊，刀山地狱主；三名沸永，沸沙地狱主；四名沸曲，沸屎地狱主；五名迦世，黑耳地狱主；六名嵯俀，火车地狱主；七名热汤，镬汤地狱主；八名铁迦然，铁床地狱主；九名恶生，嵯山地狱主；十名（契经中无王名）寒冰地狱主；十一毘迦，剥皮地狱主；十二遥头，畜生地狱主；十三提薄，刀兵地狱主；十四夷大，铁磨地狱主；十五悦头，寒冰地狱主；十六名（契经中无王名）铁笡地狱主；十七名身，蛆虫地狱主；十八观身，烊铜地狱主。如是各自无量地狱，为有类也。

有一牛头阿旁地狱主，性气凶虐无一慈心，使诸众生受此苦报。时又复忧不苦，恐称不楚。或问狱主："众生受苦甚可悲念，何云汝常怀酷毒无慈愍心矣"。狱主答言：如此罪恶诸受苦者，不孝顺父母，谤佛谤法，谤诸贤圣，诽谤亲族，轻慢师长，毁陷一切，恶口两舌，谄曲嫉妒，离他眷属，嗔恚杀害，贪欲欺诈，邪求养命及邪见，懈怠放逸以造诸怨结。如是等人，来此受苦。每得免苦之时，恒语劝谕。此中剧苦，非可忍耐。汝今得出无复造罪。此等罪人无心改悔，今日得出俄顷复还，展转轮回不知痛苦，此众生已为我厌恶，从劫至劫常其相对。如是为则故，我于罪人无片慈心，加毒楚苦。为此楚苦起惭愧，不复今还。我观此众生，乃至极苦亦不肯为避，决非修善求涅槃者矣。当是无知识之人，不能避苦求乐，所以此痛剧倍于人间苦，何云于此不为慈愍。【参见《大正藏》[0941a21—0941c03]】

［1］“[illegible]，[illegible]。[illegible]，[illegible]”：“诸余地狱苦报杂受，楚毒无量。如是名称，经中不可有皆有”，《大正藏》作“诸余地狱杂受苦报不复可记。如是名号楚毒无量”。

［2］“[illegible]，[illegible]”：“若欲知者，当读契经”，《大正藏》作“相与披览具见其事”。

［3］[illegible]：便为狱帝，《大正藏》作“便总狱事”。

［4］“[illegible]，[illegible]”：“无可量度，亦自作受苦”，《大正藏》作“自身受苦亦不可论”。

［5］[illegible]：自兵已弱，《大正藏》作“兵力不如”。

［6］[illegible]：此类相等悉上有北方毘沙门天王，《大正藏》作“而此官属悉隶北方毗沙门天王”。“[illegible]”（所有、上有），对应汉文“隶”。

［7］“[illegible]，[illegible]”：“昼夜三时自然在前，有大铜镬满中烊铜”，《大正藏》作“昼夜三时有大铜镬。满中烊铜自然在前”。

［8］[illegible]：泥犁地狱主，《大正藏》作“典泥犁狱”。“典”，主，主持。下同。

［9］[illegible]：沸永，《大正藏》作“沸寿”。[illegible]，底本笔画错。

［10］[illegible]：汤热，《大正藏》作“汤谓”。

［11］“（[illegible]）[illegible]”：“（契经中无王名）寒冰”，《大正藏》作“呻吟”。底本“[illegible]”错为“[illegible]”。

［12］“（[illegible]）[illegible]”：“（契经中无王名）铁笴”，《大正藏》作“穿骨”。“[illegible]”（契经中），据残留笔画补此3字。

[13] 𗹡𗾖𗒱𗥤：为有类也，《大正藏》作"以为眷属"。

[14] 𗣼𗤭𗤂𗥤𗓨𗖵𗥤�𗡮：有一牛头阿旁一地狱主，即《大正藏》作"狱有一主牛头阿旁"。

[15] "𗴮𗰠𘝦𗥤𗴮𘝦，𗴮𗰠𗭪𗧦"："时又复忧不苦，恐称不楚"，《大正藏》作"唯忧不苦。唯恐不毒"。

[16] 𗤑𗠁𘂤：汝何云，《大正藏》作"而汝"。

[17] 𗄈𗄈𗡮𗏦：诽谤亲族，《大正藏》作"骂辱六亲"。下同。

[18] 𘍦𗄈𗄈𗀁：离他眷属，《大正藏》作"离他骨肉"。

[19] 𗕑𘝧𘄽𗥤𗋽：邪求养命，《大正藏》作"邪命邪求"。

[20] 𗢳𗖵𗧦𘜶𗟻𘃜𗧎𘃡�：此众生已为我厌恶，《大正藏》作"令我筋力疲此众生"。

[21] 𗢳𗤑𘃡𗥃�：如是为则故，《大正藏》作"以是事故"。

[22] "𗢳𗰠𗭪𘃡𗯰𗨵𗴮𗢳，𗰠𗍈𘃜𗰠𗧦𗧎𘃜�"："为此楚苦起惭愧，不复今还"，《大正藏》作"望其知苦知惭知耻不复更还"。

[23] 𗢳�𗈪𗰠� 𗒱𗯰�ऽ𘄽：乃至极苦亦不肯为避，即《大正藏》作"乃可至苦终不肯避"。

[24] 𗧎𗰠𗢳𗵘�ऽ𗧎𗤑𗒱𗕑𗆊𗏣𗤭：决非修善求涅槃者矣，《大正藏》作"决不修善往趣泥洹"。泥洹，即"涅盘、涅槃"，又作"泥曰、灭度"。

[25] 𗰠𗒍�㇏�㇏�：当是无知识之人，《大正藏》作"既是无知之物"。

[26] �ऽ𗳜𗢳�㇏𗰠𗲪�� 𗭪：所以此痛剧倍于人间苦，即《大正藏》作"所以痛剧倍于人间"。

录文、对译（中藏本第 261 页第 5 行—267 页第 6 行）

第 261 页：5. 𗦜�ऽ𗊮𗣼𗎼𘘦𘒍��，𗣼𗱦𘄒𗙴𗤭 6. 𗧎𘘦�㇏，�ऽ𗵘𗦜𘒍𗢳�ऽ𘄧𗎼�㇏𗤭[1]。𗤭 7. �ऽ𘒍�ऽ𗎼𗙴𗤭[2] 𗤭�，�㇏𗙴𗤭𗱦�㇏𗧎 8. 𗄈𗄈𗎼，�㇏𗣼𗣼𗰠�㇏��㇏�ऽ𘘦[3]，𗰠𗤭𗱦 9. 𗀁𗧎。𗢳𗖵��ऽ𗤭���㇏，𗰠𗣼𗱦��ऽ𗡮 10. ��2𗖵𗷉。[4] ��3�ऽ𗰠𗴮，𗱒�ऽ𗟻𘘦𗦜�ऽ𗎼

对译：5. 今日道场业同大众今世间牢狱 6. 比挍〈　〉则便信立方实是虚非知 7. 若有人三次狱牢内沦其狱牢头主与 8. 亲族是亦重复来为恻怆心无复牛

头 9. ［阿旁］此众生数遍苦受脱重复来者免 10. 言处何有若苦离之后唯心修习恶悔

第 262 页：1. 〔西夏文〕[5]。〔西夏文〕，〔西夏文〕。〔西夏文〕2. 〔西夏文〕，〔西夏文〕[6]。〔西夏文〕3. 〔西夏文〕[7]，〔西夏文〕，〔西夏文〕4. 〔西夏文〕[8]。〔西夏文〕，〔西夏文〕，〔西夏文〕5. 〔西夏文〕[9]，〔西夏文〕。〔西夏文〕6. 〔西夏文〕，〔西夏文〕7. 〔西夏文〕。〔西夏文〕，〔西夏文〕8. 〔西夏文〕[10]。〔西夏文〕9. 〔西夏文〕，〔西夏文〕，〔西夏文〕[11]、10. 〔西夏文〕、〔西夏文〕[12]，〔西夏文〕

对译：1. 善作应若不悔改则苦处沉没次第历 2. 经苦离苦受休息无有永出处无故三 3. 世怨报因果相互相而生善恶二环 4. 暂无休息报应依征皎然显现恶为苦 5. 得地狱中报受年穷劫极苦剧具受 6. 地狱罪毕复畜生中生畜生罪毕又饿鬼 7. 中生是如无量死生无量苦痛历经何 8. 云自各时及菩萨道不行相与今日痛 9. 切心等五体地投普十方地狱道狱帝 10. 大臣牛头［阿旁］自各眷属畜生道畜生

第 263 页：1. 〔西夏文〕〔西夏文〕[13]，〔西夏文〕2. 〔西夏文〕。〔西夏文〕[14]，〔西夏文〕[15]〔西夏文〕。〔西夏文〕3. 〔西夏文〕，〔西夏文〕。4. 〔西夏文〕，〔西夏文〕[16]〔西夏文〕5. 〔西夏文〕，〔西夏文〕，〔西夏文〕

对译：1. 神等自各眷属及广十方穷无边无众生 2. 一切为心归忏悔恶改善修复恶不为已 3. 作罪者速愿除灭未作罪者复造不敢 4. 唯愿十方诸佛一切思议可不自各神 5. 力以同加救护哀愍摄受诸众生〈 〉时

第 264 页：1. 〔西夏文〕。〔西夏文〕2. 〔西夏文〕！〔西夏文〕！3. 〔西夏文〕！〔西夏文〕！4. 〔西夏文〕！〔西夏文〕！5. 〔西夏文〕！〔西夏文〕！6. 〔西夏文〕！〔西夏文〕！7. 〔西夏文〕！〔西夏文〕！8. 〔西夏文〕！〔西夏文〕！9. 〔西夏文〕！〔西夏文〕！10. 〔西夏文〕！〔西夏文〕！

对译：1. 应解脱令又愿世间大慈悲主 2. ［南无］［弥勒］佛［南无］［释迦牟尼］佛 3. ［南无］华日佛［南无］军力佛 4. ［南无］华光佛［南无］仁爱佛 5. ［南无］大威德佛［南无］梵王佛 6. ［南无］量明佛［南无］龙德佛 7. ［南无］

坚步佛[南无]虚不见佛 8. [南无]进精德佛[南无]善守佛 9. [南无]欢喜佛[南无]不退佛 10. [南无]师子相佛[南无]胜知佛

第 265 页：1. 𗄊𗇒𗦲𗆀𗵜！𗄊𗇒𗴮𗅥𗵜！ 2. 𗄊𗇒𗲞𗤋𗵜！𗄊𗇒𗴴𗴲𗵜！ 3. 𗄊𗇒𗧓𗟲𗵜！𗄊𗇒𗵧𗴢𗵜！ 4. 𗄊𗇒𗵺𗥻𗵜！𗄊𗇒𗨳𗤙𗵜！ 5. 𗄊𗇒𗰖𗦲𗵜！ 6. 𗄊𗇒𗵒𗥿𗦲𗤙𗵘！𗄊𗇒𗵒𗥿𗴲𗤙𗵘！ 7. 𗄊𗇒𗌗𗦳𗦜𗤙𗵘！𗄊𗇒𗥹𗴢𗵺𗤙𗵘！ 8. 𗖻𗦳𗄊𗲇𗆀，𗵜𗰖𗴇𗵜𗤣、𗰝𗆹𗵧𗍫𗵜 9. 𗵜𗖻𗵺𗥫𗎫𗴇𗵜𗰖，𗳉𗍫𗥫𗎫𗴇𗵜𗰖 10. 𗦳𗖻𗵺𗴈𗵜𗰖𗵺，𗵜𗰖𗴇𗪤𗵜𗰖𗯼𗯼

对译：1. [南无]法氏佛[南无]喜王佛 2. [南无]妙御佛[南无]作爱佛 3. [南无]德臂佛[南无]香象佛 4. [南无]观视佛[南无]云音佛 5. [南无]善思佛 6. [南无]师子幡菩萨[南无]师子作菩萨 7. [南无]身边无菩萨[南无]世音观菩萨 8. 自各神力以地狱道狱帝大臣及诸 9. 地狱眷属十八离地狱是如十八离地狱 10. 各眷属等地狱有地狱道中地狱一切

第 266 页：1. 𗴿𗤙𗤢𗄊𗧕𗓊𗶁，𗤙𗵧𗯼𗯼𗓻𗵺𗶆。𗳉 2. 𗤙𗵧𗓻𗴞𗲈𗴇𗤙𗏜𗧕𗦲。𗾫𗴷𗧕𗯅𗴇 3. 𗴲𗖻𗧕。𗴞𗲈𗲧𗆹，𗵜𗰖𗴇𗥆𗦶𗲄𗟼𗐩，4. 𗄊𗰝𗴇𗪤𗦶𗲄𗤙𗴾[17]。𗵜𗰖𗻲𗶁𗒸𗞬 5. 𗻲𗦲；𗵜𗰖𗵺𗴮𗴞𗞠𗵺𗦲；𗵜𗰖𗌗𗶁𗟾

对译：1. 牛头[阿旁]及苦受众生一切〈 〉救拔此 2. 众生〈 〉今日俱解脱得令罪因苦果同 3. 消灭得今日从起地狱道业永世除断 4. 复三恶道中永世不堕地狱生舍净土 5. 生得地狱命舍智慧命得地狱身舍金

第 267 页：1. 𗴿𗌗𗦲；𗵜𗰖𗧕𗶁𗵩𗷲𗦲𗦲；𗵜𗰖𗧕𗶣 2. 𗜼𗵧𗵜𗆹。𗵩𗵧𗳉𗳞𗭇𗳉𗒶𗦲；𗵩𗵩𗳉 3. 𗴇𗴷𗷫𗖻𗴝；𗰇𗯼𗴷𗵺𗥆𗲄𗥆𗲄，𗴵𗰝 4. 𗼛𗰇𗴇𗶇𗴵𗵺。𗥆𗵩𗦳𗦜𗤙𗵧𗯼𗯼𗓻 5. 𗴿𗴝，𗒸𗴿𗵜𗞬，𗵩𗵺𗴞𗞠（𗴥𗵩）。6.（略）

对译：1. 刚身得地狱苦舍[涅槃]乐得地狱苦念 2. [菩提]心发四等六度常现前得四辩六 3. 通意如自在勇猛进精不休不息乃至 4. 勤修十地行满还复边无众生一切〈 〉5. 度超金刚心入正等觉成一拜 6.（略）

意译、注释（中藏本第 261 页第 5 行—267 页第 6 行）

今日道场同业大众，今世间牢狱比较，则便知立信方是实非虚。若有人三次沦牢狱，其与牢狱头主是亲族，亦为重复来心无恻怆，复牛头阿旁。脱此众生数遍苦受，免言重复来者何处有。

若离苦之后，唯应修心悔恶作善。若不改悔则沉没苦处，次第经历离苦受苦，无有休息永无出处。故三世怨报因果相生，善恶二环暂无休息。报应之征皎然可见，为恶得苦受地狱报，穷年极劫具受剧苦。地狱罪毕复生畜生中，畜生罪毕又生饿鬼。如是经历无量生死、无量苦痛，何云不自各及时行菩萨道。

相与今日等痛切心，五体投地，普为十方地狱道狱帝、大臣、牛头阿旁各自眷属，畜生道畜生神等各及眷属，广及十方无穷无边一切众生，归心忏悔，改恶修善不复为恶。已作罪者速愿除灭；未作罪者不敢复造。唯愿十方一切诸佛，以不可思议各自神力，同加救护哀愍摄受，令诸众生应时解脱。又愿世间大慈悲主：

南无弥勒佛！南无释迦牟尼佛！南无华日佛！南无军力佛！南无华光佛！南无仁爱佛！南无大威德佛！南无梵王佛！南无量明佛！南无龙德佛！南无坚步佛！南无不虚见佛！南无精进德佛！南无善守佛！南无欢喜佛！南无不退佛！南无师子相佛！南无胜知佛！南无法氏佛！南无喜王佛！南无妙御佛！南无爱作佛！南无德臂佛！南无香象佛！南无观视佛！南无云音佛！南无善思佛！南无师子幡菩萨！南无师子作菩萨！南无无边身菩萨！南无观世音菩萨！

以各自神力救拔地狱道狱帝、大臣及诸地狱眷属十八鬲地狱。如是十八鬲地狱，各有眷属等地狱，地狱道一切地狱牛头阿旁及受苦一切众生。令此众生今日俱得解脱，罪因苦果同得消灭。从今日起，永世断除地狱道业，永世不复堕于三恶道。舍地狱生得净土生；舍地狱命得智慧命；舍地狱身得金刚身；舍地狱苦得涅槃乐；念地狱苦发菩提心。四等六度常得现前；四辩六道如意自在；勇猛精进不休不息；乃至勤修满十地行。还复超度无边一切众生，入金刚心成正等觉（一拜）。【参见《大正藏》[0941c04—0942a17]】

　[1] 𗥃𗟲𗗙𗤋𗢎𗤻𗹦𗯨𗀔𗑡：则便知立信方是实非虚，即《大正藏》作"便可立知信非虚唱"。

　[2] �"𗊲：牢狱、狱牢，《大正藏》作"狱户"。下同。

　[3] 𗢸𗤱𗤱𗑗𗮊𗣇𗣛𗣗𗾟：亦为重复来心无恻怆，《大正藏》作"周旋

已无恻怆"。"□□□"(重复来),对应汉文"周旋"。

[4]"□□□□□□□□,□□□□□□□□□□":"脱此众生数遍苦受,免言重复来者何处有",《大正藏》作"见此众生得出复入婴苦事长"。

[5]□□□□□□□□□:唯应修心悔恶作善,《大正藏》作"唯应修心变其所习"。

[6]"□□□□□□□□□,□□□□□□□□□":"次第经历离苦受苦,无有休息永无出处",《大正藏》作"堕在其中次第经历。从苦入苦无有休息"。

[7]□□:怨报,《大正藏》作"怨对"。对,应为"怼"之误。下同。

[8]□□□□:暂无休息,《大正藏》作"未曾暂辍"。

[9]□□□□□:受地狱报,即《大正藏》作"还以报之在地狱中"。

[10]□□□□□□□□□□□:何云不自各及时行菩萨道,即《大正藏》乙本"岂不人人及时行菩萨道"。□□,何云,岂不。

[11]□□:狱帝,《大正藏》作"狱王"。下同。

[12]□□□□:自各眷属,《大正藏》作"各及眷属"。"□□"(各自、各自),对应汉文本"各及",下同。

[13]□□□□□□□□□□:畜生道畜生神等自各眷属,《大正藏》作"饿鬼道饿鬼神等各及眷属。畜生道畜生神等自各眷属。"底本"□□"(眷属)原脱,依补。西夏文未译本段上句。

[14]□□□□:归心忏悔、至心忏悔,即《大正藏》"求哀忏悔"。下同。

[15]□□□□:改恶修善,《大正藏》作"改往修来"。

[16]□□:自各,《大正藏》作"自在"。下同。

[17]"□□□□□□□□□,□□□□□□□□□□":"永世除断地狱道业,永世不复堕三恶道中",《大正藏》作"毕竟永断地狱道业,毕竟不复堕于三途"。

《慈悲道场忏法》卷第五（中藏本）

《慈悲道场忏法》卷五刊布于《中国藏西夏文献》第四册第 268—317 页，《中国国家图书馆藏西夏文献》第二册第 113—125 页。

录文、对译（中藏本第 273 页第 1 行—280 页—279 页第 8 行）

第 268—272 页：（略）

第 273 页：1.《𗹙𗰖𘕿𘎑𗤶𘊴𘟙》𘕰𘝵𗾦 2.（略）3. 𗴈𘠚𗭩𘃪𗾦 4. 𗐝𘝺𘊴𘕿𘈜𗝣𘆵𘈑，𗭀𗋽𗰔𗰔𘆤𘗽𗦻 5. 𗤶𗣼，𘕾𘆤𘋪𘊛？𘆄𗦻𗤶𘈑，𘊈𘋥𘉾𘝵𘈑。6. 𘕾𘈇𗦻𗤶𘈜，𘊈𘏩𘋥𗈶𘈜。[1] 𘈜𘋥𘉾𘓞𘝵 7. 𘆤，𗤶𗦻𘈇𘊴𗤶𘈜。[2] 𗲟𘠚𘃻𗿷：𗭀𗋽𗰔𗰔 8. 𗣼𗣼𘈑𗐝。𘊈𗋽𘉾𘈜，𘊈𗣼𘖜𘃋𘈜。𘕾𗭀 9. 𗰔𗵘𘊈𗼋𗊅𘗽，𘝏𘈩𘒺𗈜𗽈，𘆤𗠚𘈇𘗽。10. 𘆊𘕶𗈶𘕡𘕿𘟙𘈇𘝱，𗟓𘈦 𘊳𗥤𗴈𘝵 [1]

对译：1. 慈悲道场忏法卷五第 2.（略）3. 怨结解九第 4. 今日道场业同大众众生一切者皆怨 5. 报有此者何云若怨报无则恶道复无 6. 此刻怨报为则故恶不休三恶道常在 7. 者报穷已无有矣契经中言众生一切 8. 悉皆心有心有者也则皆佛为矣诸 9. 众生等心想颠倒长死生中寝觉悟不能 10. 世间贪著出要不知苦本建立怨根养

第 274 页：1. 𘊛。𘊈𘏩𘈜𗈶 [3] 𗊂𗦻𘈩𘆵𘠚𗊂𗈶𘆛，𗥻𘉾 [1] 2. 𗥻𘋸𗢳𘏩𗈶𗰡 [4]，𘕾𘆤𘋪𘊛？𗭀𗋽𗰔𗰔𘆤 3. 𘈑𗰔𗈜，𗥓𗈶𘊴𘊴𗈶𘈑𘈞𗤶。𘆄𗝣𘃪𗿷，4. 𘈜𗤶𗈶𗤶，𗋽𗊅𘆛𗈶。𘈜𗤶𗈶𗼋𘈜𗨨𘄿 5. 𗈶，𗥻𗯼𗲭𗰡𗈜𗈶，𗰡𗈜𗲭�♭𘈜𗈶𗈶，6. 𗥻𗜓𗈶𗲭𗈜𘋥𘄿𗈶。𗥻𘆵𘠚𗢳𘆵𗤝𘟓 [5]，7. 𘋥𗈶𗈜𘆛𘈞𗜟𗊅𘋥𗊅，𗈶𗇋𘆛𘈓𗥹𗈶 8. 𘋥𘈑。𘄴𘈜𗈶𘋥𘈑𗐝，𗈶𘋥𘕿𘓞𗄭，𗈶𘋥 9. 𘕿𘈑𗿣𘓞𗄭。𘕾𗤶𗥻𘋥𗼋𗲭𘈜𗈶𗈜𘋥。10. 𗈶，𗼋𗦻𗥻𗲭𗦻𗯼𗈶𘕡，𗼋𘖜𗑗𗒹𘈜𗲭

对译：1. 长所以三界内轮回六道内来往身舍 2. 身受暂许不息此者何云众生一切始 3. 无已来识暗相传明无所覆爱水中溺 4. 三毒根起四颠倒起三毒

根从十烦恼 5. 起身见依五见起五见依六十二见起 6. 身口意依十恶行起身杀盗邪淫 7. 口妄作言绮诳舌恶骂意贪嗔痴自十 8. 恶行他教十恶行使十恶法赞叹十恶 9. 法行者赞叹是如身口意依四十种恶 10. 起复六情依六尘贪著乃至八万四千

第 275 页：1. 𗰖𗰖𗰖[6]𗰖𗰖。𗰖𗰖𗰖𗰖𗰖𗰖𗰖𗰖𗰖，𗰖 2. 𗰖𗰖𗰖𗰖𗰖𗰖𗰖，𗰖𗰖𗰖𗰖𗰖𗰖𗰖 3. 𗰖𗰖𗰖𗰖𗰖𗰖。𗰖𗰖𗰖、𗰖𗰖、𗰖𗰖、𗰖𗰖 4. 𗰖𗰖𗰖𗰖𗰖𗰖，𗰖𗰖𗰖𗰖?[7]𗰖𗰖𗰖𗰖𗰖 5. 𗰖𗰖𗰖，𗰖𗰖[8]𗰖𗰖𗰖𗰖𗰖𗰖。𗰖𗰖𗰖𗰖 6. 𗰖𗰖𗰖𗰖𗰖[9]，𗰖𗰖𗰖𗰖，𗰖𗰖𗰖𗰖，𗰖𗰖 7. 𗰖𗰖，𗰖𗰖𗰖𗰖，𗰖𗰖𗰖𗰖，𗰖𗰖𗰖𗰖𗰖 8. 𗰖𗰖𗰖𗰖，𗰖𗰖𗰖𗰖，𗰖𗰖𗰖𗰖，𗰖𗰖𗰖 9. 𗰖?𗰖𗰖𗰖𗰖𗰖，𗰖𗰖[10]𗰖𗰖𗰖𗰖𗰖，𗰖𗰖 10. 𗰖𗰖𗰖𗰖𗰖𗰖，𗰖𗰖𗰖𗰖𗰖𗰖𗰖𗰖𗰖𗰖[11]。

对译：1. 烦恼门广开一念之间六十二见起一 2. 念之顷四十种恶行一念之间八万四 3. 千烦恼门开矣况一日一月一年一世 4. 历劫众罪起者谕处何有是如罪恶无 5. 量边无怨主相寻穷已无有诸众生等 6. 愚痴与相随明无慧障烦恼心覆自不 7. 知觉心想颠倒契经不信佛语依不行 8. 怨解不晓解脱不望怨怨相报何时解 9. 脱恶道内自投蛾火中自赴如多劫 10. 夜长无量苦受假使业尽重人间生得

第 276 页：1. 𗰖𗰖𗰖𗰖𗰖𗰖𗰖𗰖𗰖𗰖，𗰖𗰖𗰖𗰖𗰖𗰖 2. 𗰖𗰖，𗰖𗰖𗰖𗰖𗰖𗰖𗰖。[12]𗰖𗰖𗰖𗰖𗰖𗰖 3. 𗰖𗰖，𗰖𗰖𗰖𗰖。𗰖𗰖𗰖𗰖𗰖𗰖，𗰖𗰖𗰖 4. 𗰖𗰖𗰖，𗰖𗰖𗰖𗰖𗰖𗰖，𗰖𗰖𗰖𗰖𗰖𗰖 5. 𗰖。𗰖𗰖𗰖𗰖𗰖𗰖𗰖𗰖[13]，𗰖𗰖𗰖𗰖，𗰖𗰖 6. 𗰖𗰖，𗰖𗰖𗰖𗰖𗰖。𗰖𗰖𗰖𗰖，𗰖𗰖𗰖𗰖，7. 𗰖𗰖𗰖𗰖，𗰖𗰖𗰖𗰖，𗰖𗰖𗰖𗰖，𗰖𗰖𗰖 8. 𗰖𗰖𗰖𗰖𗰖𗰖、𗰖𗰖𗰖𗰖𗰖𗰖𗰖𗰖𗰖𗰖，9. 𗰖𗰖𗰖𗰖[14]。𗰖𗰖𗰖𗰖𗰖𗰖𗰖𗰖[15]，𗰖𗰖𗰖 10. 𗰖[16]𗰖𗰖𗰖𗰖。𗰖𗰖𗰖𗰖、𗰖𗰖𗰖𗰖𗰖𗰖

对译：1. 复是如恶人终改革不方是圣众是如 2. 怨报众生为大慈悲起我等相与[菩提] 3. 心发菩萨道行[菩萨摩诃萨]者苦救以 4. 资粮为怨解以要行为众生不舍以本 5. 为我等今日皆是犹如勇猛心起慈悲 6. 心起如来心相等诸佛力承道场幡建 7. 露甘鼓击智慧弓秉坚固箭执普四生 8. 六道三世众怨父母师长九亲眷属为 9. 怨结解令已作罪者一切舍离怨未起 10. 者毕竟不造唯愿诸佛诸大菩萨慈悲

第 277 页：1. ▢▢、▢▢▢▢、▢▢▢▢▢▢▢▢▢，2. ▢▢▢▢▢▢、▢▢▢▢。[17]▢▢▢▢▢ 3. ▢▢▢，▢▢▢▢▢▢▢▢。▢▢▢▢，4. ▢▢▢▢。▢▢▢▢▢▢▢▢，▢▢▢ 5. ▢。▢▢▢：▢▢▢▢、▢▢▢▢、▢▢▢ 6. ▢▢▢▢▢，▢▢▢▢▢▢▢▢▢。7. ▢▢▢▢▢！▢▢▢▢▢▢▢！8. ▢▢▢▢▢！▢▢▢▢▢！9. ▢▢▢▢▢！▢▢▢▢▢！10. ▢▢▢▢▢！▢▢▢▢▢！

对译：1. 力以本愿力以神通三世无量众力以 2. 怨主同加覆护折伏摄受今日从起乃 3. 至［菩提］怨结解令怨报当无众苦一切 4. 毕竟断除相与心至痛切心等五体地 5. 投奉以人天六道三世众怨父母师 6. 长眷属一切为世间大慈悲主〈〉依归 7. ［南无］［弥勒］佛［南无］［释迦牟尼］佛 8. ［南无］善意佛［南无］垢离佛 9. ［南无］月相佛［南无］大名佛 10. ［南无］珠髻佛［南无］威猛佛

第 278 页：1. ▢▢▢▢▢！▢▢▢▢▢！2. ▢▢▢▢▢！▢▢▢▢▢！3. ▢▢▢▢▢！▢▢▢▢▢！4. ▢▢▢▢▢！▢▢▢▢▢！5. ▢▢▢▢▢！▢▢▢▢▢！6. ▢▢▢▢▢！▢▢▢▢▢！7. ▢▢▢▢▢！▢▢▢▢▢！8. ▢▢▢▢▢！▢▢▢▢▢！9. ▢▢▢▢▢！▢▢▢▢▢！10. ▢▢▢▢▢！

对译：1. ［南无］师子步佛［南无］德树佛 2. ［南无］观释佛［南无］慧聚佛 3. ［南无］安住佛［南无］意有佛 4. ［南无］鸯伽陀］佛［南无］意无量佛 5. ［南无］妙色佛［南无］多智佛 6. ［南无］光明佛［南无］戒坚佛 7. ［南无］吉祥佛［南无］宝相佛 8. ［南无］华莲佛［南无］［那罗延］佛 9. ［南无］安乐佛［南无］智积佛 10. ［南无］［南无］德敬佛

第 280 页①：1. ▢▢▢▢▢▢▢▢▢！▢▢▢▢▢▢▢▢！2. ▢▢▢▢▢▢▢！▢▢▢▢▢▢▢！3. ▢▢▢▢▢▢▢▢▢▢▢▢▢▢▢▢ 4. ▢▢。▢▢▢▢▢▢▢▢，▢▢▢▢▢ 5. ▢，▢▢▢▢▢▢、▢▢▢、▢▢、▢▢ 6. ▢，▢▢▢▢▢▢▢▢▢。▢▢▢▢▢ 7. ▢▢▢、▢▢▢[18]▢▢▢ ▢、▢▢、▢▢ 8. ▢，▢▢▢▢▢▢▢▢▢▢▢，▢▢▢ 9. ▢▢▢▢，▢▢▢▢▢▢▢▢[19]。▢▢ 10. ▢▢▢▢▢▢[20]，▢▢▢▢▢▢▢▢

[illegible]，

对译：1. [南无]勇猛进精菩萨[南无]金刚慧菩萨 2. [南无]身边无菩萨[南无]世音观菩萨 3. 又复是如十方虚空界尽三宝一切〈〉4. 依归是如三世众怨一切今日六道中 5. 在现怨报受者为愿佛力法力贤圣力 6. 以此众生等悉解脱令得若六道中报 7. 受及应未受者〈〉愿佛力法力贤圣力 8. 以此众生等毕竟恶道中不堕毕竟相 9. 向恶心不起毕竟相向争斗不起一切 10. 舍离怨亲平等咎罪一切各消除当得

第 279 页：1. [illegible]。[illegible] 2. [illegible][21]，[illegible]。[illegible] 3. [illegible]，[illegible]。[illegible]，4. [illegible]。[illegible]，[illegible] 5. [illegible][22]，[illegible] 6. [illegible]。[illegible]，[illegible]。[illegible][23]，[illegible] 7. [illegible]，[illegible]，[illegible]。[illegible]，8. [illegible]（[illegible]）[24]。

对译：1. 怨主一切皆解脱当得心同和合乳水 2. 犹如一切心喜初地犹如寿命穷无身 3. 心永乐天宫净土意随生往衣念衣来 4. 食想食至永复怨报哭泣声无变动三 5. 体〈〉衰老不为尘惑以五情〈〉污染 6. 不为众善兢会万恶争消大乘心发 7. 菩萨行修四等六度一切具足死生报舍 8. 同正等成一次礼拜

意译、注释（中藏本第 273 页第 1 行—280 页—279 页第 8 行）

《慈悲道场忏法》卷第五

解怨结第九

今日道场同业大众，一切众生皆有怨报，何以知之？若无怨报，则复无恶道。今为怨报，则故恶不休。三恶道常在者，报无有穷已矣。

经言：一切众生悉皆有心。有心者也，则皆为佛矣。诸众生心想颠倒，长寝生死不能觉悟。贪着世间不知出要，建立苦本长养怨根。所以轮回三界往来六道，舍身受身暂许不息，何以故尔？

一切众生无始已来，暗识相传无明所覆。爱水中溺，起三毒根，起四颠倒。从三毒根起十烦恼。依身见起于五见，依五见起六十二见，依身口意起十恶行。身杀盗淫，口妄言绮语两舌恶骂，意贪嗔痴自行十恶。教他行十恶，赞叹十恶法，赞叹行十恶法者。如是依身口意起四十种恶，复依六情贪著六尘，乃至广开八万四千烦恼门。一念之间起六十二见，一念之顷行四十种恶，一念之间开八万四千烦恼门矣。况一日、一月、一年、一世历劫起众罪者，何有谕处？

如是罪恶无量无边，怨主相寻无有穷已。诸众生等与愚痴相随，无明障慧，烦恼覆心，不自觉知，心想颠倒，不信契经，不依行佛语，不晓解怨，不望解脱。怨怨相报，何时解脱？

自投恶道如蛾自赴火，多劫长夜受无量苦，假使业尽重得人间生。复如是恶人终不改革，方是如是众圣怨报，为众生起大慈悲。我等相与发菩提心，行菩萨道。菩萨摩诃萨救苦为资粮，解怨为要行，不舍众生为本。

我等今日犹如皆是起勇猛心，起慈悲心，等如来心。承诸佛力，建道场幡，击甘露鼓，秉智慧弓，执坚固箭。普为四生六道三世众怨、父母师长九亲眷属，令解怨结。已作罪者一切舍离，未起怨者毕竟不造。唯愿诸佛诸大菩萨，以慈悲力、以本愿力、以神通力，怨主同加覆护、折伏摄受。从今日去乃至菩提，令解怨结当无怨报，一切众苦毕竟断除。相与至心等痛切心，五体投地。奉为：天人六道、三世众怨、父母师长一切眷属，归依世间大慈悲主。

南无弥勒佛！南无释迦牟尼佛！南无善意佛！南无离垢佛！南无月相佛！南无大名佛！南无珠髻佛！南无威猛佛！南无师子步佛！南无德树佛！南无观释佛！南无慧聚佛！南无安住佛！南无有意佛！南无鸯伽陀佛！南无无量意佛！南无妙色佛！南无多智佛！南无光明佛！南无坚戒佛！南无吉祥佛！南无宝相佛！南无莲华佛！南无那罗延佛！南无安乐佛！南无智积佛！南无德敬佛！南无坚勇精进菩萨！南无金刚慧菩萨！南无无边身菩萨！南无观世音菩萨！

又复归依如是十方尽虚空界一切三宝。为如是三世一切众怨，为今日在六道中现受怨报者，愿以佛力、法力、贤圣力，令此众生悉等得解脱。若六道中应受、未受报者，愿以佛力、法力、贤圣力，此众生毕竟不堕恶道，毕竟不起相向恶心，毕竟不起相向争斗。一切舍离怨亲平等，一切罪咎当各得消除，一切怨主皆当得解脱。同心和合水乳交如，一切喜心犹如初地。寿命无穷身心永乐，天宫净土随意往生。念衣衣来，想食食至。永复无怨报哭泣之声，三体不为变动衰老，五情不为尘惑污染。众善竞会万恶争消，发大乘心修菩萨行，四等六度一切具足，舍生死报，同成正等（一次礼拜）。【参见《大正藏》［0942a19—0942c26］】

　　［1］"□□□□□，□□□□□"："此刻为怨报，则故恶不休"，即《大正藏》作"今恶道不休"。

　　［2］"□□□□□□，□□□□□□"："三恶道常在，报已无有穷矣"，《大正藏》作"三途长沸。是知怨对无有穷已。"疑"□"（报）前缺漏"□"（怨）字。

　　［3］□□：三界，《大正藏》作"三有"。三有，指欲有、色有、无色有，义同"三界"。下同。

　　［4］□□□□：暂许不息，《大正藏》作"无暂停息"。

　　［5］□□□□□□：身杀盗邪淫，即《大正藏》作"身杀盗淫"。

　　［6］□□□：烦恼门，《大正藏》作"尘劳门"。尘劳，为"烦恼"之异称。尘劳门，说明一切烦恼的法门。下同。

　　［7］"□□□、□□、□□、□□□□□□□□□，□□□□"："复一日、一月、一年、一世历劫起众罪者，谕处何有"，即《大正藏》作"况复一日所起众罪。一月一年终身历劫所起众罪"。

　　［8］□□：怨主，《大正藏》作"怨怼"。下同。

　　［9］□□□□□□□□□：诸众生等与愚痴相随，《大正藏》作"而诸众生与愚痴俱"。

　　［10］□□：蛾。底本"□"错为"□"（青色）。

　　［11］□□□□□□□□□：假使业尽重生得人间，《大正藏》作"假使业报有终得还人道"。

　　［12］"□□□□□□□□，□□□□□□□□"："方是如是圣众怨报，为众生起大慈悲"，即《大正藏》作"是以众圣起大慈悲。正为如是怨报众生"。

　　［13］□□□□：犹如皆是，《大正藏》作"亦复如是"。

　　［14］□□□□：令怨结解，《大正藏》作"解怨释结"。下同。

［15］𘜕𗥢：舍离，《大正藏》作"舍施"。下同。

［16］𗯨𗀚𗏁𘜕：怨未起者，即《大正藏》作"未结之怨"。

［17］"𗯨𘗽𘃣𗟲𗜈𗢳、𘕿𗀔𘉐𗣫"："怨主同加覆护、折伏摄受"，《大正藏》作"同加覆护折伏摄受。令三世无量众怨"。西夏文本无译"令三世无量众怨"。

［18］"𗜝𘞂𗫉𗪛、𗀚𗢶𘜕"："应受、未受报者"，即《大正藏》作"应受对者。未受对者"。"𗜝𘞂"（受报），对应汉文"受对"。下同。

［19］𗷀𗫿𘕕𗂅𗤹𗏁：不起相向争斗，《大正藏》作"不复楚毒相加"。

［20］𗯨𗀔𘉕𗤹：怨亲平等，《大正藏》作"无怨亲想"。

［21］𘃣𘌄：交如，《大正藏》作"犹如"。"𘝯𘌄"（犹如）、"𘃣𘌄"（交如），文意都通。

［22］𗣫𗇋𗤔𗯷𘟀𘍞𘕕𗥢𘜣𘜒：三体不为变动衰老，《大正藏》作"四体不为变动所侵"。

［23］𗫉𗫤𘕿𗏁：发大乘心，《大正藏》作"发起大乘"。

［24］"𗏁𗫒𗤹𘝩（𗁨𘃣𘝭𗤗）"："同成正等（一次礼拜）"，《大正藏》作"同成正觉"。疑"𗫒"（正）下脱"𘜕"（觉）。

录文、对译（中藏本第 279 页第 9 行—281 页—285 页第 4 行）

第 279 页：9. 𗫒𘕿𘟙𗠁𘟀𗀚𗫉𘍦，𗯨𗊏𘝜[1]𘜕𘋩𗤹𗏁？10. 𘕕𗝙𗫦、𗸦𗫤𗫦、𘑠𘟀𗫦、𗁨𘍦𗫦、𗫴𗍦［𘏞］[2]

对译：9. 今日道场业同大众怨苦本者何所是 10. 眼色贪耳声贪鼻香贪舌味贪身细滑

第 281：1. 𗫦。𗫉𘞂𘉗𗊏𗀩𗥢𘝯，𘜟𗫄𗠁𘟶𗤹𘉕𗫑 2. 𘝹𗫦。𘝹𗪓𗀔𘌄[3]𗣫𗷀𘕕𘕕，𗫉𘝭𗣫𘕕𗤔 3. 𗫉𗯨𗍦𘟙。𗯨𗜝𘕕𘕕，𗫉𗀔𗀔𘟀��。𗥲𗀔 4. 𗀔𗟲，𗊁𗯨𘗽𗀚𗟲[4]。𗥲𗫦𘌄𗀔𘜕𘜕𘜕[5]，𗯨 5. 𘜕𗏁𗍦，𗫉𘃣𗍦？𗥲𗝙𘉗𗍠𗯷�@[6]，𘏞𘌄 6. 𘚼𗫉𗷀𗫉𗯨𘜕𗏁�✦𗤹𘚿[7]？𗯨𘜕𗏁𘜕，𗀩 7. 𗤵𗀔𘜕。𗍦𘙲�𘉗𗤏𘃣𗤹𘊄。𗤹𘊄𘜕，𗊁 8. 𗫴𘜕𗤹𗪱𗏁�✦[8]，𘜟𘕭𗀔𗀔𘉗�✦𗤏 𘃣𗷀 9. �✦[9]。𗥲�✦𘞂𗥢𘉗� �✦，𗥲𗥢�✦𘞂𘉗� �✦，10. 𘃣𗊏𘝜𗫉𘜣𘏴𗀔�✦

𗼇𗟈𗄠[10]。𗟦𗆐𗘎[11]𗈜

对译：1. 贪常五尘以系缚为故历劫夜长解脱 2. 不得又复亲族眷属一切皆我等〈〉三 3. 世怨根是怨报一切皆亲缘从起若 4. 亲缘则怨主亦无若别久亲离能者怨 5. 离是矣何云矣若自各他土方在其如 6. 二人相向怨恨起处何有怨恨起者皆 7. 亲近由三毒根以自相触恼触恼故则 8. 多恨责望心起故此亲戚眷属互相相 9. 责或父母子〈〉责望或子父母〈〉责望 10. 兄弟姊妹女妹亦皆其如同相互相

第 282 页：1. 𗟦，𗆐𗘎[12]𗈜𗆐。𗇅𗰖𗄠𗈋𗋕𗄻𗤀。𗟦 [𗈜] 2. 𗣼𗴺𗓽𗍫𗤀𗰜，𗟦𗈈𗇅𗈜𗙤𗑱𗳣𗘇𗤂，3. 𗟪𗄝𗴺𗄠𗼇[13]，𗇋𗄝𗄿𗤀𗄀，𗼇𗰜𗼇𗰖，𗝠 4. 𗼴𗴺𗄠𗼇[14]。𗇅𗰖𗄠𗣼𗳣𗰜𗤀。𗟦𗈜𗰈 5. 𗰖𗤂𗇅𗨳𗨳𗰖𗤀[15]𗈋𗍣𗰖𗰦𗓽𗟈，𗒀𗒀 6. 𗄠𗘎。𗟦𗤁𗴒𗰛[16]，𗒀𗒀𗰖𗀪𗰒𗤀𗰜𗄛𗣁 7. 𗟈𗟈𗒀𗤀𗈜，𗒀𗇈𗍣。[17]𗍣𗟦𗒀𗤀𗰒𗦲𗰖 8. 𗈔𗈜，𗒀𗈈𗆐𗋕𗒀𗤌𗇅𗄠𗟈?[18]𗆐𗋕𗈜𗒀，9. 𗔼𗴺𗡝𗓽，𗵠𗰖𗈜：𗨳𗕂𗴺𗋰𗰜𗤀𗟦𗰜 10. 𗋰𗴺，𗲊𗈜𗴺𗄒𗰜𗇈𗟈𗟈𗼇𗟈𗴺𗬊𗰜

对译：1. 责望互相恨嫌小意不适便即嗔生若宝 2. 财有亲戚竞求贫穷时忧念者无初 3. 得得换不算愈得愈不足百求百得恩 4. 有换不算一心不称便忿憾增是则恶 5. 心已怀异心起以故仇祸连结世世 6. 无穷此推寻故三世怨主者皆我等〈〉7. 亲缘眷属是他非矣故此眷属者实怨 8. 聚是何云自各岂敢悔不忏自各心至 9. 五体地投奉以神识有而已来今日 10. 于至生处父母多劫亲缘其六道中怨

第 283 页：1. 𗀪[19]𗰜𗤤；𗟦𗴺𗄑𗴺[20]、𗟦𗇈𗟦𗟪𗇈𗅲𗟦𗐎 2. 𗇅𗳣𗤤；𗟦𗇋𗄿𗴺𗳣𗤤；𗟦𗷪𗵀𗴺𗳣𗤤；3. 𗟦𗈜𗴒[21]𗴺𗳣𗤤；𗟦𗺼𗴺𗳣𗤤；𗟦𗯤𗴺𗳣 4. 𗤤；𗟆𗝠𗘇𗴺𗳣𗤤；𗇈𗅲𗰒𗷪𗄝𗄠𗼇𗳣 5. 𗤤，�a𗄠𗒀𗒀𗓽𗰜𗇽𗇽�a𗆐𗋕𗄝𗄠𗤣。6. （�@𗰜）𗈈𗇈𗅲𗤌𗆐𗈜𗈋𗰜�E𗰜𗇽、𗵠𗰜𗈜 7. 𗈜𗵴𗵠𗈜𗤁𗈜𗍣𗈔𗰜𗈋𗄻𗈔𗰥[22]，𗵠𗺹 8. 𗒀𗤌𗆐𗤂𗦲�E𗆃。9. 𗷺𗬊𗤄𗍣𗈜！𗷺𗬊𗴺𗕔𗇈𗅲𗈜！10. 𗷺𗬊𗬊𗰜𗈜！𗷺𗬊𗐀𗤁𗈜！

对译：1. 结曾者若报未报若轻若重今日若 2. 地狱在者若畜生道在者若饿鬼道在者 3. 若[修罗]道在者若人道在者若天道在 4. 者若仙人道在者今日现前眷属中在 5. 者是如三世众怨一切及自各眷属为 6. 某甲等今日慈悲心以怨亲平等诸佛心 7. 与等诸佛愿与同奉以是等为世间 8. 大慈悲主〈〉依归

9.［南无］［弥勒］佛［南无］［释迦牟尼］佛 10.［南无］梵德佛［南无］宝积佛

第 284 页：1. 𘃽𗤴𗝔𗪊𗾕！𘃽𗤴𘕥𘗐𗄈𗾕！2. 𘃽𗤴𗤆�var𗎯𗾕！𘃽𗤴𗼻𗪐𗎤𗾕！3. 𘃽𗤴𗪐𗢼𗁬𗾕！𘃽𗤴𗏴𗷲�ɴ𗾕！4. 𘃽𗤴𘏚𗷲𗣼𗾕！𘃽𗤴𘕥𗾦𘈩𗾕！5. 𘃽𗤴𗤴𘓾𗾕！𘃽𗤴𗾦𗪐𗾕！6. 𘃽𗤴𗇃�▫𗷲𗾕！𘃽𗤴𘏞𗝢𗾕！7. 𘃽𗤴𗊹𘓾𗾕！𘃽𗤴𘕥𘉞𘑛𗾕！8. 𘃽𗤴𘕤𗼼𗾕！𘃽𗤴𗼅𘏞𗾕！9. 𘃽𗤴𗏴𘌠𗾕！𘃽𗤴𗪐𘖑𗝢𗾕！10. 𘃽𗤴𘝞𘝞𗾕！𘃽𗤴𗪐𗝢𗾕！

对译：1.［南无］华天佛［南无］善思议佛 2.［南无］法自在佛［南无］意名闻佛 3.［南无］说乐聚佛［南无］金刚相佛 4.［南无］利益求佛［南无］游戏神通佛 5.［南无］暗离佛［南无］天名佛 6.［南无］［弥楼］相佛［南无］众明佛 7.［南无］宝藏佛［南无］极高行佛 8.［南无］［提］沙佛［南无］珠角佛 9.［南无］德赞佛［南无］日月明佛 10.［南无］星宿佛［南无］日明佛

第 285 页：1. 𘃽𗤴𗪊𘕥𘓾𗾕！𘃽𗤴𗣼𘏞𘕒𗾕！2. 𘃽𗤴𘏞𘓾𗾕！3. 𘃽𗤴𘏑𘝞𘓾𘓺𗣼！𘃽𗤴𗿒𘈩𘓾𘓺！4. 𘃽𗤴𗆐𘌠𘋠𘓾𘓺！𘃽𗤴𗝣𗂲𘈩𘓾𘓺！

对译：1.［南无］师子相佛［南无］［违蓝］王佛 2.［南无］福藏佛 3.［南无］阴盖弃菩萨［南无］根寂菩萨 4.［南无］身边无菩萨［南无］世音观菩萨

意译、注释（中藏本第 279 页第 9 行—281 页—285 页第 4 行）

今日道场同业大众，何者是怨苦之本？眼贪色、耳贪声、鼻贪香、舌贪味、身贪细滑。常为五尘之所系缚，故多劫长夜不得解脱。又复亲族一切眷属，皆是我等三世怨根。一切怨报皆从亲缘起。若无亲缘则亦无怨主，若能久别离亲者是离怨矣，何以故尔？

若各自方在他土，如二人相向何有起怨恨处？起怨恨者皆由亲近。以三毒根故自相触恼，以触恼故则多起恨责望心。所以亲戚眷属互相相责，或父母责望于子，或子责望父母。兄弟姊妹亦皆如同，相自相责望，自相嫌恨。小不适意便即生嗔。若有财宝亲戚竞求，贫穷时初无忧念者，不以得为得，愈得愈不足。百求百得不算为有恩，一不称心便增忿憾。是则已怀恶心起异心，故结仇连祸世世无穷。

推此寻故，三世怨主者皆是我等亲缘眷属，非他矣。故此眷属者实是怨聚，何云各自岂敢不忏悔？各自至心五体投地，奉为：有识神已来至于今日，生处父母历劫亲缘六道中曾结怨者；若报未报、若轻若重今日若在地狱道者；若在畜生道者；若在饿鬼道者；若在修罗道者；若在人道者；若在天道者；若在仙人道者；今日现前在眷属中者，如是三世一切怨众各及眷属。（某甲）等今日以慈悲心怨亲平等、等诸佛心同诸佛愿奉为是等，归依世间大慈悲主。

　　南无弥勒佛！南无释迦牟尼佛！南无梵德佛！南无宝积佛！南无华天佛！南无善思议佛！南无法自在佛！南无名称意佛！南无乐说聚佛！南无金刚相佛！南无求利益佛！南无游戏神通佛！南无离暗佛！南无名天佛！南无弥楼相佛！南无众明佛！南无宝藏佛！南无极高行佛！南无提沙佛！南无珠角佛！南无德赞佛！南无日月明佛！南无星宿佛！南无日明佛！南无师子相佛！南无违蓝王佛！南无福藏佛！南无弃阴盖菩萨！南无寂根菩萨！南无无边身菩萨！南无观世音菩萨！【参见《大正藏》[0942c27—0943b06]】

　　［1］𗼩𗵹𗵘：怨苦（之）本，即《大正藏》作"怨根苦本"。

　　［2］𗼃𗵠：细滑。"𗵠"（滑），据残存笔画补。

　　［3］𗼔𗼔：亲族，《大正藏》作"六亲"。

　　［4］𗼲𗼩𗵭𗵶𗵽：则亦无怨主，即《大正藏》作"亦无有怨"。

　　［5］𗵢𗵀𗵊𗼔𗵺𗵻𗵳：若能久别离亲者，即《大正藏》作"若能离亲"。

　　［6］𗵢𗵇𗵰𗵾𗵝𗵞𗵱：若自各方在他土，《大正藏》作"若各异处远隔他乡"。"𗵾"（他）和底本笔画稍有不同。

　　［7］𗼬𗵊𗵛𗵴𗵤𗵞𗼩𗵳𗵥𗵊𗵸𗵜：如二人相向何有起怨恨处，《大正藏》作"如是二人终不得起怨恨之心"。

　　［8］𗼲𗵑𗵳𗵦𗵩𗼲𗵥：则多起恨责望心，《大正藏》作"多起恨心"。𗵦𗵩，责望。下同。

　　［9］𗼹𗵏𗵊𗵖：互相相责，《大正藏》作"亟生责望"。

　　［10］𗵛𗼳𗵘𗵓𗵥𗵏𗵽𗵥𗼬𗵻𗵊：兄弟姊妹亦皆如同，即《大正藏》作"兄弟姊妹一切皆然"。𗵛𗼳，"兄弟"的男称。𗵘𗵓，"姊妹"的女称。男称姐妹为"𗵓"，女称姐妹为"𗵥"。𗵥𗵥，女妹。𗵥，一般译"妹"，实际相当于"姊妹"，西夏亲属称谓中的女称不区分"姐"、"妹"、"表姐"和"表妹"。下同。

　　［11］𗼹𗼹𗵛：字面意"相互相"，即《大正藏》作"更相"。

［12］𗧂𗊱：互相，《大正藏》作"更相"。

［13］𗫜𗼃𗊫𗤁𗫸：得得换不算，即"不以得为得"，《大正藏》作"又得者愈以为少"。

［14］𗇋𗲲𗊫𗤁𗫸：恩有换不算，即"不算为有恩"，《大正藏》作"不以为恩"。

［15］𗅮𗊨𗊰𗰜𗦜𗦜𗅜𗤭：已怀恶心起异心，《大正藏》作"谗怀恶念遂起异心"。

［16］𗤙𗲉𗤁𗕑：推此寻故，《大正藏》作"推此而言"。

［17］"𗇤𗓊𗤳𗉅𗵽𗅲𗱒𗥩𗖼𗌭𗶒𗵱，𗫻𗴥𗺓"："三世怨主者皆是我等亲缘眷属，非他矣"，《大正藏》作"三世怨怼实非他人。皆是我等亲缘眷属"。

［18］"𗅆𗤙𗪵𗵱𗵽𗱕𗤳𗛇𗵽，𗫡𗧂𗇤𗰗𗫤𗦺𗥪𗊫𗦺"："故此眷属实是怨聚，何云各自岂敢不忏悔"，《大正藏》作"当知眷属即是怨聚。岂不人人殷勤悔过"。

［19］𗤳𗵽：结怨，《大正藏》作"结怨怼"。下同。

［20］𗥩𗵽𗙲𗵱：若报未报，《大正藏》作"若对非对"。此4字西夏文在卷五（图版第303页第3行），又对应汉文"未解脱"。下同。

［21］𗸇𗮎：修罗，即《大正藏》作"阿修罗"之略称。

［22］𗦇𗤳𗄟𗭴𗄱𗥑：奉为是等，《大正藏》作"普皆奉为"。下同。

录文、对译（中藏本第285页第5行—290页第1行）

第285页：5. 𗊫𗗟𗤙𗀅𗖃𗆢𗼃𗵱𗵷𗤳𗇤�234𗅲𗅲𗏇 6. 𗲉𗿒。𗺔𗅮𗤿、𗷨𗤿、𗵄𗗦𗳉𗿒𗤿、𗤲𗤿𗅲 7. 𗅲𗤿𗄟，（𗧌𗥫）𗭴𗏇𗵽𗹭𗖼𗖼，𗱒𗼁𗵈𗱋𗤳 8. 𗵷𗵱𗤿，𗊫𗇤𗰗𗤳𗵱𗵾𗵾𗅆𗴤𗤙𗵒𗥩 9. 𗐷𗐷，𗧂𗵆𗰜𗆢，𗱋𗏇𗫗𗰣𗿒，𗵾𗵷𗅆𗰗𗤳𗇤𗼃𗵱𗵷𗤿[1]𗐭 10. 𗵒𗤆𗿒，𗺔𗇤𗵷𗿒𗲉，𗱋𗏇𗳇𗰢𗿒，𗵾𗵷

对译：5. 又复是如十方虚空界尽三宝一切〈　〉6. 依归愿佛力法力大地菩萨力贤圣7. 一切力以某甲等〈　〉父母亲缘其六道中怨8. 报有者及自各眷属皆悉同时此道场9. 中集共先罪忏诸怨结解若拘碍有到10. 不得者愿三宝力承其〈　〉其于精神摄皆悉

第 286 页：1. ☐[2]，☐☐☐☐（☐☐）☐☐☐☐☐☐☐。☐☐ 2. ☐☐☐ ☐☐☐☐，☐☐☐☐☐，☐☐☐ 3. ☐☐☐☐☐☐。（☐☐）☐☐☐ ☐☐☐[3] ☐☐☐ 4. ☐☐☐☐，☐☐☐☐☐☐☐☐☐☐☐ 5. ☐[4] ☐☐☐☐☐。☐☐☐ ☐☐☐☐☐☐，☐ 6. ☐☐☐，☐☐☐☐，☐☐☐☐，☐☐☐，☐ 7. ☐☐☐ ☐。☐☐☐☐☐☐☐☐☐，☐☐ 8. ☐☐☐。☐☐☐☐☐☐☐☐，☐☐☐☐ 9. ☐☐☐☐☐☐[5]。☐☐☐☐☐☐☐☐☐ 10. ☐，☐☐☐☐，☐☐☐☐，☐☐☐☐，☐☐

对译：1. 集慈悲心以某甲等〈〉今日忏悔受怨报 2. 一切愿解脱现蒙道场中大众宜依自 3. 各心念口言当某甲等始无神识有而已来 4. 今日于至生处父母历劫亲缘姨大叔 5. 小内外眷属于三毒根以十恶业起或 6. 不知以或不信以或不修以明无以故 7. 诸怨结起父母眷属乃至六道于亦怨 8. 报有者是如等罪无量边无今日忏悔 9. 寻求速愿除灭又复始无已来今日于 10. 至若嗔恚以或贪爱以或愚痴以三毒

第 287 页：1. ☐☐☐☐☐☐。☐☐☐☐☐☐☐☐，☐ 2. ☐☐☐☐☐☐☐☐[6]。☐☐☐☐☐☐☐☐ 3. ☐☐☐，☐☐☐[7]☐，☐☐☐☐，☐☐☐☐，4. ☐☐☐☐，☐☐☐☐☐☐☐☐。☐☐☐ 5. ☐☐☐☐☐☐☐。☐☐☐☐，☐☐☐☐。6. ☐☐☐☐☐☐☐☐[8]☐☐，☐☐☐☐☐ 7. ☐☐[9]☐☐，☐☐☐☐☐☐☐☐☐。☐☐ 8. ☐☐☐☐☐☐，☐☐☐☐☐☐☐☐，☐ 9. ☐☐☐☐☐☐[10]，☐☐☐☐☐☐☐☐[11] 10. ☐☐☐☐。☐☐☐☐☐☐☐☐，☐ ☐☐

对译：1. 根从种种罪造是如罪恶无量边无惭 2. 愧以忏悔速愿除灭又复始无已来今 3. 日于至或地田为或舍宅为或钱财为 4. 怨报业起眷属等中备杀害曾是如种 5. 种杀罪具说可无怨报起者罢期无有 6. 今日惭愧心以发露忏悔愿父母九亲 7. 姻亲一切慈悲心以我〈〉忏悔受一切 8. 舍施复恨想无乃至盗窃邪淫妄语十 9. 恶五逆所未作无妄想颠倒诸境攀缘 10. 罪一切造是如等罪无量边无或父母

第 288 页：1. ☐☐，☐☐☐☐☐☐☐☐☐，☐☐☐☐ 2. ☐☐☐[12] ☐☐☐☐，☐☐☐☐☐☐☐☐ 3. ☐☐☐☐，☐☐☐☐☐☐☐☐☐☐，☐ 4. ☐☐☐，☐☐☐☐[13] ☐☐☐☐☐☐。☐☐ 5. ☐☐☐☐☐☐☐☐，☐☐☐☐☐☐ ☐。☐ 6. ☐☐☐☐☐☐、☐☐☐☐☐☐☐☐，7. ☐☐☐☐☐☐☐☐。[14]

（𗂆𗄼）𗹦𗗚𗗞𗄊𗹰𗷉𗼃𗧛 8. 𗗙𗱥[15] 𗂶𗢲𗄒，𗪊𗉚𗰜𗏹[16]，𗵒𗦺𗙏𗭴。𗧽𗋽 9. 𗘂𗪽𗦫𗣼𗆉𗼩𗰖𗢅𗐬𗸅、𗪺𗗚𗸅、𗿒𗈁𗸅、10. 𗸅𗹢𗸅、𗾟𗵘𗸅𗼃，𗸄𗷉𗸅𗉛𗗚，（𗂆𗄼）𗹦𗗚

对译：1. 于起或兄弟姊妹女妹于起或姨姑伯 2. 大叔小眷属于起乃至神识有而已来 3. 今日于至九亲眷属于是如等罪起是 4. 如罪因苦报报受劫数怨结多少惟十 5. 方诸佛〈〉大地菩萨一切尽知尽见罪 6. 量多少怨报劫数未来世于报受方者 7. 诸佛菩萨知见如某甲等今日惭颜疾痛 8. 悲思自责以往罪悔改复作不敢唯愿 9. 父母亲缘眷属柔软心调和心善乐心 10. 欢喜心守护心以如来心与等某甲等今

第289页：1. 𗄦𗵗𗰜𗹰，𗲛𗲛𗗞𗰖𗦫𗗚𗆉。𗋽𗋽𗦫 2. 𗦫𗗚𗣼𗆉𗲛，𗂆𗄊𗒇�，𗗞𗇊𗰖 3. 𗰜，𗋽𗉛𗄊𗦫𗾟𗮔𗲛𗲛，𗧛𗧛𗗞𗆉𗹢𗒵 4. 𗰜𗆉，𗉛𗩆𗵄𗷉[17]。𗹦𗰜𗱇𗹰𗼩𗂶𗱇𗧛，𗧛 5. 𗣗𗦫𗜟𗆉，𗀯𗗚𗣗[18]𗷉，𗲛𗲛𗐬𗜟𗧫𗷉𗹬，𗜟𗲫𗙏𗣼𗹘 6. 𗰜，𗲛𗲛𗦺𗖃𗷊𗹰𗆉𗆉，𗜟𗾣𗣼𗣼𗤒𗒵 7. 𗼩𗆉𗒇，𗂶𗺸𗙏𗷉𗍇𗦫𗄁，𗮔𗣼𗲛𗲛 8. 𗢔𗺸𗙏𗹰，𗃜𗄲𗰖𗆉𗹬𗺸𗹬𗇊，𗜟𗒵𗳺 9. 𗅋，𗃜𗃜𗹬𗆉。𗦫𗸄𗸅𗉛𗗚，𗦫𗸄𗋽𗉛𗒵 10. 𗸄𗺼𗧛𗴱𗑗，𗮔𗤄𗂶𗃜，𗼒𗽏𗸒𗆉𗼒𗴵，

对译：1. 日忏悔受一切舍施怨亲平等又愿父 2. 母亲缘眷属一切若六道中在怨报有 3. 者又复六道众生一切三世怨结同共 4. 舍施等时俱尽今日于起道场于至三 5. 恶道永离四趣恶绝一切和合乳水融 6. 如一切碍无虚空如等永法亲缘慈悲 7. 眷属为自各无量智慧修习德功一切 8. 具足成就勇猛进精不休不息菩萨行 9. 行疲倦无有诸佛心与等诸佛愿与同 10. 佛〈〉三密得五分身具无上[菩提]究竟

第290页：1. 𗰖𗆉𗼒𗳺。

对译：1. 正等觉成

意译、注释（中藏本第 285 页第 5 行—290 页第 1 行）

又复归依如是十方尽虚空界一切三宝，愿以佛力、法力、大地菩萨力、一切贤圣力，令（某甲）等父母亲缘于六道中，有怨报者各及眷属，皆悉同时集此道场，共忏先罪解诸怨结。若有拘碍不得到者，愿承三宝力，摄其精

神皆悉集，以慈悲心受（某甲）等今日忏悔。一切怨报愿现蒙解脱，道场大众宜当各自心念口言。

（某甲）等从无始有识神已来至于今日，于生处父母多劫亲缘大姨小叔内外眷属。以三毒根起十恶业，或以不知，或以不信，或以不修，以无明故起诸怨结。于父母眷属乃至六道，亦有怨报。如是等罪无量无边，今日忏悔速愿寻求除灭。又复无始已来至于今日，或以嗔恚，或以贪爱，或以愚痴，从三毒根造种种罪。如是罪恶无量无边，惭愧忏悔速愿除灭。又复无始已来至于今日，或为田地，或为舍宅，或为钱财，起怨报业，眷属等中曾备加杀害。如是种种杀罪不可具说，怨报起者无有罢期。今日惭愧发露忏悔，愿父母九亲一切姻亲，以慈悲心受我忏悔。一切舍施无复恨想，乃至盗窃邪淫妄语，十恶五逆无所未作，妄想颠倒攀缘诸境造一切罪。如是等罪无量无边。或起于父母，或起于兄弟姊妹女妹，或起于姨姑大伯小叔眷属，乃至有识神已来至于今日，于九亲眷属，起如是等罪、如是罪因、苦报报受数劫怨结多少。唯有十方一切诸佛、大地菩萨尽知尽见，罪量多少怨报劫数，于未来世方受报者，如诸佛、菩萨知见。

（某甲）等今日惭颜疾痛悲思自责，改往悔罪不敢复作。唯愿父母亲缘眷属，以柔软心、调和心、乐善心、欢喜心、守护心、等如来心，受（某甲）等今日忏悔，一切舍施怨亲平等。又愿父母亲缘一切眷属，若有怨报在六道中者，又复六道一切众生同共舍施，三世怨结等时俱尽。从今日已去至于道场，永离三恶道绝四趣恶，一切和合融如水乳，一切无碍等如虚空。永为法亲缘慈悲眷属，各自修习无量智慧，具足成就一切功德，勇猛精进不休不息，行菩萨行无有疲倦。等诸佛心，同诸佛愿。得佛三密，具五分身，究竟无上菩提成等正觉。【参见《大正藏》[0943b07—0943c16]】

［1］𗖁𗫤𗷚𗥺：若有拘碍，《大正藏》作"若有身形拘碍"。

［2］𗼇𗼇𗥑：皆悉集，《大正藏》作"皆悉同到"。

［3］𗀔𘕿𗥺：有识神，原作"𘕿𗥺"，《大正藏》作"有识神"。疑底本脱"𗀔"（神），拟补。有识，意即"有情"，梵语曰"萨埵"，旧译"众生"之新译，指一切有感情、意识的生物。识神，指魂魄、生命、精神。

［4］𗖪𗀝𘎑𗀔：大姨小叔，《大正藏》作"姑姨伯叔"。

［5］�𗃛𗀞𗟲𗣼𘗠：速愿寻求除灭，《大正藏》作"愿乞除灭"。

［6］𘜶𗾺�：速愿除灭，《大正藏》作"愿乞舍施"。

［7］𗅋𘄒：田地，即《大正藏》作"田业"。下同。

［8］𗳦𗾟：字面意"审查"，即《大正藏》作"发露"。

［9］𘝞𗿁：姻亲，《大正藏》作"眷属"。

［10］𗹙𗉫𘃽𗭫：无所未作，《大正藏》作"无不备作"。下同。

［11］𗫲𗾟：字面意"审察"，即《大正藏》作"攀缘"。攀缘，心随外境而转的意思。

［12］𗤭𘎑𗩱𘐴𗩱𗏴：姑姨大伯小叔，《大正藏》作"姑姨伯叔"。

［13］𗤻𗠉𗠉𗮟：苦报受报，《大正藏》作"苦果受对"。

［14］"𗄭𗉛𗌮𗉛……𗰖𘈷𗉫𗉘𗅬𗤻𗬜"："罪量多少……如诸佛菩萨知见"，《大正藏》作"如诸佛菩萨所知所见。罪量多少"。

［15］𘄴𗆍𗱕𗑱：疾痛悲思，《大正藏》作"哽恸衔悲"。𘄴𗆍𗱕𗑱，意为"疾痛忧虑"、"疾痛悲思"，又对应汉文"意虑情深"、"衔悲恻怆"。下同。

［16］𗹦𗄭𗾞𘄄：改往悔罪，《大正藏》作"改往修来"。

［17］𘝞𗽅𗾞𘏱：等时俱尽，《大正藏》作"一时俱尽"。

［18］𘒣：恶，《大正藏》作"苦"。

录文、对译（中藏本第 290 页第 2 行—291 页第 10 行）

第 290 页：2. 𗫂𗿳𘓄𗧊𗗙𘄄𗮔𗤺，𘏮𘄒𘔼𘕤𘝞�=𘏱 3. 𗣫𗾟，𗆐𗮟𘕤𘐆𘝞�=𗫲𗭫𗮔。𗮔𗦻𗾰𗹦[1] 4. 𘜶𗾺𗠉𗔮，𗒂𘄒𗩾𗴦𘒣𘏮，𗆐𗮔𘙷𘜶� 5. 𗫲𗮔。𘃝𗾞𗈁𘔆𗕠𘒣𗭫[2]，𗰖𘒣𗉫𗏴𘃽𘄅 6. 𘄴𗆍𗆍𗫂，𗑱𘙷�0𗉫𘊩｜𘃽𗉫｜𗉘[3]，𗈁𗉘 ｜𘛋𗋽｜ 7. 𘕤�[4]。𗆐𘈢�𗗙𗆍，𗤻𗬜𗊾𘄒[5]。𘝂𘒣�0𘏮，8. 𗈁𗇋𗈁𗠉𗆍[6]，𘊢𗹙�0𗧊𘕶𗄭𘜶𘔼𗅋？9. 𗫲𗹙𗾺�，𘖉𗗙𘞶[7]𘕤𘔼𗏴𘈪�，�5𘊐 𗹭 10. 𗫲、𗵆𘜶𘒣𘋘𘝞𘓫。[8]𘓄𘏮𘄈𘓄𗲵：𘄴�1𗣉𘜶，

对译：2. 今日道场业同大众相与父母与怨解 3. 已竟复次师长与怨结解应大圣殿下 4. 体圆未极生无法忍于至又三相迁灭 5. 为矣如来尚示言恶以诸恶众生〈〉兹 6. 因道悟令德明以众生教化复其辞示 7. 现矣况凡愚人者清净境无善恶杂糅 8. 白黑亦未分顿三业罪失离处何有 9. 若所说闻实师长于惭愧应

矣岂敢自 10. 责疑惑恶念不生契经中说者家虽已出

第 291 页：1. 𗣼𗤺𗉞𗜓。𗦇𗦇𗤊𗫓𗉟𗴺𗼺𗗚𗈷𗴈[9]；𗦇 2. 𗫂𗼨𗔣𗉟𗎻𗴺𗼺𗗚𗈷𗴈[10]。𗦖𗙴𗱸𗆧。𗥰𗏹 3. 𗡞𗒀[11]𗴝𗤺𗤊𗎻𗴈：𗧸𗦇𗆧𗧘𗎻𗓋𗀖𗩱 4. 𗈷𗧷。𗥛𗑠𗦇𗐯𗤊𗟭𗪙𗍊𗴺𗦇。𗴈𗫓𗥏 5. [𗐯𗥰𗨁𗴺𗴽] 𗍊。𗆧𗧘[𗑮][12]𗑛 𗴝𗝗𗗚𗴒𗑮 6. 𗍊[13]，𗦇𗤊𗴺𗦇𗥵。𗦖𗴺𗏨𗗙𗴺𗕪，𗏨𗗙𗴺 7. 𗰔。[14]𗆧𗝣𗄭 𗥲，𗴺𗤊𗤈𗕪𗥵𗍊。𗆧𗧘𗦖 8. 𗰸𗆧𗧷𗝿𗪙𗍊[15]𗴈，𗥎𗦥𗴺𗔣𗋀𗴺[16]？𗰕 𗤊 9. 𗥿𗔏𗧸𗴈𗔣𗞉𗩱𗲆𗴈[17]，𗆧𗧘𗗚𗴒𗑮𗥐 10. 𗪌。𗴝𗎩𗏹𗥏：𗴺𗐷𗴺𗆷 𗦇𗆧𗧘𗐷𗑱𗀖𗉟。

对译：1. 解脱未得今家出人诸恶皆无不言家 2. 在者复诸善皆无不言是事当置契经 3. 中说佛大众〈〉告汝今师长之恩思 4. 念当父母我等生育训诲虽能三恶道 5. 于离使不能矣师长大慈以愚狂之训 6. 悔家出戒受使是故[罗汉]为得[罗汉]果 7. 获死生苦离[涅槃]乐得令能矣师长是 8. 如世间出恩有报回能者谁也若一 9. 世道修能亦自利是师长之恩报 10. 非佛所说言天下善友者师长于过莫

意译、注释（中藏本第 290 页第 2 行—291 页第 10 行）

今日道场同业大众，相与已解父母怨竟，次复应解师长怨结。

大圣殿下体未圆极，至于无生法忍，又为三相迁灭矣。如来尚示以恶言，令诸恶众生因兹悟道，德明以教化众生，复现示其辞矣。况凡愚人者，无清净境。今善恶杂糅白黑亦未分，岂能顿离三业罪失？若闻所说，实应惭愧于师长矣，岂敢不生自责、疑惑恶念。

契经中说：虽已出家，未得解脱。今出家人皆无不言诸恶；在家者皆复无不言诸善。当置是事。

契经中说佛告大众：汝今当思念师长之恩。父母虽能生育训诲我等，而不能使离于三恶道矣。师长大慈训悔愚狂，使出家受戒。是故得为罗汉，获罗汉果。离生死苦，能令得涅槃乐矣。师长有如是出世恩，能回报者谁也？

若能一世修道亦是自利，非报师长之恩。佛言说：天下善友者莫过于师长。【参见《大正藏》[0943c17—0944a03]】

[1] 𗑮𗪙𗐯𗖈：大圣殿下，《大正藏》作"自大圣已还"。

[2] □□□□□□□：如来尚以示恶言，《大正藏》作"在于如来尚假苦言"。

[3] □□□□□□□：德明教化众生，即《大正藏》作"而德明化物"。西夏文第4—6字脱，据汉文意补。

[4] □□□□□□□：复现示其辞矣，《大正藏》作"犹现此辞"。□□，底本右边残缺，据汉文意补。

[5] □□□□：无清净境，《大正藏》作"理绝净境"。

[6] □□□□□：白黑亦未分，《大正藏》作"明白未分"。

[7] □□：师长，《大正藏》作"师长恩德"。

[8] "□□□□、□□□□□□"："岂敢不生自责、疑惑恶念"，《大正藏》乙本作"深自悔责。不得惊疑而怀恶念"。

[9] □□□□□□□□□□：今出家人皆无不言诸恶，《大正藏》作"今虽出家不得便言无复诸恶"。

[10] □□□□□□□□□□：在家者皆复无不言诸善，《大正藏》作"在俗之人不得便言都无其善"。

[11] □□□□：契经中说，《大正藏》作"如经所说"。

[12] □□□□□……□：此6字左偏旁不清，据汉文意补。

[13] □□□□□：训悔愚狂，即《大正藏》作"诱进童蒙"。

[14] "□□□□□□，□□□□"："是故得为罗汉，获罗汉果"，《大正藏》作"是即怀罗汉胎。生罗汉果"。参阅钱汝平《大正藏本〈梁皇忏〉标点校勘举误》(《图书馆理论与实践》2007年第5期)。

[15] □□：恩，《大正藏》作"恩德"。下同。

[16] □□□□□□：谁能回报者也，即《大正藏》作"谁能上报"。

[17] □□□□□□□□□□□□：若能一世修道亦是自利，即《大正藏》作"若能终身行道正可自利"。

录文、对译（中藏本第 292 页第 1 行—294 页第 2 行）

第292页：1. □□□□□□□□，□□□□，□□□ 2. □□□□，□□□□□□□□[1]□□。3. □□□□□□□□，□□□□□□□□，4. □

［西夏文，5 行］[2]，5. ［西夏文］？［西夏文］，［西夏文］6. ［西夏文］。［西夏文］[3]［西夏文］，［西夏文］7. ［西夏文］[4]［西夏文］，［西夏文］8. ［西夏文］，［西夏文］。［西夏文］，［西夏文］9. ［西夏文］。[5]［西夏文］，［西夏文］[6]。［西夏文］，10. ［西夏文］［西夏文］，[7]［西夏文］

对译：1. 今日道场业同大众佛所说如师长此 2. 如之恩有师长〈〉之恩报回心发未曾 3. 或教诲亦信受不肯乃至言粗以诽谤 4. 横是非生此因佛法衰落使是如罪作 5. 则三恶道苦免可何有此苦受时代者 6. 无有命断之时乐去苦归神情惨恼心 7. 意昏迷六识不聪五根丧败行欲足动 8. 不能坐欲身自不立若法闻欲耳声听 9. 不能若胜境视欲眼色见不能尔时时 10. 相与仰思今日如忏悔礼敬欲者得可

第 293 页：1. ［西夏文］[8]？［西夏文］，［西夏文］2. ［西夏文］。［西夏文］：［西夏文］3. ［西夏文］，［西夏文］，［西夏文］，[9]［西夏文］4. ［西夏文］，［西夏文］。［西夏文］5. ［西夏文］，［西夏文］。［西夏文］，［西夏文］。［西夏文］6. ［西夏文］，［西夏文］，［西夏文］[10]［西夏文］。7. ［西夏文］[11]：［西夏文］[12]，［西夏文］8. ［西夏文］，［西夏文］[13]。［西夏文］9. ［西夏文］[14]［西夏文］，［西夏文］，［西夏文］10. ［西夏文］[15]，［西夏文］，［西夏文］，［西夏文］

对译：1. 岂有但地狱无量众苦有是如苦报自 2. 作自受故契经中言愚痴自恃殃祸不 3. 信师长〈〉谤毁师长〈〉嫉憎是如人等 4. 佛法中大魔是地狱中种子为自怨报 5. 结报受无穷华光［比丘］如法要说善一 6. 弟子有恒自恃怀师长所说都不信受 7. 是如言说我师长者智慧又无唯虚空 8. 事但赞叹能矣愿我后世〈〉不遇〈〉时 9. 是弟子法非法说非法法说禁戒奉持 10. 犯毁虽未曾谬解为故命终之后箭射

第 294 页：1. ［西夏文］，［西夏文］，［西夏文］2. ［西夏文］。

对译：1. 顷时［阿鼻］地狱中堕八十亿劫恒大苦 2. 受

意译、注释（中藏本第 292 页第 1 行—294 页第 2 行）

今日道场同业大众，如佛所说，师长有如此恩，而未曾发心回报师长恩。或教诲亦不肯信受，乃至以粗言诽谤，横生是非，因此使佛法衰落。如是作罪，则何当免三恶道之苦？

受此苦之时无有代者。断命之时乐去苦归，神情惨恼心意昏迷，六识不聪五根丧败，欲行足不能动，欲坐身不自立。若欲闻法，耳不能听声。若欲视胜境，眼不能见色。当如此时，相与仰思渴今日如欲礼忏者，岂有可得？但有地狱无量众苦，如是苦报自作自受。

故经言：愚痴自恃不信殃祸，谤毁师长，憎嫉师长。如是等人是佛法中大魔，为地狱中种子，自结怨报，受报无穷。如华光比丘，善说法要。有一弟子，恒怀骄慢，师长所说都不信受。

如是言说：我师长者又无智慧，唯能但赞叹虚空事矣，愿我后世一不遇我。是时弟子法说非法，非法说法。虽奉持禁戒未曾毁犯，为谬解故，命终之后，射箭顷时堕阿鼻地狱中，八十亿劫恒受大苦。【参见《大正藏》[0944a03—0944a20]】

[1] 𗗐𗑭：发心，《大正藏》作"发念"。

[2] 𗱥𗤶：作罪，《大正藏》作"等罪"。

[3] 𗱥𗗟𗉟𗤋：命断之时，《大正藏》作"及其舍命"。

[4] 𗗐𗆀：心意，《大正藏》作"意用"。

[5] "𗖌𗼻𗑲𗥾，𗼷𗑸𗤢𗥃𗤻"："若欲闻法，耳不能听声"，《大正藏》作"假使欲听法言。则耳无所复闻"。

[6] 𗒹𗥾𗩾𗥃𗥃："眼不能见色"，《大正藏》作"则眼无复所见"。

[7] "𗗟𗠁𗤋，𗼷𗠁𗾟𗠒𗊫𗥾𗗟𗾔𗾔𗆀𗥃𗥾𗥮"："尔时时，相与仰思渴今日如欲礼敬忏悔者"，《大正藏》作"当如此时共思今日礼忏"。"𗗟𗠁𗤋"（尔时时），在此对应汉文"当如此时"，在本卷（图版第305页第9—10行），又对应"当此之时"。

[8] 𗨙𗤢𗥃𗽵：岂可有得，《大正藏》作"岂可复得"。

[9] "𗼖𗤢𗱥𗆀𗩾，𗼖𗤢𗱥𗗟𗗟"："谤毁师长，憎嫉师长"，即《大正藏》作"谤师毁师憎师嫉师"。

[10] 𗼖𗤢𗗐𗤢：师长所说，《大正藏》作"和上为说"。和上，即和尚。下同。

[11] 𗒹𗊫𗼖𗤢：如是说言，《大正藏》作"即作是言"。

[12] 𗀀𗊱𗹦𘄄𗙴𘄑𘍞𗉅：我师长者又无智慧，《大正藏》作"我大和上空无智慧"。

[13] 𘕿𗀀𗷖𘄑𘑽𗙴𘎠𗀀：愿我后世不遇，《大正藏》作"愿我后生不复乐见"。

[14] 𘛦𗴺：是时，《大正藏》作"于是"。

[15] 𗎫𗙊：未曾，《大正藏》作"无有"。

录文、对译（中藏本第 294 页第 2 行—297 页第 8 行）

第294页：2. 𗄊𗤛𗅲𘓄𘑘𗇐𘄑𘋩，𘗠𗅲𗵘𘘥，𘄓𗑱 3. 𗰖𗙈𘄑𘍞𘕿𗉅𗠉. 𘃗𗀀𗹦𗷖𘑽𗵒𘓄𗠉[1]，4. 𗀔𗳦𘄑𗊱𘉐𘅤𗆞𘆄𗇋𘕼𗬩[2]。𘄓𗠉𗴺 5. 𘓄𗰱𗠉[3]𗄊𗤛𗰱𘋩，𗹦𗷖𗷖𘌥𘑘𗠉𘍞𗵒

对译：2. 今日道场业同大众契经说如岂得 3. 自各大怖畏不起其师长〈〉一句恶发 4. 亦八十亿劫[阿鼻]地狱中堕矣曰又家 5. 出从起今日于至师长之恶业起者说

第295页：1. 𘄓𘉐𗐯，𗴺𘄓𗻻𗊻𘘥[4]𗰖𘓏𘌥𘍷𘄓𘍺[5]，𘉡 2. 𘄓𗉐𘌷𘌥𗉅。𗴺𘄓𘄓𗑱？𗹦𗷖𘉐𗁬𗵘𘋩 3. 𘏞𘄓𘉐，𗀔𘗠𘘥𘋍𗉅𘄓𘆄[6]。𘎵𗹦𗷖𘄊𘇹 4. 𘏭𘘥𗠉，𘍷𗹦𘄊𘃩𗴺𘃩𗎫𘏶𗷖𘕿𘕼。𘉡 5. 𗹦𗷖𘉐𘑽𗷖𘄊；𘉡𘉐𘑽𗹦𗷖𗷖𘘥。𘉡𘉐 6. 𘉐𘉪，𘄓𗻻𘎵𗠉[7]。𗴺𘃗𘉳𗊻，𗻻𗵒𘄓𗉅[8]。𗄊 7. 𘗠𗅲𘉪𗵒：𗎿𘎵𘃗𗠉𘄑𘒤𘟗𘄓𗻻。𗴺𘃗 8. 𘒤𘟗𘅪𗞞𘐯𘍷𘋩，𗹦𗷖𘉐𘑽𗀔𗰖𘑘𘌆 9. 𘑽𗹦𗐯。𘍷𗀔𘑽𘑽𘑘𘌻𗷖𘉳𗉅𗞻，𘋩𘉡 10. 𘍞𘃸𘎵𘗠𘄑𘒤𗄚𘉪𗄊𘓄，𘁓𘄖𘍞𘐆𘘬𘉪

对译：1. 处何有此无量罪依身命舍又所判彼 2. 同无异为矣此者何云师长[阿阇犁]恒 3. 所训诲复法如修行不肯诸师长于违 4. 逆心生亦师于多给多与厌足心无或 5. 师长弟子之嗔或弟子师长之恨其三 6. 世中无量嗔起是如等罪量言可不故 7. 契经中说一嗔心起以怨报无量是如 8. 怨报唯九亲非但师长弟子亦嫌 9. 恨殊胜又复房同共住上中下座家出 10. 者远离法是深信不能辱忍者安乐行

第296页：1. 𗎫𘄓𘃩；𗴺𘄓𘍞𘑘𘄑𘓄𘍞𘄓𘃩；𘌷𘑘𘎵 2. 𘍞𗔀𘍷𘃸𘓄𘄑𘃩。𗹦𗷖𘉐𘑽��� 3. 𘅪，𗉅𘉡𗙈𘒤𗴺�̄𗰖�½𘌆𘋩，𘎵𘕼𘓄𘉐 4. 𘁓𘆄𘎵𗠉[9]，𗄊𗴺𘉐𘉐𘍠𘌥𘄓�©。�㉈𘍞𘉡 5. 𘅻，𘉡�½𘄖𘍞，𘉡𗹦𗷖𘌆，𗎿𘉡𘄖𘍠

〇〇 6. 〇〇，〇〇〇〇〇〇〇〇[10]。〇〇〇〇、▨ 7. 〇〇〇、〇〇〇〇〇〇[11]〇〇〇〇，〇〇 8. 〇〇〇〇[12]，〇〇〇〇〇〇〇〇。〇〇〇 9. 〇[13]〇〇，〇〇〇〇，〇〇〇〇，▨〇[14]〇〇。10. 〇〇〇〇〇〇〇〇，〇〇〇〇，〇〇〇

对译：1. 是不知平等者［菩提］道是不知妄想离 2. 者世间出心是不知师长弟子房同共 3. 住业结未尽此〈〉自相违恼嗔恚心以 4. 争斗乱起方故此世世和合不能又家出 5. 人或同业学或师长共假若技艺超过 6. 者有便即其于嗔毒心起自福德无彼 7. 福德有我善根无不言漏有心依互相 8. 下高心生少和合无多斗净起尊高自 9. 谦不能互相嫌恨已非不省他非惟谈 10. 或三毒以自相谗谤忠信心无恭敬意

第 297 页：1. 〇。〇〇〇〇〇〇〇〇，〇〇〇〇〇〇〇。[15] 2. 〇〇〇〇〇〇〇〇〇〇[16]，〇〇〇〇〇 3. 〇〇〇，〇〇〇〇〇〇〇〇〇。〇〇〇〇[17]，4. 〇〇〇〇〇〇〇〇，〇〇〇〇〇[18]〇〇 5. 〇〇〇〇〇。〇〇〇〇〇〇〇〇；〇 6. 〇〇〇〇〇；[19]〇〇〇〇〇。〇〇〇〇〇：7. 〇〇〇〇〇〇〇〇，〇〇〇〇〇〇 8. 〇〇〇[20]，〇〇〇〇〇〇〇〇〇〇〇〇〇[21]？

对译：1. 无复佛戒已毁〈〉〈〉是如念人者无矣 2. 乃至声高言语粗恶詈骂师长教诲都 3. 无信受上中下座自各恨怀恨怀缘故 4. 其恶道中多怨报有罪患怨报者皆我 5. 等师长弟子同学共住上中下座为已 6. 去一恨心起怨报无量矣故契经中言 7. 此世恨意以微许相憎复后世渐转甚 8. 深大成复一世恨业起者说处何有

意译、注释（中藏本第 294 页第 2 行—297 页第 8 行）

今日道场同业大众，如经所说，岂得不各自起大怖畏。其师长发一恶句，亦堕八十亿劫阿鼻地狱，何况从出家起至于今日。师长起恶业者何有说处，依此无量罪判舍身命，同彼无异矣。何以故尔？师长阿阇梨恒加训诲，亦不肯如法修行。于诸师长心生违逆，复于师多给多与心无厌足。或师长嗔弟子，或弟子恨师长。其于三世中，嗔起无量。如是等罪，不可言量。

故契经中说：起一嗔心，怨报无量。如是怨报，非但唯九亲，师徒弟子亦自相慊恨殊胜。

又复同房共住上中下座，不能深信出家者是远离法，不知忍辱者是安乐行，不知平等者是菩提道，不知离忘想者是出世心。师及弟子同房共住，结业未尽互相违恼，嗔恚之心争斗乱起，故世世不能和合。又出家人，或同学业或共师长，假若技艺有超过者，便于其起嗔毒心。不言自无福德、彼有福德、我无善根。依有漏心，自相心生高下，少无和合多起斗净。不能尊高自谦，更相嫌恨，不省己非，唯谈他非。或以三毒自相谗谤，无忠信心，无恭敬意。

复佛戒已毁，无人如是念矣。乃至高声言语粗恶詈骂，师长教诲都无信受，上中下座各自怀恨。缘怀恨故，其恶道中多有怨报。罪患怨报者，皆是我等师长弟子。同学共住，为上中下座；去起一恨心，怨报无量矣。

故经言：此世恨意微相憎，复后世渐转甚深成大，何况一世起恨业者？【参见《大正藏》[0944a20—0944b17]】

[1] 𗏇𗍳𘝞𗵐𗴢𗏹𗤼𗅲：其师长发一恶句，即《大正藏》作"止于和尚发一恶言"。

[2] 𗧓𘏚𗤓𗤋𘓮𗢤𗣼𗪚𘍞𗴔𗣼：亦八十亿劫堕阿鼻地狱中矣，即《大正藏》作"堕阿鼻狱八十亿劫"。

[3] 𗮔𗡆𗁬𗫴𗡅𗅲："𗮔𗡆"字面意为"又曰"，在此对应汉文"何况"。𗫴𗡅𗅲，从出家起。全句即《大正藏》作"何况出家已来"。

[4] "𗍳𘝞𗵐𗅲𗍤𗴢𗆊𘅍𗮔𗏹𗳒，𗁬𗮔𗤋𗰗𗡞"："师长起恶业者何有说处，依此无量罪"，《大正藏》作"于和尚边所起恶业。其罪无量"。

[5] 𗁡𗰖𗩙𗡆𗮔𗸥："又判舍身命，《大正藏》作"判舍身形"。

[6] 𗮔𗍃：不肯，《大正藏》作"而未曾"。

[7] 𗮔𗴔𘃦𗅲：嗔起无量，《大正藏》作"喜怒无量"。

[8] 𗴔𗮔𗮔𗣼：不可言量，即《大正藏》作"不可称计"。

[9] 𗷖𘟀𗶣𗃽𗰆𘐷𗗚𗅲：嗔恚心争斗乱起，即《大正藏》作"忿净之心纷然乱起"。

[10] "𗍺𘞽𗷆𗟭𗬬𘓐𗙬𗥛，𘊨𗢥𘟀𗫴𗗚𘣆𗶣𗅲"："假若有技艺超过者，便即于其起嗔毒心"，《大正藏》作"见解不等升进之日便含毒怀瞋"。

[11] "𗙵𘓐𗅋𗣼、𘏚𘓐𗅋𘚏、𗫴𘝞𗤼𗣼𗡆𗢥"："不言自无福德、彼有福德、我无善根"，《大正藏》作"而不自言宿习智慧。彼有福德。我无善

根。闻见他荣不安隐性”。败，右偏旁残缺，据汉文意补。

［12］“[illegible]，[illegible]”：“依有漏心，自相心生高下”，《大正藏》作“有漏之心亟生高下”。有漏，梵语，为“无漏”之对称，“烦恼”之异名。

［13］[illegible]：尊高自谦，即《大正藏》作“推厚居薄”。

［14］[illegible]：他非，《大正藏》作“他短”。

［15］“[illegible]，[illegible]”：“复已毁佛戒，无人如是念矣”，《大正藏》作“何处复念我违佛戒”。

［16］[illegible]：声高言语粗恶詈骂，即《大正藏》作“高声大语恶骂丑言”。

［17］[illegible]：缘恨怀故，《大正藏》作“缘怀恨故更相是非”。

［18］[illegible]：罪患怨报者，即《大正藏》作“是非怨怼”。

［19］[illegible]：去起一恨心，《大正藏》作“起一恨心”。

［20］[illegible]：复后世渐转甚深成大，《大正藏》作“后世转剧至成大怨”。

［21］[illegible]：又一世起恨业者何有说处，《大正藏》作“何况终身所起恶业”。“[illegible]……[illegible]”，相当于“何况……”。下同。

录文、对译（中藏本第 297 页第 8 行—304 页第 3 行）

第 297 页：8. [illegible] 9. [illegible]，[illegible]，[illegible]、10. [illegible]。

对译：8. 今 9. 日道场业同大众何道中在时诸师长 10. 上中下座于诸怨结曾经自各起不知

第 298 页：1. [illegible]，[illegible] 2. [illegible][1]，[illegible][2]。[illegible]，3. [illegible]，[illegible]，4. [illegible]。[illegible] 5. [illegible]、[illegible]，[illegible]，[illegible] 6. [illegible]，[illegible]，[illegible] 7. [illegible]，[illegible]、[illegible]。[illegible] 8. [illegible]，[illegible]，[illegible]。[illegible] 9. [illegible]，[illegible]

[illegible]，[illegible][3][illegible]，[illegible] 10. [illegible]。[illegible]，[illegible]

对译：1. 是如怨报穷竟无有相无果报者期限 2. 无有劫数亦不现此苦受时忍堪可不 3. 故此[菩萨摩诃萨]怨亲心舍怨亲想离 4. 慈悲心以平等摄受相与今日[菩提]心 5. 发[菩提]愿发已宜应菩萨行习行四无 6. 量心习行六[波罗蜜]习行四摄法习行 7. 当诸佛菩萨〈〉行所行如我等亦今日 8. 其应习行怨亲平等一切碍无今日自 9. 起[菩提]于至必定众生一切〈〉救护此 10. 诸众生一乘究竟令相与心归五体地

第 299 页：1. [illegible]，[illegible]：[illegible]，[illegible] 2. [illegible][4][illegible]；[illegible] 3. [illegible]；[illegible]、[illegible] 4. [illegible]；[illegible][5][illegible] 5. [illegible]、[illegible][6][illegible]。6. （[illegible]）[illegible]；7. [illegible]、[illegible]，[illegible] 8. [illegible]。[illegible] 9. [illegible]，（[illegible]）[illegible] 10. [illegible][7][illegible]，[illegible]

对译：1. 投奉以神识有于已来多世家出师 2. 长[阿阇梨]于怨报有者坛同尊证于怨 3. 报有者同学眷属上中下座于报有 4. 者缘有缘无及广四生六道三世众怨 5. 若报未报若轻若重若自各眷属等为 6. 某甲等若六道中众生一切于怨报有者 7. 未来现在于报受应者等为今日忏悔 8. 速愿除灭若六道众生一切互相怨报 9. 有者某甲等今日慈悲心以怨亲平等三 10. 世众怨岂敢忏悔唯愿相向恶念毒心

第 300 页：1. [illegible]，[illegible]。[8][illegible]，[illegible] 2. [illegible]。[illegible]，[illegible] 3. [illegible][9]，[illegible]，[illegible] 4. [illegible]。[illegible]，[illegible] 5. [illegible]。6. [illegible]！[illegible]！7. [illegible]！[illegible]！8. [illegible]！[illegible]！9. [illegible]！[illegible]！10. [illegible]！[illegible]！

对译：1. 不起一切舍施愿六道众生一切同共 2. 怨舍皆悉欢喜今日结解之后复嗔恨 3. 不起互相恭敬恩报心念诸佛心同等 4. 诸佛愿与同自各心至以世间大慈悲 5. 主〈〉依归 6. [南无][弥勒]佛[南无][释迦牟尼]佛 7. [南无]有边见佛[南无]电明佛 8. [南无]金山佛[南无]师子德佛 9. [南无]胜相佛

［南无］明赞佛 10.［南无］进坚勤佛［南无］具足赞佛

第 301 页：1. 𗊻𗥽𗥽𗥽𗊻！𗊻𗥽𗥽𗥽𗊻！2. 𗊻𗥽𗥽𗥽𗊻！𗊻𗥽𗥽𗥽𗊻！3. 𗊻𗥽𗥽𗥽𗊻！𗊻𗥽𗥽𗥽𗊻！4. 𗊻𗥽𗥽𗥽𗊻！𗊻𗥽𗥽𗥽𗊻！5. 𗊻𗥽𗥽�𗍲[10]𗊻！𗊻𗥽𗥽�𗊻！6. 𗊻𗥽𗥽��𗊻！𗊻𗥽𗥽�𗊻！7. 𗊻𗥽𗥽�𗊻！𗊻𗥽𗥽�𗊻！8. 𗊻𗥽𗥽𗊻！𗊻𗥽𗥽𗊻！9. 𗊻𗥽𗥽𗊻！𗊻𗥽𗥽𗊻！10. 𗊻𗥽𗥽��！𗊻𗥽𗥽���！

对译：1.［南无］畏离佛［南无］天应佛 2.［南无］大灯佛［南无］世明佛 3.［南无］妙香佛［南无］上德功持佛 4.［南无］暗离佛［南无］宝赞佛 5.［南无］师子容相佛［南无］过灭佛 6.［南无］露甘持佛［南无］人月佛 7.［南无］喜见佛［南无］庄严佛 8.［南无］珠明佛［南无］山顶佛 9.［南无］名相佛［南无］法称佛 10.［南无］慧上菩萨［南无］常世不离菩萨

第 302 页：1. 𗊻𗥽𗥽���！𗊻𗥽𗥽���！2. 𗥽𗥽������������� 3. 𗥽𗥽𗊻�、��、�����、��� 4. ���，������ 5. �����，�������。� 6. ���[11]����，�������。7. ��������，������。8. �。��������，������ 9. ���，���������。���� 10. ���、���、������。����

对译：1.［南无］身边无菩萨［南无］世音观菩萨 2. 又复是如十方虚空界尽三宝一切〈〉3. 依归愿佛力法力大地菩萨力贤圣 4. 一切力以三世无量众怨若报未报空法 5. 界尽众生一切皆忏悔怨释结解令 6. 一切皆舍怨亲平等一切和合乳水粳如 7. 皆悉欢喜初地犹如一切碍无虚空犹 8. 如今日从起［菩提］于至永法亲缘为别 9. 异想无常菩萨慈悲眷属为又此刻礼 10. 拜忏悔怨结解德功因缘以愿师长［阿］

第 303 页：1. ���、�����、����、����、� 2. ������；�������� 3. ���������[12]；������ 4. �；������；������；� 5. �����；����� 6. ��；�����；��������。7. ��������，�������� 8. ��，��������。����� 9. ���，��������。����� 10. ����，��������。���

对译：1.［阇犁］坛同尊证同学弟子上中下座 2. 眷属一切怨报有者乃至

四生六道各三 3. 世众怨有若报未报者今日若天道中 4. 在若仙人道中在若
[阿修罗]道中在若 5. 地狱道中在若饿鬼道中在若畜生道 6. 中在若人道中在
今日现眷属中在者 7. 是如十方三世众怨若报未报及自各 8. 眷属今日从起
[菩提]于至罪障一切皆 9. 除灭得怨报一切永世解脱结习烦恼 10. 永清净得
四趣长辞自在生受念念法

第 304 页：1. 骹，絴絴嘉翁，緂�392薩䀢䀢䈈絔烮骹。骹絔 2. 㲔毥毵帗毵
㳓，絴骹臧㶒㳓綕㲍㲓㳓。觐 3. 䀢䀢㲐䈞薤㲐㲌㳍㲐薙㳓䀢，㲔㳓㳓莿㲐。

对译：1. 流心心自在六[波罗蜜]具足庄严十地 2. 行愿究不竟无佛十力
得神通碍无早 3.[阿耨多罗三貌三菩提]具正等觉成

意译、注释（中藏本第 297 页第 8 行—304 页第 3 行）

今日道场同业大众，各自不知在何道中时，于诸师长、上中下座曾经起
诸怨结。如是怨报无有穷竟，无相果报者无有期限，亦不现劫数。受此苦
时，不可堪忍。所以菩萨摩诃萨舍怨亲心，离怨亲想，以慈悲心平等摄受。

相与今日发菩提心，已发菩提愿，宜应习行菩萨行，习行四无量心，习
行六波罗蜜，当习行四摄法，如诸佛、菩萨所行之行。我等今日亦应习行，
怨亲平等，一切无碍。从今日已起至于菩提，必定救护一切众生，令此诸众
生究竟一乘。相与至心，五体投地，奉为：有识神已来，为多世出家师长阿
阇梨有怨报者；为同坛尊证有怨报者；为同学眷属、上中下座有怨报者；为
有缘无缘广及四生六道三世众怨若报未报、若轻若重各自眷属等。（某甲）等
为若于六道一切众生中有怨报者；于未来、现在应受报者等，今日忏悔速愿
除灭。若六道一切众生互相有怨报者，（某甲）等今日以慈悲心怨亲平等三
世众怨，岂敢忏悔。唯愿相向不起恶念毒心，一切舍施。愿六道众生一切同
共舍怨，皆悉欢喜。今日结解，之后复不起嗔恨，互相恭敬念报恩心，等诸
佛心同诸佛愿。各自至心，归依世间大慈悲主。

南无弥勒佛！南无释迦牟尼佛！南无见有边佛！南无电明佛！南无金山
佛！南无师子德佛！南无胜相佛！南无明赞佛！南无勤坚进佛！南无具足赞
佛！南无离畏佛！南无应天佛！南无大灯佛！南无世明佛！南无妙香佛！南
无持上功德佛！南无离暗佛！南无宝赞佛！南无师子容相佛！南无灭过佛！

南无持甘露佛！南无人月佛！南无喜见佛！南无庄严佛！南无珠明佛！南无山顶佛！南无名相佛！南无法称佛！南无慧上菩萨！南无常不离世菩萨！南无无边身菩萨！南无观世音菩萨！

又复归依如是十方尽虚空界一切三宝。愿以佛力、法力、大地菩萨力、一切贤圣力，令三世无量众怨，若报未报尽空法界一切众生，皆忏悔怨释结解。一切皆舍怨亲平等，一切和合�如水乳。皆悉欢喜犹如初地，一切无碍犹如虚空。

从今日起至于菩提，永为法亲无别异想，常为菩萨慈悲眷属。又今日礼拜忏悔、解怨结、功德因缘。愿师长阿阇梨、同坛尊证、同学弟子、上中下座、一切眷属有怨报者；乃至四生六道各有三世众怨若报未报者；今日若在天道中者；若在仙道中者；若在阿修罗中道者；若在地狱道中者；若在饿鬼道中者；若在畜生道中者；若在人道中者；今日现在眷属中者。如是十方三世众怨若报、未报及各自眷属，从今日起至于菩提。一切罪障皆得除灭，一切怨报永世解脱。结习烦恼永得清净，长辞四趣自在受生。念念法流心心自在，六波罗蜜具足庄严。十地行愿无不究竟，得佛十力神通无碍。早具阿耨多罗三藐三菩提，成等正觉。【参见《大正藏》[0944b17—0945a12]】

[1] 𗰖𗗙𗣜𘝰𗫧𘊝𗤭𗤁：无相果报者无有期限，《大正藏》作“无有年期”。

[2] 𗤭𗸰𗭪𗣼𘝰：亦不现劫数，《大正藏》作“亦无劫数”。

[3] 𗣼𗣀：必定，即《大正藏》作“誓当”。

[4] 𗴒𗤭𘝶𘟨𗡞𗥫𘒏𗟻𗥩：多世出家师长阿阇梨，《大正藏》作“经生出家和上阇梨”。“𗴒𗤭”，字面意为“多世”，在此对应汉文“经生”，在卷八（图版第62页第8行）对应汉文“久远”。“经生（父母）”，在卷一（图版第124页第9—10行）又作“𗖖𗉢（𘟪𗙴）”。下同。

[5] 𘈷𗴾𗤁𗫧：四生六道，《大正藏》作“十方四生六道”。

[6] 𗤻𗸰𗴋𗫧𘐋：自各眷属等，《大正藏》作“各及眷属”。“𗤻”（自）前原有“𘏒”（若），衍，应删。

[7] 𗢤𗤭𘝰𘝯：三世众怨，《大正藏》作“普为三世众怨”。

[8] “𘝮𘄒𗤁𗈴𘐋𘘄𗤶𘜶𗣼𗤁，𘕼𘕼𘝫𘘌”：“唯愿相向不起恶念毒心，一切舍施”，即《大正藏》作“愿悉舍施。无复恶念相加怀毒相向”。

［9］𗣼𗤶𗰜𗫂𗡍𗫰𗆟：后复不起嗔恨，《大正藏》作"无复瞋恨"。

［10］𗫰𗢟：容相，《大正藏》作"颊"。

［11］𗰞𗰞𗣼𗫂：一切皆舍，《大正藏》作"一切舍施"。下同。

［12］𗱕𗼻𗤞𗼻𗾈：若报未报者，《大正藏》作"未解脱者"。

录文、对译（中藏本第 304 页第 4 行—311 页第 3 行）

第 304 页：4. 𗊟𗫂𗴿𗼻𗫂𗠣𗫂𗬩，𗫲𗰈𗫲𗫂𗫂𗴿𗣊 5. 𗫰𗼻𗴶𗣲[1]。𗤶𗫸𗫂𗦲𗪍𗣺𗫰𗊟𗰈 6. 𗫂𗫸𗫚，𗴿𗣊𗬊𗫂。[2]𗫂𗣊𗫂𗤞𗫂，𗮔𗈜 7. 𗴶𗄊𗼻𗤞𗫂，𗏹𗫰𗫰𗫲𗼻𗫂𗫰𗫓。[3]𗫰𗫲 8. 𗫲𗤶𗫲、𗫰𗫂、𗫂𗽻𗫂𗫂𗫂𗤶𗫂，𗤶𗫂𗮔 9. 𗫰𗫲𗴿𗫰𗫂𗫂�2𗫰𗫂𗴿𗫚𗫂𗮔。[4]𗫂𗫂 10. 𗫲𗼻𗫂𗫂�2𗼼。𗠰𗫂𗫂，𗫰𗫲𗊟𗬒𗫖[5]，𗣊

对译：4. 今日道场业同大众前凡如三世怨结 5. 悉自解已竟后条下自责以相与今日罪 6. 业深厚怨结牢固因故解脱未得佛 7. 面前记授亦未得一音法说亦未闻唯前 8. 佛后佛菩萨贤圣不见及非但还十二 9. 分契经次依传言亦所未永隔欲恶道 10. 怨报免得可无形命舍又死生海沉三

第 305 页：1. 𗫂𗫂𗼻𗫂�2，𗫂𗫲�$�2�2，𗫂�@�2𗮔�2 2. 𗤶�2𗣊[6]。�2�2𗊟�2，�2�2�2�2[7]；�2�2 3. �2�2，�2�2�2�2�2�2𗣊。[8]�2�2�2�2�2�2 4. �2�2�2�2。�2�2�2�2𗣊�2�2[9]，𗣊�2 5. �2�2𗮔[10]。𗤶�2𗼻�2�2�2�2，�2�2�2�2�2 6. 𗣊�2。[11]𗱕�2�2�2�2、𗰞𗰞�2�2�2�2�2 7. �2[12]�2，�2𗱕�2�2𗼻，�2�2�2�2[13]。�2�2�2 8. �2�2�2�2�2�2�2�2，�2�2�2�2，�2 9. �2�2，�2�2�2�2，�2�2�2�2�2�2𗮔。𗱟 10. �2�2[14]，𗊟�2�2�2�2�2，�2�2�2𗊟�2，�2

对译：1. 恶道中轮转恶趣中备历何云此身复 2. 又得矣是如意发者实疾痛为当是如 3. 念思则便即心痛切生相与是如仰湌 4. 以风化受已亲缘割辞贵富弃舍他缘 5. 欲及无又自各时与前行安乐不求可 6. 岂有若坚强心不志捍劳苦受疾痛悲 7. 思者若使身疾笃被中阴身现狱主［罗 8. 刹］牛头［阿旁］形状殊异一朝至至风刀 9. 身解怀心怖乱亲缘号泣知觉所无尔 10. 时时今日忏悔礼拜一善心起者复

第 306 页：1. 𗣊�2𗣊[15]。�2�2�2�2�2�2�2𗊟，�2�2𗊟�2 2. 𗣊�2�2�2�2

𗥃𗥃𗥃𗥃𗥃𗥃[16]。𗥃𗥃𗥃𗥃 3. 𗥃𗥃𗥃𗥃𗥃𗥃；𗥃𗥃𗥃𗥃𗥃𗥃𗥃𗥃𗥃。[17]
4. 𗥃𗥃𗥃𗥃𗥃：𗥃𗥃𗥃𗥃𗥃𗥃，𗥃𗥃𗥃𗥃；5. 𗥃𗥃𗥃𗥃𗥃𗥃，𗥃𗥃𗥃𗥃。
𗥃𗥃𗥃𗥃𗥃 6. 𗥃𗥃𗥃𗥃𗥃𗥃𗥃，𗥃𗥃𗥃𗥃𗥃𗥃𗥃𗥃。7. 𗥃𗥃𗥃[18]𗥃𗥃𗥃𗥃
𗥃𗥃𗥃𗥃，𗥃𗥃𗥃𗥃 8. 𗥃𗥃𗥃𗥃[19]。𗥃𗥃𗥃𗥃[20]，𗥃𗥃𗥃𗥃[21]，𗥃𗥃𗥃𗥃
9. 𗥃𗥃𗥃𗥃𗥃[22]。𗥃𗥃𗥃𗥃𗥃𗥃𗥃𗥃𗥃𗥃[23]，𗥃 10. 𗥃𗥃𗥃𗥃𗥃[24]。𗥃𗥃𗥃𗥃
𗥃𗥃𗥃𗥃𗥃[25]，𗥃𗥃

对译：1. 可无矣但三途无量众苦有大众今日 2. 自各努力以时于前竞勤
修当若若心意逸 3. 放则勤行于迟捍劳苦受则修勤心疾 4. 故契经中言慈悲者
道场是疲苦忍矣 5. 行发亦道场是事办能矣故此万善庄 6. 严勤于不托又无海
巨度欲舟无何寄 7. 若贪乐心有贪乐行不行者其愿不实 8. 果得可无空尽人如
百味食念其饥苦 9. 于益得所无胜妙方此报熟求欲者所 10. 定行愿双行相与
时及殊胜意生惭愧

第307页：1. 𗥃𗥃[26]，𗥃𗥃𗥃𗥃，𗥃𗥃𗥃𗥃。𗥃𗥃𗥃𗥃，𗥃 2. 𗥃𗥃
𗥃。[27]𗥃𗥃𗥃𗥃，𗥃𗥃𗥃𗥃𗥃𗥃𗥃𗥃！[28]3. 𗥃𗥃𗥃𗥃，𗥃𗥃𗥃𗥃，𗥃𗥃𗥃
𗥃，𗥃𗥃𗥃 4. 𗥃𗥃𗥃𗥃𗥃。5. 𗥃𗥃𗥃𗥃𗥃！𗥃𗥃𗥃𗥃𗥃𗥃𗥃！6. 𗥃𗥃𗥃
𗥃𗥃！𗥃𗥃𗥃𗥃𗥃！7. 𗥃𗥃𗥃𗥃𗥃！𗥃𗥃𗥃𗥃𗥃！8. 𗥃𗥃𗥃𗥃𗥃！𗥃𗥃𗥃
𗥃𗥃！9. 𗥃𗥃𗥃𗥃𗥃！𗥃𗥃𗥃𗥃𗥃！10. 𗥃𗥃𗥃𗥃𗥃！𗥃𗥃𗥃𗥃𗥃𗥃
𗥃𗥃！

对译：1. 心怀忏悔罪灭诸怨结解若此与违复 2. 何时悟人解脱时尔时心
悔已不晚乎 3. 自各心至悲思心等五体地投世间大 4. 慈悲主〈　〉依归 5. [南
无][弥勒]佛[南无][释迦牟尼]佛 6. [南无]定义佛[南无]愿施佛 7. [南无]
宝众佛[南无]众王佛 8. [南无]游步佛[南无]安隐佛 9. [南无]法差别佛[南
无]上尊佛 10. [南无]极高德佛[南无]上师子音佛

第308页：1. 𗥃𗥃𗥃𗥃𗥃！𗥃𗥃𗥃𗥃𗥃！2. 𗥃𗥃𗥃𗥃𗥃！𗥃𗥃𗥃𗥃𗥃！
3. 𗥃𗥃𗥃𗥃𗥃！𗥃𗥃𗥃𗥃𗥃！4. 𗥃𗥃𗥃𗥃𗥃！𗥃𗥃𗥃𗥃𗥃[29]𗥃！5. 𗥃𗥃
𗥃𗥃𗥃！𗥃𗥃𗥃𗥃𗥃！

对译：1. [南无]戏乐佛[南无]龙明佛 2. [南无]华山佛[南无]龙喜佛
3. [南无]香自在佛[南无]大名佛 4. [南无]天力佛[南无]唇发德佛 5. [南
无]龙手佛[南无]善行意佛

第309页：1. 𗥃𗥃𗥃𗥃𗥃！𗥃𗥃𗥃𗥃𗥃！2. 𗥃𗥃𗥃𗥃𗥃！𗥃𗥃𗥃

[illegible]！3. [illegible]！4. [illegible]！[illegible]！5. [illegible]！[illegible]！6. [illegible] 7. [illegible]。（[illegible]）[illegible]，[illegible] 8. [illegible]。[illegible]，[illegible] 9. [illegible][30]。[illegible]、[illegible] 10. [illegible]，[illegible]，[illegible]，[illegible]

对译：1.［南无］因庄严佛［南无］胜智佛 2.［南无］月量佛［南无］宝语佛 3.［南无］日明佛 4.［南无］药王菩萨［南无］药上菩萨 5.［南无］身边无菩萨［南无］世音观菩萨 6. 又复是如十方虚空界尽三宝一切〈〉7. 依归某甲等罪障积集地大于深明无所 8. 覆夜长不晓常三毒随怨报因造此因 9. 三界中迷沦永出可不今日诸佛菩萨 10. 大慈悲力依方觉悟得惭愧心生岂敢

第 310 页：1. [illegible][31]。[illegible]、[illegible] 2. [illegible]，[illegible]、[illegible]、[illegible] 3. [illegible]、[illegible]、[illegible]、[illegible] 4. [illegible]、[illegible]、[illegible]、[illegible] 5. [illegible]、[illegible]、[illegible] 6. [illegible]、[illegible]、[illegible]、7. [illegible]、[illegible]，8. [illegible]。（[illegible]）9. [illegible]，[illegible]，10. [illegible]。[illegible]

对译：1. 心诚罪释忏悔唯愿诸佛菩萨慈悲以 2. 摄受大智慧力思议可不力无量自在 3. 力四魔降伏力诸烦恼灭力诸怨结灭 4. 力众生度脱力众生安隐力地狱解脱 5. 力饿鬼〈〉济度力畜生救拔力［阿修罗］6. 摄化力人道摄受力诸天诸仙漏尽力 7. 无量边无德功力无量尽无智慧力以 8. 四生六道众怨一切同道场中到令某甲 9. 等〈〉今日忏悔受一切舍施怨亲平等 10. 怨业结者同解脱得永八难离四趣苦

第 311 页：1. [illegible]，[illegible]。[illegible] 2. [illegible]，[illegible][32]，[illegible] 3. [illegible][33]。[illegible]，[illegible]。

对译：1. 无常诸佛值法闻道悟［菩提］心发世出 2. 业行四等六度行愿一切心至修习皆 3. 十地获金刚心入正等觉成

意译、注释（中藏本第 304 页第 4 行—311 页第 3 行）

今日道场同业大众，如前凡三世怨结悉自解已竟。后条下以自责相与今日罪业深厚，怨结牢固。因故未得解脱，亦未得佛面前授记，亦未闻一音说法。非唯不见前佛后佛、菩萨、贤圣，还亦欲永隔依次所未言传十二分契经。

恶道怨报无可得免，舍形命又沉生死海，轮转三途备历恶趣，何时又复得此身矣。发如是意者，实当为痛疾；如是思念，则即生痛切心。相与已受仰湌风化，割辞亲缘舍弃富贵，无他欲缘。又自各与时竞，岂可有不求安乐。若不志心坚强、捍劳受苦疾痛悲思者，若使身被笃疾，中阴现身。狱主罗刹牛头阿旁形状殊异一朝而至，风刀解身心怀怖乱，亲缘号泣无所觉知。当此之时，欲求今日礼拜忏悔，起一善心者，无可复矣。

但有三途无量众苦，今日大众各自当努力勤修与时驰竞。若心意逸放则行勤于迟；捍劳受苦则勤修心疾。

故契经中言：慈悲是道场，忍疲苦矣；发行亦是道场，能办事矣。故此万善庄严不勤无托，欲度巨海非舟何寄。若有贪乐心不行贪乐行者，其愿不实无可得果。如空尽之人念百味食，于其饥苦无所得益。欲熟求胜妙方此报者，必须行愿双行。相与及时生殊胜意，怀惭愧心，忏悔灭罪，解诸怨结。若与此违，复悟何时。人解脱时，尔时悔心已不晚乎！各自至心悲思心等，五体投地，归依世间大慈悲主。

南无弥勒佛！南无释迦牟尼佛！南无定义佛！南无施愿佛！南无宝众佛！南无众王佛！南无游步佛！南无安隐佛！南无法差别佛！南无上尊佛！南无极高德佛！南无上师子音佛！南无乐戏佛！南无龙明佛！南无华山佛！南无龙喜佛！南无香自在佛！南无大名佛！南无天力佛！南无德发唇佛！南无龙手佛！南无善行意佛！南无因庄严佛！南无智胜佛！南无量月佛！南无宝语佛！南无日明佛！南无药王菩萨！南无药上菩萨！南无无边身菩萨！南无观世音菩萨！

又复归依如是十方尽虚空界一切三宝。（某甲）等积集罪障深于大地，无明所覆长夜不晓。常随三毒造怨对因，因此迷沦三界中不可永出。今日依诸佛、菩萨大慈悲力，方得觉悟心生惭愧，岂敢诚心弃罪忏悔。唯愿诸佛、菩萨慈悲摄受，以大智慧力、不可思议力、无量自在力、降伏四魔力、灭诸烦恼力、灭诸怨结力、度脱众生力、安隐众生力、解脱地狱力、济度饿鬼力、救拔畜生力、摄化阿修罗力、摄受人道力、尽诸天诸仙漏力、无量无边功德力、无量无尽智慧力，令四生六道一切众怨同到道场，受（某甲）等今日忏悔，一切舍施怨亲平等，所结怨业同得解脱。永离八难无四趣苦，常值诸佛闻法悟道。发菩提心行出世业，四等六度一切行愿至心修习。皆获十地，入金刚心，成正等觉。【参见《大正藏》[0945a13—0945c09]】

[1]　（西夏文）：如前凡三世怨结悉自解已竟，《大正藏》作"前是总相为他三世众怨解诸怨结"。

[2]　"（西夏文），（西夏文）"："后条下自责相与今日罪业深厚，怨结牢固"，《大正藏》作"此下自净宜督其心。相与今日何故受生死身不得解脱"。

[3]　"（西夏文），（西夏文），（西夏文）"："因故未得解脱，亦未得佛面前授记，亦未闻一音说法"，《大正藏》作"进不覩面前授记。退不闻一音演说。良由罪业深厚怨结牢固"。

[4]　"（西夏文）……（西夏文），（西夏文）"："非唯……，还亦欲永隔依次所未言传十二分契经"，《大正藏》作"非唯……亦恐十二分教闻声传响永隔心路"。"（西夏文）……（西夏文），（西夏文）……（西夏文）……（西夏文）"，相当于汉文"非唯……还亦欲……"。分教，指大乘始教。十二分教，指大乘佛教全部经教，依文体及含义归纳为十二部分：契经、应颂、记别、讽诵、自说、因缘、譬喻、本事、本生、方广、希法、议论，共十二部。若小乘，只有九部，去十二部之"自说、授记、方广"。

[5]　（西夏文）：又沉死生海，《大正藏》作"方沉沸海"。

[6]　（西夏文）：何云又复得此身矣，即《大正藏》作"何时当得复见此人身"。

[7]　（西夏文）：实当为疾痛，《大正藏》作"实有切情之悲"。

[8]　"（西夏文），（西夏文）"："如是思念，则便即生痛切心"，即《大正藏》作"运如是想。不觉痛心之苦"。

[9]　（西夏文）：割辞亲缘舍弃贵富，即《大正藏》作"割爱辞亲舍荣弃俗"。

[10]　（西夏文）：无他欲缘，《大正藏》作"更无异缘"。

[11]　"（西夏文），（西夏文）"："何有处又自各与时前行，不求安乐"，即《大正藏》作"岂得不与时竞各求所安"。"（西夏文）"（前行），

即“竞”、“驰竞”。下同。

［12］[illegible]：疾痛悲思，即《大正藏》作“衔悲恻怆”。

［13］[illegible]：中阴现身，《大正藏》作“中阴相现”。

［14］[illegible]：尔时时，《大正藏》作“当此之时”。

［15］[illegible]：无可复矣，《大正藏》作“岂可复得”。

［16］[illegible]：当勤修与时前行，《大正藏》作“与时驰竞”。“[illegible]”(勤修)，在本页图版第3行又对应汉文“勇猛”。

［17］“[illegible]……[illegible]”：“若心意逸放则勤行于迟……勤修心疾”：《大正藏》乙本作“若任情适意则进趣理迟……勇猛心疾”。

［18］[illegible]：贪乐，《大正藏》作“愿乐”。下同。

［19］[illegible]：其愿不实无可得果，即《大正藏》作“其愿必虚未见其果”。

［20］[illegible]：如空尽人，《大正藏》作“如绝粮之人”。

［21］[illegible]：念百味食，《大正藏》作“心存百味”。

［22］[illegible]：于其饥苦无所得益，《大正藏》作“于其饥恼终无济益”。

［23］[illegible]：欲熟求胜妙方此报者，《大正藏》作“当知欲求胜妙果报”。

［24］[illegible]：行愿双行，《大正藏》作“心事俱行”。

［25］[illegible]：生殊胜意，《大正藏》作“相与及时生增上心”。

［26］[illegible]：怀惭愧心，《大正藏》作“怀惭愧意”。

［27］“[illegible]，[illegible]”：“若与此违，复悟何时”，《大正藏》作“脱更处闇开了未期”。

［28］“[illegible]，[illegible]”：“人解脱时，尔时悔心已不晚乎”，《大正藏》作“人皆解脱。莫追后悔”。

［29］[illegible]：德发唇，《大正藏》作“德鬘”。鬘，头发美好的样子。

［30］[illegible]：因此迷沦三界中不可永出，即《大正藏》作“致使迷沦三有永无出期”。

［31］[illegible]：岂敢诚心弃罪忏悔，《大正藏》作“至诚求哀

发露忏悔"。

[32] 𗂧𗏹𗰗𗰗𘟄𗥨𘗐𗾬：一切行愿至心修习，《大正藏》作"深心修习"。

[33] 𗾭𗆣𗳦𘝞：皆获十地，《大正藏》作"一切行愿等阶十地"。

录文、对译（中藏本第 311 页第 3 行—316 页第 3 行）

第 311 页：3. 𗷅𘅣𗏇𘎑 4. 𗒹𘏽𗤒𘗐，𘘤𘎑𗳫𗳫𗾭𗤒𗒹𗂧𗰟，𗰗𗂧 5. 𗾭𗎫𗤨𗠇𗔣𘄡𘎑𘗽𗷅[1]。𗾭𘉎𘎑𗔣𗟻 6. 𗫭𗤒𗤌𗤌，𘘤𘘤𗠇𗰊𘗐𗠇𗹏𗤷𗷅𘎑[2]。𗔣 7. 𗤷𗦖𘎑𘏽𗰟𘈽𗤒，𗰗𘅹𗏇𗑠𗰖[3]：𗋽𗜓𗠇 8. 𗠇𗳫𗤨𗾭，𘝀𘏿𗠇𘎑𗤒𗀽[4]𘄡𘎑𗡶𗎫𗰟；9. 𗠇𘎑𗰟𘈽𘎑。𗤒𘎑𗷅𘅣𗰟𘈽𗳫𘇸[5]，𘘤𗾰 10. 𗭍𘗽𗤷𗲲𗷅𗯴[6]，𘞘𗪺𘎑𗾭𗚑𘘤𗰖𗀽[7]。𘝞

对译：3. 今日道场 4. 业同大众怨报相寻皆三业〈〉〈〉故业 5. 行人〈〉缠绕诸苦报受令相与众苦本 6. 根是既知宜应勇猛心以速灭令当苦 7. 灭要者惟忏悔是故契经中言世间二 8. 翘勤人有赞叹二者何云一者罪不作 9. 二者忏悔能大众今日忏悔之时心意 10. 清净仪容整肃内惭愧生外悲畅为是

第 312 页：1. 𘈽𗠇𗤒𘘤𗤷，𘘤𗡶𗜓𗤷𘎑𗞚。𗠇𗤒𘘤𘎑 2. 𗤒𗀽？𘄡𘎑𗭞𘘤；𗠇𘎑𗒹𘘤。[8]𗪺𘎑𘈜𗠇𗪺，3. 𘏽𘎑𗷢𗠇𘏽。𗎫𗪺𘎑𗚑𗤨𘘤𘎑𗰟𗤷𘈽𗤷 4. 𘎑，𘏽𘎑𘗾𗠇𗤨𗤌𗤨𗤨𗳫𘄡𗷅。𗎫𗪺𘎑 5. 𘎑𘟆𗀽𘎑，𘏽𘎑𗜓𗜓𗀽𘎑。𗎫𗪺𘎑𗷢𘏽 6. 𗫭𗾰，𘏽𘎑𗰟𘘤𘗾𗂧𗀽[9]。𘝞𗠇𘝀𗤷，𗂧𗾭 7. 𗤨𗠇𗻪𗞚𘘤𗪺𗷅𘎑。𗷅𘅣𗾭𘉎，𗤷𗯴𘘤 8. 𘟄𗪫𗫐𗀽𗳫𘄡，𗤒𗪺𘏽𗚑𗤒𗰟𘈽𗀽𘎑。[10] 9. 𘝞𘎑𗤒𗀽？𘅹𗏇𗑠𗰖：𘈽𗾰𗰗𗰗𗾭𗹏𗹏 10. 𗤒，𘘤𘘤𗏇𘝞𘎑[11]，𘘤𗹏𘝀𘝞𘎑，𗂧𘏽𘙼𘝺

对译：1. 如二种心起则罪不灭者无二种心者 2. 何由一者惭心二者愧心惭者天〈〉惭 3. 愧者人〈〉愧又惭者自诸怨报忏悔灭 4. 能愧者他〈〉教化诸结缚解令又惭者 5. 众善作能愧者随喜为能又惭者自耻 6. 羞怀愧者罪弃人于言是二法以行行 7. 人〈〉碍无乐得令能今日相与岂敢心 8. 至四生六道为大惭愧起大忏悔作应 9. 是者何云契经中言众生一切皆亲缘 10. 是或父母为曾或师长为曾乃至兄弟

第 313 页：1. 𗢳𗥲𗆣𗻡𗷅𗰗𗰗𗭾𘎑[12]。𗾭𗢳𘝡𗤱𗤒𘅘，2. 𗰗𗪺𘜻𗤒

[illegible]。[13] [illegible]，[illegible][14]。[illegible] 3. [illegible]，[illegible]。[illegible] 4. [illegible]，[illegible][15] [illegible]，[illegible][16] [illegible] 5. [illegible]，[illegible]。[illegible] 6. [illegible]，[illegible]，[illegible]。7. [illegible] 8. [illegible]！[illegible]！9. [illegible]！[illegible]！10. [illegible]！[illegible]！

对译：1. 姊妹子妹等一切为曾皆明无所障由 2. 故相与不知相不知因自相触恼触恼 3. 因则故怨报无穷矣大众今日此意觉 4. 悟心至自责痛切心以一念依十方佛 5. 感一遍礼拜以无量怨报断除忧思心 6. 等五体地投重复世间大慈悲主〈〉依 7. 归 8. [南无][弥勒]佛[南无][释迦牟尼]佛 9. [南无]意定佛[南无]形无量佛 10. [南无]明照佛[南无]宝相佛

第 314 页：1. [illegible]！[illegible]！2. [illegible]！[illegible]！3. [illegible]！[illegible]！4. [illegible]！[illegible]！5. [illegible]！[illegible]！6. [illegible]！[illegible]！7. [illegible]！[illegible]！8. [illegible]！[illegible]！9. [illegible]！[illegible]！10. [illegible]！[illegible]！

对译：1. [南无]疑断佛[南无]善明佛 2. [南无]步不虚佛[南无]觉悟佛 3. [南无]华相佛[南无]山主王佛 4. [南无]大威德佛[南无]遍见佛 5. [南无]无量名佛[南无]宝天佛 6. [南无]义住佛[南无]意满佛 7. [南无]上赞佛[南无]忧无佛 8. [南无]垢无佛[南无]梵天佛 9. [南无]华明佛[南无]身差别佛 10. [南无]法明佛[南无]见尽佛

第 315 页：1. [illegible]！2. [illegible]！[illegible]！3. [illegible]！[illegible]！4. [illegible] 5. [illegible]。[illegible]，（[illegible]）[illegible][17]，[illegible] 6. [illegible]，[illegible]。[illegible]，7. [illegible]，[illegible] 8. [illegible]，[illegible]，[illegible]。[illegible] 9. [illegible]，[illegible]。[illegible] 10. [illegible][18]，[illegible]。[illegible]

对译：1. [南无]德净佛 2. [南无][文殊师利]菩萨[南无]普贤菩萨 3. [南无]身边无菩萨[南无]世音观菩萨 4. 又复是如十方虚空界尽三宝一切〈〉5. 依归仰愿三宝某甲等〈〉同加摄受忏者 6. 除灭悔者清净令又愿今日同忏悔者 7. 今日自起乃至[菩提]怨报一切皆消灭 8. 得众苦一切永世解脱习结烦

恼永清9. 净得四趣长辞自在生受诸佛〈 〉亲10. 侍奉面记授四等六度备不行
无四

第316页：1. 𗀗𗴟�𗅁𗤻𗒛𗎺，𗤩𗵜𗴄𗰜𗩾𗷝𗴸𗲲2. 𗭁𗯿。𗇃𗴽𗀗𗅲，
𗺓𗴸�𗷭。3.（略）

对译：1. 辩才具佛〈 〉十力相好庄严身得神通2. 碍无金刚心入正等觉成
3.（略）

意译、注释（中藏本第311页第3行—316页第3行）

今日道场同业大众，怨报相寻皆由三业，故令业行之人受缠绕诸苦报。
相与既知是众苦根本，宜应当令勇猛心速灭。

灭苦之要唯是忏悔，故契经中言：世间有二翘勤人，何由赞叹二者？一
不作罪；二能忏悔。

大众今日忏悔之时，清净心意整肃仪容，内生惭愧外为悲畅。起如此二
种心，则无罪不灭。何云二种心？一者心惭；二者心愧。惭者惭天，愧者愧
人。又惭者自能忏悔灭诸怨报，愧者令教化他人解诸结缚。又惭者能作众
善，愧者能为随喜。又惭者自怀羞耻，愧者言弃罪于人。以是二法，能令行
人得无碍乐。相与今日，岂敢至心为四生六道，起大惭愧应作大忏悔。何以
故尔？

契经中言：一切众生皆是亲缘。或曾为父母，或曾为师长，乃至曾为兄
弟姊妹等一切。皆由无明所障，故相与不知。因不相知自相触恼，因触恼则
故怨报无穷矣。大众今日觉悟此意，至心以痛切心自责。依一念感十方佛，
以一拜断除无量怨报，等痛切心，五体投地，重复归依世间大悲慈主。

南无弥勒佛！南无释迦牟尼佛！南无定意佛！南无形量形佛！南无照明
佛！南无宝相佛！南无断疑佛！南无善明佛！南无不虚步佛！南无觉悟佛！
南无华相佛！南无山主王佛！南无大威德佛！南无遍见佛！南无无量名佛！
南无宝天佛！南无住义佛！南无满意佛！南无上赞佛！南无无忧佛！南无无
垢佛！南无梵天佛！南无华明佛！南无身差别佛！南无法明佛！南无尽见
佛！南无德净佛！南无文殊师利菩萨！南无普贤菩萨！南无无边身菩萨！南
无观世音菩萨！

又复归依如是十方尽虚空界一切三宝。仰愿三宝，令（某甲）等同加摄受，所忏除灭，所悔清净。又愿今日同忏悔者，从今日起乃至菩提。一切怨报皆得消灭，一切众苦永世解脱。结习烦恼永得清净，长辞四趣自在受生。亲侍诸佛面奉授记，六度四等无不备行。具四辩才得佛十力，得相好庄严身神通无碍。入金刚心，成等正觉。【参见《大正藏》[0945c10—0946a19]】

[1] ◻◻◻◻◻◻◻◻◻◻：故令业行人缠绕受诸苦报，《大正藏》作"庄严行人婴诸苦报"。婴，即"缠绕"。

[2] ◻◻◻：令速灭，即《大正藏》作"挫而灭之"。

[3] ◻：言、说，即《大正藏》作"称叹"。

[4] "◻◻◻◻◻◻◻，◻◻◻◻◻◻"："世间有二翘勤人，何由赞叹二者"，《大正藏》作"世二健儿"。健儿，指自不作恶、既作而以忏悔更不复作有力量的人。

[5] ◻◻◻◻◻：忏悔之时，即《大正藏》作"将欲忏悔"。

[6] ◻◻◻◻：心意清净，《大正藏》作"当洁其心"。

[7] ◻◻◻◻◻◻◻◻：内生惭愧外为悲畅，即《大正藏》作"内怀惭愧悲畅于外"。

[8] "◻◻◻◻；◻◻◻◻"："一者心惭；二者心愧"，即《大正藏》作"一惭二愧"。

[9] ◻◻◻◻◻：言弃罪于人，即《大正藏》作"发露向人"。

[10] "◻◻◻◻……◻◻◻……"："岂敢至心……大惭愧……"，《大正藏》作"起大惭愧。作大忏悔。至心求哀四生六道"。

[11] ◻◻：曾为，《大正藏》作"经为"。

[12] ◻◻◻◻◻◻◻◻◻◻：字面意"兄弟姊妹子妹等一切"，《大正藏》作"兄弟姊妹一切皆然"。"◻"（子），疑为"◻"之误。

[13] "◻◻◻◻◻◻，◻◻◻◻◻"："皆由无明所障，故相与不知"，《大正藏》作"良由堕无明网不复相知"。

[14] ◻◻◻◻：自相触恼，《大正藏》作"多起触恼"。"◻◻"（触恼、恼乱、忿拢），在卷六（图版第344页第6行）中又对应"恼"。

[15] ◻◻◻◻◻◻◻：心至自责痛切心，《大正藏》作"至诚恳恻苦切用心"。

〔16〕𘂽：依，《大正藏》作"必令"。

〔17〕"（𗁬𘄒）𘃠𗳉𗰖𘃎𗏵𘝶"："（某甲）等同加摄受"，《大正藏》作"同加摄受。令（某甲）等"。

〔18〕𘝶𘏽：授记，《大正藏》作"尊记"。授记，梵语音译"毗耶佉梨那、弊迦兰陀、和伽罗那、和罗那"。又作"授决、受决、受记、受别、记别、记别、记说、记"。佛记弟子成佛之言曰记别，敬之而曰"尊记"。

《慈悲道场忏法》卷第六（中藏本）

《慈悲道场忏法》卷六刊布于《中国藏西夏文献》第四册第 318—366 页，《中国国家图书馆藏西夏文献》第二册第 126—142 页。

录文、对译（中藏本第 318 页—326 页第 9 行）

第 318—322 页：（略）

第 323 页：1. 《𗼮𗼕𗯡𗱂𗳯𗯿𗰖》𘃝𗈁𗗟 2.（略）3. 𗤀𗄈𗤙𘝾𗈁𗰖𘃞𘖀𗧓[1] 4. 𗫂𘃝𗤙𘝿𗰮𗾖𗥃，𘊨𗭪𘃗𗌦𗧓𘏒𗰚 5. 𘊨𗰮𗱂𗳯。𗌦𗼕𗮔𗵩：𗍫𗈔𗬠𘀗𗆫，𘀗𗒀 6. 𗬠𘀗𘝾。𗱂𗢭𗍫𘃝𗥃𘀗𗌄𗰚，𗰚𘊨𘀗𘓶[2] 7. 𗼷𗍫𘃝𗫊。𘝾𘃝𗫊𗤓𗾫𘝾𘃝，𘊨𗤓𗒀 8. 𘃝、𗈧𗤓𘊨𘃝𗾘𘖃𗥄。[3] 𘕣𗤓𘏒𘊨𗭪𗆫[4]，𗾁 9. 𗹙𗾘𗄈。𘖃𘋨𗤓𘊨𘊨𗭪𗆫𘃝，𗝠𗤢𗤓 10. 𗆫。𘝾𗟲𗈧𗍫𗬠𗱂，𘊨𗍫𗬠𗤢 𗱂。𗟲𗈧𘃝

对译：1. 慈悲道场忏法卷六第 2.（略）3. 怨结解末随所余言 4. 今日道场业同大众四生六道〈　〉身于 5. 恶业忏悔契经中言身有则苦生身无 6. 则苦灭故此身者众苦本是三途苦重 7. 皆身由得自因所作果报自受他作我 8. 受我作他受者不经若少许恶业起复 9. 罪边无矣又一世所恶业起者说可何 10. 有今唯我身有知他身有不知唯我苦

第 324 页：1. 𗬠𗱂，𘊨𗤓𗬠𗤢𗱂。𗟲𗈧𘋨𗧟𘝙𗱂，𘊨𘋨 2. 𗧟𘝙𗤢𗱂。𘊨𗲠𗟲𗬠，𘈂𗈧𗌄𗆫，𗤀𘒸𘃸 3. 𗆫，𗱂𗢭𗤀𗤙𗈁𗰮𘋨𗢭。𘕣𘋨𘏒𗤢，𗬠𘋐 4. 𗈁𗰮𘃢𘒜𘓶𘋨，𗆫𗥄𗆫𗢭，𘏒𗟲𗥄𘖀[5]！5. 𗼷𗈧𗫂𘃝𗍑𘌤𗬠𗆫，𗰚𘈉 𗽵𗆫，𗰚𗱂𗳯 6. 𗤓，𗤢𗠋𗀅𘋨𗰚𘏙𘓶𗹙𗰚，𗝠𗓁𗫋𗤢 7. 𗈁𗤢𗵫𗟲𘋨𗬋 �'。𘏹�'𗬠𗒀，𘏒𗥄𗑗𗈋，8. 𘏙𗟲𗈁𗼮𗼕𘐍𗱇𘖃𘕶。9. 𘔼𗭪𘏹𗤓𗆫！𘔼𗭪 𘘞𘊨𘊨𗆫！10. 𘔼𗭪𘊨𗟲𗆫！𘔼𗭪𘊨𗤢𗆫！

对译：1. 有知他苦有不知唯我安乐求知他安 2. 乐求不知愚痴以故彼我心起怨亲想 3. 生故此怨报六道于遍若结不解则其 4. 六道中何时免离劫从劫

至不痛哉5. 相与今日勇猛心起大惭愧生大忏悔6. 作必使一念以十方诸佛感一遍礼拜7. 以无量怨结断除忧思心等五体地投8. 世间大慈悲主〈〉依归9. ［南无］［弥勒］佛［南无］［释迦牟尼］佛10. ［南无］月面佛［南无］宝灯佛

第325页：1. ꓺꓺꓺꓺ！ꓺꓺꓺꓺ！2. ꓺꓺꓺꓺ！ꓺꓺꓺꓺ！3. ꓺꓺꓺꓺ！ꓺꓺꓺꓺ！4. ꓺꓺꓺꓺ！ꓺꓺꓺꓺ[6]ꓺ！5. ꓺꓺꓺꓺꓺ！ꓺꓺꓺꓺ！

对译：1. ［南无］宝相佛［南无］上名佛2. ［南无］名作佛［南无］无量音佛3. ［南无］［违蓝］佛［南无］师子身佛4. ［南无］意明佛［南无］胜超无佛5. ［南无］德功品佛［南无］月相佛

第326页：1. ꓺꓺꓺꓺ！ꓺꓺꓺꓺ！2. ꓺꓺꓺ[7]ꓺ！ꓺꓺꓺꓺ！3. ꓺꓺꓺꓺꓺ！ꓺꓺꓺꓺ！4. ꓺꓺꓺꓺ！ꓺꓺꓺꓺ！5. ꓺꓺꓺꓺ！ꓺꓺꓺꓺ！6. ꓺꓺꓺꓺ！ꓺꓺꓺꓺ！7. ꓺꓺꓺꓺ！8. ꓺꓺꓺꓺꓺꓺ！ꓺꓺꓺꓺꓺꓺ！9. ꓺꓺꓺꓺꓺꓺ！ꓺꓺꓺꓺꓺꓺ！

对译：1. ［南无］势得佛［南无］边无行佛2. ［南无］空华佛［南无］垢净佛3. ［南无］义一切见佛［南无］勇力佛4. ［南无］富足佛［南无］福德佛5. ［南无］时随佛［南无］意广佛6. ［南无］德功敬佛［南无］善寂灭佛7. ［南无］天财佛8. ［南无］大势力菩萨［南无］常进精菩萨9. ［南无］身边无菩萨［南无］世音观菩萨

意译、注释（中藏本第318页—326页第9行）

《慈悲道场忏法》卷第六

解怨结之余言

今日道场同业大众，向四生六道忏身恶业。契经中言：有身则苦生，无身则苦灭。故此身者是众苦之本，三途重苦皆由身得。自作其因自受果报，不经他作我受、我作他受。若起少许恶业复罪无边际矣，何况一世所起恶业。今唯知有我身，不知有他身。唯知有我苦，不知有他苦。唯知我求安乐，不知他求安乐。以愚痴故，起彼我心生怨亲想，故此怨报遍于六道。若不解结，则其六道中何时免离，从劫至劫，岂不痛哉！

相与今日起勇猛心，起大惭愧，作大忏悔，必使以一念感十方诸佛，以一遍礼拜断除无量怨结。等忧思心，五体投地，归依世间大慈悲主。

南无弥勒佛！南无释迦牟尼佛！南无月面佛！南无宝灯佛！南无宝相佛！南无上名佛！南无作名佛！南无无量音佛！南无违蓝佛！南无师子身佛！南无明意佛！南无无超胜佛！南无功德品佛！南无月相佛！南无得势佛！南无无边行佛！南无空华佛！南无净垢佛！南无见一切义佛！南无勇力佛！南无富足佛！南无福德佛！南无随时佛！南无广意佛！南无功德敬佛！南无善寂灭佛！南无财天佛！南无大势力菩萨！南无常精进菩萨！南无无边身菩萨！南无观世音菩萨！【参见《大正藏》[0946a23—0946b20]】

[1] 𗴟𗫡𗁬𘃽𘎑𘅤𗣼𗣼：解怨结未随余言，即《大正藏》作"解怨释结第九之余"。

[2] 𘃽𘈩：重苦，《大正藏》作"剧报"。

[3] "𗋈𗫤𘃵𘎻𗬩𗣼𗣕𘘚，𘎄𘎻𗭷𘈩、𗭷𘎻𘎄𘈩𗫘𘈣𗣏"："自作因自受果报，不经他作我受、我作他受"，即《大正藏》作"未见他作我受我作他受。自作其因。自受其果"。"𘈣𗣏"（不经），对应"未见"。

[4] 𗧘𘎻𘄇𘈢𘙌：起少许恶业，《大正藏》作"一业成"。

[5] 𘈣𘈖𘘚𘘚：不痛哉，《大正藏》作"岂不痛哉"。

[6] 𗟲𘕰𗅁：无胜超，即《大正藏》作"无能胜"。

[7] 𘜶𘏨：空华，《大正藏》作"开华"。

录文、对译（中藏本第326页第10行—335页第2行）

第326页：10. 𘈣𗫤𘎑𘅤𘝵𗧘𘘂𘜶𘝚𗴟𗧘𘄇𗣼𗣼𘕖
对译：10. 又复是如十方虚空界尽三宝一切〈〉
第327页：1. 𘝚𘜶。𘛛𗊬𘏨、𗫡𘏨、𗀔𗏤𗫤𘏨、𘄡𘟙𗣼𗣼 2. 𘏨𗧘，𘝯𗆀𗢳𘜶𗬿𗣼𗣼𘕖𗬿𘜴𘝚𘏨 3. 𗫡。𗋈𘏽𗡪𘎑[1]，𘕖𘚉𘄡𗣴，𘎑𘅤𘙌𗧗[2]（𘝩𗫤）𗧘 4. 𘝚𗅁、𘃽𗅁𗡪𘌐𘖨𘃵𗬀𘃺𘙷𘔐𘟙，𘙷𘄇 5. 𗧘𗫤𘄡𗧘𘆊𘙸𗫑、𘕙

𘂤𗘝𗙏𗥤𘆄𗼮，𘕰 6. 𗜓𗥼𗣘𗘝、𗩇𘗽𗘝𘂤𗘝𘆄𗼮，𘕰𘐆𗋽 7. 𗘝、𗜓𗫨𗘝𘂤𗘝𘆄𗼮，𘋩𗀚𘍦𗰜、𗤭𗰜、8. 𘆄𗤋𘗽𗰜、𗴿𘐊𗼕𗼕𗰜𘄿𗤋𗴮𗨴𗘝𘍂 9. 𗩃𘄡𗙏𘕰𗀐𘍔𘃡、𘕰𗸐𘕰𗖨，𗷀𘄡《𗆎𘟣 10. 𗫨》𘄿𗎘𗫨𘆵𘎃，𘝵𘄄𘓷𘍦。𘍂𘞪𗬠𘃡𘔟

对译: 1. 依归愿佛力法力诸菩萨力贤圣一切 2. 力以四生六道众怨一切〈〉同道场到 3. 令自各忏悔心念口言是如言说某甲等 4. 始无明无地住从已来今日于至身恶 5. 业因缘以或天道人道中诸怨结起或 6. [阿修罗]道地狱道中诸怨结起或饿鬼 7. 道畜生道中诸怨结起唯愿佛力法力 8. 诸菩萨力贤圣一切力以四生六道三 9. 世众怨若报未报若轻若重此刻忏悔 10. 法以忏应除灭悔者清净三界苦报永

第 328 页: 1. 𗝢𘄡𘝵，𘏉𗫨𘄽𗗙𗰜𘆄𘐝𘄄𗘝。𗝢𗷇𗬠 2. 𗹬𗖵𗆎𘟣�，𗻩𗸖𗜓𗫘𘏉𗫱𗰜𘕰𗰜 3. 𗰜，𘃡𗱀𘍦𘕰𘕰𘄿，𗷀𗱀𗘝𘝺𗙏𘆄𘑊𗼮。4. 𘕰𗥤𘘂𘄿，𘕰𗈴𘕰𘄿，𘕰𗉧𗥼𘄿。𘍂𗀼𘍔 5. 𘗽𗬠𗱀𘍦𘓷，𘏉𗫱𘘂𗒹，𗝢𗤋𗰜𘄉。𘕰𗏵 6. 𗼃𗰜，𘕰𗦲𘍦𗰜，𘕰𘄡𗺌𗰜，𗁅𘏉𘘂𗒹。𗝢 7. 𘍦𘕰𘏉𗫱𘄉𘕰𗰜𗰜𘕰，𘕰𗘷𘃖𘘂𗒹，𗤤𗰜 8. 𗀋𗒷𘍂。𘕰𗼃𘄿𗷾𘔟𗴮𗴿𘍂𘄉𘏉。𘝵𘟣 9. 𘔟𗼃𗙏𘔟𘃡𘔶，𘏉𘄄𗆎𘟣𗀚𘍦𗻯𘎃。𗝢 10. 𘏉𗫱𘏉𗫱𘏉𘄄𗼃𘏉，𘕰𗤋𗰜𘏊𘉐𗋽。�²

对译: 1. 复不受所生在处常诸佛相值又复今 2. 日同忏悔者始无死生从已来今日于 3. 至身恶业因缘以其恶道中怨结备起 4. 或嗔恚以或贪爱以或愚痴以三毒根 5. 从十恶业造禽兽杀好牛羊等断或田 6. 业为或舍宅为或钱财为自相杀害又 7. 始无已来今日于至或利养〈〉为众生 8. 〈〉谬刺或妄以人医百姓于灸针是如 9. 等罪怨报无量今日忏悔速愿消灭又 10. 始无已来今日于至或众生饥渴令又

第 329 页: 1. 𗜓𗤋𘂤𗘝𗤏𗒹，𘕰�8𗴮�᠋�᠋𗋽𘏊𗍫 2. 𗌖𗋽。𘕰𗌣𗤠𗰜[3]𗤒𗒹。𘝵𘟣𘍂�8𗸖𘘂𗙏 3. 𗀷，𘏉𘄄𗆎𘟣𗀚𘍦𗻯。�²�²�²𗫱𘄄� 4. 𘄉𗒷，𘕰𗴮𗰜𗤋𘘂𗒹，�8��᠋𗒹。𘕰𘕰 5. 𘘂𘍂𗀼[4]𘄿𗴮𗰜�᠋𘄄�，𘕰𘋩�8 𘄿𗴮𗰜 6. �᠋𘘂𗒹。𘝵𘟣𗙏𘆄�8𗂁𗖵，�1�2�9𗘂 7. �8𗒷。�²�²𗴱�᜸�8𘄄�5，�8�1�2 8. �᜔�8�2𗰴，�1�2𗴮�2�2�3�4�² 9. �2�5𘘂𗒹。[5]𘕰�3�1𗀼�，�²�᝔𗀼�6，�2 10. �8��(,)�1�21[6]�8�᠒𗒹。𘕰�8�8�᜕�᜔，

对译: 1. 人〈〉食粮断为或逼以众生之复醎苦 2. 饮令或人〈〉水断作是如种种恶业怨 3. 报今日忏悔速愿除灭又始无已来今 4. 日于至或众生〈〉杀害其

肉食作或意 5. 依三毒以众生〈〉鞭打或毒食以众生 6.〈〉杀是如怨报无量边无今日忏悔速 7. 愿除灭又始无已来今日于至明师远 8. 离恶友近亲身三业从种种罪起不应 9. 以意随杀害或湖池发撤渠沟壅塞水 10. 中余诸水族细虫〈〉恼害或野山烧放

第 330 页：1. [illegible][7][illegible]，[illegible]。[illegible] 2. [illegible]，[illegible]。[illegible] 3. [illegible]，[illegible] 4. [illegible]，[illegible]。[illegible][8] 5. [illegible]，[illegible]。[illegible] 6. [illegible]，[illegible]。[illegible] 7. [illegible]，[illegible]。[illegible] 8. [illegible]，[illegible]，[illegible]，[illegible] 9. [illegible][9]。[illegible] 10. [illegible]。[illegible]，[illegible]，[illegible][10]。[illegible]

对译：1. 或网设罗张水陆众生皆悉杀害是如 2. 怨报无量边无今日忏悔速愿除灭又 3. 始无已来今日于至慈悲心无平等行 4. 乖斗秤以欺下劣〈〉侵凌或他之邑舍 5. 破为劫夺以掠抄或他之财盗自身供 6. 给诚信无有相与杀害是如怨报无量 7. 边无今日忏悔速愿除灭又始无已来 8. 今日于至慈悲心无慈悲行无六道中 9. 在众生一切于备杖楚行或眷属〈〉鞭 10. 打或不道以或系或缚锁械闭为或掠

第 331：1. [illegible][11]，[illegible]。[illegible]，[illegible] 2. [illegible]。[illegible] 3. [illegible]。[illegible]，[illegible] 4. [illegible]、[illegible]、[illegible]、[illegible]，[illegible] 5. [illegible]，[illegible]。[illegible][12][illegible]，[illegible]，6. [illegible][13]，[illegible]。[illegible] 7. [illegible][14]，[illegible][15]。8. [illegible]，[illegible] 9. [illegible]。[illegible][16][illegible] 10. [illegible]，[illegible]。[illegible]

对译：1. 以拷为刺射以伤毁或截斩残害皮剥 2. 烧煮是如怨报无量边无今日忏悔速 3. 愿消灭又复始无已来今日于至身三 4. 恶业口四恶业意三恶业四重五逆诸 5. 余不善所未作无自少力恃鬼神不畏 6. 唯我人胜当殊人我所莫及〈〉或门华 7. 族望恃以自傲人之凌故是如怨结 8. 或识达恃以自傲人于侵凌故是如怨 9. 结诗篇书巧技艺有恃以自傲人〈〉侵 10. 凌故是如怨结或豪夸奢侈恃以自傲

第332页：1. 𗗙𗣼𗠦𗬥，𘏞𗼕𗤁𗛟𗫂。𘏴𗼃𗗙[17]𗼕𗽾𗒐2. 𗼕𗂧𗍵𗗙𗣼𗠦𗬥，𘏞𗼕𗤁𗛟𗫂。𗼕𗤁𗰖3. 𗛟，𘏴𗫭𗧘𘄒𗱕𗷙𗭪[18]。𘏴𗈪𗪘𗣟𘉋𗷙4. 𗭪。𘏴𗗙𘍹𗤁𘍐𗷙𗭪。𘏴𗂧𗰚𗆧𗼕5. 𗷙𗭪。𘏴𗾈𘙰𗤘𗺄𗷙𗭪。𗼕𗤁𗛟𗒐𗠣𗚔6. 𘍹𗂅，𗁾𗥃𗭪𗤁𗓋𘘣𗖰𗬈。𗟸𗤁𗂅𗬓𗖵7. 𗁾𗥃𗷙𗭪，𘏴𗁦𗫴、𗗙𗫴𗖜𗝽𘕂𗛟𗫂8. 𗭪。𘏴𗎸𘄒𘙰𗫴、𗴮𗰜𗫴𗖜𘏞𗛟𗫂𗭪。𘏴9. 𗷁𘘺𗫴、𗴮𗫢𗫴𗖜，𘉋𗠦𗩉𗗙𗧘𗾺𗫐𗫐10. 𗷙𗤁𗛟𗫂𗭪。𘏞𗼕𗭪𘄒𘒸𘘣𘍹𗂅，𗁾𗥃

对译：1. 人于侵凌故是如怨结或舌巧辞利恃2. 以自傲人于侵凌故是如怨结是如众3. 怨或尊像福田于起或和尚[阇犁]于4. 起或同住上中下座于起或同学眷属5. 于起或父母亲戚于起是如怨报无量6. 边无今日忏悔速愿除灭又始无已来7. 今日于至或天道人道中于经诸怨结8. 起或[阿修罗]道地狱道中是怨结起或9. 畜生道饿鬼道中乃至十方众生一切10. 于诸怨结起是如罪恶无量边无今日

第333页：1. 𗷙𗤁𘍐𗷙�。（𗤁𗒘）𗈪𘏞𗼕𘒸𘘣𗖰𗷹𘕂2. 𘏴𗁾𗥃，𘏴𗵽𗣟𘈪，𘏴𗷙𗧘𗂧𘄒𗾺[19]𘀒。3. 𘏴𘈩𗀚𘈪，𘏴𗲾𗨁𘈪，𗷁𗴮𗲷𗽾𘀞𗷙𘈪4. 𗷹。𘏞𗼕𗛟𗫂𘏴𗞞𘏴𗥃，𗁭𘈪𗘭𗼕𘂤𗐔5. 𗼟𗒩𘈪，𘈪𗷙𗄈、𗝽𗳠𗹢𗁾𗹢6. 𘀞𗄈𘀞。𗫭𘏠𗣼𘍐𗥃。𘏴𘏞𘈪𗄈𘈪𗷙𗓋𘊧𗷙𘕂7. 𗬖𘕂𗘯𗰖�，𘏴𗦳𗄨𗬖𗬖𘀒𗼕𗶸。𘏴𗄨8. 𗫴𗊱𗂧𘀒𗁾𗦳𘀒𘀒𗁦，𘀒𘀒𗼕𗶸。𘏴𘀒9. 𗾈𘏴𗁾𘀒𗾈，𗄈𘀞、𗝽𗳠𗁾𘀒�𘀒𗼟𗄈10. 𘀞。𗴮𘙰𗴮𗫢、𗷁𘘺，𗁾�𗩉𗫴𘈨𘍹𘄒𘈪

对译：1. 忏悔速愿除灭某甲等又复始无已来乃2. 至今日或嫉妒为或谀曲以自贵富求3. 或名誉为或利养为邪见随逐惭无愧4. 无是如怨结若轻若重罪因苦报量数5. 多少者唯诸佛菩萨尽知尽见诸佛世6. 尊我〈〉慈念若我前世始无死生从已7. 来所作众罪若他教作作见随喜若三8. 宝物自取又他教取令取见随喜或藏9. 覆或不藏覆诸佛菩萨知见罪量多少10. 如地狱饿鬼畜生及诸恶道地边下贱

第334页：1. 𗭜𗅲𗛟𗫭𗼕𗶸𗶸，𘏞𗫂𗷙𗤁𘍐𗷙�。2. 𘈪𗄈𗎸𗠦𗬥𘄒𘄒𘒸，𗅐𗊱𘙧𗄷𗂧𗫐𗫐3. 𗎸𘏴。（𗤁𗒘）𗈪𗁾𗥃𗖜𗺄𘉋𗶸𗖜𘏴𘏠𗢉�󠄉4. 𗂧𗫐𗫐，𗊱𘏞𗛟𗫂𘈩，𘍹�𗷙𗤁。[20]𗅐𘈪5. 𗫴𗛟𗙀𗂧𘍐𗂧𗦳，𗫐𗫐𘋚𗴎𗛟𗖜𗼟𗂧，6. 𗫐𗫐𗈨𗷙𗲷𘙰𗝽𗤁。𘏴𗁾�𗪘𘈪𘈨𗛷7. 𗂧，𘙰𗰜𘘣𘈚[21]𗰚𘓘𘌒𗛟。𗊱𘉒𘄒𘀞𗠣𗫐𗛟8. 𘋲�，𗁦𘈪𗎸𗬓𗄴𘉋𘙰𘈨。𗾺𘀞𗂅𗷹、𘈪9. 𗐔𘙰𗾈𘈛𗱕𘙰𘈛𗼕𘏴𗷹。𘏴𗁾𗎸𘀞𘀞𗪘𗄷𘈪10. 𗒘𗓋𗝽𘖲𗾺𘍹，𗴲𗼕𗖵𗷁。𗢾𗖚𘈚𘈚

对译：1. 中堕怨报受应者今皆忏悔速愿除灭 2. 诸佛神力思议可不愿慈悲心以一切 3. 救护某甲等今日四生六道中父母师长 4. 眷属一切向诸怨结解往罪忏悔愿六 5. 道怨主自各欢喜一切舍施怨亲平等 6. 一切碍无虚空犹如今日从起乃至[菩 7. 提]结恼习气毕竟断尽三业清净众怨 8. 永灭天宫宝殿意随往生四无量心六 9. [波罗蜜]常修行能百福身严万善具足 10. [首楞严三昧]于住金刚身得一念顷时

第 335 页：1. 𗊱𗿁𗒞𗸯。𗄊𗏇𗦬𗙫，𗙫𗓦𗋽𗟲[22]。𗜓𗄈𗒛 2. 𗵘，𗝠𗋽𗉛𗨁。

对译：1. 六道皆遍相济度皆无遗使同道场 2. 坐正等觉成

意译、注释（中藏本第 326 页第 10 行—335 页第 2 行）

又复归依如是十方尽虚空界一切三宝。愿以佛力、法力、诸菩萨力、一切贤圣力，令四生六道一切众怨同到道场，各自忏悔，心念口言，说如是言。(某甲)等从无始、无明住地已来至于今日，以身恶业因缘或天道、人道中起诸怨结，或阿修罗道、地狱道中起诸怨结，或饿鬼道、畜生道起诸怨结，唯愿以佛力、法力、诸菩萨力、一切贤圣力，四生六道三世众怨若报未报、若轻若重，今以《忏法》所忏除灭，所悔清净。三界苦报永不复受，在所生处常值诸佛。

又复今日同忏悔者，从无始生死已来至于今日，以身恶业因缘，其恶道中备起怨结。或以嗔恚，或以贪爱，或以愚痴。从三毒根造十恶业，好杀禽兽断牛羊等。或为田业，或为舍宅，或为钱财自相杀害。

又无始已来至于今日，或为利养谬刺众生，或妄以人医针灸百姓。如是等罪怨报无量，今日忏悔速愿除灭。

又无始已来至于今日，或令众生饥渴，或断人粮食，或令复逼众生饮醎苦，或断人之水。如是种种恶业怨报，今日忏悔速愿除灭。

又无始已来至于今日，或杀害众生噉食其肉，或依意三毒鞭打众生，或以毒食杀众生。如是怨报无量无边，今日忏悔速愿除灭。

又无始已来至于今日，不应远离明师亲近恶友，从身三业起种种罪随意杀害。或发撒湖池壅塞沟渠，恼害水中诸余、水族细虫。或放烧山野，或设网张罗，水陆众生皆悉杀害。如是怨报无量无边，今日忏悔速愿除灭。

又无始已来至于今日，无慈悲心乖平等行，斗秤以欺侵凌下劣。或破他舍邑抄掠劫夺，或偷盗他财身自供给，无有诚信相与杀害。如是怨报无量无边，今日忏悔速愿除灭。

又无始已来至于今日，无慈悲心、无慈悲行，在六道中于一切众生备行楚杖。或鞭打眷属不以其道，或系或缚锁械为闭，或为拷掠刺射伤毁，或斩截残害剥皮烧煮。如是怨报无量无边，今日忏悔速愿除灭。

又无始已来至于今日，身三恶业、口四恶业、意三恶业，四重五逆，诸余不善无不备作。自恃少力不畏鬼神，唯我当殊胜人，人莫及我。或恃以华门望族自傲凌人，故如是结怨。或以恃识达自傲凌人，故如是结怨。恃以有诗篇巧书技艺自傲凌人，故结如是怨。或以恃夸豪奢侈自傲凌人，故结如是怨。或以巧舌利辞自傲凌人，故结如是怨。如是众怨，或起于尊像福田，或起于和尚阇梨，或起于同住上中下座，或起于同学眷属，或起于父母亲戚。如是怨报无量无边，今日忏悔速愿除灭。

又无始已来至于今日，或经于天道、人道起诸怨结。或于阿修罗道、地狱道起是怨结。或于畜生道、饿鬼道，乃至十方一切众生起诸怨结。如是罪恶无量无边，今日忏悔愿乞除灭。

(某甲)等又复无始已来至于今日，或为嫉妒，或以谄曲自求富贵，或为名誉，或为利养，随逐邪见无惭无愧。如是怨结若轻若重，罪因苦报数量多少者，唯诸佛、菩萨尽知尽见。诸佛世尊慈念我。若我前世从无始生死已来所作众罪，若教他作，见作随喜。若三宝物自取又令教他取，见取随喜。或有覆藏或不覆藏，如诸佛菩萨知见罪量多少。应堕地狱饿鬼、畜生，及诸恶道中边地下贱受怨报者，今皆忏悔速愿除灭。诸佛神力不可思议，愿以慈悲心救护一切。

(某甲)等今日向四生六道中父母师长一切眷属，解诸怨结，忏悔往罪。愿令六道怨主各自欢喜，舍施一切怨亲平等，一切无碍犹如虚空。从今日起乃至菩提，结习恼气毕竟断除。三业清净众怨永灭，天宫宝殿随意往生。四无量心、六波罗蜜常能修行。百福严身万善具足，住于首楞严三昧得金刚身。一念顷时皆遍六道，更相济度皆使无遗。同坐道场，成等正觉。【参见《大正藏》[0946b21—0947b03]】

[1]𗆝𗣼𗴺𗯼：各自忏悔，《大正藏》作"各各忏谢"。

[2]𗼨𗯼𗾺𘕕：说如是言，《大正藏》作"作如是说"。

[3]𗯰：水，《大正藏》作"水浆"。

[4]𗁬𗏼𗦴𗣀：依意三毒，《大正藏》作"纵三毒"。

[5]"……𗊋𗠣𘉐𗭪𗬈𗬈𘝵𗈜𗯼𘟣𗬜𗁬𗏼𘄦𘄦"："不应……从身三业起种种罪随意杀害"，《大正藏》作"从身三业起种种罪。肆情杀害枉夭无辜"。"𗁬𗏼"（随意），对应汉文"肆情"。

[6]𗯰𗒉𘈷𘈷：水族细虫，《大正藏》作"细虫"。

[7]𗹙：设，形误作"𗹙"，今乙正。

[8]𗼨𗱷：邑舍，《大正藏》作"城邑"。

[9]𗼮𘕕𗇃𗱷：备行楚杖，《大正藏》作"备加楚毒"。𘕕，和底本笔画稍有不同。

[10]𗦓𗋔𗹙𗾺：锁械为闭，《大正藏》作"锁械幽闭"。𗹙，误作"𗹙"。

[11]𘟪𗼻𗠣𘖑𗾺：或为拷掠，《大正藏》作"或考掠侧立"。考，假借为"拷"。

[12]𗈜𘑗：少力，《大正藏》作"年命"。

[13]𗋔𗋔𘝼𘔞𗧁𗆧：唯我当殊胜人，《大正藏》作"唯恐我不胜人"。

[14]𗆝𗫴𗌭𗊩𗽱𗯼：自傲凌人，《大正藏》作"傲物凌人"。𗆝𗫴𗌭𗊩𗽱𗯼，即"自傲凌人"或"凌人自傲"。下同。

[15]𗋔𗼨𗯼𗴺𘘄：故结如是怨，《大正藏》作"作如是怨"。下同。

[16]𗋔𗦴𘝵𘔞𘅇𗬜𘓓𗫦𗠣：恃以有诗篇巧书技艺，《大正藏》作"或以篇章技艺"。

[17]𘋠𗱷：巧舌，《大正藏》作"辩口"。

[18]𘜶𗗂𗇃𘟣：起于福田，《大正藏》作"福田边起"。下同。

[19]𗆧𘟬：贵富，《大正藏》作"升进"。

[20]"𗼮𘘄𗴺𗧁，𘟣𘝵𗯼𗯼"："解诸怨结，忏悔往罪"，《大正藏》作"忏悔往罪解怨释结"。

[21]𗴺𗬂𘝸𗈜：结习恼气，《大正藏》作"结习烦恼"。

[22]𗼮𘖑𘄦𗤁：皆使无遗，《大正藏》作"使无遗余"。

录文、对译
（中藏本第 335 页第 3 行—338 页、341 页、339 页—340 页第 2 行）

第 335 页：3. 𗹬𗘁�𗾈𗃛𗏇𗰛𗩾，𗤒𗫂𗤓𗖄𗸪𗴖𗟲𗰔4. 𗷣𗰛。𗟲𗥾𗤪𗤓𗥛，𗤭𗰒𗤓𗟲𗰛，𗬙𗜓𗎆5. 𗰉𗆚𗆚𗂧𗤯𗃛。𗮐𗥣𗷣𗃛𗴘：𗯨𗃛、𗵒𗫴、6. 𗼩𗊘、𗸫𗯗𗛳𗇋。𗮐𗬜𗼩𗤓𗴘𗇐𗃛𗟲7. 𗤨𗰔𗈜[1]，𗬙𗤒𗰉𗱕𗫂𗸪𗛳𗰛𗘁[2]。𗪛𗥾�8. 𗓟𗤪𗊪𗂧𗱉、𗂧𗊪𗴘𗥾、𗟲𗊪𗥾𗰕，𗬙𗃛9. 𗤒𗤒𗃬𗾈𗆚𗙴。𗃬𗾈𗙴𗰒，𗶷𗂧𗰛𗒝[3]。𗰔10. 𗷣𗃛𗥩，𗪛𗧄𗤒𗴘𗰛，𗪛𗫴𗤒𗗚𗰒。[4]𗬙𗖭

对译：3. 今日道场业同大众相与前身罪忏悔4. 已竟身业虽清净其余口过者是复怨5. 祸一切之门是故诸佛诫言谗舌恶渲6. 妄为语绮得不〈〉故此谀曲辞华以过7. 患怨构是以患为最重报受矣若人世8. 在心毒念怀口毒言施身毒业行此三9. 种以众生〈〉害众生害被结怨10. 报寻欲或现世益得或后世遇值是如

第 336 页：1. 𗰔𗒝𗘓𗰙𗫂𗤓。�𗷣𗃛𗰔��Ⅰ𗇋[5]，𗫂2. 𗺉𗆚𗮔𗴖，𗹬𗘁𗢲�𗋛[6]𗮐𗒪𗟲𗂧𗰛，𗍅3. 𗰛𗵒𗛳𗰉𗕊𗃛。𗬙𗮐𗾈𗫻𗮔�Ⅰ𗂧𗰙𗰕4. 𗰛，𗩾𗲱𗮐𗴘[7]，𗪛𗖯𗎛𗈷𗤓𗤒𗤓𗫂𗰔𗤓5. 𗘁[8]。𗬙𗶷𗫻𗤪𗧃�Ⅰ𗇋𗰛，𗮔𗭁𗓟𗺉，𗫝𗵒6. �Ⅰ𗒝。𗬙𗖭𗵒𗷣，𗫂�𗥾𗮔𗴖[9]。𗪛�𗥾𗰗7. 𗂧𗥾𗫂𗘁，𗮔𗬙𗷣𗺉𗊪𗊪𗰔𗆚𗘁[10]，𗶷𗬙8. 𗺜𗰕[11]，����。𗹬𗘁�𗾈𗃛𗏇𗰛𗩾，𗫝9. 𗤭𗬙𗒝𗘓𗰗𗤒�𗰛，𗫂𗂧��’𗥾。𗪛�Ⅰ10. 𗈳𗰙𗒝[12]，𗼩𗥾[13]𗒎�𗗘，𗥾𗒎�𗋜[14]。𗛳𗷣𗛳��

对译：1. 怨结六道备居相与报寻穷竟可无皆2. 宿缘由得突然得及非故知身口者实3. 众恶之根本是家在人意随不孝顺行4. 者死地狱入镬中煮火以烧等极楚苦5. 受家出人佛法不乐者所生住处常恶6. 与会此如恶报皆三业依得其三业中7. 口业最重乃至报获复毒楚苦受冥黑8. 夜长不知不觉今日道场业同大众我9. 等此六道中轮回者皆口业〈〉〈〉或舌10. 巧辞利谀言饰假言行不和自报自招

第 337 页：1. 𗂧𗣭�Ⅰ𗱉，𗦺𗭀𗛳𗰙�’𗰔��。𗬙𗟲�Ⅰ2. 𗖭[15]，𗫂𗫄𗥫𗒪𗰙𗼩𗼉𗝚𗹬𗘁𗼐𗬙，�’𗥾3. ��，��𗷢𗘓𗰙𗼐𗣭𗁛，𗥄𗥫𗶷��𗆚𗆚4. 𗌥，𗵒𗼐𗄽𗇋�。���’𗊨𗵒[16]，���=𗥾�1[17]。𗛸5. ���𗁛�Ⅰ𗒪���[18]：

〔西夏文〕……[19]；6. ……；……[20]；……7. ……。……8. ……，……[21]。……，……9. ……，……，[22]……10. ……[23]，……[24]，……

对译：1. 历劫无免何云自各悚然不起此过不 2. 忏相与神识有从已来今日于至口业 3. 不善四生六道于父母师长眷属一切 4. 边恶〈〉未宣靡言出粗恶发语人伤 5. 眷属聚集无义言说无与有言有与无言 6. 见不见言不见见〈〉言不闻闻〈〉言〈〉作 7. 不作言不作所作言是如颠倒天地反 8. 易自又利贪人〈〉害自相谗谤己随 9. 德但颂他〈〉恶但说乃至贤圣之下高 10. 品诉国主及又父〈〉行技量裁师长于

第338页：1. ……[25]。……，……[26]。……2. ……，……，……3. ……[27]……[28]，……4. ……，……，……。[29]5. ……，……6. ……、……；……、……7. ……；……、……8. ……；……、……9. ……，（……）……、……10. ……，……

对译：1. 恶说善知识与背无义但作世疾死有 2. 形伤命丧未来痛楚永劫报受是如不 3. 念矣戏笑言以复便无量罪重具足 4. 能又言恶以一切〈〉谗害者说可何有 5. 众等相与始无已来今日于至口恶业 6. 以天道人道中怨报有者[阿修罗]道 7. 地狱道中怨报有者饿鬼道畜生道中怨 8. 报有者若父母师长眷属一切于怨报 9. 有者某甲等慈悲心以菩萨行与等菩萨 10. 愿与同奉以是等为敬礼大慈悲主

第341页①：1. ……[30]。2. ……！……！3. ……！……！4. ……！……！5. ……！……！6. ……！……！7. ……！……！8. ……！……！9. ……！……！10. ……

---

① 中藏本第339、340、341页次序错乱，今依内容调整为：（上接第338页）第341、339、340页（下接第342页）。下同。

𖼋𗏁𗢲！𗕣𗤋𗣼𗫣𗢲！

对译：1.〈〉依归2.［南无］［弥勒］佛［南无］［释迦牟尼］佛3.［南无］净疑断佛［南无］无量持佛4.［南无］妙乐佛［南无］不负佛5.［南无］住无佛［南无］［得叉迦］佛6.［南无］众首佛［南无］世光佛7.［南无］多德佛［南无］弗沙佛8.［南无］边无威德佛［南无］义意佛9.［南无］药王佛［南无］恶断佛10.［南无］热无佛［南无］调善佛

第339页：1.𗕣𗤋𘟢𗢲𗢲！𗕣𗤋𗸲𗢲𗢲！2.𗕣𗤋𗦰𗢲𗢲！𗕣𗤋𗹙𗤋𗤋𗢲！3.𗕣𗤋𗴮𗢲𗢲！𗕣𗤋𗹙𗈪𗤋𗢲！4.𗕣𗤋𗸲𗤗𗢲！𗕣𗤋𘝢𗥰𗳸𗢲！5.𗕣𗤋𗸪𗤋𗢲！

对译：1.［南无］名德佛［南无］华德佛2.［南无］勇德佛［南无］金刚军佛3.［南无］大德佛［南无］意寂灭佛4.［南无］香象佛［南无］［那罗延］佛5.［南无］善住佛

第340页：1.𗕣𗤋𘈰𗤋𘜶𗖻𗤋！𗕣𗤋𗤱𗸲𗖻𗤋！2.𗕣𗤋𗦜𗼅𗣼𗖻𗤋！𗕣𗤋𗲜𗸲𗴈𗖻𗤋！

对译：1.［南无］不休息菩萨［南无］妙音菩萨2.［南无］身边无菩萨［南无］世音观菩萨

意译、注释
（中藏本第335页第3行—338页、341页、339页—340页第2行）

今日道场同业大众，相与已竟忏悔身罪。身业虽清净，其余口过者，复是一切怨祸之门。故诸佛诫言：不得谗舌、渲恶、妄为、绮语。故此谄曲华辞构怨过患，是为患受报最重矣。

若人在世心怀毒念、口施毒言、身行毒业，以此三种害众生。众生被毒即结怨。欲寻怨报，或现世得益，或后世值遇。如是怨结备居六道，相与寻报无可穷竟，皆得由宿缘非得突然。故知身口者，实众恶之根本。在家人随意不行孝顺者死入地狱，受镬中火烧煮等极楚苦。出家人不乐佛法者，所生住处常与恶会。如此恶报皆得依三业。三业之中口业最重，乃至获报复受毒楚之苦，冥黑长夜不知不觉。

今日道场同业大众，我等轮回此六道者，皆由口业行。或巧舌利辞，谀言假饰，言行不和。自报自招，历劫无免，岂得各自不起悚然。

　　此过不忏，相与从有识神已来至于今日，口业不善于四生六道父母、师长一切眷属边，靡恶不宣。出言粗恶，发语伤人。眷属聚集说无义之言：言无为有，言有为无；见言不见，不见言见；不闻言闻；作言不作，不作言所作。如是颠倒，反天易地，自利伤人。自相谗谤，随己但颂其德，于他但说其恶。乃至品诉圣贤之高下，裁量国主及父之行技，说师长之恶。背善知识，但作无义。世有死疾伤形丧命，未来楚痛永劫受报，如是不念矣。言以戏笑，复便能具足无量重罪，又何况恶言谗害一切。

　　众等相与无始已来至于今日，以恶口业于天道、人道有怨报者；于阿修罗道、地狱道有怨报者；于饿鬼道、畜生道有怨报者；若于父母师长一切眷属有怨报者，（某甲）等以慈悲心同菩萨行、同菩萨愿，奉为敬礼是等，归依大慈悲主。

　　南无弥勒佛！南无释迦牟尼佛！南无净断疑佛！南无无量持佛！南无妙乐佛！南无不负佛！南无无住佛！南无得叉迦佛！南无众首佛！南无世光佛！南无多德佛！南无弗沙佛！南无无边威德佛！南无义意佛！南无药王佛！南无断恶佛！南无无热佛！南无善调佛！南无名德佛！南无华德佛！南无勇德佛！南无金刚军佛！南无大德佛！南无寂灭意佛！南无香象佛！南无那罗延佛！南无善住佛！南无不休息菩萨！南无妙音菩萨！南无无边身菩萨！南无观世音菩萨！【参见《大正藏》[0947b04—0947c19]】

　　[1] 𗥃𗥦𗾔𗾦𗢫𗺈𗑗𗩉𗦇𗮔𗤻：故此诶曲华辞以构怨过患，《大正藏》作"当知诌曲华辞构扇是非"。参阅钱汝平《大正藏本〈梁皇忏〉标点校勘举误》（《图书馆理论与实践》2007 年第 5 期）。

　　[2] 𗥃𗤻𗊩𗆜𗆟𗑒𗤟𗩉：是为患受报最重矣，《大正藏》作"故言之为患不轻招报实重"。"𗆜𗆟"（最重），对应"实重"。下同。

　　[3] 𗤻𗥰：结怨，《大正藏》作"结怨恨"。

　　[4]"𗤻𗑗𗤟𗥾，𗩾𗾈𗊠𗑢𗤟，𗩾𗦳𗊠𗊛𗥒"："欲寻怨报，或现世得益，或后世值遇"，《大正藏》作"誓心欲报。或现世获愿。或终后从心"。"𗑢𗤟"（得益），对应汉文"获愿"。"𗦳𗊠𗊛𗥒"（后世值遇），对应"终后从心"。

　　[5] 𗊠𗤽𗤟𗤻𗤽𗇋𗆳𗗽：相与报寻无可穷竟，即《大正藏》作"更相报复无有穷尽"。

[6]𗥃𗗕𗢸𗰜𗪓，𗂧𗒘𗲩𘃽𗠯：皆得由宿缘非得突然，《大正藏》作"皆由宿命非空所得"。

[7]"𗤢𗢰𗾔𗧺𗰜𗦫𗗥𗒘𘏽𗢸，𗩾𗪫𗹣𘏾"："在家人随意不行孝顺者，死入地狱"，《大正藏》乙本作"处俗者不行忠孝死入泰山"。"𗗥𗒘"（孝顺），对应汉文"忠孝"。"𗪫𗹣"（地狱），对应"泰山"。泰山，系民俗、宗教中专司招魂之太山府君所住之山。太山府君成为阎魔王之书记，专门记录人类之善恶行为。

[8]𗣫𗠯𗗈𘄒𗴟𘓄𗫒𗱕𗌭𗠯𘃽：受镬中火烧煮等极楚苦，《大正藏》作"乃有汤火之酷"。

[9]𗥃𗤋𗤅𗢸𗰜：皆得依三业，即《大正藏》作"皆资三业"。

[10]𘊝𗬪𗌭𗠯𘃽：复受毒楚苦，《大正藏》作"备诸楚毒"。

[11]𗸱𗤒𗱞𗰗：冥黑长夜，《大正藏》作"难晓之夜"。

[12]𗥸𗫼𗲩𗜓：巧舌利辞，《大正藏》作"复轻言肆语。辩口利辞"。

[13]𘓄𗾽：谀言，《大正藏》作"浮虚"。

[14]𗫵𗠫：不和，即《大正藏》作"相乖"。

[15]𘏾𗤋𗫵𗤻：此过不忏，《大正藏》作"增到忏洗此过"。

[16]𗠃𘊲：粗恶，即《大正藏》作"麁犷"。

[17]𗓱𗲀：伤人，《大正藏》作"毁暴"。

[18]𗆩𘕿𗢭𗠯𗫵𗤅𗾽𗾀：眷属聚集说无义言，即《大正藏》乙本作"朋游聚话无义而说"。朋游，指朋友、同伴。

[19]"𗂪𗤅𗰚𘖑，𗰚𗤅𗂪𘖑"："言无为有，言有为无"，《大正藏》乙本作"指空为有。指有为空"。

[20]𘎳𗤅𗰚𗸱𘖑：不闻言闻，《大正藏》作"闻言不详。不闻言闻。"

[21]𗥛𗤅𗰚𘄒𘒫𗅲𗰚𘃽：自贪利伤人，《大正藏》作"自利伤物"。

[22]"𗥛𗰜𗅲𗰚𘅝，𘒫𗅲𘊲𗰚𗾀"："随己但颂其德，于他但说其恶"，《大正藏》作"言已则靡德不归。说他则何恶不往"。已，为"己"之误。

[23]𗤋𗥃𘐀𗤻𗰙𗒀𗹱：品诉贤圣高下，《大正藏》作"品诉圣贤"。

[24]𗪘𘕿𗤅𗤅：量裁行技，《大正藏》作"裁量"。

[25]𗾽𗦇𗱕𘊲𘖑：说师长之恶，即《大正藏》作"讥说师长"。

[26]𗫵𗾀𗰚𗾀：但作无义，《大正藏》作"无道无义。无所顾难"。

[27]"𗴺𗑵𗤴𗆧……𗉗𗄴𗿩𗑵，𗥃𗤓𗆧𗐯𗬩"："世有死疾……永劫受报，如是不念矣"，《大正藏》作"世有幽厄……永劫受报"。"𗑵𗤴"（死疾），对应"幽厄"。

[28]𗢳𗵺𗖊𗑐：言以戏笑，《大正藏》作"且戏笑之顷"。

[29]"𗤓𗖊𗭪𗑐𗘂𗘂𗤓𗴺𗆧𗑵，𗙏𗄷𗵺𘃉"："又恶言以谗害一切者，何有可说"，《大正藏》作"何况苦言以加一切"。

[30]𗤻𗟻：归依，《大正藏》作"归命敬礼"。

录文、对译（中藏本第 340 页第 3 行—342 页—346 页第 3 行）

第 340 页：3. 𗤓𘃽𗤻𗤓𗤴𗐯𗗙𗙏𗒹𗑐𗥃𗤓𗴺𗆧𗙏 4. 𗤻𗟻，𗱕𗃛𗤓、𗢳𗤓、𗦀𗟻𗤓、𗘂𗐯𗤓𗖊，𗙏 5. 𗿊𗵺𗙏𗴺𗑵𗴺𗴺𗜓𗥘𗩨𗏹，𗈬𗠪𗲢𗤓。6. 𗤴𘟬𗵺𗈪𗆧𗑐𗵺𗑐𗘂𗐜𗤓[1]，𗱕𗃛𗤓、𗢳 7. 𗤓、𗦀𗟻𗤓𗖊𗒼𗤸𘌝𗤓，𗴺𗴺𗥨𘏞𗑐[2]。8. （𗐯𗟻）𗤓𗒹𗵺𗾈𗤱𗄱𗤻𗴺𗑵[3]，𗤻𗮘、𗤓𗮘𘋢𗓰 9. 𗴹𗑵𗛪𗏹𗠩𗴹𗤓，𗾈𗖊𗮘𗟻𗟻𗖊𗒼𗵺 10. 𗙏𗤴𗴺𗗙𘏞𗟻[4]。𗱕𗤓𗐯𗦀𗤓𗖊，𗙏𗿊𗵺

对译：3. 又复是如十方虚空界尽三宝一切〈〉4. 依归愿佛力法力菩萨力贤圣力以四 5. 生六道众生一切重觉悟令同道场到 6. 若身拘碍有到欲到不能者愿佛力法 7. 力贤圣力以其精神摄一切俱此当到 8. 某甲等〈〉口业罪忏〈〉受始无明无地住 9. 从已来今日于至口恶业因缘以其六 10. 道中备怨结曾愿三宝神力以四生六

第 342 页：1. 𗙏𗤓𘃽𗆷𗴺，𗤓𗤻𗖊𗴺𘟬𗤻𗉗𗄴。（𗐯𗟻）𗤓 2. 𗤻𗮘𗴹𗏹𗛪𗏹𗠩𗴹𗤓，𗤴𗴺𗲢𗖊，𗤴𗕿𗗙 3. 𗖊，𗤴𗤓𗤱𗖊，𘃽𗩦𗑐𗤻𗵺𗾈𗵺𗏹，𗾈𗙏 4. 𗾈𗖊𗘂𗵺𗈪𗵺。𗤴𗾈𗾈𗖊，𗤴𗤓𗤴𗴺 5. 𗴺𗴺𗴺𗤻𗈪。𗤴𗤓𗤓𗘂𗵺𗵺�013𗆧[5]，𗤴𗕾

对译：1. 道三世怨报忏所断尽悔所永灭某甲等 2. 始无已来今日于至或嗔恚以或贪爱 3. 以或愚痴以三毒根从十恶行起口四 4. 恶以无量罪造或口恶以父母及眷属 5. 一切〈〉恼乱或父母于妄造业起或亲

第 343 页：1. 𗕾𘃽𗴺𘃡𗘂𗵺𗵺𗆧，𗤴𗵺𗘂𘃡𗘂𗵺𗵺 2. 𗆧，𗤴𗴺𗤓𗴺𘃡𗘂𗵺𗵺。𗤴𗤴𘃡𗆷𗟻 3. 𗙏，𗤴𗤤𘃡𗤓𗟻𗙏。𗤴𗑵𘃡𗑵𗟻𗙏，𘃡𗑵 4. 𗑵𗟻𗙏。𗤴𘃽𗴹𗖊𗆷，𗤴𗿊𘏞𗟻𗵺𗵺 5. 𗵺𗆧。𘃽�600𗵺𗖊𘃽𗵺死𗮘，𗏹𗙏𗈬�

䰀6. 蕪骸巍。慨纀絹䣂㣲祀㳰䎃纖，园絹䏪7. 㤱，敠骱䃁㪅㩱蘦㲊绽，㻕骱㣿㣟[6]，䎏骱8. 㻕㣟。敠䍚㪟㵤慨䩧㵤祀。㲥䘫㣟㪅敠9. 㳰[7]，庠䎝㮆㳰园絹㣵，㣂纖䏅䏅㣖蘿㵽，10. 敠䍚㷘㪟㵤[8]。㳶㳴㪟䅍㳳峰㲊絹，祀㳰

对译：1. 戚眷属于妄造业起或师长于妄造业2. 起或诸众生于妄造业起或见不见〈〉3. 言或闻不闻〈〉言或知不知〈〉言不知4. 知〈〉言或不恭自恣因或嫉妒为妄造5. 业起是如罪恶无量边无今日忏悔速6. 愿除灭又始无已来今日于至两舌业7. 起他言恶闻藏覆不能此言彼说彼言8. 此说人亲友离又苦婴使或戏笑以人9. 斗君臣二间谗舌作乃至一切〈〉忿扰10. 人眷属相离是如等罪无量边无今日

第344页：1. 耤㳴䰀蕪㲏。慨纀絹㣲㣲祀㳰䎃纖，㪟2. 䀉䍍㣵，㳰絹[9]骱㣟，䎔絹骱㣟，㣂㰼㵌㣖3. 蘿㵽，㣂骱㺵㣖蘿㵽[10]，㣂絟㵌㣖蘿㵽，㪟4. 㳰㶈㵝㵍㣖蘿㵽㳳㳳㣞㱑㵽㳲㤱。㳶㳴䅍5. 䏪㳝㵽㤱㳰，㳳峰㲊絹。祀㳰耤㳴䰀蕪

对译：1. 忏悔速愿除又始无已来今日于至语2. 绮罪造愧无语说益无语说或父母〈〉3. 触恼或师长〈〉触恼或同学〈〉触恼乃4. 至六道众生一切于皆恼害起是如口5. 业怨报起者无量边无今日忏悔速愿

第345页：1. 㣟㲏。䄉㱗㵽、㶅㵽、㵌㵽㳰㵽、㳝㪵蘿蘿2. 㵽㪟，（㳳絟）䍚㣖祀㳰耤㳴㳴㵟，㳷㤳㣵㵌㪟3. 㪟㵉㹀、㹀㵌蘿蘿㤱㦻[11]㵌㪉，㪟㳝蘿蘿4. 㮆㮆㲊㲏[12]。㤱㲹㵌㹀㵌㳝㤱慨㪵㪟㵌5. 㧬㪵㳮；㤱㲹慨㲏㵟㵌㵌㵓祀㳰㪵㪟㳝㵌6. 㵽㵌[13]。祀㳰㳰㤱，蘿蘿㵣㳰㹀䍚㵁絹，蘿7. 蘿㳖㣟㵟㵽㵉㳴，蘿蘿㵟㵈㣓㵁㵽㳴。8. 㤱㶅䍚䍚㵃㲊㣟㷘㳲。祀㳰㳰㤱㣲㳰9. 㣟㪵，㪵㳮㳝㤱㤱㵝慨㵍㳰。㪵㳝㵉㵃、㵌10. 㪵㹀絹，蘿㳝峰㵜，㳮㣓㵝㵝㵝㳝㲊㵬絹。

对译：1. 除灭愿佛力法力诸菩萨力贤圣一切2. 力以某甲等〈〉今日忏悔受四生六道三3. 世众怨怨结一切永当解脱苦业一切4. 皆悉能灭永世诸怨结不起复三恶道5. 中不堕永世复其六道中毒楚以相不6. 恼害今日从起一切舍施怨亲想无7. 一切和合乳水糅如一切欢喜初地得如8. 永法亲缘慈悲眷属为今日从起乃至9. [菩提]三界果报永复不受三障业断五10. 怖畏无四无量心六[波罗蜜]自各勤修

第346页：1. 㪵㲥蘿䏌㵛㤳㦻㹀，䄉㵙蘿蘿㮆㲥絟2. 㳰，㪵㳷㳮㵞慨

𗼊𗟲𗀉。𗥃𗮀𗼱𗈆𗘰𗕤 3. 𗵾𗉳，𗫠𗪘𗞞𗤆，𗼖𗮀𗫂𗵘。

对译：1. 大乘道行佛智慧入愿海一切皆满足 2. 能三达六通不明了无佛三密得五分 3. 身具金刚慧登种智果成

意译、注释（中藏本第 340 页第 3 行—342 页—346 页第 3 行）

又复归命如是十方尽虚空界一切三宝，愿以佛力、法力、菩萨力、贤圣力，令四生六道一切众生重觉悟，同到道场。若身有拘碍欲到不能到者，愿以佛力、法力、贤圣力摄其精神，一切当俱此到。（某甲）等受忏口业罪，从无始、无明住地已来至于今日，以口恶业因缘，曾其六道中备怨结。愿以三宝神力，四生六道三世怨报，所忏尽断所悔永灭。

（某甲）等无始已来至于今日，或以嗔恚，或以贪爱，或以愚痴，从三毒根起十恶行，以口四恶造无量罪。或以恶口，恼乱父母及一切眷属。或于父母起妄造业，或于亲戚、眷属起妄造业，或于师长起妄造业，或于诸众生起妄造业。或见言不见，或闻言不闻。或知言不知，不知言知。或为骄慢，或为嫉妒起妄造业。如是罪恶无量无边，今日忏悔速愿除灭。又无始已来至于今日，起两舌业，闻他恶言不能覆藏。言彼说此，言此说彼，使人离散令他婴苦。或以戏笑斗人，谗舌君臣之间乃至忿扰一切，相离人之眷属。如是等罪无量无边，今日忏悔速愿除。

又无始已来至于今日，造绮语罪，说无愧语、无利益语。或触恼父母，或触恼师长，或触恼同学，乃至于六道一切众生皆起恼害。如是起口业怨报者无量无边，今日忏悔速愿除灭。愿以佛力、法力、诸菩萨力、一切贤圣力，受（某甲）等今日忏悔。四生六道三世众怨、一切怨结毕竟解脱，一切苦业皆悉能灭。毕竟不起诸怨结复堕三恶道；毕竟不复其六道中楚毒相恼害。从今日起，一切舍施无怨亲想，一切和合如糅水乳，一切欢喜得如初地，永为法亲慈悲眷属。从今已起乃至菩提，三界果报永不复受。断三障业、无五怖畏，四无量心、六波罗蜜各自勤修。行大乘道入佛智慧，一切愿海皆能满足，六通三达无不明了。得佛三密具五分身，登金刚慧，成种智果。【参见《大正藏》[0947c20—0948a27]】

[1] 𗼱𗟲𗼱𗟭𗀉𗟲：欲到不能到者，《大正藏》作"有心不得到者"。

［2］▢▢▢▢：当俱此到，《大正藏》作"同到"。

［3］▢▢▢▢▢▢：受忏口业罪，《大正藏》作"忏口业罪"。

［4］▢▢▢▢▢▢▢▢：曾其六道中备怨结，《大正藏》作"于六道中备起怨结"。

［5］▢▢▢▢：起妄造业。也可译为"起造妄业"，《大正藏》作"起妄语业"。造业，造下善恶的业因。妄语，又作"虚妄语、虚诳语、妄舌、虚伪、欺"，特指以欺人为目的而作之虚妄语。妄语戒为五戒、十戒之一。妄业，虚妄造恶的业因。下同。

［6］▢▢▢▢：此言彼说，《大正藏》作"向彼说此"。

［7］▢：斗，《大正藏》作"鬪诤两家"。

［8］▢▢▢▢▢：相离人眷属，《大正藏》作"离人骨肉破他眷属"。

［9］▢▢：无愧，《大正藏》作"无义"。

［10］▢▢：触恼，即《大正藏》作"恼"。下同。

［11］▢▢：永当，《大正藏》作"毕竟"。下同。

［12］▢▢▢▢▢▢▢：一切苦业皆悉能灭，《大正藏》作"一切罪业皆悉断除"。

［13］▢▢▢▢▢▢▢：毒楚不相恼害，《大正藏》作"毒楚相加"。

录文、对译（中藏本第 346 页第 4 行—351 页第 2 行）

第 346 页：4. ▢▢▢▢▢▢▢▢▢，▢▢▢▢▢▢▢ 5. ▢▢，▢▢▢▢▢▢▢。▢▢▢▢▢▢ 6. ▢▢▢▢▢▢▢▢，▢▢▢▢▢▢▢[1] 7. ▢▢，▢▢▢▢▢▢▢▢▢▢。▢▢ 8. ▢▢▢▢：▢▢▢、▢▢、▢▢、▢▢▢，[2] ▢ 9. ▢▢▢▢▢▢▢▢，▢▢▢▢。▢▢▢▢ 10. ▢▢▢▢▢▢▢[3]，▢▢▢[4] ▢▢▢▢▢

对译：4. 今日道场业同大众相与身口罪忏悔 5. 已竟次复意业清净须众生一切死生 6. 中轮回解脱不得者皆意业〈〉〈〉恼结 7. 牢固十恶五逆者必定意以造矣故佛 8. 诚言乃说若贪欲嗔恚愚痴邪见起则 9. 后地狱苦受中堕无穷矣〈〉今日相与 10. 心诸识〈〉驱役知犹皇帝臣吏〈〉总策

第 347 页：1. ▢。▢▢▢▢，▢▢▢▢，▢▢▢▢▢▢ 2. ▢▢，▢▢

[illegible][5]。[illegible] 3. [illegible]，[illegible]，[illegible]。[illegible] 4. [illegible]？[illegible]：[illegible]，[illegible][6]。[illegible][7]5. [illegible]，[illegible]；[illegible]，[illegible] 6. [illegible][8]。[illegible]，[illegible]，[illegible][9]。[illegible] 7. [illegible]，[illegible]。[illegible] 8. [illegible]、[illegible]，[illegible] 9. [illegible][10]。[illegible][11]。[illegible] 10. [illegible]，[illegible][12]。[illegible]：[illegible]，

对译：1. 如口言恶发身罪重行是以六道报剧 2. 招能故身灭人者皆心是矣今悔改欲 3. 者先始心〈〉挫伏次意〈〉折伏应何云 4. 矣契经中言一处禁制作所皆办故此 5. 心净洁则解脱本是意清净则进趣期 6. 有三途报剧不来恶道苦重不受身口 7. 业粗虽遣易意业细微又灭难唯如来 8. 大圣一切智人身口意于故不禁亦悔 9. 无又凡夫愚惑者不守可何有若不折 10. 挫则善作可无故契经中云意防城如

第 348 页：1. [illegible]。[illegible]，[illegible] 2. [illegible][13]，[illegible]。[illegible] 3. [illegible]，[illegible]、[illegible] 4. [illegible]。[illegible]，[illegible] 5. [illegible]，[illegible] 6. [illegible]。[illegible]，[illegible]，[illegible] 7. [illegible]。[illegible]，[illegible][14]，[illegible] 8. [illegible]，[illegible]。[illegible] 9. [illegible]，[illegible] 10. [illegible][15]，[illegible]，[illegible]

对译：1. 口守瓶如相与始无世界已来此形于 2. 所及明无依爱起死生增长亦复十二 3. 苦事具足八邪八难三途六道流转轮 4. 回所未经者无是如诸处无量苦受皆 5. 意业由构怨报起念念缘攀所随暂舍 6. 未曾六情扇动五体驱役重轻恶业所 7. 不造无或身口不遂因甚忿毒起相与 8. 杀害怜愍心无若自身微有痛痒及忍 9. 受不能他〈〉身于岂敢楚挞亦恐不楚 10.〈〉人于非怨自宣说喜自于非怨他说

第 349 页：1. [illegible]。[16][illegible]，[illegible]。[illegible] 2. [illegible]，[illegible]。[17][illegible]：[illegible] 3. [illegible][18]，[illegible]。[illegible]《[illegible]》[illegible] 4. [illegible]：[illegible]，[illegible] 5. [illegible]，[illegible]？[illegible]，[illegible] 6. [illegible]。[illegible][19]，[illegible]，[illegible] 7. [illegible]，[illegible]，[illegible]，[illegible][20]，[illegible] 8. [illegible]，[illegible][21]，[illegible]，[illegible][22][illegible] 9. [illegible]，[illegible]，[illegible][23]，[illegible]，[illegible] 10. [illegible]

𗧓，𗰖𗧓𗧓𗯴，𗧓𗧓𗧓𗧓𗧓𗧓，𗧓𗧓 死

对译：1. 不喜是如心有者实惭愧可又意随嗔2. 起者知大人〈 〉怨贼是故契经中言德3. 功道人者嗔恚于过无又华严契经中4. 云佛子若一嗔恚心起恶一切中此恶5. 于过无何云矣一嗔恚心起以百千障6. 碍受此者[菩提]不见正法不闻恶道中7. 生多疾病患人谤毁受正念8. 失弃智慧无有恶知识亲近正人〈 〉不9. 乐正见远离正教于背魔境界入善知10. 识不见诸根不具乃至恶业家生地边

第350页：1. 𗧓𗧓。𗧓𗧓𗧓𗧓，𗧓𗧓𗧓𗧓。𗧓𗧓𗧓𗧓𗧓2. 𗧓𗧓𗧓𗧓𗧓，𗧓𗧓死𗧓𗧓𗧓、𗧓𗧓𗧓𗧓[24]，3. 𗧓𗧓𗧓𗧓𗧓𗧓𗧓𗧓𗧓𗧓，𗧓𗧓𗧓𗧓𗧓𗧓4. 𗧓𗧓𗧓𗧓𗧓𗧓，𗧓𗧓𗧓𗧓。𗧓𗧓𗧓𗧓𗧓5. 𗧓𗧓𗧓𗧓𗧓𗧓[25]。𗧓𗧓𗧓𗧓𗧓，𗧓𗧓𗧓𗧓6. 𗧓。[26]𗧓𗧓𗧓𗧓𗧓𗧓，𗧓𗧓𗧓𗧓𗧓？[27]𗧓[28]𗧓𗧓7. 𗧓，𗧓𗧓𗧓𗧓，𗧓𗧓𗧓死𗧓𗧓𗧓𗧓𗧓8. 𗧓𗧓𗧓[29]，𗧓𗧓𗧓𗧓，𗧓𗧓𗧓𗧓[30]。𗧓𗧓𗧓𗧓，9. 𗧓𗧓𗧓𗧓。𗧓𗧓𗧓𗧓𗧓𗧓𗧓𗧓𗧓𗧓𗧓𗧓，10. 𗧓𗧓𗧓𗧓？[31]𗧓𗧓𗧓𗧓𗧓𗧓𗧓𗧓𗧓𗧓𗧓、

对译：1. 于生是如等障具说可不我等始无已2. 来今日于至无量边无嗔恚恶心起曾3. 乃至嗔起亲族亦不避〈 〉又六道诸4. 众生等于嗔起者说可何有及其烦恼炽5. 盛时自不尔知心底何不念但恶为得6. 不若心意遂皆为则苦何不至若天子7. 怒万里尸伏其〈 〉殿下各威空争为齐8. 斗净起鞭挞捶缚诸苦唯行唯恐不楚9. 恐不重〈 〉是如作中我善行与已违〈 〉10. 言者何有意恶业者识有一切中智慧

第351页：1. 𗧓𗧓、𗧓𗧓𗧓𗧓，𗧓𗧓𗧓𗧓。[32]𗧓𗧓𗧓𗧓𗧓2. 𗧓𗧓𗧓[33]𗧓𗧓。

对译：1. 愚痴贵贱当无一式皆有一日时惭愧2. 以心悔未尝

意译、注释（中藏本第346页第4行—351页第2行）

今日道场同业大众，相与忏悔身口罪已竟，次复须清净意业。一切众生轮回生死不得解脱者，皆由意业结恼牢固，十恶五逆必由意造矣。故佛说诫言：若起贪欲、嗔恚、愚痴、邪见，则后堕地狱受苦无穷矣。今日相与知心驱役诸识，犹如皇帝总策其臣吏。口发恶言身行重罪，以是六道中能招剧

报，故灭身人者皆是心矣。今欲改悔者，应先始挫伏其心，次折伏其意。何云矣？

契经中言：禁制一处，所作皆办。故此洁净心是解脱之本，清净意则进趣有期。三途剧报，不来恶道不受重苦。身口业粗虽易遣，意业细微又难灭。唯如来大圣、一切智人，于身口意故不禁亦无悔，又况乎凡夫愚惑者不守。

若不折挫则无可作善。故契经中云：防意如城，守口如瓶。相与无始世界已来，所及此形，无明起爱增长生死，亦复具足十二苦事。八邪八难、三途六道轮回流转，无不经历。如是诸处受无量苦，皆由意业构起怨报，念念攀缘未曾暂舍。扇动六情，驰役五体，轻重恶业无不所造。或因身口不遂甚起忿毒，相与杀害无怜愍心。若自身微有痛痒不能忍受，岂敢楚挞他身亦恐不楚，于人非怨自喜宣说，于自非怨不喜他说。有如是心，实可惭愧。又随意起嗔，是知大人之怨贼，所以经中言：功德道人者，无过于嗔恚。

又《华严经》云：佛子若起一嗔恚心，一切恶中无过此恶。何以故尔？起一嗔恚心，则受百千障碍。此者不见菩提，不闻正法，生恶道中，多患疾病，受人谤毁，增长愚钝，弃失正念，无有智慧，近恶知识，不乐正人，远离正见，背正教，入魔境界，不见善知识，诸根不具，乃至生恶业家，生于边地。如是等障，不可具说。

我等无始已来至于今日，曾起无量无边嗔恚、恶心，乃至起嗔亦不避亲族，何况六道诸众生等，及其烦恼炽盛时自不知尔。心底何所不念，但不得为恶。若皆遂心意，则何苦不至？若天子怒伏尸万里，其之殿下各争空威齐起斗净，鞭挞捶缚唯行诸苦，唯恐不楚，恐不重。我如是作已违善行，何有言者。意恶业一切有识中无所智慧、愚痴、贵贱，皆有一式，未尝一日之时惭愧悔心。【参见《大正藏》[0948a28—0948c09]】

[1] 𗾔𘉋：结恼，《大正藏》作"结集"。

[2] "𗓟……𗥩"："若起……"，《大正藏》作"不得……"。

[3] "𗤶𘝢……𘃡"："知心……"，《大正藏》作"共见心之……"。

[4] 𘓺𘟂：皇帝，《大正藏》作"君"。

[5] 𗉝𗢋𘕜𗟀𗼐𘙰𗤶𘝢𗰗𘕺：故灭身人者皆是心矣，《大正藏》作"当知灭身事由心造"。

［6］□□□□：所作皆办，《大正藏》作"无事不办"。

［7］□□：故此，《大正藏》作"当知"。

［8］□□□□：进趣有期。"□"（盼、期），底本形误作"□"（允许、气、得），乙正。

［9］□□□□：不受重苦，《大正藏》作"苦受不往"。

［10］□□□□□□：故不禁亦无悔，《大正藏》作"始得不护"。

［11］□□□□□□□□□□：又凡夫愚惑者何可有不守，《大正藏》作"况乎愚惑凡夫而不守慎"。

［12］□□□□□：则无可作善，《大正藏》作"未见其善"。

［13］□□□□□：所及此形，《大正藏》作"及此一形"。

［14］□□□□：起甚忿毒，《大正藏》作"心增忿毒"。

［15］□□□□□□□□□□□□□□：岂敢楚挞他身亦恐不楚，《大正藏》作"比至在他唯恐楚毒不深"。

［16］"□□□□□□□□，□□□□□□□□"："于人非怨自喜宣说，于自非怨不喜他说"，即《大正藏》作"见人之过。意愿宣说。自有愆失不喜他闻"。"□□"（非怨），亦作"怨非"、"怨悱"，即怨恨、非议，在此分别对应汉文"之过"、"愆失"。

［17］"□□□□□□，□□□□□□□□"："随意起嗔者，是知大人怨贼"，《大正藏》作"意地起瞋大道怨贼"。意地，又作"意识、意根"，指凡个体之内心能生起一切思想者。大道，泛指很高的道行，亦指成佛之道。

［18］□□□□□：功德道人者，《大正藏》作"劫功德贼"。

［19］□□□□□□：此者不见菩提，《大正藏》作"所谓不见菩提障"。又，其下汉文本皆有各动词后的"……障"，西夏文则无译。

［20］□□□□：愚钝增长，《大正藏》作"生闇钝障"。

［21］□□：无有，《大正藏》作"少"。

［22］□□：正人，即《大正藏》作"贤善"。

［23］□□□□：背正教，即《大正藏》作"离佛正教"。

［24］□□：曾起，《大正藏》作"已有"。

［25］□□□□□□□：炽盛时自不知尔，《大正藏》作"猛毒不复自知"。

[26]"□□□□□，□□□□□"："心底何不念，但不得为恶"，《大正藏》作"但事不得为心想。何所不念"。

[27]"□□□□□□，□□□□□"："若皆遂心意，则何苦不至"，《大正藏》作"若使得遂心意。则谁不被困"。

[28]□：若，《大正藏》作"故"。

[29]□□□□□□□□□□□□□□□："其殿下各为争空威齐起斗净"，《大正藏》作"降斯已还自空粉扰"。粉扰，丽藏本作"纷扰"。

[30]□□□□：唯行诸苦，《大正藏》作"有诸罪苦"。

[31]"□□□□，□□□□。□□□□□□□□□□□□，□□□□"："唯恐不楚，恐不重。我如是作已违善行，何有言者"，《大正藏》作"当此之时何处应言。我违善戒唯恐苦酷。不深不重"。

[32]"□□□□□□□□□□□、□□、□□□□，□□□□"："意恶业者一切有识中无所智慧、愚痴、贵贱，皆有一式"，《大正藏》作"是意地恶通于有识。智愚不免豪贱共有"。"□□"，一式、一样，在卷七俄藏本中又对应汉文"不殊"。

[33]□□：悔心，《大正藏》作"改悔"。

录文、对译（中藏本第 351 页第 2 行—359 页第 8 行）

第351页：2. □□□□□□□□□□，□□ 3. □□□□□□□□□□□□□□□□□[1]，□□ 4. □□□□，□□□□□□□□□□□□[2]，□□□ 5. □□□□□□□。□□□□□□□□□□，□ 6. □□□□□□□□？□□□□□□□□□[3] 7. □□□□？□□□□□□□□□□，□□□ 8. □□，□□□□□□□□□□。9. □□□□□□！□□□□□□□□！10. □□□□□□[4]□！□□□□□□□！

对译：2. 今日道场业同大众嗔恚 3. 苦恼〈〉念缘疾痛忧虑断除虽欲境缘 4. 〈〉随发恶与美依然念念触相何时斯 5. 苦与免离得矣大众相与其罪既知岂 6. 得晏然悔不改矣今日相与岂敢心诚 7. 此罪忏灭自各宜应忧思心等五体地 8. 投世间大慈悲主〈〉依归 9. [南无][弥勒]佛[南无][释迦牟尼]佛 10. [南无]皆无负[南无]月相佛

第352页：1. □□□□□□□！□□□□□□□！2. □□□□□□□！□□□□□

绊！3. 〔Tangut〕绊！〔Tangut〕绊！4. 〔Tangut〕绊！〔Tangut〕绊！5. 〔Tangut〕绊！〔Tangut〕绊！6. 〔Tangut〕绊！〔Tangut〕[5]绊！7. 〔Tangut〕绊！〔Tangut〕[6]绊！8. 〔Tangut〕绊！〔Tangut〕绊！9. 〔Tangut〕[7]绊！〔Tangut〕绊！10. 〔Tangut〕绊！〔Tangut〕绊！

对译：1.［南无］电相佛［南无］恭敬佛2.［南无］威德守佛［南无］智日佛3.［南无］上利佛［南无］［须弥］顶佛4.［南无］怨贼治佛［南无］华莲佛5.［南无］赞应佛［南无］次知佛6.［南无］无敬离佛［南无］［那罗陀］佛7.［南无］常乐佛［南无］国不少佛8.［南无］天名佛［南无］边有见佛9.［南无］［良］太佛［南无］德功多佛10.［南无］宝月佛［南无］师子相佛

第353页：1. 〔Tangut〕绊！〔Tangut〕[8]！2. 〔Tangut〕绊！3. 〔Tangut〕！〔Tangut〕！4. 〔Tangut〕！〔Tangut〕！5. 〔Tangut〕6. 〔Tangut〕，〔Tangut〕（鬼续）7. 〔Tangut〕8. 〔Tangut〕9. 〔Tangut〕[9]〔Tangut〕，10. 〔Tangut〕。〔Tangut〕

对译：1.［南无］禅乐佛［南无］无尔无佛2.［南无］游戏佛［南无］3.［南无］师子游戏菩萨［南无］师子奋迅奋迅菩萨4.［南无］身边无菩萨［南无］世音观菩萨5. 又复是如十方虚空界尽三宝一切〈 〉6. 依归愿慈悲力无量边无自在力以某甲7. 等于今日四生六道中父母师长眷属8. 一切意于所起怨报一切忏悔受若报9. 非报若轻若重先怨所起者忏随除灭10. 怨未起者复作不敢唯愿三宝力以同

第354页：1. 〔Tangut〕，〔Tangut〕。（鬼续）〔Tangut〕2. 〔Tangut〕，〔Tangut〕，〔Tangut〕3. 〔Tangut〕4. 〔Tangut〕，〔Tangut〕，〔Tangut〕5. 〔Tangut〕。〔Tangut〕6. 〔Tangut〕，〔Tangut〕。〔Tangut〕，〔Tangut〕7. 〔Tangut〕。〔Tangut〕，〔Tangut〕8. 〔Tangut〕，〔Tangut〕、〔Tangut〕，9. 〔Tangut〕，〔Tangut〕，〔Tangut〕10. 〔Tangut〕。〔Tangut〕[10]，〔Tangut〕

对译：1. 加摄受哀愍覆护解脱令得某甲等始无2. 已来今日于至意恶业因缘以四生六3. 道中父母师长眷属一切于诸怨报起4. 若轻若重今日惭愧心以罪脱忏悔怨5. 报一切速愿除灭又始无已来今日于6. 至三毒根依贪欲心起

贪欲因则贪业 7. 起矣若幽若显空法界尽他物有者恶 8. 念心起取〈〉〈〉乃至父母师长之物 9. 眷属一切之物众生一切之物诸天诸 10. 仙之物是如一切皆我〈〉当为〈〉是如

第 355 页：1. 䄏䖻䗀䗣䖏䌖，䖳䖿䊴䗐䍘䖲䄻䖀。䍃 2. 䗀䖏䖻䄏䖳䖿䍘䌖，䄻䖳䍃䍘，䖀䖉䍘 3. 䖏，䖉䖻䖉䖲䖳䌖䄻䖲䄻䖀。䄻䖿䍃䖳䌖 4. 䖻䗀䍃。䖻䗀䍃䖀䄻䖳䄻，䄻䄻䖏䖳，5. 䄻䖏䖏䌖，䖳䍘䗣䖀、䗀䄻䖻䖻䖉。䖀䖿䖻 6. 䄏䖉䖏䖻䗣䗀䗣，䖳䖿䊴䗐䍘䖲䄻䖀。䍃䖳 7. 䌖䖳䍃䖳䖿䄻䍘，䖿䌖 8. 䄏䖲䖳䖳䗀䌖，䖳䄻䍃䖏，䌖䖳䖲䍃，䍃 9. 䌖䖻䍘。䍃 10. 䖏，䖳䖿䊴䗐䍘䖲䄻䖀。䍃䖳䌖䖳䍘䖿

对译：1. 罪恶无量边无今日忏悔速愿除灭又 2. 始无已来今日于至嗔业起缘昼夜内 3. 烧一时一刻时休息未曾稍意不适大 4. 嗔怒起诸众生之种种恼害或杖以鞭 5. 或水中沉乃至饥渴缚悬幽令是如嗔 6. 罪怨报无量今日忏悔速愿除灭又始 7. 无已来今日于至明无随逐痴业兴起 8. 恶所未造者无正慧无有邪言信闻又 9. 邪法受是痴业以诸无量边无怨报所 10. 起今日忏悔速愿除灭又始无已来今

第 356 页：1. 䖳䖿䍘，䖀䌖䖻䖏，䖉䖳䖳䖻䗀䌖，䖿䖳 2. 䖳䗀䗀䌖、䗃䗃䖻䖻䖀䄻䖀䖳䖀䖻，䖿 3. 䖳䖏䗀䖻䖻䖿䖏。䄻䖉䖻䖿䖳䖀䍘䗀 4. 䖀䗀[11]，䖉䖻䖿䖏，䖳䖿䖻䗀䖀䖏䄏䖉䄻，5. 䖉䖿䖀䗀䖳䄻䍃䖏，䗀䖻䄻䖏，䗃䖳䍃 6. 䖏。䍃䖳䖳䄏䖻䗣䗀䖏，䖿䖿䖻䖏䄻䄻 7. 䄻䖏，䖳䖿䊴䗐䍘䖲䄻䖀。（䖿䖳）䖳䖳䌖䖳䖳 8. 䖳䖿䍘，䖉䖻䍃䖻、䖳䖻䍃䖻、䖳䖻 9. 䍃䖳䖳䖳䖿䄏䖻䗀，䖿䍘䖏䖿䌖䌖䖏，10. 䌖䍘䖏䖿䌖䌖䖏，䖳䗀、䖀䖉䌖䌖䍘䗓

对译：1. 日于至十邪道行怨所未者结无业所 2. 未造者无念念因缘攀随暂舍未曾六 3. 情扇动诸结业起或身口业以作所不 4. 遂时心厉毒起乃至戏笑以是非构起 5. 心直以人为依不行恒谀曲怀惭愧无 6. 有是如等罪无量边无其六道中大苦 7. 恼受今日忏悔速愿除灭某甲等始无已 8. 来今日于至身业不善口业不善意业 9. 不善以是如恶业作佛于罪障一切起 10. 法于罪障一切起菩萨贤圣一切于亦

第 357 页：1. 䖏䖻䌖䌖䖏。䍃䖳䖏䖻䗣䗀䗣，䖳䖿 2. 䖉䖳䄻䗀䊴䗐䍘䖲䄻䖀。䍃䖳䌖䖳䖏 3. 䖳䖿䖳䖏，䖉䍃、䖳䌖、䖳䍃䄏䖻，䖻䖀䌖 4. 䖏䖳䖳䖳䗀䌖，䖳䖿䊴䗐䍘䖲䄻䖀。5. 䍃䖳䌖䖳䖏䖳䖿䍘，䖿䖏、䖿䖏、

𗰗𗼨 6. 𗰖𗄈𗿵𗫸，𗊱𗧊𗾺𗣟𗉛𗫻𗫻𗄽，𗀔𗥃𗅲 7. 𗰖𗣩𗫡𗳌𗦾。𗵉𗥃𗇋𗱪𗄂𗀔𗥃𗎫𗱕，𘆝 8. 𗇤𗬫𗷅，𗱕𗼨𗬫𗷅，𗰕𗮅𗾃𗬫𗷅𗾴𗈜𗹙 9. 𗊟𗻝，𗣼𗊟𗷸𗧠，𗥊𗄍𗫸𗜐𗶷𗹖𗢳𗜑，𘈽 10. 𗼨𗷅𗷸𘂤𗶥𗆤𗟷𗪾。𗵉𗲤𗬑𗤁𗶷𗰗𗼨

对译：1. 罪障一切起是如罪障无量边无今日 2. 心诚岂敢忏悔速愿除灭又始无已来 3. 今日于至身三口四意三恶业五逆四 4. 重罪所未作者无今日忏悔速愿除灭 5. 又始无已来今日于至六根六尘六识 6. 妄想颠倒诸境缘攀罪一切造今日忏 7. 悔速愿除灭又始无已来今日于至威 8. 仪摄戒善法摄戒众生〈〉摄戒于多犯 9. 毁为身毁命终三恶道堕地狱中在无 10. 量边无沙数等苦受又饿鬼中堕知识

第 358 页：1. 𗴿𗷸，𗬫𘟀𘟀、𗷅𗥃𗍚𗫸。𗵉𗄈𗴷𗤁𗶷𘈽 2. 𗛆𗥊𗫸，𗧠𗵉𗣟𘟀𗷅𘔿𗍚𗤧[12]。𗵉𗗉𗟴 3. 𗤁𗟴𗤺𗫾𗯴[13]𗣝𗬫𗾴𗾛，𗟴𗢹𗤆𗬔𗧊𗬑 4. 𗷅𗬒，𗵉𗯴𗸮𗶷𗱵𗷘𘈉𗷸。𘈽𘈽𗬑𗊱 5. 𘃰𗾰𗆤𘔿[14]𗫻𗫻，𗴿𗻷𘈉𗷸。𗧉𗊱𗣝𗈜 6. 𗣝𗤺𗧠，𗊱𗣝𗈜𗤺𗄂𗶷𗧠𘈽𘛃[15]，𗀔𗥃𗅲 7. 𘝩，𗣩𗫡𗳌𗦾。𗇗𗊱𗣝𘈽𘂤𗤁𗫸、𘈽𘅋𗺳 8. 𗫸、𗵉𘛃𗊱𗰕𗮅𗾃𗢳𗣄𗕊𗫻𘈽，（𗊟𗷸）𘅗𗀔 9. 𗥃𗅲𘝩，𘃰𗾰𗫻𗫻𗣩𗫡[16]𗳌𗦾。𘈽𗯴𗰗𗄈，10. 𗀔𗥃𘝩𗾰𗫻𘏒、𗾰𗤺𗫻𘏒，𗋽𗊱𗣝𘈽𗘂

对译：1. 所无恒饥渴寒热恼受又畜生中堕无 2. 量苦受饮食不净饥寒困苦免又复人 3. 中邪见家生心常谀曲邪言信闻正道 4. 弃失死生海中没永出可无三世众恶 5. 怨报苦恼一切计称可不唯诸佛尽知 6. 尽见能诸佛知见罪报小大如今日忏 7. 悔速愿除灭愿诸佛大慈悲力大神通 8. 力法如诸众生〈〉调伏〈〉力以某甲等今 9. 日忏悔怨报一切速愿除灭四生六道 10. 今日现报受者报未受者愿诸佛大地

第 359 页：1. 𗰕𗴣、𘅋𗂅𗫻𗫻𘈽𘂤𗤁𗫸𘅗，𗵉𘏒𘃰𘅗 2. 𗷘𗻷𘆄𗟷[17]。𗀔𗥃𗾴𘛠𘅋𗾴𗈜𗹙，𗄂𗣄𗫻 3. 𗫻𗷘𘏒𘛇𗷸𗍐。𗇤𗬑𗯴𘛠𘟀𗬔𗯴𗌗，𘃰𗾰 4. 𗴣𘈽𘆄𘃰𗌗，𘃰𗾰𗘯𘛠𗖻𘍯𗘯𗌗，𗇤 5. 𘛠𘅗𘛠𗐲𘝩𗈪𗌗，𗇤𘛠𘅗𗆫𗄍𘅋𗣝� 6. 𘆝。𘈽𘅫𗰗𘛑𗬫𘅗𘝩𗌗，𘈽𗣝𗰗𗺳𗆤𘛃𗀚 7. 𘅙，𗓽𘛇𗫼𗈜𗵉𘔿𗵉𘔿，𗊱𗬫𗫽𗼍𗬑𗘂 8. 𗵧𗯴，𗵉𗄈𗫸𗰕𗮅𗫻𗫻𗾃𘛥𗬒。

对译：1. 菩萨贤圣一切大慈悲力以此众怨等 2. 永令解脱今日从起［菩提］于至罪障 3. 一切永世清净恶道生舍净土生得怨报 4. 命舍智慧命得怨报身舍金刚身得恶 5. 道苦舍［涅槃］乐得恶道苦念［菩提］心发 6. 四等六度常

现前得四辩六通意如自 7. 在勇猛进精不休不息乃至进修十地 8. 行满还边无众生一切〈　〉度超

意译、注释（中藏本第 351 页第 2 行—359 页第 8 行）

今日道场同业大众，嗔恚苦恼缘念痛疾忧虑虽欲断除，缘境随发恶与美依然念念相触，何时得免离斯苦矣？大众相与既知其罪，岂得晏然而不改悔？相与今日何能诚心忏灭此罪，应宜各各自忧思心等，五体投地，归依世间大慈悲主。

南无弥勒佛！南无释迦牟尼佛！南无皆无负佛！南无月相佛！南无电相佛！南无恭敬佛！南无威德守佛！南无智日佛！南无上利佛！南无须弥顶佛！南无治怨贼佛！南无莲华佛！南无应赞佛！南无知次佛！南无离憍佛！南无那罗陀佛！南无常乐佛！南无不少国佛！南无天名佛！南无见有边佛！南无太良佛！南无多功德佛！南无宝月佛！南无师子相佛！南无乐禅佛！南无无所少佛！南无游戏佛！南无师子游戏菩萨！南无师子奋迅菩萨！南无无边身菩萨！南无观世音菩萨！

又复归依如是十方尽虚空界一切三宝，愿以慈悲力无量无边自在力，受（某甲）等今日四生六道父母、师长一切眷属，忏意所起一切怨报若报非报、若轻若重，先所起怨者随忏除灭，未起怨者不敢复作。唯愿以三宝力，同加摄受哀愍覆护，令得解脱。（某甲）等从无始已来至于今日，以意恶业因缘于四生六道父母师长一切眷属，起诸怨报若轻若重，今日惭愧发露忏悔，一切怨报速愿除灭。

又无始已来至于今日，依三毒根起贪欲心，因贪则贪业起矣。若幽若显尽空法界，他所有物起恶念心，我取之，乃至父母师长之物，一切眷属之物，一切众生之物，诸天诸仙之物。如是一切皆我当为，如是罪恶无量无边，今日忏悔速愿除灭。

又无始已来至于今日，缘起嗔业昼夜烧然，一时一刻未曾休息。小不适意便起大嗔怒，令诸众生种种恼害，或以鞭杖，或沉溺水中乃至饥渴、悬缚幽系。如是嗔罪无量怨报，今日忏悔速愿除灭。

又无始已来至于今日，随逐无明兴起痴业，无恶不造无有正慧，信闻邪言又受邪法。以是痴业所起诸怨报无量无边，今日忏悔速愿除灭。

又无始已来至于今日，行十邪道无怨不结、无业不造，念念攀缘未曾暂舍，扇动六情起诸结业。或所作身口业不遂时心起毒厉，乃至以戏笑构起是非。为人不行以直心，从事恒怀谄曲，无有惭愧。如是等罪无量无边，其六道中受大苦恼，今日忏悔速愿除灭。（某甲）等从无始已来至于今日，以身业不善、口业不善、意业不善。如是恶业，于佛起一切罪障，于法起一切罪障，于一切菩萨、贤圣亦起一切罪障。如是罪障无量无边，今日诚心岂敢忏悔，速愿除灭。又无始已来至于今日，身三、口四、意三恶业，五逆四重无罪不作，今日忏悔速愿除灭。又无始已来至于今日，六根、六尘、六识妄想颠倒，攀缘诸境造一切罪，今日忏悔速愿除灭。

又无始已来至于今日，于摄大威仪戒、摄善法戒、摄众生戒多为毁犯，身坏命终堕三恶道在地狱中，受无量无边恒沙等苦。又堕饿鬼无所识知，恒受饥渴、受寒热恼。又堕畜生中受无量苦，饮食不净饥寒困苦。又复生人中邪见家心常谄曲，闻信邪言弃失正道，没生死海永无可出。三世一切众恶怨报苦恼，不可称计。唯诸佛能尽知尽见，如诸佛知见罪报大小，今日忏悔速愿除灭。愿以诸佛大慈悲力、大神通力、如法调伏诸众生之力，（某甲）等今日忏悔，一切怨报速愿除灭。六道四生今日现受报者、未受报者，愿以诸佛大地菩萨、一切贤圣大慈悲力，毕竟解脱此等众怨。从今日去至于菩提，一切罪障毕竟清净。舍恶道生得净土生，舍怨报命得智慧命，舍怨报身得金刚身，舍恶道苦得涅槃乐，念恶道苦发菩提心。四等六度常得现前，四辩六通如意自在。勇猛精进不休不息，乃至进修满十地行，还超度无边一切众生。【参见《大正藏》[0948c09—0949b24]】

[1] 𗫂𗫵𗗙𗆄𗗙𗙱𗫂𗅆𗋽𗫂：缘念疾痛忧虑断除虽欲，《大正藏》作"意虑情深。虽复欲舍"。𗆄𗗙𗙱𗫂，意为"疾痛忧虑"、"疾痛悲思"，又对应汉文"哽恸衔悲"。下同。

[2] "𗱕𗡞𗫵𗫤𗫝，𗅆𗡞𗱄𗫤𗱄𗫂𗗙𗗙𗰖𗫟"："缘境随发，恶与美依然念念相触"，《大正藏》作"对境已发动与恶俱念念相触"。"𗫵"（其），原作"𗗙"（正、直），与文义不通，似拟改。

[3] 𗀋𗹲𗗙𗫟：岂敢心诚，《大正藏》作"恳到披诚"。

[4] 𗫷𗆄𗝜：皆无负，即《大正藏》作"无所负"。

［5］㵼麤㵼：那罗延。"㵼"（延）底本原误作"㺗"（陀），今乙正。"㵼麤㵼"（那罗延），又见卷五（图版第278页第8行）、卷六（图版第339页第4行）。《慧苑音义》上："那罗，正言捺罗，此云人。陀谓陀罗，此云持也。其华香妙，人皆佩之，故曰人持华也。"那罗延，"天上力士"之名，或"梵天王"之异名。

［6］㪥：少。底本形近误作"㪥"（触、侵、攻、犯），乙正。

［7］㪥㪥：太良，即《大正藏》作"甚良"。"㪥"（良），和底本"㪥"笔画稍有不同。

［8］㪥㪥㪥㪥：都未无佛，即《大正藏》作"无所少"。"㪥㪥"，意为"都未"。

［9］㪥㪥㪥㪥㪥：先所起怨者，即《大正藏》作"已起之怨"。

［10］㪥㪥㪥㪥㪥：皆我当为，即《大正藏》作"皆念属己"。

［11］㪥㪥㪥㪥㪥㪥㪥㪥：所作身口业不遂时，《大正藏》作"身口不遂其事"。

［12］㪥㪥㪥㪥㪥㪥㪥㪥：免饮食不净饥寒困苦，《大正藏》作"饮食不净饥寒困苦"。㪥，意为"免"或"脱"，西夏文本笔画原错，汉文本又无此义，似为衍字，应删除。

［13］㪥㪥㪥㪥㪥㪥㪥㪥：又复生人中邪见家，即《大正藏》作"又出生人中堕邪见家"。

［14］㪥㪥㪥㪥㪥㪥：众恶怨报苦恼，《大正藏》作"众恶怨怼"。

［15］㪥㪥㪥㪥㪥㪥㪥㪥㪥：如诸佛知见罪报大小，即《大正藏》作"剂如诸佛。所知所见罪报多少"。

［16］㪥㪥：速愿，即《大正藏》作"即得"。

［17］㪥㪥㪥㪥㪥㪥㪥㪥：毕竟解脱此等众怨，即《大正藏》作"令此众怨毕竟解脱"。

录文、对译（中藏本第359页第9行—366页第3行）

　　第359页：9. 㪥㪥㪥㪥㪥㪥㪥，㪥㪥、㪥㪥㪥㪥㪥 10. 㪥，㪥㪥㪥㪥㪥㪥㪥㪥，㪥㪥㪥㪥㪥㪥

对译：9. 今日道场业同大众过去现在四生六 10. 道未来际穷众生一切愿是忏悔以同

第 360 页：1. 𗟲𗘮𗰛𗵽𗵒𗴟𗐯𗓽𘃽，𗴴𗾜𗟻𗈪𗋽𗧓 2. 𘈩𗤷。𗐯[1]𘆈𗵽𗹦𗣫𗼕𗱀𗪮𗧓𗴵，𗰜 3. 𗱆𗭽𗾈𘜽𗨁𗍈𗹦𗘇𗣫𗌭𗠁𗴩𗠫，𗴝𘆈𗘇 4. 𗧓𗫼𗟲𗮦𗴬𗤋𗠁𗠫，𗴝𘆈𗘇𗧓𗹙𗫼 5. 𗤽𗠁𗠫𗔸𗤋[2]𗱆𗭽𗧓𗞼𗹦𗣫𗴄𗠁𗠫，6. 𗴝𘆈𗘇𗰔𗟙𗷖𗘮𗦬𘝶𗷔𗹙𗆀𗴄 7. 𗠫。𘆈𗫼𘘽𗺔𗄈𗐯𗵽𗠁𗧓，𗺓𗸐𗣫𗟲 8. 𗘮𗌭𘝑𘑨𗣖。𘘽𗺔𘆈𗺉𗣫𘝶𗣫𘝶，𗁨 9. 𗴄𗴝𗘁𗞽𗩽、𗒆𗆀[3]、𗟟𘏽𗆀𘜽𗜐，𗁨𘓨𗴄 10. 𗘁𘝶𗼅𗣫𗀱𗂶𗘍𗆀𗐯𗠁𗧓，𗱀�154𗴄𗘁𗞽

对译：1. 清净令得同解脱〈〉得智慧具足神力 2. 自在或诸众生今日从起[菩提]于至常 3. 十方虚空界尽诸佛法身〈〉见常诸佛 4.〈〉三十二相紫磨金身见常诸佛〈〉八十 5. 种好形体化现十方遍满众生救身见 6. 常诸佛眉间毫白相于光放地狱苦济 7. 见又愿今日道场业同大众今忏悔清 8. 净德功因缘以今日之后身舍身受 9. 地狱道中镬汤火炉割炙苦不经饿鬼道 10. 中铜烊口灌焦烂苦不经畜生道中剥

第 361 页：1. 𗌭𗹦𗰷𗆀𗐯𗠁𗧓。𗐯𗨁𗴄𘜶𘈧，𗁬𗈪𗱷𗈪 2. 𗼅𗣫𗟻𗆀𗐯𗠁𗧓，�或𗭽𗰷�[4]𗞼𗆀��1 3. 𘘢𗵺𗹦𗋾𗞼𗴄𗆀��1，𘓨𘝶𘎕𘎕𗆀� 4. 𗴄。𘆈𗫼𗴩𗧓𗈪𗴝��、𗺓𗼅𗘮，𗘇𗾈 5. 𗴩𗹦，𗴝𗞼𗴄[5]𘍞，𗁨𗧫𗘇𗨁，𗴆𘆈 6. 𗈪𗴄𗼅𗀰𗵽𗧓𗷩𗘇，𘆈𗘇𗵒𘞙𘏽𗜬 7. 𗧓𗷩𗘇，𗴵𗣫𗲊𘞙𗴝𗤷𘝶𗱀𗆀𗣫𘞙 8. 𗊖。𘆈𗫼𗴩𗧓𗈪𗴝𗱀𗴄�1𗣫𗴤𗧓𗴵。𗴝𗵔 9. �𗘁𗴟�𗺟𗄈，𗴴𗷜�𗺔𗴩𘍝𗏐，𗖴 10. 𗱀𗫼𘓨𗴖𗘛𘈩𗄈[6]，𗄈𗭽𗴝𗴴，𗘇𗴄�𗡆，

对译：1. 裂毒楚苦不经若人道中在亦四百四 2. 病身触苦不经热极寒楚受难苦不经 3. 刀杖毒药加害苦不经饥渴困乏苦不 4. 经又愿大众今日之后戒奉清净心坫 5. 污无常正观修恩报心起父母〈〉供养 6. 世尊视如师长〈〉奉敬诸佛如对国王 7.〈〉敬重法身真如余一切于皆己身如 8. 想又愿大众今日从起[菩提]于至法义 9. 深达智畏所无大乘明解正法了见他 10. 于无托自然自悟一向坚固佛道勤求

第 362 页：1. 𘘽𘔼𗵽𗰷𗵽𗱀𗱀𗧓𘆢𗴟，𗄈𗴬𗌭𗌭，𗴴 2. 𗵽𗌭𘘂𗵒。3. 𗈪𗴩𘜽𗤣𘈧𗴴𗧓，𗈪𗴩𗄈𗫼𗴬𘘄𗌐[7]。4.（𘘫𗜍）𗄈[8]𗫼𗰩𗭽𗔆𗌭𗴆𗎗𗦬，𗴝𘜽𗤣𗴵𗦷、5. �ā𗷫𘘂𗨁，𘏽𗵽𗴬𗴬𗺽𗴴𘎘𗊖𗱷𗹙；𗴝 6. 𗴴𗴵𗧓𗰷𗁳𗄈𘑬𘐜𗘮𗘮；𗴝𘏽𗴩𗴝𗵔 7. 𗠫[9]𗱷𗘮；𗴝𘘱𗴆𘍞𗹦𗸙𘘽𘟀。𗴵𗺔𗺔𗴄

8. ⬚，⬚⬚⬚[10]⬚⬚⬚⬚⬚，⬚⬚⬚⬚⬚⬚ 9. ⬚⬚。⬚⬚⬚⬚⬚⬚⬚⬚[11]⬚⬚⬚⬚⬚。10.（⬚⬚）⬚⬚⬚⬚⬚⬚⬚⬚⬚⬚⬚⬚⬚⬚，⬚

对译：1. 还边无众生一切〈　〉度如来与等俱 2. 正等觉成 3. 今日道场幽显大众今日微愿同明证 4. 某甲等愿圣人居处于能生常道场兴置 5. 供养兴起众生一切为大利益作能常 6. 三宝〈　〉慈悲以摄受当蒙常势力有道 7. 化行得常进精修世乐不著法一切空 8. 知诸怨亲于同善以化乃至[菩提]心无 9. 退转今日之后毫厘微善悉愿力之资 10. 某甲等又愿若人中生时善修家能生又

第 363 页：1. ⬚⬚⬚⬚⬚⬚⬚⬚⬚⬚⬚，⬚⬚⬚⬚⬚⬚ 2. ⬚⬚⬚⬚。⬚⬚⬚⬚⬚、⬚⬚⬚⬚⬚⬚⬚⬚，3. ⬚⬚⬚⬚⬚⬚⬚⬚，⬚⬚⬚⬚[12]，⬚⬚⬚ 4. ⬚⬚⬚⬚⬚[13]，⬚⬚⬚⬚⬚⬚⬚⬚。（⬚⬚）⬚ 5. ⬚⬚⬚⬚⬚⬚⬚，⬚⬚⬚⬚⬚⬚⬚⬚⬚。⬚ 6. ⬚⬚⬚⬚⬚⬚⬚⬚、⬚⬚⬚⬚⬚⬚，⬚⬚ 7. ⬚⬚⬚⬚⬚⬚。（⬚⬚）⬚⬚⬚⬚⬚⬚⬚⬚，⬚ 8. ⬚⬚⬚⬚⬚⬚⬚，⬚⬚⬚⬚⬚⬚⬚⬚⬚ 9. ⬚⬚⬚⬚⬚⬚，⬚⬚⬚⬚⬚⬚⬚⬚⬚⬚ 10. ⬚⬚。（⬚⬚）⬚⬚⬚⬚⬚⬚⬚，⬚⬚⬚⬚⬚

对译：1. 慈悲道场建立三宝供养毫厘微善以 2. 一切于施愿和尚[阿阇黎]与相不舍离 3. 自然蔬食爱染心绝室共不须忠直清 4. 信心广平和己损物济名利不求某甲等 5. 又愿若此身舍解脱不蒙鬼神中生复 6. 愿大力法护善神苦济善神当为衣食 7. 不须自然温饱某甲等又愿此身命舍解 8. 脱不蒙畜生中堕复常山深中处草食 9. 水饮诸苦恼无出时瑞为他〈　〉笼系所 10. 不被某甲等又愿此身命舍解脱不蒙饿

第 364 页：1. ⬚⬚⬚，⬚⬚⬚⬚⬚⬚⬚⬚⬚⬚⬚⬚⬚ 2. ⬚⬚⬚⬚[14]，⬚⬚⬚⬚、⬚⬚⬚⬚⬚。（⬚⬚）⬚ 3. ⬚⬚⬚⬚⬚⬚，⬚⬚⬚⬚⬚⬚⬚⬚，⬚ 4. ⬚⬚⬚⬚、⬚⬚⬚⬚⬚⬚，⬚⬚⬚⬚、⬚ 5. ⬚⬚⬚⬚。（⬚⬚）⬚⬚⬚⬚⬚⬚⬚⬚，⬚⬚ 6. ⬚⬚⬚⬚⬚⬚。⬚⬚⬚⬚⬚⬚⬚⬚、⬚ 7. ⬚⬚⬚、⬚⬚⬚⬚⬚⬚⬚⬚，⬚⬚⬚⬚。8. ⬚⬚⬚⬚⬚⬚⬚、⬚⬚⬚⬚、⬚⬚⬚⬚、⬚ 9. ⬚⬚⬚、⬚⬚⬚⬚、⬚⬚⬚⬚，⬚⬚⬚⬚。10. ⬚⬚⬚⬚⬚⬚⬚⬚⬚⬚⬚。⬚⬚⬚⬚：

对译：1. 鬼中堕复愿身心安乐诸热恼无同苦 2. 受者〈　〉化皆悔过为[菩提]心发令某甲等 3. 又愿此身命舍解脱不蒙地狱中堕复 4. 自宿命识同苦受者〈　〉化皆悔过为[菩 5. 提]心发令某甲等又自亦[菩提]心忆[菩提] 6. 心相

续不断令惟愿十方诸佛一切大 7. 地菩萨圣人一切慈悲心以我于现证 8. 又愿诸天诸仙世护四王善主恶罚咒 9. 持守护五方龙王龙神八部同明证为 10. 重复心诚三宝〈〉依归佛赞咒愿

第 365 页：1. 𗴾𗣼𗧾𗖰　𗦻𗫂𗣠𗣠　𗧾𗴺𗧇𗣰 2. 𗫂𗣼𗧇𗖰[15]　𗊏𗣫𗧇𗰣　𗵽𗴘𗰧𗏵 3. 𗋕𗘳𗧪𗓁　𗦻𗵽𗫀𗫨[16]　𗖵𗱈𗧇𗣠 4. 𗫂𗧇𗣫𗴟　𗦻𗴾𗱟𗭢　𗏵𗄑𗦺𗓤 5. 𗏵𗘺𗧇𗦻　𗬩𗅁𗧇𗫂　𗓨𗖵𗣠𗳅 6. 𗢾𗫨𗣂[17]　𗧇 7. 𗊪𗫀：𗋕𗴟、𗧪𗨨、𗧇𗫨𗫂[18]、𗱟𗲲𗱈𗷡、𗫂𗱟、8. 𗴾𗧇𗣠、𗬼𗧇𗲲𗴘𗍫、𗲨𗣂𗳤[19]、𗣪𗣂𗱟、𗅁 9. 𗴾𗧾、𗫀𗬽𗣂𗱈，𗫨𗣙𗳅𗫂。𗫨𗣙[20]𗢾𗧾、𗵽 10. 𗖲𗅁𗳤，𗧇𗴘𗫨𗓁𗦻，𗷡𗫀𗱈𗭢𗵑𗧪𗰣

对译：1. 大圣世尊　威仪堂堂　三达洞照 2. 众圣中尊　身分物济　现道场坐 3. 人天归仰　数无法禀　八音远被 4. 众魔惶惊　威大千震　慈化流芳 5. 慈悲力以　十方普摄　长八苦辞 6. ［菩提］国到 7. 故号如来供应正等觉明行足善逝 8. 世间解丈夫〈〉调御无上士天人师佛 9. 世尊无量人度死生苦拔今此忏悔清 10. 净佛赞德功因缘以愿四生六道众生

第 366 页：1. 𗱟𗱟，𗫂𗫨𗵽𗣠𗴾　[𗴾𗵽]𗧇，𗱟𗴘𗴾𗦻　[𗷡] 2. 𗧪𗵽𗣙。3.（略）

对译：1. 一切今日从起［菩提］于至佛神力以心 2. 随自在 3.（略）

意译、注释（中藏本第 359 页第 9 行—366 页第 3 行）

今日道场同业大众，过去、现在四生六道，穷未来际一切众生，愿以是忏悔令同得清净、同得解脱，具足智慧神力自在。或诸众生从今日去至于菩提，常见十方尽虚空界诸佛法身，常见诸佛三十二相紫磨金之身，常见诸佛八十种好化形现体遍满十方，救众生身，常见诸佛放眉间白毫相光济地狱苦。

又愿今日道场同业大众，以今忏悔清净功德因缘。今日之后舍身、受身不经地狱道镬汤、火炉、割炙之苦，不经饿鬼道烊铜灌口焦烂之苦，不经畜生剥裂楚毒之苦。若在人道亦不经四百四病触身之苦，不经极热楚寒难受之苦，不经刀杖毒药加害之苦，不经饥渴困乏之苦。

又愿大众今日之后，奉戒清净无玷污心、常修正观、起报恩心、供养父母。如视世尊奉敬师长，如对诸佛敬重国王，如真法身于余一切皆如己身想。

又愿大众从今日去，乃至菩提。达深法义智无所畏，明解大乘了见正法，于他无托自然自悟，一向坚固勤求佛道。还度无边一切众生，等与如来俱成正等觉。

今日道场幽显大众，同证明今日微愿。（某甲）等愿能生于圣人居处，常兴置道场、兴起供养能为一切众生作大利益；常当蒙三宝慈悲摄受；常有势力化导得行；常修精进不著世乐。知一切法空，于诸怨亲同以善化，乃至菩提心无退转。今日之后，毫厘微善悉资愿力。

（某甲）等又愿若生人中时、能生修善家，建立道场供养三宝，毫厘微善施于一切。愿与和尚、阇黎不相舍离，自然蔬食绝爱染心，不须同居。忠信清直心广和平，损己济物不求名利。（某甲）等又愿若舍此身，不蒙解脱生鬼神中。复当愿为大力护法善神、济苦善神，不须衣食自然温饱。（某甲）等又愿舍此身命，不蒙解脱堕畜生中，复常处深山食草饮水无诸苦恼，出时为瑞不被他笼絷。（某甲）等又愿舍此身命，不蒙解脱堕饿鬼中，复愿身心安乐无诸热恼，化同受苦者皆令悔过，发菩提心。（某甲）等又愿舍此身命，不蒙解脱复堕地狱中，自识宿命、化受同苦者皆令悔过，发菩提心。（某甲）等亦又自忆菩提心，令菩提心相续不断。仰愿十方一切诸佛、大地菩萨、一切圣人，以慈悲心现为我证。又愿诸天诸仙、护世四王、主善罚恶、守护持咒、五方龙王、龙神八部，同为证明。重复诚心归依三宝。

赞佛咒愿：

大圣世尊　巍巍堂堂

三达洞照　众圣中尊

分身济物　现坐道场

天人归仰　法禀无数

八音远被　群魔惊惶

威震大千　慈化流芳

以慈悲力　普摄十方

长辞八苦　到菩提国

故号：如来、应供、正等觉、明行足、善逝、世间解、调御丈夫、无上士、天人师、佛世尊，度人无量，拔生死苦。以今忏悔，清净赞佛，功德因缘，愿四生六道一切众生，从今日去至于菩提，以佛神力随心自在。【参见《大正藏》[0949b25—0950a25]】

[1] 𗀒：或，《大正藏》作"愿"。

[2] 𗀒𗀒𗀒𗀒：化形现体，即《大正藏》作"分形散体"。

[3] 𗀒𗀒：火炉，即《大正藏》作"炉炭"。

[4] 𗀒𗀒𗀒𗀒：极热楚寒，即《大正藏》作"大热大寒"。

[5] 𗀒𗀒：正观，《大正藏》作"仁义"。正观，"邪观"的相对词，谓中正真实的观念、观法、观行、观慧、正修止观等。又意"悟觉"。

[6] 𗀒𗀒𗀒𗀒𗀒𗀒𗀒：于他无托自然自悟，《大正藏》作"即自开解不由他悟"。

[7] 𗀒𗀒𗀒𗀒𗀒𗀒𗀒：今日微愿同证明，《大正藏》作"赐为证明今日微愿"。

[8] 𗀒：等，《大正藏》作"等正愿"。

[9] 𗀒𗀒：化道，《大正藏》作"化导"。

[10] 𗀒𗀒𗀒：诸怨亲，《大正藏》作"非怨亲"。

[11] 𗀒𗀒𗀒𗀒：毫厘微善，《大正藏》作"一毫之善"。下同。

[12] 𗀒𗀒𗀒𗀒：不须共室，《大正藏》作"不须妻子"。"𗀒𗀒"，意为"共室"、"同居"。

[13] 𗀒𗀒𗀒𗀒：心广和平，《大正藏》作"仁恕和平"。

[14] 𗀒𗀒𗀒𗀒𗀒：化同受苦者，《大正藏》作"化诸同苦"。下同。

[15] 𗀒：尊，《大正藏》作"王"。

[16] 𗀒𗀒𗀒𗀒：法禀无数，《大正藏》作"飡禀未央"。飡，同"餐"，亦作"飧"。未央，未半，无边无际。

[17] 𗀒：国，《大正藏》作"乡"。

[18] 𗀒𗀒𗀒：正等觉，即《大正藏》作"正遍知"，为佛十号中第三号。

[19] "𗀒𗀒𗀒𗀒𗀒、𗀒𗀒𗀒"："调御丈夫、无上士"。《大正藏》作"无上士调御丈夫"。

[20] 𗀒𗀒：今此，《大正藏》作"今"。

《慈悲道场忏法》卷第七（中藏本、俄藏本）

《慈悲道场忏法》卷七刊布于《中国藏西夏文献》第五册第 3—33 页，《中国国家图书馆藏西夏文献》第二册第 144—150 页，前、中、后共缺六处。俄藏本有写本、刻本残页。现据俄藏 4288 号 26 行 13 字本补足。

录文、对译（中藏本第 3—7 页）

中藏本第 3 页：𗼓𗿳《𗤓𗆧𘒏𗭿𘜶》𘊩𘟢[1]𗦲
对译：1. 新刻慈悲忏法卷七第
中藏本第 4—7 页：（略）

录文、对译（俄藏本第 18 行—俄藏本第 17 行）

俄藏本：8—17.（略）18.《𗤓𗆧𘌑𘉋𘒏𗭿𘜶》𘊩𘟢𗦲19. 𘋠𗸛𗴾𘄴[2] 20. ①21. 𗣜𘋅𘌥𘉋𗴖𘅐𘊝𘓶，𘅤𘍳𘐙𘋂𗧉 22. 𗸐𗼒𘌓𗴍𘌓。𗴍𘈈𘍳𘆄𘍱𗧐，𘏕𘍱𗴾 23. 𗴾；[3] 𗶝𘈈𘌖𘍱𘏌𘈐，𗷆𘍱𘐨𗧐。𗁉𗌵𗴍 24. 𘋈𘌖𘍱，𘌖𘈈𗴍𘈗；𘌖𗴍𘋈𘍱，𗴍𘈈𘌖 25. 𗼓𘈊。𗴍𘌖𘉋𗼓𘐢[4] 𘘥𗷛𘎜𘈋𗧐[5]，𘈶𗇋 26. 𗣲𗊁𘈈𘈙𘌢𘈊𘋈𘈊𗧐[6]。𘅤𘈊𘌊𘄺

对译：8—17.（略）18. 慈悲道场忏法卷七第 19. 天奉道显 20. 21. 今日道场业同大众至德渺漠本 22. 于言无说无言者德之显具智之道 23. 也说者理之阶是圣之导具故此言 24. 藉理显理者言非理言由彰言者理 25. 不越言理虽不同善恶亦异无影形 26. 响声相向随从不随从无初学为者

俄藏本：1. 𘌖𘋈𗴾𘉍，𘌊𗧐𗴍𘄺𘈙𗁉[7] 𘌖𘋊𘌖𘈙，2. 𘉋𗼃𘈄𗼃，𗴴𘐡𘈛𘈃，𘎜𘟢𘈋𗴍𘌖𘋊 3. 𗴾𘈊。𘅤𘋇𘈈𘈙𘌖𘍳𗼓𘜶[8]，𗼃𘋆𘈙𘅤 4. 𘐢𘈝

[illegible][9]。[illegible]，[10][illegible] 5. [illegible][11]。[illegible]，[illegible] 6. [illegible]，[illegible]？[illegible][12][illegible]，[illegible] 7. [illegible]？[illegible]，[illegible] 8. [illegible]，[illegible][13]。[illegible][14]，[illegible]？[illegible] 9. [illegible]，[illegible]。[illegible]，[illegible] 10. [illegible]？[illegible]，[illegible][15]？ 11. [illegible]，[illegible]，[illegible][16][illegible] 12. [illegible]，[illegible]。[illegible][17][illegible]，13. [illegible]，[illegible]，[illegible] 14. [illegible][18]。[illegible]，[illegible][19][illegible] 15. [illegible]；[illegible][20][illegible]，16. [illegible][21]。[illegible]《[illegible]》[illegible] 17. [illegible]，[illegible]，[illegible]，[illegible] 18. [illegible]，[illegible][22]。[illegible][23][illegible] 19. [illegible]，[illegible][24]，[illegible]。[illegible] 20. [illegible]，[illegible]。[25][illegible]，[illegible] 21. [illegible]《[illegible]》[illegible]，[illegible][26]，22. [illegible]。[illegible]，[illegible] 23. [illegible]，[illegible]，[illegible] 24. [illegible]。

对译：1. 言凭道会学无于至则故言忘理合 2. 自唯愚凡惑惛障重诸法门于言舍 3. 未能今识少故理晓不居知浅故极 4. 深不臻言且故虽易行且则难唯贤 5. 圣相与言行备举今难言者有自既 6. 不正他何云正令自三业秽浊何云 7. 人劝清净使自不清净他清净使欲 8. 者是处何有自不真谛何云人劝今 9. 言行空说便他恼成使他既恼生何 10. 云不止反复寻省则何云不自愧 11. 余善知识是则故此言说此因衣服 12. 整理敛容对无今善知识于此辞闻 13. 则心情惭恧自过深知其失隐覆以 14. 圣人〈〉欺为不敢今除毁欲假若人 15. 有此因福恐增不除毁复人恐诽谤 16. 所作不作是非迷惑此如忏法设立 17. 者善心既是则善法碍无但自各努力 18. 应此不执著今世间大慈悲主覆护 19. 摄受凭宜言期有灭毁应不此刻大 20. 众〈〉惭愧触恼无为若理与合则 21. 相与此忏法依所作罪灭未来善修 22. 善知识为若众心与不和则唯愿心 23. 喜布施恶知识不成又复[菩提]眷属 24. 当为

俄藏本：25. **[illegible]** 26. [illegible]，[illegible]，

对译：25. 自庆十第 26. 今日道场业同大众初依归从已来

俄藏本：1. [illegible][27]。[illegible] 2. [illegible][28]，[illegible][29][illegible] 3. [illegible]。[illegible]，[illegible]，[illegible] 4. [illegible]。[illegible]，[illegible]。[30] 5. [illegible]：[illegible][31]。[illegible]；[illegible] 6. [illegible]；[illegible]；[illegible]；[illegible] 7. [illegible]；[illegible]，[illegible]

𗰜𗤋[32]；𗢳𗭪𗫤8. 𗾉𗭴𗒑；𗾬𗭪𗴂𗸪𗫻𗒑、𗴂𗸪𗙴𗒑。𗼷9. 𗾬𗥃𗨑，𗧇𘄒𗉼𗫴𗣊𗫯𗒑𗗉𘃸、𗿷10. 𗺐𗤋𘍝。𗼷𗓑𘏞𗥃𗣊𘓄𗉼𗧠𗫯𗒑11. 𗼮，𗴂𗨻𗤋𘍝𗄻，𗄉𗫥𗭲𗤌𗨦[33]。𘄒𗤋𗭲12. 𗈪𗤋[34]，𘂜𗭪𗴂𘍝𗒆。𘗚𗴂𘍓𗣊，𗸪𗑠𗤌13. 𘀂𘄒𘒏；𘗚𗴂𘍓𘍝，𗴂𘄒𘃸𘀂𗑠𗤌𘒏，14. 𘜶𗰌𗥇𗻷？𗾬𗭲𘄒𗣊𗭩：𗴂𗫻𗸪𗒑、𗴂15. 𗸪𗙴𗒑，𘄒𘒏𗟲𗭪[35]。𘘓𗭀𗰜𗫘，𗴂𗨻𗥃16. 𗥃𘄒𗒑[36]，𗏹𘘠𗅢𘎯，𗴂𗥃𘂅𗗉。𗟲[37]𗴂𘍓17. 𗭪𘄒𘃸，𗥃𘘓𗥃𗭴𘛅𗧇，𘍝𘄒𘒏𗉼𗢭[38]。18. 𘊝𘛅𘏞𗴂𗰜𗣊𗣊𗏶𗌽𘊝𗉔，𘍝𗭩𗫯19. 𘃸𗴴𘏣𗊡𗧇。𗟲𗼷𗉼𘏲𗣊𗃜，𗥃𘘓𘄒20. 𗍁𗥃𗟲。[39]𗴂�5𘄒𗭼[40]，𘈠𘍝𗭪𗏹𘛂[41]。𘉟𘏣21. 𘖷𗤋𘀂𗫮𗌽𘎯𗉔，�4𗁬𘔲𘀂𘏣𗑡22. 𗥃𗱕。𗟲𘏞𗴂𗭪，𘈠𘂜𘏜𗭴𘒏[42]，𗴂𗉼𗮃，23. 𘈠𘄒𗭴𘀂𘑊𗭌。𗁬𘎗𘏜𗱕𗨦𗯿𘑅𗊡，24. 𗴂�5𗧇𘈠�5�5𘄒𘒏[43]，𗴂𗉼𗮃𘈠𘄒𘀂25. 𘄒𗤌𘒏。𗼷�5𘜴𘉟𘛁，𘈠𘂅�4𘙺𘛅𘏞26. 𘋢[44]。𗟲𗴂𗸪𗫻𗒑、𗴂𗸪𗙴𗒑𘀂𘏞𗫴𗫯

对译：1. 故佛者依恃可也疑断忏悔以罪业 2. 疑惑皆悉除遣又复心发 3. 以劝奖兼行怨结既解已逍遥碍无自各不 4. 欢喜踊跃可何有自庆意者今宣说应 5. 契经中云难八种有一者地狱二者 6. 饿鬼三者畜生四者地边五者寿长 7. 天六者人身虽得病疾迫逼七者邪 8. 见家生八者佛于前生佛于后生此 9. 八难有因故此众生死生中轮回出 10. 离可不我等相与如来〈　〉像法中生 11. 在佛与虽不值自庆意多有难与语 12. 以为罪者心于在若心疑生则难非 13. 亦难成若心疑无则难是亦难非成 14. 何云知〈　〉八第难中云佛前于生佛 15. 于后生难为名者城东母老佛与 16. 同时〈　〉生一处共在佛不相见故心疑 17. 者难是未必世已异因皆难为及非 18. ［波旬］恶心怀活生地狱中陷龙说法 19. 闻便即道悟故此人天中在未必难 20. 非无〈　〉心不善怀则报禀一式六天 21. 天主亦地狱中坠畜生下贱亦道场 22. 将登故此心邪则罪轻重成心正直 23. 故难重亦无碍今日道场业同大众 24. 心疑以故所作难成心正直则难亦 25. 难非成此一条上举则在处其从皆 26. 明故佛于前生佛〈　〉后生亦皆正法

俄藏本：1. 𘒏，[45]𘏜𘗟𗭲�3𗅾𘘠𗣊𘀂𗫴𗏶𗤌𗤋[46]。2. 𘘓𘈠𘗚𗴂𗉼𘈠𗾬𘄒�3𗨑；𘗚��𗴂3. 𘄒�𗘁𘒏。𘘓𘘓𗄉𗫥�𗣠𗤋𗨑[47]，𗨦𗉼4. 𗄉𗅾𘏢𗨦𗫥�𗨑[48]𗽃𘔼�𗅾。𘄒𘄒5. 𗊡𗨦𘘳，𘘀𗄉𗫥�𘈠𘓄𗣊𗭩[49]𘗚𗨦𗉼6. 𗄉𗫥𗏶�，𘈠𘘓𘘳𗕵𗭴𗴂𗫴𘄒。𗄉𗫥7. 𗭪𗤋𘐠？𗴂𘈠𗭯𗼻[50]，𘎯𘃸𘘦𘃸

𗹦，𗹦𗢭8. 𗹦𗢭[51]𗹦𗢭𗢭𗢭，𗹦𗢭𗢭𗢭𗢭𗢭𗢭；𗢭9. 𗢭𗢭𗢭，𗹦𗢭𗹦𗢭𗢭𗢭𗢭，𗹦𗢭𗢭10. 𗢭𗢭𗢭𗢭；𗢭𗢭𗢭𗢭，𗹦𗢭𗹦𗢭𗢭𗢭11. 𗢭𗢭，𗹦𗢭𗢭𗢭𗢭𗢭𗢭；𗢭𗢭𗢭𗢭𗢭12. 𗢭𗢭𗢭，𗹦𗢭𗹦𗢭𗢭𗢭𗢭𗢭𗢭，𗢭𗢭𗢭13. 𗢭，𗢭𗢭𗢭𗢭，𗹦𗢭𗢭𗢭𗢭𗢭𗢭；𗢭𗢭14. 𗢭𗢭𗢭𗢭𗢭𗢭𗢭，𗹦𗢭𗹦𗢭𗢭𗢭𗢭15. 𗢭[52]，𗹦𗢭𗢭𗢭𗢭𗢭𗢭；𗢭𗢭𗢭𗢭𗢭𗢭16. 𗢭𗢭𗢭𗢭𗢭𗢭[53]，𗹦𗢭𗹦𗢭𗢭𗢭𗢭𗢭，17. 𗹦𗢭𗢭𗢭𗢭𗢭𗢭；𗢭𗢭𗢭𗢭，𗢭𗢭𗢭18. 𗢭𗢭𗢭[54]，𗹦𗢭𗹦𗢭𗢭𗢭，𗢭𗢭𗢭𗢭，𗢭19. 𗢭𗢭𗢭𗢭𗢭𗢭；𗢭𗢭𗢭𗢭，𗢭𗢭𗢭𗢭20. 𗢭，𗢭𗢭𗢭𗢭，[55]𗹦𗢭𗹦𗢭𗢭𗢭𗢭𗢭𗢭21. 𗢭𗢭，𗹦𗢭𗢭𗢭𗢭𗢭𗢭；𗢭𗢭𗢭𗢭，𗢭22. 𗢭𗢭𗢭，𗢭𗢭𗢭𗢭𗢭，𗢭𗢭𗢭𗢭𗢭。𗹦23. 𗢭𗹦𗢭𗢭𗢭𗢭𗢭，𗢭𗢭𗢭𗢭𗢭𗢭𗢭24. 𗢭𗢭𗢭𗢭[56]，𗢭𗢭𗢭𗢭𗢭𗢭𗢭𗢭[57]，𗢭𗢭25. 𗢭𗢭𗢭，𗢭𗢭𗢭𗢭，𗢭𗹦𗢭𗢭𗢭𗢭𗢭26. 𗢭𗢭𗢭𗢭𗢭𗢭𗢭[58]。𗢭𗢭𗢭𗢭，𗢭𗢭𗢭

对译：1. 成地边及又畜生中亦皆道修可也 2. 此刻若心正则八难无有若疑惑则 3. 难无量成是如自庆多繁虽有大众 4. 自各日数自庆事有其功不知今我 5. 智微以其自庆事端略示说若大众 6. 自庆知能则此依世出心修须自庆 7. 者何谓佛所言用地狱免难〈〉相与 8. 此刻此苦免离此者一第自庆是饿 9. 鬼脱难相与此刻痛苦远离此者二 10. 第自庆是畜生舍难相与此刻其报 11. 不受此者三第自庆是地边生在仁 12. 义不知相与此刻中国中住道法流 13. 行妙典亲闻此者四第自庆是寿长 14. 天生者福植不知相与此刻福植作 15. 能此者五第自庆是人身得难一次 16. 已失返得难矣相与此刻人身获〈〉 17. 此者六第自庆是六根不具善根中 18. 入不能相与此刻清净深法门得此 19. 者七第自庆是世智辩聪正法不信 20. 因其亦难为相与此刻一心以正法 21. 凭归此者八第自庆是佛前佛后其 22. 复难为或佛面不睹又难大为矣 23. 相与此刻大善愿发未来世于众生〈〉24. 救能必定如来不睹难为并非但一 25. 色像见一正法闻亦往昔鹿宫苑园 26. 中初所唱与不异敬正法也则人〈〉

俄藏本：1. 𗢭𗢭𗢭𗹦𗢭𗢭，[59]𗢭𗹦𗢭𗢭𗢭𗢭𗢭𗢭2. 𗢭𗢭𗢭𗢭𗢭[60]。𗢭𗢭𗢭𗢭，𗢭𗢭𗢭𗢭𗢭3. 𗹦，𗹦𗢭𗹦𗢭𗢭𗢭𗢭[61]，𗹦𗢭𗢭𗢭𗢭4. 𗢭𗢭；𗢭𗢭𗢭𗢭，𗢭𗢭𗢭𗢭𗢭𗹦，𗹦𗢭5. 𗢭𗢭𗢭𗢭𗢭[62]，𗹦𗢭𗢭𗢭𗢭𗢭𗢭；𗢭6. 𗢭𗢭𗢭，𗢭𗢭𗢭𗢭𗢭𗹦，𗹦𗢭𗹦𗢭𗢭7. 𗢭𗢭𗢭，𗢭𗢭𗢭𗢭[63]，𗹦𗢭𗢭𗢭𗢭𗢭𗢭8. 𗢭；𗢭𗢭𗢭𗢭，𗢭𗢭𗢭𗢭𗢭𗢭𗢭𗢭𗢭9. 𗹦，𗹦𗢭𗢭𗢭𗢭𗢭𗢭𗢭[64]𗢭，𗢭𗢭𗹦𗢭[65]，10. 𗹦𗢭𗢭𗢭𗢭𗢭𗢭𗢭；𗢭𗢭𗢭𗢭，𗢭𗢭11. 𗢭𗢭

◌◌◌◌，◌◌◌◌◌◌◌◌，12. ◌◌◌◌◌◌◌◌◌◌◌◌[66]，◌◌
13. ◌◌◌◌◌◌；◌◌◌◌，◌◌◌◌14. ◌◌◌◌，◌◌◌◌◌◌◌◌
◌◌15. ◌，◌◌◌◌◌◌◌◌；◌◌◌◌◌16. ◌，◌◌◌◌◌◌◌◌
◌[67]，◌◌◌◌◌17. ◌◌◌。

对译：1. 罪灭福生使能故此佛不见中难不 2. 为者亦有矣佛所言用佛见者难为 3.〈〉相与此刻佛像亲瞻此者九第自 4. 庆是佛所言用法闻复难为〈〉相与 5. 此刻露甘法闻此者十第自庆是佛 6. 所言用家出者难为〈〉相与此刻亲 7. 爱辞割心向道入此者十一第自庆 8. 是佛所言用自利者易他利者难为 9.〈〉相与今日一遍礼拜以十方普利 10. 此者十二第自庆是佛所言用捍劳 11. 苦忍者难为〈〉相与今日自自各翘勤 12. 所为福德皆人利以己利不为此者 13. 十三第自庆是佛所言用契经读诵 14. 者难为〈〉今我并复大众等共读诵 15. 得此者十四第自庆是禅坐者难为 16.〈〉此刻心意摄住者见此者十五第 17. 自庆是

意译、注释（俄藏本第 18 行—俄藏本第 17 行）

《慈悲道场忏法》卷第七

奉天显道

今日道场同业大众，至德渺漠本无言无说。言者德之显具，智之道也；说者是理之阶，圣之导具。所以藉言而显理，理者非言；理由言彰，言不越理。虽言理不同善恶亦无异，无形影响声相向随从不随从。为初学者凭言会道，至于无学则故合理而忘言。

自唯凡愚，惛惑障重，于诸法门未能舍言。今识少故不居晓理，知浅故不臻极深。言且故虽易行且则难，唯贤圣相与言行备举。今有难言者自既不正，云何令正他？自三业秽浊，云何使劝人清净？自不清净，欲使他清净者，何有是处。自不真谛，何以劝人？今言行空说，便成使他恼。他既生恼，何云不止？反复寻省，则何云不自愧。余是善知识，则故说此言，因此整理衣服敛容无对。今闻善知识此辞，则心情惭恶，自知深过，不敢隐覆其失为欺圣人。今欲毁除，假若有人因此恐增福；不毁除复恐人诽谤，所作不作是非迷惑。

设立如此《忏法》者，心既是善，善法无碍，但应各自努力，不执著此。今凭世间大慈悲主，覆护摄受。宣言有期，不应毁灭，此刻大众惭愧，无为触恼。若与理合，则相与依此所作《忏法》，灭罪修未来善，为善知识。若与众心不和，则唯愿欢喜布施，不成恶知识，又复当为菩提眷属。【参见《大正藏》[0950b01—0950b24]】

自庆第十

今日道场同业大众，从初归依已来，故佛可依恃也。断疑忏悔，罪惑俱遣，又复发心以劝奖兼行。怨结已解，逍遥无碍，岂得不各自踊跃欢喜。自庆意者，今应宣说。

经云：有八种难。一者地狱；二者饿鬼；三者畜生；四者边地；五者长寿天；六者虽得人身，病疾迫逼；七者生邪见家；八者生于佛前、生于佛后。

有此八难，所以众生轮回生死，不可出离。我等相与生在如来像法之中，虽不与值佛而自庆有多意。难以语为，罪者在于心。若心生疑，则非难亦成难；若心无疑，则是难亦成非难。何以知之？第八难中云：生于佛前、生于佛后，名为难。城东老母，与佛同时生，共在一处而不相见佛。故心疑者是难，未必因异世皆为难及非难。波旬心怀恶生陷地狱，龙闻说法便即悟道。故在此人天中，未必无非难。心怀不善则禀报一式，六天天主亦坠地狱，畜生下贱亦将登道场。故此心邪，则轻罪成重，心正直故重难亦无碍。【参见《大正藏》[0950b25—0950c18]】

今日道场同业大众，以心疑故所作成难，心正直则难亦成非难。上举此一条，在处其从皆明。故生于佛前、生于佛后亦皆成正法，边地畜生亦皆可修道也。今若正心则无有八难，若疑惑则难成无量。如是自庆虽有繁多，大众各自数日有自庆事不知其功，今我以微智，略示说自庆事端。若大众能知自庆，则依此应须修出世心。

何谓自庆？

用佛所言地狱难免，相与此刻免离此苦，此是第一自庆；

饿鬼难脱相与此刻远离痛苦，此是第二自庆；

畜生难舍，相与此刻不受其报，此是第三自庆；

生在边地不知仁义，相与此刻住中国，道法流行亲闻妙典，此是第四自庆；

生长寿天者不知植福，相与此刻能作植福，此是第五自庆；

人身难得，一次失难得返矣，相与此刻获得人身，此是第六自庆；

六根不具，不能入善根，相与此刻清净得深法门，此是第七自庆；

世智辩聪，因不信正法，其亦为难，相与此刻以一心归凭正法，此是第八自庆；

佛前佛后其复为难，或面不睹佛又为大难矣。相与此刻发大善愿于未来世必定能救众生，并非不睹如来为难，但一见色像，一闻正法，亦不异往昔鹿宫苑园中初唱。敬正法也，则能使人灭罪生福，故此不见佛不为难中者亦有矣。用佛所言，见佛者为难，相与此刻亲瞻佛像，此是第九自庆；

用佛所言，闻法复为难，相与此刻闻甘露法，此是第十自庆；

用佛所言，出家者为难，相与此刻辞亲割爱，入道心向，此是第十一自庆；

用佛所言，自利者易利他为难，相与今日以一遍礼拜，普利十方，此是第十二自庆；

用佛所言，捍劳忍苦者为难，相与今日各自翘勤，所为福德皆以利人不为利己，此是第十三自庆；

用佛所言，读诵契经者为难，我今大众等共得读诵，此是第十四自庆；

坐禅者为难，此刻见摄住心意者，此是第十五自庆。【参见《大正藏》[0950c18—0951a23]】

[1] 𗧂：七，中藏本底本误作"𗤶"（四），今乙正。

[2] "𗴿𗄫𘏒𗫺"（奉天显道），当为夏仁宗尊号之款题"𗴿𗄫𘏒𗫺𘓺𗫂𗾔𗋽𗯿𘃸𗣼𗵘𗢭𗗾𗅲𘇗𗥃𗫸𗾟𘒣𗤁𗣗𘗿"（奉天显道耀武宣文神谋睿智制义去邪惇睦懿恭皇帝谨施）、或"𗴿𗄫𘏒𗫺𘓺𗫂𗾔𗋽𗯿𘃸𗣼𗵘𗢭𗗾𗅲𘇗𗥃𗫸𗾟𘒣𗤁𘓺𗤁𗵘"（奉天显道耀武宣文神谋睿智制义去邪惇睦懿恭皇帝御校）之略写。

[3] "𗸐𘃡𘌺𗥃𗫺𗆧，𗆧𗥃𘏒𘗁"："言者是德之显具，智之道也"，《大正藏》作"然言者德之诠道之径"。

［4］▢▢：不同，《大正藏》作"两乖"。

［5］▢▢▢：亦无异，《大正藏》作"殊绝"。

［6］▢▢▢▢▢▢▢▢▢▢▢：无形影响声相向随从不随从，《大正藏》作"然影响相符未曾差滥"。

［7］▢▢：则故，即《大正藏》作"乃"。

［8］▢▢▢▢▢▢▢▢：今识少故不居晓理，《大正藏》作"今识庵故不尽其妙"。

［9］▢▢▢▢▢▢▢：知浅故不臻极深，即《大正藏》作"见浅故不臻其极"。

［10］▢▢▢▢▢▢▢▢：言且故虽易行且则难，《大正藏》作"然言之且易行之实难"。

［11］▢▢▢▢▢▢▢▢：唯贤圣相与言行备举，《大正藏》作"唯圣与圣乃得备举"。

［12］▢：自，《大正藏》作"汝自"。

［13］▢▢：何有，《大正藏》作"无有"。

［14］▢▢▢▢：自不真谛，《大正藏》作"既不坚固"。

［15］▢▢▢▢▢▢▢：则何云不自羞愧，即《大正藏》作"宁不自愧"。

［16］▢▢：因此，即《大正藏》作"于是"。

［17］▢▢▢：善知识，底本误作"▢▢▢"，今据文意乙正。

［18］▢▢▢▢▢▢▢▢▢▢▢：不敢隐覆其失为欺圣人，即《大正藏》作"不敢欺誷。圣人隐覆其失"。

［19］▢▢：假若，《大正藏》作"恐脱"。

［20］▢▢▢：不除毁，《大正藏》作"适欲存之"。

［21］▢▢▢▢▢▢▢▢▢：所作不作是非迷惑，《大正藏》作"进退回遑不知所措"。

［22］▢▢▢▢：此不执著，《大正藏》作"不得计此"。

［23］▢▢▢：慈悲主，底本误作"▢▢▢"，今据文意乙正。

［24］▢▢▢▢：宣言有期，《大正藏》作"既已有其言"。

［25］"▢▢▢▢▢▢▢▢，▢▢▢▢"："此刻大众惭愧，无为触恼"，

《大正藏》作"正当惭愧。大众愿无触恼"。

[26] 𗾟𗓦𗏴𗆟𗿦𗏇：灭罪修未来善，《大正藏》作"改往修来"。

[27] 𗉛𗾈𗏇𗷻𗤁𗹦𗊶：故佛可依恃也，《大正藏》作"知至德可凭"。

[28] 𗾟𗫉𗏇𗫡𗄭𗾟𗏴𘝞：罪业疑惑皆悉除遣，即《大正藏》作"则罪惑俱遣"。

[29] 𗤋𗗆：又复，即《大正藏》作"续以"。

[30] "𗷅𗫶𗈀𗏴，𘔊𗫉𗥃𗢰"："自庆意者，今应宣说"，《大正藏》作"所应自庆今宣其意"。

[31] 𗊫𗒹𗎫𗨁：有难八种，即《大正藏》作"八难"。

[32] 𗫴𗫹𗥛𗤁：病疾迫逼，即《大正藏》作"癃残百疾"。

[33] 𗷅𗫶𗈀𗫆𗨁：自庆有多意，即《大正藏》作"庆事犹多"。

[34] 𗊫𗆟𗈀𗆟𗾈：难与语以为，即《大正藏》作"凡难之为语"。

[35] 𗤁𗫉：名者，即《大正藏》作"是名"。

[36] 𗷻𗤁𗤁𗤁𗫢𗤊：与佛同时生，即《大正藏》作"与佛同生一世"。

[37] 𗉛：故，《大正藏》作"故知"。

[38] 𗏇𗊫𗢟𗆟𗿸："皆为难及非（难）"，《大正藏》作"皆云是难"。

[39] "𗉛𗫡𗷻𗪘𗡩𗤁，𗤊𗗱𗊫𗿸𗤁𗤁"："故在此人天中，未必非无难"，《大正藏》作"当知人天。未必非难"。

[40] 𗵲：怀，《大正藏》作"苟"。

[41] 𗣐𗼲：字面意为"一式"，《大正藏》作"不殊"。

[42] 𗤟𗾟𗸕𗫴𗥃：则轻罪成重，《大正藏》作"故轻难成重"。

[43] 𗷻𗫉𗫶𗤟𗆟𗆟𗊫𗥃：以心疑故所作成难，《大正藏》作"以心碍故触向成难"。

[44] 𗫴𗫢𗏇𗫢：其从皆明，《大正藏》作"可从"。

[45] "𗉛𗷻𗫛𗫶𗤊、𗷻𗫛𗫉𗤊𗎫𗏇𗫢𗫉𗢰"："故生于佛前、生于佛后亦皆成正法"，《大正藏》作"故知佛前佛后无非正法"。

[46] 𗎫𗏇𗫪𗆟𗤁𗢰：亦皆可修道也，《大正藏》作"莫非道处"。

[47] 𗫆𗫣𗄭𗨁：虽有繁多，《大正藏》作"事实不少"。

[48] 𗷅𗟻𗊫𗄭𗷅𗫶𗈀𗨁：各自数日有自庆事，《大正藏》作"日用"。

[49] "𘔊𗫣𗥃𗄭𗫢，𗫴𗷅𗫶𗈀𗤊𗵵𗪘𗤁"："今我以微智，略示说自庆

事端"，《大正藏》作"今略陈管见示自庆之端"。

[50] 𗟲𗟲𗟲𗟲：用佛所言，即《大正藏》作"佛言"。下同。

[51] 𗟲𗟲𗟲𗟲：相与此刻，《大正藏》作"相与已得"。下同。

[52] 𗟲𗟲𗟲𗟲：能作植福，《大正藏》作"更复树良因"。

[53] 𗟲𗟲𗟲𗟲𗟲𗟲𗟲：一次已失难得返矣，即《大正藏》作"一失不返"。

[54] 𗟲𗟲𗟲𗟲𗟲：不能入善根中，《大正藏》作"不预善根"。

[55] "𗟲𗟲𗟲𗟲𗟲，𗟲𗟲𗟲𗟲"："因不信正法，其亦为难"，《大正藏》作"反成为难"。

[56] 𗟲𗟲𗟲𗟲：必定能救，《大正藏》作"誓拔"。

[57] 𗟲𗟲：并非，《大正藏》作"不以"。

[58] 𗟲𗟲𗟲𗟲𗟲𗟲𗟲𗟲𗟲𗟲𗟲：亦不异往昔鹿宫苑园中初唱，《大正藏》作"自同在昔鹿苑初唱"。

[59] "𗟲𗟲𗟲𗟲，𗟲𗟲𗟲𗟲𗟲𗟲𗟲"："敬正法也，则能使人灭罪生福"，《大正藏》作"事贵灭罪生人福业"。

[60] 𗟲𗟲𗟲𗟲𗟲𗟲𗟲𗟲𗟲𗟲𗟲：故此不见佛不为难中者亦有矣，《大正藏》作"不以不见佛故。称之为难"。

[61] 𗟲𗟲𗟲𗟲：亲瞻佛像，即《大正藏》作"瞻对尊像"。

[62] 𗟲𗟲𗟲𗟲：闻甘露法，即《大正藏》作"湌服甘露"。

[63] 𗟲𗟲𗟲𗟲：入道心向，即《大正藏》作"归向心向"。

[64] 𗟲𗟲𗟲𗟲：一遍礼拜，即《大正藏》作"一拜一礼"。

[65] 𗟲𗟲𗟲𗟲：普利十方，《大正藏》作"普为十方"。

[66] 𗟲𗟲𗟲𗟲𗟲𗟲𗟲𗟲𗟲𗟲𗟲：所为福德皆以利人不为利己，即《大正藏》作"有所为作不为自身"。

[67] 𗟲𗟲𗟲𗟲𗟲𗟲𗟲：此刻见摄住心意者，即《大正藏》作"而今见有息心定意者"。

录文、对译（中藏本第8页第1行—9页第10行）

中藏本第8页：1. 祇①𗥃𗣼𗏹𗏵𗤋 2. 𗒠𗈁，𗅲𗗟𗣼𗏹，𗕀𗤋𗧓𗏹[1]，𗃛𗵐𗤋𗧤𗒠，3. 𗬡𗤋𗫻𗤋𗏹。[2]𗤁𗏹𗤋𗥆𗤋𗏹𗤋𗏹，𗝢𗰖 4. 𗰖𗍥𗬡𗵐𗧤𗤋𗏹[3]，𗫻𗎵𗧓𗅲𗤋𗫻𗤋𗏹，5. 𗧤𗤋𗤋𗑉?[4]𗅲𗤋𗏹𗧤𗅲，𗫻𗒴𗤋𗒠𗤋𗤛 6. 𗤋𗫻𗒠。𗷍𗑏𗣼𗷁𗏹𗧓，𗅲𗦀𗫻𗑙。𗧽𗫻 7. 𗏹𗰴，𗫻𗲧𗑉𗏵，𗤋𗏹𗤤：𗤋𗑏𗘤𗤋[5]、𗝢𗑉 8. 𗷍𗣼、𗵘𗣼𗧓𗵐，𗅲𗤤𗼒𗏹𗷍𗏹𗤤𗤋、𗒠 9. 𗒰𗥆𗤤；𗫻𗥆𗫻𗤋、𗫻𗢸𗏹𗑏、𗑉𗵐𗑉𗤤、10. 𗚗𗤤𗰴𗣼、𗒠𗢸𗒰𗢸、𗡃𗵐𗧤𗢸、𗫻𗒰𗣼

对译：1. 今日道场业同 2. 大众是如自庆言无量有辞利所当是 3. 复宜尽不能人世间处苦多乐少一欣 4. 一喜尚获得可不又相与此刻多碍无 5. 得可岂有此碍无得者皆十方三宝之 6. 威力是宜依自各心归此恩回忆悲思 7. 心等五体地投奉以仁王国主境土 8. 人民父母师长上中下座信心施主善 9. 恶知识诸天诸仙世护四王聪明正直 10. 天地虚空善主恶罚咒持守护五方龙

中藏本第9页：1. 𗑏、𗏹𗥆𗷁𗲸；𗫻𗒠𗩱𗑏[6]、𗫻𗤛𗒠𗩱、𗩱𗑏𗘤 2. 𗘤、𗕀𗜜𗑏、𗒠𗧤𗏹𗤛、𗫻𗵘𗤋𗒠、𗤤𗷁𗲣 3. 𗥆、𗫻𗫻𗔿𗤋[7]；𗫻𗒠𗥆� 𗵘𗵐𗫻𗥆�纥𗏹�꡵、𗟭 4. 𗑉𗧓𗥆[8]、𗤤𗵚𗟭𗧓𗤤𗒠，𗤤𗟭𗤋𗚗�候𗰴 5. 𗵘𗏹�꡵𗵐𗤤𗘤�꡵𗺝�繻。𗩱𗍣𗉢�3� 6. �2�𗥃��，�候�3�2�𗏹�ꡭ𗺳��3�2�𗦀 7. 𗑉。�候𗥆�候�2�候𗑏𗘤𗘤，�候𗒠𗧤𗵚𗥆 8. 𗏹𗑉𗘤𗘤，祇𗥃𗰌�，�候𗼒�候𗧤𗦀𗷍𗰌 9. 𗩱、𗂅𗍣�꡵𗷍，�候�3�2�纥，𗼭𗵘�꡵�3�，𗑉��10. 𗺝𗧤𗸛祇。

对译：1. 王龙神八部诸大魔王五帝大魔魔王 2. 一切[延罗]王泰山府君五道神大十八狱 3. 主诸从相等及三界六道无穷无尽血 4. 活脉沸佛性有者等以心诚以十方虚 5. 空界尽三宝一切〈 〉依归唯愿慈悲心 6. 以同加摄受思议可不神通力以覆护 7. 拯接诸天诸仙神王一切及三界六道 8. 众生一切今日从起死生海越彼岸于 9. 到行愿早圆俱十地登金刚心入正等 10. 觉当成令

---

①　中藏本从第8页第1行第10字开始接俄藏本。为便于内容完整和分段，"祇"（今）前9字"𗒠𗅲𗣼�ꡭ�候𗩱𗣼𗏹𗒠"（见此者十五第自庆是），已在俄藏4288号写本录文。

意译、注释（中藏本第 8 页第 1 行—9 页第 10 行）

今日道场同业大众，如是自庆，言有无量，当是所利辞，复不能宣尽。
人处世间苦多乐少，一欣一喜尚不可获得，又相与此刻多无碍，岂可有得？
得此无碍者，皆是十方三宝威力。宜依各自归心，怀忆此恩。悲思心等，五
体投地，奉为：仁王国主、土境人民、父母师长、上中下座信心施主、善恶
知识；诸天诸仙、护世四王、聪明正直、天地虚空主善罚恶、守护持咒、五
方龙王、龙神八部；诸大魔王、五帝大魔、一切魔王、阎罗王、泰山府君、
五道大神、十八狱主诸等相从；及三界六道无穷无尽、活血沸脉、有佛性者
等，诚心归依十方尽虚空界一切三宝。唯愿以慈悲心同加摄受，以不可思议
神通力覆护拯接。令诸天诸仙、一切神王，及三界六道一切众生，从今日
起，越生死海到于彼岸，行愿早圆俱登十地，入金刚心当成等正觉。【参见
《大正藏》[0951a23—0951b11]】

　　[1] 𗹬𗺉𗰣𗰚：有言无量，《大正藏》作"事多无量"。

　　[2] "𗼩𗢼𗿒𗤶𗗾，𗾫𗷰𗾋𗢼𗢭"："当是所利辞，复不能宣尽"，《大
正藏》作"非复弱辞所能宣尽"。

　　[3] 𗰔𗦻：获得，《大正藏》作"谐"。

　　[4] "𗷫𗤧𗼺𗟟𗢼𗰖𗦗𗾟，𗰔𗢼𗄻𗾀"："又相与此刻多无碍，岂可有
得"，《大正藏》作"况今相与有多无碍"。

　　[5] 𗢼𗼁𗫔𗴫：仁王国主，《大正藏》作"国王帝主"。

　　[6] 𗟭𗼻𗫸𗼁：诸大魔王，《大正藏》作"诸大魔王"。据汉文意补
"𗟭"（诸）。

　　[7] 𗟭𗷒𗰖𗺉：诸等相从，《大正藏》作"并诸官属"。

　　[8] 𗋽𗷒𗫪𗰑：血活脉沸，本卷此处《大正藏》作"含情抱识"。第一
卷（图版第 107 页第 8 行），《大正藏》作"含灵抱识"。含情抱识、含灵抱
识，指一切有心、有情、众生。

录文、对译（中藏本第 10 页第 1 行—11 页第 10 行、俄藏本）

中藏本第 10 页：1. [illegible][1][illegible]2. [illegible]，[illegible]3. [illegible][2]，[illegible]？[illegible]，[illegible]4. [illegible][3]；[illegible]，[illegible]5. [illegible]；[illegible]6. [illegible]，[illegible]；7. [illegible]，[illegible]8. [illegible]；[illegible]，[illegible]、[illegible]、[illegible]9. [illegible]。[illegible]：[illegible]。[illegible]10. [illegible]，[illegible]，[illegible]。[illegible]

对译：1. 三宝〈 〉警缘十一第 2. 今日道场业同大众宜依自各三宝〈 〉3. 念缘应何云矣若三宝不知则何云慈 4. 心以众生〈 〉愍念能矣若三宝不知则 5. 何云悲心以一切〈 〉救摄能矣若三宝 6. 不知则何云平等心以怨亲同观能矣 7. 若三宝不知则何云妙智以无上道证 8. 能矣若三宝不知则何云二空实真相 9. 无〈 〉明了能矣佛所言〈 〉人身得难此 10. 刻得且信心生难此刻已生我等此刻

中藏本第 11 页：1. [illegible][4]。[illegible]2. [illegible]、[illegible]、[illegible]；[illegible]3. [illegible]；[illegible]4. [illegible][5][illegible]；5. [illegible]；[illegible]6. [illegible]、[illegible]、[illegible][6][illegible]。[illegible]7. [illegible]；[illegible]8. [illegible]；[illegible]9. [illegible]。[illegible][7][illegible]10. [illegible]，[illegible]。[illegible]，[illegible]①

对译：1. 自各心起三宝于凭归恃依以故眼以 2. 贪欲嗔恚愚痴色不其见〈 〉耳以地狱 3. 饿鬼苦楚热恼声音复不其闻〈 〉鼻以 4. 地狱饿鬼皮裂脓血气味复不其闻〈 〉5. 舌以天下臭恶不净味复不其尝〈 〉身 6. 以镬沸巧火寒冷苦等不其触〈 〉意以 7. 常佛者无上慈悲父为法一切者众生 8.〈 〉良药为诸贤圣者众生〈 〉病看母为 9. 知矣意以常三宝〈 〉世护警缘众生念 10. 处我常知能我等今日佛与虽不值像

俄藏本：8. [illegible]9. [illegible][8][illegible]，[illegible]10. [illegible]，[illegible]

① “[illegible]”(像)下，中藏本缺佚，以俄藏本补（俄藏本从第 8 行第 13 字始上接）。

▢▢▢[9]▢▢▢▢。▢11. ▢▢▢▢[10]，▢▢▢▢▢▢▢▢▢[11]。12. ▢▢▢▢▢▢▢▢▢▢，▢▢▢13. ▢[12]▢▢▢▢。14. ▢▢▢▢▢▢▢▢▢，▢▢▢▢▢15. ▢▢▢▢、▢▢▢[13]？▢▢▢，▢▢16. ▢▢▢▢▢▢▢，▢▢▢▢[14]▢▢▢▢[15]：17. ▢▢▢▢▢▢▢▢▢[16]，▢▢▢18. ▢▢，▢▢▢▢▢。[17]▢▢▢▢▢▢：▢19. ▢▢▢[18]，▢▢▢▢，▢▢▢▢，[19]▢▢20. ▢▢，▢▢▢▢。▢▢▢▢，▢▢▢21. ▢▢▢▢▢▢[20]。▢▢▢▢，▢▢▢22. ▢▢。▢▢▢▢▢▢，▢▢▢▢▢，23. ▢▢▢▢，▢▢▢▢▢，▢▢▢▢，▢24. ▢▢▢。▢▢▢▢，▢▢▢▢▢▢。[21]

对译：8. 法 9. 末法中生在具信心有六根清净 10. 诸衰恼无意如自在来往碍无此 11. 如胜报者皆前世三宝功依是矣 12. 又复此世 [菩提]心发令〈〉种种利 13. 益具说可非 14. 今日道场业同大众何云自各复 15. 三宝〈〉供养恩报〈〉供养者德功 16. 一切中上等是何云矣契经中言 17. 思念前世所轻微供养曾历劫善 18. 报受最终佛与值又契经中言若 19. 报欲因塔修起众园作造灯烛 20. 幡盖香华茵褥种种供养复将来 21. 世于自福报受供养虽是佛〈〉恩 22. 报非佛〈〉恩报欲者唯[菩提]心发 23. 四弘誓立无量缘造身相庄严净 24. 土行修方是智者恩知报报真为

意译、注释（中藏本第 10 页第 1 行—11 页第 10 行、俄藏本）

警缘三宝第十一

今日道场同业大众，应依宜自各缘念三宝，何以故尔？若不知三宝，则云何能以慈心愍念众生矣；若不知三宝，则云何能以悲心救摄一切矣；若不知三宝，则云何能以平等心怨亲同观矣；若不知三宝，则云何能以妙智证无上道矣；若不知三宝，则云何能明了二空、真实、无相矣。用佛所言：人身难得。此刻得，且信心难生；此刻已生，我等此刻各自起心以归凭、恃依于三宝。故眼不见其贪欲、嗔恚、愚痴之色；耳复不闻其地狱饿鬼苦楚热恼声音；鼻不复闻其地狱饿鬼裂皮脓血气味；舌复不尝其天下臭恶不净之味；身不触其沸镬、巧火、寒冷等苦。意常知佛为无上慈悲之父；知一切法者为诸众生良药；知诸贤圣者为众生看病之母矣。意常警缘三宝护世，众生念处，我常能知。我等今日虽不值佛，‖ 生在像法、末法中具有信心，六根清净无诸衰恼，如意自在往来无碍。如此胜报者，皆是依前世三宝功矣。又复令此世发菩提心，种种利益非可具说。

今日道场同业大众，岂得复各自报恩、供养三宝？供养者，是一切功德中上等，何云矣？契经中言：曾思念前世所轻微供养，受历劫善报最终值与佛。又契经言：若因欲报，起修塔，造作众园，灯烛幡盖，华香茵褥。种种供养，复于将来世自受福报。虽是供养，非报佛恩。欲报佛恩者，唯发菩提心，立四弘誓，造无量缘，庄严身相，修净土行。方是智者，真为知恩报恩。【参见《大正藏》[0951b12—0951c09]】

[1] 燚绌：字面意为"缘思、缘念"，《大正藏》作"警缘"。警，敏悟。缘，顺。下同。见卷一（图版第101页第10行，注[3]）。

[2] 羰灙羕芄散燚祇燚绌绕：应宜依自各缘念三宝，《大正藏》作"宜复人人缘念三宝"。

[3] 铸锹缐羠绊赦糀织祇羠絖绒绋：则云何能以慈心愍念众生矣，《大正藏》作"云何得起慈心愍念众生"。"赦……绒……"，即"能以……"，相当于"得起"。下同。

[4] "散燚㲋羰绲、雟羴纵"："以归凭、恃依于三宝"，《大正藏》作"三宝归凭"。

[5] 亥兹：皮裂，《大正藏》作"剥裂"。

[6] "羕羿、㲋蕫、瓶糀叔靯"："镬沸、巧火、寒冷苦等"，《大正藏》作"镬汤炉炭寒冰之苦"。

[7] 糀织：众生，即《大正藏》作"有识"。

[8] 磘襫舼襫：像法末法，《大正藏》作"生在像末"。

[9] 瓶灙羕翁：意如自在，《大正藏》作"优游适性"。

[10] 燚悦祔蒂绒：此如胜报者，《大正藏》作"此之胜报"。

[11] 疕绣该散燚赙灙蕊绖：皆是依前世三宝功矣，《大正藏》作"莫非宿缘。三宝恩力"。

[12] 铰蕥絯缑：种种利益，《大正藏》作"诸如此益"。

[13] "彔缐羕芄愧散燚祇蓁蕫、瓶蒂荒"："何云复各自报恩、供养三宝"，《大正藏》作"岂得不人人报恩供养"。

[14]"𗼩𗨨𗫴，𗫻𘏞𗥓𗥓𘋩𗄈𗶕𗤀，𗥓𗼭𗦳"："供养者，是一切功德中上等，何云矣"，《大正藏》作"一切功德供养中最"。

[15] 𗷍𗆟𘋩𗐫：契经中言，即《大正藏》作"故经说言"。

[16] 𗏁𗺉𘋸𗤁𗅲𗣼𗟻𗼩𗨨𗫻：曾思念前世所轻微供养，《大正藏》作"惟念过去世供养为轻微"。

[17]"𗫂𗤀𗿒𗴾𗫴，𗼦𗆞𘅡𘃡𗗘"："受历劫善报，最终值与佛"，《大正藏》乙本作"蒙报历遁劫余福值世尊"。

[18] 𗦺𗨄𗠋𗫻：若因欲报，即《大正藏》作"设欲报者"。

[19]"𗤀𘌕𗤃𗤀，𗫴𗊧𗦲𗫼"："起修塔，造作众园"，《大正藏》作"起塔精舍"。

[20] 𗫨𗤀𗫴：受福报，《大正藏》作"其福"。

[21]"𗣼𘄴𗤁𗢳，𘓒𗰭𘓒𗤀𗬠𘂦"："方是智者，真为知恩报恩"，《大正藏》作"是为智者知恩报恩"。

录文、对译
（俄藏本、中藏本第 12 页第 1 行—14 页第 5 行、俄藏本）

俄藏本：25. 𗗙𘃡𗆟𗦩𘍦𗤃𗨨𗫴，𘝞𘃡𗋽𘋤𘋥[1]，26. 𗾿𗦺

对译：25. 今日道场业同大众诸佛〈 〉恩 26. 回报

中藏本第 12 页①：1. 𘍚𗴾[2]。𗢸𘎑𘉔𘎑𗄿𗲟𗦲𗬄[3]，𗒹𗟻𗬁𘋩2. 𘄴𘋩𗬄𗦩𗶕𗴾，𗫻𗆟𗏁𗺉，𗫴𗺉𗮅𗴾3. 𗙴？[4]𗥓𗙋𗏁𗷍𗆟𗬠𗥺，𗤁𗫼𗚉𗰣𗬓𗺉[5]，𗖻4. 𘏞𗤀𗫴，𗮅𗆟𗰗𗆟，𗜓𗥓𘑞𗖻𘑞𗼦𗪘𘋟5. 𘋩𗸓𘎑𗤂𗫻，𘝞𘅿𗤃𗤘𘃽𘈷𗤃𘏜𗫶（𗄈𘄴[6]）。

对译：1. 难矣[菩萨摩诃萨]身碎粉为亦万分中 2. 一分略报不能矣我凡夫是报能处何 3. 有众等唯契经说依人于利益为当自 4. 各心归五体地投十方无穷无尽四生 5. 众生普〈 〉为世间大慈悲主〈 〉依归一拜

中藏本第 13 页：1. 𘕿𗟭𗫂𘓄𘃽！𘕿𗟭𗆟𘑞𘍷𘎃𘃽！2. 𘕿𗟭�»𗣼𘃽！𘕿𗟭𘏙𘏜𗥺𘃽！3. 𘕿𗟭𗫨𗄿𘃽！𘕿𗟭𗦳𘍦𘑞𘃽！4. 𘕿𗟭𗚉𘏎𘏞𘃽！𘕿𗟭𗬠𗺉

---

① 中藏本第 12 页第 6—8 行内容和第 13 页第 1—13 行重复，今删。

𗴺𗗅！5. 𗟲𗥃𗇋𗭪𗟪𗗅！𗟲𗥃𗴺𗇋𗵯𗗅！6. 𗟲𗥃𗩾𗨫𗗅！𗟲𗥃𗿳𘝂𗰭𗗅！7. 𗟲𗥃𗫂𗰭𗗅！𗟲𗥃𗵅𗧘𗗅！8. 𗟲𗥃𘄿𗫵𗗅！𗟲𗥃𗷓𗤒𗗅！9. 𗟲𗥃𗫀𗤙𗗅！𗟲𗥃𗾝𗤮𗗅！10. 𗟲𗥃𗡩𘞞𗗅！𗟲𗥃𘄿𗩾𗗅！

对译：1.［南无］［弥勒］佛［南无］［释迦牟尼］佛 2.［南无］德宝佛［南无］名称应佛 3.［南无］华身佛［南无］大音声佛 4.［南无］辩才赞佛［南无］金刚珠佛 5.［南无］寿无量佛［南无］珠庄严佛 6.［南无］王大佛［南无］德行高佛 7.［南无］名高佛［南无］百光佛 8.［南无］喜悦佛［南无］龙步佛 9.［南无］意愿佛［南无］宝月佛 10.［南无］已灭佛［南无］喜王佛

中藏本第 14 页：1. 𗟲𗥃𗤽𗰸𗗅！𗟲𗥃𘄿𗡩𗴴𗩾𗗅！2. 𗟲𗥃𗤮𘐕𗗅！𗟲𗥃𗳜𘔼𗗅！3. 𗟲𗥃𗤮𘙧𗗅！𗟲𗥃𘖑𘄜𗗅！4. 𗟲𗥃𗫂𘝄𗗅！5. 𗟲𗥃𘎳𗰏𘆄𘃵𗨶！𗟲𗥃𗂧𗏹𘔼𘃵𗨶！

对译：1.［南无］调御佛［南无］喜自在王佛 2.［南无］宝髻佛［南无］山离佛 3.［南无］宝藏佛［南无］月面佛 4.［南无］名净佛 5.［南无］身边无菩萨［南无］世音观菩萨

俄藏本①：21. 𗭴𗅁𗣓𗆍𗿇𗤦𗗊𗪉𗇋𗤙𗟻𗫤𗾣𘘝𗨶。

对译：21. 又复十方虚空界尽三宝一切〈　〉依归

意译、注释
（俄藏本、中藏本第 12 页第 1 行—14 页第 5 行、俄藏本）

今日道场同业大众，诸佛之恩，‖难回报矣。菩萨摩诃萨身为粉碎，亦不能报略万分之一矣，况我是凡夫何有能报处？众等唯依经所说，当为人利益，各自归心，五体投地，普为十方无穷无尽四生众生，归依世间大慈悲主（一拜）。

南无弥勒佛！南无释迦牟尼佛！南无德宝佛！南无应名称佛！南无华身佛！南无大音声佛！南无辩才赞佛！南无金刚珠佛！南无无量寿佛！南无珠庄严佛！南无大王佛！南无德高行佛！南无高名佛！南无百光佛！南无喜悦佛！南无龙步佛！南无意愿佛！南无宝月佛！南无灭己佛！南无喜王佛！南

---

①　中藏本第 14 页"𗂧𗏹𘔼𘃵𗨶"（观世音菩萨）下缺失相应内容，用俄藏本补。

无调御佛！南无喜自在佛！南无宝髻佛！南无离山佛！南无宝藏佛！南无月面佛！南无净名佛！南无无边身菩萨！南无观世音菩萨！又复归依十方尽虚空界一切三宝。【参见《大正藏》[0951c10—0952a02]】

[1] 𗏁𗥤𗆧𗣀𗿢：诸佛之恩，《大正藏》作"诸佛慈恩"。

[2] 𗅲𗤒𗭼𗏆：难回报矣，《大正藏》丽本作"恩不可报"，甲本作"固难可报"。"𗅲"（回）上，中藏本佚缺，俄藏本补。

[3] 𗣀𗜭𗰜𗴪：身为粉碎，《大正藏》作"碎身"。

[4] "𗢳𗆉𗤒𗾔，𗥃𗜫𗀱𗾓𗸐"："我是凡夫，何有能报处"，《大正藏》作"况我凡夫而能报者"。

[5] 𗤒𗏆𗒓𗰞𗴪𗾓：当为人利益，《大正藏》作"利人为上"。

[6] 𗏹𗒓：一拜，汉文本无此词。

录文、对译（俄藏本、中藏本第 14 页第 6 行—17 页第 6 行）

俄藏本：22. **𗟻𗪊𗣳𗆧𗾓𗏆𗿢𗆟𗢳**23. 𗜴𗾓𗜭𗤺𗵔𗏆𗤒𗾓，𗏹𗰏𗜫𗣳𗮅𗆟，24. 𗀱𗆧𗄯𗄄𗤺𗣀[1]，𗏣𗆉𗍲𗜫，𗱈𗥃𗤒𗣷 25. 𗤒𗆴𗟻𗜪[2]𗣳。𗱈𗪊𗮟𗣱，𗏁𗥤𗰜𗹟[3]。（𗏁𗘂） 26. 𗼨𗜴𗪊

对译：22. 忏主大众〈 〉谢十二第 23. 今日道场业同大众相与坚固信生24. [菩提]心发已竟誓不退还此者思议 25. 可不愿力是此如愿心诸佛皆叹某甲 26. 等今日

中藏本第 14 页①：6. 𗆧𗋽𗰜𗾔𗾓，𗏆𗆉𗜫𗣳𗹟𗆉𗏣𗆟，𗣀𗜭、7. 𗣀𗴱𗄯𗤒𗒓𗣷𗼈，𗏹𗰏[6] 𗀱𗆧，𗏣𗭼𗹟𗹟 8. 𗎫𗰔𗥃𗰜𗄄𗝰。（𗏁𗘂）𗼨𗰏𗜭𗎻𗆉𗼈𗰞，𗱈 9. 𗭼𗪆𗦋𗄯，[7]𗆉𗤒𗾓𗆴[8]，𗣀𗤺𗤒𗱈𗜫[9]。𗱈𗥩 10. 𗆉𗄯，𗏁𗪋𗜭𗴽𗵔[10]，𗳮𗆉𗭼𗆉，𗳥𗕷𗆧𗴱。[11]

对译：6. 心归随喜应愿未来世复得遭遇身舍 7. 身受已不相离〈 〉乃至[菩提]永法亲 8. 慈悲眷属当为某甲等今惭颜未识为此 9. 法会建智解所无身行与不调此意 10. 轻发诸听视已闻人微法大善恶心交

中藏本第 15 页：1. 𗾕𗌻𗄄𗰮𗄯𗦋𗜫𗤫[12]，𗆧𗑗𗧀𗣷𗤺𗱈𗥃 2. 𗆴

_____

󱤀[13]。󱤀󱤀󱤀󱤀[14]，󱤀󱤀󱤀󱤀󱤀。󱤀󱤀󱤀 3. 󱤀[15]，󱤀󱤀󱤀󱤀󱤀󱤀󱤀[16]。󱤀󱤀󱤀󱤀󱤀 4. 󱤀󱤀[17]，󱤀󱤀󱤀󱤀󱤀󱤀󱤀󱤀[18]；󱤀󱤀󱤀󱤀，󱤀 5. 󱤀󱤀󱤀。󱤀󱤀[19] 󱤀󱤀󱤀󱤀󱤀󱤀，󱤀󱤀󱤀󱤀[20] 6. 󱤀󱤀󱤀󱤀。󱤀󱤀󱤀󱤀󱤀[21]，󱤀󱤀󱤀󱤀󱤀[22]。󱤀 7. 󱤀󱤀󱤀󱤀󱤀󱤀󱤀；[23] 󱤀󱤀󱤀󱤀󱤀󱤀󱤀󱤀[24] 8. 󱤀󱤀󱤀󱤀[25]，󱤀󱤀󱤀󱤀，󱤀󱤀󱤀󱤀󱤀󱤀 9. 󱤀󱤀（󱤀󱤀[26]）。10. 󱤀󱤀󱤀󱤀󱤀！󱤀󱤀󱤀󱤀󱤀󱤀󱤀！

对译：1. 若殊胜以而不强藉则胜妙果报得可 2. 无矣谬误已所知又心善不忘善念力 3. 承相与慈悲亲缘当为唯愿大众道场 4. 中来时运不留忽尔过矣行缘所牵胜 5. 会期难自身课励人兼利自己当要 6. 后悔莫追法音略闻因功报弥劫受一 7. 念善依永身于资一誓愿以不获者无 8. 相与心至五体地投世间大慈悲主〈 〉9. 依归一拜 10. ［南无］［弥勒］佛［南无］［释迦牟尼］佛

中藏本第 16 页：1. 󱤀󱤀󱤀󱤀󱤀󱤀[27] 󱤀！󱤀󱤀󱤀󱤀󱤀！2. 󱤀󱤀󱤀󱤀󱤀！󱤀󱤀󱤀󱤀󱤀！3. 󱤀󱤀󱤀󱤀󱤀！󱤀󱤀󱤀󱤀󱤀！4. 󱤀󱤀󱤀󱤀󱤀！󱤀󱤀󱤀󱤀󱤀󱤀！5. 󱤀󱤀󱤀󱤀󱤀！󱤀󱤀󱤀󱤀！6. 󱤀󱤀󱤀󱤀󱤀！󱤀󱤀󱤀󱤀󱤀！7. 󱤀󱤀󱤀󱤀󱤀！󱤀󱤀󱤀󱤀󱤀！8. 󱤀󱤀󱤀󱤀󱤀！󱤀󱤀󱤀󱤀󱤀󱤀！9. 󱤀󱤀󱤀󱤀󱤀！󱤀󱤀󱤀󱤀󱤀！10. 󱤀󱤀󱤀󱤀󱤀！󱤀󱤀󱤀󱤀󱤀！

对译：1. ［南无］威德寂静佛［南无］相受佛 2. ［南无］多天佛［南无］［须炎摩］佛 3. ［南无］天威佛［南无］众宝佛 4. ［南无］宝步佛［南无］师子分佛 5. ［南无］行极高佛［南无］人王佛 6. ［南无］善意佛［南无］世明佛 7. ［南无］宝威德佛［南无］德乘佛 8. ［南无］觉想佛［南无］喜庄严佛 9. ［南无］香济佛［南无］香象佛 10. ［南无］众炎佛［南无］慈相佛

中藏本第 17 页：1. 󱤀󱤀󱤀󱤀󱤀！󱤀󱤀󱤀󱤀󱤀！2. 󱤀󱤀󱤀󱤀󱤀！󱤀󱤀󱤀󱤀󱤀！3. 󱤀󱤀󱤀󱤀！4. 󱤀󱤀󱤀󱤀󱤀󱤀！󱤀󱤀󱤀󱤀󱤀󱤀󱤀！5. 󱤀󱤀󱤀󱤀󱤀󱤀󱤀󱤀󱤀󱤀󱤀󱤀󱤀󱤀󱤀 6. 󱤀󱤀（󱤀󱤀）。

对译：1. ［南无］妙香佛［南无］坚铠佛 2. ［南无］威德猛佛［南无］珠铠佛 3. ［南无］仁贤佛 4. ［南无］身边无菩萨［南无］世音观菩萨 5. 又复是如十方虚空界尽三宝一切〈 〉6. 依归一拜

意译、注释（俄藏本、中藏本第14页第6行—17页第6行）

忏主谢大众第十二

今日道场同业大众，相与已竟生坚固信，发菩提心，誓不退还，此是不可思议愿力。如此愿心诸佛皆叹。（某甲）等今日‖应归心随喜，愿未来世复得遭遇，舍身、受身已不相离，且乃至菩提，当永为法亲慈悲眷属。（某甲）等今为惭颜未识，建此法会，智无所解，身行不调。轻发此意，已闻于诸视听，然人微法大，善恶交心。若以殊胜而不藉强，则胜妙果报无可得矣。已所知谬误，又心不忘善。承善念力，相与当为慈悲亲缘。唯愿大众来道场，时运不留忽尔过矣；缘行所牵胜会难期。自身课励兼以利人，自己当强莫追后悔。因略闻法音，功报受弥劫。依一念之善于身永资；以一誓愿不获者无。相与至心，五体投地，归依世间大慈悲主（一拜）。

南无弥勒佛！南无释迦牟尼佛！南无威德寂静佛！南无受相佛！南无多天佛！南无须炎摩佛！南无天威佛！南无宝众佛！南无宝步佛！南无师子分佛！南无极高行佛！南无人王佛！南无善意佛！南无世明佛！南无宝威德佛！南无德乘佛！南无觉想佛！南无喜庄严佛！南无香济佛！南无香象佛！南无众炎佛！南无慈相佛！南无妙香佛！南无坚铠佛！南无威德猛佛！南无珠铠佛！南无仁贤佛！南无无边身菩萨！南无观世音菩萨！又复归依如是十方尽虚空界一切三宝（一拜）。【参见《大正藏》[0952a03—0952b01]】

[1] 𗱸𗉖：已竟，《大正藏》作"已能"。

[2] 𗱸𗰖：愿力，《大正藏》作"志力"。

[3] "𗴾𗄈𗱸𗉖，𗼲𗢻𗴻𗏇"："此如愿心诸佛皆叹"，《大正藏》作"此心此志诸佛称叹"。

[4] 𗉖𗼨𗷤𗸰𗉖：应归心随喜，《大正藏》作"唯深随喜"。

[5] 𗱸：已，《大正藏》作"愿"。

[6] 𗥾𗰖：乃至，即《大正藏》作"至于"。

[7] "𗴾𗰖𗱸𗰋𗸰，𗴾𗸰𗼨𗢻𗢻"："为惭颜未识，建此法会"，《大正藏》作"建此法"。

［8］[illegible]：智无所解，《大正藏》作“集便成叨腼智无其解”。

［9］[illegible]：身行不调，《大正藏》作“身乖其行”。

［10］[illegible]：已闻诸视听，《大正藏》作“实足惊于视听”。

［11］“[illegible]，[illegible]”：“人微法大，善恶交心”，《大正藏》作“然人微事重冰炭交心”。

［12］[illegible]：若以殊胜而不藉强，《大正藏》作“若不资藉强”。

［13］[illegible]：则胜妙果报无可得矣，《大正藏》作“因而无以获胜妙之果”。

［14］[illegible]：已所知谬误，《大正藏》作“诚知谬造”。

［15］[illegible]：承善念力，《大正藏》作“巢蒙念力”。

［16］[illegible]：相与当为慈悲亲缘，《大正藏》作“同为慈亲”。

［17］[illegible]：唯愿大众道场中来，《大正藏》作“仰屈大众降德道场”。

［18］[illegible]：过矣，《大正藏》作“垂迈”。

［19］[illegible]：自身，《大正藏》作“当自”。

［20］[illegible]：自己当要，《大正藏》作“卓然排郡”。卓然，突然。王充《论衡·命禄》：“逢时遇会，卓然卒至。”排，消除、矫正。王念孙《读书杂志·法言》：“《尔雅》曰：‘郡，仍、乃也。’乃与仍同……《小雅·正月篇》‘又窘阴雨’，郑笺曰：‘窘，仍也。’窘与郡同。”参阅陈蒲清点校《论衡》（岳麓书社2006年版，第9页）；吴荣爵、吴畏注译《尔雅全译》（贵州人民出版社2000年版，第131页）。

［21］[illegible]：法音略闻因，《大正藏》作“法音经耳”。

［22］[illegible]：功报受弥劫，《大正藏》作“功报弥劫”。

［23］[illegible]：一念善依永身于资，《大正藏》作“一念之善永得资身”。

［24］[illegible]：一誓愿以不获者无，《大正藏》作“一向一志无愿不获”。

［25］[illegible]：至心，《大正藏》作“人人各各至心”。

［26］[illegible]：一拜，汉文本无此词。

[27] 􀀀􀀀：寂静，《大正藏》作"寂灭"。

录文、对译（中藏本第 17 页第 7 行—25 页第 6 行）

中藏本第 17 页：7. 􀀀􀀀􀀀􀀀􀀀􀀀8. 􀀀􀀀􀀀􀀀􀀀􀀀􀀀􀀀，􀀀􀀀􀀀􀀀􀀀􀀀9. 􀀀。􀀀􀀀[1] 􀀀􀀀􀀀􀀀􀀀􀀀􀀀􀀀􀀀[2]，􀀀􀀀10. 􀀀􀀀􀀀[3]。􀀀􀀀􀀀􀀀、􀀀􀀀􀀀􀀀，􀀀􀀀􀀀􀀀

对译：7. 总大愿发十三第8. 今日道场业同大众今忏悔心发德功9. 以唯愿十方虚空界尽天王一切及自10. 各眷属又愿仙主仙真一切及自各

中藏本第 18 页：1. 􀀀。􀀀􀀀􀀀􀀀􀀀􀀀、􀀀􀀀􀀀􀀀􀀀[4]、􀀀􀀀􀀀2. 􀀀，􀀀􀀀􀀀􀀀􀀀。􀀀􀀀􀀀􀀀􀀀􀀀、􀀀􀀀􀀀3. 􀀀􀀀􀀀􀀀􀀀、􀀀􀀀􀀀􀀀、􀀀􀀀􀀀􀀀、􀀀􀀀4. 􀀀􀀀，􀀀􀀀􀀀􀀀􀀀。􀀀􀀀􀀀􀀀􀀀􀀀、􀀀􀀀5. 􀀀􀀀􀀀、􀀀􀀀􀀀􀀀、􀀀􀀀􀀀􀀀、􀀀􀀀􀀀􀀀、6. 􀀀􀀀􀀀􀀀，􀀀􀀀􀀀􀀀􀀀。􀀀􀀀􀀀􀀀􀀀􀀀，7. 􀀀􀀀􀀀􀀀、􀀀􀀀􀀀􀀀，􀀀􀀀􀀀􀀀􀀀。􀀀􀀀8. 􀀀􀀀􀀀􀀀、􀀀􀀀􀀀􀀀、􀀀􀀀􀀀􀀀[5] 􀀀􀀀，􀀀9. 􀀀􀀀􀀀􀀀。􀀀􀀀􀀀􀀀􀀀􀀀、􀀀􀀀􀀀、􀀀􀀀10. 􀀀􀀀、􀀀􀀀、􀀀􀀀􀀀，􀀀􀀀􀀀􀀀􀀀。􀀀􀀀􀀀

对译：1. 眷属又愿梵王[释]帝世护四天王神王神2. 将及自各眷属又愿聪明正直天地虚3. 空善主恶罚咒持守护神王一切神将4. 一切及自各眷属又愿妙化龙王[头化5. 提]龙王五方龙王龙神八部八部神王6. 八部神将及自各眷属又愿[阿修罗]王7. 神王一切神将一切及自各眷属又愿8. 人道人王臣吏庶民兵将帅统一切及9. 自各眷属又愿十方[比丘][比丘尼][式叉10. 摩那]沙[弥]沙[弥尼]及自各眷属又愿[延]

中藏本第 19 页：1. 􀀀􀀀、􀀀􀀀􀀀􀀀、􀀀􀀀􀀀􀀀、􀀀􀀀􀀀􀀀、􀀀2. 􀀀􀀀􀀀、􀀀􀀀􀀀􀀀，􀀀􀀀􀀀􀀀􀀀。􀀀􀀀􀀀3. 􀀀􀀀􀀀􀀀􀀀􀀀、􀀀􀀀􀀀􀀀􀀀􀀀􀀀、􀀀􀀀4. 􀀀􀀀􀀀􀀀，􀀀􀀀􀀀􀀀􀀀。􀀀􀀀􀀀􀀀􀀀5. 􀀀􀀀􀀀􀀀􀀀[6] 􀀀，􀀀􀀀􀀀􀀀􀀀􀀀􀀀，6. 􀀀􀀀􀀀􀀀􀀀。􀀀􀀀􀀀􀀀􀀀􀀀􀀀􀀀􀀀7. 􀀀􀀀􀀀􀀀[7]，􀀀􀀀􀀀􀀀􀀀􀀀􀀀􀀀，􀀀􀀀􀀀8. 􀀀􀀀􀀀􀀀􀀀[8]。􀀀􀀀􀀀􀀀􀀀、􀀀􀀀􀀀，􀀀􀀀9. 􀀀􀀀􀀀􀀀􀀀􀀀，􀀀􀀀􀀀􀀀􀀀􀀀􀀀􀀀。（􀀀􀀀）10. 􀀀􀀀􀀀􀀀􀀀􀀀􀀀􀀀􀀀􀀀􀀀􀀀􀀀􀀀􀀀

对译：1. [罗]王泰山府君五道神大十八狱主神2. 王一切神将一切及自各眷属又愿3. 地狱道众生一切饿鬼道众生一切畜生4. 道众生一切及自各眷

属又愿十方虚 5. 空界尽未来世穷若大若小众生一切 6. 及自各眷属又愿若后来众生此愿园 7. 中未入者皆悉大愿海中令入自各德 8. 功智慧能具足是如三界内三界外无穷 9. 无尽众生一切名色中摄佛性有者某甲 10. 等今日十方虚空界尽诸佛一切大慈

中藏本第 20 页：1. 𗫿𗦇、𗢼𗦲𗰖𗆟𗗙𗟻𗥃𗥃𗤣𗲲𗧓𗦇、𗼲 2. 𗠅𗣩𗜳𗫄𗴾𗦇、𗪊𗠅𗣩𗟻𗖜𗴓𗦇、𗗙𗰿 3. 𗆟𗫽𗦇、𗰖𗤫𗥷𗰚𗴲𗦇、𗰖𗤫𗥷𗹟𗽜𗦇、4. 𗢼𗈁𗢼𗟻𗥷𗭢𗴲𗦇[9]、𗟻𗴣𗥃𗥃𗥷𗲵𗒳 5. 𗦇、𗤧𗺓𗰖𗤫𗥷𗒦𗟰𗦇、𗤧𗭸𗥃𗥃𗥷𗒦 6. 𗗓𗦇、𗹟𗴌𗥃𗥃𗥷𗀝𗄊𗦇𗲆[10]，𗢼𗰖𗤫𗥷 7. 𗥃𗲉𗤣𗳛。（𗯩𗾫）𗤻𗈁𗩁𗿷𗴣𗭀𗫿𗷝𗸉𗦇、8. 𗰗𗴣𗲉𗴾𗲫𗦇、𗮮𗴵𗤬𗒹𗦇、�ꟿ𗴓𗈲𗴰𗲉 9. �æ𗦇[11]、𗥃𗒹𗴋𗴃𗻤𗭀𗦇𗲲，𗢼𗰖𗤫𗥷𗥃 10. 𗲉𗤣𗳛。（𗯩𗾫）𗤻𗈁𗩁𗿷𗴣𗷝𗸉𗥷𗰗𗭀𗸉

对译：1. 悲力诸大菩萨贤圣一切本誓愿力无 2. 量尽无智慧力无量尽无德功力自在 3. 神通力众生之覆护力众生〈〉安慰力 4. 诸天诸仙〈〉漏尽力善神一切〈〉摄化 5. 力地狱众生〈〉救拔力饿鬼一切〈〉济 6. 度力畜生一切〈〉免脱力承诸众生〈〉7. 愿如令得某甲等又复今日慈悲道场力 8. 三宝依归力疑断信生力心欢所跃心 9. 至力愿发回向善根力承诸众生〈〉愿 10. 如令得甲又复今日七佛〈〉大慈心

中藏本第 21 页：1. 𗦇、𗤭𗴶𗢼𗸉𗥷𗭀𗫿𗸉𗦇、𗭀𗷝𗢼𗸉𗥷 2. 𗴻𗴇𗽜𗦇、𗢼𗷝𗭀𗸉𗥷𗎭𗭃𗴲𗦇、𗹐𗹥 3. 𗷝𗸉𗥷𗰖𗤫𗗓𗦇、𗎼𗸉𗢼𗰖𗤫𗥷𗥷𗲵𗳛4. 𗦇、𗷝𗤲𗰖𗆟𗰖𗤫𗥷𗖜𗴓𗦇、𗭀𗼅𗜳𗙝 5. 𗴒𗮨𗄆𗁦𗭢𗴣𗭀𗦇[12]𗲲，𗥃𗤭𗴶𗰗𗈀𗺓

对译：1. 力十方诸佛〈〉大悲心力三十五佛〈〉2. 烦恼灭力五十三佛〈〉魔降伏力百七 3. 十佛〈〉众生度力千佛诸众生〈〉摄受 4. 力十二菩萨众生〈〉覆护力身边无世 5. 音观忏法流通力承愿十方三界六

中藏本第 22 页：1. 𗤠、𗴣𗭸𗭀𗠅𗪊𗤫𗥃𗥃，𗴆𗴶𗴆𗼇、𗴆𗸃 2. 𗴆𗰾𗥜𗴆𗵎𗸉𗯵𗴸𗦇，𗽏𗿷𗸉𗎼𗄆 3. 𗏂𗭸𗴶𗺦𗼃𗿠。𗫿𗿠𗢼𗸉𗢼𗦲𗪊𗥷 4. 𗰗𗭸𗫄、𗇋𗴵𗆟𗇌、𗼲𗫿𗙝𗆟𗫽[13]𗆟𗤣 5. 𗳛；𗸃𗹟𗆟、𗴣𗴵𗄆𗻤𗐪𗆟𗥃𗥃𗤧𗴻；[14]6. 𗸃𗫿𗆟𗥃𗥃𗥷𗴣𗭢；𗸃𗭀𗆟𗥃𗥃𗥷𗶒 7. 𗈉；[15]𗟻𗖜𗆟𗥃𗥃𗥷𗭢𗴌；𗸃𗫄𗆟𗴌𗴵𗈁 8. 𗴾；[16]𗄙𗷜𗆟𗤎𗦚𗴵𗆿；𗿚𗷜𗆟𗼅𗿜𗰖𗁦；[17]9. 𗸃𗰗𗆟𗫿𗙝𗦇𗴥；𗴣𗴵𗆟𗸃𗴣𗴵𗴲。[18]𗥃 10. 𗐪𗿜𗸃𗤠𗢼𗪊𗥷𗥃𗥃，𗽏𗽏𗶒𗄆𗤻𗆟𗴥☐

对译：1. 道未来世穷众生一切若大若小若降 2. 若升名色中摄佛性有者

皆今日忏悔 3. 之后所〈〉生处自各诸佛诸大菩萨〈〉4. 大智慧思议可不无量自在神通身令 5. 得六度身［菩提］向趣四摄身一切不舍 6. 大悲身一切〈〉苦拔大慈身一切之乐 7. 与德功身一切〈〉饶益智慧身法说无 8. 穷金刚身人坏不能净法身死生远离 9. 方便身自在力现［菩提］身三［菩提］成愿 10. 四生六道众生一切皆悉是如等身能具

中藏本第23页：1. 𗧘；𗫭𗁬𗖨𗖻𘝾𗊵𗡅𘓻𗾞𗐱𗫴𗓂𗫰 2. 𗃛。[19]𗐯𗆄𗓷𘔼𗒦𗄊𗄊，𘝌𗫲𗐯𗆄𗄊𘅝 3. 𗍁𗬩。𗼃𗬩𗫭𗁬、𗫭𗊵𗖨𗓂𗖨𗭼𗟲𗤺𘒟 4. 𗓂𘓋𘔼𗡞𗟐；𗦎𗋽𘔼𗖻𗖻𗖨𘈷𘓻[20]；𗏁𗟷 5. 𘔼𗖻𗖻𗖨𗄊𗥹[21]；𗐯𘄴𘔼𘜶𗭙𘐧[22]；𘜶𗊴 6. 𘔼𗤽𘔠𗈁𘕜𘜶𘓋𗐯𗥹[23]；𗖨𘚔𘔼𗖈𗳴𗫻[24]；𗖰𗟷𗃛𗖰𘚔[24]；𗖨𘝾𘔼𗫭𗒤𘌒𗖨[25]；𗆄𗊵𘔼 8. 𗐯𗐯𗬩𗥹[26]；𗓂𗊵𘔼𗥗𗓂𗥹𗥹[27]；𘝕𗊵𘔼𗴛 9. 𘝾𘑉𘝾𘅝𘌒𘎏𘛼[28]。𗖻𗖻𘔼𗯲𗖨𘌒𘑾[29]𗖻 10. 𗖻𘊯𗄜。𗐯𗫴𘝌�(略)𗖨𗆄�)𗖻𗖻，�(略)𗫭

对译：1. 足诸佛〈〉无上大智慧身皆能具足成 2. 就又愿十方众生一切今日之后所于 3. 生处自各诸佛诸大菩萨〈〉思议可不 4. 德功口令得柔软口一切之安乐露甘 5. 口一切之清凉不虚口真实法说实转 6. 口乃至梦中虚言无有尊重口［释］梵四 7. 王恭敬尊重甚深口诸法显示坚固口 8. 不退法说正直口辩才具足庄严口时 9. 随业随皆普示现一切口其于时随 10. 一切度脱愿四生六道众生一切皆悉诸

中藏本第24页：1. 𗁬、𗖨𗓂𗖨𗄊𘓻𘔼𘑉𗊵�(匼)𗓂。𗐯𗫴𘔼𗫭 2. 𘔼�)�)，�(略)�)�)�)�)�)�)，�)�)�) 3. �)�)�)�)�)�)�)�)�)�)�)�)�)、�)�) 4. �)�)𗁬[30]、�)�)𗁬、�)�)𗁬、�)�)𗁬、�)�)𗁬、5. �)�)𗁬、�)�)𗁬、�)𗁬、�)�)𗁬、�)�)𗁬 6. �)�)。�)�)�)�)�)，�)�)�)�)�)�)�)�)[31]。7. �)𗁬�)�)�)，�)𗁬�)�)。�)�)𗁬�)[32]，�)8. �)�)�)。�)�)�)�)，�)�)�)�)�)[33]。�)�)�)9. �)、�)�)�)�)、�)�)�)�)�)�)�)�)�)[34]，𗁬�)10. 𗁬�)[35]，�)�)�)[36]�)，�)�)𗁬�)[37]。�)�)�)�)

对译：1. 佛菩萨〈〉清静口业能具足又愿十方 2. 众生一切今日之后所于生处自各诸佛 3. 诸大菩萨之思议可不大智慧心烦恼 4. 厌离心猛利心坚强心金刚心不退心 5. 清静心明了心善求心庄严心广大心 6. 令得大智慧力有法所说闻便即自悟 7. 慈心以人向诸怨结断羞耻心起常 8. 惭愧怀我不执著同善知识成布施戒 9. 持辱忍进精禅定智慧人之见时欢喜 10. 心生怨亲等观不敬心无人〈〉善恶是

中藏本第25页：1. 𗾑[38]𗅲𗯆，𗧓𗹦𗫸𗈁𗭗𗥰𗅲𗟲。𗄊𗤋𗴾𗤉，2. 𗤉𗣫𗅲𗲵。𗱠𗤸𗂤𗀱，𗥹𗣴[39]𗏁𗯤。𗰛𗦴𗕺3. 𗦔𗦷，𗥚𗟳𗴴𗐯。𗥹𗋽𗇋𗰵[40]，𗭽𗀺𗅲𗘍。𗫔4. 𗴷𗯆𗫸，𗀖𗫶𗴴𗐯。𗰚𗱠𗫶𗅋𗏔，𗣴𗳀𗫷𗫭。5. 𗗿𗅆𗅲𗋽𗫶𗭩𗥰，𗾟𗵒𗦎𗫭𗀸𗂤𗋽𗫶6. 𗷖。[41]

对译：1. 非不说此彼和合分离不传柔软言为 2. 词恶不出佛德功叹法深学乐众生〈〉3. 爱护自身犹如福作人见诽谤不行慈 4. 心和合圣众犹如诸菩萨与同正等觉成 5. 初忏悔礼敬已竟次六道为佛〈〉礼敬 6. 当

意译、注释（中藏本第 17 页第 7 行—25 页第 6 行）

总发大愿第十三

今日道场同业大众，今以功德发忏悔心，唯愿十方尽虚空界一切天王，及各自眷属。又愿仙主、一切真仙，及各自眷属。又愿梵王帝释、护世四天王、神王神将，及各自眷属。又愿聪明正直、天地虚空主善罚恶、守护持咒、一切神王、一切神将，及各自眷属。又愿妙化龙王、头化提龙王、五方龙王、龙神八部、八部神王、八部神将，及各自眷属。又愿阿修罗王、一切神王、一切神将，及各自眷属。又愿人道一切人王、臣吏庶民、兵将统帅，及各自眷属。又愿十方比丘、比丘尼、式叉摩那、沙弥、沙弥尼，及各自眷属。又愿阎罗王、泰山府君、五道大神、十八狱王、一切神王、一切神将，及各自眷属。又愿地狱道一切众生、饿鬼道一切众生、畜生道一切众生，及各自眷属。又愿十方尽虚空界、穷未来世、若大若小一切众生，及各自眷属。又愿若后来众生未入此愿园者，皆悉令入大愿海中，各自能具足功德智慧。如是三界内、三界外，无穷无尽一切众生，名色中摄有佛性者。【参见《大正藏》[0952b03—0952b21]】

（某甲）等今日承十方尽虚空界，一切诸佛大慈悲力、诸大菩萨一切贤圣本誓愿力、无量无尽智慧力、无量无尽功德力、自在神通力、覆护众生力、安慰众生力、尽诸天诸仙漏尽力、摄化一切善神力、救拔地狱众生力、济度一切饿鬼力、免脱一切畜生力，令诸众生得如所愿。（某甲）等今日又复承慈悲道场力、归依三宝力、断疑生信力、欢喜所跃至心力、发愿回向善根力，令诸众生得如所愿。(某甲)等今日又复承七佛大慈心力、十方诸佛大悲心力、三十五佛灭烦恼力、五十三佛降伏魔力、百七十佛度众生力、千佛摄受诸众生力、十二菩萨覆护众生力、无边身观世音流通忏法力，愿令十方三界六道、穷未来世一切众生，若大若小、若升若降名色中摄有佛性者，皆今日忏悔之后在所生处。令各自得诸佛诸大菩萨大智慧、不可思议、无量自在神通身；不舍六度身、趣向菩提四摄一切身；拔一切苦大慈身；与一切乐大慈身；饶益一切功德身；说法无穷智慧身；人不能坏金刚身；远离生死净法身；远离生死方便身；现方便身自在力；成菩提身三菩提。愿四生六道一切众生，皆悉能具足如是等身；诸佛无上大智慧身皆能具足成就。【参见《大正藏》[0952b21—0952c17]】

又愿十方一切众生，今日之后在所生处。各自令得诸佛、诸大菩萨不可思议功德口；安乐一切柔软口；清凉一切甘露口；说法真实不虚口；乃至梦中无有虚言实转口；恭敬尊重释梵四王尊重口；显示诸法甚深口；说不退法坚固口；具足辩才正直口；随时随业普皆示现庄严口。一切口于其随时度脱一切。愿四生六道一切众生，皆悉能具足诸佛、菩萨清净口业。

又愿十方一切众生，今日之后在所生处，各自令得诸佛诸大菩萨不可思议大智慧心、厌离烦恼心、猛利心、坚强心、金刚心、不退心、清净心、明了心、求善心、庄严心、广大心。有大智慧力，闻所说法便即自悟。慈心向人，断诸怨结。起羞耻心，常怀惭愧。我不执著，成同善知识。见布施持戒、忍辱精进、禅定智慧人时，心生欢喜，怨亲等观，无不敬心。不说人之善恶是非，不传彼此和合分离。为言柔软，不出恶词。叹佛功德，乐学深法。爱护众生，犹如自身。见人作福，不行诽谤。慈心和合，犹如圣众。同诸菩萨，成等正觉。初忏悔礼敬已竟，次当为六道礼佛。【参见《大正藏》[0952c17—0953a08]】

[1] 𗘺𘈧：唯愿，《大正藏》作"普愿"。

[2] 𗗙𗫂𘞽𘞽：一切天王，《大正藏》作"一切天主一切诸天"。

[3] 𘝾𗝢𗍫𘏨𘄡：及自各眷属，《大正藏》作"各及眷属"。下同。

[4] 𗗙𗫂：天王，《大正藏》作"王"。

[5] "𗱲𗤋𗼲𘟣、𗣼𘖑𘟪𘞬"："臣吏庶民、兵将统帅"，即《大正藏》作"臣民将帅"。

[6] 𗏁：世，即《大正藏》作"际"。下同。

[7] 𗧗�𗱕𗰖𗮔𗠁𗤋𗹐𘃽：后来众生此愿园中未入者，《大正藏》作"后流众生异愿境者"。

[8] 𗣼𘄒𗶔𗭪𗠁𘎑𗍳𘃽𘍦：各自能具足功德智慧，即《大正藏》作"各各具足功德智慧"。"𘎑"（具），底本原缺，据汉文意和下图版第 23 页第 1 行"𗍳𘎑𘍦"补。图版第 22 页第 10 行第 15 字—第 23 页第 1 行第 2 字、第 24 页第 1 行第 9—10 字，同此。本经均以"𘎑𘍦"，译汉文"具足"。

[9] 𗣼𘐩𘃽：漏尽力，《大正藏》作"漏力"。漏尽力，菩萨十力之一。

[10] 𘟙：承，《大正藏》作"仰承"。

[11] 𘍦𗣼𗧍𗼮𘍦𗢰𘃽：欢喜所跃至心力，《大正藏》日本增上寺报恩藏本作"忏悔发心力。解诸怨释结力。自庆欢喜力。踊跃至心力"。丽藏本作"忏悔发心力。解诸怨结自庆力。欢喜踊跃至心力"。元延祐三年刊本作"忏悔发心力。解诸怨释结力。自庆力欢喜力。踊跃至心力"。《中华大藏经》参校本《永乐南藏》同延祐本。

[12] 𗫂𗪚𘕿𘍦𗤫𘃽：流通忏法力，《大正藏》作"流通忏力"。

[13] 𘄡𘃽：神通，《大正藏》作"神力"。

[14] "𗧗𘝵𗣼、𘏨𘄡𗧗𗓑𘃜𘃽𗣼𘈷𘄴𘃽𗹐𘃽"："不舍六度身、趣向菩提四摄一切身"，《大正藏》作"六度身。趣向菩提四摄身"。"𗓑𘃜"（向趣），对译汉文本"正向"。

[15] "𗥃𗣼𗣼𘈷𘄴𘏇𗈪𘃽；𗥃𘄄𗣼𘈷𘄴𘏇𘕿𘋠"："拔一切苦大慈身；与一切乐大慈身"，《大正藏》作"不舍一切大悲身。拔一切苦大慈身"。

[16] "𗭪𘎑𗣼𘈷𘄴𘏇𘍦𘃽；𘄒𘄄𗣼𘕿𘄡𗈪𘍤"："饶益一切功德身；说法无穷智慧身"，《大正藏》作"与一切乐功德身。饶益一切智慧身"。

[17] "𗵒𗡞𗣼𘐩𗉮𘄡𗤋；𘍤𘕿𗣼𘄡𘎃𗧹"："人不能坏金刚身；远离生死净法身"，《大正藏》作"说法无穷金刚身。物不能坏净法身"。"𘐩"（他、彼、人），在本处译作"人"，汉文本作"物"。

[18] "𘍤𗣼𗣼𗣼𘃽𘃽；𘏨𘄡𗣼𗥃𘏨𘄡𘄴"："现方便身自在力；成菩提身三菩提"，《大正藏》作"远离生死方便身。现自在力菩提身。成三菩提"。𗣼𗣼𘃜，此 3 字底本为补版手写。

[19] "𗪚𘄄𘏇𘃽𗮔𗥃𘄄𘄄𗣼，�mgr𘎑𘍦𘕿𘅜"："诸佛之无上大智慧身，

皆能具足成就",《大正藏》作"具足成就诸佛无上大智慧身"。

[20] ▯▯▯▯▯▯：安乐一切柔软口,《大正藏》作"柔软口"。

[21] ▯▯▯▯▯▯▯：清凉一切甘露口,《大正藏》作"安乐一切甘露口"。

[22] ▯▯▯▯▯▯▯：说法真实不虚口,《大正藏》作"清凉一切不虚口"。

[23] ▯▯▯▯▯▯▯▯▯▯▯：无有虚言乃至梦中实转口,《大正藏》作"说真实法实转口"。

[24] ▯▯▯▯▯▯▯▯▯▯：恭敬尊重释梵四王尊重口,《大正藏》作"乃至梦中无有虚言尊重口"。

[25] ▯▯▯▯▯▯▯：显示诸法甚深口,《大正藏》作"释梵四王恭敬尊重甚深口"。

[26] ▯▯▯▯▯▯▯：说不退法坚固口,《大正藏》作"显示诸法坚固口"。

[27] ▯▯▯▯▯▯▯：具足辩才正直口,《大正藏》作"说不退法正直口"。

[28] ▯▯▯▯▯▯▯▯▯▯▯▯：随时随业普皆示现庄严口,《大正藏》作"具足辩才庄严口"。

[29] ▯▯▯▯▯：于其随时,即《大正藏》作"随时随业普皆示现一切口。随其所应度脱一切"。

[30] ▯▯▯▯▯▯：厌离烦恼心,《大正藏》作"常有厌离。烦恼心猛利心"。

[31] ▯▯▯▯▯▯▯▯：闻所说法便即自悟,《大正藏》作"有所闻法即自开解"。

[32] ▯▯▯▯▯：起羞耻心,《大正藏》作"住于羞耻"。

[33] "▯▯▯▯,▯▯▯▯▯":"我不执著,成同善知识",《大正藏》甲本作"不计彼我同善知识"。

[34] "……▯▯▯▯▯":字面意为"见……人时",《大正藏》作"见有……"。

[35] ▯▯▯▯▯：心生欢喜,《大正藏》作"见人咸生欢喜"。

[36] 𘟡：等，即《大正藏》作"一"。

[37] 𗌤𗰜𗂧𘃝：心无不敬，即《大正藏》作"心无骄慢"。"𗌤𗰜"，字面意为"不敬"，对译汉文"骄慢"。

[38] 𘂨𗈁𗡊𘝞𘟢𗠟：人之善恶是非，《大正藏》作"他人善恶长短"。

[39] 𗩾𗾲：法深，《大正藏》作"深经"。

[40] 𗢭𘈧：见人，《大正藏》作"见有"。

[41] "𘏨𘞾𗌪……𘔊𗌤𘅣"："初忏悔……当礼敬"，《大正藏》乙本作"为六道礼佛第二"。《中华大藏经》（南）无此句。

录文、对译（中藏本第 25 页第 7 行—28 页第 2 行）

中藏本第 25 页：7. **𗴬𘕚𘊛𘍶𗡊𗏇𗌤𗤒𘂀𘒜𗟲**8. 𗌪𘔼𘓐𘟂𘎍𘃝𗟲𘎝，𗎫𘂨𗎫𗲲、𘎝𗲐𗓁9. 𗓁、𗎫𗌰𗰖𗛪𗌤𗴺𗫭𘒜𗡊𗜔𗔍𗪉𗹢。𘃝10. 𗎫𗌰𗰖𗍏𘔊𘒻𗼯𘖍𗪉[1]，𗫬𘎙𘅝𗬉𘎙𘒶[2]，𗫜𗲐

对译：7. 天道为佛〈〉礼敬十四第8. 今日道场业同大众诸天诸仙善神9. 一切诸众生于无量思议可不恩德有愿10. 诸众生常安乐保受殷勤以常护唯善

中藏本第 26 页：1. 𗌪𘕃𗏇𗏤[3]。𘔊𘘥𗌪𗟲？𘍶𘈩：2. 𘜶𘄾𘒻𗰖𘒜𗰀𘖌𗲰𘅣𘙷𘇂𗢭𗈁𘒜[4]3. 𗲰𘜶𗐖𘕾𗢭𗈁[5]𗩾𘙛𗴬𘐥𗈁𘒜𘒜[6]𗟲𘅄𗗟𘏨𗐋𗱔𗹢

对译：1. 与从顺令何云知〈〉佛敕2. [提头赖吒]四天王　慈以经持者于护3. 慈悲名号闻者于　法臣天子于护如4. 又敕海龙[伊钵罗]　慈以经持者于护5. 眼珠及子于护如　昼夜六时不远离

中藏本第 27 页：1. 𗐋𘘥𘁨𗲰𗹢𘃝𗤒　𗤒𗪉𘔼𗌪𘔼𘃺2. 𗲰𘅣𘙷𘇂𗢭𗈁𘒜　𘕕𘅄𘄺𘒶𗐋𘈧𗫭3. 𗐋𘘥𘗫𘒻𘒗𘇂𗲰𘅣𗲰𘅣𘙷𘇂𗢭𗈁𘒜4. 𘃝𘄺𘒶𘍶�̄𘅣　𗟲𘅄𗎫𗉟𘄋�̄𗬉[8]5. �̄𘘥𗾲𗣪𘆂𘆂𗣪　𗌤𗤒𘁨[9]𘙷𘜚𗢭𗣪6. 𗲰𘅣𗣪𗢭𗈁𘒜　𘍶𘟢𗼬𘆂𗬉𘒶𘍶7. 𗎫𘂨𘔱𗗟𗈁𘓮𘆂　𘍺𗤒𘒻𘊛𗈁𘍺𘆂8. 𗲰𘜶𗎫𗛪𘟂𘜀𘘥　𗎫𗌰𗰖𘈩𗩾𘅭𘓮9. 𘅝𘍶𘊛𘖪𘞾𘖉𘄋　𗤒𘜏𘃺𘋩𘔯𘒸[10]10. 𗎫𘍶𗈅𗰽𗟲𘗊𘕛　𘒜𘗵�̄𘕾𘈧𘕹𘕻[11]

对译：1. 又敕[延婆罗刹]子　数无龙毒及龙女2. 慈以经持者于护　顶

脑爱如不触抨3. 又敕[毘留勒迦]王　慈以经持者于护4. 母子爱如心无厌 昼夜行住俱又导5. 又敕[难陀跋难陀]　[波伽罗]王[优波陀]6. 慈以经持者于护　恭敬供养足接礼7. 诸天[释]帝于奉如　孝子父母于敬如8. 慈悲道场安乐施　诸众生教法亲结9. 后佛前生[三昧]入　必定不退转证得10. 诸佛身边无音观　若其名号闻得者

中藏本第28页：1. 散𦝠𦟛𦜝[12] 𦝨𦞦𦝏　𦝷𦠇𦟁𦜆𦞬𦞃𦠳。2. 𦟛縢𦜆席𦜿𦜿𦟢　𦞷𦞆𦞮𦞝𦜰𦞇𦟢𦝔[13]

对译：1. 三障消除诸恶无　五眼具足[菩提]成2. 诸天神王一切念　恒劝奖显威力助

意译、注释（中藏本第25页第7行—28页第2行）

为天道礼佛第十四

今日道场同业大众，诸天诸仙、一切善神，于诸众生有无量不可思议恩德。愿诸众生常受保安乐、令殷勤常护、唯善是从。何以知然？
佛敕：

提头赖咤四天王　以慈护于持经者
闻于慈悲名号者　如天子护于法臣

又敕海龙伊钵罗　以慈心护持经者
如护于眼珠及子　昼夜六时不远离

又敕阎婆罗刹子　无数毒龙及龙女
以慈护于持经者　如爱顶脑不抨触

又敕毘留勒迦王　以慈护于持经者
如母爱子心无厌　昼夜又导行住俱

又敕难陀跋难陀　　波伽罗王优波陀
以慈护于持经者　　恭敬供养接足礼

如诸天奉于帝释　　如孝子敬于父母
慈悲道场施安乐　　教诸众生结法亲

后生佛前入三昧　　必定得证不退转
诸佛身无边观音　　若得闻其名号者

消除三障无诸恶　　五眼具足成菩提
诸天神王念一切　　恒劝奖显助威力

【参见《大正藏》[0953a09—0953a29]】

[1] 𗹬𗜓：保受、愿受、能受，《大正藏》作"保"。

[2] 𗦎𗴛：常护，《大正藏》作"守护"。

[3] 𗤁𗤋𗭑𗤻𗲠𗦻：字面意"令唯善与从顺"，即《大正藏》作"唯善是从"。

[4] 𗾔𗤧𗭑𗼃𗴟𗴺𗤋：以慈护于持经者，《大正藏》、《中华大藏经》各本作"慈心拥护受持经"。本页图版第4行，同。图版第27页第2行、第3行、第6行，则作"𗾔𗤧𗭑𗼃𗴟𗴺𗤋"，即《大正藏》作"慈心拥护持经者"。

[5] 𗼃：介词，在此意为"于"，《大正藏》作"令"。下同。

[6] 𗤛𗴛𗭱𗴺𗤋𗴺𗢭：眼珠及子于护如，《大正藏》作"如护眼目爱己子"。

[7] 𗭱𗦻𗥽：不抨触，《大正藏》作"不敢触"。

[8] 𗭱𗺉：又导、又随，《大正藏》作"拥护"。

[9] 𗤋𗩾𗼞：波伽罗，《大正藏》作"娑伽罗"。𗤋，音"波"、"婆"。娑伽罗，八大龙王之一。又云"波利迦罗"，译曰"助身衣"。参阅丁福保《佛学大辞典》。疑"𗤋"为"𗤁"（娑）形误。

[10] 𗤵𗦎𗭱𗩾𗦻𗭬𗴺：必定得证不退转，《大正藏》作"毕竟当得不

退转"。

[11]"[illegible]，[illegible]"："诸佛身无边观音，若得闻其名号者"，《大正藏》作"若闻诸佛名号者又闻无边观世音"。

[12] [illegible]：消除三障。此4字原脱，据汉文意补。下同。

[13] [illegible]：恒劝奖显助威力，《大正藏》作"恒加劝奖助威神"。

录文、对译（中藏本第28页第3行—29页第10行、俄藏本）

中藏本第28页：3. [illegible]，[illegible] 4. [illegible]。[illegible]，[1] [illegible] 5. [illegible][2] [illegible]。[illegible]，[illegible] 6. [illegible]，[illegible]，[illegible]。[3] 7. [illegible]、[illegible]，[illegible] 8. [illegible]，[illegible][4]？[illegible][5]，[illegible] 9. [illegible]。[illegible][6]，[illegible] 10. [illegible]，[illegible][7]。[illegible]

对译：3. 今日道场业同大众诸天神王众生于 4. 覆护此如恩德有其诸众生心发恩德 5. 报回未曾先在人一人于餐一惠已食 6. 缘遂身命不惜其食施者于恩还为 7. 况诸天善神八部神将诸众生于此如 8. 恩德有报不回处岂有此如恩德功边 9. 际无我等今日心发又忏悔者皆天王 10. 密神力以行行者于加助愿成就使若

中藏本第29页：1. [illegible]，[illegible][8]，[illegible]。[illegible] 2. [illegible][9]：[illegible] 3. [illegible]，[illegible][10] [illegible]。[illegible] 4. [illegible]，[illegible][11]？[illegible] 5. [illegible]，[illegible][12] [illegible]。[illegible] 6. [illegible][13]，[illegible]，[illegible] 7. [illegible]？[14] [illegible]，[illegible] 8. [illegible]、[illegible]，[illegible] 9. [illegible][15]。[illegible][16]，[illegible]，[illegible] 10. [illegible]，[illegible]。[17] [illegible][18]，[illegible]①

对译：1. 不加助则是如等心先前早已退没故 2. ［菩萨摩诃萨］常叹言说善知识者大因 3. 缘是我等于道场中入令能矣若善知 4. 识无则我何云诸佛见

① "[illegible]"(难)下，中藏本佚缺。俄藏本第2行第13字始，上接。

得身以洪慈5. 报不足命殒以恩德报不足［菩萨摩诃6. 萨］尚此言矣语其〈　〉后者报无回可岂7. 有大众今日骸投命殒既未能且则劳8. 勤进精乃应行〈　〉此亦恩报〈　〉方便是9. 矣相与宜随岂敢心起恩知恩报人于10. 不随自心秉应前自庆中说重遇者难

俄藏本：2. 〇。3. 〇〇〇〇〇〇[19]〇，〇〇〇〇，〇〇4. 〇〇〇〇[20]，〇〇〇〇〇〇[21]。〇〇〇5. 〇〇〇〇〇〇。[22]〇〇〇〇[23]，〇〇〇6. 〇〇〇〇。[24]〇〇〇〇〇，〇〇〇〇？[25]7. 〇〇〇〇，〇〇〇〇？[26]〇〇〇〇，〇8. 〇〇〇，〇〇〇〇，〇〇〇：〇〇〇9. 〇〇〇〇〇〇〇、〇〇〇〇〇〇10. 〇〇〇〇[27]。〇〇〇〇〇〇〇〇11. 〇〇〇（〇〇）[28]。12. 〇〇〇〇〇！〇〇〇〇〇〇〇！13. 〇〇〇〇〇〇！〇〇〇〇〇〇〇！14. 〇〇〇〇〇〇！〇〇〇〇〇〇！15. 〇〇〇〇〇！〇〇〇〇〇！16. 〇〇〇〇！〇〇〇〇〇！17. 〇〇〇〇〇！〇〇〇〇〇！18. 〇〇〇〇〇！〇〇〇〇〇！19. 〇〇〇〇〇！〇〇〇〇〇！20. 〇〇〇〇！〇〇〇〇！21. 〇〇〇〇〇！〇〇〇〇〇！22. 〇〇〇〇〇！〇〇〇〇〇！23. 〇〇〇〇〇〇！〇〇〇〇〇〇！24. 〇〇〇〇〇！〇〇〇〇！25. 〇〇〇〇！26. 〇〇〇〇〇〇〇！〇〇〇〇〇〇〇！

对译：2. 为3. 得难虽此刻得〈　〉复何待〈　〉此会4. 分离之后重何时遇不现唯勇猛5. 以人为身舍当成者败有譬夏有6. 则冬有如时人〈　〉不待命何云长7. 此刻离别复何时遇自各努力应忧8. 思心等五体地投奉以十方虚9. 空界尽天王一切诸天一切及自10. 各眷属为敬礼以世间大慈悲主11. 〈　〉归命一拜12. ［南无］［弥勒］佛［南无］［释迦牟尼］佛13. ［南无］善逝月佛［南无］梵自在王佛14. ［南无］师子月佛［南无］福德威佛15. ［南无］正生佛［南无］天胜佛16. ［南无］日观佛［南无］宝名佛17. ［南无］大进精佛［南无］山光王佛18. ［南无］明施佛［南无］电德佛19. ［南无］德聚王佛［南无］供养名佛20. ［南无］法赞佛［南无］宝语佛21. ［南无］命救佛［南无］善戒佛22. ［南无］众善佛［南无］意定佛23. ［南无］喜胜王佛［南无］师子光佛24. ［南无］有暗破佛［南无］明照佛25. ［南无］上名佛26. ［南无］身边无菩萨［南无］世音观菩萨

俄藏本：1. 〇〇〇〇〇〇〇〇〇〇〇〇〇〇2. 〇。〇〇〇〇〇〇〇〇〇[29]〇〇〇〇、〇3. 〇〇〇〇〇〇〇〇，〇〇〇〇〇〇4. 〇〇。〇〇〇〇〇〇〇〇，〇〇〇5. 〇〇〇[30]〇〇。〇〇〇〇〇〇〇〇〇，6. 〇〇〇

𗹧𗫔𗣼𘃎𗢲。𘈩𗏹𗵘[31] 𗊴𗀔� 7. 𗾞𗫤，𗃀𗏰𗾞𘋥𗷖𗷝𗾞𗧇。𗂝𗵘𗗿𗏹[32] 8. 𘈩𗤣𗵆𗟱𗐾，𗹧

对译：1. 又复十方虚空界尽三宝一切〈 〉依 2. 归唯愿十方虚空界尽天主一切诸 3. 天一切及自各眷属平等空慧恒现 4. 前得智力方便以漏无道开十地行 5. 愿自各明增六度以心修四等广被 6. 菩萨道行佛行处入四弘愿以众生 7. 不舍辩才不断说乐无穷接化自在 8. 四生〈 〉利益俱

中藏本第 30 页：1. 𗊴𗥃𘑽𘑒𗬻𘄷𘃡[33]。

对译：1. 十地登常住果证

意译、注释（中藏本第 28 页第 3 行—29 页第 10 行、俄藏本）

今日道场同业大众，诸天神王覆护众生。有如此恩德，而其诸众生未曾发心回报恩德。在先一人，缘人一餐食之惠，遂不惜身命，为其施食者还恩，而况诸天善神、八部神将，于诸众生有如此恩德，岂有不回报处？如此恩德，功无边际。我等今日发心又忏悔者，皆天王于行行者密以神力加助，使愿成就。若不加助，则先前如是等心，早已退没。故菩萨摩诃萨，常叹言说：善知识者是大因缘，能令我等入道场矣。若无善知识，则我云何得见诸佛？投身不足报洪慈，殒命不足报恩德。菩萨摩诃萨尚语此言矣，其后者，岂可有无回报？大众今日既未能投骸殒命，则乃应且行勤劳、精进，此亦是报恩之方便矣。相与随宜岂敢起心，知恩报恩，不随于人，自应秉心。前说自庆，重遇者为难。‖ 虽难得此刻得，复何待，此会分离之后，何时重不现遇。唯当勇猛为人舍身，成者有败，譬如有夏则有冬。时不待人，何云长命？此刻离别，复遇何时？应各自努力，等忧思心，五体投地，奉为：十方尽虚空界一切天王、一切诸天及各自眷属。归命敬礼世间大慈悲主（一拜）。

南无弥勒佛！南无释迦牟尼佛！南无善逝月佛！南无梵自在王佛！南无师子月佛！南无福威德佛！南无正生佛！南无天胜佛！南无日观佛！南无宝名佛！南无大精进佛！南无山光王佛！南无施明佛！南无电德佛！南无德聚王佛！南无供养名佛！南无法赞佛！南无宝语佛！南无救命佛！南无善戒佛！南无善众佛！南无定意佛！南无喜胜王佛！南无师子光佛！南无破有暗

佛！南无照明佛！南无上名佛！南无无边身菩萨！南无观世音菩萨！

又复归依十方尽虚空界一切三宝。唯愿十方尽虚空界一切天主、一切诸天各及各自眷属，平等空慧恒得现前。智力方便开无漏道，十地行愿各自增明。六度修心四等广被，行菩萨道入佛行处。四弘愿不舍众生，辩才不断乐说无穷。自在接化利益四生，俱登十地证常住果。【参见《大正藏》[0953b01—0953c09]】

[1]"𗫴𗧾𗦳𗦲𗥤。𗰞𗭼𗧟𗨙𗥔"："覆护众生。有如此恩德"，《大正藏》作"有如此恩德。覆护众生"。

[2]𗰚𗰠：回报，《大正藏》作"念报"。

[3]"𗣼𗾺𗤛𗧱，𗴾𗾊𗰝𗤙𗷫𗧱𗓽𗫤，𗐯𗗟𗵾𗰖𗥔，𗦳𗗙𗾊𗤙𗵾𗴾𗧾𗰚𗬻"："在先一人，缘人一餐食之惠，遂不惜身命，为其施食者还恩"，《大正藏》作"古人尚能感一飡之惠。遂舍命亡身"。

[4]𗰚𗾊𗰚𗤙𗤄𗷫：岂有不回报处，此句不见于《大正藏》。

[5]𗰞𗭼𗧟𗨙：此如恩德，即《大正藏》作"此恩此德"。

[6]𗵒𗓻𗾊𗸰𗤛𗫤：发心又忏悔者，即《大正藏》作"忏悔发心"。

[7]"𗲧𗧫𗤘𗰚𗾊𗣙𗟭𗐯𗵾𗰖𗨛𗾊，𗬻𗯁𗓵𗣿"："皆天王于行行者密以神力加助，使愿成就"，《大正藏》作"皆是天王密加神力。奖助行人使心成就"。

[8]𗰞𗸰：先前，不见于《大正藏》。

[9]𗤛𗰂𗧀𗤙：常叹言说，《大正藏》作"每叹"。

[10]𗬺：入，《大正藏》作"登践"。

[11]𗷖𗤙𗧚𗓮𗲀𗸽𗥤𗰞：则我云何得见诸佛，即《大正藏》作"云何令我得见诸佛"。

[12]𗧟𗨙：恩德，即《大正藏》作"深泽"。

[13]𗓽𗰞𗣼𗧾𗧱：尚语此言矣，即《大正藏》作"尚致此言"。

[14]"𗨕𗤛𗧀𗤙，𗰚𗾊𗰚𗤙𗤄𗷫"："其后者，岂可有无回报"，《大正藏》作"况降斯已下而无报答"。"𗨕𗤛𗾊"，表示后续行为，相当"然后"、"其后"。"𗤛𗾊"，连用又可表示"……以外"。

[15]𗰞𗓽𗧟𗰚𗦳𗗙𗤛𗧾𗧱：此亦是报恩之方便矣，《大正藏》作"亦是报恩之渐"。

［16］𗟲𗟲𗟲𗴿𗄈𗐱：宜随岂敢起心，《大正藏》作"各宜增到运心"。

［17］"𗡞𗟲𗏵𗵂，𗾊𗴿𗰖𗦫"："不随于人，自应秉心"，《大正藏》作"不可随流。自反无方"。

［18］𗄈𗾊𗟲𗲂𗰖：前自庆中说，《大正藏》作"如前自庆"。

［19］𗲱𗤋𗇋𗵂𗰥𗲱：虽难得此刻得，《大正藏》作"难得今果"。

［20］"𗤋𗤋𗢸𗊸，𗵂𗛱𗐱𗴿𗤋𗊪"："复何待，此会分离之后"，《大正藏》作"复欲何待失比一会"。此，《大正藏》形误作"比"，《中华大藏经》底本丽藏本作"此"。

［21］𗯝𗴿𗴴𗵀𗇋𗯱：何时重不现遇，《大正藏》作"知更何。趣"。

［22］𗤋𗮔𗤋𗇋𗡞𗵀𗥃𗰖𗮔：唯当勇猛为人舍身，《大正藏》作"唯当勇猛忘身为"。

［23］𗄈𗮔𗍫𗐱：成者有败，《大正藏》作"物事成有败"。

［24］𗨛𗴴𗐱𗰖𗵂𗐱𗊪：譬如有夏则有冬，《大正藏》作"如春有冬"。

［25］"𗤋𗇋𗴉𗤋𗊸，𗢸𗇋𗰖𗦫"："时不待人，何云长命"，《大正藏》作"时不待人命焉"。

［26］"𗵂𗇋𗐱𗰖，𗤋𗴴𗴴𗵀"："此刻离别，复遇何时"，《大正藏》作"得久念此一别。相见未期"。

［27］"𗡞𗴿𗇋……𗰥𗐱……𗤋𗾊𗐱𗴴𗮔𗯱"："奉为……天王……及各自眷属"，《大正藏》作"奉为……天主……各及眷属"。𗡞𗴿𗇋……𗯱，即"奉为……"。

［28］𗇋𗇋：一拜，不见于《大正藏》。

［29］𗴴𗮔𗤋𗴿：虚空尽界，《大正藏》作"尽空法界"。

［30］𗾊𗐱：自各，《大正藏》作"各得"。

［31］𗤋：愿，《大正藏》作"誓愿"。

［32］𗾊𗰖：自在，《大正藏》作"善权"。

［33］𗵂𗌰𗵀𗤋𗮔𗯝𗴴𗲱：俱登十地证常住果。此8字，中藏本残缺，据俄藏本补。"𗵂𗌰𗵀𗤋"（俱登十地），《大正藏》作"俱登法云"。

录文、对译（中藏本第 30 页第 2 行—31 页第 10 行，俄藏本）

中藏本第 30 页：2. 𗵤𗥃[1]𗧓�More𗗙𗗲𗅁�3. 𗧓𗬺𗰜𗩾𗇃𗅊𗷅，𗏹𗷈𗐴𗨨，𗆣�More𗧓4. 𗯿，𗭪𗗩𗆫𗭺，𗥃𗧓𗬫：𗏇𗙏𗬫𗭪𗬷𗵤𗥃5. 𗀛𗤁𗤁、𗥃𗪩𗤁𗤁𗉐𗏹𗷈𗘞𗗡𗦜。�More6. 𗗲𗭪𗬷𗅁𗉐𗆧𗀛𗧓𗍼�More（𗗝𗅊[2]）。7. 𗀛�𗰜𗧓�More！𗀛�𗿀𗅂𗑠𗉋�More！8. 𗀛�𗎩𗭪𗰛�More！𗀛�𗧓𗰛𗑠𗧓�More！9. 𗀛�𗠄𗑠𗰛�More！𗀛�𗋒𗭪�More！10. 𗀛�𗑠𗿀𗰛�More！𗀛�𗧓𗏹�More！

对译：2. 诸仙为佛〈〉礼敬十五第 3. 今日道场业同大众自各心至痛切心 4. 等五体地投奉以十方虚空界尽仙 5. 主一切仙真一切及自各眷属为敬礼 6. 以世间大慈悲主〈〉归命一拜 7.［南无］［弥勒］佛［南无］［释迦牟尼］佛 8.［南无］慧利王佛［南无］珠月光佛 9.［南无］威光王佛［南无］论不破佛 10.［南无］光明王佛［南无］珠轮佛

中藏本第 31 页：1. 𗀛�𗰜𗊈�More！𗀛�𗌺𗩱�More！2. 𗀛�𗇃𗑠�More！𗀛�𗣓𗣞�More！3. 𗀛�𗵤𗏽𗰰�More！𗀛�𗩱𗅁��More！4. 𗀛�𗑠𗙏�More！𗀛�𗷈𗁒𗨨�More！5. 𗀛�𗰜𗨨𗗡�More！𗀛�𗩾𗅌�More！6. 𗀛�𗅊𗗝𗨨�More！𗀛�𗥃𗨨𗭪�More！7. 𗀛�𗉖𗗝𗨨�More！𗀛�𗉖𗗝�More！8. 𗀛�𗇃𗗝𗨨�More！𗀛�𗉖𗰜𗤁�More！9. 𗀛�𗍼𗣮�More！𗀛�𗇃𗿀[佛]！10. 𗀛�𗑸𗏹�More①！

对译：1.［南无］世师佛［南无］手吉佛 2.［南无］善月佛［南无］宝炎佛 3.［南无］［罗睺］守佛［南无］［菩提］乐佛 4.［南无］光等佛［南无］寂灭至佛 5.［南无］世最胜佛［南无］忧无佛 6.［南无］十势力佛［南无］喜力王佛 7.［南无］德势力佛［南无］德势佛 8.［南无］大势力佛［南无］德功藏佛 9.［南无］行真佛［南无］上安 10.［南无］［提］沙佛

俄藏本：2. 𗀛�𗏇𗿀�𗔆�More！𗀛�𗰜𗆫𗝢𗔆�More！3. 𗭪𗭜𗏇𗙏𗬫𗭪𗬷𗵤𗅁𗇃𗤁𗤁𗧓𗍼4. �More。𗰜𗏹𗆧𗀛𗨨𗭪𗅁𗗡𗇃𗰰，𗏹𗵤𗥃5. 𗀛、𗥃𗪩𗤁𗤁𗉐𗏹𗷈𗘞𗯿�More𗬺𗛮。6. 𗗉𗅂𗅊𗆣𗝌𗨨𗩴𗙏，�More𗏇𗠄𗎼𗎼；𗏇7. 𗗉𗁒�More𗯿𗣓𗵤𗰰，𗆣𗪩𗗩𗙏；𗏐𗦜𗝢8. 𗅊𗣓𗀛𗝌𗨨，�𗍼𗇃𗣞。𗔆�More𗧓𗭪𗉗9. 𗆧𗢭𗨨

[illegible]，[illegible]。[illegible] 10. [illegible][3]。

对译：2.［南无］身边无菩萨［南无］世音观菩萨 3. 又复十方虚空界尽三宝一切之依 4. 归唯愿慈悲力以同加覆护愿诸仙 5. 主仙真一切及自各眷属客尘解脱 6. 缘障清净妙色湛然佛身相同等四 7. 无量心六［波罗蜜］常现前得四碍无 8. 智六神通力意如自在菩萨境界中 9. 出入游戏法云地等金刚心入思议 10. 不力以还六道〈〉接化来

意译、注释（中藏本第 30 页第 2 行—31 页第 10 行、俄藏本）

为诸仙礼佛第十五

今日道场同业大众，各自至心，痛切心等，五体投地，奉为：十方尽虚空界一切仙主、一切真仙各及眷属。归命敬礼世间大慈悲主（一拜）。

南无弥勒佛！南无释迦牟尼佛！南无利慧王佛！南无珠月光佛！南无威光王佛！南无不破论佛！南无光明王佛！南无珠轮佛！南无世师佛！南无吉手佛！南无善月佛！南无宝炎佛！南无罗睺守佛！南无乐菩提佛！南无等光佛！南无至寂灭佛！南无世最胜佛！南无无忧佛！南无十势力佛！南无喜力王佛！南无德势力佛！南无德势佛！南无大势力佛！南无功德藏佛！南无真行佛！南无上安佛！南无提沙佛！‖南无无边身菩萨！南无观世音菩萨！

又复归依十方尽虚空界一切三宝。唯愿以慈悲力同加覆护，愿诸仙主、一切真仙，及各自眷属解脱客尘。清净缘障妙色湛然，等佛身相；四无量心六波罗蜜，常得现前；四无碍智六神通力，如意自在。出入游戏菩萨境界，等法云地入金刚心。以不思议力，还来接化六道。【参见《大正藏》［0953c10—0954a02］】

［1］[illegible]：诸仙，据卷一（图版第 102 页第 4 行）补。

［2］[illegible]：一拜，不见于《大正藏》。

［3］[illegible]：还来接化六道，即《大正藏》作“还接六道”。

录文、对译
（俄藏本，中藏本第 32 页第 1 行—33 页第 10 行，俄藏本）

俄藏本：11. [illegible][1]

对译：11. 梵王等为佛〈〉礼敬十六第

中藏本第 32 页：1. [illegible]，[illegible]，[illegible] 2. [illegible]，[illegible]：[illegible]、[illegible][2][illegible] 3. [illegible]。[illegible] 4. [illegible]（[illegible][3]）。5. [illegible]！[illegible]！

对译：1. 今日道场业同大众重复心诚五体地 2. 投奉以梵王［释］帝世护四天王及自 3. 各眷属为恭敬以世间大慈悲主〈〉依 4. 归一拜 5.［南无］［弥勒］佛［南无］［释迦牟尼］佛

中藏本第 33 页：1. [illegible]！[illegible]！2. [illegible]！[illegible]！3. [illegible]！[illegible]！4. [illegible]！[illegible]！5. [illegible]！[illegible]！6. [illegible]！[illegible]！7. [illegible]！[illegible]！8. [illegible]！[illegible]！9. [illegible]！[illegible]！10. [illegible]！[illegible]①！

对译：1.［南无］大光佛［南无］电明佛 2.［南无］德广佛［南无］珍宝佛 3.［南无］福德明佛［南无］铠造佛 4.［南无］手成佛［南无］善华佛 5.［南无］宝集佛［南无］大海智佛 6.［南无］地持德佛［南无］义意猛佛 7.［南无］思惟善佛［南无］德轮佛 8.［南无］宝火佛［南无］利益佛 9.［南无］世月佛［南无］美音佛 10.［南无］梵相佛［南无］众首师佛

俄藏本：1. [illegible]！[illegible]！2. [illegible]！[illegible]！3. [illegible]！4. [illegible]！[illegible]！5. [illegible] 6. [illegible]（[illegible]）。7. [illegible]，[illegible] 8. [illegible]、[illegible]，[illegible] 9. [illegible]，[illegible]。[illegible] 10. [illegible]，[illegible]，[illegible]。[illegible] 11. [illegible][4]，[illegible][5]。[illegible] 12. [illegible]，[illegible][6]。[illegible]，[illegible]。

① "[illegible]"（佛）下，中藏本佚缺，补以俄藏本。

13. 〇〇〇〇，〇〇〇〇〇[7]。14.（略）

对译：1.［南无］师子行佛［南无］施难佛 2.［南无］供应佛［南无］威德明佛 3.［南无］大光王佛 4.［南无］身边无菩萨［南无］世音观菩萨 5. 又复是如十方虚空界尽三宝一切 6.〈〉依归一拜 7. 唯愿慈悲力以同加摄受愿梵王［释］8. 帝世护四天王及自各眷属六度四 9. 等日夜明增四碍无辩说乐无尽八 10. 自在得六神通具［三昧］总持念应现 11. 得慈悲以至十方四生〈〉普覆百福 12. 庄严万善圆满三达开了五眼具足 13. 法轮王为六道〈〉摄化 14.（略）

意译、注释
（俄藏本，中藏本第 32 页第 1 行—33 页第 10 行，俄藏本）

为梵王等礼佛第十六

‖今日道场同业大众，重复心诚，五体投地，奉为：梵王帝释、护世四天王及各自眷属。归依敬礼世间大慈悲主（一拜）。

南无弥勒佛！南无释迦牟尼佛！南无大光佛！南无电明佛！南无广德佛！南无珍宝佛！南无福德明佛！南无造铠佛！南无成手佛！南无善华佛！南无集宝佛！南无大海智佛！南无持地德佛！南无义意猛佛！南无善思惟佛！南无德轮佛！南无宝火佛！南无利益佛！南无世月佛！南无美音佛！南无梵相佛！南无众师首佛！‖南无师子行佛！南无难施佛！南无应供佛！南无明威德佛！南无大光王佛！南无无边身菩萨！南无观世音菩萨！

又复归依如是十方尽虚空界一切三宝（一拜）。

唯愿以慈悲力同加摄受，愿梵王帝释、护世四天王，及各自眷属，六度四等日夜增明，四无碍辩乐说无尽。得八自在，具六神通，三昧总持。应念现得，慈悲普覆至十方四生。百福庄严，万善圆满。三达开了，五眼具足。为法轮王，摄化六道。【参见《大正藏》[0954a03—0954a26]】

［1］〇〇〇〇〇〇〇〇〇〇〇：为梵王等礼佛第十六。此处品名原中藏本佚缺，据俄藏本和中藏本卷一（图版第 102 页第 5 行）补足。下接中藏本第 32 页。

［2］〇〇〇：四天王，《大正藏》作"四王"。

〔3〕𗢺𗴺：一拜，不见于《大正藏》。

〔4〕𗴮𗰗：现得，《大正藏》作"现前"。

〔5〕"𗼦𗴴𗡜𗼻……𗵐𗴴"："慈悲以至……普覆"，亦即"慈悲普覆至……"，《大正藏》作"慈悲普覆……"。

〔6〕𗴷：满，《大正藏》作"极"。

〔7〕𗴺𗴴𗴵𗴶𗴓：摄化六道，《大正藏》作"摄化六道（一拜）"。

《慈悲道场忏法》卷第八（中藏本）

《慈悲道场忏法》卷八刊布于《中国藏西夏文献》第五册第34—78页，《中国国家图书馆藏西夏文献》第二册第150—163页。

录文、对译（中藏本第34页—43页第2行）

第34—38页：(略)

第39页：1. [illegible] 2. （略）3. [illegible] 4. [illegible]，[illegible] 5. [illegible]，[illegible]：[illegible] 6. [illegible]、[illegible]。[illegible] 7. [illegible]、[illegible] 8. [illegible]、[illegible]、[illegible]、[illegible]，9. [illegible]、[illegible]、[illegible]、[illegible] 10. [illegible][1] [illegible]、[illegible]

对译：1. 慈悲道场忏法卷八第 2. （略）3. [阿修罗]道一切善神为佛〈〉礼敬十七第 4. 今日道场业同大众重复心诚五体地 5. 投奉以十方虚空界尽[阿修罗]王 6. 一切[阿修罗]一切及自各眷属为又十方 7. 虚空界尽聪明正直天地虚空善主恶 8. 罚咒持守护八部神王八部神将一切 9. 乃至若内若外若亲若远东西南北四 10. 维上下空法界遍大神通力有大威德

第40页：1. [illegible]，[illegible]、[illegible] 2. [illegible]。[illegible] 3. [illegible]。4. [illegible]！[illegible]！5. [illegible]！[illegible]！

对译：1. 力有是如十方八部神王八部神将及 2. 自各眷属为敬礼以世间一切中大慈 3. 悲主〈〉归命 4. [南无][弥勒]佛[南无][释迦牟尼]佛 5. [南无]宝名佛[南无]众清净佛

第41页：1. [illegible]！[illegible]！2. [illegible]！[illegible]！3. [illegible]！[illegible]！4. [illegible]！[illegible]！5. [illegible]！[illegible]！6. [illegible]！[illegible]！7. [illegible][2] [illegible]！

𘊄𗗷𗀱𘜶𗦲𘟙！8. 𘊄𗗷𗣼𗀱𘟙！𘊄𗗷𘟬𗥃𘟙！9. 𘊄𗗷𗼊𗧆𘟙！𘊄𗗷𘜶𘝢𘟙！
10. 𘊄𗗷𘝢𘍦𘟙！𘊄𗗷𗥄𘝣𗀱𘟙！

对译：1.［南无]名边无佛［南无]不虚光佛2.［南无]圣天佛［南无]智王佛3.［南无]金刚众佛［南无]善障佛4.［南无]慈建佛［南无]华国佛5.［南无]法意佛［南无]风行佛6.［南无]善思名佛［南无]多明佛7.［南无]众和佛［南无]德功守佛8.［南无]利意佛［南无]惧无佛9.［南无]观坚佛［南无]法住佛10.［南无]珠足佛［南无]解脱德佛

第42页：1. 𘊄𗗷𗥆𗁦𘟙！𘊄𗗷𘜶𗀱𘟙！2. 𘊄𗗷𘙒𗀱𘟙！3. 𘊄𗗷𗦣𗓰𘝢𗄈𘕘！𘊄𗗷𗢳𘟙𗼊𗄈𘕘！4. 𗄈𗜓𘘚𘍦𗾺𘗠𘝠𗣼𗀛𗫸𘉞𗝋𗧼𗗠5. 𘝢𘜘。𗫉𘝑𗏁𘟬𗙐𗫉�𗊖𘅋6. 𗲤、�𗊖𘜘𗝋𗝋，𗄈𘕘𗾸𘙒𘟙。𗄈𗫉𘗼𗈪7. 𗀱𘉈、𗣼𘃜𗾺𘜶𘜶𗫸𘆄𘄡、𘐞𗣤𘜶𗫸、𗹙8. 𗢱𘘚𗲤、𘐞𗢱𘜘𗄈𗺩，𗄈𘕘𗾸𘙒𘟙，𘘚𗑢𗀱9. 𗝋，𗫆𗣤𗫸�[3]，𘜽𗠁𗼘𗼘。𗿷𘓄10. 𘎨𗫸、𗫜𗆐𘐞𘓁𗮂𘍦𘐞𘜺；�𗫸𗫆𘓞𗀱

对译：1.［南无]妙身佛［南无]善高佛2.［南无]普德佛3.［南无]身边无菩萨［南无]世音观菩萨4. 又复是如十方虚空界尽三宝一切〈　〉5. 归命愿慈悲力以同加覆护愿［阿修罗]6. 王［阿修罗]一切及自各眷属又愿聪明7. 正直天地虚空善主恶罚咒持守护八8. 部神王八部神将及自各眷属客尘解9. 脱缘障清净大乘心发碍无道修四无10. 量心六［波罗蜜]常现前得四辩六通意

第43页：1. 𗄈𘕘𗠁。𗜓𘝑𗏁𘜘𗀱𗀘𗫸，𘜶𗺩𗑢[4]。𘐞𗾺𗀱𗲤[5]，𗀱𘓄𗫜𘟲（𘜺𗙴𗮂𗀽）。

对译：1. 如自在恒慈悲以众生救护菩萨道行2. 佛智慧获金刚心得正等觉成一遍礼拜

意译、注释（中藏本第 34 页—43 页第 2 行）

《慈悲道场忏法》卷第八

为阿修罗道一切善神礼佛第十七

今日道场同业大众，重复心诚，五体投地，奉为：十方尽虚空界一切阿修罗王、一切阿修罗及各自眷属。又为十方尽虚空界一切聪明正直、天地虚空主善罚恶、守护持咒、八部神王、八部神将，乃至若内若外、若近若远、东西南北、四维上下遍空法界有大神通力、有大威德力，如是十方八部神王、八部神将及各自眷属。归命敬礼一切世间大慈悲主。

南无弥勒佛！南无释迦牟尼佛！南无宝名佛！南无众清净佛！南无无边名佛！南无不虚光佛！南无圣天佛！南无智王佛！南无金刚众佛！南无善障佛！南无建慈佛！南无华国佛！南无法意佛！南无风行佛！南无善思名佛！南无多明佛！南无和众佛！南无功德守佛！南无利意佛！南无无惧佛！南无坚观佛！南无住法佛！南无珠足佛！南无解脱德佛！南无妙身佛！南无善高佛！南无普德佛！南无无边身菩萨！南无观世音菩萨！

又复归命如是十方尽虚空界一切三宝。愿以慈悲力同加覆护。愿阿修罗王、一切阿修罗，及各自眷属。又愿聪明正直、天地虚空主善罚恶、守护持咒、八部神王、八部神将，及各自眷属，解脱客尘，清净缘障。发大乘心，修无碍道。四无量心、六波罗蜜常得现前；四辩六通如意自在。恒以慈悲救护众生，行菩萨道获佛智慧。得金刚心，成等正觉（一遍礼拜）。【参见《大正藏》[0954b01—0954c02]】

［1］𦫵：通，《大正藏》作"足"。下图版第 44 页第 1 行，同。

［2］𗱕：和、合，《大正藏》作"密"。

［3］𗣼𗥯𗼋𘉋：发大乘心，《大正藏》作"发起大乘"。

［4］𗁮：获、得，《大正藏》作"入"。

［5］𗤋：得，《大正藏》作"度"。

录文、对译（中藏本第 43 页第 3 行—46 页第 7 行）

第 43 页：3. 𗣼𗤋𗣼𗥯𗫷𘃞𗣼𗤋𗥊𘄴4. 𗫳𗤋𘝞𘊧𘎨𗴿𗣼𗦜，𗇋𘃡𗥯𗳱，𗳳𘃐𗸍5. 𘊧，𘕘𗥯𗪊：𘀄𗣼𘝞𗈜𗬁𗥯𗠣𗮔𗤋𗁬𗤋6. 𗤋𗪞𗪞。𘚏𘒑[1]：𘜶𘐍𗣼𗤋、𗥩𗴂𘓨𗣼𗤋、𘉋7. 𗴂𗣼𗤋、𘌔𗣼𗤋、𗴿𗣼𗤋、𗘆𗣼𗤋、𗁬𗣼𗤋、8. 𗣼𘘦𗣼𗤋、𘘘𘘦𗣼𗤋、𘘦𘘦𗣼𗤋、𗴂𘞿𗤋9. 𗤋、𗁬𘝞𗣼𗤋、𘀢𘜶𗥯𗣼𗤋、𘘘𘘘𗥯𗣼𗤋，10. 𘏒𘘦𘀄𗣼𗥯𘐍𗥯𘐍、𗥯𘌔𗥯𘄴、𘚏𗡠𘝞

对译：3. 龙王为佛〈 〉礼敬十八第 4. 今日道场业同大众重复心至五体地

5. 投奉以十方虚空界尽思议可不龙 6. 王一切此者妙化龙王[头]华[提]龙王五 7. 方龙王天龙王地龙王山龙王海龙王 8. 日宫龙王月宫龙王星宫龙王岁时龙 9. 王海青龙王形命护龙王众生护龙王 10. 乃至十方若内若外若亲若远东西南

第44页：1. 薉、綗靴姚敠羴祗訖羰敠籹縊纖纎，敠 2. 敕缸纖纎。㒜桫羆席祇祇、薤籹祇祇㤺 3. 嘉死嵡荒緵。�107矧敕羌訖祇祇赫敠㧱 4. 辣豿傓纚綌。5. 纹嫩斁辮绊！纹嫩菝𪄳�21荒绊！6. 纹嫩綗敠绊！纹嫩薢耗绊！7. 纹嫩㲻柂绊！纹嫩缸敠绊！8. 纹嫩纖牱绊！纹嫩靴殟脈绊！9. 纹嫩缹豼绊！纹嫩敠豾绊！10. 纹嫩缹託绊！纹嫩缸䐐龒绊！

对译：1. 北四维上下空法界遍大神通力有大 2. 威德力有是如龙王一切龙神一切及 3. 自各眷属为敬礼以世间一切中大慈 4. 悲主〈〉归命 5. [南无][弥勒]佛[南无][释迦牟尼]佛 6. [南无]妙智佛[南无]梵财佛 7. [南无]实音佛[南无]正智佛 8. [南无]力得佛[南无]师子意佛 9. [南无]华相佛[南无]智积佛 10. [南无]华齿佛[南无]德功藏佛

第45页：1. 纹嫩纫敠绊！纹嫩敠荒纫绊！2. 纹嫩姚縓绊！纹嫩縡絧绊！3. 纹嫩纫傷绊！纹嫩薢敠绊！4. 纹嫩祇祇縢绊！纹嫩敠豾绊！5. 纹嫩敠縢绊！纹嫩㲻龒绊！6. 纹嫩缸纫縓[2]绊！纹嫩敠席绊！7. 纹嫩寇絧绊！纹嫩祗敠绊！8. 纹嫩縢缸绊！9. 纹嫩矛死絧糀姚！纹嫩㒜柂姚糀姚！10. 㳠米雌桫矗燉豼薉訖絴敠敠祇祇祢

对译：1. [南无]名宝佛[南无]希有名佛 2. [南无]上戒佛[南无]畏无佛 3. [南无]日明佛[南无]梵寿佛 4. [南无]一切天佛[南无]智乐佛 5. [南无]宝天佛[南无]珠藏佛 6. [南无]德名称佛[南无]智王佛 7. [南无]缚无佛[南无]法坚佛 8. [南无]天德佛 9. [南无]身边无菩萨[南无]世音观菩萨 10. 又复是如十方虚空界尽三宝一切〈〉

第46页：1. 纚綌。镟託辣纖敕縟絧縋辮。镟蕊羆席 2. 㳠嘉死嵡荒，傷敗翔敠縊纖嘉縓。𪄳絧 3. 姚敕緵敠縋祧，敝薉誳瓱，燉薢頧绊。綗 4. 纹烽绊、緵獑磨羴燉縪辮荒；綗緵絧绎、 5. 緵纹縊纖绊辣嘉縓。託辣纖敕祇祇姚 6. 蘱，綗飆纹敠祗纸絧祧，荍羴绊誻缸纹 7. 纞靽。

对译：1. 归命愿慈悲力以同加摄受愿诸龙王 2. 及自各眷属明光辉增神力自在相无 3. 解以缘障断除恶趣永离常净土生四 4. 无量心六[波罗蜜]常现

前得四碍无辩 5. 六神通力心随自在慈悲力以一切拯 6. 接妙行庄严法云地过金刚心入正等 7. 觉成

意译、注释（中藏本第 43 页第 3 行—46 页第 7 行）

为龙王礼佛第十八

今日道场同业大众，重复至心，五体投地，奉为：十方尽虚空界一切不可思议龙王。此者：妙化龙王、头化提龙王、五方龙王、天龙王、地龙王、山龙王、海龙王、日宫龙王、月宫龙王、星宫龙王、岁时龙王、青海龙王、护形命龙王、护众生龙王，乃至十方若内若外、若近若远、东西南北、四维上下遍空法界有大神通力、有大威德力，如是一切龙王、一切龙神及各自眷属。归命敬礼一切世间大慈悲主。

南无弥勒佛！南无释迦牟尼佛！南无妙智佛！南无梵财佛！南无实音佛！南无正智佛！南无力得佛！南无师子意佛！南无华相佛！南无积智佛！南无华齿佛！南无功德藏佛！南无名宝佛！南无希有名佛！南无上戒佛！南无无畏佛！南无日明佛！南无梵寿佛！南无一切天佛！南无乐智佛！南无宝天佛！南无珠藏佛！南无德名称佛！南无智王佛！南无无缚佛！南无坚法佛！南无天德佛！南无无边身菩萨！南无观世音菩萨！

又复归命如是十方尽虚空界一切三宝。

愿以慈悲力同加摄受。愿诸龙王及各自眷属，增辉光明，神力自在。以无相解断除缘障，永离恶趣，常生净土。四无量心、六波罗蜜常得现前；四无碍辩、六神通力随心自在。以慈悲心拯接一切，妙行庄严过法云地，入金刚心成等正觉。【参见《大正藏》[0954c03—0955a01]】

[1] 𗫂𗾟：此者，不见于《大正藏》。

[2] 𗫂𗆫：名称，即《大正藏》作"流布"。

录文、对译（中藏本第 46 页第 8 行—49 页第 6 行）

第 46 页：8. 𗫂𗆷𗫂𗆫𗫂𗆫𗫂𗆫𗆫𗆫𗆫𗆫 9. 𗆫𗆫𗆫𗆫𗆫𗆫𗆫𗆫𗆫，𗆫𗆫𗆫𗆫，

[illegible]：10. [illegible]、[illegible]，[illegible]、[illegible]

对译：8. 魔王为佛〈〉礼敬十九第 9. 今日道场业同大众重复心至奉以 10. 大魔王五帝大魔乃至东西南北四维

第 47 页：1. [illegible] 2. [illegible]。[illegible] 3. [illegible]。4. [illegible]！[illegible]！5. [illegible]！[illegible]！6. [illegible]！[illegible]！7. [illegible]！[illegible]！8. [illegible]！[illegible]！9. [illegible]！[illegible]！10. [illegible]！[illegible]！

对译：1. 上下虚空界尽魔王一切及自各眷属 2. 为敬礼以世间一切中大慈悲主〈〉3. 归命 4. [南无][弥勒]佛[南无][释迦牟尼]佛 5. [南无][梵牟尼]佛[南无]安祥行佛 6. [南无]勤进精佛[南无]炎肩佛 7. [南无]大威德佛[南无]薝蔔华佛 8. [南无]欢喜佛[南无]善众佛 9. [南无]帝幢佛[南无]大爱佛 10. [南无][须蔓]色佛[南无]妙众佛

第 48 页：1. [illegible]！[illegible]！2. [illegible]！[illegible]！3. [illegible]！[illegible]！4. [illegible]！[illegible]！5. [illegible]！[illegible]！6. [illegible]！[illegible]！7. [illegible]！8. [illegible]！[illegible]！9. [illegible]，[illegible] 10. [illegible]。[illegible]。[illegible]、

对译：1. [南无]乐可佛[南无]善定义佛 2. [南无]牛王佛[南无]妙臂佛 3. [南无]大车佛[南无]愿满佛 4. [南无]德光佛[南无]宝音佛 5. [南无]金刚军佛[南无]贵富佛 6. [南无]势力行佛[南无]师子力佛 7. [南无]目净佛 8. [南无]身边无菩萨[南无]世音观菩萨 9. 又复是如十方虚空界尽三宝一切〈〉10. 归命愿慈悲力以同加覆护愿大魔王

第 49 页：1. [illegible][1]、[illegible]，[illegible] 2. [illegible]，[illegible]，[illegible] 3. [illegible]，[illegible]。4. [illegible]、[illegible]；[illegible] 5. [illegible]、[illegible]；[illegible] 6. [illegible]。[illegible]，[illegible][2]。

对译：1. 五帝魔王一切及自各眷属始无 2. 已来今日于至缘障一切皆得清净罪 3. 业一切皆得消灭众苦一切皆得解脱 4. 四无量心六[波罗蜜]常现前得四碍无 5. 智六神通力意如自在菩萨道行不休 6. 不息先众生度尔然后佛当

作〈〉

意译、注释（中藏本第 46 页第 8 行—49 页第 6 行）

为魔王礼佛第十九

今日道场同业大众，重复至心，奉为：大魔王、五帝大魔，乃至东西南北、四维上下尽虚空界一切魔王及各自眷属。归命敬礼一切世间大慈悲主。

南无弥勒佛！南无释迦牟尼佛！南无梵牟尼佛！南无安祥行佛！南无勤精进佛！南无炎肩佛！南无大威德佛！南无薝卜华佛！南无欢喜佛！南无善众佛！南无帝幢佛！南无大爱佛！南无须蔓色佛！南无众妙佛！南无可乐佛！南无善定义佛！南无牛王佛！南无妙臂佛！南无大车佛！南无满愿佛！南无德光佛！南无宝音佛！南无金刚军佛！南无富贵佛！南无势力行佛！南无师子力佛！南无净目佛！南无无边身菩萨！南无观世音菩萨！

又复归命如是十方尽虚空界一切三宝。愿以慈悲力同加覆护。愿大魔王、五帝魔王、一切魔王及各自眷属，无始已来至于今日，一切缘障皆得清净，一切罪业皆得消灭，一切众苦皆得解脱。四无量心、六波罗蜜常得现前；四无碍智、六神通力如意自在；行菩萨道不休不息。先度众生，尔然后当作佛。【参见《大正藏》[0955a02—0955a25]】

［1］▨▨：魔王，《大正藏》作"大魔"。

［2］▨▨▨▨▨▨：尔然后当作佛，《大正藏》作"然后作佛"。

录文、对译（中藏本第 49 页第 7 行—51 页第 1 行）

第 49 页：7. ▨▨▨▨▨▨▨▨▨8. ▨▨▨▨▨▨▨▨▨，▨▨[1]▨▨赦：▨▨9. ▨▨、▨▨▨▨▨。▨▨▨▨▨▨，▨▨10. ▨▨赦：▨▨▨席▨▨、▨▨▨▨▨、▨

对译：7. 人道为佛〈〉礼敬二十第 8. 今日道场业同大众相与奉以诸天 9. 诸仙龙神八部为佛于礼已竟次依 10. 奉以人道人王一切又父母师长

第 50 页：1. ▨▨▨▨▨▨▨，▨▨▨▨▨。[2]▨▨▨？2. ▨▨席▨，

[illegible]。[illegible] 3. [illegible]，[illegible][3]。[illegible]，[illegible] 4. [illegible]，[illegible]。[illegible] 5. [illegible]。[illegible]：[illegible] 6. [illegible][4]，[illegible]，[illegible] 7. [illegible]。[illegible]，[illegible] 8. [illegible]。[illegible][5]，[illegible]。9. [illegible][6] [illegible]。[illegible][7] [illegible] 10. [illegible]。[illegible]

对译：1. 人民一切于恩报为佛于礼拜应何云矣 2. 若国王无则众生一切依附所无王大 3. 依故一切安得国王〈〉地上行国王之 4. 水饮其余利益具说可不大众自各恩 5. 报心起宜契经中言若一日一夜六时 6. 苦忍以恩报利益欲者是如等心发慈 7. 悲习行应是愿力以国王之恩报施主 8. 之恩报又行修念父母养育之恩报当 9. 又行修以师长训诲之恩报当又复心 10. 运如来之恩念若心至以常念不绝能

第 51 页：1. [illegible]，[illegible]，[illegible]。

对译：1. 者是如人等疾道入得

意译、注释（中藏本第 49 页第 7 行—51 页第 1 行）

为人道礼佛第二十

今日道场同业大众，相与奉为：诸天诸仙、龙神八部。礼佛已竟，依次应报恩奉为：人道一切人王、又父母师长、一切人民礼佛。何以故尔？若无国王，则一切众生无所依附。依大王，故一切得安。行国王地，饮国王水，其余利益不可具说。大众宜各自起报恩心。契经中言：若能一日一夜六时忍苦，欲报恩利益者，应发如是等心，习行慈悲。以是愿力，报国王恩，报施主恩。又当念修行，报父母养育之恩。又当修行，报师长训诲之恩。又复运心念如来恩。若能至心常念不绝者，如是等人，疾得入道。【参见《大正藏》[0955a26—0955b09]】

[1] [illegible]：相与，《大正藏》作“相与已得”。

[2] “[illegible]：[illegible]，[illegible]、[illegible]，[illegible]”：“依次应报恩奉为：人道一切人王，又父母师长、一切人民

礼佛"，《大正藏》作"次应奉为人道一切人王礼佛报恩。又为父母师长一切人民"。

[3] 𗧓𗭴：得安，《大正藏》作"得住"。

[4] 𗣼𗆪𗣩𗧓𗾔�：欲报恩利益者，即《大正藏》作"为欲利益奉报恩者"。

[5] 𗫉𗗙𗫢：念修行，《大正藏》作"念行道"。

[6] 𗫉𗗙：修行，《大正藏》作"行道"。

[7] 𗆧𗙏：又复，即《大正藏》作"次复"。

录文、对译（中藏本第 51 页第 2 行—54 页第 4 行）

第 51 页：2. 𗫡[1]𗈜𗵒𗣼𗫱𘝞𗣠𗧓，𗷟𗉛𗣠𗍫𗯝𗒢𗦜 3. 𗆫𗆫[2]，𘊽𗾭𗣠𗣬[3]，𗣼𗆧𗣼𗆪𗫡。𗷳𗷳𗫡𗈜 4. 𗀔𗫂𗋽𗲯𗣬，𗯝𗰖𗫕𗪙[4]𗉛𗫕𗺖𗭪。𗱀𗱀 5. 𗷟𗐫，𗤱𗤻𗆧𗗂。𗀔𗄈𗤭𗤭𗭐𗵒，𗒼𗤸𗄊 6. 𗦜。[5]𗆧𗙏𗫱𘊽𗪷𗲯𗷳𗷳[6]𗫚𗪷𗫡。𗷟𗖖𗒟 7. 𗧓，𗭪𘜶𗫱𗫒[7]。𗈜𗫱𗆧𗱲[8]，𗈜𘜶𗒢𗵠。𗣼𗆧 8. 𗲯𗭪𗆧𗸕𗫱𗭣𗜓，𗟲𗷟𗫕𗣬𗈉𗵒，𗆮𗤸 9. 𗒼𗫚𗣠𗫡[9]。𗀔𗫂𘊽𗾭𗒼𗍺[10]𗐫，𗤱𗥰𘘑𗰛 10. 𗫡𗪙𗒢𗆪𗆧𗆦[11]？𗭪𗱞𗉛𗫝，𗣼𗈜𗉛𗦜，𗈜

对译：2. 今日道场业同大众诸佛大圣慈悲以 3. 时时此如教示恩知恩报令我等今日 4. 国王〈　〉仰赖其末法中佛法显兴种种 5. 供养宝财不惜国家臣吏人民德依 6. 归附又复家出人〈　〉安宁道行令行住坐 7. 卧皆灾难无凡间不预唯善以奖我等 8. 〈　〉皆死生中速出无量法门阐说人天 9. 正路开令国王是如恩有何云自各 10. 礼拜以报不回相与心至痛切心等

第 52 页：1. 𗬀𗒢𗀔𗫂𗣠，𗷟𗉛𗣠𗯝𗒢𗤏𗲯𘝞𗫝。2. 𗤸𗣋𗌣𗬀𗈉！𗤸𗣋𗵒𘔞𗣋𗐫𗈉！3. 𗤸𗣋𘔞𗫑𗈉！𗤸𗣋𗫡𗫢𗈉！4. 𗤸𗣋𗈜𘗠𗆧𗈉！𗤸𗣋𗒢𗒼𗫢𗈉！5. 𗤸𗣋𗣠𘔞𗉋𗈉！𗤸𗣋𘔞[12]𗆧𗈉！6. 𗤸𗣋𗫢𗵒𗈉！𗤸𗣋𗒢𘕃𗻌𗈉！7. 𗤸𗣋𗈜𗫒𗈉！𗤸𗣋𗈉𗤸𗈉！8. 𗤸𗣋𘝲𘔞𗈉！𗤸𗣋𗸕𘘑𗈉！9. 𗤸𗣋𗫢𘘑𗆧𗫉𗈉！𗤸𗣋𗆧𗵒𗈉！10. 𗤸𗣋𗣠𗆫𗈉！𗤸𗣋𗒼𗫕𗈉！

对译：1. 奉为以国王为世间大慈悲主〈　〉依归 2. [南无][弥勒]佛[南无][释迦牟尼]佛 3. [南无][伽叶]佛[南无]意净佛 4. [南无]次第知佛[南无]威德猛佛 5. [南无]大光明佛[南无]光耀佛 6. [南无]净藏佛[南无]威分

别佛 7.［南无］损无佛［南无］密日佛 8.［南无］月光佛［南无］明持佛9.［南无］善寂行佛［南无］不动佛 10.［南无］大请佛［南无］德法佛

第 53 页：1. 𗁸𗙴𗁸𗏁𗐫𗏵！𗁸𗙴𗔇𗖩𗏵！2. 𗁸𗙴𗣼𗹦𗏵！𗁸𗙴𗢳𗩾𗏵！3. 𗁸𗙴𗏁𗁸𗏵！𗁸𗙴𗩾𗰖𗏵！4. 𗁸𗙴𗏁𗹦𗏵！𗁸𗙴𗏦𗴈𗏵！5. 𗁸𗙴𗧘𗁸𗏵！6. 𗁸𗙴𗏾𗰖𗴂𗬀𗩾！𗁸𗙴𗂅𗬀𗰖𗴂𗬀𗩾！7. 𗐬𗘂𗴂𗥃𗣼𗬀𗼨𗴂𗴩𗐫𗙴𗙫𗏵𗆘𗆘𗑣 8. 𗭪𗹬。𗒗𗀊𗴩𗥚𗭩𗄻𗫫[13]𗥚𗅫。𗒗𗖚𗐼 9. 𗲷𗪘𗁸𗏁𗫀𗫉[14]，𗉔𗄻𗪘𗡪，𗐫[15]𗐫𗕹𗆘，𗂅 10. 𗫉𗬀𗩾，𗀊𗇜[16]𗴂𗥃，𗡞𗴩𗏵𗥥[17]，𗴂𗫉𗖩𗆘，

对译：1.［南无］庄严王佛［南无］高出佛 2.［南无］炎炽佛［南无］华德佛 3.［南无］宝严佛［南无］上善佛 4.［南无］宝上佛［南无］慧利佛 5.［南无］土严佛 6.［南无］身边无菩萨［南无］世音观菩萨 7. 又复是如十方虚空界尽三宝一切〈　〉8. 依归愿慈悲力以相与摄受愿今现 9. 皇帝圣寿福长天威远振王基永固慧 10. 命无穷慈恩际无识有心向菩萨盛化

第 54 页：1. 𗉔𗄻𗰰𗤁。𗜓𗁸𗫉𗫗𗫫𗕿𗏾𗆘；𗜓𗖚𗥃 2. 𗥥𗪘𗴂𗐬𗬀𗩾。𗍊𗠁𗥃𗤽，𗫉𗁸𗷰𗝠，𗦎𗁊 3. 𗫫𗫌，𗬫𗭪𗷰𗤽[18]。𗀊𗥚𗏾𗰭[19]，𗇜𗫫𗖩𗤅，𗬀 4. 𗧘𗒻𗝝，𗫉𗁸𗮉𗡟[20]。

对译：1. 天人赞仰四等六度日夜明增四碍无 2. 辩说乐无尽八自在得六神通具［三昧］3. 总持念应现得慈悲世护恩六道遍万 4. 行早圆正等觉成

意译、注释（中藏本第 51 页第 2 行—54 页第 4 行）

今日道场同业大众，诸佛大圣时时慈悲，如此教示，令知恩报恩。我等今日仰赖国王，其末法中兴显佛法。种种供养，不惜财宝，国家臣吏人民，依德归附。又复令出家之人，安宁行道，行住坐卧，皆无灾难。凡间不预，唯奖以善，皆令我等速出生死，阐说无量法门，开人天正路。国王有如此恩，岂得不各自礼拜回报？相与至心，痛切心等，奉为国王，归依世间大慈悲主。

南无弥勒佛！南无释迦牟尼佛！南无迦叶佛！南无净意佛！南无知次第佛！南无猛威德佛！南无大光明佛！南无光曜佛！南无净藏佛！南无分别威佛！南无无损佛！南无密日佛！南无月光佛！南无持明佛！南无善寂行佛！

南无不动佛！南无大请佛！南无德法佛！南无庄严王佛！南无高出佛！南无炎炽佛！南无华德佛！南无宝严佛！南无上善佛！南无宝上佛！南无利慧佛！南无严土佛！南无无边身菩萨！南无观世音菩萨！

又复归命如是十方尽虚空界一切三宝。愿以慈悲力相与摄受。愿现今皇帝圣寿福长，天威振远，王基永固，慧命无穷，慈恩无际，有识向心，菩萨盛化，天人赞仰。四等六度，日夜增明；四无碍辩，乐说无尽。得八自在，具六神通。三昧总持，应念现得。慈悲护世，恩遍六道。万行早圆，成正等觉。【参见《大正藏》[0955b10—0955c10]】

[1] 𗏵：今。"今"之上，《大正藏》丽藏本、日本东京增上寺报恩藏本作"奉为国王礼佛第一"，不见于其他本。

[2] 𗣫𗾟𗫂𗅱𗅲：时时慈悲，《大正藏》作"慈恩开诱"。

[3] 𗊴𗉮𗾟𗱷：如此教示，《大正藏》作"殷懃如此"。

[4] 𗣼𗥃𗅁𗰖：其末法中，《大正藏》作"于末世中"。

[5] "𗐴𗓰𗤙𗤏𗉳𗋽，𗷐𗫂𗥔𗿒"："国家臣吏人民，依德归附"，《大正藏》作"率土臣民望风归附"。

[6] 𗥺𗡊：安宁，《大正藏》作"安身"。

[7] 𗰖𗵌𗾖𗏹：皆无灾难，《大正藏》作"初无留难"。

[8] 𗉳𗱷𗸂𗣎：凡间不预，《大正藏》作"凡百不预"。

[9] 𗏵：令、使，《大正藏》作"愿"。

[10] 𗳪𗤶：恩，《大正藏》作"恩德"。

[11] 𗄉𗮅𗏀𘝶𗰱𗤊𗃜𗺝𗸂𗭽：何云不各自礼拜回报，即《大正藏》作"岂得不人人礼拜奉报"。

[12] 𗔛：光，即《大正藏》作"日光"。

[13] 𗾖𗥓：相与，《大正藏》作"同加"。本卷图版第56页第5行，同。

[14] 𗏱𗰜𗸒𗏹𗾽𗾽𗆤𗍫𗩾：愿现今皇帝圣寿福长，《大正藏》作"愿当今皇帝（旧云大梁皇帝）圣体康御"。

[15] 𗓰：王，《大正藏》作"帝"。

[16] 𗣫𗡞：慈恩，即《大正藏》作"慈霑"。

[17] 𘝶𗫼：向心，即《大正藏》作"归心"。

［18］[illegible]：现得，《大正藏》作“现前”。

［19］[illegible]：护世，《大正藏》作“即世”。

［20］[illegible]：成正等觉，《大正藏》作“速登正觉”。

录文、对译（中藏本第 54 页第 5 行—56 页第 10 行）

第 54 页：5. [illegible][1] [illegible] 6. [illegible]，[illegible]，[illegible] 7. [illegible]，[illegible]：[illegible]、[illegible][2] [illegible] 8. [illegible]，[illegible]。9. [illegible]！[illegible]！10. [illegible][3]！[illegible]！

对译：5. 诸王王子为佛〈〉礼敬二十一第 6. 今日道场业同大众重复心诚五体地 7. 投奉以皇太子殿下诸王及自各 8. 眷属为世间大慈悲主〈〉依归 9. ［南无］［弥勒］佛［南无］［释迦牟尼］佛 10. ［南无］海得佛［南无］梵相佛

第 55 页：1. [illegible]！[illegible]！2. [illegible]！[illegible]！3. [illegible]！[illegible]！4. [illegible][4]！[illegible]！5. [illegible]！[illegible]！6. [illegible]！[illegible]！7. [illegible]！[illegible]！8. [illegible]！[illegible]！9. [illegible]！[illegible][5] [illegible]！10. [illegible]！[illegible]！

对译：1. ［南无］月盖佛［南无］多炎佛 2. ［南无］［违蓝］王佛［南无］智称佛 3. ［南无］觉想佛［南无］德功光佛 4. ［南无］声名称佛［南无］月满佛 5. ［南无］华光佛［南无］善戒佛 6. ［南无］灯王佛［南无］电光佛 7. ［南无］光王佛［南无］光明佛 8. ［南无］具足赞佛［南无］华藏佛 9. ［南无］弗沙佛［南无］目端严佛 10. ［南无］净善佛［南无］威猛军佛

第 56 页：1. [illegible]！[illegible]！2. [illegible]！3. [illegible]！[illegible]！4. [illegible] 5. [illegible]。[illegible]。[illegible] 6. [illegible]、[illegible][6] [illegible]，[illegible]，[illegible][7] 7. [illegible]。[illegible]，[illegible] 8. [illegible]。[illegible]，[illegible] 9. [illegible]。[illegible]，[illegible]。[illegible] 10. [illegible]，[illegible]。

对译：1. ［南无］福威德佛［南无］力行佛 2. ［南无］［罗睺］天佛 3. ［南

无]身边无菩萨[南无]世音观菩萨 4. 又复是如十方虚空界尽三宝一切〈〉

5. 依归愿慈悲力以相与覆护愿皇太子 6. 殿下诸王及自各眷属身心安乐寿命

7. 无穷大乘道行佛智慧入四弘誓被 8. 一切不舍四等六度常现前得六通三达

9. 根性识能二庄严具神力自在如来〈〉10. 慈行四生〈〉摄化

意译、注释（中藏本第 54 页第 5 行—56 页第 10 行）

为诸王王子礼佛第二十一

今日道场同业大众，重复心诚，五体投地，奉为：皇太子殿下、诸王各及眷属，归依世间大慈悲主。

南无弥勒佛！南无释迦牟尼佛！南无得海佛！南无梵相佛！南无月盖佛！南无多炎佛！南无违蓝王佛！南无智称佛！南无觉想佛！南无功德光佛！南无声名称佛！南无满月佛！南无华光佛！南无善戒佛！南无灯王佛！南无电光佛！南无光王佛！南无光明佛！南无具足赞佛！南无华藏佛！南无弗沙佛！南无目端严佛！南无净善佛！南无威猛军佛！南无福威德佛！南无力行佛！南无罗睺天佛！南无无边身菩萨！南无观世音菩萨！

又复归依如是十方尽虚空界一切三宝。愿以慈悲力相与覆护。愿皇太子殿下、诸王及各自眷属，身心安乐，寿命无穷。行大乘道入佛智慧，被四弘誓不舍一切。四等六度常得现前，六通三达能识根性。具二庄严，神力自在。行如来慈，摄化四生。【参见《大正藏》[0955c11—0956a11]】

[1] 𗾲𗛺𗱲𗓽：诸王王子，《大正藏》丽本作"诸王"，乙本意同西夏本。

[2] 𗾲𗛺：诸王，《大正藏》丽本作"分土诸王（旧云临川诸王）"，乙本意同西夏本。

[3] 𗣼𗢈𗵐：海得佛，《大正藏》作"海德佛"，其甲本同西夏本。

[4] 𗆐𘋖𗵐𗵐：声名称佛，即《大正藏》作"声流布佛"。"𘋖𘋖"（名称），本卷图版第 59 页第 6 行，意同作"流布"。

[5] 𗊡：目，《大正藏》丽本因形误作"日"。乙本、南本作"身"。

[6] 𗾲𗛺：诸王，《大正藏》丽本作"分土诸王"，乙本同西夏本。

［7］[illegible]：寿命，《大正藏》作"妙算"。

录文、对译（中藏本第57页第1行—61页第3行）

第57页：1. [illegible]2. [illegible]，[illegible]3. [illegible][1]。[illegible]，[illegible]，[illegible]4. [illegible]。[2][illegible]，[illegible]。[3][illegible]，[illegible]5. [illegible][4]。[illegible][5]，[illegible][6]。[illegible]，6. [illegible][7][illegible]。[illegible]，[illegible][8]。[illegible]7. [illegible][9]，[illegible][10]，[illegible]，[illegible][11]。[illegible]8. [illegible]，[illegible][12]。[illegible][13]：[illegible]，[illegible]9. [illegible][14]。[illegible]，[illegible]10. [illegible][15][illegible]、[illegible]，[16][illegible]

对译：1. 父母为佛〈〉礼敬二十二第 2. 今日道场业同大众复次父母我〈〉养 3. 育恩思念应腹躺怀抱乳哺食喂惜爱 4. 心殊自身宁危子令安乐年已长大人 5. 礼训诲先生择选经义学使时刻不忘 6. 人礼企及需所皆给宝财不吝子于思 7. 缘自病疾成席卧不安常孩子恋天下 8. 恩重实二无有故佛所言天下恩者父 9. 母之恩于过莫若家舍人道未得此〈〉10. 唯勤以业学福德行但为不止则必

第58页：1. [illegible]。[illegible]，[illegible]，[illegible]2. [illegible]，[illegible]3. [illegible]、[illegible][17]、[illegible]，[illegible]4. [illegible]。5. [illegible]！[illegible]！

对译：1. 定恩报能矣相与心至痛切心等五体 2. 地投自各神识有从已来今日于至多 3. 世父母劫数亲缘眷属一切为世间大 4. 慈悲主〈〉依归 5. [南无][弥勒]佛[南无][释迦牟尼]佛

第59页：1. [illegible]！[illegible]！2. [illegible]！[illegible]！3. [illegible]！[illegible]！4. [illegible]！[illegible]！5. [illegible]！[illegible]！6. [illegible]！[illegible]！7. [illegible][18]！[illegible]！8. [illegible]！[illegible]！9. [illegible]！[illegible]！10. [illegible]！[illegible]！

对译：1. [南无]智聚佛[南无]调御佛 2. [南无]王如佛[南无]华相佛 3. [南无][罗睺罗]佛[南无]大药佛 4. [南无]宿王佛[南无]华王佛 5. [南

无]德手佛[南无][得叉迦]佛6.[南无]名称王佛[南无]日光佛7.[南无]德藏佛[南无]妙音佛8.[南无]德主佛[南无]金刚众佛9.[南无]慧顶佛[南无]善住佛10.[南无]意行佛[南无]梵音佛

第60页：1. 𗇋𗗙𗨙𗣼�！𗇋𗗙𗵒𗤱𗼃[19]�！2. 𗇋𗗙𗷢𗒯�！𗇋𗗙𗖻𗾞�！3. 𗇋𗗙𗵽𗆫�！4. 𗇋𗗙𗠉𗟻𗦺𗠁𗢚！𗇋𗗙𗖖𗼃𗸿𗠁𗢚！5. 𗧙𗽻𘜶𗫩𗾞𗭂𗼖𗵘�𗓁𗓁 6. 𗾭𘝞。𗵒𗵐𗜓𗴴𗯨𗰜𗪌𗴮𗛟。𗵒𗰖𗬅𗤻 7. 𗟼，𗧙𗇋𗟻𗷢𗢚，𗄻𘒣𗧠𗵘𗖌𗗟𗬥。𘔾 8. 𗣓𗰜𗰜，𗰜𗟭𗣫𗫨。𗛟𗊁𗰜𗰜，𗢳𗥰[20]𗼖𘄒。9. 𘝞𗺉𗉮𗷞，𗫨𗥰𗮮𗽮。𘝚𗾭𗪪𗫈，𗨁𗢪[21]𘄒 10. 𗥻。𘝀�𗘄𘝞𗸐𗵘，𗷰𗤻𗸹𗬥。𘝞𗊁��、

对译：1. [南无]师子佛[南无]天雷音佛2.[南无]通相佛[南无]安隐佛3.[南无]慧阴佛4.[南无]身边无菩萨[南无]世音观菩萨5. 又复是如十方虚空界尽三宝一切〈 〉6. 依归愿慈悲力以同加摄受愿父母亲7. 缘及自各眷属今日从起[菩提]于至罪8. 障一切皆得除灭众苦一切永当解脱9. 习结烦恼永得清净四趣长辞意如生10. 往诸佛亲侍现前受记四无量心

第61页：1. 𗱾𗾖𘜶𘐭𗣼𗧙𗫩；𘝞𗫈𗮮𗜓、𗱾𗊁𗖻 2. 𗷞𗨁𘔾𗋽𗣡。�𗓁𗨁𗷞，𗵒𗼃𗊁𗥰[22]𗠉𘉋。3. 𗗽𘙛𗭂𗝃，𗨁𗊁𗺉𘄒。

对译：1. 六[波罗蜜]常行不离四碍无智六神通2. 力意如自在佛〈 〉十力相好庄严身得3. 同道场坐正等觉成

意译、注释（中藏本第57页第1行—61页第3行）

为父母礼佛第二十二

今日道场同业大众，次复应思念父母育养我之恩。躬腹怀抱，哺乳喂食，殊心惜爱。宁自危身，令子安乐。年已长大，训诲人礼，择选先生，使学经义。时刻不忘，企及人礼。所需皆给，不吝财宝。缘于思子，自成病疾，卧不安席，常恋孩子。天下恩重，实无二有。故佛所言：天下之恩者，莫过于父母之恩。若舍家人未能得道，唯此勤以学业，但为不止福德行，则必能报恩矣。相与至心，痛切心等，五体投地，各自为有识神已来至于今日多世父母、数劫亲缘、一切眷属，归依世间大慈悲主。

南无弥勒佛！南无释迦牟尼佛！南无智聚佛！南无调御佛！南无如王佛！南无华相佛！南无罗睺罗佛！南无大药佛！南无宿王佛！南无华王佛！南无德手佛！南无得又迦佛！南无流布王佛！南无日光佛！南无德藏佛！南无妙音佛！南无德主佛！南无金刚众佛！南无慧顶佛！南无善住佛！南无意行佛！南无梵音佛！南无师子佛！南无雷音佛！南无通相佛！南无安隐佛！南无慧阴佛！南无无边身菩萨！南无观世音菩萨！

又复归依如是十方尽虚空界一切三宝。愿以慈悲力同加摄受。愿父母亲缘，及各自眷属，从今日去至于菩提。一切罪障，皆得除灭。一切众苦，永当解脱。结习烦恼，永得清净。长辞四趣，如意往生。亲侍诸佛，现前受记。四无量心、六波罗蜜常不离行；四无碍智、六神通力如意自在。得佛十力，相好庄严身。同坐道场，成等正觉。【参见《大正藏》[0956a12—0956b13]】

[1] 𗟲𗟲𘜶𗬫𗈴𗤁𗵘𘝵𗉺𗄭：应思念父母养育我之恩，《大正藏》丽本作"五体投地奉为父母育养之恩"。其乙本同西夏本。

[2]"𗬩𗈶𘝵𗤀，𘘥𘟱𗏁𘂝，𗿒𗈁𗏇𘄒"："躺腹怀抱，乳哺喂食，殊心惜爱"，即《大正藏》作"怀抱乳哺爱重情深"。

[3] 𗡅𗫕𘃤𘐞：令子安乐，即《大正藏》作"安立其子"。

[4]"𗿟𘜶𗤽𘝥，𘄒𘝡𗵘𗃜"："年已长大，训诲人礼"，即《大正藏》作"至年长大训以仁礼"。

[5] 𗭪𘜶𘏽𘝤：择选先生，《大正藏》作"洗掌求师"。

[6] 𘝋𘝣𘝠𗹌：使学经义，《大正藏》作"愿通经义"。

[7] 𗵚𘝡：人礼，《大正藏》作"人流"。

[8]"𗬩𘕿𗊤𘝭，𗬫𗴿𘐞𗼋"："所需皆给，不吝财宝"，《大正藏》作"所当供给不恪家宝"。

[9] 𗵘𗚀𘜿𗵚：缘于思子，《大正藏》作"念思虑结"。

[10] 𗅲𗸫𘜶𘝥：自成病疾，《大正藏》作"有亦成病"。

[11] 𘜒𘝏𗵘𗴿：常恋孩子，即《大正藏》作"常忆其子"。

[12] 𗂋𘞤𘐨𘜶：实无二有，《大正藏》作"世实无二"。

[13] 𘐷𘄒𘜶𗸖：故佛所言，即《大正藏》作"所以佛言"。

[14] 𗟲𗟲𗬫𗈴𘟱𘝵𗈴：莫过于父母之恩，《大正藏》作"莫过父母"。

［15］𗀹𗄊𗙏：唯此，《大正藏》作"唯"。

［16］𗙏𗗙𗋒𗈈𗴡𗋽𗴪：但为不止福德行，《大正藏》作"为善莫废积德不止"。

［17］"𗴆𗱈𗱕𗰱、𗴡𗱈𗧠𗟲"："多世父母、数劫亲缘"，《大正藏》作"经生父母历劫亲缘"。𗴡𗱈，字面意为"数劫"或"劫数"，下文多处对应汉文"历劫"。历劫，西夏文又以"𗴡𗏁"对译。

［18］𗙏𗥃𗄀：德藏佛，《大正藏》甲本作"法藏佛"。

［19］𗣜𗣑𗌰：天雷音，《大正藏》丽本作"雷音"。

［20］𗙈𗒛：永当，《大正藏》作"毕竟"。

［21］𗼲𗰜：如意，即《大正藏》作"自在"。

［22］𗰜𗋽：庄严，《大正藏》作"严"。

录文、对译（中藏本第 61 页第 4 行—65 页第 7 行）

第61页：4. 𗴝𗱈𗱕𗱕𗱰𗄀𗁬𗰟𗠁𗅥𗴪𗗙𗴪𗩱 5. 𗁬𗰟𗱈𗽽𗣜𗔆𗗙𗴪𗈈，𗷣𗴡𗪩𗌰𗔆𗝢，𗱕

对译：4. 过去父母为佛〈〉礼敬二十三第 5. 今日道场业同大众其中若自少时父

第62页：1. 𗱕𗥃𗴪𗗙𗴡𗏁，𗼈𗲰𗌦𗒛𗫵。[1]𗋽𗲰𗣜𗵘 2. 𗰟𗣜𗌰[2]，𗱕𗱈𗴆𗴪𗄊𗙏，𗼦𗣜𗴡𗱕𗟲𗅥 3. 𗴡𗋽𗅥[3]。𗦛𗄊𗷣𗁬𗙏𗗙𗆣，𗴡𗰟𗴪𗗙𗼦𗴪 4. 𗅥。[4]𗴡𗴪𗈈𗴪，𗣜𗴳𗝢𗽽[5]。𗺜𗱈𗴝𗣠：𗗙𗝢 5. 𗱰𗙏𗗙𗴪，𗣜𗄊𗴡𗝢𗁬𗴡𗗙�²[6]。𗪩𗰟、𗣜 6. 𗴳𗅥，𗦛𗄊𗗙𗴡𗱈。𗪩𗱈𗰟、� 𗴡𗴪𗴡[7]，� 7. 𗴡𗴪𗰟𗅥。𗪩𗅥𗱈𗱰𗋽𗒛，𗦛𗄊𗴪𗱈𗴪，8. 𗴪𗴳𗙈𗱕，𗱕𗰟𗴡𗰜。𗱕𗴆𗴆[8]，𗴡𗱈𗧠 9. 𗧠，𗾿𗄊𗣜𗱈𗴆� 𗱈𗱰𗴢。𗀹𗴪𗅥𗝢𗰟𗙏 10. 𗴯𗫏𗴪，𗷣𗙏𗴡�𗰟𗴪[9]。𗴡𗞔𗁬𗲰，𗪩𗱈

对译：1. 母已亡万劫历复再遇值难神通天眼 2. 又未得父母身舍之后神识何道中生 3. 往不知故唯自各福修力以恩报为 4. 当善为不止功成益得契经中言亡人 5. 为福作者死远逝人〈〉饷奉如若人天 6. 中生则德功益增或三途八难中在亦 7. 速解脱令若生〈〉佛与值则正法教受 8. 众苦永离忧畏悉除七世久世劫数亲 9. 缘十方众生同解脱得是者智者之心 10. 至孝顺恩报中上最为相

与今日若父

第 63 页：1. ☒☒☒☒☒[10] ☒☒☒☒☒☒、☒☒☒☒、2. ☒☒☒☒[11]。☒☒☒☒☒、☒☒☒☒☒[12]，☒ 3. ☒☒☒，☒☒☒☒☒☒☒☒。4. ☒☒☒☒！☒☒☒☒☒☒☒！5. ☒☒☒☒☒！☒☒☒☒☒☒！6. ☒☒☒☒☒！☒☒☒☒☒！7. ☒☒☒☒☒！☒☒☒☒☒！8. ☒☒☒☒☒！☒☒☒☒☒！9. ☒☒☒☒☒！☒☒☒☒☒！10. ☒☒☒☒☒☒！☒☒☒☒☒☒！

对译：1. 母等过去者于今悲泣追怀懊恼心哀 2. 疾痛为当今过去父母劫数亲缘为五 3. 体地投世间大慈悲主〈〉依归 4. ［南无］［弥勒］佛［南无］［释迦牟尼］佛 5. ［南无］梵王佛［南无］大牛王佛 6. ［南无］［犁陀目］佛［南无］龙德佛 7. ［南无］宝相佛［南无］庄严佛 8. ［南无］不没音佛［南无］华持佛 9. ［南无］音得佛［南无］师子佛 10. ［南无］庄严辞佛［南无］勇智佛

第 64 页：1. ☒☒☒☒！☒☒☒☒！2. ☒☒☒☒！☒☒☒☒！3. ☒☒☒☒☒！☒☒☒☒！4. ☒☒☒☒！☒☒☒☒☒！5. ☒☒☒☒☒！☒☒☒☒☒！6. ☒☒☒☒☒！☒☒☒☒☒！7. ☒☒☒☒！8. ☒☒☒☒☒☒☒！☒☒☒☒☒☒☒！9. ☒☒☒☒☒☒☒☒☒☒☒☒☒☒☒ 10. ☒☒☒。☒☒☒☒☒☒☒☒☒[13]，☒☒☒☒☒

对译：1. ［南无］华积佛［南无］华开佛 2. ［南无］力行佛［南无］德积佛 3. ［南无］上色形佛［南无］明曜佛 4. ［南无］月灯佛［南无］威德王佛 5. ［南无］［菩提］王佛［南无］无尽佛 6. ［南无］［菩提］眼佛［南无］身充满佛 7. ［南无］慧国佛 8. ［南无］身边无菩萨［南无］世音观菩萨 9. 又复是如十方虚空界尽三宝一切〈〉10. 依归愿慈悲力以守护救拔唯愿大众

第 65 页：1. ☒☒[14]☒☒☒☒、☒☒☒☒☒，☒☒☒☒ 2. ☒☒☒☒。☒☒[15]☒☒，☒☒☒☒，☒☒☒ 3. ☒☒☒☒☒[16]，☒☒☒☒☒☒☒☒☒。☒☒ 4. ☒☒，☒☒☒☒。☒☒☒☒[17]，☒☒☒☒。☒ 5. ☒☒☒☒☒，☒☒☒☒☒☒☒[18]。☒☒☒ 6. ☒[19]☒☒☒☒，☒☒☒☒[20]☒☒☒☒，☒☒ 7. ☒☒[21]☒☒☒☒。☒☒☒☒[22]，☒☒☒☒[23]。

对译：1. 自各过去父母劫数亲缘者今日从起 2. 道场于至苦缘一切皆得消殄苦报 3. 一切永世除灭烦恼结业永世清净三障 4. 缘断五怖畏无菩萨行行一切广化八 5. 解脱以心洗四弘愿以众生救面慈颜 6. 见妙旨咨承其坐处于诸

漏有尽念随7. 自在诸佛土遍行愿早圆正等觉成

意译、注释（中藏本第 61 页第 4 行—65 页第 7 行）

为过去父母礼佛第二十三

今日道场同业大众其中若自少时，父母已亡历万劫，难复再值遇。又未得神通天眼，不知父母舍身之后，神识往生何道。故唯各自修福，当为以力报恩。为善不止，功成益得。契经中言：为亡人作福者，如奉饷远死逝人。若生人、天，则增益功德。或在三途、八难中，亦速令解脱。生若值佛，则受正法教，永离众苦，忧畏悉除。七世久世，数劫亲缘，十方众生，同得解脱。是者智者至心孝顺，为最上报恩。相与今日，若父母等过去者，今当为悲泣、追怀、懊恼、哀心疾痛。今为过去父母、数劫亲缘，五体投地，归依世间大慈悲主。

南无弥勒佛！南无释迦牟尼佛！南无梵王佛！南无大牛王佛！南无梨陀目佛！南无龙德佛！南无宝相佛！南无庄严佛！南无不没音佛！南无华持佛！南无音得佛！南无师子佛！南无庄严辞佛！南无勇智佛！南无华积佛！南无华开佛！南无力行佛！南无德积佛！南无上形色佛！南无明曜佛！南无月灯佛！南无威德王佛！南无菩提王佛！南无无尽佛！南无菩提眼佛！南无身充满佛！南无慧国佛！南无无边身菩萨！南无观世音菩萨！

又复归依如是十方尽虚空界一切三宝。愿以慈悲力守护救拔，唯愿大众各自过去父母、数劫眷属者，从今日起至于道场。一切苦缘皆得消殄，一切苦报永世除灭，烦恼结业永世清净。断三障缘，无五怖畏。行菩萨行，广化一切。以八解脱洗心，以四弘愿救众生。面见慈颜咨承妙旨，于其坐处尽诸有漏，随念逍遥遍行诸佛土。行愿早圆，成正等觉。【参见《大正藏》[0956b14—0956c17]】

[1]"𘉸𘈩𗰔𗄈𗏁𗧀，𗧠𘎑𘓆𘃽𗵣𗗙𘕿，𗗙𘎑𗼨𘝞𗢽"："其中若自少时，父母已亡历万劫，难复再值遇"，《大正藏》作"其中若有父母少便孤背难复再遇"。

[2] 𘕿𗵣𘐀𗗙𘃽𗰖𘕗：又未得神通天眼，《大正藏》作"万劫悠然既未

得神通天眼”。

［3］“[illegible]，[illegible]”：“不知父母舍身之后，神识往生何道”，《大正藏》作“不知父母舍报神识更生何道”。

［4］“[illegible]，[illegible]”：“故唯各自修福，当为以力报恩”，《大正藏》乙本作“唯当竞设福力追而报恩”。

［5］[illegible]：得益，《大正藏》作“必致”。

［6］[illegible]：如奉饷远死逝人，即《大正藏》作“如饷远人”。

［7］“[illegible]、[illegible]”：“或在三途、八难中”，即《大正藏》作“若处三途。或在八难”。

［8］[illegible]：七世久世，《大正藏》作“七世久远”。

［9］“[illegible]，[illegible]”：“是者智者之至心孝顺，为最上报恩”，《大正藏》作“是为智者至慈至孝最上报恩”。

［10］[illegible]：若父母等过去者，《大正藏》作“若有过去者”。

［11］“[illegible]、[illegible]、[illegible]、[illegible]”：“今当为悲泣、追怀、懊恼、哀心疾痛”，《大正藏》作“应当悲泣追怀懊恼呜呼哽恸”。

［12］“[illegible]、[illegible]”：“今为过去父母、数劫亲缘”，《大正藏》作“奉为过去父母历劫亲缘”。

［13］[illegible]：守护救拔，即《大正藏》作“救护拯接”。下同。

［14］[illegible]：各自，《大正藏》作“各有”。

［15］[illegible]：苦缘，《大正藏》作“罪缘”。

［16］[illegible]：一切苦报永世除灭，《大正藏》作“一切苦果永得除灭”。

［17］[illegible]：行菩萨行，《大正藏》作“行菩萨道”。

［18］[illegible]：以四弘愿救众生，《大正藏》作“四弘被物”。

［19］[illegible]：见，《大正藏》作“奉”。

［20］[illegible]：于其坐处，《大正藏》作“不起本处”。

［21］[illegible]：自在，即《大正藏》作“逍遥”。

［22］[illegible]：早圆，《大正藏》作“早登”。

［23］[illegible]：成正等觉，《大正藏》作“速成正觉”。

录文、对译（中藏本第 65 页第 8 行—69 页第 9 行）

　　第 65 页：8. 𗟲𗤂𗗙𗰗𗸕𗗾𗯨𗗘𗖻𗟻 9. 𗿒𗙏𗘂𗣓𗘟𗙏𗘬，𗷖𗋽𗤋𗏹𗁬𗶷𗤋 10. 𗗙𗰗𗸕𗗾𗗢𗘟[1]，𗕡𗟲𗤂𗰗𗫨𗤙𗱚

　　对译：8. 师长为佛⟨⟩礼敬二十四第 9. 今日道场业同大众相与前父母亲缘 10. 为佛⟨⟩礼敬已竟次复师长⟨⟩恩德念

　　第 66 页：1. 𗘬，𗗾𗷖𗤙[2]？𗤋𗁬𗷖𗣒𗘟𗤙𗶵，𗷖𗰗𗬪𗰰 2. 𗫽𗇁𗿒𗘟𗘬。𗟲𗤂𗷖𗁬𗫨𗱚𗘟𗝟𗁬[3]，𗘟 3. 𗐊𗣒𗯨𗗢[4]，𗦛𗧘𗒹𗤘[5]，𗕡𗲲𗌁𗴾𗰗𗁬𗁬 4. 𗤙𗬉𗐆𗣒。𗟲𗟲[6]𗢵𗷖，𗰗𗁬𗫨𗰗，𗵘𗨛𗫽 5. 𗷖，𗦟𗦛𗫽𗰗[7]𗿒。𗑘𗗫𗰗𗔆[8]，𗬉𗦒𗇁[9]𗘟？𗷖 6. 𗯩𗤙[10]𗫽𗒹𗘬，𗑗𗋽𗢵𗷖𗗾[11]，𗟲𗰗𗰗𗦒𗗢 7. 𗖻。𗝟𗗙𗰗𗵘：𗤋𗗫𗒗𗘬，𗟲𗤂𗫁𗿒𗞱。𗋽 8. 𗑗𗻰𗘬，𗰗𗑗𗤋𗻰。𗷖𗋽𗿒𗙏，𗕡𗱚𗷖𗰗[12]，9. 𗕎𗞱𗤋𗤒。𗑘𗗫𗰗𗔆，𗷖𗟲𗤂𗰰𗒹[13]。𗗾𗷖 10. 𗑗𗗢𗑘𗰗𗕡𗱚𗤙？[14]𗷖𗋽𗗙𗘬，𗕡𗕡𗗙𗲚，

　　对译：1. 应何云矣父母我等虽生育我于速恶 2. 趣离令不能师长我于恩德无量有大 3. 慈以教化恒善修如死生海出彼岸于 4. 使到⟨⟩⟨⟩所为利益佛与见得烦恼结 5. 除永为无证令此如恩重谁报回能若 6. 一世道修能亦自利是师⟨⟩恩报又 7. 非故佛乃言善知识者师长于过莫自 8. 既度能复亦人度相与今日家出皆得 9. 具足戒受此如恩重皆师长从也何云 10. 自各此恩不念矣相与心至痛切心等

　　第 67 页：1. 𗕡𗫽𗇚𗗉，𗘍𗰗𗒹：𗵘𗒗𗹦𗷖𗗉、𗰂𗏹𗋺 2. 𗰩、𗕡𗫓𗦛𗶸𗕡𗑗𗗢𗴾𗁬𗗙，𗤋𗴵𗘟𗐊 3. 𗵘𗫑𗰗𗰰𗤙。4. 𗟻𗶿𗣒𗧘𗗉！𗟻𗶿𗤋𗜈𗥑𗘆𗗉！5. 𗟻𗶿𗶵𗕡𗗉！𗟻𗶿𗣓𗷓𗥑𗗉！6. 𗟻𗶿𗯩𗕡𗗉！𗟻𗶿𗻰𗚣𗗉！7. 𗟻𗶿𗕙𗟲𗗉！𗟻𗶿𗤋𗞱𗫽𗗉！8. 𗟻𗶿𗕡𗝟𗗉！𗟻𗶿𗗢𗴵𗗉！9. 𗟻𗶿𗣒𗰰𗷖𗗉！𗟻𗶿𗣒𗗈𗗉！10. 𗟻𗶿𗈥𗖻𗗉！𗟻𗶿𗖻𗫓𗗉！

　　对译：1. 五体地投奉以和上［阿阇梨］坛同尊 2. 证上中下座及自各眷属为世间大慈 3. 悲主⟨⟩依归 4. ［南无］［弥勒］佛［南无］［释迦牟尼］佛 5. ［南无］最上佛［南无］清凉照佛 6. ［南无］慧德佛［南无］妙音佛 7. ［南无］导师佛［南无］碍无藏佛 8. ［南无］上施佛［南无］大尊佛 9. ［南无］智势力佛［南无］大炎佛 10. ［南无］帝王佛［南无］力制佛

第 68 页：1. 𗗼𗾟𗼓𗣓𗵤！𗗼𗾟𗼋𗡝𗵤！2. 𗗼𗾟𗼆𗼖[15]𗵤！𗗼𗾟𗼘𗼘𗵤！3. 𗗼𗾟𗼖𗴺𗡪𗵤！𗗼𗾟𗼓𗼶𗵤！4. 𗗼𗾟𗼘𗵺𗴺𗵤！𗗼𗾟𗵺𗫦𗵤！5. 𗗼𗾟𗼋𗴺𗵤！𗗼𗾟𗠋𗼶𗵤！6. 𗗼𗾟𗼘𗴺𗵤！𗗼𗾟𗡝𗣓𗵤！7. 𗗼𗾟𗜽𗴺𗵤！8. 𗗼𗾟𗓦𗴺𗡝𗪊𗼶！𗗼𗾟𗼆𗼘𗪊𗼶！9. 𗒸𗉁𗼘𗉁𗼒𗼛𗼾𗼏𗼖𗣓𗴺𗥃𗥃𗥃 10. 𗼛𗾙。𗫉𗌰𗐰𗴺𗣓𗼖𗒒𗪊𗳅。𗫉𗒺𗬩𗗙

对译：1. ［南无］威德佛［南无］善明佛 2. ［南无］名称佛［南无］端严佛 3. ［南无］尘垢无佛［南无］威仪佛 4. ［南无］师子军佛［南无］天王佛 5. ［南无］名声佛［南无］胜殊佛 6. ［南无］大藏佛［南无］福德光佛 7. ［南无］梵闻佛 8. ［南无］身边无菩萨［南无］世音观菩萨 9. 又复是如十方虚空界尽三宝一切〈〉10. 依归愿慈悲力以同加摄受愿和上［阿］

第 69 页：1. 𗺕𗎱、𗾟𗆐𗜟𗣴、𗼶𗤋𗤜𗧓𗉁𗬩𗄝𗴼𗺺，2. 𗜫𗬩𗎱𗪦𗔇𗣴𗴼𗣴𗤢[16]。𗆠𗫓𗜽𗜽𗴺𗴼𗲚 3. 𗴼，𗼶𗆐𗜽𗜽𗴺𗴼𗼶𗸼，𗴺𗦳𗜽𗜽𗴺𗴼𗖥 4. 𗴼𗒒。𗺕𗼛𗾚𗵤𗴼𗃬𗍱𗉛𗲚，𗴺𗣴𗖓𗫉 5. 𗲚𗴺𗵺𗼶。𗄝𗤋𗒸𗼛𗐰，𗤷𗤋𗒸𗼛𗐰，𗼶𗼶𗼿 6. 𗼛，𗄝𗮔𗒸𗼛𗐰，𗤷𗼶𗒸𗼛𗐰，𗤷𗝠𗒸𗼛𗐰。𗒹𗥃 7. 𗄖𗵤、𗼜𗴼𗺚𗥃𗬩𗴼𗣴𗼶；𗒹�

对译：1. ［阇梨］坛同尊证上中下座及自各眷属 2. 今日从起道场于至罪障一切皆得清 3. 净众苦一切悉得解脱烦恼一切皆得 4. 除断念随诸佛净土中生往［菩提］行愿 5. 皆悉具足财施无尽法施无尽福德无 6. 尽安乐无尽寿命无尽智慧无尽四无 7. 量心六［波罗蜜］常现前得四碍无智六 8. 神通力意如自在［首楞严三昧］于住金 9. 刚身得本誓不舍还众生救

意译、注释（中藏本第 65 页第 8 行—69 页第 9 行）

为师长礼佛第二十四

今日道场同业大众，相与前为父母亲缘礼佛已竟，次复应念师长恩德，何云矣？父母虽生育我等，不能令我速离恶趣。师长于我有恩德无量，大慈教化，如恒修善，愿出生死海到于彼岸。所为利益，令得见佛，除烦恼结，永证无为。如此重恩，谁能回报？若能一世行道，亦是自利，非报师恩。故佛乃言：善知识者，莫过师长。既能自度，亦复度人。相与今日，皆得出家，受具足戒。如此重恩，皆从师长也，岂不各自不念此恩矣？相与至心，痛切心等，五体投地，奉为：和上阿阇梨、同坛尊证、上中下座及各自眷属，归依世间大慈悲主。

南无弥勒佛！南无释迦牟尼佛！南无最上佛！南无清凉照佛！南无慧德佛！南无妙音佛！南无导师佛！南无无碍藏佛！南无上施佛！南无大尊佛！南无智力势佛！南无大焰佛！南无帝王佛！南无制力佛！南无威德佛！南无善明佛！南无名称佛！南无端严佛！南无无尘垢佛！南无威仪佛！南无师子军佛！南无天王佛！南无名声佛！南无殊胜佛！南无大藏佛！南无福德光佛！南无梵闻佛！南无无边身菩萨！南无观世音菩萨！

又复归依如是十方尽虚空界一切三宝。愿以慈悲力同加摄受。愿和上阿阇梨、同坛尊证、上中下座及各自眷属，从今日起至于道场。一切罪障皆得清净，一切众苦悉得解脱，一切烦恼皆得断除。随念往生诸佛净土，菩提行愿皆悉具足。财施无尽，法施无尽，福德无尽，安乐无尽，寿命无尽，智慧无尽。四无量心、六波罗蜜常得现前；四无碍智、六神通力如意自在。住首楞严三昧，得金刚身。不舍本誓，还救众生。【参见《大正藏》[0956c18—0957b01]】

［1］"𘓸……𗟢……𗖿𗑭"："前……为……已竟"，《大正藏》作"已为……竟"。

［2］𗅋𗟲𗨙："何云矣，《大正藏》丽本、乙本作"虔诚礼佛何以故尔"。

［3］"𗰜𗧩……𗗙"："于我有……"，《大正藏》作"于我……"。

［4］𗖍𗈼："教化，《大正藏》作"奖谕"。

［5］𗴽𗷦𘂚𘃽："如恒修善，《大正藏》作"恒使修善"。

［6］𗬼𗬼："所为，《大正藏》作"每事"。

［7］𗣼："证，《大正藏》作"处"。

［8］𗖍𘌡："重恩，《大正藏》作"至德"。

［9］𗣼𘉋："回报，即《大正藏》作"上报"。

［10］𗧾𗟰："一世，《大正藏》作"终身"。

［11］𘄒𗩾𗤒𗭀𗭡："亦是自利，《大正藏》作"正可自利"。

［12］𗏆𗣼："皆得，《大正藏》丽本作"禀得"、甲乙本作"幸得"。

［13］〔西夏文〕：皆从师长也，即《大正藏》作"从师长得"。

［14］〔西夏文〕：何云各自不念此恩矣，即《大正藏》作"岂不人人追念此恩"。

［15］〔西夏文〕：名称，《大正藏》作"名闻"。

［16］〔西夏文〕：至于，《大正藏》作"至坐"。

录文、对译（中藏本第 69 页第 10 行—74 页第 7 行）

第 69 页：10.〔西夏文〕

对译：10. 十方［比丘］［比丘尼］为佛〈〉礼敬二十五第

第 70 页：1.〔西夏文〕[1]，〔西夏文〕2.〔西夏文〕[2]，〔西夏文〕，〔西夏文〕3.〔西夏文〕、〔西夏文〕、〔西夏文〕、〔西夏文〕、〔西夏文〕4.〔西夏文〕。〔西夏文〕5.〔西夏文〕、〔西夏文〕。〔西夏文〕6.〔西夏文〕[3]〔西夏文〕、〔西夏文〕7.〔西夏文〕。〔西夏文〕，〔西夏文〕8.〔西夏文〕。（〔西夏文〕）〔西夏文〕[4]，9.〔西夏文〕。10.〔西夏文〕！〔西夏文〕！

对译：1. 今日道场业同大众此俄顷礼拜中重 2. 复心至五体地投普十方虚空界尽现 3. 在未来［比丘］［比丘尼］［式叉摩那］沙［弥］沙 4.［弥尼］一切及自各眷属又十方虚空界 5. 尽［优婆塞］［优婆夷］一切及自各眷属又 6. 先所来从信心施主善恶知识缘有缘 7. 无及自各眷属是如人道人类一切及 8. 自各眷属某甲等今日慈悲心以彼等为 9. 世间大慈悲主〈〉依归 10.［南无］［弥勒］佛［南无］［释迦牟尼］佛

第 71 页：1.〔西夏文〕！〔西夏文〕！2.〔西夏文〕！〔西夏文〕！3.〔西夏文〕[5]〔西夏文〕！〔西夏文〕！4.〔西夏文〕！〔西夏文〕[6]！5.〔西夏文〕！〔西夏文〕！

对译：1.［南无］灯王佛［南无］智顶佛 2.［南无］上天佛［南无］地王佛 3.［南无］皆解脱佛［南无］金髻佛 4.［南无］［罗睺］日佛［南无］胜过莫佛 5.［南无］［牟尼］净佛［南无］善光佛

第 72 页：1.〔西夏文〕！〔西夏文〕！2.〔西夏文〕[7]！〔西夏文〕！3.〔西夏文〕！〔西夏文〕！4.〔西夏文〕！〔西夏文〕！

5. [illegible]！[illegible]！6. [illegible]！[illegible]！7. [illegible]！[illegible]！8. [illegible]！9. [illegible]！[illegible]！10. [illegible]

对译：1.［南无］金齐佛［南无］众德天王佛 2.［南无］法盖佛［南无］德臂佛 3.［南无］［耆伽陀］佛［南无］美妙惠佛 4.［南无］微意佛［南无］诸威德佛 5.［南无］师子发佛［南无］解脱相佛 6.［南无］威相佛［南无］流断佛 7.［南无］慧藏佛［南无］智聚佛 8.［南无］碍无赞佛 9.［南无］身边无菩萨［南无］世音观菩萨 10. 又复是如十方虚空界尽三宝一切〈〉

第 73 页：1. [illegible]。[illegible]。[illegible] 2. [illegible]、[illegible]、[illegible]、[illegible]、[illegible] 3. [illegible]。[illegible] 4. [illegible]、[illegible]。[illegible] 5. [illegible][8]、[illegible]

对译：1. 依归愿慈悲力以同加覆护愿十方虚 2. 空界尽［比丘］［比丘尼］［式叉摩那］沙［弥］沙 3.［弥尼］一切及自各眷属又愿十方［优婆 4. 塞］［优婆夷］一切及自各眷属又愿先所 5. 来从信心施主善恶知识缘有缘无及

第 74 页：1. [illegible]，[illegible]，[illegible] 2. [illegible]。[illegible]，[illegible] 3. [illegible]，[illegible]，[illegible] 4. [illegible]。[illegible]，[illegible]。5. [illegible]、[illegible]；[illegible] 6. [illegible]、[illegible]。[illegible]，[illegible] 7. [illegible]，[illegible]。

对译：1. 自各眷属乃至人道人类一切始无已 2. 来今日于至烦恼一切皆得除断缘障 3. 一切皆得清净罪业一切皆得消灭众 4. 苦一切皆得解脱三障业离五怖畏无 5. 四无量心六［波罗蜜］常现前得四碍无 6. 智六神通力意如自在菩萨行行一乘 7. 道入边无众生一切〈〉度脱

意译、注释（中藏本第 69 页第 10 行—74 页第 7 行）

为十方比丘比丘尼礼佛第二十五

今日道场同业大众，此俄顷礼拜中，重复至心，五体投地，普为：十方尽虚空界现在未来一切比丘、比丘尼、式叉摩那、沙弥、沙弥尼及各自眷属。又为十方尽虚空界一切优婆塞、优婆夷及各自眷属。又为从先所来信心施主、善恶知识有缘无缘及各自眷属。如是人道一切人类，及各自眷属。（某甲）等今日以慈悲心为彼等，归依世间大慈悲主。

南无弥勒佛！南无释迦牟尼佛！南无灯王佛！南无智顶佛！南无上天佛！南无地王佛！南无皆解脱佛！南无金髻佛！南无罗睺日佛！南无莫胜过佛！南无牟尼净佛！南无善光佛！南无金齐佛！南无众德天王佛！南无法盖佛！南无德臂佛！南无莺伽陀佛！南无美妙惠佛！南无微意佛！南无诸威德佛！南无师子发佛！南无解脱相佛！南无威相佛！南无断流佛！南无慧藏佛！南无智聚佛！南无无碍赞佛！南无无边身菩萨！南无观世音菩萨！

又复归依如是十方尽虚空界一切三宝。愿以慈悲力同加覆护。愿十方尽虚空界一切比丘、比丘尼、式叉摩那、沙弥、沙弥尼及各自眷属。又愿十方一切优婆塞、优婆夷及各自眷属。又愿从先所来信心施主、善恶知识有缘无缘及各自眷属，乃至一切人道一切人类，无始已来至于今日。一切烦恼皆得断除，一切缘障皆得清净，一切罪业皆得消灭，一切众苦皆得解脱。离三障业，无五怖畏。四无量心、六波罗蜜常得现前；四无碍智、六神通力如意自在。行菩萨行，入一乘道，度脱无边一切众生。【参见《大正藏》[0957b02—0957c04]】

[1] 𗅆𗼃𘅤𘂸𗥤𗢭：此俄顷礼拜中，《大正藏》甲本作"今此礼拜之次"。

[2] 𘊃𗖵：至心、归心、诚心，《大正藏》作"增到"。

[3] 𗼓𗱕𗠝𗤶：从先所来，《大正藏》作"从来"。本卷图版第73页第4—5行同。

[4] "𗤋……𗧘……𗧘……𗼋𘐉𘎑"："普……又……又……彼等为"，即"普为……又为……又为……彼等"，《大正藏》作"普为……又为……又为……普为"。

[5] 𗤋𗵆𘃎：皆解脱，《大正藏》作"至解脱"。

[6] 𗤊𗱊𘃡：莫胜过，《大正藏》作"莫能胜"。

[7] 𗤻𗰖：法盖，《大正藏》丽本作"法益"，其乙本作"法盖"。

[8] 𘕿𘊃𘟣𗅆：信心施主，即《大正藏》作"信施坛越"。也即前作

"信施檀越"。

录文、对译（中藏本第 74 页第 8 行—78 页第 6 行）

第 74 页：8. 〖西夏文〗9. 〖西夏文〗10. 〖西夏文〗

对译：8. 过去[比丘][比丘尼]为佛〈〉礼敬二十六 9. 第 10. 今日道场业同大众重复心诚五体地

第 75 页：1. 〖西夏文〗2. 〖西夏文〗3. 〖西夏文〗4. 〖西夏文〗[1]（䛐续）〖西夏文〗5. 〖西夏文〗6. 〖西夏文〗[2]〖西夏文〗7. 〖西夏文〗！〖西夏文〗！8. 〖西夏文〗！〖西夏文〗[3]！9. 〖西夏文〗！〖西夏文〗！10. 〖西夏文〗！〖西夏文〗！

对译：1. 投十方虚空界尽过去[比丘][比丘尼][式 2. 叉摩拿]沙[弥]沙[弥尼]一切过去[优婆塞] 3. [优婆夷]及十方人道一切人类一切先 4. 已亡者及自各眷属为彼代各某甲等今 5. 日慈悲心以诸佛心与等诸佛愿与同 6. 普彼等为世间大慈悲主〈〉依归 7. [南无][弥勒]佛[南无][释迦牟尼]佛 8. [南无]宝聚佛[南无]善音佛 9. [南无]山王相佛[南无]法顶佛 10. [南无]解脱德佛[南无]善端严佛

第 76 页：1. 〖西夏文〗！〖西夏文〗！2. 〖西夏文〗！〖西夏文〗！3. 〖西夏文〗！〖西夏文〗！4. 〖西夏文〗！〖西夏文〗！5. 〖西夏文〗！〖西夏文〗！6. 〖西夏文〗！〖西夏文〗！7. 〖西夏文〗！〖西夏文〗！8. 〖西夏文〗[4]！〖西夏文〗！9. 〖西夏文〗！〖西夏文〗！10. 〖西夏文〗！

对译：1. [南无]身吉佛[南无]语爱佛 2. [南无]师子利佛[南无][和楼那]佛 3. [南无]师子法佛[南无]法力佛 4. [南无]爱乐佛[南无]赞不动佛 5. [南无]众明王佛[南无]众生觉悟佛 6. [南无]妙眼佛[南无]意住义佛 7. [南无]光照佛[南无]香德佛 8. [南无]喜意佛[南无]不虚行佛 9. [南无]恚灭佛[南无]上色佛 10. [南无]善步佛

第 77 页：1. [illegible]！[illegible]！2. [illegible] 3. [illegible]。[illegible]。[illegible] 4. [illegible]、[illegible]、[illegible]、[illegible]、[illegible]，5. [illegible]。[illegible]、[illegible] 6. [illegible]，[illegible]。[illegible] 7. [illegible]。[illegible][5]，[illegible]。8. [illegible][6]，[illegible]。[illegible]，9. [illegible]。[illegible]，[illegible]。[illegible] 10. [illegible]，[illegible]，[illegible]，[illegible]，[illegible]

对译：1. [南无]身边无菩萨[南无]世音观菩萨 2. 又复是如十方虚空界尽三宝一切〈〉3. 依归愿慈悲力以守护救拔愿过去[比 4. 丘][比丘尼][式叉摩那]沙[弥]沙[弥尼]一切 5. 及自各眷属又愿过去[优婆塞][优婆夷]6. 一切及自各眷属若地狱道苦有今日 7. 即得解脱若畜生道苦今日即得解脱 8. 若鬼神道苦今日即得解脱八难地离 9. 八福生受永恶道舍长净土生财施无 10. 尽法施无尽福德无尽安乐无尽寿命

第 78 页：1. [illegible]，[illegible]。[illegible]、[illegible] 2. [illegible]；[illegible]、[illegible]。3. [illegible]，[illegible] 4. [illegible]，[illegible][7][illegible] 5. [illegible]，[illegible]。6.（略）

对译：1. 无尽智慧无尽四无量心六[波罗蜜]常 2. 现前得四碍无智六神通力意如自在 3. 常佛见法闻菩萨道行勇猛进精不休 4. 不息乃至福修[阿耨多罗三藐三菩提]5. 成众生一切广度脱能 6.（略）

意译、注释（中藏本第 74 页第 8 行—78 页第 6 行）

为过去比丘比丘尼礼佛第二十六

今日道场同业大众，重复心诚，五体投地。各代为十方尽虚空界一切过去比丘、比丘尼、式叉摩那、沙弥、沙弥尼，过去优婆塞、优婆夷，及十方一切人道一切人类已先亡者，及各自眷属。（某甲）等今日以慈悲心，等诸佛心同诸佛愿，普为彼等归依世间大慈悲主。

南无弥勒佛！南无释迦牟尼佛！南无宝聚佛！南无善音佛！南无山王相佛！南无法顶佛！南无解脱德佛！南无善端严佛！南无吉身佛！南无爱

语佛！南无师子利佛！南无和楼那佛！南无师子法佛！南无法力佛！南无爱乐佛！南无赞不动佛！南无众明王佛！南无觉悟众生佛！南无妙眼佛！南无意住义佛！南无光照佛！南无香德佛！南无意喜佛！南无不虚行佛！南无灭恚佛！南无上色佛！南无善步佛！南无无边身菩萨！南无观世音菩萨！

又复归依如是十方尽虚空界一切三宝。愿以慈悲力守护救拔。愿过去一切比丘比、丘尼、式叉摩那、沙弥、沙弥尼，及各自眷属。又愿过去一切优婆塞、优婆夷，及各自眷属。若有地狱道苦，今日即得解脱。若畜生道苦，今日即得解脱。若鬼神道苦，今日即得解脱。离八难地，受八福生。永舍恶道，长生净土。财施无尽，法施无尽，福德无尽，安乐无尽，寿命无尽，智慧无尽。四无量心、六波罗蜜常得现前；四无碍智、六神通力如意自在。常见佛闻法行菩萨道，勇猛精进不休不息，乃至福修成阿耨多罗三藐三菩提，广能度脱一切众生。【参见《大正藏》[0957c05—0958a08]】

［1］"𗹭𘄿……𗁾……𗤋𗵧𗸁𗟁……𗮇，𗄟𘝞𗤢"：字面意"十方……及……先已亡者……为，彼代各"，即"各代为十方……及……先已亡者……"，《大正藏》作"代为十方……广及……有命过者"。

［2］𗿷𗄟𗬫𗮇：普为彼等，《大正藏》作"普为"。

［3］𗤢𗆐：善音，《大正藏》丽本作"善高"，甲乙本均作"善音"。

［4］𘝞𗆐：意喜，《大正藏》各本作"令喜"。

［5］［6］"𗧾……𗊱"："若……苦"，《大正藏》作"若有……"。

［7］𗤋𘊵：福修，《大正藏》作"进修"。

《慈悲道场忏法》卷第九（中藏本）

《慈悲道场忏法》卷九刊布于《中国藏西夏文献》第五册第 79—133 页，《中国国家图书馆藏西夏文献》第二册第 164—177 页。

录文、对译（中藏本第 79 页—87 页第 2 行）

第 79—83 页：（略）

第 84 页：1.《𗗼𗊱𗬩𗒟𘓓𗋽𗤒》𗹦𘄚𗀗2.（略）3. 𗷅𗪊𘄒𗴪𗼮𗫶𘍞𘟙𗪆[1]，𗫵𗷆𘀄𗪊𘄒𗴪4. 𗼮𗫶𘍞𘄚[2]。5. 𗾶𗫊𘓨𗟨𗄼𗪊𘄒𗴪𗼮𗫶𘍞𗡤𗊟𗧇𗀗6. 𗫤𘄴𗊱𗬩𗒅𗎭𗤁𗪉，𗫲𗤻𗫵𗏵𘘄，𘎤𘘄7. 𘏒𗭪，[3]𘎚𗫾𘏒𘃽𘃩[4]，𗟻𘎳𗦻𗥍𗲉，𗭪𗭪𗢎8. 𘄒𘈩𘐈𗭑[5]𗠁，𘊝𗧇𗄼𗡤𗀗[6]。𗠁𗫲𗷅𗋹𗼮9. 𗊝𘏒𗀗[7]，𗄼𗫲𗷆𗄼𗼮𗤈𘏒𗀗[8]。𘄚𘈮𘉘𘋩10. 𗊝𘏒𗟬𗪗[9]，𗔻𘗽𗐺𘋩𗤈𘏒𘙵𘝠[10]。𗊝𘟙𗪗

对译：1. 慈悲道场忏法卷九第2.（略）3. 人道为佛〈〉礼敬已竟次三恶道为佛4.〈〉礼敬应5.〔阿鼻〕等地狱为佛〈〉礼敬二十七第6. 今日道场业同大众先依归从起此于7. 所至万法虽差异用功亦不一乃至明8. 暗而比使〈〉则善恶二是善者人天〈〉9. 胜途谓恶者三恶〈〉苦途谓德行修则10. 胜途中生残害为则苦途中堕胜处生

第 85 页：1. 𗋾𗲔𗫲𘄴𗢳𗸹𗫊，𗕣𗷅𗈪𗤈𗪊𘍞[11]。𘎤𗫵2. 𗫤𗊝𘐈𘈩𘍞，𘟦𗸝𗷆𘍞𘈩𗠬[12]。𗴒𗄼𗪊𗟬3. 𘙵[13]，𗋾𘗼𗃁𘄴𗧰𗀗𗘉[14]，𘝠𘏒𘄒𗣫𗪘𘄴𘎐𘍱4. 𘝠𘏒𘐒𗏵𗼷𗫫𘋨。𗈪𗀗𘄴𗪉，𘊝𘆦𗺔𘏒[15]5. 𘐔𘈩𘐈𘀐，𗋾𗛖𘄴�🈳𘈩𗠬[16]。𘎤𘟙𗛖𘄴�🈳6. 𗦴，𗫵𗭀𗲔𘗼𗟬𗲉[17]，𗒟𘈩𘗷𘘎𘈩𗛖𘈩𘏒𗭑𗫊7. 𘚴，𗤈𗭀𗤁𗫊[18]𗤈𘀄𗈪𗏵𘊝𗐺𘊝𗺫，𗂅𗱚8. 𗢳，[19]�🈳𗫤𗵐𘟤𘙵，𗃁𗟬𗬁𗫵𘀄𗈪9. 𘎤𗗉𘊓，�🈳𗄼𘝛𘙵，𗫶𗤈𘝠𗫊。𘎤𘍞�🈳10. 𘈩𘎐，�🈳𗜃𗈪𗤈𘄴𗕣�🈳𗪊𘍞[21]𘎤𗾾�🈳𘄸

对译：1. 则自然极妙乐受解脱自在道得此者2. 皆胜业由得诤竞缘得又

非若恶道中 3. 堕则火城铁网中处饥时铁丸铁热食 4. 渴时石沸铜烊饮寿算无延无量劫历 5. 又地狱苦亲身受往与不此于躯舍 6. 之后神识彼城中投刀轮火磨以身体损 7. 毁苦楚报受苦抱龄长已促可无纵复 8. 免又复饿鬼中堕口中火出寿命不全 9. 此已死又畜生中堕众苦具受或负重 10. 远致又役驱以险难于过使或肌肉剥

第 86 页：1. [illegible]，[illegible]。[illegible]，[illegible]，[illegible] 2. [illegible]。[22] [illegible]、[illegible]，[illegible] 3. [illegible][23] [illegible]。[illegible][24]，[illegible]；4. [illegible]，[illegible]。[illegible]：[illegible] 5. [illegible][25]，[illegible]。6. [illegible]，[illegible]；[26] [illegible]，[illegible] 7. [illegible]；[illegible]，[illegible]；[illegible]，[illegible] 8. [illegible]；[illegible]；[illegible]，[illegible] 9. [illegible]；[illegible]，[illegible]；[illegible] 10. [illegible]，[illegible]；[27] [illegible]

对译：1. 裂又斩之为或煮或烧他食所为寿而 2. 不到是如三恶苦重夜长晓难者优劣 3. 并皎然信能者无吾执著故疑惑起好 4. 疑惑故则乃多善行不向故佛所言世 5. 间中人十种业缘〈〉死之后恶道中入 6. 意善不思德功不修饮食贪著饿虎犹 7. 如酒酰食嗜毒嗔心怀常愚痴习人谏 8. 不受自任力以诸恶乃办众生杀喜孤 9. 弱〈〉侵凌恒人恶与结党他界侵暴言 10. 所为者真要不有众生一切于慈心不

第 87 页：1. [illegible]，[illegible]。[28] [illegible]，[illegible][29] [illegible] 2. [illegible]。

对译：1. 起诸恶业作若人是如则不久命断恶 2. 道中入矣

意译、注释（中藏本第 79 页—87 页第 2 行）

《慈悲道场忏法》卷第九

已为人道礼佛竟，次应为三恶道礼佛。

为阿鼻等地狱礼佛第二十七

今日道场同业大众，先从归依起，所至于此。万法虽差异，功用亦不一。乃至使明暗而比，则善恶二是。善者谓人天之胜途，恶者谓三恶之苦途。修德行则生胜途，为残害则堕苦途。生胜处则受自然之极妙乐，得解脱自在之道。此者皆得由业胜，非缘得诤竞。

若堕恶道，则处火城铁网之中，饥时食铁丸热铁，渴时饮沸石烊铜。寿算无延，历劫无量。又地狱之苦，不亲身往受，于此舍躯之后，神识投彼城，以刀轮火磨损毁身体，受报苦楚。抱苦长龄已无可促，纵复（获）免，又堕饿鬼，口中火出寿命不全。（从）此死已，又堕畜生，具受众苦。或负重致远，又使以过于役驱险难。或肌肉剥裂，又为斩之。或煮或烧，为他所食，而不到寿。如是三恶重苦、长夜难晓者，优劣皎然无能信者。（以）吾执著故，好起疑惑；（以）疑惑故，则乃多不向善。

故佛言：世间十种人业缘，死入恶道。不思善意，不修德功；贪著饮食，犹如饿虎；耽嗜酒食，心怀嗔毒；常习愚痴，不受人谏；自任其力，乃办诸恶；喜杀众生，凌侵孤弱；恒党恶人，侵暴他界；所为言者，无有真要；于众生不起一切慈心，作诸恶业。若人如是，则不久断命入恶道矣。【参见《大正藏》[0958a12—0958b07]】

[1] 𘟛𘗽𘕿𗂮𗤁𘏞𘎧𘘃：已为人道礼佛竟，《大正藏》作"已为人道竟"。

[2] "𘏞……𘗽……𗤁"：字面意为"次……为……应"，即"次应为……"，《大正藏》作"次为……"。

[3] "𗤑𘃜𗤁𗦳𗧘，𘃻𗦳𘓘𘌠"："先从归依起，所至于此"，《大正藏》作"从归依已来讫此章后"。

[4] 𗟱𘏞𘏞𗤒𗤒：万法虽差异，《大正藏》作"每言万法虽差"。

[5] 𘘃𘏞𗩤𘏞𘉑𘘃𗪍：乃至使明暗而比，《大正藏》作"至于明闇相形"。

[6] 𗤁𘏞𗧉𗄛𗘆：则善恶二是，《大正藏》作"唯善与恶"。

[7] "𗤁𘃻……𗘆"："善者谓……"，《大正藏》作"善者则谓……"。

[8] 𗧉𘃻𗡮𗧉𗂮𗈁𘟛𘏞：恶者谓三恶之苦途，《大正藏》作"恶者则谓三途之异辙"。

[9] 𘏞𘄄𗡟𗤑𗤢𘟛𘎧𗧘：修德行则生胜途，《大正藏》作"修仁义则归于胜"。

［10］𗱨𗰗𗇋𗾟𘋩𘜶𗵒𗏛：为残害则堕苦途，《大正藏》作"兴残害则坠于劣"。

［11］"𗧪𗱭𘏲𘋮𗆐𗰔𘋞𗴛𘃎，𗺍𘇂𗱸𘍵𘜶𘏛"："生胜处则受自然之极妙乐，得解脱自在之道"，《大正藏》作"受自然之妙乐。期解脱之逍遥"。汉文本此句之上为注［12］"其居胜者良由业胜。非净竞之所要"。

［12］"𗿣𗷦𘂢𗫡𘐌𗊬𘏛，𗷋𗀜𘔲𘏛𘕂𘘤"："此者皆得由业胜，非缘得净竞"，《大正藏》作"其居胜者良由业胜。非净竞之所要。"

［13］𘒎𘉋𘏛𘗉𗏛：若堕恶道中，《大正藏》作"其坠劣者良由业劣"。

［14］𗙴𗴝𗊴𘌻𘔶𗰭𘐊：渴时饮沸石烊铜，《大正藏》作"饮则沸石烊铜"。

［15］"𗩾𘉂𘌶𗸰，𘔲𗥤𘕘𘓫"："寿算无延，历劫无量"，《大正藏》乙本作"寿算逾于造化劫数。等于无穷"。"寿算"，丽本作"年历"。

［16］𗇋𗥾𘌄𘕂𘘤：不亲身往受，《大正藏》作"不可亲婴"。

［17］"𗧪𗰗𗥾𘔲𗏆𗈪，𘄴𘖚𘂢𗴝𗏛𘕃"："于此舍躯之后，神识投彼城中"，即《大正藏》作"神离此躯识投彼城"。

［18］"𘕯𗵒𘈚𗑓𗥱𗥾𘐌𗫡𘆝𗑛，𘘤𘈜𘃎𗱸"："以刀轮火磨损毁身体，受报苦楚"，《大正藏》作"报以刀轮加体偿以火磨毁形命不肯促"。

［19］"𘘤𗱭𗩾𘌶𘔲𘔲𘔲𘌬，𗼃𘒎𘇂"："抱苦长龄已无可促，纵复免"，《大正藏》作"抱苦长龄纵复获免"。纵复，表让步。由表让步连词"纵"同语助词"复"组合而成，用同"纵"，比"纵"语气强。

［20］𗩾𘈛𗏆𘗈：寿命不全，即《大正藏》作"命不全活"。

［21］𗏆𘏲𗩾𘃎𘉋𗥤𗰗𗥱𗏞：又使以过于役驱险难，《大正藏》作"驱役险难。分布鼎镬星罗几案"。

［22］"𘒎𗥾𗰗𘈚𘖕，𗏆𘅜𗏳𗇋。𘒎𘑳𘒎𘇂，𘊝𘗈𗀜𘇗，𗩾𗸰𘔲𗥾"："或肌肉剥裂，又为斩之。或煮或烧，为他所食，而不到寿"，《大正藏》作"肌肉充馈。命不尽算"。

［23］"𗧪𘗊𗥱𘒎𘘤𘂥、𗯭𘉂𗱭𗏞𗱸，𗱨𘈙𘏛𘐘𗸬"："如是三恶重苦、长夜难晓者，优劣皎然"，《大正藏》作"实三恶之重苦悲长夜之难。且而优劣皎然"。

［24］𘈙𘏲𗤁𘖬：吾执著故，《大正藏》甲本作"以彼我故"。

［25］𗀓𗀂𗣼𗀈𘊴𗍳𗜳𗋽：世间十种人业缘，《大正藏》作"世有十事"。

［26］𗤺𗏹𘈅𗧾：不思善意，《大正藏》作"意不专善"。

［27］"𗼇𗤓𗤓𗏢，𘍞𗕨𘈅𗮅"："所为言者，无有真要"，即《大正藏》作"有所宣说言不真要"。

［28］"𗤺𗍹𗵒𗵒𘎑𗪙𗮫𘈅𗘤，𗋽𗣜𘊴𗤓"："于众生不起一切慈心，作诸恶业"，即《大正藏》作"不慈一切起诸恶业"。

［29］𗮿𘅣：断命，《大正藏》作"存世死"。

录文、对译（中藏本第87页第3行—92页第1行）

第87页：3. 𗀔𗬀𘊠𘊴𗰜𗤙𗰱𗣩，𗮆𗬀𗤣𘂈，𘍞𘊴𘈜4. 𗧃。𘍞𘁨𗤣𘊴，𗢭𘄡𗐯𗀎𘊴𗪙𘅂𗀎𗊱𗀎5. 𗀤𗮫[1]。𗰱𗣩𗰴�，𗢭𘄡�⁴𘊴。𗜌𗈁𗰱𘊴𗟢6. 𗟲𘑶𗥃，𗤺𗬀𗌬𗩾[2]𗋽𗽉𘌽𗀨。𗤺𗍹𗭋𗟢7. 𘊃，𗤙𗊱𘆗𘊴，𘋽𘏵𘃨𗊱𘀻。[3]𗢭𘄡𗤙𘊴𗩾8. 𗟢，𗤙𗩾𗋽𗥃�。𗋽𗩾𗀔𗬀𗢳𗤎�╂𗋽，𗤃9. 𗰜𘈅、𗪙𗥃𘈅、𗵒𗵒𘊑𘈅、𗤺𗍹𗭋�⁴𘈅𘋟10. 𗋽。𘊠𘊴𘎑�，𘋽𗢭𘑶𗤣𘂩。𗥌𘆪𘐲𘊴𗫂

对译：3. 今日道场业同大众佛所言如免能者4. 无免既不能则其地狱中皆自各已有5. 苦有大众自各此意觉应唯愿大众时6. 与始竞菩萨行修诸法勤求众生〈〉利7. 益自罪灭能他福亦生使此者自利他8. 利我彼兼利是相与今日勇猛心起坚9. 固心慈悲心一切度心众生〈〉救心〈〉10. 起道场于至亦此愿勿忘十方虚空界

第88页：1. 𗰙𗬀𗮆𗵒𗵒、𗬀𗰱𗤺𗬀、𗰱𗢰𘄡�、𗰱𗪙2. 𗥃�、𗭋𗟢𘅂𘊠�、𗭋𗍷�⁴𘊃�、𗤺𘌃𘊴3. 𘎑�、𗰱𘊒𗥙�、𗰱𘆪𘊠�⁴𘈠，（𗭲𗆻）𗰴𗭋4. 𗤓�⁴𘊃，𘑶𘈠𗞷𗒾[4]。𘑾𗬀𗮆𗔟，𗬀𘊠𗰴𘊴5. 𗰱，𘊏𗪤𗰱𗭋𗟢𗰱𗤙𗤺𗍹，𗤣𘑶𗤣�6. 𘊴𗭋𗟢、𗤣𗑷𗭋𗟢、𗤣�𘋨𗭋𗟞、𗤣�𘁇7. 𗀊𗭋𗟢、𗀋8. 𘊴𗀊𗭋𗟢、𘊠𗑷𗭋𗟢、𗀈𘈚𗭋𗟢、9. 𘈞[5]�。𘊠𗰴�𗟢𗦲[6]𗰱𘊴𗤺𗍹𗵒𗵒𘊴，（𗭲𗆻）10. 𗰴𘉹��✠𘈜、𘉹�⁴𗌬𘈜、𘉹�⁴𘑶𘈜，𗬀𗬀

对译：1. 尽诸佛一切诸大菩萨大神通力大慈2. 悲力地狱解脱力饿鬼度济力畜生救3. 拔力大神咒力大猛威力承某甲等〈〉所4. 作利益愿如当成痛切心等五体地投5. 以[阿鼻]大地狱苦受众生乃至十八寒6. 冰地狱黑暗地狱十

八热地狱十八刀 7. 轮地狱剑林地狱火车地狱屎沸地狱 8. 镬汤地狱是如地狱
复八万四千地狱 9. 小有此等地狱中苦受众生一切为某甲 10. 等［菩提］心以
［菩提］行以［菩提］愿以悉皆

第 89 页：1. 𗹭𗧓𗏇𘕿𗦀𗄊𘌦𗤋𗏿𗰗𗏇𗤋𘕢。2. 𘊗𗪊𗧚𗧃𗰗！𘊗𗪊𘕷𘅰𗿭𗰗！3. 𘊗𗪊𗄊𗥦𘐬𗰗！𘊗𗪊𘕷𘄼𗰗！4. 𘊗𗪊𗰗𘙌𗰗！𘊗𗪊𗜓𘏨𗰗！
5. 𘊗𗪊𘅜𗏷𗰗！𘊗𗪊𗀝𗆫𘕢𗰗！6. 𘊗𗪊𗧗𗤋𗰗！𘊗𗪊𗆫𘒣𗰗！7. 𘊗𗪊𗤋𘕢𗰗！𘊗𗪊𗆫𗄊𘕢𗰗！8. 𘊗𗪊𘕢𘏨𗰗！𘊗𗪊𗧃𘕷[7]𗰗！9. 𘊗𗪊𗧗𗮂[8]𘕢𗰗！
𘊗𗪊𗄊𘕿𗰗！10. 𘊗𗪊𘕷𗧃𗰗！𘊗𗪊𗆫𘕷𗰗！

对译：1. 彼等〈〉代各世间大慈悲主〈〉依归 2. ［南无］［弥勒］佛［南无］
［释迦牟尼］佛 3. ［南无］大音赞佛［南无］净愿佛 4. ［南无］日天佛［南无］慧
乐佛 5. ［南无］身摄佛［南无］威德势佛 6. ［南无］［刹利］佛［南无］德乘佛 7.
［南无］上金佛［南无］解脱髻佛 8. ［南无］法乐佛［南无］行归佛 9. ［南无］不
敬舍佛［南无］智藏佛 10. ［南无］梵行佛［南无］［旃檀］佛

第 90 页：1. 𘊗𗪊𘏨𗈪𘏾𗰗！𘊗𗪊𗧗𗧗𘅜𗰗！2. 𘊗𗪊𘈷𘐬𗰗！𘊗𗪊𘕷𘕷𗰗！3. 𘊗𗪊𗦀𗈪𗆫𗰗！𘊗𗪊𘙌𘅰𗰗！4. 𘊗𗪊𗜓𘕷𗰗！𘊗𗪊𘕷𗄊𘅰𗰗！5. �
𗪊𗄊𘏾𗰗！6. 𘊗𗪊𘘣𗮂𘕷𘏾𘕢！𘊗𗪊𘘣𗮂𗧃𗀝𘕢！7. 𘊗𗪊𘅜𗦀𗈪𘕢！
��𗦀𘐬𗧃𘕢！8. 𗀝𗭽𘉒𗦾𘐩𗀝𘈷𘈷𗦀𗦾𗄊𗧃𘕷𗏿 9. 𗤋𘕢。𘕷𘅰𗏿𗰗
𘕷𘆨𘌦𗰗𘌦，𗆫𗰗𘈷 10. 𗪊𘌦𘗊、𗤋𘈷𘌦𘗊、𗦾𘕢𘌦𘗊、𘍞𘕷𘌦𘗊，

对译：1. ［南无］忧无名佛［南无］端严身佛 2. ［南无］相国佛［南无］华莲
佛 3. ［南无］边无德佛［南无］天光佛 4. ［南无］慧华佛［南无］［频头摩］佛
5. ［南无］智富佛 6. ［南无］师子游戏菩萨［南无］师子迅奋菩萨 7. ［南无］身边
无菩萨［南无］世音观菩萨 8. 又复是如十方虚空界尽三宝一切〈〉9. 依归唯愿
慈悲力以［阿鼻］地狱乃至黑 10. 暗地狱刀轮地狱火车地狱屎沸地狱

第 91 页：1. 𗥃𘌦𘗊𘖧𘏾𗧓𘝦[9]𗤋𘕢𗆫𗏇𘕿𗤚𘉒 2. 𘘣。𗰗𘕢、𘕷𘕢、
𘏾𘕢𘉒𘕢、𘊗𗵒𘕿𘕿𘕢𘄊，3. 𗹭𘏾𘕢𗆫𘘣𘕷𘅝𗤚𘒣，𘏓𘕷𗮂𘌦𘗊𘝦 4. 𗧗
𘄊。𘉒𗬨𘕿𘕿𘕘𗈪𗵒𘎂，𘏓𘕷𗮂𘌦𘗊 5. 𘏨𗧗𘒣。𘌦𘗊𗚛𘅝𘕷𘐬𗚛𘒣，𘌦𘗊
𘅜𘅜 6. 𗤚𗜓𘅜𘒣，𘌦𘗊𘅝𘅜𘈷𘖧𗤚𘒣，𘌦𘗊𗤋 7. 𗈪𘅜𗕈𘇴𘒣。𘌦𘗊𗤋𘗽𘑱
𗧗𗰗𗦾。𗩾𗧗 8. 𗍝𗰗、𘂄𘑱𘗽𗵒𘕷𘐣𘒣；𗩾𘅜𗈪𘅝、𘂄 9. �𘝓𘕷𘎂𗤋𘝦𗤚
𘑱。𗤚𗜓𘈷𘅝𘕿𘕿𘈷[10]𘈷，10. 𘏦𘉒𘏾𗤋𗥃𘗊𗥃𘗽。𗆫𘕷𘄊𘒣𗤚𗄊𘈷

对译：1. 及地狱眷属等中苦受众生〈〉拯接救 2. 拔佛力法力诸菩萨力贤

圣一切力以 3. 其诸众生即解脱令得永世复地狱中 4. 不堕罪障一切悉得消灭永世复地狱 5. 业不作地狱生舍净土生得地狱命舍 6. 智慧命得地狱身舍金刚身得地狱苦 7. 舍［涅槃］乐得地狱苦念［菩提］心发四无 8. 量心六［波罗蜜］常现前得四碍无智六 9. 神通力意如自在智慧具足菩萨行行 10. 勇猛进精不休不息乃至进修十地行

第 92 页：1. 𗼩，𗗙𗏵𗣼𗢭𗾞𗤓𗳦（𗼩𗏵𗆟𗢭）。

对译：1. 满金刚心入正等觉成一遍礼拜

意译、注释（中藏本第 87 页第 3 行—92 页第 1 行）

今日道场同业大众，如佛所言无能免者。既不能免，则其地狱中各自皆有苦。大众各各，应觉此意。唯愿大众始与时竟，修菩萨行勤求诸法。利益众生，能灭自罪，亦生他福。此则自利利他，彼我兼利。

相与今日起勇猛心、起坚固心、起慈悲心、度一切心、救众生心。至于道场，亦勿忘此愿。承十方尽虚空界一切诸佛、诸大菩萨大神通力、大慈悲力、解脱地狱力、济度饿鬼力、救拔畜生力、大神咒力、大威猛力，令（某甲）等所作利益、如愿当成，等痛切心，五体投地，为阿鼻大地狱受苦众生，乃至十八寒冰地狱、黑暗地狱、十八热地狱、十八刀轮地狱、剑林地狱、火车地狱、沸屎地狱、镬汤地狱。如是地狱，复有八万四千小地狱。为此等地狱中受苦一切众生，（某甲）等以菩提心、以菩提行、以菩提愿，悉皆各代彼等归依世间大慈悲主。

南无弥勒佛！南无释迦牟尼佛！南无大音赞佛！南无净愿佛！南无日天佛！南无乐慧佛！南无摄身佛！南无威德势佛！南无刹利佛！南无德乘佛！南无上金佛！南无解脱髻佛！南无乐法佛！南无归行佛！南无舍骄慢佛！南无智藏佛！南无梵行佛！南无旃檀佛！南无无忧名佛！南无端严身佛！南无相国佛！南无莲华佛！南无无边德佛！南无天光佛！南无慧华佛！南无频头摩佛！南无智富佛！南无师子游戏菩萨！南无师子奋迅菩萨！南无无边身菩萨！南无观世音菩萨！

又复归依如是十方尽虚空界一切三宝。唯愿以慈悲力救拔拯接阿鼻地狱，乃至黑暗地狱、刀轮地狱、火车地狱、沸屎地狱及地狱眷属等中受苦众生。以佛力、法力、诸菩萨力、一切贤圣力，令诸众生当得解脱，永世不复堕于地狱。一切罪障悉得消灭，永世不复作地狱业。舍地狱生得净土生，舍地狱命得智慧命，舍地狱身得金刚身，舍地狱苦得涅槃乐。念地狱苦发菩提心。四无量心、六波罗蜜常得现前；四无碍智、六神通力如意自在。具足智慧行菩萨行，勇猛精进不休不息。乃至进修满十地行，入金刚心成等正觉（一拜）。【参见《大正藏》[0958b07—0958c18]】

[1] 𗹙𗴖𗙏𗰛𗦴𗏽𘃡𗾞𗢆𗒒𗏷：则其地狱中各自皆有苦，《大正藏》作"于地狱中皆有罪分"。

[2] 𗦲𗂧𗟭𗰚：修菩萨行，即《大正藏》作"行菩萨道"。

[3] "𗤓𗰣𗰜𗲲，𘎵𗮀𘟙𗤷𗦾"："能灭自罪，亦生他福"，即《大正藏》作"一自灭罪。二生他福"。

[4] "𗾴𘟙𗫂𘃡"：如愿当成，即《大正藏》作"所愿成就"。

[5] 𗙏𗰛𗰀：小地狱，《大正藏》作"地狱眷属等狱"。下同。

[6] 𘛂𗤭𗙏𗰛𗰛：此等地狱中，即《大正藏》作"其中"。

[7] 𗟭𗬩：归行，《大正藏》丽本作"注行"，甲乙本作"住"。

[8] 𘃡𘕿：不敬，即《大正藏》作"骄慢"。

[9] 𘕘𗙏𗰛𘂜𗦾𗬩𗰛：及地狱眷属等中，即《大正藏》作"眷属等狱"。下同。

[10] 𗦲𗂧𗟭：菩萨行，即《大正藏》作"菩萨道"。

录文、对译（中藏本第 92 页第 2 行—95 页第 2 行）

第 92 页：2. 𘗈𘓄𘚣𗒛𗰛𗙏𗰛𘃜𘊟𗷢𘃛𘓄𗒓𗠁𘝞𗾖 3. 𗏷𘛝𘏨𗤪𘌠𗁬𘓄𗠁，𘝃𘛂𗒛𗬩𘛂𗥑𗏗 4. 𘉋𗥔𘗈𘓄𗙏𗰛、𗦲𗥔𗙏𗰛、𘄄𗥔𗙏𗰛、𘚒 5. 𘚣𗙏𗰛、𘚣𘝤𗙏𗰛、𘚣𗤭𗙏𗰛、𘚣𘂮𗙏𗰛、6. 𘚣𗒛𗙏𗰛、𘟙𘈩𗙏𗰛，𘛂𗤭𘙴𘎵𘈶𘚣𗵽 7. 𗴟𗙏𗰛𗫨𗫨𗰛𗏷𘛝𗹙𗒒𘓄𗦲𗂧𗫨𗫨 8. 𗒓。（𘟙𗒓）𗒛𘗈𘖩𗒛𗠁𘎀𗹙𗒛𘑘[1]，𘛂𘕿𗷢𘖑𘚣 9. 𘟙𘟙𘟙𗬩。10. 𘃡𗤝𘓄𘖀𗠁！𘃡𗤝𘚒𘃊𘎵𗷢𗠁！

对译：2. 灰河铁丸等地狱为佛〈〉礼敬二十八第 3. 今日道场业同大众重复心至五体地 4. 投以灰河地狱剑林地狱刺林地狱铜 5. 柱地狱铁机地狱铁网地狱铁窟地狱 6. 铁丸地狱石尖地狱是如十方虚空界 7. 尽地狱一切中今日现

苦受众生一切 8. 为某甲等［菩提］心以彼等为世间大慈悲 9. 主〈〉依归
10.［南无］［弥勒］佛［南无］［释迦牟尼］佛

第 93 页：1. 𗂅𗏀𗐯𗬥𗧾！𗂅𗏀𗫵𗤁𗧾！2. 𗂅𗏀𗐯𗄼𗧾！𗂅𗏀𗜪𗄊𗤨𗧾！3. 𗂅𗏀𗈁𗤨𗧾！𗂅𗏀𗄑𗰜𗧾！4. 𗂅𗏀𗴴𗰜𗧾！𗂅𗏀𗴈𗌒𗧾！5. 𗂅𗏀𗑱𗲾𗧾！𗂅𗏀𗴪𗰗𗧾！6. 𗂅𗏀𗡸𗰩𗧾！𗂅𗏀𗈁𗰒𗧾！7. 𗂅𗏀𗫾𗤋𗧾！𗂅𗏀𗮔𗤋𗧾！8. 𗂅𗏀𗴴𗟨𗧾！𗂅𗏀𗵽𗌙𗧾！9. 𗂅𗏀𗴴𗄽𗧾！𗂅𗏀𗰞𗭼𗦴𗧾！
10. 𗂅𗏀𗰭𗲡𗧾！𗂅𗏀𗔟𗇋𗧾！

对译：1.［南无］梵财佛［南无］宝手佛 2.［南无］净根佛［南无］具足论佛
3.［南无］上论佛［南无］弗沙佛 4.［南无］［提］沙佛［南无］日有佛 5.［南无］
泥出佛［南无］智得佛 6.［南无］［谟罗］佛［南无］上吉佛 7.［南无］法乐佛［南
无］胜求佛 8.［南无］智慧佛［南无］善圣佛 9.［南无］网光佛［南无］琉璃藏佛
10.［南无］名闻佛［南无］利寂佛

第 94 页：1. 𗂅𗏀𗤫𗟨𗧾！𗂅𗏀𗴈𗻫𗧾！2. 𗂅𗏀𗵽𗻫𗧾！𗂅𗏀𗤶𗰜𗰜𗻫
𗧾！3. 𗂅𗏀𗫵𗰜𗧾！4. 𗂅𗏀𗥔𗴴𗣼𗭼𗭼！𗂅𗏀𗥔𗴴𗤋𗭼𗭼！5. 𗂅𗏀𗇋𗄽𗐺
𗭼𗭼！𗂅𗏀𗉅𗟍𗤁𗭼𗭼！6. 𗋽𗍭𗵘𗶕𗒅𗕑𗮕𗆧𗣼𗦴𗫵𗩾𗉮 7. 𗩾𗫵。𗕑
𗆐𗇋𗊱𗮔𗖠，𗴲𗟍𗥃𗖐𗈁𗄈 8. 𗙏𗫵𗭽𗄊𗫵𗩾[2] 𗉮𗵒𗡞。𗆧𗌙𗣼𗣼𗵹𗉮 9.
𗥃𗝰𗰜，𗄊𗙏𗣼𗣼𗴲𗖠𗉮𗆧，𗙏𗫵𗴒𗄇 10. 𗴲𗶣𗤫𗐯。𗙏𗫵𗇋𗟍𗱝𗰛𗇋𗰜，
𗙏𗫵𗄊

对译：1.［南无］教化佛［南无］日明佛 2.［南无］善明佛［南无］众德上
明佛 3.［南无］宝德佛［南无］4.［南无］师子幡菩萨［南无］师子作菩萨
5.［南无］身边无菩萨［南无］世音观菩萨 6. 又复是如十方虚空界尽三宝一
切〈〉7. 依归唯愿慈悲力以同加今日灰河等 8. 地狱中苦受者〈〉救拔罪缘一
切皆解 9. 脱愿得苦报一切永得除灭地狱道业 10. 永世清净地狱身舍金刚
身得地狱苦

第 95 页：1. 𗂅𗲯𗚉𗱝𗰛。𗙏𗫵𗄊𗥶𗲡𗫵𗧾𗨑。𗢳𗰜 2. 𗣼𗖐，𗆜𗟩𗆧
𗥁，𗱬𗭼𗰜𗣼𗣼𗉮𗋽𗜘（𗮔𗮕𗇋𗦴）[3]。

对译：1. 舍［涅槃］乐得地狱苦忆［菩提］心发同火 2. 宅出道场于至诸菩
萨与等正觉成一次礼拜

意译、注释（中藏本第92页第2行—95页第2行）

为灰河铁丸等地狱礼佛第二十八

今日道场同业大众，重复至心五体投地，为灰河地狱、剑林地狱、刺林地狱、铜柱地狱、铁机地狱、铁网地狱、铁窟地狱、铁丸地狱、尖石地狱，如是十方尽虚空界一切地狱今日现受苦一切众生。（某甲）等以菩提心为彼等，归依世间大慈悲主。

南无弥勒佛！南无释迦牟尼佛！南无梵财佛！南无宝手佛！南无净根佛！南无具足论佛！南无上论佛！南无弗沙佛！南无提沙佛！南无有日佛！南无出泥佛！南无得智佛！南无谟罗佛！南无上吉佛！南无法乐佛！南无求胜佛！南无智慧佛！南无善圣佛！南无网光佛！南无琉璃藏佛！南无名闻佛！南无利寂佛！南无教化佛！南无日明佛！南无善明佛！南无众德上明佛！南无宝德佛！南无师子幡菩萨！南无师子作菩萨！南无无边身菩萨！南无观世音菩萨！

又复归依如是十方尽虚空界一切三宝。唯愿以慈悲力，同加救拔今日灰河等地狱中受苦者。一切罪缘皆得解脱，一切苦报永得除灭，地狱道业永世清净。舍地狱身得金刚身，舍地狱苦得涅槃乐，忆地狱苦发菩提心。同出火宅至于道场，与诸菩萨成等正觉（一拜）。【参见《大正藏》[0958c19—0959a21]】

［1］𗣼𗣼𗫉：为彼等，《大正藏》作"为"。下同。

［2］𗤶𗠁𗣼𗬚𗰜𗣼𗫠𗇃：灰河等地狱中受苦者，《大正藏》作"现受灰河等苦"。

［3］"𗤶𗲡𗫉𗜓（𗢳𗨨𗁩𗫭）"："成等正觉（一次礼拜）"，《大正藏》作"俱成正觉"。下同。

录文、对译（中藏本第95页第3行—98页第5行）

第95页：3. 𗣼𗣼𗫊𗬘𗣼𗬚𗰜𗣼𗫉𗱈𗣼𗫭𗫊𗨨𗝊𗜓𗕜𗢳4. 𗫉𗣼𗆟𗷫𗬘𗔿𗣼

〔Tangut script line〕5. 〔Tangut〕6. 〔Tangut〕7. 〔Tangut〕8. 〔Tangut〕[1]〔Tangut〕9. 〔Tangut〕（〔Tangut〕）〔Tangut〕，〔Tangut〕10. 〔Tangut〕。

对译：3. 饮铜炭坑等地狱为佛〈〉礼敬二十九第 4. 今日道场业同大众重复心至五体地 5. 投以十方虚空界尽地狱一切铜饮 6. 地狱众合地狱叫唤地狱大叫唤地狱热 7. 地狱大热地狱炭坑烧林是如等无量 8. 边无地狱及地狱小等内今日现苦受 9. 众生为某甲等[菩提]心以彼等〈〉代各世 10. 间大慈悲主〈〉依归

第96页：1. 〔Tangut〕！〔Tangut〕！2. 〔Tangut〕！〔Tangut〕！3. 〔Tangut〕！〔Tangut〕！4. 〔Tangut〕！〔Tangut〕！5. 〔Tangut〕！〔Tangut〕！6. 〔Tangut〕！〔Tangut〕！7. 〔Tangut〕！〔Tangut〕！8. 〔Tangut〕！〔Tangut〕！9. 〔Tangut〕！〔Tangut〕！10. 〔Tangut〕！〔Tangut〕！

对译：1. [南无][弥勒]佛[南无][释迦牟尼]佛 2. [南无]人月佛[南无][罗睺]佛 3. [南无]露甘明佛[南无]妙意佛 4. [南无]焰明佛[南无]一切主佛 5. [南无]智乐佛[南无]山王佛 6. [南无]寂灭佛[南无]德聚佛 7. [南无]天王佛[南无]妙声音佛 8. [南无]妙华佛[南无]义住佛 9. [南无]德功威聚佛[南无]智等无佛 10. [南无]露甘音佛[南无]善守佛

第97页：1. 〔Tangut〕！〔Tangut〕！2. 〔Tangut〕！〔Tangut〕！3. 〔Tangut〕！〔Tangut〕！4. 〔Tangut〕！5. 〔Tangut〕！〔Tangut〕！6. 〔Tangut〕！〔Tangut〕！7. 〔Tangut〕8. 〔Tangut〕9. 〔Tangut〕10. 〔Tangut〕

对译：1. [南无]慧利佛[南无]解脱义思佛 2. [南无]音胜佛[南无][犁陀]行佛 3. [南无]善义佛[南无]过无佛 4. [南无]善行佛 5. [南无]勇坚进精菩萨[南无]金刚慧菩萨 6. [南无]身边无菩萨[南无]世音观菩萨 7. 又复是如十方虚空界尽三宝一切〈〉8. 依归唯愿慈悲力以铜饮等地狱中现 9. 苦受众生〈〉救护摄受罪障一切皆得 10. 消灭众苦一切皆得解脱今日之后永

第 98 页：1. 𗆟𗂉𗐁𗵘𗤛𗷰𗉾。𗐁𗵘𗄜𗫼𗼒𗌭𗫼𗷬，2. 𗐁𗵘𗅉𗫼𗱀𗧓𗅉𗷬。𗆟𗄈𗤼𗌭、𗫂𗏹𗿈𗌶 3. 𗆟𗱳𗤻𗱼𗷬；𗆟𗄈𗷅𗌭、𗫼𗛝𗮔𗼝𗯿𗸯 4. 𗾠𗒹。𗐁𗵘𗶙𗆧𗄈𗁯𗶙𗷬，𗱼� 𗷅𗇁𗄈 5. 𗅉𗸯𗆧（𗤷𗸯𗢭𗄈）。

对译：1. 世复地狱中不堕地狱生舍净土生得 2. 地狱命舍智慧命得四无量心六［波罗 3. 蜜］常现前得四碍无辩六神通力意如 4. 自在地狱道出［涅槃］道得如来与等等 5. 正觉成一次礼拜

意译、注释（中藏本第 95 页第 3 行—98 页第 5 行）

为饮铜炭坑等地狱礼佛第二十九

今日道场同业大众，重复至心五体投地，为十方尽虚空界一切地狱、饮铜地狱、众合地狱、叫唤地狱、大叫唤地狱、热地狱、大热地狱、炭坑烧林，如是等无量无边地狱，及小地狱等内今日现受苦众生。（某甲）等以菩提心各代彼等，归依世间大慈悲主。

南无弥勒佛！南无释迦牟尼佛！南无人月佛！南无罗睺佛！南无甘露明佛！南无妙意佛！南无焰明佛！南无一切主佛！南无乐智佛！南无山王佛！南无寂灭佛！南无德聚佛！南无天王佛！南无妙音声佛！南无妙华佛！南无住义佛！南无功德威聚佛！南无智无等佛！南无甘露音佛！南无善守佛！南无利慧佛！南无思解脱义佛！南无音胜佛！南无梨陀行佛！南无善义佛！南无无过佛！南无行善佛！南无坚勇精进菩萨！南无金刚慧菩萨！南无无边身菩萨！南无观世音菩萨！

又复归依如是十方尽虚空界一切三宝。唯愿以慈悲力救护摄受饮铜等地狱现受苦众生，一切罪障皆得消灭，一切众苦皆得解脱。（从）今日之后，永世不复堕于地狱。舍地狱生得净土生，舍地狱命得智慧命。四无量心、六波罗蜜常得现前；四无碍辩、六神通力如意自在。出地狱道得涅槃道，等与如来成等正觉（一拜）。【参见《大正藏》[0959a22—0959b20]】

[1]"……𗐁𗵘，𗧒𗐁𗵘𗱼𗤩𗵘"："……地狱，及小地狱等内"，《大正藏》作"眷属等狱"。

录文、对译（中藏本第 98 页第 6 行—101 页第 7 行）

第 98 页：6. 𗣼𗧀𗄭𗾞𗧀𗢳𗽴𗜟𗸒𗥴𗦻𗖵𗄼𗊩𗗿7. 𗙸𗉅𗏁𗆧𗢳𗊩𗕿𗦀，𗦱𗓰𗾞𗟲𗗿𗲖8. 𗫹𗆧𗌭𗘅𗢳𗽴𗈜𗈜：𗹙𗢳𗽴、𗔼𗊢𗢳𗽴、9. 𗿒𗫉𗢳𗽴、𗒅𗧉𗢳𗽴、𗓰𗦣𗚉[1]𗢳𗽴、𗔼𗧠10. 𗢳𗽴、𗣼𗧀𗢳𗽴、𗧊𗦣𗢳𗽴、𗧀𗢳𗽴，𗶷

对译：6. 刀兵铜釜等地狱为佛〈〉礼敬三十第7. 今日道场业同大众重复心诚以十方8. 虚空界尽地狱一切想地狱砂黑地狱9. 身钉地狱火井地狱石臼器地狱砂沸10. 地狱刀兵地狱饥饿地狱铜釜地狱是

第 99 页：1. 𗈪𗄭𗒅𗬋𗢳𗽴𗉖𗙸𗉅𗴮𗾞𗧠𗑣𗫉𗲖，2.（�）𗄭𗙸𗉅𗬂𗒅𗴮𗲘𗾞𗴕𗄭𗲖，𗭪𗌭𗊩3. 𗏁𗺋𗚈𗖵𗸒𗓰。4. 𗾈𗦱𗭾𗄉𗾞！𗾈𗦱𗧊𗿫𗟲𗳒𗾞！5. 𗾈𗦱𗑣𗧠𗾞！𗾈𗦱𗫢𗳒𗾞！6. 𗾈𗦱𗮉𗚟𗾞！𗾈𗦱𗾷𗻫𗾞！7. 𗾈𗦱𗆧𗰆𗾞！𗾈𗦱𗹙𗧠𗾞！8. 𗾈𗦱𗾞𗹙𗦃𗾞！𗾈𗦱𗥴𗬦𗾞！9. 𗾈𗦱𗒅𗧉𗮱𗾞！𗾈𗦱𗴮𗦃𗾞！10. 𗾈𗦱𗆧𗓺𗾞！𗾈𗦱𗊩𗧠𗾞！

对译：1. 如等无量地狱中今日现苦受众生为2. 某甲等今日[菩提]心力以彼等为世间大3. 慈悲主〈〉依归4. [南无][弥勒]佛[南无][释迦牟尼]佛5. [南无]华藏佛[南无]妙光佛6. [南无]说乐佛[南无]善济佛7. [南无]众王佛[南无]畏离佛8. [南无]辩才日佛[南无]名闻佛9. [南无]宝月明佛[南无]上意佛10. [南无]畏无佛[南无]大见佛

第 100 页：1. 𗾈𗦱𗥴𗅁𗾞！𗾈𗦱𗫢𗅁𗾞！2. 𗾈𗦱𗵩𗻫𗾞！𗾈𗦱𗆧𗲖𗾞！3. 𗾈𗦱𗬂𗑣𗧊𗾞！𗾈𗦱𗬂𗒅𗆧𗾞！4. 𗾈𗦱𗿒𗆧𗾞！𗾈𗦱𗧉𗰗𗅁𗾞！5. 𗾈𗦱𗦹𗆧𗢳𗾞！𗾈𗦱𗢳𗆧𗾞！6. 𗾈𗦱𗩁𗊉𗾞！𗾈𗦱𗩁𗵼𗾞！7. 𗾈𗦱𗄭𗨛𗾞！8. 𗾈𗦱𗾞𗬂𗜟𗴕𗲘！𗾈𗦱𗮳𗰖𗴕𗲘！9. 𗾈𗦱𗿒𗔼𗦃𗴕𗲘！𗾈𗦱𗭪𗅁𗾷𗴕𗲘！10. 𗗂𗈪𗶷𗈪𗟲𗩁𗫹𗆧𗌭𗘅𗴮𗲖𗈜𗈜𗖵

对译：1. [南无]梵音佛[南无]善音佛2. [南无]慧济佛[南无]意等无佛3. [南无]金刚军佛[南无][菩提]意佛4. [南无]树王佛[南无][槃]陀音佛5. [南无]福德力佛[南无]势德佛6. [南无]圣爱佛[南无]势行佛7. [南无]琥珀佛8. [南无]阴盖弃菩萨[南无]根寂菩萨9. [南无]身边无菩萨[南无]世音观菩萨10. 又复是如十方虚空界尽三宝一切〈〉

第 101 页：1. 藏繎。縦毓泥彝纖赦繝絾蕭藗敤毯髄，2. 毯髄禰禰慨毯髄菻羌敤帰叛繎糀瓻 3. 秲繎藗轈羊緈姦。纃叛禰禰瓿钕帰羴，4. 毯髄繎毳敤耋弽簸，毯髄叛縱羠鎈絆 5. 甂。糀纃薤骺慨彶慨倹，刃藗薤譤钕絈 6. 魏瓿。秚钕纖赦緕禰禰繎，絾荍蕤鎈絾 7. 鎈纀繎[2]（刃絎陇纀）。

对译：1. 依归唯愿慈悲力以同加刀兵等地狱 2. 地狱一切及地狱眷属等中苦受众生 3.〈〉救护即得解脱众苦一切永得除断 4. 地狱缘离智慧生得地狱苦忆[菩提]心 5. 发菩萨道行不休不息一乘道入十地 6. 行满皆神力以还一切接同道场坐正 7. 等觉成一次礼拜

意译、注释（中藏本第 98 页第 6 行—101 页第 7 行）

为刀兵铜釜等地狱礼佛第三十

今日道场同业大众，重复诚心，为十方尽虚空界一切地狱：想地狱、黑砂地狱、钉身地狱、火井地狱、石臼器地狱、沸砂地狱、刀兵地狱、饥饿地狱、铜釜地狱，如是等无量地狱今日现受苦众生。（某甲）等今日以菩提心力为彼等，归依世间大慈悲主。

南无弥勒佛！南无释迦牟尼佛！南无华藏佛！南无妙光佛！南无乐说佛！南无善济佛！南无众王佛！南无离畏佛！南无辩才日佛！南无名闻佛！南无宝月明佛！南无上意佛！南无无畏佛！南无大见佛！南无梵音佛！南无善音佛！南无慧济佛！南无无等意佛！南无金刚军佛！南无菩提意佛！南无树王佛！南无盘陀音佛！南无福德力佛！南无势德佛！南无圣爱佛！南无势行佛！南无琥珀佛！南无弃阴盖菩萨！南无寂根菩萨！南无无边身菩萨！南无观世音菩萨！

又复归依如是十方尽虚空界一切三宝。唯愿以慈悲力同加救护刀兵等地狱，一切地狱及地狱眷属等中受苦众生即得解脱。一切众苦永得除断，离地狱缘得智慧生，忆地狱苦发菩提心。行菩萨道不休不息，入一乘道满十地行。皆以神力还接一切，同坐道场俱登正觉（一拜）。【参见《大正藏》[0959b21—0959c18]】

[1] 薤蕭絈：石臼器，即《大正藏》作"石臼"。

［2］𗧁𗣼𗣼𗧁：成正等觉，《大正藏》作"俱登正觉"。

录文、对译（中藏本第101页第8行—105页第2行）

第101页：8. 𗼇𗍫𗴴𗔀𗧁�𗤙𗵽𗗟𗢆𗎢𗊢𗎢𗢳𗵽9. 𗿷𗀔𗤪𗷖𗦀𗊢𗢆𗀔，𗆧𗆧𗷖𗆟𗎫𗨇𗤙10. 𗷂𗥃𗐥�𗊢𗢆𗤪𗤪：𗼇𗍫𗊢𗢆、𗿆𗐷𗊢

对译：8. 火城刀山等地狱为佛〈〉礼敬三十一第9. 今日道场业同大众重复心诚以十方10. 虚空界尽地狱一切火城地狱石窟

第102页：1. 𗢆、𗤪𗀔𗃀�[1]𗊢𗢆、𗴴𗔀𗊢𗢆、𗥃𗔖𗊢𗢆、2. 𗥃𗆧𗊢𗢆、𗪒𗀔𗊢𗢆、𗼇𗵽𗊢𗢆，𗣼𗍫𗔀3. 𗆧𗐇𗢉𗶊𗊢𗢆𗆧𗊢𗢆𗷖𗔀�𗀔𗃀𗔖4. 𗔖𗀔𗂧𗃀�，（�𗦀）𗔀𗣙𗆧𗷖𗥃𗆧�𗔀𗃀，5. 𗒱𗥃�𗎢𗥃𗨁𗤪𗤙𗷖。6. 𗤙�𗥃𗣙𗗟！𗤙�𗵽�𗷂𗗟！7. 𗤙�𗣼𗣼𗧁𗗟！𗤙�𗤪𗥃𗥃𗗟！8. 𗤙�𗤪�𗗟！𗤙��𗆟𗗟！9. 𗤙�𗧁𗗧𗗟！𗤙��𗣼𗗟！10. 𗤙�𗦀𗣼𗗟！𗤙��𗣼𗗟！

对译：1. 地狱汤热身浇地狱刀山地狱虎狼地狱2. 铁床地狱风热地狱火吐地狱是如等3. 无量边无地狱及地狱小等中今日现4. 苦受众生为某甲等［菩提］心力以彼等为5. 世间大慈悲主〈〉依归6.［南无］［弥勒］佛［南无］［释迦牟尼］佛7.［南无］雷音云佛［南无］善爱目佛8.［南无］善智佛［南无］具足佛9.［南无］德积佛［南无］大音佛10.［南无］法相佛［南无］智音佛

第103页：1. 𗤙�𗷂𗥃𗗟！𗤙�𗱤𗣼𗗟！2. 𗤙�𗴴𗣼�𗨇𗗟！𗤙�𗧁𗷖𗷂𗗟！3. 𗤙��𗴴𗗟！𗤙�𗆧𗣼𗗟！4. 𗤙�𗔀𗵽𗷂𗗟！𗤙��𗎫𗗟！5. 𗤙�𗱤𗣼𗗟！𗤙�𗆧𗆧𗗟！6. 𗤙�𗣙𗶊�！𗤙�𗧁𗷂𗔖�！7. 𗤙�𗀔𗧁𗷂�！𗤙�𗔀𗵽𗔖�！8. 𗤙��𗣙�！��𗱤𗥃�！9. ��𗆧𗱤�！10. ��𗴴𗤪𗣼𗤪！��𗧥𗒱𗆧𗥃𗣼𗤪！

对译：1.［南无］虚空佛［南无］祠音佛2.［南无］慧音差别佛［南无］德功光佛3.［南无］圣王佛［南无］众意佛4.［南无］辩才轮佛［南无］善寂佛5.［南无］月面佛［南无］日名佛6.［南无］垢无佛［南无］德功集佛7.［南无］华德相佛［南无］辩才国佛8.［南无］宝施佛［南无］月爱佛9.［南无］不高佛10.［南无］慧上菩萨［南无］常世不离菩萨

第104页：1. ��𗃀𗱤𗶊𗣼𗤪！��𗒱𗣼𗵽𗣼𗤪！2. 𗆧𗀏𗣼𗍫𗎫𗨇𗷂

［西夏文］3.［西夏文］4. ［西夏文］，［西夏文］，［西夏文］。5.［西夏文］，［西夏文］、6.［西夏文］。［西夏文］、［西夏文］、［西夏文］、7.［西夏文］，［西夏文］。［西夏文］8.［西夏文］。［西夏文］9.［西夏文］，［西夏文］、［西夏文］10.［西夏文］。［西夏文］，［西夏文］

对译：1. ［南无］身边无菩萨［南无］世音观菩萨 2. 又复是如十方虚空界尽三宝一切〈〉3. 归依唯愿慈悲力以同加刀山等地狱 4. 中今日现苦受众生〈〉摄受即得解脱 5. 乃至十方说可不地狱一切中现苦受 6. 后苦受众生一切愿佛力法力菩萨力 7. 贤圣力以其诸众生皆解脱令得十方 8. 诸地狱业永世乃〈〉断今日从去道场于 9. 至永世复三恶道中不堕身舍身受常 10. 诸佛同值智慧具足清净自在勇猛进

第 105 页：1. ［西夏文］，［西夏文］。［西夏文］2.［西夏文］，［西夏文］（［西夏文］）。

对译：1. 精不休不息乃至进修十地行满金刚 2. 心登种智果得佛神力以心随自在一遍礼拜

意译、注释（中藏本第 101 页第 8 行—105 页第 2 行）

为火城刀山等地狱礼佛第三十一

今日道场同业大众，重复心诚为十方尽虚空界一切地狱：火城地狱、石窟地狱、汤浇地狱、刀山地狱、虎狼地狱、铁床地狱、热风地狱、吐火地狱，如是等无量无边地狱及小地狱等中今日现受苦众生。（某甲）等以菩提心力为彼等，归依世间大慈悲主。

南无弥勒佛！南无释迦牟尼佛！南无雷音云佛！南无善爱目佛！南无善智佛！南无具足佛！南无德积佛！南无大音佛！南无法相佛！南无智音佛！南无虚空佛！南无祠音佛！南无慧音差别佛！南无功德光佛！南无圣王佛！南无众意佛！南无辩才轮佛！南无善寂佛！南无月面佛！南无日名佛！南无无垢佛！南无功德集佛！南无华德相佛！南无辩才国佛！南无宝施佛！南无爱月佛！南无不高佛！南无慧上菩萨！南无常不离世菩萨！南无无边身菩

萨！南无观世音菩萨！

又复归依如是十方尽虚空界一切三宝。唯愿以慈悲力同加摄受刀山等地狱中今日现受苦众生，即得解脱。乃至十方不可说一切地狱中，现受苦、后受苦一切众生。愿以佛力、法力、菩萨力、贤圣力，令其诸众生皆得解脱，永世乃断十方诸地狱业。从今已去至于道场，永世不复堕于三途，舍身、受身常值诸佛。具足智慧清净自在，勇猛精进不休不息，乃至进修满十地行。登金刚心入种智果，以佛神力随心自在（一拜）。【参见《大正藏》[0959c19—0960a19]】

[1] 𗧓𗫲𗧓𗰜：热汤浇身，即《大正藏》作"汤浇"。

录文、对译（中藏本第 105 页第 3 行—108 页第 4 行）

第 105 页：3. 𗧓𗫲𗧓𗰜𗧓𗰜𗰀𗧓𗰜𗧓𗰜4. 𗧓𗫲𗧓𗰜𗰀𗧓𗰜𗧓𗰜，𗧓𗫲𗧓𗰜𗰀𗧓𗰜5. 𗧓𗫲𗧓𗰜𗰀𗧓、𗧓𗰜𗧓𗰜𗧓𗰜6. 𗧓𗰜𗧓𗰜𗧓𗰜。（𗧓𗰜）𗧓𗫲𗧓𗰜𗰀𗧓𗰜7. 𗧓𗰜𗧓𗰜，𗧓𗰜𗧓𗰜𗧓𗰜𗧓𗰜。8. 𗧓𗰜𗰀𗧓𗰜！𗧓𗰜𗰀𗧓𗰜！9. 𗧓𗰜𗧓𗰜！𗧓𗰜𗧓𗰜！10. 𗧓𗰜𗧓𗰜！𗧓𗰜𗧓𗰜！

对译：3. 饿鬼道为佛〈 〉礼敬三十二第 4. 今日道场业同大众重复心诚五体地 5. 投以饿鬼道一切饿鬼神等饿鬼一切 6. 及自各眷属为某甲等今日[菩提]心力以 7. 彼等为世间大慈悲主〈 〉依归 8.[南无][弥勒]佛[南无][释迦牟尼]佛 9.[南无]狮子力佛[南无]自在王佛 10.[南无]无量净佛[南无]等定佛

第 106 页：1. 𗧓𗰜𗰀𗧓𗰜！𗧓𗰜𗰀𗧓𗰜！2. 𗧓𗰜𗰀𗧓𗰜！𗧓𗰜𗰀𗧓𗰜！3. 𗧓𗰜𗰀𗧓𗰜！𗧓𗰜𗰀𗧓𗰜！4. 𗧓𗰜𗰀𗧓𗰜！𗧓𗰜𗰀�5[1]！5. 𗧓𗰜𗰀𗧓𗰜！𗧓𗰜𗰀𗧓𗰜！6. 𗧓𗰜𗰀𗧓𗰜！𗧓𗰜𗰀𗧓𗰜！7. 𗧓𗰜𗰀𗧓𗰜！𗧓𗰜𗰀𗧓𗰜！8. 𗧓𗰜𗰀𗧓𗰜！𗧓𗰜𗰀𗧓𗰜！9. 𗧓𗰜𗰀𗧓𗰜！𗧓𗰜𗰀�[2]！10. 𗧓𗰜𗰀𗧓𗰜！𗧓𗰜𗰀𗧓𗰜！

对译：1.[南无]不坏佛[南无]垢灭佛 2.[南无]方便不失佛[南无]娆无佛 3.[南无]妙面佛[南无]智治住佛 4.[南无]法师王佛[南无]大人佛 5.[南无]意深佛[南无]无量佛 6.[南无]法力佛[南无]世供养佛 7.[南无]华光佛

[南无]三世供养佛 8.[南无]日藏应佛[南无]天供养佛 9.[南无]上智人佛 [南无]金髻佛 10.[南无]露甘信佛[南无]金刚佛

第 107 页：1. 𘟣𗼕𘜶𗾺𗰜！2. 𘟣𗼕𗊱𗣋𗋽𘍞！𘟣𗼕𗊱𗤽𗋽𘍞！3. 𘟣𗼕 𗪙𗦉𗰭𗋽𘍞！𘟣𗼕𗌭𗣊𗍱𗋽𘍞！4. 𘟪𗰠𗋽𗗙𗱾𘜶𘃡𗤓𗺉𗩈𗧓�é𗸃 5. 𗭴 𘜶。𘄄𗼆𗵀𗤍�靡𗭴𗐯[3]𘄩𗸦𗬤�靡�靡[4]，𘍞 6. 𘜶𗗟�靡、𗬾𗋽𘍞𘚮𗦇𗩈𗺉𘃡𘄩 𗸦𗬤�靡 7. �靡𗋅𘄩𗸦𘚮�靡�靡𘟪𗊱𗰭𗵘𗵉，𘄩𗸦�靡 8. �靡𘟪𗊱𗰭𗵘𗵉𗰜𗸃𘄄𗥃𗦇 𘎆。𘕿𘗊�靡 9. �靡�𗘃𗰜𗵉，𗣋𗰜�靡�靡�𗧸𘍞𗮅。𗪙𗰜 10. 𗊰𘋂𘏨𘊝𗪘𗪍， 𗪙𗰜𗊒�靡𘟪𘗊𘘓𘘓，𘊝

对译：1.[南无]坚固佛[南无]2.[南无]药王菩萨[南无]药上菩萨 3.[南无]身边无菩萨[南无]世音观菩萨 4. 又复是如十方虚空界尽三宝一切 〈 〉5. 依归唯愿慈悲力以同饿鬼道一切东 6. 西南北四维上下十方界尽饿鬼道 7. 一切中饿鬼神一切及自各眷属饿鬼 8. 一切及自各眷属等〈 〉摄受救拔罪障 9. 一切皆得消灭众苦一切皆得解脱身心 10. 清凉复热恼无身心饱满复饥渴 无露

第 108 页：1. 𘟪𘙰𗰭𗾺𗰐𘘓𘍞。𗬾𘟙𗐯𗰜、𘗊𗤎𘜶𘄎 2. 𗺺𗴺𘙫𘙰；𗬾 𗂤𗾺𗰐、𘗊𘟲𗴳𘄄𗄼𘟪𘙫 3. 𗎭。𘄩𗸦𗬤𘜶𗴃𗄼𗦴𗬤𘎆，𘃉𘟙𗸅𗐯𗤎𘟲 4. 𗅁𘟦 （𗥃𗣋𗘔𗴳）。

对译：1. 甘味得智慧眼开四无量心六[波罗蜜]2. 常现前得四碍无智六 神通力意如自 3. 在饿鬼道离[涅槃]道入诸佛与等正等 4. 觉成一遍礼拜

意译、注释（中藏本第 105 页第 3 行—108 页第 4 行）

为饿鬼道礼佛第三十二

今日道场同业大众，重复心诚五体投地，为十方尽虚空界一切饿鬼道、 饿鬼神等一切饿鬼及各自眷属。（某甲）等今日以菩提心力为彼等，归依世间 大慈悲主。

南无弥勒佛！南无释迦牟尼佛！南无狮子力佛！南无自在王佛！南无无 量净佛！南无等定佛！南无不坏佛！南无灭垢佛！南无不失方便佛！南无无 娆佛！南无妙面佛！南无智制住佛！南无法师王佛！南无大人佛！南无深意

佛！南无无量佛！南无法力佛！南无世供养佛！南无华光佛！南无三世供佛！南无应日藏佛！南无天供养佛！南无上智人佛！南无金髻佛！南无信甘露佛！南无金刚佛！南无坚固佛！南无药王菩萨！南无药上菩萨！南无无边身菩萨！南无观世音菩萨！

又复归依如是十方尽虚空界一切三宝。唯愿以慈悲力同加摄受救拔一切饿鬼道，东西南北、四维上下尽十方界一切饿鬼道中一切饿鬼神各及眷属，一切饿鬼各及眷属等。一切罪障皆得消灭，一切众苦皆得解脱。身心清凉无复热恼，身心饱满无复饥渴，得甘露味开智慧眼。四无量心、六波罗蜜常得现前；四无碍智、六神通力如意自在。离饿鬼道入涅槃道，等与诸佛成等正觉（一拜）。【参见《大正藏》[0960a20—0960b17]】

［1］𗾟𘄒：大人，《大正藏》丽本作"大天"，甲本作"大人"。

［2］𗾚𘃠：金髻，《大正藏》作"真髻"。疑西夏文"𗹦"（真）形似误作"𗿅"（金）。

［3］𗥄：同，《大正藏》作"同加"。疑西夏文"𗥄"（同）前遗漏"𘃠"。𘃠𗥄，同加。

［4］𗓦𗴿𘝞𘕰𘕰：一切饿鬼道，《大正藏》乙本作"一切饿鬼道苦"。

录文、对译（中藏本第108页第5行—111页第2行）

第108页：5. **𗊩𗱕𘝞𘄒𘎆𘝫𘘚𘗣𗉣𘗣𗼋**6. 𗴿𘄒𘙰𘈠𘊗𗥄�⽂𘈠𘋠，𘀉𗟈𘏞𗀱𗱕𗄈7. 𗕀𗏁𘆄𗦆𘖃𗿢𘈷、𘝞𗌗𘏽𘈠，𗸒𗟻𘃥𘈠8. 𘆚𗱦𘗞𗊩𗱕�⽂�⽂�⽂𗟻𗾈𗱱，𘉅𗕉9. 𘉅𗑘𘄒𗂴𘀞𗟢𘂤�⽂�⽂𗀱𘈎𘃊𘆀10. 𘄒。（𗗉𘗣）𗈁𘏞𗟈𗽁𗱕𗤻𘘚𘉅𘄒，𘑽𘏽

对译：5. 畜生道为佛〈〉礼敬三十三第6. 今日道场业同大众重复心运五体地7. 投以普东西南北四维上下是如十方8. 虚空界尽畜生道一切四生众生若大9. 若小水陆空界众生一切及自各眷属10. 为某甲等今日慈悲心力以彼等为世间

第109页：1. 𘈠𗗉𗂴𗔀𘎆𘇰𘉮。2. 𘇰𗹦𗐘𘕐𘄒！𘇰𗹦𘔊𘈈𗦎𗼋𘄒！3. 𘇰𗹦𘏞𘈷**𗉣𗒛**𘄒[1]！𘇰𗹦𗌬𘄒𗓦𘄒！4. 𘇰𗹦�⽂𘆚𘄒！𘇰𗹦𘘚𘕰𘄒！5. 𘇰𗹦𗒛𘘘𘄒！𘇰𗹦𗌗𗟈𗄈𘄒！6. 𘇰𗹦𗐯𗗉𗿢𘄒！𘇰𗹦𘔞𗸕𘂤𘄒！7. 𘇰𗹦𘍞𘏽

𘚷！𗱕𗥃𗾱𗍴𘚷！8. 𗱕𗥃𘜶𗼻𘚷！𗱕𗥃𗾱𗵢𘚷！9. 𗱕𗥃𗵃𗭾𘚷！𗱕𗥃𗰕𗐬𗾱𘚷！10. 𗱕𗥃𗭧𗗟𗐱𘚷！𗱕𗥃𗷅𗱮𘚷！

对译：1. 大慈悲主〈〉依归 2. [南无][弥勒]佛[南无][释迦牟尼]佛 3. [南无]宝风肩明佛[南无][犁陀]步佛 4. [南无]日随佛[南无]清净佛 5. [南无]明力佛[南无]德功聚佛 6. [南无]具足眼佛[南无]狮子行佛 7. [南无]高出佛[南无]华施佛 8. [南无]珠明佛[南无]华莲佛 9. [南无]智爱佛[南无][槃陀]严佛 10. [南无]不虚行佛[南无]法生佛

第 110 页：1. 𗱕𗥃𗰗𗱮𘚷！𗱕𗥃𗸒𗥃𗾱𘚷！2. 𗱕𗥃𗾱𗥃𗟤𘚷！𗱕𗥃𘓄𗲢𗱨𘚷！3. 𗱕𗥃𗄑𗥃𗵢𗱵𗵏！𗱕𗥃𗭧𗲢𘓓𗱵𗵏！4. 𗱕𗥃𗒅𗵢𗍴𗟤𗱵𗵏！𗱕𗥃𗷅𗗟𗐱𗱵𗵏！5. 𗭧𗍦𗸒𗍴𗵢𗥃𗭾𗷅𗸜𗵃𗥃𗔇𗷸𗷸𗹙6. 𗵏。𗥃𗲼𗤆𗥃𗩽𗄻𗔟𗐱𘝰𗵢、𗈪𗗟𗵏𘐍𗵢𗭾7. 𗷅𗸜𘜶𗊎𗵢𗷸𗷸𗤆𗈪𗱮𗱵𗵏𗷸𗷸，𗭧𗔇𗍴8. 𗿢𗍴𗳚𗷅𗥀𗵢𗤆𗹢。𗧫𗸒𗷸𗷸𗵢𗜺𗜵𗸜，𗵏9. 𗗐𗷸𗷸𗵢𗄉𗥃𗟤。𗈪𗊨𗵢𗿢𗵢𗸒𗒗，𗒅𘚷10. 𗄉𗸜𗔗𗱙𗑉𗍦。𗈪𗵃𗷄𘚷、𗳚𗾭𘓉𗸒𗥃𗹙

对译：1. [南无]相好佛[南无]乐思唯佛 2. [南无]解脱乐佛[南无]道理知佛 3. [南无]常进精菩萨[南无]不休息菩萨 4. [南无]身边无菩萨[南无]世音观菩萨 5. 又复是如十方虚空界尽三宝一切〈〉依 6. 归唯愿慈悲力以东西南北四维上下虚空 7. 界尽畜生道一切中四生众生一切及自各 8. 眷属等〈〉覆护摄受罪障一切皆得消灭众 9. 苦一切皆得解脱同恶趣舍俱道器得身心 10. 安乐三第禅如四无量心六[波罗蜜]常现

第 111 页：1. 𗒗𘝰；𗈪𗵃𗟼𗵃、𗳚𗵢𘓉𗥃𗑉𗹙𗌠𗹙。𗵏𗊎 2. 𗥀𗿢𗵃𗰕𗥀𘝮，𗳄𗾭𘚷𗥃𗑉𗵢𗰕𘝨(𗒅𗲣𗖵𗵃)。

对译：1. 前得四碍无智六神通力意如自在畜生 2. 道离[涅槃]道入金刚心登正等觉成一遍礼拜

意译、注释 （中藏本第 108 页第 5 行—111 页第 2 行）

为畜生道礼佛第三十三

今日道场同业大众，重复运心五体投地，普为东西南北、四维上下，如是十方尽虚空界一切畜生道四生众生；若大若小、水陆空界一切众生各及眷属。(某甲)等今日以慈悲心力为彼等，归依世间大慈悲主。

南无弥勒佛！南无释迦牟尼佛！南无宝风肩明佛！南无梨陀步佛！南无随日佛！南无清净佛！南无明力佛！南无功德聚佛！南无具足眼佛！南无狮子行佛！南无高出佛！南无华施佛！南无珠明佛！南无莲华佛！南无爱智佛！南无槃陀严佛！南无不虚行佛！南无生法佛！南无相好佛！南无思唯乐佛！南无乐解脱佛！南无知道理佛！南无常精进菩萨！南无不休息菩萨！南无无边身菩萨！南无观世音菩萨！

又复归依如是十方尽虚空界一切三宝。唯愿以慈悲力，覆护摄受东西南北、四维上下尽虚空界一切畜生道中一切四生众生，各及眷属等。一切罪障皆得消灭，一切众苦皆得解脱。同舍恶趣俱得道器，身心安乐如第三禅。四无量心、六波罗蜜常得现前；四无碍智、六神通力如意自在。离畜生道入涅槃道，登金刚心成等正觉(一拜)。【参见《大正藏》[0960b18—0960c13]】

[1] 𗫴𗏁𗉺𗥃𗣼：宝风肩明佛，《大正藏》作"宝肩明佛"。"𗏁"(肩)，字库无此字，存疑。

录文、对译（中藏本第 111 页第 3 行—114 页第 2 行）

第 111 页：3. 𗫴𗏁𗉺𗥃𗣼𗫴𗏁4. (𗫴𗏁)𗉺𗥃𗣼𗫴𗏁𗉺：𗫴𗏁𗉺𗥃、𗫴𗏁𗉺𗥃5. 𗉺，𗥃𗣼𗫴𗏁𗉺𗥃𗣼𗫴𗏁。𗥃𗣼𗫴𗏁𗉺𗥃6. 𗣼𗫴𗏁𗉺𗥃𗣼、𗫴𗏁𗉺𗥃𗣼𗫴，𗥃7. 𗣼𗫴𗏁𗉺𗥃𗣼𗫴𗏁，𗉺𗥃𗣼𗫴𗏁𗉺8. 𗥃𗣼𗫴𗏁𗉺[1]，𗥃𗣼𗫴𗏁𗉺𗥃𗣼𗫴𗏁9. 𗉺𗥃𗣼�。[2]𗫴𗏁𗉺𗥃𗣼𗫴𗏁𗉺𗥃𗣼�，10. 𗣼𗫴𗏁𗉺𗥃𗣼𗫴𗏁𗉺𗥃𗣼�，

对译：3. 六道为愿发三十四第 4. 某甲等此刻奉以诸天诸仙龙神八部 5. 为佛〈〉礼敬德功因缘随愿十方虚空 6. 界尽四生六道未来际穷众生一切愿 7. 今日从去乃至[菩提]复更自己扛以形 8. 骸已不误复十恶五逆不为三恶道 9. 中亦不堕此刻佛〈〉礼敬德功因缘承 10. 自各[菩萨摩诃萨]〈〉清净身口业令得

第 112 页：1. 𗣼𗫴𗏁𗉺𗥃𗣼𗫴𗏁𗉺𗥃𗣼[3]：(𗫴𗏁𗉺𗥃�)2. 𗥃𗣼�[4]、(𗫴𗏁𗉺𗥃���1𗉺)𗥃��、(� 3. ��𗉑𗥃���1𗉺𗥃��1𗉑�)��1𗉺𗥃、(� 4. 𗥃��)��1𗉺𗥃、(��1𗉺𗥥)��1𗉺�、5. (��1𗉺����1𗉺���)

𘚏𗹦𗣼、（𘙥𗙏[5]𗰜𗰜 6. 𗍫𘝿𘔢𗢼）𗤒𗣼𗣼、（𗱕𗌰𘙞𘝿𗰜𗰜𗣊𗢼） 7. 𘜶𗤓𗣼、（𘐎𗣫𗰜𗰜𗵘𘔢𗢼）𘃋𘀆𗣼𗤞 8. 𗺉。𘚏𗴂𗫽𗏵𘄴𗟻𘐎𗣫𗰜𗰜，𗊬𘜶𘚏𗹦 9. 𘈷𘅍𘄡𗼃，𘏚𗣼𘉞𘅍𘄡𗼃，𗰖𗶽𘉎𘚝𘚏 10. 𗰜𗣐𗥤。𘚝𘚝𗱫𗤭𗦇𘘚𗣼𗱕，𗣼𗪟𘞝𗆍

对译：1. 自各［菩萨摩诃萨］〈〉大心诸善根生处 2. 大地心诸佛智慧大法受持大海心 3. 一切〈〉无上［菩提］安住令能［须弥］山心烦 4. 恼远离［摩尼］宝心诸法于决定金刚心 5. 众魔道外沮坏不能坚固心诸法一切 6. 污染不能华莲心愚痴障碍一切灭能 7. 日净心众生一切量无能虚空心令 8. 得又愿四生六道众生一切今日之后 9. 识性思量信解决性思量调戏弃捐常 10. 法语思所有皆施爱惜心无心意勇猛

第 113 页：1. 𘆌𘆌𘚏𗫽[6]。𘚝𗽴𘄑𗤴𗰜𗰜𘕶𗤭，𗹦𗤞𗣼 2. 𗢾𗰹𗫽𘚏𗮈[7]，𗸮𗊰𘔃𘚝𘜶𗊰𘔃𘔃。𘉞𗣫 3. 𗘂𗴴𗾺𗊰𗻻𘆌𘅍，𗸮𗊰𘄡𗰖𘚝𘈷𘘤𘅍。 4. 𗡷𗵘𘜶𗣼𗰜𗰜𘕶𘜶𘔢𗤞𗺉，𘜶𘜶𘔢𘛤 5. 𘃺𘃺𘚏�?[8]。𗡷𗵘𘕸𗫽𗰜𗰜𘕶𘜶𘔢𗤞𗺉， 6. 𘜶𘔢𘛤𘃺𘃺�?𗚋。𗡷𗵘𗤓𘅍𗰰𗰜𘕶 7. 𘜶𘔢𗤞𗺉，𘜶𘔢𘛤𘃺𘃺�?𗚋。𗡷𗵘𘅍 8. ⺈𗰜𗰜𘕶𘜶𘔢𗤞𗺉，𘜶𘔢𘛤𘃺𘃺�? 9. 𗚋。𘊄𗤞�?𘔬[9]𘐎𗫽𗰜𗰜，（𘏚𗣐）𘙇𘕶𘉞𘜶�?10. � 𗱕𘕶𘂧𘉎[10]𘃺𘃺�?𘜶𘕸𗱕𗮤�，�?𗮈

对译：1. 怯弱不怀所修德功一切〈〉施一向心 2. 专邪道不还善见化如恶见梦如死生 3. 舍离速三界〈〉出深甚妙法观察明了 4. 自各诸佛一切〈〉供养令得众供养具 5. 皆悉具足自各尊法一切〈〉供养令得 6. 众供养具皆悉具足自各菩萨一切〈〉7. 供养令得众供养具皆悉具足自各贤 8. 圣一切〈〉供养令得众供养具皆悉具 9. 足若后来世众生一切某甲等〈〉今日愿 10. 圆中未入者皆悉大愿海中令入德功

第 114 页：1. 𗣼𘐎𗴂𗣊𘜶𗢼。𗣼𘅐𘃁𘝿𘚏𘝿𗡷𘒣，𗷻 2. 𘚏𗤒𘃽�?𗣒𘜮𗣼（𗹦𘓐𘉝𗢸）。

对译：1. 智慧即得成就佛神力依心随自在如 2. 来与等正等觉成一遍礼拜

意译、注释（中藏本第 111 页第 3 行—114 页第 2 行）

为六道发愿第三十四

（某甲）等今以奉为：诸天诸仙、龙神八部，随礼佛功德因缘。愿十方尽虚空界四生六道、穷未来际一切众生，从今日去乃至菩提，不复更自己抂误形骸，不复为十恶五逆亦不堕三恶道中。今承礼佛功德因缘，各得菩萨摩诃萨净身口业，各得菩萨摩诃萨大心：生诸善根（之）大地心、受持诸佛智慧大法（之）大海心、能令一切安住无上菩提（之）须弥山心、远离烦恼（之）摩尼宝心、决定诸法（之）金刚心、众魔外道不能沮坏（之）坚固心、一切诸法不能污染（之）莲华心、能灭一切愚痴碍障（之）净日心、一切众生无能量（之）虚空心。

又愿四生六道一切众生，今日之后思量识性，思量决信解性，弃捐调戏常思法语。所有皆施心无爱惜，心意勇猛不怀怯弱。所修功德施于一切，专心一向不还邪道，见善如化见恶如梦。舍离生死速出三界，明了观察甚深妙法。各得供养一切诸佛，供养众具皆悉具足。各得供养一切尊法，供养众具皆悉具足。各得供养一切菩萨，供养众具皆悉具足。各得供养一切贤圣，供养众具皆悉具足。若有后来世一切众生，未入（某甲）等今日愿圆者皆悉令入大愿海中，即得成就功德智慧。依佛神力随心自在，等与如来成等正觉（一拜）。【参见《大正藏》[0960c14—0961a09]】

[1] 𘜶𗙏𗗜𗰗𗟲𗰜𘑨𗖏𗩺𗀔𗏆：不复更自己抂误形骸，《大正藏》作"不复还更抂误形骸受诸楚毒"。𗩺𗀔，劳、劳苦。

[2] 𗰗𗗘𗙏𗰗𗰜𗰗𗦻𗬩𗰜𘝤𗈁𗗜𗦻𘗽：不复为十恶五逆亦不堕三恶道中，即《大正藏》作"不复更造十恶五逆却入三涂"。"𗟲𘜶𘝤"（三恶道），对译汉文"三涂"。

[3] 𗰜𗝶：大心，《大正藏》丽本作"所有诸心"，乙本作"大心"。

[4] 𗙈𘝵𗧻𘄀𗔇𗰜𗗒𗝶：生诸善根大地心，《大正藏》作"大地心生诸善根"。下句汉文"大海心"、"须弥山心"、"摩尼宝心"、"金刚心"、"坚固心"、"莲华心"、"净日心"、"虚空心"之后的补充语，西夏文本皆前置

翻译，例同注[4]。

　　[5]𗐆𗙠：诸法，《大正藏》作"世法"。

　　[6]𗷓𗡪：不怀，《大正藏》作"不坏"。汉文"怀"形似误作"坏"。

　　[7]𗢳𗧓𗥃𗭑𗦻𗒀𗷓𗋽：专心一向不还邪道，即《大正藏》作"不还邪
道专心一向"。

　　[8]𗦚𗗆：具足，即《大正藏》作"满足"。下同。

　　[9]𗔀𗆑𗁬：后来世，即《大正藏》作"后流"。

　　[10]"（𗖵𗫶）𗭒𗤶𗤻𗏵𗧤𗡪𗀔𗮯𗼮𗆈"："未入（某甲）等今日愿圆者"，
《大正藏》作"异（某甲）等今日愿界者"。

录文、对译（中藏本第 114 页第 3 行—117 页第 7 行）

　　第114页：3. **𗷓𗔀𗷉𗖵𗬈𗤻𗦾𗵒**4. 𗏵𗮯𗫠𗵦𗴮𗣜𗬈𗗆，𗪌𗤧𗫖[1]𗏿𗐆
𗫶𗮾5. 𗖸𗊫𗡪𗮞𗡪𗗆𗉛𗆈[2]。𗤶𗬈6. 𗬈𗆉𗤓𗫶𗊻𗣜𗀿𗫠𗍣𗫶
𗋽[3]，𗒆𗋽𗥩𗙠7. 𗣜𗀿𗪬𗀀[4]。𗥃𗦪𗧜𗫶𗬈𗷓𗫶𗗆，𗲠𗙢𗫠8. 𗷻𗫶𗛓
𗬈。[5]𗤶𗢳𗔀𗥃𗐆𗜓，𗉛𗉛𗡪𗋽𗆈。9. 𗔀𗤻𗬈𗗆𗷓𗔀𗦻𗗆，𗤵𗳆𗹿𗿢𗀔𗣜𗦅
10. 𗐆𗜓；𗣜𗀿𗐖𗆈，𗷓𗷖𗝢𗧗。𗬈𗠇𗔀𗟟，𗧗

　　对译：3. 无常警念三十五第4. 今日道场业同大众相与先六道为悔
5. 忏敬礼已竟次复世间无常念应夫三6. 世罪福因报自各相〈〉生影响犹如
7. 自各随顺善恶二缘除外缘无自然报8. 获者无矣此言常心上置念念不忘
应9. 唯愿大众无常觉悟行业勤修以自身10. 资为自各努力应懈怠勿生智
者常叹千

　　第115页：1. 𗟲𗔀𗭒[6]𗷉𗥋𗨴𗤶𗩱𗤧，𗧗𗬈𗖸𗐆𗤢𗷻2. 𗟏𗤶𗗆[7]。𗷓
𗫶𗭒𗥋𗤢𗗆𗤢𗢱𗵦，𗲠𗤶3. 𗗆𗥃𗫾𗜓𗤶𗤻[8]。𗤶𗬈𗵒𗊫𗉙，𗤢𗤧𗣜𗫶
4. 𗀔𗍣𗷓𗿢𗜓。[9]𗐆𗍣𗝢𗈪𗪌𗷻𗅁𗆈。𗧗5. 𗫶[10]𗪌𗣟𗕤𗫶𗰾𗧗，𗤧𗐆𗫶
𗺐𗷻𗧗𗥩𗫶6. 𗖮𗧗[11]。𗬈𗼄𗺐𗬈[12]𗫠�Ⅻ𗟏𗅵、𗖵𗴾𗣜𗫠𗣜7. 𗤧𗫠𗗿𗥤
𗧜[13]，𗧗𗔀𗬈𗥴𗆻[14]𗫠𗣗𗵒𗗆。𗫖8. 𗺐𗤻𗠇[15]𗀔𗤢𗤶𗬈𗔀𗗆𗗆𗵒𗗆。𗷓
𗺐𗢳、9. 𗌣𗴨𗀔𗬈𗥑𗆠，𗧗𗤢𗵒𗗆𗜓。𗖮𗭑�Ⅹ𗷉[16]，𗆈10. 𗠇𗫶𗻷𗧗？𗖵
𗫠𗵨𗟟：𗖮𗟟𗫶𗛓𗏿𗵒𗗆𗜓。

　　对译：1. 万亿岁五欲乐〈〉能受亦三恶道苦免2. 为可不况我等百年能足

〈 〉当是其与 3. 比则半许不足此寿期促中岂可自宽 4. 以速福不修矣世间幻惑终磨灭当有 5. 者皆尽高者坠有合会者分离有生者 6. 死有官重禄厚父母兄弟九亲眷属 7. 互相彻爱殊胜亦命断之时相代可不贵 8. 豪宝物以人〈 〉寿命〈 〉延可不复言辞 9. 食饮嘱求亦脱可不矣死时临来留 10. 能者谁有契经中云死言者尽义是也

第116页：1. 𘟛𘓶𗴼𗫨𗥃𘗽𗫂𗸁[17]，𗼲𗫻、𘝞𗼲𗫻𘊪𘝞 2. 𗫻，[18] 𗱴𗷲𗤫𗨁𗫨𗬋𘏃。𗫒𘓶𗤩𗟻𗣼𗩤𗶷 3. 𗫻，𗇋𗥃𗭼𗖊[20]𗫂𗧀𘟛𘝞。𗫨𗢭𗩤𗔢，𗡪𘄡 4. 𘝞𗪩[21]。𘃽𗀔𘝞𗵘[22]𘟛𘓶𗤩𗟻，𗇋𗫻𘍨𗫩𗸁 5. 𘗽𘃽𗈁𘟤𗵒𗥃[23]。𘄡𗫂𗫻𗧀𗫻[24]，𗣼𘄡𗖌𗫻 6. 𗇋𗀔𗤩𘝞𘝞𗥃[25]。𘄡𗸁𗫂𘍨𗫻，𘝞𗼲𗳉𘄡 7. 𗡪𗣼𗍍𗥃[26]，𘃢𗀔𗴼𗥃𘊪𘝞𗥃𗫻，𗴼𗫂𗢭 8. 𗥃𗧀𗸁[27]𗫨𗫂�，𗥃𗫨��2 �2𗥃�2𗸁[28]。𘟛𘏇 9. 𘃽𘃽𗈁��2𗸁，�2𗥃𗖌�8�2�[29]�8𘄙，�2 10. �2𗈁�2�2𗬋𗈁�[30]，�2���𗥃�2[31]�2�9�2�9。

对译：1. 气绝神逝形骸主无众生非众生又不 2. 同出生俱灭者一制命断之时大苦恼 3. 受内外亲属围绕号哭死者遑怖依处 4. 迷惑身体冷为气尽将时先所作善恶 5. 业依报相现见若善所修者天人诸神 6. 自〈 〉加助来见若恶所行者牛头[阿旁] 7. 在侧见狱主[罗刹]永无宽恕父母孝 8. 子眷属救不能妻夫爱恩再看可不风刀 9. 身解苦言可不死者尔时腹心寸裂无 10. 量苦楚同时俱集神识怖乱狂如醉如

第117页：1. �8�2[32]�2�2�2�2、�2�2[33]�2�8，�2�2�2�2�2 2. �2�2�2�?[34]�9�9�1�2，�9𘄙𗸁�8[35]。�8《�2�2 3. �2�2》�8�2：�2�2�2�2�2�2�9�2�6�2，�2 4. �2�2�2[36]�6�2�2[37]�2。�2�2�2�2�2�6�2，5. �2�2�6�9�2�2�2�6�2。�2�2�9�9�2，�2�6 6. �6�2�9。�2�2[38]�2�6𗖌，�2�6�1�2�2�2。�1�2 7. �2�2，�2�2�2�2。�9�2�8�2[39]，𗀔𗀔�2�9。

对译：1. 尔时一念善起毫时福作心已令有复 2. 得何所及是如苦楚代者无矣故[涅槃] 3. 契经中言死者险难处行资粮无有去 4. 处尚远又随相无昼夜常行边际无有 5. 深邃幽暗明光无有入时遮止者无到又 6. 脱不得有时福不修死及苦处归愁辛 7. 酸毒疗治可不面目并无人怖畏令

意译、注释（中藏本第 114 页第 3 行—117 页第 7 行）

警念无常第三十五

今日道场同业大众，相与先为六道礼忏竟，次复应念世间无常。夫三世罪福因果各自相生，犹如影响各自随顺。除善恶二缘外无缘，无自然报获者矣。唯愿大众觉悟无常，勤修行业以自资身；勿生懈怠，而不努力。智者常叹，千万亿岁能受五欲乐，亦不可免三恶道苦。况我等当能足是百年，与其比则半许不足。此寿期促中，岂可以自宽不速修福矣。（且）世间幻惑终当磨灭，有者皆尽高者有坠，合会有离生者有死。重官厚禄父母兄弟、九亲眷属互相爱彻殊胜，亦命断之时不可相代。豪贵宝物不可延人之寿命。复亦不可以言辞、饮食求嘱脱（者）矣。死时临来，谁能有留者？

经云：死者尽也。气绝神逝形骸无主，众生、非众生又不同，出生俱灭者一制。（而）命断之时受大苦恼，内外亲属围绕号哭，死者遑怖迷惑依处。身体为冷气将（欲）尽时，先依所作善恶业现见报相。若所修善者，见天人诸神自来加助。若所行恶者，见牛头阿旁在侧。狱主罗刹永无宽恕，父母孝子眷属不能（相）救，夫妻恩爱不可再看。风刀解身苦不可言，死者尔时心腹寸裂，无量苦楚同时俱集，神识怖乱如狂如醉。尔时起一念善、作毫时福，令已有心复得何所及？如是苦楚，代者无矣。

《涅槃经》言：死者行险难处无有资粮，去处尚远又无相随。昼夜常行无有边际，深邃幽暗无有光明。入无遮止，到又不得脱。有时不修福，及死归苦处。愁毒辛酸，不可疗治。面目并无，令人怖畏。【参见《大正藏》[0961a10—0961b08]】

[1] 𗥃𗆧𗿒：相与先，《大正藏》作"相与已得"。

[2] 𗩭𗆧𘈩𗆀𘊸𗆫：应念世间无常，《大正藏》作"应须悟也无常"。疑"也"为"世"之形误。

[3] 𗦀𗱕𘊅死𘊸𘈈𗱕𗈪：报因各自相生，即《大正藏》作"因果相生"。"𗦀𗱕"，字面意为"报因"，在卷四（图版第 231 页第 10 行）和本处汉文本又作"因果"。

［4］[illegible]：犹如影响各自随顺，《大正藏》作“恻然在心虑不斯隔。常谓影响相符乃可胡越”。[illegible]，随顺、相符。

［5］“[illegible]，[illegible]”：“除善恶二缘外无缘，无自然报获者矣”，即《大正藏》作“善恶之致非可得而舛也”。[illegible]，相当于“除……外”、“……以外”。

［6］[illegible]：千万亿岁，《大正藏》作“假使千万亿岁”。

［7］“[illegible]……[illegible]”：“亦不可免……”，即《大正藏》作“终不得免”。

［8］“[illegible]，[illegible]”：“我等当能足是百年，与其比则半许不足”，《大正藏》作“而不得半于此”。

［9］“[illegible]，[illegible]”：“此寿期促中，岂可以自宽不速修福矣”，《大正藏》作“促期那得自宽”。[illegible]，岂可、何云、那得。

［10］[illegible]：有者，《大正藏》乙本作“常者”。

［11］[illegible]：生者有死，即《大正藏》作“生必应死”。

［12］[illegible]：厚禄，《大正藏》作“厚禄谁得免之”。疑西夏文本有漏译。

［13］[illegible]：九亲眷属互相彻爱殊胜，《大正藏》作“六亲眷属爱彻骨髓”。[illegible]，单个字面意为“自共”，连用为“互相”。

［14］[illegible]：亦命断之时，即《大正藏》作“当舍寿时”。“[illegible]”（命断），下句又对应汉文“舍命”。

［15］[illegible]：豪贵宝物，《大正藏》作“荣华豪贵。钱财宝物”。

［16］[illegible]：死时临来，《大正藏》作“无形之对”。

［17］[illegible]：无主，《大正藏》作“萧索”。

［18］“[illegible]、[illegible]”：“众生、非众生又不同”，《大正藏》作“人物一统”。

［19］[illegible]：出生俱灭者一制，《大正藏》作“无生不终”。

［20］[illegible]：亲属，《大正藏》作“六亲”。

［21］[illegible]：迷惑依处，即《大正藏》作“莫知依投”。

［22］[illegible]：身体为冷，《大正藏》作“身虚体冷”。

［23］[illegible]：先依所作善恶业现见报相，即《大正藏》作“见先所作善恶报相”。

［24］𗟲𗟦𗤁𗱄𗤋：若所修善者，《大正藏》作"其修善者"。下同。

［25］𗖵𗴺𗆟𗴺𗰖𗥃𗲉𗣼𗄰：见天人诸神自来加助，即《大正藏》作"天神扶卫"。𗲉𗣼，佑助、加助、助营，在此对应汉文"扶卫"。

［26］𗾚𗤒𗏁𗴺𗲲𗆉𗴺𗣼：见牛头阿旁在侧，即《大正藏》作"牛头在侧"。

［27］𗰔𗤒𗣗𗤻𗟀𗧘：父母孝子眷属，《大正藏》作"慈亲孝子"。

［28］𗤁𗣼𗤋𗟅：不可再看，《大正藏》作"相看就尽"。

［29］𗤋𗟅：心腹，《大正藏》作"肝胆"。

［30］𗤋𗑲𗤌𗸋𗤒𗲉𗪱𗮅：无量苦楚同时俱集，即《大正藏》作"无量痛恼一时同集"。"𗤌𗸋"（苦楚），在下页"𗲋𗤗𗤌𗸋"（如是苦楚）中又对应汉文"苦恼"。

［31］𗈪𗤊：怖乱，对应《大正藏》作"周憷"。

［32］𗛦𗤮：尔时，《大正藏》作"决欲"。

［33］𗤌𗤮：毫时，《大正藏》作"一毫"。

［34］𗤻𗤋𗧢𗥃𗮅𗤒𗣼𗞉：今已有心复得何所及，《大正藏》作"怀恨在心不复能得"。𗤒𗣼𗞉，何所及、何容、何当。

［35］𗲋𗆭𗣼𗤒：代者无矣，即《大正藏》作"无人代受"。

［36］𗮅𗱩：尚远，即《大正藏》作"悬远"。

［37］𗧝𗤟：相随，即《大正藏》作"伴侣"。

［38］𗤟𗤾：有时，《大正藏》作"生"。

［39］𗲋𗠇𗤒𗣼：面目并无，《大正藏》作"非是恶色"。

录文、对译（中藏本第 117 页第 7 行—120 页第 6 行）

第 117 页：7. 𗈪 8. 𗤦𗤝𗤒𗤚𗣼𗤋𗤮，𗤉𗤗𗤁𗤁𗲉𗫠𗲲𗲉，9. 𗿟𗤌𗤑𗣼[1]𗤻𗣝𗲋𗤟𗴺𗣼𗧝𗣼，𗤮𗤗𗤑 10. 𗣼，𗤚𗤾𗤑𗮅𗣼[2]。𗤆𗣗𗏁𗧮𗤇𗱽𗱽𗤌𗤊，

对译：7. 今 8. 日道场业同大众死生果报蚁环行如 9. 迄竟可不孤魂独逝人见者无寻觅可 10. 不或告处亦无唯自各努力以捍劳苦忍

第 118 页：1. 𗫠𗤋𗑲𗤻[3]、𗤗𗤻𗧝𗤉𗤗𗱄。𗲋𗤗𗆟𗤒𗮅 2. 𗧘𗱽𗲲𗤮𗤮𗲉

𗧇[4]𗆀𗫮。𗫻𗫣𗣼𗐌𗷉𗻨𗠁3. 𗄅[5]。𗣼𗆼𗤶𗏹[6]，𘚢𗁫𗤻𘄿[7]，𗤶𘙣𗑸𗤻，（𗜓𗈍）𗣫4. 𗖰𗫤𗤳𗤀𗬚𗧘𗹦𗴉𗎁𘝞𗏹。5. 𗥨𗫷𗣠𗤻𗫮！𗥨𗫷𗔪𗅆𗖩𘂔𗫮！6. 𗥨𗫷𗊨𗣠𗵒𗫮！𗥨𗫷𗤻𗫮𗫮！7. 𗥨𗫷𗤀𗤶𗲤𗫮！𗥨𗫷𗫻𗰣𗫮！8. 𗥨𗫷𗨉𗍁𗫮！𗥨𗫷𗤶𗣖𘘈𗫮！9. 𗥨𗫷𗣱𗰜𗤾𘃛[8]𗫮！𗥨𗫷𗄊𘂄𗯴𗫮！10. 𗥨𗫷𘋩𘗊𗎼𗫲𗫮！𗥨𗫷𘟾𘑞𗫮！

对译：1. 四无量心六[波罗蜜]勤修此以诸道中2. 自独逝时资粮为矣色力恃以逸放莫3. 为自各心至痛切心等五体地投某甲等4. 今日世间大慈悲主〈〉依归5. [南无][弥勒]佛[南无][释迦牟尼]佛6. [南无]多闻海佛[南无]华持佛7. [南无]世不随佛[南无]众喜佛8. [南无][孔雀]音佛[南无]不退没佛9. [南无]有爱乐断佛[南无]威仪济佛10. [南无]诸天流布佛[南无]宝步佛

第119页：1. 𗥨𗫷𗤻𗖫𗫮！𗥨𗫷𗄊𗖩𗫮！2. 𗥨𗫷𗤻𗾟𘋦𗫮！𗥨𗫷𘖟𗊨𗣠𗫮！3. 𗥨𗫷𘈈𗺓𗫮！𗥨𗫷𗤻𗁫𗫮！4. 𗥨𗫷𘚢𗳅𗤵𗫮！𗥨𗫷𘐌𗥢𗫮！5. 𗥨𗫷𗤻𗰜𗫮！𗥨𗫷𗑸𗃷𗫮！6. 𗥨𗫷𘚢𗳅𗤻𗯴𗪽𗮈！𗥨𗫷𘚢𗳅𘄿𗄊𘝞𗪽𗮈！7. 𗥨𗫷𗱕𘂄𗈁𗪽𗮈！𗥨𗫷𗤀𗁅𘍞𗪽𗮈！8. 𗤶𗆀𘃄𗟻𗰞𗞱𘔻𗣱𗖫𗄊𗠣𘝞𗯴𗹦9. 𘝞𗏹。𗫻𘚢𗹦𗠁𗫣𗫮𗎁𗖰𗫤𘉒𗣼𗅤10. 𗅆𗅤𘃄𗀇𗠁𘟣𗬚，𗖰𗫤𘄿𗰖𗫤𗫣𘐀𗠁。

对译：1. [南无]华手佛[南无]威德佛2. [南无]怨贼破佛[南无]富多闻佛3. [南无]妙国佛[南无]华明佛4. [南无]狮子智佛[南无]月出佛5. [南无]暗灭佛[南无]无动佛6. [南无]狮子游戏菩萨[南无]狮子迅奋菩萨7. [南无]身边无菩萨[南无]世音观菩萨8. 又复是如十方虚空界尽三宝一切〈〉9. 依归唯愿慈悲力以同加今日道场中10. 同忏悔者〈〉覆护今日从去乃至[菩提]

第120页：1. 𗾟𗫣𗯴𗯴，𗥨𘕿𗣠𘉒𗰣𗐌𗴉𗠁。𘖻𗱕𗤩2. 𘔻𘒣𗣓𘂔𗸣，𘋩𗫮𗩈𗕙𗦌𘒉𗱕𘆄[9]，𗪽3. 𗠣𘖠𘒣𗤼𗫥𗣼𗅤[10]。𘂺𗥨𘕿𗣠、𗚉𗆀𘙣𗤾[11]4. 𗯼𘚢𗵈𘒉；𘂺𗤻𗚉𗇣𗊨𘄄𗅤𗅢；𘖟𗛤𗩉5. 𗁭𗻨𘚢𗤻𗆨[12]。𗝞𗰞𗫮𗐌𗊨𘏘𗫣𗍱[13]，𘄿𘐌6. 𗣼𗫻𗊨𗠁𘋳𗊗（𗄊𗞞𗀔𗹦）。

对译：1. 罪因一切无量苦报悉得除断烦恼业2. 结永当清净诸佛法会间常其当在3. 菩萨行行四无量心六[波罗蜜]4. 说如修行四辩六通不满足无百千[三5. 昧]念应现证诸总持门不入者无早道6. 场登正等觉成一遍礼拜

意译、注释（中藏本第 117 页第 7 行—120 页第 6 行）

今日道场同业大众，生死果报如蚁环行，不可竟迄。孤魂独逝无人见者，不可寻觅，或亦无告处。唯各自努力捍劳忍苦，勤修四无量心、六波罗蜜，以为独自逝时资粮矣，莫为以恃色力而放逸。各自至心，等痛切心，五体投地，归依世间大慈悲主。

南无弥勒佛！南无释迦牟尼佛！南无多闻海佛！南无持华佛！南无不随世佛！南无喜众佛！南无孔雀音佛！南无不退没佛！南无断有爱乐佛！南无威仪济佛！南无诸天流布佛！南无宝步佛！南无华手佛！南无威德佛！南无破怨贼佛！南无富多闻佛！南无妙国佛！南无华明佛！南无狮子智佛！南无月出佛！南无灭暗佛！南无无动佛！南无狮子游戏菩萨！南无狮子奋迅菩萨！南无无边身菩萨！南无观世音菩萨！

又复归依如是十方尽虚空界一切三宝。唯愿以慈悲力同加覆护今日道场中同忏悔者，从今日去乃至菩提。一切罪因，无量苦报悉得断除。烦恼结业永当清净，诸佛法会当在其常间，行菩萨行自在受生。四无量心、六波罗蜜如说修行；四辩六通无不满足；百千三昧应念现证。诸总持门无不入者，早登道场成等正觉（一拜）。【参见《大正藏》[0961b08—0961c03]】

[1]"𗣴𗫉𘕰𗢁，𗤓𗗟𗵐𗌭"："如蚁环行，不可竟迄"，《大正藏》作"如环无穷"。

[2]𘕿𗸮𗵐𘕲𗌭：或亦无告处，《大正藏》作"不可物寄"。

[3]𗙏𗵐𗦀𗰜：四无量心，《大正藏》作"四等"。下同。

[4]𗉚𗰭𘕰𘜶𗷖𗰭：独自逝时资粮，即《大正藏》作"独逝诸趣之资"。

[5]𗤭𗤒𗰭𗣊𗵃𗺓𗵐𗸏：莫为以恃色力放逸，《大正藏》作"莫以强健而自安"。

[6]𗉚𗮅𘕲𗵽：各自至心，《大正藏》作"心宜各至"。

[7]𘓡𗤓𘕲𗤲：等痛切心，《大正藏》作"等一痛切"。

[8]𗥾𘈧𗤒𗮋：断有爱乐，《大正藏》作"断有爱垢"。

[9]𗦉𗤴𘓡𗖰𘟣：当在其常间，《大正藏》作"皆现身相"。

[10]𘟣𗣴𗉚𗸪：自在受生，《大正藏》乙本作"随意自在"。

［11］𗼊𗟲𘛂𘜈：六波罗蜜，《大正藏》作"六度"。

［12］𗈁𗤋：现证，《大正藏》作"现前"。

［13］𗦳𘝵𗳵𗰖：无不入者，即《大正藏》作"无不能入"。

录文、对译（中藏本第 120 页第 7 行—124 页第 9 行）

第 120 页：7. 𗱕𗰗𗝢𘉍𘗶𗹙𗴴𘞝𘜈𗣬[1]𘉍𗃛𗠁𗅆𗧘8. 𘝯𘛃𗀔9. 𗗚𘝶𘎑𘣈𗾞𘀗𗮄𗆧，𗊱𗦳𘉍𗜓𗋽𗍫𗆧10. 𗣴，𗴿𗙨𘄒𘉍。[2]𗗚𘝶𗩱𗣼[3]𗁥，𗉖𘟙𘟢𘐡𘝿

对译：7. 劳以佛事勤执等为佛〈　〉礼敬三 8. 十六第 9. 今日道场业同大众重复心诚慈悲心 10. 起怨亲平等今日佛法为各所需施工

第 121 页：1. 𗨙𗴿𘎑𗤙，[4]𘝵𘚟𘕕𗑛𗤋𗦳𗺴𗉛𗮄𘝶[5]。2. 𗦳𗴴𗠁𘉢𘎏𗽴𘝈𘓚𘡵𗰛𗧘[6]，𗦳𘁨3. 𗥮𘄒𘛃𗤋。𗹙𗴿𗠁𘉢[7]𗴴𘏲𗝢𗃛，𘓚𗠁𘝶4. 𘞝𘛃𘛪，𘎑𘎏𘐔𗠁𗧘𗽴𘜈𘖃𗽴：𘀠𗴿𗠁5. 𘉢𘉝𘇂𗁥𘝶𗃛[8]；𘀠𗁥𘕿𗠁𘚟𘞐𘚟𗠁[9]𘄒6. 𘗶𗴿𗁥[10]𗪊𘈇𘉍�[11]、𗨁𘅥𗆜𘉢𘄒𗀔𘜈�，7. 𗹙𗰟𗦳𘚟𗤋𗺴𗉛𗮄𘝶。（𗔇𘛃）𘞝𗗚𘝶𗋽8. 𗋽𘉍𗰗𘉝𘛃𗆧，𘁨𗜓𗉘𗉘𘗦[12]𗋽𗍫𗄑𘎿9. 𘕿𗆧。10. 𘘥𘜶𘄒𗴴𘉍！𘘥𘜶𘛂𘗤𗀓𘉍！

对译：1. 力运随喜福业助营者及自各眷属为 2. 又即世于牢狱图圄内系困苦受及诸 3. 刑罚受者此现世于人身虽获乐又少 4. 苦与多枷锁钮械与分离未尝或现世 5. 于恶所造为得或过去世业随所追脱 6. 得并应呼告处无罪重死分救护者无 7. 是如众生及自各眷属为某甲等今日慈 8. 悲心以彼等为世间一切中慈悲主〈　〉9. 依归 10. ［南无］［弥勒］佛［南无］［释迦牟尼］佛

第 122 页：1. 𘘥𘜶𗍳𘔼𗡪𘉍！𘘥𘜶𘝵𘟢𘉍！2. 𘘥𘜶𗪙𗇃𗼨𘉍！𘘥𘜶𗩱𘛩𘉍！3. 𘘥𘜶𘇂𗨙𘉍！𘘥𘜶𗝢𘉍𘘥[13]𘉍！4. 𘘥𘜶�a𘛩𘉍！𘘥𘜶𘛉𗤋𘝵𘉍！5. 𘘥𘜶�𗲰𘉍！𘘥𘜶𘛉𗴴𘝵𘉍！6. 𘘥𘜶𗆧�a𘝵𘉍！𘘥𘜶𘛉𘟢𘉍！7. 𘘥𘜶𗈁𘓛𘉍！𘘥𘜶𘒉𘔼𘉍！8. 𘘥𘜶𗠁𘏲𘉍！𘘥𘜶𗩱𘝶𘉍！9. 𘘥𘜶𗷻𗾞𘓛𘉍！𘘥𘜶𘛃𗖵𘉍！10. 𘘥𘜶𗬩𘙄𘉍！𘘥𘜶𘃥𗰖𘉍！

对译：1. ［南无］次依行佛［南无］福德灯佛 2. ［南无］声音治佛［南无］［憍昙］佛 3. ［南无］势力佛［南无］身心住佛 4. ［南无］善月佛［南无］意觉华佛 5. ［南无］上吉佛［南无］善威德佛 6. ［南无］智力德佛［南无］善灯佛 7. ［南

无]坚行佛[南无]天音佛 8.[南无]安乐佛[南无]日面佛 9.[南无]解脱乐佛[南无]戒明佛 10.[南无]戒住佛[南无]垢无佛

第 123 页：1. [illegible]！[illegible]！2. [illegible]！[illegible]！3. [illegible] 4. [illegible]。[illegible]，[illegible] 5. [illegible][14][illegible]。6. [illegible][15]，[illegible] 7. [illegible]，[illegible]。[illegible]8. [illegible]，[illegible]。[illegible] 9. [illegible]，[illegible]，[illegible] 10. [illegible]。[illegible][16][illegible]

对译：1.[南无]狮子幡菩萨[南无]狮子作菩萨 2.[南无]身边无菩萨[南无]世音观菩萨 3. 又复是如十方虚空界尽三宝一切〈〉4. 依归唯愿慈悲力以同加今日佛事为 5. 所力运随喜者及自各眷属等〈〉覆护 6. 今日从去至于[菩提]罪障一切皆 7. 得消灭众苦一切永当解脱寿命〈〉长 8. 身心安乐永灾厄离复障恼无大乘心 9. 发菩萨行修六度四等皆悉具足死生10. 苦舍[涅槃]乐得苦役苦受处于余诸狱

第 124 页：1. [illegible]、[illegible][17]，[illegible] 2. [illegible]、[illegible]，[illegible] 3. [illegible]。[illegible] 4. [illegible]，[illegible][18][illegible]。[illegible][19][illegible] 5. [illegible]，[illegible]，[illegible]。[illegible][20][illegible] 6. [illegible]，[illegible]。[illegible] 7. [illegible]，[illegible]。[illegible] 8. [illegible]，[illegible][21][illegible][22]。[illegible] 9. [illegible][23]，[illegible]。

对译：1. 牢中徒囚系闭苦种种受者及诸疾病 2. 有自不在者及自各眷属等〈〉此刻佛 3.〈〉礼拜德功威力以众苦一切皆得解 4. 脱恶业因报永愿除断狱牢中出善法 5. 门入寿命无穷智力无穷身命永乐三 6. 第禅如狱牢苦忆诸佛恩念恶改善修 7. 大乘心发菩萨行行金刚际至还复 8. 众生一切〈〉度脱同正觉成神力自在先 9. 忏悔[菩提]心发已竟次回向应

意译、注释（中藏本第 120 页第 7 行—124 页第 9 行）

勤为执劳佛事等礼佛第三十六

今日道场同业大众，重复心诚起慈悲心，怨亲平等。为今日佛法，随喜各所需施工、运力，为助营福业者各及眷属。又为即世受牢狱囹圄中系困苦，及受诸刑罚者。于此现世虽获人身，乐少苦多，枷锁杻械未尝分离：或得由于现世所造恶；或随过去世业所追应得脱无处呼告、重罪分死无救护者，如是众生各及眷属。(某甲)等今日以慈悲心为彼等，归依一切世间中慈悲主。

南无弥勒佛！南无释迦牟尼佛！南无次第行佛！南无福德灯佛！南无音声治佛！南无憍昙佛！南无势力佛！南无身心住佛！南无善月佛！南无觉意华佛！南无上吉佛！南无善威德佛！南无智力德佛！南无善灯佛！南无坚行佛！南无天音佛！南无安乐佛！南无日面佛！南无乐解脱佛！南无戒明佛！南无住戒佛！南无无垢佛！南无狮子幡菩萨！南无狮子作菩萨！南无无边身菩萨！南无观世音菩萨！

又复归依如是十方尽虚空界一切三宝。唯愿以慈悲力，同加覆护今日为佛事所运力随喜者各及眷属。从今日去至于菩提，一切罪障皆得消灭，一切众苦永当解脱。寿命延长身心安乐，永离灾厄无复障恼。发大乘心修菩萨行，六度四等皆悉具足，舍生死苦得涅槃乐。处于受苦役苦诸余牢狱徒囚系闭、受种种苦者，诸有疾病不(得)自在者，各及眷属等，以今为其礼佛。以功德威力，一切众苦皆得解脱，恶业报因毕竟断除。出牢狱中入善法门，寿命无穷，智力无尽。身命永乐如第三禅，忆牢狱苦念诸佛恩。改恶修善发大乘心，行菩萨行至金刚际。还复度脱一切众生，同成正觉神力自在。

先已忏悔发菩提心竟，次应回向。【参见《大正藏》[0961c04—0962a10]】

[1] [illegible]：勤为执劳佛事等：《大正藏》丽本作“为执劳运力”。乙本作“为执劳运力礼佛第三十六”。卷一（图版第104页第5行）目录作“[illegible]”(勤为执佛事者等)。[illegible]，劳、劳累、劳苦、劳扰、驱役。[illegible]，执、奉持。卷一目录和本处稍略有小异，疑两处都漏译“运力”。

[2]“[illegible]，[illegible]”：“起慈悲心，怨亲平等”，《大正藏》作“五体投地起慈悲心。无怨亲想”。

[3] [illegible]：佛法，《大正藏》作“转生”。

[4]“[illegible]、[illegible]”：“随喜各所需施工、运力”，或“各施

工所需、随喜运力"，《大正藏》作"作熟执劳随喜施工运力"。

[5]"□□□□□……□"："为助营福业者……"，《大正藏》作"助营福者"。

[6]□□□□□□□：受图圄内系闭苦，即《大正藏》作"忧厄困苦图圄系闭"。

[7]□□□□：于此现世，《大正藏》作"念其处世"。

[8]□□□□□□□□□：或得为于现世所造恶，《大正藏》乙本作"由何所致或今身造恶"。

[9]□□□□□□□：随过去世业所追，《大正藏》作"过去所追"。

[10]□□□□：并应得脱，《大正藏》作"或应免脱"。

[11]□□□□：无处呼告，即《大正藏》作"无由自申"。"□□"（呼告），对应汉文本"自申"。

[12]□：中，《大正藏》作"大"。

[13]□□□：身心住。"□"（心），底本形误作"□"（敬），依汉文本和西夏文法乙正。

[14]□□□□□□：为佛事所运力，《大正藏》作"执劳"。

[15]□□□□：至于菩提。底本原作"□□□□□□"（至于菩提至于），衍出一个"□□"（至于），删除后者。

[16]□□□□□□：处于受苦役苦，《大正藏》丽本作"又愿东西二冶"，乙本作"天下牢狱诸余刑禁"。"□"（役），底本作"**□**"，字库无此字，存疑。

[17]□□□□□：受种种苦者，《大正藏》作"忧厄困苦"。

[18]□□：报因，《大正藏》作"恶业对因"。

[19]□：中，《大正藏》作"户"。

[20]□□：身命，《大正藏》作"身心"。

[21]□：成，《大正藏》作"登"。

[22]□：在。"在"下，汉文本有"一拜"。

[23]"□……□□"："先已……竟"，即《大正藏》作"已……竟"。

录文、对译（中藏本第124页第10行—128页第5行）

第124页：10. 𗃛𗄊𗣮𗭪𗣳𗾔𗊬𗣼𗊬

对译：10. 回向心发三十七第

第125页：1. 𗼃𗤁𗫸𗾔𗽴𗼺𗱕，𗒛𗣮𗭪𗤊𗓨𗤒𗫏 2. 𗤓，𗫼𗼺𗒛𗦺𗜰𗊬𗫼𗃛𗄊𗣮𗱕。𗾞𗤋 3. 𗤓？𗤊𗾔𗊱𗊬𗱴𗾻𗤁𗉜𗃛𗄊𗤒𗼺，𗫂𗒔 4. 𗗿𗊬𗣮𗫏。[1]𗝠𗾞𗰖、𗐩𗯨𗤓𗱕[2]𗼺，𗂅𗤁𗫼 5. 𗤁𗃛𗄊𗱕[3]，𗂆𗼑𗼃𗒛𗗿𗼆𗕷𗂅𗧒𗣮𗽴[4]。6. 𗤋𗫷𗤁𗒐𗤒：𗃛𗄊𗊱[5]𗱕，𗊬𗎫𗭆𗣼。𗤋𗼃 7. 𗼺𗃛𗄊𗣮𗭪𗱕，𗫼𗊬𗊱𗰖𗔣𗜰𗤁𗫼𗤁 8. 𗼃。𗒛𗦺𗫷𗧒𗒛𗒛𗣮𗱕，𗫼𗥤𗜓𗼑，𗎒𗣮 9. 𗤊𗥤𗫐𗊬𗓨𗤒𗕷𗼉𗱕。10. 𗣼𗩳𗄆𗾗𗣮！𗣼𗩳𗾛𗶻𗶻𗼔𗣮！

对译：1. 今日道场业同大众先心发以办所办 2. 竟次复前德功以各回向心发应何云 3. 矣众生一切福修报着回向不能所以 4. 解脱未得若片善毫许福有自报不 5. 着回向能则便解脱意如自在得矣 6. 故契经中叹回向行者大利益为故今 7. 日回向心发应兼一切〈〉功果报不着 8. 使我等相与先始心至五体地投敬礼 9. 以世间大慈悲主〈〉归命 10. [南无][弥勒]佛[南无][释迦牟尼]佛

第126页：1. 𗣼𗩳𗫶𗉫𗣮！𗣼𗩳𗥰𗫺𗫼𗣮！2. 𗣼𗩳𗎫𗴒𗣮！𗣼𗩳𗾛𗤈𗣮！3. 𗣼𗩳𗊬𗄆𗤈𗣮！𗣼𗩳𗱴𗤇𗣮[6]！4. 𗣼𗩳𗥣𗸐𗣮！𗣼𗩳𗤒𗾔𗊱𗣮！5. 𗣼𗩳𗤒𗤊𗣮！𗣼𗩳𗝠𗥤𗒛𗣮！6. 𗣼𗩳𗐼𗤈𗣮！𗣼𗩳𗤈𗰆𗣮！7. 𗣼𗩳𗊬𗉫𗝠𗣮！𗣼𗩳𗱴𗃛𗒛𗣮！8. 𗣼𗩳𗒛𗊱𗣮！𗣼𗩳𗊬𗊱𗣮！9. 𗣼𗩳𗔣𗪆𗤇𗣮！𗣼𗩳𗄆𗤁𗤈𗣮！10. 𗣼𗩳𗝵𗓺𗣮！𗣼𗩳𗾞𗒓𗣮！

对译：1. [南无]坚出佛[南无][安阇那]佛 2. [南无]益增佛[南无]香明佛 3. [南无][违蓝]明佛[南无] 4. [南无][蜜钵]佛[南无]碍无相佛 5. [南无]戒信佛[南无]妙道至佛 6. [南无]实乐佛[南无]明法佛 7. [南无]威德具佛[南无]寂灭至佛 8. [南无]上慈佛[南无]大慈佛 9. [南无]露甘主佛[南无][弥]楼明佛 10. [南无]圣赞佛[南无]广照佛

第127：1. 𗣼𗩳𗘪𗗉𗴻𗧩𗤊𗱕！𗣼𗩳𗒫𗫷𗤊𗱕！2. 𗣼𗩳𗏁𗗂𗾙𗤊𗱕！𗣼𗩳𗥤𗴶𗎫𗤊𗱕！3. 𗫼𗗗𗩳𗥧𗥩𗔦𗤁𗒖𗣷𗊬𗤒𗊬𗊱𗤁 4. 𗜓𗱕。𗒛𗖜𗊱𗓨𗫶𗤋𗒖𗾔𗽴𗼺𗝠，𗏁𗖜𗊬 5. 𗊬𗰖𗗂𗂅𗣷。𗼃𗤁𗫸𗾔𗽴𗼺𗱕，𗼃𗤊 6. 𗐩𗭪𗗂𗒫𗤇𗤒，𗤊𗱕𗏁𗊱𗮔𗤒𗊬𗫏，𗒛 7. 𗤊𗾔𗿛，𗤋𗫼𗣮𗫛。𗝠𗥤𗫼𗣷，𗫷𗷨𗫩𗶼

8. ▢▢[7]，▢▢▢▢▢▢▢▢[8]▢▢▢▢，▢9. ▢▢▢▢▢▢▢。▢▢▢▢[9]、▢▢▢[10]、▢10. ▢▢▢、▢▢▢、▢▢、▢▢▢▢、▢▢▢

对译：1.［南无］［文殊师利］菩萨［南无］普贤菩萨 2.［南无］身边无菩萨［南无］世音观菩萨 3. 又复是如十方虚空界尽三宝一切〈〉4. 依归唯愿慈悲力以同加覆护行愿 5. 一切圆满令得今日道场业同大众今日 6. 从去至于［菩提］菩萨行行誓莫退还先 7. 众生度然后佛作若道未得此方死生 8. 中留此愿力以此大众等所相生处身 9. 口意业恒得清净常柔软心和合心不 10. 逸放心寂灭心真心不杂乱心无贪吝

第 128 页：1. ▢、▢▢▢、▢▢▢▢、▢▢▢、▢▢▢、▢ 2. ▢▢▢▢、▢▢▢▢▢、▢▢▢▢▢、▢ 3. ▢▢▢▢▢[11]▢▢[12]。▢▢▢▢▢▢▢▢ 4. ▢，▢▢▢▢▢▢▢▢。▢▢▢▢▢▢ 5. ▢▢▢，▢▢▢▢▢▢▢▢▢。

对译：1. 心大胜心大慈悲心安住心欢喜心先 2. 一切度心一切守护心［菩提］守护心誓 3. 佛心与等心令得是如等广大胜妙心 4. 发多闻专求欲离定修众生一切〈〉饶 5. 益安乐［菩提］不舍同正觉成

意译、注释（中藏本第 124 页第 10 行—128 页第 5 行）

发回向心第三十七

今日道场同业大众，先（已得）发心办所办竟，次复应（须）以前功德各发回向心。何以故尔？一切众生不能修福着报回向，所以未得解脱。若有片善、毫许（之）福能不自报着回向，则便得解脱如意自在矣。

所以经叹：修行回向为大利益。（是）故今日应发回向心，兼劝一切不着果报。我等相与先始至心，五体投地，归命敬礼世间大慈悲主。

南无弥勒佛！南无释迦牟尼佛！南无坚出佛！南无安阇那佛！南无增益佛！南无香明佛！南无违蓝明佛！南无念王佛！南无蜜钵佛！南无无碍相佛！南无信戒佛！南无至妙道佛！南无乐实佛！南无明法佛！南无具威德佛！南无至寂灭佛！南无上慈佛！南无大慈佛！南无甘露主佛！南无弥楼明佛！南无圣赞佛！南无广照佛！南无文殊师利菩萨！南无普贤菩萨！南无无

边身菩萨！南无观世音菩萨！

又复归依如是十方尽虚空界一切三宝。唯愿以慈悲力同加覆护，一切行愿令得圆满。

今日道场同业大众，从今日去至于菩提，行菩萨行誓莫退还，先度众生然后作佛。若未得道，此方留死生中，以此愿力令此大众等（在）所相生处身口意业恒得清净，令常得柔软心、合和心、不放逸心、寂灭心、真心、不杂乱心、无贪吝心、大胜心、大慈悲心、安住心、欢喜心、先度一切心、守护一切心、守护菩提心、誓与佛心等心。发如是等广大胜妙心，专求多闻修离欲定，饶益安乐一切众生，不舍菩提同成正觉。【参见《大正藏》[0962a11—0962b13]】

［1］"𗋒𗰖𗙴𘉼𗧓𘏨𘏨，𗭼𘉼𗣓𘏨𘏨𘏨"："不能修福着报回向，所以未得解脱"，《大正藏》作"所以不能得解脱者。皆由著于世间果报不能舍离"。

［2］"𗣓𘏨、𗠇𘏨𘏨𘉼"："小善、毫许（之）福"，《大正藏》作"若有片福、一毫之善"。𗣓，小、微、片。𗠇𘏨𘏨，毫许，对应汉文"一毫"。𘏨，许。

［3］𘏨𘏨𘉼𘉼𗓟𘏨𘏨：能不自报着回向，《大正藏》作"能回向者"。

［4］𘏨𘏨𗓟𘉼𗓟𗋒𘏨𘏨𘏨𘏨：则便得解脱如意自在矣，《大正藏》作"则于果报不复生着。便得解脱优游自在"。"𗋒𘏨𘏨𘏨"（如意自在），对应汉文"优游自在"。

［5］𘏨：行，《大正藏》作"修行"。

［6］𗓟𗣓𘏨：念王佛，《大正藏》丽本作"金玉佛"，乙本同西夏文译本。

［7］𘏨𗓟𗣓𘏨𗓟𘏨：此方留死生中，即《大正藏》作"中间留住生死者"。

［8］𘏨𗓟𗣓𘏨：此大众等，《大正藏》作"诸大众"。

［9］𗓟𗣓𘏨：柔软心，《大正藏》作"广大胜妙之心柔软心"。

［10］𗓟𗣓𘏨：合和心，《大正藏》作"调和心勇猛心"。合和，即调和。

［11］𘏨𘏨𘏨𘏨𘏨：誓与佛心等心，即《大正藏》作"誓等佛心"。疑第二个"𘏨"（心）为衍字。

[12] 𗏇𗗟：令得、当得，《大正藏》作"发"。

录文、对译（中藏本第 128 页第 6 行—132 页第 3 行）

第 128 页：6. 𗗟𗗔𗝊𗰜7. 𗦃𗼒𗦤𗿒𗤈𗰛𗱢，𗏇𗦧𗟲𗰜𗶠𗄒，𗤢8. 𗁬𗫴𗤳，𗤌𗯴𗬛𗰜[1]：9. 𗫡𗤁𗰟𗥃𗰜　𗦃𗗆𗟀𗑾𗱢[2]10. 𗤌𗢳𗗟𗗔𗤓[3]　𗥃𗤀𗱢𗰜𗾺

对译：6. 回向法说7. 今日道场业同大众相与膝跪掌合心8. 念口言我依随说9. 十方诸天仙　德功业有者10. 我今回向随　同正觉道归

第 129 页：1. 𗫡𗤁𗝯𗲴𗤓　𗑢𗰜𗟀𗱢𗰜2. 𗤌𗢳𗗟𗗔𗤓　𗦃𗁛𗧥𗾺𗱢3. 𗫡𗤁𗰟𗥃𗷏　𗥃𗤈𗰜𗑌𗰜4. 𗤌𗢳𗗟𗗔𗤓　𗥃𗾺𗌊𗾺𗱢5. 𗴮𗾺𗢭𗟀𗰾　𗤈𗥃𗰜𗱢𗱢6. 𗤌𗢳𗗟𗗔𗤓　𗥃𗾺𗌊𗾺𗱢7. 𗫡𗤁𗤢𗤈𗯴　𗏇𗥃𗇐𗰜𗱢8. 𗦧𗮉𗼒𗏭𗪸　𗠅𗑾𗟀𗒹𗗱9. 𗰝𗝊𗟀𗌊𗱢　𗥃𗤀𗱢𗗱𗼒10. 𗨁𗉋𗾺𗄆𗶙　𗏇𗤢𗱢𗗟𗗔

对译：1. 十方龙鬼神　胜善业有者2. 我今回向随　同一乘道归3. 十方诸人王　[菩提]业修者4. 我今回向随　同无上道归5. 六道众生类　微善业有者6. 我今回向随　同无上道归7. 十方佛弟子　善来[比丘]众8. 著无四沙门　及缘觉求者9. 隐显众生化　因缘法明了10. 是如兼一切　尽佛道回向

第 130 页：1. 𗫡𗤁𗰟𗟀𗾺　𗑢𗤔𗑢𗒀𗯴2. 𗟀𗱢𗟀𗼰𗗱　𗏇𗤢𗱢𗼒𗔟3. 𗨁𗉋𗤾𗤈𗿒　𗱢𗾺𗫴𗄆𗄆4. 𗏇𗟀𗑾𗗟𗤢　𗥃𗾺𗌊𗾺𗱢5. 𗗱𗾺𗟀𗢳𗤿　𗑌𗾺𗰟𗟀𗝊6. 𗤌𗢳𗶙𗗟𗗔　𗥃𗾺𗌊𗾺𗱢7. 𗤢𗫡𗟀𗑾𗤾　𗀱𗟀𗟀[4]𗥃𗶙8. 𗄆𗫂𗼒𗱢𗰜　𗏇𗟀𗑾𗗟𗤢9. 𗟀𗑾𗤢𗟀𗶙[5]　𗥃𗤈𗖻𗟀𗰜10. 𗄆𗄆𗤢𗤓𗯴　𗇐𗀱𗥃𗾺𗗱[6]

对译：1. 十方诸菩萨　经受持读诵2. 禅入禅出者　总劝众善行3. 是如等三乘　众德本一切4. 尽众生回施　同无上道归5. 天上及人间　圣道诸善业6. 我今劝回向　同无上道归7. 心发及忏悔　自行复人劝8. 微毫福有者　尽众生回施9. 众生佛不成　[菩提]愿不舍10. 一切佛成尽　故自正觉证

第 131 页：1. 𗝊𗤔𗤢𗟀𗾺　𗟀𗱢𗰟𗑌𗤾2. 𗨁𗤾𗟀𗤁𗤾　𗝊𗤔𗫴𗖑𗟀[7]3. 𗏇𗦧𗤢𗝯，𗟀𗗱𗰜𗝊，𗆷𗤢𗘂：4. 𗤁𗷏𗤈𗅁𗦃𗗟𗗔；𗟀𗗱𗲴𗒹𗒹𗦃𗗟𗗔；

5. 𗏵𗏵𘄲𗣼𗗙𘝶𘔾；𘄬𗰖𗗲𗗣、𘎞𗓆𘅋𗗏 6. 𗤋^[8] 𘔾𘝶；𗗙𗖶𗧫𗑠𘄲𘔾𘝶；𗅢𗦎𗦞𗑠𘄲 7. 𘔾𘝶；𗥑𘄲𘍵𗣼、𘛽𗉚𘟣𗴲𗗙𗦎𗾘、𘈩 8. 𘃽𘎛𗗙、𘅣𗦎𘝾𗑠、𘝾𘄲𘊝𘗽𘄲𘔾𘝶；𘔷 9. 𘟠𘝾𘛽𘄲^[9] 𗫔𗫔𘄲𘔾𘝶；𗅢𗦎𗴲𘟣𗿒𗭼 10. 𗳲𘝱𗫔𗫔𘄲𘔾𘝶。𗰖𗅢𗦎𗅲𗧇𗅲𘈇、𘝾

对译：1. 仰愿佛菩萨　漏无诸圣人 2. 此世及后世　唯愿摄受为 3. 相与心至五体地投奉以 4. 国王皇帝为回向及父母亲缘为回向 5. 师长同学为回向信心施主善恶知识 6. 为回向世护四王为回向十方魔王为 7. 回向聪明正直天地虚空善主恶罚咒 8. 持守护五方龙王龙神八部为回向又 9. 幽显天神一切为回向十方虚空界尽 10. 众生一切为回向愿十方诸天诸仙龙

第 132 页：1. 𘈇𗿒𗭼、𗳲𘝱𗫔𗫔，𘃡𘉍𗒹𗨷𘄲𘟱𗤋，2. 𗦎�"𘏲𘓓𘕕^[10]𘝶𘔷𘕣𘚗^[11]。3. （略）

对译：1. 神八部众生一切今日从去至于［菩提］2. 恒相无理明复不耽著 3. （略）

意译、注释（中藏本第 128 页第 6 行—132 页第 3 行）

说回向法

今日道场同业大众，相与膝跪合掌、心念口言，随依我说：

十方诸天仙　有功德业者
我今随回向　同归正觉道

十方龙鬼神　有胜善业者
我今随回向　同归一乘道

十方诸人王　修菩提业者
我今随回向　同归无上道

六道众生类　有微善业者

我今随回向　　同归无上道

十方佛弟子　　善来比丘众
无著四沙门　　及求缘觉者

隐显化众生　　明了因缘法
如是兼一切　　尽回向佛道

十方诸菩萨　　读诵受持经
入禅出禅者　　劝总行众善

如是等三乘　　一切众德本
尽回施众生　　同归无上道

天上及人间　　圣道诸善业
我今劝回向　　同归无上道

发心及忏悔　　自行复劝人
有微毫福者　　尽回施众生

众生不成佛　　不舍菩提愿
一切成佛尽　　故证自正觉

仰愿佛菩萨　　无漏诸圣人
此世及后生　　唯愿为摄受

　　相与至心，五体投地，奉为：国王皇帝回向；又为父母亲缘回向；为师长同学回向；为信心施主、善恶知识回向；为护世四王回向；为十方魔王回向；为聪明正直、天地虚空主善罚恶、守护持咒、五方龙王、龙神八部回向；又为幽显一切天神回向；为十方尽虚空界一切众生回向。愿十方诸天诸

仙、龙神八部、一切众生，从今日去至于菩提，恒相无明理不复耽著。【参见《大正藏》[0962b14—0962c20]】

[1] 𗣼𗣼𗣼𗣼：随依我说，《大正藏》作"随我今说"。

[2] 𗣼𗣼𗣼𗣼𗣼：有功德业者，《大正藏》作"所有功德业"。"……𗣼𗣼"（有……者）及第3行"……𗣼𗣼"（修……者），分别对应汉文"所有"、"所修"。下同。

[3] 𗣼：随、依，《大正藏》作"为"。下句，同。

[4] 𗣼：复、又，《大正藏》作"若"。

[5] 𗣼：成，《大正藏》作"得"。

[6] 𗣼𗣼𗣼𗣼：故证自正觉，《大正藏》作"然后登正觉"。

[7] 𗣼：为，《大正藏》作"见"。

[8] 𗣼：为，底本不清，据汉文意补。

[9] 𗣼𗣼：天神，《大正藏》作"灵祇"。

[10] 𗣼𗣼𗣼𗣼𗣼：恒相无明理，《大正藏》作"恒会无相"。

[11] 𗣼𗣼𗣼𗣼：不复耽著，《大正藏》作"不复耽著（一拜）"。

《慈悲道场忏法》卷第十（俄藏本、中藏本）

　　《慈悲道场忏法》卷十刊布于《中国藏西夏文献》第五册第 134—186 页，《中国国家图书馆藏西夏文献》第二册第 178—196 页，前缺一处以俄藏 4288 号 26 行 13 字本补足。

录文、对译（俄藏本，中藏本第 134 页—138 页第 8 行）

　　俄藏本：1.《𗩈𗵽𗧓𗄊𗆟𗙚𗏇》𗱼𗳎𗟲 2. 𗣼𗫡　𗸒𗡞[1] 3. 𗏇𗸒𗱕𗵟𗙚𗳎𗳎𗤒𗟲 4. 𗥃𗲱𗵽𗧓𗥃𗫡𗸒，𗹙𗱠𗮔𗮔𗤒 5. 𗣫𗾺，𗱕𗆟𗤞𗳌𗤩𗤒𗪴𗆟𗫲 6. 𗲛𗺊，𗰜𗳇𗵽𗤱𗱕𗆟𗮔𗸒。𗆟 7. 𗆟𗫲𗟭𗤱𗤒𗹙𗆟𗧓𗫲𗫲𗢁 8. 𗤩𗳩，𗏇𗆟𗫲𗮔𗺊𗤒𗤝𗫡。9. 𗵁𗆟𗆟𗫲𗵟𗙚𗟭𗫲𗪴，𗏇𗆟 10. 𗫲𗫲𗪴𗹙𗺊𗤞𗺊𗨪、𗤚𗢁、𗮉 11. 𗴒𗫡𗤞𗤞𗥃𗸒𗸒𗲛。𗆟𗵟 12. 𗙚𗙚𗤒𗏇𗆟𗫲𗢁𗤒𗺊𗆟𗙚 13. 𗥃𗵟𗲛𗺊，𗤒𗸒𗲛𗙚𗸒𗤱𗱒 14. 𗺊，𗤒𗲱𗙚[2]𗙚𗤒𗸒𗲛𗺊，𗤒𗲛 15. 𗸒𗙚𗤒𗳎𗸒𗺊，𗤒𗲛𗲛𗙚𗮔𗺊 16. 𗲛𗲛𗤞𗸒𗺊，𗤒𗤩𗙚𗤝𗤒 17. 𗲛𗺊，𗤒𗳩𗣆[3]𗙚𗲛𗲱𗮔𗺊𗤩 18. 𗳩𗥃𗺊，𗤒𗰜𗤞𗙚，𗜀𗤒𗙚𗫲、19. 𗤒𗳩𗓐𗥃𗺊。𗥃𗲱𗵽𗧓𗥃𗫡 20. 𗤒𗸒，𗱕𗆟𗢁𗙚𗷙𗳎𗤒𗆟𗤞𗤒 21. 𗆟𗳎𗤝，𗫲𗾺𗢁𗆟𗺊𗤒𗮔𗫡 22. 𗱕𗲛𗥃。𗏇𗆟𗫲𗫲𗺊𗳎𗣫𗢁 23. 𗤝𗵁𗤞[4]，𗸒𗣫𗆟𗳎𗤝𗤝𗱔𗪴，24. 𗤝𗲛𗜀𗣫𗢁𗏇𗆟𗫲𗣫。𗲛𗏇𗆟 25. 𗤝𗤝𗸒[5]𗏇𗸒𗺊𗥃𗱔𗤝𗲱𗵁，26. 𗏇𗸒𗺊𗫲𗺊𗢁𗤙𗳕 𗣠𗣠，𗤝𗸒[6]

　　对译：1. 慈悲道场忏法卷十第 2. 天生　德救 3. 菩萨回向法三十八第 4. 今日道场业同大众相与捍劳苦 5. 忍以是如等无量善根所修 6. 已竟宜随自各是如念应我 7. 所修善根以悉众生一切〈　〉8. 饶益诸众生〈　〉究竟清净静令 9. 复此所修忏悔善根以众生 10. 一切皆悉地狱饿鬼畜生［阎 11. 罗］王等无量苦恼〈　〉灭此忏 12. 悔法以诸众生〈　〉大舍如作 13. 苦阴灭令大救护作烦恼脱 14. 令大依归作恐怖离令大趣 15. 止作智地至令大安隐作究竟 16. 安隐处至令大明作痴暗 17. 灭令大灯炬作安住究竟明 18. 净得令大导师作方便法得

19. 智净身得令今日道场业同 20. 大众此如诸法者［菩萨摩诃 21. 萨］怨亲故诸善根以共同 22. 回向是众生一切于心等差 23. 别无有平等观入怨亲想无 24. 常爱眼以诸众生〈〉视若众生 25. 怨心怀菩萨于恶逆心起者 26. 菩萨其〈〉善知识真为心意

俄藏本：1. [illegible]。[illegible] 2. [illegible]，[illegible][7]。[illegible][8][illegible]，3. [illegible][9]，[illegible] 4. [illegible][10][illegible]。[illegible] 5. [illegible]，[illegible][11][illegible]。[illegible] 6. [illegible]，[illegible][12]，[illegible] 7. [illegible]。[illegible] 8. [illegible]，[illegible]，[illegible] 9. [illegible][13][illegible]。[illegible] 10. [illegible]，[illegible]、11. [illegible]、[illegible]、[illegible]、[illegible][14][illegible] 12. [illegible]、[illegible]、[illegible]、[illegible]。[illegible] 13. [illegible]，[illegible] 14. [illegible][15][illegible]。[illegible] 15. [illegible]，[illegible]。[illegible] 16. [illegible][16][illegible] 17. [illegible]，[illegible]，[illegible]。[illegible] 18. [illegible]，[illegible]。19. [illegible]，[illegible] 20. [illegible]，[illegible] 21. [illegible]。[illegible]，[illegible] 22. [illegible][17]，[illegible][18]。[illegible] 23. [illegible][19]，[illegible]，[illegible] 24. [illegible]。[illegible] 25. [illegible][20]，[illegible][21][illegible]。[illegible] 26. [illegible]，[illegible]，[illegible]，[illegible]

对译：1. 调伏法深说为譬如大海众毒 2. 一切皆坏不能愚痴智无恩不知 3. 是如众生于无量大心起亦 4. 菩萨心动乱不能譬如皎日众生 5. 普照目盲者为光明不隐菩萨心亦 6. 是如恶怀者为心不退没众生调伏 7. 难为善根因退舍与不［菩萨摩诃萨］8. 诸善根于信心清净大悲养长诸 9. 善根以众生普〈〉为心深回向但 10. 口中言及非诸众生于皆欢喜心 11. 明净心柔软心慈悲心爱念摄受 12. 心饶益心安乐心最胜心发诸善 13. 根以回向［菩萨摩诃萨］是如善根 14. 回向心发我等亦今日仰心以 15. 是如回向学应心念口言若我〈〉16. 回向德功以诸众生等清静趣令 17. 得清静生令得德功满足世一切 18. 间坏能者无德功智慧穷极无有 19. 身口意业具足庄严常诸佛见坏 20. 不信以正法听受诸疑网离忆持 21. 不忘身口业净常胜妙善根于心 22. 归永贫乏离七圣财足菩萨一切 23. 学所随学诸善根得平等成就妙 24. 解脱一切种智得众生一切于慈

25. 悲眼得身相清净辞言辩慧以诸 26. 善根发心染著无深甚法入一切

俄藏本：1. [illegible]。[illegible]，[illegible][22]。2. [illegible][23]，[illegible] 3. [illegible]。[illegible]，4. [illegible]。[illegible]（[illegible]）[illegible]，[illegible] 5. [illegible]。[illegible] 6. [illegible][24]。[illegible]，[illegible]，[illegible] 7. [illegible]（[illegible]）。8. [illegible]！[illegible]！9. [illegible]！[illegible]！10. [illegible]！[illegible]！11. [illegible]！[illegible]！12. [illegible]！[illegible]！13. [illegible]！[illegible]！

对译：1. 摄取同诸佛〈 〉住住所无于住 2. 我等〈 〉回向悉十方[菩萨摩诃 3. 萨]所发回向如〈 〉为广大法性如 4. 究竟虚空如愿某甲等愿如〈 〉得[菩 5. 提]愿满四生六道亦我等愿与〈 〉6. 同重复增到五体地投世间大慈 7. 悲主〈 〉依归一拜 8.[南无][弥勒]佛[南无][释迦牟尼]佛 9.[南无]威德佛[南无]明见佛 10.[南无]善行报佛[南无]善喜佛 11.[南无]忧无佛[南无]宝明佛 12.[南无]威仪佛[南无]福德乐佛 13.[南无]德功海佛[南无]相尽佛

中藏本第 136 页①：1. [illegible]！[illegible]！2. [illegible]！[illegible]！3. [illegible]！[illegible]！4. [illegible]！[illegible]！5. [illegible]！[illegible]！

对译：1.[南无]魔断佛[南无]魔尽佛 2.[南无]道衰过佛[南无]意不坏佛 3.[南无]水王佛[南无]魔净佛 4.[南无]众上王佛[南无]明爱佛 5.[南无][菩提]相佛[南无]智明佛

中藏本第 137 页：1. [illegible]！[illegible]！2. [illegible]！[illegible]！3. [illegible] 4. [illegible]。[illegible]，[illegible] 5. [illegible]。（[illegible]）[illegible][25]，6. [illegible]，[illegible] 7. [illegible]。[illegible]、[illegible]、[illegible] 8. [illegible][26]，[illegible]、[illegible] 9. [illegible][27]，（[illegible]）[illegible] 10. [illegible]，[illegible]。[illegible]

① 中藏本第 136 页第 1 行“[illegible]”（南无断魔佛），上接俄藏本（第 13 行第 11 字）。中藏本第 134—135 页所涉及书衣题签和扉画文字内容的“录文、对译”，略。

对译：1.［南无］常进精菩萨［南无］不休息菩萨 2.［南无］身边无菩萨［南无］世音观菩萨 3. 又复是如十方虚空界尽三宝一切〈〉4. 依归大慈悲力以同加摄受回向心具 5. 足成就令〈〉某甲等若无量大恶罪业依 6. 无量边无苦楚受应其恶道中自拔不 7. 能今日［菩提］心与违［菩提］行与违［菩提］8. 愿与违〈〉时愿十方大地菩萨圣人 9. 一切慈悲心以本愿不舍某甲等〈〉助彼 10. 三恶道中诸众生救解脱得令唯愿苦

中藏本第 138 页：1. 𗢛[28] 𗣩𗴛𗈇𗤁𗵐，𗎴𗆤𗗙𗾞𗔾𗘂𗩾，𗃛𗴾 2. 𘜶𗏁𗗙，𗴛𗈇𗾖𗾖𗝿𘟞𗕷𗬑𗖨、𘂨𘖳𗉅 3. 𘉋、𗈟𗤒𗐯𗟲𗀾𗗙。𗴛𗈇𗾖𗾖𗵒𗟭𗞵𘄄 4. 𗅋𗤋𗑠𗉮𗐯𗵒𘂎𗤒。𗵘𗞵𗿒𗌮[29]，𗊡𘄄𘊱 5. 𗵐𗣨𗡞，𗰖𘄄𘊱[30]𘟞𘐆𘟣𗄈𗵐𘂏𗬑，𘄄 6. 𗾞𘟖𗼅𗵒𗉅𗿒𗞵。𗴛𗒹𗖨𗤒𗐫𗄈𘄄 7. 𗉮，𘃡𗀜𘗠𗝿𗾖𗾖𗍊𗬑，𗤒𘟞𗴛𗈇𗾖𗾖 8. 𗖨𗗙。𗎴𗒹𘛳𗣦𗈇，𘋩𗿒𘕣𘗠𘂎𗴛𗄽。

对译：1. 患以众生不舍离我等〈〉荷负重担平等 2. 愿满为众生一切〈〉生老病死愁忧苦 3. 恼无量诸难度脱众生一切悉清净得 4. 善根具足究竟解脱众魔永离恶知识 5. 与远离善知识及善眷属真与亲近净 6. 业成就众苦尽离菩萨〈〉无量行愿具 7. 足佛见欢喜一切智得还复众生一切 8.〈〉度脱先回向已竟次六根为愿发应

意译、注释（俄藏本，中藏本第 134 页—138 页第 8 行）

《慈悲道场忏法》卷第十

菩萨回向法第三十八

今日道场同业大众，相与已（得）捍劳忍苦，所修如是等无量善根已竟，宜应随人人（起）如是念。我所修善根悉以饶益一切众生，令诸众生究竟清净。复以此所修忏悔善根，一切众生皆悉灭地狱饿鬼、畜生、阎罗王等无量苦恼。以此忏法为诸众生如作大舍令灭苦阴，作大救护令脱烦恼，作大归依令离恐怖，作大止趣令至智地，作大安隐令得究竟安隐处，作大明令灭痴暗，作大灯炬令得安住究竟明净。作大导师，令得方便法、得净智身。

今日道场同业大众，如此诸法是菩萨摩诃萨为怨亲，故以诸善根同共回向。一切众生等心无有差别，入平等观无怨亲想，常以爱眼视诸众生。

若众生怀怨心于菩萨起恶逆心者，菩萨为真善知识，善调伏心意为说深法。譬如大海一切众毒皆不能坏。愚痴无智不知恩，如是众生起无量大心，亦不能动乱菩萨心。譬如皎日普照众生，不为目盲而隐光明。菩萨心亦如是，不为怀恶者心退没，不以众生难调伏故退舍善根。菩萨摩诃萨于诸善根信心清净长养大悲，以诸善根普为众生深心回向。非但口言，于诸众生皆发欢喜心、明净心、柔软心、慈悲心、爱念摄取心、饶益心、安乐心、最胜心。以诸善根回向菩萨摩诃萨，发如是善根回向心。

我等今日亦应以仰心学如是回向，心念口言。若我回向功德，令诸众生得清净趣，得清净生功德满足。一切世间无能坏者，功德智慧无有穷极。身口意业具足庄严，常见诸佛以不坏信听受正法，离诸疑网忆持不忘。净身口业心常归心，胜妙善根永离贫乏七圣财足。随学一切菩萨所学，得诸善根成就平等，得妙解脱一切种智。于一切众生得慈悲眼，身相清净言辞辩慧。发诸善根心无染著，入甚深法摄取一切，同住诸佛住无所住。我等回向，悉如十方菩萨摩诃萨所发回向。广大如法性，究竟如虚空。

愿（某甲）等得如所愿满菩提愿，四生六道亦同我等愿。重复增到，五体投地，归依世间大慈悲主（一拜）。

南无弥勒佛！南无释迦牟尼佛！南无威德佛！南无见明佛！南无善行报佛！南无善喜佛！南无无忧佛！南无宝明佛！南无威仪佛！南无乐福德佛！南无功德海佛！南无尽相佛！‖南无断魔佛！南无尽魔佛！南无过衰道佛！南无不坏意佛！南无水王佛！南无净魔佛！南无众生王佛！南无爱明佛！南无菩提相佛！南无智音佛！南无常精进菩萨！南无不休息菩萨！南无无边身菩萨！南无观世音菩萨！

又复归依十方尽虚空界一切三宝。愿以慈悲力同加摄受，令回向心具足成就。

（某甲）等若依无量大恶罪业，应受无量无边楚毒，于恶道中不能自拔。违今日发菩提心，违菩提行，违菩提愿时，愿十方大地菩萨、一切圣人以慈悲心不舍本愿，助（某甲）等于彼三恶道中，救诸众生令得解脱。

唯愿不以苦患舍离众生，为我等荷负重担满平等愿，度脱一切众生生老病死、愁忧苦恼、无量诸难。(令)诸众生悉得清净，具足善根究竟解脱。永离众魔远恶知识，亲近善知识及真善眷属，成就净业尽离众苦。具足菩萨无量行愿，见佛欢喜得一切智，还复度脱一切众生。

先回向已竟，次应为六根发愿。【参见《大正藏》[0963a01—0963c10]】

[1]“[illegible]”(天生)、“[illegible]”(救德)，此4字同一栏中双行书写。两者分别应为“[illegible]　[illegible]”(天生全能禄番式法国正皇太后梁氏　御译)、“[illegible]　[illegible]”(救德主国增福民正大明皇帝嵬名　御译)的略写。同中藏本，在此“意译”部分，可不再重复。[illegible]，底本误作“[illegible]”，今乙正。

[2] [illegible]：大归依，《大正藏》作“归依”。本页图版第15—18行同此。

[3] [illegible]：灯炬、灯烛，《大正藏》作“灯”。

[4] [illegible]：等心无有差别，《大正藏》作“等无差别”。

[5] [illegible]：怀怨心，《大正藏》作“怀恨”。

[6] [illegible]：心意，即《大正藏》作“心”。

[7] [illegible]，“不能坏”，《大正藏》作“不能坏菩萨亦尔”。

[8] [illegible]：恩，《大正藏》作“报恩”。

[9] [illegible]：起无量大心，《大正藏》作“起无量恶”。

[10] [illegible]：心，《大正藏》作“道心”。下同。

[11] [illegible]：目盲，《大正藏》作“无目”。

[12] [illegible]：不为怀恶者心退没，《大正藏》作“不为恶者而生退没”。

[13] [illegible]：深。写本形误作“[illegible]”(黑、冥、暗)，今乙正。

[14] [illegible]：爱念，《大正藏》作“爱念心”。

[15] [illegible]：回向心，《大正藏》作“回向”。

[16] [illegible]：回向，《大正藏》作“所有回向”。

[17] [illegible]：归心、至心，《大正藏》作“安住”。

[18] [illegible]：七圣财足，《大正藏》作“七财充满”。

[19] [illegible]：随学，《大正藏》作“修学”。

[20] [illegible]：于一切众生得慈悲眼，即《大正藏》作

“于诸众生得慈爱眼”。[illegible]，一切、诸。

［21］[illegible]：身相，《大正藏》作“身根”。

［22］[illegible]：住无所住。第一个“[illegible]”(住)下原衍“[illegible]”(无)，据文意已删。

［23］[illegible]：我等回向，《大正藏》作“所有回向”。“[illegible]”(回向)下原衍“[illegible]”(无)，据文意已删。

［24］[illegible]，亦同我等愿，即《大正藏》作“同得如愿”。

［25］[illegible]：依，《大正藏》作“具有”。

［26］[illegible]：时，《大正藏》作“者”。

［27］[illegible]：舍，即《大正藏》作“违”。

［28］[illegible]：苦患，《大正藏》作“苦故”。

［29］[illegible]：永离，即《大正藏》作“舍离”。

［30］[illegible]：善知识，《大正藏》作“善友”。

录文、对译（中藏本第138页第9行—144页第4行）

第138页：9. **[illegible]**10. [illegible]，[illegible]

对译：9. 六根为愿发三十九第10. 又愿今日道场业同大众自各是如愿

第139页：1. [illegible]。[illegible]，2. [illegible]。[illegible][1][illegible]3. [illegible]，[illegible][2][illegible]。[illegible]《[illegible]》[illegible]4. [illegible]：[illegible]，[illegible]。[illegible]，[illegible]5. [illegible][3]。[illegible]。[illegible]

对译：1. 发应众恶起处寻〈〉则皆六根缘于出2. 故是六根众祸之本为众祸之本虽及3. 为复亦无量福业生能故胜［鬘］契经中4. 言六根守护身口意净此以议〈〉则故5. 善生本亦为矣故六根为大愿发应初

第140页：1. **[illegible]**[4]2. [illegible]，[illegible]3. [illegible]，[illegible]。[illegible]4. [illegible]、[illegible]；[illegible]、[illegible]5. [illegible][5][illegible]；[illegible][6][illegible]；6. [illegible]、[illegible]；[illegible]、7. [illegible]；[illegible]、[illegible]；

8. 𗟲𗏆𗫾𗂧、𗫾𗙏𗐴𗏇𗟲；𗣼𗢁[7]𗾔𗅁𗑱𗱚9. 𗼺𗫕𗐴𗏇𗟲；𗏹𗫕𗴛𗝣𗠎𗟲𗐴𗏇𗟲。𗰖10. 𗫾𗫘𗑱𗫾𗀅𗫕𗐴𗤁𗤁𗏇𗟲，𗫁𗰖𗄈

对译：1. 眼根为愿发 2. 愿今日道场业同大众及十方四生六 3. 道众生一切今日从去乃至[菩提]眼以 4. 常贪欲厌无诈幻色不见谀諂曲媚相 5. 相曼色不见青黄朱紫人〈〉惑〈〉色不见 6. 嗔恚斗净丑状色不见他〈〉打扑苦恼 7.〈〉损色不见众生〈〉屠裂伤毁色不见 8. 愚痴信无疑暗色不见自慢他〈〉无谦 9. 无敬色不见九十六种邪见色不见眼 10. 常是如众恶不善色一切不见愿眼以

第 141 页：1. 𗫾𗢳𗫾𗤁𗤁𗫾𗀞𗫛𗔇𗇁𗏐[8]𗐴𗏇𗟲𗄈；2. 𗫾𗩴𗫕𗌰𗄑𗡱𗜓𗅐[9]𗐴𗔇𗟲𗏇𗟲𗄈；𗵴𗫕3. 𗝣、𗠰𗔇𗫾𗐴𗏇𗟲𗄈；𗫾𗫫𗾔𗫫𗵱𗜏𗖲4. 𗈜𗏺𗙏𗄈𗐴𗏇𗟲𗄈；𗫾𗰀𗏆𗫘𗝣𗐴𗢁5. 𗫕𗔇𗏇𗙏𗛧𗢾𗐴𗏇𗟲𗄈；𗫾𗔇𗼺[10]𗢳𗫾𗫘6. 𗱖𗐴𗏇𗟲𗄈；𗫾𗰀𗀕𗫫𗚗𗅁𗢁𗺄[11]、𗫾𗰏7. 𗅁𗢁𗵱𗣩𗏆[12]𗐴𗏇𗟲𗄈。𗑱𗫁𗰖𗄈𗫾𗢳8. 𗟲𗁅𗫾、𗿟𗴼[13]、𗟩𗫪𗋽𗫕𗐴𗏇𗟲𗄈；𗫾𗰀9. 𗁅𗿟𗫾𗚗𗼺𗇁𗀅𗼺𗐴𗏇𗟲𗄈；𗫾𗫕𗄈10. 𗝣𗂧𗒔𗱊𗌰𗫕𗫇[14]𗏇𗟲𗄈；𗫾𗍊𗫾𗫾𗢁

对译：1. 常十方一切常住法身寂净色〈〉见〈〉2. 常三十二相[阎浮]金色身见〈〉见〈〉八十 3. 种好形随色〈〉见〈〉常诸天诸仙宝奉 4. 献来华散色〈〉见〈〉常口内五种色光 5. 出法说人度色〈〉见〈〉常十方遍 6. 满色〈〉见〈〉常诸佛肉髻及光放缘有 7. 人他随来会色〈〉见〈〉又愿眼以常十 8. 方菩萨独觉[罗汉]圣众色〈〉见〈〉常诸 9. 众生及眷属与佛观色〈〉见〈〉常众善 10. 教无自然假明色〈〉见〈〉常七觉华净

第 142 页：1. 𗐴𗏇𗟲𗄈；𗫾𗫘𗄑𗎆𗅲𗐴𗏇𗟲𗄈；𗫾𗆉2. 𗫦𗊬𗵱𗄈𗫕，𗉒𗒑𗫛𗙯𗴿𗵴𗐴𗏇𗟲𗄈；3. 𗫾𗐖𗫕𗒻𗰽𗫛𗫾、𗵱𗸟𗐴𗏇𗟲𗄈；𗫾𗡊4. 𗈜𗵴𗫇、𗃩𗎹𗫘𗫕𗐴𗤁𗤁𗏇𗟲𗄈；𗇁𗏐5. 𗆤𗆥、𗐴𗢁𗒤𗐴𗤁𗤁𗏇𗟲𗄈；𗫾𗈜𗫘6. 𗤁𗴽𗂧𗒤𗎹、𗣛𗐴𗨁𗣩𗈜𗵱𗐴𗏇𗟲𗄈；7. 𗫾𗤁𗤁𗣛𗴌𗨁𗀯、𗫇𗂧𗫾𗟎𗴽𗉳𗐴𗏇 8. 𗟲𗄈；𗫾𗤁𗤁𗵱𗐴𗀅𗄮𗥫、𗑱𗆮𗐴𗏇𗟲 9. 𗄈。𗲲𗰖𗁅𗫫𗫁𗄈𗨁𗄈、𗪟𗔆𗵴�，𗑱𗫕 10. 𗀩𗧠，𗚗𗫇𗩴𗒔𗔉𗈨𗼞𗵱𗨱（𗏆𗫘[15]）。

对译：1. 色〈〉见〈〉常解脱妙果色〈〉见〈〉常今 2. 日道场大众喜欢法赞顶受色〈〉见〈〉3. 常四众围绕法听仰渴色〈〉见〈〉常布 4. 施戒持辱忍进精色一切〈〉见〈〉静默 5. 禅思智慧修色一切〈〉见〈〉常众生 6. 一切生无忍得现前记授欢喜色〈〉见〈〉7. 常一切金刚慧登明无暗断补处色〈〉8. 见〈〉常一切法流以沐浴不退色〈〉见 9.〈〉今眼根为愿发已竟相与心至五体 10. 地投世间大

慈悲主〈〉依归一拜

第143页：1. 𘕂𗗚𗇋𗰗𗴺！𘕂𗗚𗴲𗅁𗴃𗴺！2. 𘕂𗗚𗈅𗟻𗴺！𘕂𗗚𗴻𗫴𗴺！3. 𘕂𗗚𗈬𗆫𗴺！𘕂𗗚𗄈𗴆𗴺！4. 𘕂𗗚𗇋𗌽𗫲𗴺！𘕂𗗚𗧹𗴃𗴺！5. 𘕂𗗚𗀉𗴛𗴺！𘕂𗗚𗫤𗇋𗴐𗴺！6. 𘕂𗗚𗴻𗴃𗴺！𘕂𗗚𗴤𗵀𗴺！7. 𘕂𗗚𗫭𗧹[16]𗴃𗴺！𘕂𗗚𗀉𗴃𗴃𗴺！8. 𘕂𗗚𗴛𗴃𗴺！𘕂𗗚𗔇𗴳𗴺！9. 𘕂𗗚𗗙𗍱𗗽𗴺！𘕂𗗚𗔇𗰗𗴺！10. 𘕂𗗚𗴐𗔇𗫭𗴖𗴐！𘕂𗗚𗈬𗫴𗧹𗴖𗴐！

对译：1. ［南无］［弥勒］佛［南无］［释迦牟尼］佛 2. ［南无］善寂佛［南无］命梵佛 3. ［南无］智喜佛［南无］神相佛 4. ［南无］众王如佛［南无］地持佛 5. ［南无］日爱佛［南无］［罗睺］月佛 6. ［南无］华明佛［南无］药师佛 7. ［南无］势力持佛［南无］福德明佛 8. ［南无］喜明佛［南无］音好佛 9. ［南无］法自在佛［南无］音梵佛 10. ［南无］妙音菩萨［南无］大势力菩萨

第144页：1. 𘕂𗗚𗥃𗵡𗈇𗫭𗴐！𘕂𗗚𗵞𗴖𗵥𗫭𗴐！2. 𗊒𗴈𗫴𗴃𗄦𗆫𗆈𗰛𗆣𗴹𗄈𗦅𗫸𗫸𗴊 3. 𗴴𗆫。𗴝𗡞𗹝𗼕𗫱𗉗𗫖𗮀（𗴆𗇋）𗄇𗴊𗀊𗹟[17]，4. 𗡞𗴴𗚩𗕿，𗀭𗇖𗡞𗵞𗼻（𗐇𗭥𗜟𗶱）。

对译：1. ［南无］身边无菩萨［南无］世音观菩萨 2. 又复是如十方虚空界尽三宝一切〈〉3. 依归唯愿慈悲力以同加某甲等〈〉覆护 4. 愿如令得［菩提］愿满令一次礼拜

意译、注释（中藏本第138页第9行—144页第4行）

为六根发愿第三十九

又愿今日道场同业大众，各自应发如是愿。寻众恶（所）起处则皆缘出于六根。故是为六根众祸之本。虽为众祸之本，复亦能生无量福业。故《胜鬘经》言：守护六根，净身口意。以此义，则故亦为生善之本矣，故应为六根发大愿。

为发眼根愿

愿今日道场同业大众，及十方四生六道一切众生，从今日去乃至菩提。眼常不见贪欲无厌、诈幻之色；不见谄谀曲媚、相曼之色；不见青黄朱紫惑人之色；不见嗔恚斗诤、丑状之色；不见打扑苦恼、损他之色；不见屠裂、伤毁众生之色；不见愚痴无信、疑暗之色；不见无谦无敬、骄慢之色；不见九十六种邪见之色。

眼常不见如是一切众恶不善之色，愿眼常见一切十方常住法身、寂净之色；常见三十二相、紫磨金色；常见八十种、好随形之色；常见诸天诸仙奉宝来献散华之色；常见口出五种色光、说法度人之色；常见分身、遍满十方之色；常见诸佛放肉髻光、有缘来会之色。

又愿眼常见十方菩萨、独觉、罗汉众圣之色；常与诸众生及眷属、观佛之色；常见众善无教假色；常见七觉净华之色；常见解脱妙果之色；常见今日道场大众欢喜赞法、顶受之色；常见四众围绕听法、渴仰之色；常见一切布施持戒、忍辱精进之色；常见一切静默禅思、修智慧之色；常见一切众生得无生忍现前受记欢喜之色；常见一切登金刚慧、断无明暗补处之色；常见一切沐浴法流、不退之色。今为发眼根发愿已竟，相与至心五体投地，归依世间大慈悲主（一拜）。

南无弥勒佛！南无释迦牟尼佛！南无善寂佛！南无梵命佛！南无智喜佛！南无神相佛！南无如众王佛！南无持地佛！南无爱日佛！南无罗睺月佛！南无华明佛！南无药师佛！南无持势力佛！南无福德明佛！南无喜明佛！南无好音佛！南无法自在佛！南无梵音佛！南无妙音菩萨！南无大势力菩萨！南无无边身菩萨！南无观世音菩萨！

又复归依如是十方尽虚空界一切三宝。惟愿以慈悲力同加覆护（某甲）等，令得如所愿，满菩提愿（一拜）。【参见《大正藏》[0963c11—0964a24]】

　　[1] 𗰁𗰊𗹙𗰉：众祸之本，《大正藏》作"祸本"。

　　[2] 𗄑：生、起，《大正藏》作"招致"。

　　[3] 𗴿𗒹𗐯𗰉𗄈𗮇𗢳：则故为复生善（之）本矣，《大正藏》作"证生善之本"。

　　[4] 𗡝𗾷𗤳𗵘𗄑：为发眼根愿，《大正藏》作"初发眼根愿"。下同。

　　[5] 𗊂𗼊𗰭：相曼色，《大正藏》作"佞会之色"。曼，柔美、细润。佞，谄。

　　[6] 𗥦：青，《大正藏》作"玄"。玄，黑。

　　[7] 𗥢𗄻：自慢，《大正藏》作"骄慢"。

　　[8] 𗼃𗗙：寂净，即《大正藏》作"湛然"。

　　[9] 𗼇𗲉𗹟：阎浮金，《大正藏》作"紫磨金"。

　　[10] 𗊪𗤙：分身，《大正藏》作"分身散体"。

　　[11] 𗏁：光，即《大正藏》作"光感"。

　　[12] 𗋽𗵐𗤔𗏁𗦓𗴡𗤁：有缘随他人来会，即《大正藏》作"有缘来会"。

　　[13] 𗩾𗣼：独觉，《大正藏》作"辟支"。辟支，又作"贝支迦、辟支"，即"辟支迦佛陀"的梵语之音译简称，意译则作"缘觉、独觉"。下同。

　　[14] 𗾟𗈇𗌰𗋽𗷦：自然假明色，即《大正藏》作"假色"。假色，"无表色"之异名。色法之中有无表色，由受戒所生。旧译为"无作色"或"无教色"。是虽属于色法，然如香味而无形质，故对彼实色而名曰假色。

　　[15] 𗼉𗤙：一拜，《大正藏》无此。

　　[16] 𗣼𗴡：势力。在本页图版第 10 行"𗩽𗣼𗴡𗌰𗵐"（大势力菩萨），《大正藏》则作"大势至菩萨"。

　　[17] "𗤓𘃡（𗟻𗥃）𗤁𗴴𗥃𗴴"："同加覆护（某甲）等"，《大正藏》作"令（某甲）等"。下同。

录文、对译（中藏本第 144 页第 5 行—149 页第 1 行）

　　第 144 页：5. 𗣼𗹟𗴴𗋽𗤔𗾲6. 𗰗𗤔𗼃𗵐𗈇𗲉𗳾𘃡𗩽𗷦，𗰗𗈖𗤏𗵃𘝶7. 𗋽𗷦𗧖𗲉𗴴𗴴，𗼃𗵐𗴡𗾲𗈇𗴡𗣼𗋲𗤙。𗹟8. 𗤙𗤏𗬺𗤏𗵃𗺼𗋽�)�1；𗰗𗱚𗵈𗴆�) �)9. 𗋽�)�；𗦓𗵐𗵈�p𗨌𗥃[1]𗋽�)�；𘒊�4𗵐10. �g𗩾�1�1𗾟�j𗋽�)�；𗹫𗟻𗵈���)

　　对译：5. 次耳根为愿发6. 又愿今日道场业同大众及十方四生7. 六道众生一切今日从去乃至［菩提］耳8. 以常愁苦啼哭悲泣声不闻无间地狱苦受9. 声不闻镬汤地狱中沸振声不闻刀山剑10. 树锋刃以割裂声不闻十八地狱间隔

第 145 页①：1. 𗟲𗵆𗄊𗗚𗗣𗰜𘀨。𗏣𗖵𗊮𘜶𗏣𗡮，𗬢𗅲 2. 𗒅𗧘𗌗𗢳𗟜𗹬、𗰭𗄊𗏣𗗊𗗣𗰜𘀨；𗧘 3. 𗒴𗼻𘊷[2]𗰭𘝯𗰜𗳜𗿷、𗗣𗎭𗏴𘟄𗰜𘓄𗰜 4. 𗋹𗗣[3]𗰜𘀨。𗏣𗖵𗊮𘜶𗏣𗡮，𗬢𗅲𗰭𗏴𗇋 5. 𗀲𗄊𗼻𘟄𘔞𘐮𗩾𘘥𘘣𘀄𘓇𘐺𘊷𗄊 6. 𘉅𗗣𗰜𘀨；𘝦𘚁𗏣𘔞𘅇𘓇𗊮𘅄𘂄𘔢𗊰、𗟲𗰭𘖃𘙍𗏣𗽲𘚢𗅲𘟄𘏤𘏤𗗣𗰜𘀨。8. 𗰭𘟑𘜐𗗊𗹬、𘐽𗮈𘛚𘏈𘓋𗄊𗰜𘀨；𗾈 9. 𘟄𗾈𘚁𗄊𘐭𗗣𗰜𘀨；𗼻𗺾𗏣𗾨𘏤𘏤� 10. 𗰜𘀨；𘗞𘝯𘉼𘘥𘑍𘑈𗄊[4]𗄿𘊵𘟊𘎪𗗣𗰜

对译：1. 无量苦楚声不闻又愿今日之后耳以 2. 常饿鬼饥渴热恼食求不得声不闻饿 3. 鬼行时节支间火然声出五百车声 4. 如声不闻又愿今日之后耳以常畜生 5. 身大五百［由旬］而诸虫小嚼食时苦 6. 痛声不闻债抵不还驼马驴牛中生 7. 身常负重及鞭杖以挞困苦声不闻 8. 常爱别离怨憎会八苦声不闻四 9. 百四病苦报声不闻诸恶不善一切声 10. 不闻乐器诸种珍宝等人〈〉惑〈〉声不

第 146 页②：1. 𗰜。𗺮𗖵𗤛𗹳𘏤𘏤𗊮𘜶𗏣𗡮，𗬢𗅲𗰭𗼻 2. 𘃵𘟑𗵢𘉼𘐽𘅗𗗣𘏣𘀨𗼲；𗗊𗏣𗰭𗄊𘜽 3. 𗺴𗥆𗗣𘏣𘀨𗼲；𗗊𘉼𗵣𗾈𗀸𗴫𗷡𘝳𗗣 4. 𘏣𘀨𗼲；𗰭𗼻𗈬𘘼𗪸𗥆𗗣𘏣𘀨𗼲；𗗊 5. 𗼻𘃵𘁚𗗣𗬢𗵢𘉺、𘔧𗮈𘗁𗏣𗗣[5]𘏣𘀨𗼲；6. 𗰭𗤛𗹳𘏤𘏤𘚁𘃵𗵣𘏢、𗵣𗀲𗰭𘎃𗏣𘠞 7. 𗗣𘏣𘀨𗼲；𗰭𗊾𗒂𗤛𗵣𘘣𘒣[6]𗓊𘗽𗗣𘘼 8. 𘀨𗼲；𗰭𗼃𗵣𘝳�¶、𘃵𘝳𘊋𘝢[7]、𗄊𘊙𘘥𘘣 9. 𗗣𘏣𘀨𗼲；𗰭𗼻𗵣𗀲𗤛𘝢、𗵣𗴍𗄊[8]𘘥𘊋、10. 𘗞𘘥𗟲𘘣、𘈣𘈣𗅲𗟲𘐺𘈲𘃷𗗣𘏣𘀨𗼲；

对译：1. 闻唯愿众生一切今日之后耳以常诸 2. 佛法说八种声音得闻〈〉常无常苦空 3. 我无声当闻〈〉常八万四千［波罗蜜］声 4. 得闻〈〉常诸法假名性无声得闻〈〉常 5. 诸佛一音以法说自各解异声得闻〈〉6. 常众生一切皆佛性有法身常住不灭 7. 声得闻〈〉常十地菩萨辱忍进修声得 8. 闻〈〉常生无解得佛慧入能三界内出 9. 声得闻〈〉常诸法身菩萨法流门内入 10. 真俗并观念念以万行具足声得闻〈〉

第 147 页：1. 𗰭𘎠𗰭𗴑𘚊、𘘑𗤛𗾈𘒣𗗣𘏣𘀨𗼲；𗰭𘝾 2. 𘗽𗼻𘅄𗭂𘕋𘛚𘗽𗗣𘏣𘀨𗼲；𗰭𗊾𗒂𗰜 3. 𗕜𗄊𗚩𗥆𗏣𘛟[9]𘘥𘊰、𗏣𗟯𘜟𗒂𘐺𗵣𘗽 4. 𗗣𘏣�

① 本页第 6—8 行，又见英藏本 14 字本。其中第 6 行最后一字"𘀣"（生）、第 9 行最后一字"𗗣"（声），英藏本缺漏。

② 本页第 1—5 行，又见英藏本 14 字本。

荒；𗰞𗥃𗟲𗖵𗱕𗈛𗩾𗤁𗈁 5. 荒；𗡞𗟲𗆟𗱕𗆐𗆐𗄉𗅥𗼈𗏹、𗰛𗬩𗐊
6. 𗰛𗈁𗤁𗈁荒。𗥃𗡞𗆟𗱕𗡞𗰞𗱕 "𗶷𗠁[10]𗮾 7. 𗱕𗟲𗳼𗤌𗷫" 𗐊𗰛𗈁𗤁𗈁
荒。𗰞𗌪𗫂𗤻 8. 𗥃𗟵𗥃𗖜，𗰛𗥃𗱕𗆐𗆠𗰛𗶷𗈁𗕄，𗡮𗮾𗵢 9. 𗕾𗥃𗭘𗸁𗒤𗌪𗰕
𗴾。10. 𗸒𗵆𗰛𗷫𗱕！𗸒𗵆𗶈𗥃𗥃荒𗱕！

对译：1. 常十方独觉[罗汉]四果声得闻〈〉常[释]2. 帝诸天〈〉[般若]
说声得闻〈〉常十地补 3. 处大士[兜率]宫中在不退转地行法说 4. 声得闻〈〉
常万善以同归佛成声得闻 5.〈〉常诸佛众生一切十善行能随喜赞 6. 叹声得闻
〈〉愿诸众生常诸佛是人不 7. 久佛成矣〈〉赞叹声得闻〈〉今耳根为 8. 愿发已
竟相与心至五体地投重复世 9. 间大慈悲主〈〉依归 10.[南无][弥勒]佛[南
无][释迦牟尼]佛

第 148 页：1. 𗸒𗵆𗰞𗶷𗱕！𗸒𗵆𗆟𗮾𗹬𗱕！2. 𗸒𗵆𗰞𗷫𗱕！𗸒𗵆𗟲𗐊
𗱕！3. 𗸒𗵆𗆐𗮽𗱕！𗸒𗵆𗖜𗟲𗳫𗱕！4. 𗸒𗵆𗡞𗥃𗳼𗱕！𗸒𗵆𗆟𗤁𗱕！5. 𗸒
𗵆𗈁𗯱𗱕！𗸒𗵆𗷫𗷠𗱕！6. 𗸒𗵆𗰞𗕄𗱕！𗸒𗵆𗉅𗷫𗳼𗩾𗱕！7. 𗸒𗵆𗒤𗕄𗆟
𗩾！𗸒𗵆𗆟𗶈𗆟𗩾！8. 𗸒𗵆𗨲𗒤𗷫𗆟𗩾！𗸒𗵆𗡞𗈁𗖵𗆟𗩾！9. 𗮾𗼈𗶷𗮾𗈛
𗡮𗳫𗰛𗖵𗰛𗅥𗼈𗏹𗅥𗆠𗤁 10. 𗸒𗴾。𗥃𗌪𗰕𗡉𗥃𗰛𗤌（𗟵𗳼）𗅥𗆠𗸑𗤌[11]，𗥃

对译：1.[南无]善业佛[南无]意无谬佛 2.[南无]大施佛[南无]名赞佛
3.[南无]众相佛[南无]德流布佛 4.[南无]世自在佛[南无]德树佛 5.[南
无]痴灭佛[南无]无量佛 6.[南无]善月佛[南无]边无辩相佛 7.[南无]宝月
菩萨[南无]月光菩萨 8.[南无]身边无菩萨[南无]世音观菩萨 9. 又复是如
十方虚空界尽三宝一切〈〉10. 依归愿慈悲力以同加某甲等〈〉守护愿

第 149 页：1. 𗸑𗤁𗆠，𗗟𗡮𗥃𗰋𗯱。

对译：1. 如令得[菩提]愿满令

意译、注释（中藏本第 144 页第 5 行—149 页第 1 行）

次为发耳根愿

又愿今日道场同业大众，及十方四生六道一切众生，从今日去乃至菩
提。耳常不闻啼哭愁苦悲泣之声；不闻无间地狱受苦之声；不闻镬汤地狱中
沸振之声；不闻刀山剑树锋刃割裂之声；不闻十八地狱间隔无量苦楚之声。

又愿今日之后，耳常不闻饿鬼饥渴热恼求食不得之声；不闻饿鬼行时支节间火然，出声如五百车声之声。

又愿今日之后，耳常不闻畜生身大五百由旬、诸小虫嚼食时苦痛之声；不闻抵债不还生驼马驴牛中、身常负重鞭杖以挞困苦之声；耳常不闻爱别离、怨憎会等八苦之声；不闻四百四病苦报之声；不闻一切诸恶不善之声；不闻乐器诸种珍宝等惑人之声。

唯愿一切众生今日之后，耳常得闻诸佛说法八种音声；常闻无常苦空无我之声；常闻八万四千波罗蜜声；常闻假名诸法无性之声；常闻诸佛一音说法、各得解异声；常闻一切众生皆有佛性、法身常住不灭之声；常闻十地菩萨忍辱修进之声；常闻得无生解、能入佛慧、出三界之声；常闻诸法身菩萨、入法流门、真俗并观、念念具足万行之声；常闻十方独觉、罗汉四果之声；常闻帝释为诸天说般若之声；常闻十地补处大士在兜率宫说法、不退转地行之声；常闻万善同归成佛之声；常闻诸佛赞叹一切众生、能行十善随喜之声。

愿诸众生常闻诸佛赞言"是人不久成佛矣"之声。今已发耳根愿竟，相与至心五体投地，重复归依世间大慈悲主。

南无弥勒佛！南无释迦牟尼佛！南无善业佛！南无意无谬佛！南无大施佛！南无名赞佛！南无众相佛！南无德流布佛！南无世自在佛！南无德树佛！南无灭痴佛！南无无量佛！南无善月佛！南无无边辩相佛！南无宝月菩萨！南无月光菩萨！南无无边身菩萨！南无观世音菩萨！

又复归依如是十方尽虚空界一切三宝。愿以慈悲力同加守护，令（某甲）等得如所愿，满菩提愿。【参见《大正藏》[0964a25—0964c06]】

［1］𗐊𗼻𗤓𘃽：地狱中沸振，《大正藏》作"雷沸振响"。𘃽，沸振、沸震。

［2］𗵘𗵸：行时，即《大正藏》作"行动"。

［3］𗷀𗆧𗋽𗉺𘋨𘊳𗰭𗷅：出声如五百车声（之）声，《大正藏》作"作五百车声"。

［4］𗣼𘐑𗬩𘊭𗀔𗭪𘃽：乐器诸种珍宝等，《大正藏》作"钟铃螺鼓琴瑟箜篌琳琅玉佩"。

［5］𘊭𗰭𗷅：解异声，《大正藏》作"解声"。

［6］▢▢：忍辱，《大正藏》丽本作"忍音"，乙本作"忍辱"。

［7］▢▢：能入，《大正藏》作"善入"。"▢"（能）、"▢"（善）形似易误。在此两字文意都同。

［8］▢▢▢：法流门，《大正藏》作"法流水"。

［9］▢▢▢：兜率宫。底本原作"▢▢▢"，据文意已改。兜率，天名，旧音译作"兜率、兜术、兜率陀、兜率哆"，新作"斗瑟哆、睹史多、都史多、珊睹史多"，意译作"知足、妙足、上足、喜足。"▢▢，意译即为"知足"。下同。

［10］▢▢：是人，《大正藏》作"善哉是人"。

［11］▢▢：守护、覆护，《大正藏》作"摄受"。▢▢，摄受。

录文、对译（中藏本第 149 页第 2 行—153 页第 5 行）

第 149 页：2. **▢▢▢▢▢▢**3. ▢▢▢▢▢▢▢▢▢▢，▢▢▢▢▢▢ 4. ▢▢，▢▢▢▢▢▢▢▢▢。▢▢▢▢▢▢ 5. ▢▢、▢▢▢▢▢▢；▢▢▢、▢▢▢▢[1]▢ 6. ▢▢▢[2]▢▢▢；▢▢▢▢▢▢▢▢▢▢▢ 7. ▢；▢▢▢▢▢▢▢▢▢▢▢[3]▢▢▢；▢ 8. ▢▢▢▢▢▢▢▢▢。▢▢▢▢▢▢ 9. ▢▢▢▢▢[4]▢▢▢▢▢；▢▢▢▢▢ 10. ▢▢[5]▢▢▢；▢▢▢▢▢▢▢▢▢▢▢；▢

对译：2. 次鼻根为愿发3. 又愿今日道场业同大众及六道众生4. 一切今日从去乃至［菩提］鼻以常生杀5. 滋味饮食气不闻常田猎旷野火放6. 众生烧害气不闻常众生蒸煮熬炙气不7. 闻三十六种不净集聚臭秽气不闻绮8. 罗锦縠人惑〈〉气不闻又愿鼻以地狱9. 内皮去剥裂焦烂气不闻饿鬼饥渴脓10. 血饮气不闻畜生臊腥不净气不闻病

第 150 页：1. ▢▢▢▢▢▢▢、▢▢[6]▢▢▢▢▢▢▢ 2. ▢▢▢；▢▢▢[7]▢▢▢▢；▢▢▢▢▢、▢ 3. ▢▢▢▢▢▢。▢▢▢▢▢▢▢▢▢，▢ 4. ▢▢▢，▢▢▢▢▢▢▢▢▢▢▢▢ 5. ▢▢▢▢▢▢；▢▢▢▢▢▢▢▢▢▢▢▢ 6. ▢▢▢；▢▢▢▢▢▢▢▢▢▢▢▢；7. ▢▢▢▢▢▢▢▢▢▢▢▢▢；▢▢▢ 8. ▢▢▢▢▢▢▢▢▢；▢▢▢▢▢▢▢ 9. ▢▢▢▢▢▢▢▢▢▢▢；▢▢▢▢▢ 10. ▢▢▢▢▢▢▢▢▢▢[8]▢；▢▢▢▢▢

对译：1. 床床在卧所视者无疮坏脓流已近可不 2. 气不闻屎尿臭秽气不闻死尸膨胀虫 3. 食烂坏气不闻唯愿大众六道众生今 4. 日之后鼻以常十方世界牛头［旃檀］价 5. 无香气〈〉闻〈〉常［优昙钵罗］五色华香 6.〈〉闻〈〉常欢喜园中诸树华香〈〉闻〈〉7. 常［兜率］天宫法说时香〈〉闻〈〉常妙法 8. 堂上游戏时香〈〉闻〈〉常十方众生五 9. 戒十善六念行行香〈〉闻〈〉常七方便 10. 人一切十六行行香〈〉闻〈〉常十方独

第151页：1. 𗣼、𗣼𗯟𗣼𘀂𗭪𗯨𗣑𗫵𗋽𗒹𗋽𗷉；𗣼𗤒 2. 𗥓𗤒𘓨、𗣼𗯟𘓨𗋽𗒹𗋽𗷉；𗣼𗥃𗵘𗫍𗫵 3. 𗌺𗴿𗋽[9]、𗭪𗣑𗋽、𘓨𘀂𗋽、𗼖𗷉𗋽、𘔼𗫵𗋽、4. 𗍋𗣑𗋽、𗫺𗡞𗋽、𗜓𘚿𗋽、𗣪𗷉𗋽、𘚛𗫵𗋽 5. 𗒹𗋽𗷉；𗣼𗥃𗣼𘀂𗩾、𘓨、𗷉、𘚿𗫵、𘚿𗫵 6. 𗍯𘚿𘐇𗫠𘛚𘀂𗒹𗋽𗷉；𗣼𗴿𗵘、𗫍𗫵[10]7. 𗒹𗋽𗷉；𗣼𗥃𘀂𗴙𗫠、𘀂𗅠𗣼𗫵𘖔[11]、𘕣 8. 𘚕𗒹𗋽𗷉；𗣼𗥃𘕣𗥃𘞭𘀂𘖺、𗤒𗏱𗫵 9. 𗯟、𘀂𘕣𗍯𘛚𘚘𗒹𗋽𗷉；𗣼𘕣𘓋𗤒𘞃 10. 𗴿𗫵𘚕𗥃𗒹𗋽𗷉；𗣼𘞃𗣼𗥃𗵘𗫚𗤒

对译：1. 觉学有学无人〈〉众德香〈〉闻〈〉常四 2. 果四向漏无得香〈〉闻〈〉常无量菩萨 3. 欢喜地垢离地光发地焰慧地胜难地 4. 远行地前现地不动地善慧地法云地 5. 香〈〉闻〈〉常圣众〈〉戒定慧解脱解脱 6. 知见五分法身香〈〉闻〈〉常诸佛菩萨 7. 香〈〉闻〈〉常三十七品十二因缘观六 8. 度香〈〉闻〈〉常大悲三念十力四畏所 9. 无十八不共法香〈〉闻〈〉常八万四千 10. 诸［波罗蜜］香〈〉闻〈〉常十方无量极妙

第152页：1. 𘛚𘀂𗣼𗥃𗒹𗋽𗷉。𗣼𘕣𗍯𘞃𗭪𗅢𘞃 2. 𗥃，𗯟𘞭𘛚𗠁，𘚿𗫤𗋽𘓨，𗴿𘚿𗥃𘖔𗅢𗯯𘀂 3. 𘞃𘞭。4. 𗧷𗫍𗤒𗧢𗵘！𗧷𗫍𗲠𗴾𘓨𗷉𗵘！5. 𗧷𗫍𗹙𗋽𘛚𗵘！𗧷𗫍𗹙𘞃[12]𗵘！6. 𗧷𗫍𗤒𘚕𗵘！𗧷𗫍𗲄𗤗𗵘！7. 𗧷𗫍𗴿𗫵𗵘！𗧷𗫍𘀂𗤗𗵘！8. 𗧷𗫍𗤒𘚿𗵘！𗧷𗫍𘞭𗏱𗴿𗵘！9. 𗧷𗫍𗥃𘀂𗵘！𗧷𗫍𗬩𗯟𗠁𘓨𗵘！10. 𗧷𗫍𘀂𘔼𗵘！𗧷𗫍𗫵𗴾𗯟𗵘！

对译：1. 法身常住香〈〉闻〈〉今鼻根为愿发已 2. 竟相与心至五体地投世间大慈悲主〈〉3. 依归 4.［南无］［弥勒］佛［南无］［释迦牟尼］佛 5.［南无］［犁陀］法佛［南无］供养应佛 6.［南无］忧度佛［南无］安乐佛 7.［南无］世意佛［南无］身爱佛 8.［南无］妙足佛［南无］［优钵罗］佛 9.［南无］华缨佛［南无］边无辩光佛 10.［南无］圣信佛［南无］德进精佛

第153页：1. 𗧷𗫍𗤒𗫵𗫍𗫵！𗧷𗫍𗼩𗴬𗮿𗫍𗫵！2. 𗧷𗫍𘀂𘀂𗯟𗫍𗫵！

𘞌𘀻𘟀𘏥𘖄𘞠! 3. 𘕾𘆐𘟀𘞦𘘓𘖧𘘏𘝤𘔲𘐷𘗐𘒀𘖪𘜲𘟩𘛖𘜭 4. 𘟀𘒿。𘞌𘏦𘕼𘘒𘕗𘋠𘘉（𘓬𘏾）𘕽𘜭𘗍𘚆，𘞌 5. 𘟀𘅖𘞦，𘒿𘞏𘞌𘖴𘛗。

对译：1.［南无］妙德菩萨［南无］金刚藏菩萨 2.［南无］身边无菩萨［南无］世音观菩萨 3. 又复是如十方虚空界尽三宝一切〈〉4. 依归愿慈悲力以同加某甲等〈〉摄受愿 5. 如令〈〉得［菩提］愿满令

意译、注释（中藏本第 149 页第 2 行—153 页第 5 行）

次为发鼻根愿

又愿今日道场同业大众，及六道一切众生，从今日去乃至菩提。鼻常不闻杀生滋味、饮食之气；不闻田猎、旷野放火烧害众生之气；不闻烧害众生之气；不常闻蒸煮熬炙众生之气；不闻三十六种集聚不净臭秽之气；不闻锦绮罗縠惑人之气。

又愿鼻不闻地狱去皮剥裂焦烂之气；不闻饿鬼饥渴饮脓血之气；不闻畜生腥臊不净之气；不闻病卧在床无人看视、疮坏不可近之气；不闻屎尿臭秽之气；不闻死尸膨胀、虫食烂坏之气。

唯愿大众六道众生今日之后，鼻常得闻十方世界牛头栴檀无价之香；常闻优昙钵罗五色华香；常闻欢喜园中诸树华香；常闻兜率天宫说法时香；常闻妙法堂上游戏时香；常闻十方众生行五戒十善六念之香；常闻行一切七方便人十六行香；常闻十方独觉、有学无学人众德之香；常闻四果四向得无漏香；常闻无量菩萨欢喜地、离垢地、发光地、焰慧地、难胜地、远行地、现前地、不动地、善慧地、法云地之香；常闻众圣戒、定、慧、解脱、解脱知见五分法身之香；常闻诸佛、菩萨之香；常闻三十七品、十二因缘观、六度之香；常闻大悲三念十力、四无所畏、十八不共法香；常闻八万四千诸波罗蜜香；常闻十方无量妙极法身常住之香。

今已发鼻根愿竟，相与至心，五体投地，归依世间大慈悲主。

南无弥勒佛！南无释迦牟尼佛！南无梨陀法佛！南无应供养佛！南无度忧佛！南无乐安佛！南无世意佛！南无爱身佛！南无妙足佛！南无优钵罗佛！南无华缨佛！南无无边辩光佛！南无信圣佛！南无德精进佛！南无妙德

菩萨！南无金刚藏菩萨！南无无边身菩萨！南无观世音菩萨！

又复归依如是十方尽虚空界一切三宝。愿以慈悲力同加摄受（某甲）等，令得如所愿，满菩提愿。【参见《大正藏》[0964c07—0965a14]】

［1］𗊪𗡮𗫂𗉵：旷野放火，《大正藏》作"放火"。

［2］𗠁𗫻：烧害，《大正藏》作"蒸煮熬炙"。

［3］"……𗤌𗠁𗬼𗔮𗦇𗤺𗟲"："……种集聚不净臭秽"，《大正藏》作"……物革囊臭秽"。参阅钱汝平《大正藏本〈梁皇忏〉标点校勘举误》（《图书馆理论与实践》2007 年第 5 期）。

［4］𗊛𗤩𗠁𗫲：去皮剥裂，《大正藏》作"剥裂"。

［5］𗫲𗤻𗨯：饮脓血，《大正藏》作"饮食粪秽脓血"。

［6］𗫲𗆧：坏疮。"𗆧"（坏），底本原作"𗆧"，字库无此字，存疑。

［7］𗫷𗫥：屎尿，《大正藏》作"大小便利"。"利"，疑为衍文。

［8］"𗬼……𗫂𗫂……𗫉𗆧……𗉬"："常闻行一切……行"，《大正藏》作"常闻一切"。

［9］𗫂𗫻𗫂：欢喜地，《大正藏》作"欢喜"。欢喜地，大乘菩萨十地之一。此之十地者具体指欢喜地、离垢地、发光地、焰慧地、难胜地、远行地、现前地、不动地、善慧地、法云地。西夏文本翻译，皆译出了汉文所没有最后的"地"字。下同。

［10］𗫥𗫻：菩萨，《大正藏》作"菩提"。

［11］𗉬𗡮𗫂𗫥𗆧：十二因缘观，《大正藏》作"十二缘观"。十二因缘，新作"十二缘起"，旧作"十二因缘"，又单名"因缘观"，"支佛观"。

［12］𗆧：应。底本不清，据文意拟补。

录文、对译（中藏本第 153 页第 6 行—156 页第 2 行）

第 153 页：6. **𗫥𗫂𗫐𗫥𗫻𗫉**7. 𗫲𗫻𗫅𗫥𗥺𗤌𗤺𗫂𗉬𗫥，𗫲[1] 𗪢𗣊𗬼𗡮8. 𗫥𗫲𗫂𗫂，𗫅𗫥𗫉𗫉𗫥𗫥𗫂𗤺。𗫂𗤺𗬼9. 𗫥𗫲[2] 𗫂𗫂𗬼𗠁𗫻𗫥𗥺𗤺；𗡮𗫪𗡮𗫷[3] 𗫂10. 𗫂𗫥𗣊𗥺𗤺；𗤌𗫥𗫲[4] 𗬼𗫅𗫲𗫥𗥺𗤺。𗫂

对译：6. 次舌根为愿发7. 又愿今日道场业同大众及四生六道8. 众生一切今日从去乃至[菩提]舌以恒9. 众生一切〈〉杀伤味不尝自死身肉10. 一切

味亦不尝诸众生〈 〉髓血味不尝怨

第154页：1. 𗊱𗊱𗊱𗊱[5]𗊱𗊱𗊱；𗊱𗊱[6]𗊱𗊱𗊱𗊱𗊱 2. 𗊱𗊱𗊱。𗊱𗊱𗊱𗊱𗊱𗊱𗊱𗊱𗊱[7]𗊱；3. 𗊱𗊱𗊱𗊱𗊱𗊱𗊱𗊱𗊱；𗊱𗊱𗊱𗊱 4. 𗊱𗊱[8]𗊱𗊱𗊱𗊱𗊱；𗊱𗊱𗊱𗊱𗊱𗊱𗊱 5. 𗊱𗊱；𗊱𗊱𗊱𗊱𗊱𗊱𗊱𗊱𗊱、𗊱𗊱𗊱[9]𗊱 6. 𗊱𗊱𗊱；𗊱𗊱𗊱𗊱𗊱𗊱𗊱𗊱；𗊱𗊱𗊱 7. 𗊱𗊱[10]𗊱𗊱𗊱𗊱𗊱；𗊱𗊱𗊱𗊱𗊱𗊱𗊱 8. 𗊱𗊱𗊱；𗊱𗊱𗊱𗊱𗊱[11]、𗊱𗊱𗊱𗊱𗊱𗊱𗊱 9. 𗊱𗊱𗊱。𗊱𗊱𗊱𗊱𗊱𗊱𗊱，𗊱𗊱𗊱𗊱 10. 𗊱𗊱𗊱𗊱，𗊱𗊱𗊱𗊱𗊱𗊱𗊱𗊱𗊱。

对译：1. 主报寻凶食味不尝烦恼生能滋味 2. 一切不尝愿舌恒露甘百种美味〈 〉得〈 〉3. 恒诸天自然饮食味〈 〉得〈 〉恒香积世 4. 间中香饭味〈 〉得〈 〉恒诸佛食所味〈 〉5. 得〈 〉恒法身戒定熏修随得现所食味6.〈 〉得〈 〉恒法喜禅悦味〈 〉得〈 〉恒无量 7. 甜和味〈 〉得〈 〉恒解脱一味等味8.〈 〉得〈 〉恒诸佛[涅槃]至乐最上殊胜味9.〈 〉得〈 〉今舌根为愿发已竟相与心至 10. 五体地投世间大慈悲主〈 〉依归

第155页：1. 𗊱𗊱𗊱𗊱！𗊱𗊱𗊱𗊱𗊱𗊱！2. 𗊱𗊱𗊱𗊱！𗊱𗊱𗊱𗊱！3. 𗊱𗊱𗊱𗊱！𗊱𗊱𗊱𗊱！4. 𗊱𗊱𗊱𗊱𗊱𗊱！𗊱𗊱𗊱𗊱𗊱[12]𗊱！5. 𗊱𗊱𗊱𗊱！𗊱𗊱𗊱𗊱𗊱！6. 𗊱𗊱𗊱𗊱！𗊱𗊱𗊱𗊱𗊱！7. 𗊱𗊱𗊱𗊱！𗊱𗊱𗊱𗊱𗊱！8. 𗊱𗊱𗊱𗊱𗊱𗊱！𗊱𗊱𗊱𗊱𗊱𗊱𗊱！9. 𗊱𗊱𗊱𗊱𗊱𗊱！𗊱𗊱𗊱𗊱𗊱𗊱！10. 𗊱𗊱𗊱𗊱𗊱𗊱𗊱𗊱𗊱𗊱𗊱𗊱𗊱𗊱𗊱𗊱𗊱𗊱

对译：1.[南无][弥勒]佛[南无][释迦牟尼]佛 2.[南无]实真佛[南无]天主佛 3.[南无]音高佛[南无]信净佛 4.[南无][婆耆罗陀]佛[南无]福德音佛 5.[南无]焰炽佛[南无]德边无佛 6.[南无]聚成佛[南无]狮子游佛 7.[南无]不动佛[南无]清净信佛 8.[南无]虚空藏菩萨[南无][萨陀波轮]菩萨 9.[南无]身边无菩萨[南无]世音观菩萨 10. 又复是如十方虚空界尽三宝一切〈 〉

第156页：1. 𗊱𗊱。𗊱𗊱𗊱𗊱𗊱（𗊱𗊱）𗊱𗊱𗊱𗊱𗊱𗊱[13]，𗊱 2. 𗊱𗊱𗊱，𗊱𗊱𗊱𗊱𗊱。

对译：1. 依归愿慈悲力以某甲等〈 〉哀愍覆护愿 2. 如〈 〉得[菩提]愿满令

意译、注释（中藏本第 153 页第 6 行—156 页第 2 行）

次为发舌根愿

又愿今日道场同业大众，及四生六道一切众生，从今以去乃至菩提。舌恒不尝伤杀一切众生之味；亦不尝一切自死身肉之味；不尝诸众生血髓之味；不尝怨主寻报凶食之味；不尝能生一切烦恼滋味之味。

愿舌恒得甘露百种美味；恒得诸自然饮食之味；恒得香积世间香饭之味；恒得诸佛所食之味；恒得法身戒定熏修随得所现食；恒得法喜禅悦之味；恒得无量功德甜和之味；恒得解脱一味等味；恒得诸佛涅槃、至乐最上殊胜味之味。

已发舌根愿竟，相与至心五体投地，归依世间大慈悲主。

南无弥勒佛！南无释迦牟尼佛！南无真实佛！南无天主佛！南无高音佛！南无信净佛！南无婆耆罗陀佛！南无福德音佛！南无焰炽佛！南无无边德佛！南无聚成佛！南无狮子游佛！南无不动佛！南无信清净佛！南无虚空藏菩萨！南无萨陀波轮菩萨！南无无边身菩萨！南无观世音菩萨！

又复归依如是十方尽虚空界一切三宝。愿以慈悲力哀愍覆护（某甲）等，令得如所愿，满菩提愿。【参见《大正藏》[0965a15—0965b10]】

［1］𗈪：及，《大正藏》作"广及十方"。

［2］𗖴𗢳：众生，《大正藏》作"众生身体"。

［3］𗉞𗵚𗵫𗍋：自死身肉，《大正藏》作"自死"。

［4］𗆫𗖴𗢳：诸众生，《大正藏》作"生类"。

［5］𗥃𗣀𗡪𗾔𗀔𗴺：怨主寻报凶食，《大正藏》作"怨家对主毒药"。

［6］𗐘𗵒：烦恼，《大正藏》作"贪爱烦恼"。

［7］𗤋：得，《大正藏》作"尝"。本页图版第 3—9 行同。

［8］𗤌𗱕𗫵：世间中、世间，《大正藏》无此。

［9］𗤁𗼇𗶷𘃡𗤋𘒣𗂧𗍋：戒定熏修随得所现食，《大正藏》作"戒定慧之所熏修所现食"。

[10] 𗰛𘃸：功德，《大正藏》作"功德滋治慧命"。

[11] 𗦻𗫶：涅槃，《大正藏》作"泥洹"。

[12] 𗷟：音，《大正藏》作"意"。

[13] 𗦇𗣼：覆护、守护，《大正藏》作"摄受"。

录文、对译（中藏本第 156 页第 3 行—160 页第 2 行）

第 156 页：3. **𗦳𗾧𗌭𗢭𗆧𗩵**4. 𗧆𗢭𗗔𘄴𗆫𗷒𘓷𗣼𗋽𗇃，𗧆𘓨𗉖𗘪𗧹5. 𗗟𗗟，𗉖𘄴𗌭𗷟𗉺𘅎𘄘𗆛。𗾧𗌭𗐓𗧆𗐓6. 𗗟𗹙𗏁𗣼𗣼𘜶；𗾧𘍥[1] 𗲖𗷒𗴾𗪊𗏹𗏹𗒀7. 𗣼𗣼𘜶；𗾧𘍥𗲔𗜓𘍞𘉓[2] 𗷒𗉺𘔼𗩟𗘪𗟲8. 𗪊𘟣𗲖𗴴𗣼𗣼𘜶；𗾧𘍥𗝴𘄴𗑠𗣨[3] 𗊬9. 𗌭𗣼𗣼𘜶；𗾧𘍥𗹙𗛧𗹙𗾺𗪊𗊬𗥞𗣼10. 𗣼𗣼𘜶；𗾧𘍥𘏉𗌭𗑠𗌭𘓷𗑠𗣼𗣼𘜶；

对译：3. 次身根为愿发4. 又愿今日道场业同大众及十方众生5. 一切今日从去乃至［菩提］身〈 〉常五欲6. 邪媚触不觉〈 〉身常镬汤炉炭寒冰等7. 触不觉〈 〉身常饿鬼道中铜烊口灌头上8. 火然焦烂触不觉〈 〉身常畜生皮剥苦9. 楚触不觉〈 〉身常四百四病诸苦恼触10. 不觉〈 〉身常热大寒大忍难触不觉〈 〉

第 157 页①：5. 𗾧𘍥𘘆𘏔、𗦛𗗉、𗏹𘜶𘈉𘟥[4] 𗣼𗣼𘜶；𗾧6. 𘍥𗜏𘔣、𗵒𗴴𘄴𗴾𗣼𗣼𘜶；𗾧𘍥𗏹𘐎7. 𘔥𗎁𗊬𗗟𗗟𗏹𗣼𗣼𘜶。𗢭𗾧𘍥𗏹𘔥8. 𘘦𗴾𗦻𗣼𗣼𘜶；𗾧[5] 𘍥𘔎𘄴𘌞𗇂𗣼𗦻𗣼9. 𘜶；𗾧𘍥𗊬𗌭𗧆𘔎𗧆𘄴𗣼𗦻𗣼𘜶；𗾧𘍥

对译：5. 身常蚊蚋蚤虱诸虫嚼食触不觉〈 〉身6. 常刀杖毒药加害触不觉〈 〉身常诸饥7. 渴困苦一切诸触不觉〈 〉愿身常诸天8. 妙衣触〈 〉觉〈 〉身常自然露甘触〈 〉觉9.〈 〉身常清凉不寒不热触〈 〉觉〈 〉身常

第 158 页：1. 𗧆𘐎𗧆𘔥、𗾺𘐍𗥣𘐍[6] 𗣼𗦻𗣼𘜶；𗾧𘍥𗜏2. 𘘆𗾺𗊬𗧆𗺬𗣼𗦻𗣼𘜶；[7] 𗾧𘍥𗴾𘈑𗴾、𘈑3. 𗴾𗌭𘁊𘈑𗴾、[8] 𗧆𘃁𘐍𗣼𗦻𗣼𘜶；𗾧𘍥𗢩4. 𗄅𗏹𘋠𗆤𗝝𘜈𗣼𗋽𗾧𗣼𗆤𗣼𗦻𗣼5. 𘜶；𗾧𘍥𗢩𗄅𗏹𘋠𗆤𗝝𘜈𗲖𘏉𘁊6. 𘉓𗾧𘒂𘔎𘅁𗣼𗦻𗣼𘜶；𗾧𘍥𘔎𗾺𘌞𗏹7. 𗊬𘐍𗣼𗦻𗣼𘜶；𗾧𘍥𘈬𗏹𘊈𗄼

---

① 中藏本本页共计 9 行，其中第 1—4 行与第 156 页 7—10 行重复，已删。

𗾊𗆤𗖰 8. 𗤕𗫡𗆟𘕿𗔅𗗿𗷯；𗿖𗰜𗾊𘗿𗮔𗆴𗐟𗊏 9. 𘂦𗗿𗮔𗔅𗷯。𗿕𗗘𗧙𗓽𗏹𗈧𘄑，𗾋𗈬𗈧 10. 𗥃，𗾊𗵃𗶷𗩾，𗾊𘅪𗔅𘈷𗫉𗺇𗆧𘕿𗖰。

对译：1. 不饥不渴病无恼无触〈〉觉〈〉身常刀 2. 杖病苦无有触〈〉觉〈〉身常卧安乐〈〉3. 睡觉亦安乐忧怖无触〈〉觉〈〉身常十 4. 方诸佛〈〉净土中微风身吹触〈〉觉 5.〈〉身常十方诸佛〈〉净国中七宝浴池6. 内身心洗荡触〈〉觉〈〉身常老病死诸 7. 苦无触〈〉觉〈〉身常飞行自在诸菩萨8. 与法听触〈〉觉〈〉身常诸佛[涅槃]八自9. 在触〈〉觉〈〉身根为愿发已竟相与心10. 至五体地投世间大慈悲主〈〉依归

第 159 页：1. 𗒹𗫜𗦀𘕺𗱸！𗒹𗫜𗏸𘜶𗜓𗷯𗱸！2. 𗒹𗫜𗔅𗪒𗱸！𗒹𗫜𗱷𗻫𗱸！3. 𗒹𗫜𗿊𗫗𗱸！𗒹𗫜𗜲𘕿𗱸！4. 𗒹𗫜𗇋𘜦𗱸！𗒹𗫜𗫡𗤓𗱸！5. 𗒹𗫜𗤕𗲲𗤓𘕿𗱸！𗒹𗫜𗅲𗽛𗱸！6. 𗒹𗫜𗤶𗵽𗱸！𗒹𗫜𘜶𘕎𗱸！7. 𗒹𗫜𗿊𗵽𘕺𗱸！𗒹𗫜𗿊𗵽𗱸！8. 𗒹𗫜𗦀𘅪𗊱𗖰𗱸！𗒹𗫜𘓞𗵂𗤕𘓺𗖰𗱸！9. 𗒹𗫜𗿖𗍭𘄤𗖰𗱸！𗒹𗫜𗾊𘕺𘚫𗖰𗱸！10. 𗾋𗵒𘒢𗡞𗘂𘏃𗿊𘜦𗾊𗨁𗦀𗤗𗆧𘝗𘝗𗴴

对译：1. [南无][弥勒]佛[南无]释迦牟尼佛2. [南无]行明佛[南无]龙音佛3. [南无]轮持佛[南无]财成佛4. [南无]世爱佛[南无]法名佛5. [南无]无量宝名佛[南无]云相佛6. [南无]慧道佛[南无]妙香佛7. [南无]虚空音佛[南无]虚空佛8. [南无]三界越菩萨[南无][跋陀婆罗]菩萨9. [南无]身边无菩萨[南无]世音观菩萨10. 又复是如十方虚空界尽三宝一切〈〉

第 160 页：1. 𘈷𗾊。𗰜𗍳𗓽𗫡𗸎（𗪒𗬆）𘘄𘕿𗗜𗨁𗫉𗰟，𗰜 2. 𘈷𗾋𘃡，𘀗𗤕𗰜𘚫𗱈。

对译：1. 依归愿慈悲力以某甲等〈〉覆护摄受愿2. 如皆得[菩提]愿满令

意译、注释（中藏本第 156 页第 3 行—160 页第 2 行）

次为发身根愿

又愿今日道场同业大众，及十方一切众生，从今日去乃至菩提。身常不觉五欲邪媚之触；身常不觉镬汤炉炭寒冰等触；身常不觉饿鬼道中头上火然烊铜灌口、焦烂之触；身常不觉畜生剥皮苦楚之触；身常不觉四百四病诸苦恼之触；身常不觉大热大寒难耐之触；身常不觉蚊蚋、蚤虱、诸虫嚼食之触；身常不觉刀杖、毒药加害之触；身常不觉饥渴困苦一切诸触。

愿身常觉诸天妙衣之触；身常觉自然甘露之触；身常觉清凉不寒不热之触；身常觉不饥不渴、无病无恼之触；身常觉无有刀杖病苦之触；身常觉卧安乐、睡觉亦安乐、无忧怖之触；身常觉十方诸佛净土微风吹身之触；身常觉十方诸佛净国七宝浴池，洗荡身心之触；身常觉无老病死诸苦之触；身常觉飞行自在与诸菩萨听法之触；常觉诸佛涅槃八自在触。

已发身根愿竟，相与至心，五体投地，归依世间大慈悲主。

南无弥勒佛！南无释迦牟尼佛！南无行明佛！南无龙音佛！南无持轮佛！南无财成佛！南无世爱佛！南无法名佛！南无无量宝名佛！南无云相佛！南无慧道佛！南无妙香佛！南无虚空音佛！南无虚空佛！南无越三界菩萨！南无跋陀婆罗菩萨！南无无边身菩萨！南无观世音菩萨！

又复归依如是十方尽虚空界一切三宝。愿以慈悲力覆护摄受（某甲）等，令皆得如所愿，满菩提愿。【参见《大正藏》[0965b11—0965c10]】

［1］𗏁𗗥：身常，《大正藏》无。本页图版自此至第7行同，西夏文本皆翻译出了汉文所无的"身常"。

［2］𗿃𗰜𗴂𗱧：饿鬼道中，《大正藏》作"饿鬼"。

［3］𗀚𗧃：剥皮，《大正藏》作"剥裂"。

［4］𗏾𗙴𗱕𗴀：诸虫嚼食，《大正藏》作"诸虫"。

［5］𗗥：身，《大正藏》无此字。本页图版自此至第8行同。

［6］𗙟𗕼：无恼，《大正藏》作"无恼休强"。

［7］𗏁𗗥𗼻𗵳𗷓𗢸𗷲𗷅𗵽𗵾𗵻：身常觉无有刀杖病苦(之)触，《大正藏》丽本无此句，乙本中"病苦"作"苦楚"。

［8］"𗷍𗵺𗵽、𗍴𗷍𗵾𗧁𗵺�"："卧安乐、睡觉亦安乐"，《大正藏》作"卧安觉安"。

录文、对译（中藏本第160页第3行—165页第1行）

第160页：3. 𗷹𗫼𗴱𗵳𗪌𗷅4. 𗆈𗫼𗘭𗾟𗱥𗢸𗨻𗵽𗵾，𗆈𗬱𗢆𗫝𗫼 5. 𗰜𗰜，𗘭𗾟𗰲𗷅𗫼𗆝𗷃𗢸，𗫼𗵽𗢆𗗥𗵋、6. 𗫷𗫷、𗆃𗧁𗾾𗾟𗢸𗷓𗫼𗷅；𗫼[1]𗵽�æ𗗥𗆈7. 𗫷、𗧼𗆏𗱕𗪌、𗈁𗫷𗷏𗷅𗨻、𗾺𗈁𗀗𗦽𗫵8. 𗷃𗢸𗷓𗫼𗷅；

𗼹𗽦𗫬𗰖𗗙𗷟𗰠、𘃡𗊜𘃫9. 𗰠、𗖻𗤋𗧘𗨳、𘌅𘍋𘎜𗧬[2]、𗖻𗤻𘏎𗫭、𗧘𘂆10. 𗧡𘓳𗫬𗧡𗳒[3]𗒾𗏺𗒆𗟲𗏭；𗼹𗽦𗫬𘆿𗫬

对译：3. 次意根为愿发4. 又愿今日道场业同大众及十方众生5. 一切今日从去乃至[菩提]意以常贪欲6. 嗔恚愚痴者患为〈〉知〈〉意以常身7. 杀偷盗邪淫言妄为语绮诔舌恶说者8. 患为〈〉知〈〉意以常父母杀害[阿罗汉] 9. 杀佛身血出和合僧离佛法僧谤因果10. 不信者无间罪是〈〉知〈〉意以常人者

第 161 页：1. 𘓽𗴺𗧡𗿟𗸙𘕅𘕈𗬾[4]𘏎𗟲𗏭；𗼹𗽦𗫬2. 𗤻𗏭𘓾𗭚𗨺、𘑘𗏭𘓾[5]𘋝𗲢𗧘𗟲𗏭；𗼹3. 𗽦𗫬𗭴𗗙𗷟𗰠𗫤𘏴𘎜𗫭𗫭𘒣𗟲𗏭；4. 𗼹𗽦𗫬𗰱𗧘、𗏭①𗸙、𗗙𗼋𘏎𗫬𘈈𗨺𗟲𗏺5. 𗏭；𗼹𗽦𗫬𗰱𗤻𗿟𗭚𗧘、𗧡𗴭𘎫𗷝𘌅𗸙6. 𗫬𘈑𗟲𗏺。𗱷𗼹𗽦𗫬𘋝𗏺𘏣𘏣𘍝𗖻7. 𘐑𘐗𗟲𗏺；𗼹[6]𗽦𗫬𘌅𗖻𗨺𘐜𘒣𗨳𘆯8. 𗱰𗸙𘒮𗧘、𗸌𘏎𘏣𘏣𘂆𘌅𘋝𗏺𘆉𘄄𘓳9. 𗦲𘂒𘀒𗧘、𗉙𗄉𘏣𘏣𘂆𘌅𘋝𗏺𘆉𘄄𘓼10. 𗥔𗸙𗟲𗏺。𗱷𗼹𗽦𗫬𗰱𘑘𘕅𗡝、𗏭

对译：1.〈〉死更生业应报得法〈〉知〈〉意以常2. 恶知识远离善知识亲近应〈〉知〈〉意3. 以常九十六种邪师法受应非〈〉知〈〉4. 意以常三漏五盖十缠法者障是〈〉知5.〈〉意以常三恶道畏可死生剧酷苦报6. 受处〈〉知〈〉愿意以常众生一切皆佛7. 性有〈〉知〈〉意以常诸佛大慈悲主无8. 上医王是尊法一切者诸众生〈〉病治9.〈〉良药是贤圣一切者诸众生〈〉病看10. 人母〈〉知〈〉愿意以常三宝依归五

第 162 页：1. 𗧡𗫬𗧘、𗫬𗗙𘆿𘋋。𘕱𗧡𘓳𘏎𘕅、𘐐𗸌𗫬2. 𘋺𘂜𘕈𘓜𗫬𗟲𗏭。𗼹[7]𗽦𗫬𗰖𗊜𗨺𘂜、3. 𘍌𘍋𘏎𗷙𗸚𗼞𗗙𗭴𘈈𗫭𗟲𗏭；𗼹�4. 𗫬𗑾𗨺𘐗𗗙𘆿𗄉𗖻𘋋、𗇋𗗙𘆿𘊒𘈈5. 𘈈�𗫭𗷝𗧡𘈈𗫭𗟲𗏭；𗼹�𗫬𗫭𗷝6. 𗧡𗫬、𗙏𗨺𗄉𗫭𗧘𘕅𗟲𗏭；𗼹�𗫬𗨳7. 𗪱、𘏙𗪱�𘏎𘏣𘏣𗟲𗏭；𗼹�𗫬𗗙𗈦8. 𗧘𗧡、𗨺𗨺�ance𗫟、𘈎𘌅𘂆𘈎𗧡𗮪𗟲𗏭；9. 𗼹�𗫬𘈈𗼑𘐒𘎮𘆿𗷙𘏙𗫭𗟲𗏭；10. 𗼹�𗫬𘐒𘎮𘋝𘈎𗔐𗴺𗀔𘈈𗳒𗫭𗟲𗏭；

对译：1. 戒受应次十善行是如等法随天上人2. 中胜报招能〈〉知〈〉意以常死生未免3. 煻顶法等七方便观修应〈〉知〈〉意以4. 常漏无苦忍十六圣心行先十六行观5. 修以四真谛观应〈〉知〈〉意以常四谛6. 平等相无故四果成〈〉知〈〉意以常总7. 相别相种法一切〈〉知〈〉意以常十二8. 因缘三世因果轮

---

① "𗏭"（五），底本笔画错，左旁有小字改正。

转休息无有〈〉知〈〉9. 意以常六度八万诸行修行应〈〉知〈〉10. 意以常八万四千尘劳断除应〈〉知〈〉

第 163 页：1. [illegible][8]、[illegible] 2. [illegible]；[illegible]；3. [illegible]、[illegible] 4. [illegible]；[illegible]，[illegible]、[illegible] 5. [illegible][9]、[illegible]；[illegible] 6. [illegible]、[illegible]、[illegible]、7. [illegible]。[illegible]，[illegible] 8. [illegible]，[illegible]，[illegible] 9. [illegible]。10. [illegible]！[illegible]！

对译：1. 意以常生无证悟则必死生断〈〉知 2.〈〉意以常十住阶品次第具足〈〉知〈〉3. 意以常金刚心以明无暗断无上果得 4.〈〉知〈〉意以常体万德具皆无明无障 5. 患灭尽大[涅槃]成〈〉知〈〉意以常佛地 6. 十力四畏所无十八不共法无量德功 7. 无量善法〈〉知〈〉意根为愿发已竟相8. 与心至五体地投世间大慈悲主〈〉依 9. 归 10. [南无][弥勒]佛[南无][释迦牟尼]佛

第 164 页：1. [illegible]！[illegible]！2. [illegible]！[illegible]！3. [illegible]！[illegible]！4. [illegible]！[illegible]！5. [illegible]！[illegible]！6. [illegible]！[illegible]！7. [illegible]！[illegible]！8. [illegible]！[illegible]！9. [illegible] 10. [illegible]。[illegible]（[illegible]）[illegible]

对译：1.[南无]天王佛[南无]珠净佛 2.[南无]善财佛[南无]灯焰佛 3.[南无]宝音佛[南无]人主王佛 4.[南无][罗睺]守佛[南无]安隐佛 5.[南无]狮子意佛[南无]宝名闻佛 6.[南无]利得佛[南无]遍见佛 7.[南无]马鸣菩萨[南无]龙树菩萨 8.[南无]身边无菩萨[南无]世音观菩萨 9. 又复是如十方虚空界尽三宝一切〈〉10. 依归愿慈悲心以某甲等〈〉哀愍覆护摄

第 165 页：1. [illegible]，[illegible]，[illegible]。

对译：1. 受愿如皆得[菩提]愿满令

意译、注释（中藏本第 160 页第 3 行—165 页第 1 行）

次为发意根愿

又愿今日道场同业大众，及十方一切众生，从今日去乃至菩提。意常

（得）知贪欲、嗔恚、愚痴为患；意常知身杀、偷盗邪淫、妄言绮语、两舌恶口为患；意常知杀父害母、杀阿罗汉、出佛身血、离和合僧是无间罪；意常知谤佛法僧、不信因果人死更生得报应业之法；意常应知远恶知识、亲近善知识；意常应知受九十六种邪师之法（为）非；意常知三漏、五盖、十缠之法是障；意常知三恶道可畏、生死酷剧苦报之处。

愿意常知一切众生皆有佛性；意常知诸佛是大慈悲主无上医王、一切尊法为诸众生治病之良药、一切贤圣为诸众生看病之母。

愿意常知归依三宝、应受五戒、次行十善。随如是等法，能招天上人中胜报。意常知未免生死，应修七方便观顶法等；意常知应行无漏苦忍十六圣心，先应修十六行观、观四真谛；意常知四谛平等、无相故成四果；意常知总相、别相一切种法；意常知十二因缘、三世因果、轮转无有休息；意常知应修行六度八万诸行；意常知断除八万四千尘劳；意常知证悟无生则必断生死；意常知十住阶品次第具足；意常知以金刚心断无明暗、得无上果；意常知万体具德、皆无无明、障患尽灭成大涅槃；意常知佛地十力、四无所畏、十八不共、无量功德、无量善法。

已发意根愿竟，相与至心，五体投地，归依世间大慈悲主。

南无弥勒佛！南无释迦牟尼佛！南无天王佛！南无珠净佛！南无善财佛！南无灯焰佛！南无宝音佛！南无人主王佛！南无罗睺守佛！南无安隐佛！南无狮子意佛！南无宝名闻佛！南无得利佛！南无遍见佛！南无马鸣菩萨！南无龙树菩萨！南无无边身菩萨！南无观世音菩萨！

又复归依如是十方尽虚空界一切三宝。愿以慈悲心哀愍覆护摄受（某甲）等，令得如所愿，满菩提愿。【参见《大正藏》[0965c11—0966a17]】

［1］𘝞：意，《大正藏》无此字。本页图版自此至第161页第5行同。

［2］𘏽𘊻𘏽𘈖：离和合僧，《大正藏》作"破和合众"。

［3］𘈩𘊾：无间，《大正藏》误作"无问"，今乙正。"问"、"间"形似而误。参阅钱汝平《大正藏本〈梁皇忏〉标点校勘举误》（《图书馆理论与实践》2007年第5期）。

［4］𘈗𘏜𘈷𘙇：得报应业，《大正藏》作"报应"。

［5］𘏃𘉚𘚔：善知识，《大正藏》作"友"。

［6］𘝞：意，《大正藏》无此字。

［7］𗂧：意，《大正藏》"常知"前无此字。本页图版自此至第 163 页第 5 行同。

［8］𗄊𗏇：证悟，即《大正藏》作"体会"。

［9］"𗰛𗣼𗏇𗑴、𗼇𗴺𗏇𗗙、𗾞𗵆𗘔𗺦"："万体具德、皆无无明、障患尽灭"。《大正藏》作"体极一照万德圆备累患都尽"。

录文、对译（中藏本第 165 页第 2 行—169 页第 2 行）

第 165 页：2. 𗏇𗹙𗦇𗧤𗔇 3. 𗴺𗧤𗦇𗏇，𗴺𗘈𗦇𗏇𗑱𗳒𗳒，𗊁𗦪𗓰𗔇 4. 𗏇𗁬𗣴𗦇。𗹙𗗙𗢤𗦇𗦇𗿒𗦇𗴺[1]𗴸；𗹙𗗙 5. 𗰛𗔌𗴺𗣴𗳒𗿒𗦇𗴺、𗤁𗭚𗦇𗴸𗴸；[2]𗹙𗗙 6. 𗦇𗉺𗴾𗣴𗴺𗁬、𗴺𗉺𗸰𗴺𗴺𗑴[3]𗦇𗑱𗴸；7. 𗹙𗗙𗴺𗑢𗘔𗺦𗴺𗾞[4]𗦇𗑱𗴸；𗹙𗗙𗴾𗣴 8. 𗗙、𗴺𗿒𗏇𗴸𗉺[5]𗦇𗴸𗴸；𗹙𗗙𗳒𗘈𗳒𗴺 9. 𗏇𗉺𗰛𗔌𗦇𗴸𗴸；𗿒𗿒𗴾𗴺𗴺𗴺𗉺 10. 𗦇𗹙𗴸；[6]𗿒𗿒𗑴𗴺𗦇𗧤𗴸；𗧤𗌕𗏽𗴸𗳒

对译：2. 次口为愿发 3. 又愿大众及十方众生一切今日从去 4. 乃至［菩提］口以常三宝〈〉不谤〈〉口以 5. 经传行人〈〉不谤过患不说〈〉口以 6. 善作乐报不得恶作苦报不受不言〈〉7. 口以人死灭尽不生不言〈〉口以利益 8. 无人〈〉损言不说〈〉口以邪见道外 9. 所造经书不说〈〉人〈〉十恶五逆业作 10. 不教〈〉人〈〉称恶不扬〈〉俗间理无戏

第 166 页：1. 𗴸𗉺[7]𗦇𗴸𗴸；𗿒𗿒𗴁𗧤𗤺𗭔𗊁𗳒𗧤[8]𗦇 2. 𗹙𗴸；𗤁𗴺 𗴥[9]𗺦𗦇𗧤𗦇𗺬𗴸𗴸；𗳒𗗙、𗉺 3. 𗉺、𗦇𗑢𗴾𗦇𗴸𗳒𗴸；𗿒𗬜𗵆𗏇𗦪𗿒𗦇 4. 𗑱[10]𗴸；𗿒𗬜𗑱𗦇𗦪𗿒𗦇𗑱[11]𗴸。𗧤𗹙𗗙𗴺 5. 𗦇𗧤𗴾𗤺𗴺，𗴺𗴰𗦇𗳒𗴾𗤺𗴺，𗏇𗺬𗴸 6. 𗉺，𗿒𗴾𗦇𗸰𗴺𗴺𗓰𗏇，𗴺𗴸𗑢𗗙𗑢𗤺 7. �𗴺𗯸𗴸，𗿒𗴾𗏇𗊁；[12]𗴺𗦇𗉺𗗙𗿒𗴾𗳒 8. 𗴥[13]；𗴺𗤺𗴺𗴾𗑢𗴥𗑴𗰛𗔌𗴸；𗴺𗴺𗳒𗳒 9. 𗳒𗼇𗴰𗤩𗏇，𗦇𗴀𗴺𗉺𗏇𗳒𗁬𗴸；𗴺𗿒 10. 𗴾𗬜𗴺𗹀𗉺、𗉺𗉺𗴾𗹀𗏇𗊁；𗴺𗿒𗴾

对译：1. 笑语不言〈〉人〈〉鬼神供祀使邪信不 2. 教〈〉穷人等于美丑不评论〈〉父母师 3. 长善友〈〉不嗔骂〈〉人劝罪〈〉造〈〉不 4. 言〈〉人劝福不作〈〉不言〈〉愿口以常 5. 三宝〈〉赞叹弘法通人〈〉赞叹德功说 6. 为人〈〉善恶果报示应常人身与死神 7. 识不灭说人〈〉悟教常善言以人〈〉利 8. 益常如来十

二部尊经说常众生 9. 一切皆佛性有当常乐我净得言常人 10.〈 〉劝父母孝事师长〈 〉恭敬教常人〈 〉

第 167 页①：6. 𗅋𗦣𗆺𗰛𗼇𗪟，𗪊𗟲、�‍𗦅、𗴺𘉈𗯼𗷸𗔦；7. 𗴺𗅴𘄴𘒧𘂽，𗦫𗦅𗋽𗐯[14]；𗅋𗅊𗆺𗋽𗰛𗦾 8. 𘜶�‍𗟲𗰖、𗵽𗰖𘜶�‍𗉔𘝞𗔦。𗼇𘀂𗩱𗅋9. 𗦅𗉛𗺉𗶂𗫤𗉓𗙴𗪟，𗪊𗆺𗅋𗼑𗤋𗰚10. 𘀄、𘄿𘇂𗉠𘁂𗔦。𗅋𗪊𗆺𗋽𗅋𗦣𗆺𘂘 1. 𘋣[15]𗔦；𗅋𗪊𗆺𗋽𗰛[16]𗖒𗟲、𗦫𘐊𘀂𘀄𗔦；2. 𗅋𗪊𗆺𗋽𗦫𘄴𘐑[17]𗬰、𗌳𘐽𗥦𗉙；𗅋𗪊𗆺 3. 𗦅𘁤𗅃𘊝𘐌，𗪊𗺉𘈩𗔦[18]。𘃽𘄴𗼇𘂊𗜓�‍，4. 𗹏𘉍𘐑𗅰，𗪟𘜜𘊝𘍞，𘜘𘕕𗦣𗆉𘓺𗞞𗆺 5. 𗰛𗼇。

对译：6. 劝三宝〈 〉依归五戒十善六念受持教 7. 常经典赞诵诸善言说诸善言说常人〈 〉教善知 8. 识与近恶知识与远使愿口以常 9. 十住佛地无量德功说人〈 〉劝净土行 10. 修极果庄严使常人〈 〉教三宝〈 〉勤 1. 施使常人〈 〉教尊像建立诸供养修使 2. 常人〈 〉教诸善言作头然救如常人〈 〉3. 教穷救苦济无停息使口为愿发已竟 4. 相与心至五体地投世间大慈悲主〈 〉5. 依归

第 168 页：1. 𗍅𗣼𗃅𗷰𗷸！𗍅𗣼𗤒𘅥𗪊𘉈𗷸！2. 𗍅𗣼𘖑𘁂𗷸！𗍅𗣼𘎑𗃦𗷸！3. 𗍅𗣼𗶂𗆺[19]𗷰𘛪𗷸！𗍅𗣼𗦚𘝞𘉋𗷸！4. 𗍅𗣼𘋨𗹡𘕿𗷸！𗍅𗣼𘎖𗍥𘒒𗷸！5. 𗍅𗣼𘖑𗶓𗷸！𗍅𗣼𗮉𘗽𗤅[20]𗷸！6. 𗍅𗣼𗐯𗒹𘃽𗷸！𗍅𗣼𘙌𘃩𘝞𗷸！7. 𗍅𗣼𘝥𗰟𗷸！𗍅𗣼𗄑𗟲𘀊𗷸！8. 𗍅𗣼𘋨𗹡𘙯𘂘𘓺𘂘！𗍅𗣼𘋨𗹡𘏀𘅍𘓺𘂘！9. 𗍅𗣼𗗿𗃀𘙌𘓺𘂘！𗍅𗣼𘖑𘃩𘅍𘓺𘂘！10. 𘜘𘃽𘊘𘝞𗷫𗅋𘑘𗵱𘜘𗭼𗦣𘏖𗆺𗬩𗬩𘂘

对译：1. [南无][弥勒]佛[南无][释迦牟尼]佛 2. [南无]世华佛[南无]顶高佛 3. [南无]平等辩才佛[南无]差别知见佛 4. [南无]狮子牙佛[南无][犁陀]步佛 5. [南无]福德佛[南无]法灯盖佛 6. [南无][目犍连]佛[南无]忧无国佛 7. [南无]意思佛[南无][菩提]乐佛 8. [南无]狮子游戏菩萨[南无]狮子迅奋菩萨 9. [南无]身边无菩萨[南无]世音观菩萨 10. 又复是如十方虚空界尽三宝一切〈 〉

第 169 页：1. 𗰛𗼇。𗼇𗭼𗦣𗖒𗅰（𗭪𘝞）𘜜𗆺𘅥𘕕𗴺𘉍，𗼇 2. 𗰛𗹏𘈩，𗄑𗟲𗼇𘛪𗔦。

对译：1. 依归愿慈悲力以某甲等〈 〉覆护摄受愿 2. 如皆得[菩提]愿满令

----

① 中藏本本页图版第 1—5 行与第 6—10 行内容颠倒，今乙正。

意译、注释（中藏本第 165 页第 2 行—169 页第 2 行）

次为发口愿

又愿大众，及十方一切众生，从今日去乃至菩提。口常不谤三宝；口不谤传行经人、不说过患；口不言作善不得乐报、作恶不受苦报；口不言人死尽灭不生；口不说无利益损人之言；口不说邪见外道所造经书；不教人作十恶五逆业；不称扬人恶；不言俗间无理戏笑语；不教人使供祀邪信鬼神；不评论穷人等好丑；不嗔骂父母、师长、善友；不言劝人造罪；不言劝人不作福。

愿口常赞叹三宝，赞叹弘通法人，说其功德，示人善恶果报。常说人身死神识不灭，教人悟；常善言于人利益；常说如来尊经十二部；常言一切众生皆有佛性，当得常乐我净；常教人孝事父母、恭敬师长；常劝人归依三宝，受持五戒、十善、六念；常赞诵经典，言说诸善；常教人近善知识、远恶知识。

愿口常说十住佛地无量功德，劝人修净土行、使庄严极果。常教人勤施三宝；常教人建立尊像、修诸供养；常教人作诸善言、如救头然；常教人救穷济苦，使无停息。

发口愿已竟，相与至心，五体投地，归依世间大慈悲主。

南无弥勒佛！南无释迦牟尼佛！南无世华佛！南无高顶佛！南无无偏辩才佛！南无差别知见佛！南无狮子牙佛！南无梨陀步佛！南无福德佛！南无法灯盖佛！南无目犍连佛！南无无忧国佛！南无意思佛！南无乐菩提佛！南无狮子游戏菩萨！南无狮子奋迅菩萨！南无无边身菩萨！南无观世音菩萨！

又复归依如是十方尽虚空界一切三宝。愿以慈悲力覆护摄受（某甲）等，令皆得如愿，满菩提愿。【参见《大正藏》[0966a18—0966b21]】

[1] 𗱭𗁲：不谤，《大正藏》作"不毁呰"。毁呰，即谤。

[2] "𗗟𗫂𗤅𘃪𗫴𗦲𗟲𗱭𗁲、𘃉𗥺𗙴𗒀𗢭"："口不谤传行经人、不说过患"，《大正藏》作"不谤弘通经人，说其过患"。"口"（𗗟），《大正藏》"不言"前无此字。本页至第 8 行，《大正藏》"不言"、"不说"前均无

"口"字。𗗲𗏹，传行，即"弘通"。

[3] 𗊨𗤽𗜀𗢲：不受苦报，即《大正藏》作"不得苦果"。

[4] 𗥦𗗟𗫠𗙏𗜀𗋽：人死尽灭不生，《大正藏》作"人死断灭不复更生"。

[5] 𗢃𗷀𗵆𗤉𗾺：损人之言，《大正藏》作"损他人事"。

[6] 𗢃𗷀𗫔𗤄𗜀𗙈𗴾𗵀𗴴𗴒：不教人作十恶五逆业，即《大正藏》作"不教人作十恶业。不教人造五逆业"。

[7] 𗾮𗐴𗫨𗵩𗾺：无理戏笑语，《大正藏》作"无趣好戏笑事"。

[8] 𗼻𗴴𗁦𗾺𗫙𗫠𗦚：使供祀邪信鬼神，《大正藏》作"僻信邪鬼神"。僻，歪、斜。

[9] 𗫺𗥦𗙏：穷人等，《大正藏》作"人物"。

[10] "𗢃𗤭……𗵩𗵀"："不言劝人……"，《大正藏》作"不劝人"。

[11] 𗢃𗤭𗫹𗵩𗵒𗴍𗵩𗵀：不言劝人不作福，《大正藏》作"不断人作福"。

[12] "𗫡𗥦𗥺𗥦𗗟𗾀𗾮𗜀𗰜𗵩，𗢃𗷀𗵃𗁦"："常说人身死神识不灭，教人悟"，《大正藏》作"常说悟人身死神明不灭"。𗾀𗾮，神识、神明。

[13] 𗵆𗾺𗥃𗢃𗷀𗓁𗣼：善言于人利益，即《大正藏》作"发善言使人利益"。

[14] 𗾺𗵩：言说，《大正藏》作"呗说"。

[15] 𗰖𗰱：勤施，即《大正藏》作"勤礼"。

[16] 𗏁𗰜：尊像，《大正藏》作"形像"。

[17] 𗵆𗾺：善言，《大正藏》作"善事"。

[18] 𗜀𗼩𗼻𗁦：使无停息，《大正藏》作"无暂停息"。

[19] 𗜏𗵩：平等，即《大正藏》作"无偏"。

[20] 𗫠：盖，《大正藏》作"善"。疑汉文本"盖"形误作"善"。

录文、对译（中藏本第 169 页第 3 行—174 页第 1 行）

第 169 页：3. 𗰖𗵐𗫚𗩰4. 𗜀𗰱𗫦𗫡𗟊𗫠𗴍𗲽𗥦𗴾𗞞𗰱𗥦𗗟𗰜𗁦5. 𗁦，𗍿𗲽[1]𗰱𗭪𗜀𗫡，𗰖𗵐𗫚𗩰𗙏𗝢𗷹𗣼6. 𗮅。𗥤𗴾𗫚𗩰，𗊟𗫠𗳜𗰱;[2]𗲽𗞞𗫚

[illegible]，[illegible] 7. [illegible]；[illegible]，[illegible]；[illegible]，[illegible] 8. [illegible][3]；[illegible]，[illegible]；[illegible]，9. [illegible][4][illegible]；[illegible]，[illegible][5]；[illegible] 10. [illegible]，[illegible][6][illegible]；[illegible]，[illegible]；[illegible]

对译：3. 诸行法门 4. 又愿十方虚空界尽四生六道众生 5. 一切今此愿发之后诸行法门各具足〈〉6. 得爱敬法门三宝笃信坚固法门疑惑 7. 不怀勤忏法门恶起断欲悔念法门清 8. 净愿发身护法门自心清净口护法门 9. 永四业净意护法门三业不触[菩提]法 10. 门愿如具足悲心法门不害中一第慈

第 170 页：1. [illegible]，[illegible][7]；[illegible]，[illegible]；2. [illegible][8][illegible]，[illegible]；[illegible]，[illegible] 3. [illegible][9]；[illegible]，[illegible]；[illegible]，[illegible] 4. [illegible][10]；[illegible]，[illegible][11][illegible]；[illegible]，5. [illegible][12]；[illegible]，[illegible]。6. [illegible]。[illegible] 7. [illegible]，[illegible]；[illegible]，[illegible]；8. [illegible]，[illegible][13]；[illegible]，[illegible] 9. [illegible][14]；[illegible]，[illegible]；[illegible]，[illegible] 10. [illegible]；[illegible]，[illegible]。[illegible]，[illegible]

对译：1. 心法门德立化欢喜法门人〈〉不毁 2. 心诚法门人〈〉不欺三宝法门三恶 3. 道灭真实法门终不虚妄害舍法门自 4. 慢不为结弃法门疑惑无有净无法门 5. 争斗心无正应法门平等奉行 6. 又愿众生是如无量法门具足〈〉得心 7. 趣法门心观幻如意断法门不善本舍 8. 神通法门身心自在信根法门悔改心 9. 无进根法门善轭不舍念根法门道业 10. 造善定根法门正道心摄慧根法门无

第 171 页：1. [illegible]；[illegible]，[illegible][15][illegible]；[illegible] 2. [illegible]，[illegible][16][illegible]；[illegible]，[illegible]；[illegible] 3. [illegible]，[illegible]；[illegible]，[illegible]；[illegible] 4. [illegible]，[illegible]；[illegible]，[illegible][17]；5. [illegible]，[illegible]。[illegible] 6. [illegible]，[illegible]，[illegible] 7. [illegible]，[illegible] 8. [illegible]。[18][illegible]、[illegible]；[illegible] 9. [illegible]，[illegible]；[illegible][19][illegible]，[illegible] 10. [illegible][20][illegible]。[illegible]，[illegible]，[illegible]，

对译：1. 常空观信力法门魔威力〈〉越进力法 2. 门真去不还念力法门舍忘未曾定力 3. 法门众妄想灭慧力法门来往周旋进 4. 觉法门佛道行积正定法门[三昧]遍得 5. 净性法门余乘不乐愿诸众生悉[菩萨 6. 摩诃萨]诸是如等

八万法门〈〉具佛土 7. 清净以贪悭嫉妒人〈〉劝悉众恶八难 8. 中度使为诸争讼嗔恚人〈〉摄众善勤 9. 行以懈怠者〈〉摄禅定神通以诸乱想 10. 人〈〉摄愿发已竟相与心至五体地投

第 172 页：1. 𗼃𗼃𘉋𗼃𗼃𗼃𗼃𗼃𗼃。2. 𗼃𗼃𗼃𗼃𗼃！𗼃𗼃𗼃𗼃𗼃𗼃𗼃！3. 𗼃𗼃𗼃𗼃𗼃！𗼃𗼃𗼃𗼃𗼃！4. 𗼃𗼃𗼃𗼃𗼃！𗼃𗼃𗼃𗼃！5. 𗼃𗼃𗼃𗼃！𗼃𗼃𗼃𗼃！6. 𗼃𗼃𗼃𗼃！𗼃𗼃𗼃𗼃！7. 𗼃𗼃𗼃𗼃𗼃！𗼃𗼃𗼃𗼃！8. 𗼃𗼃𗼃𗼃！𗼃𗼃𗼃𗼃！9. 𗼃𗼃𗼃𗼃𗼃！𗼃𗼃𗼃𗼃𗼃！10. 𗼃𗼃𗼃𗼃𗼃𗼃！𗼃𗼃𗼃𗼃𗼃𗼃！

对译：1. 世间大慈悲主〈〉依归 2. ［南无］［弥勒］佛［南无］［释迦牟尼］佛 3. ［南无］法天敬佛［南无］势力断佛 4. ［南无］极势力佛［南无］慧华佛 5. ［南无］坚音佛［南无］安乐佛 6. ［南无］妙义佛［南无］净爱佛 7. ［南无］惭愧颜佛［南无］妙髻佛 8. ［南无］欲乐佛［南无］楼［志］佛 9. ［南无］药王菩萨［南无］药上菩萨 10. ［南无］身边无菩萨［南无］世音观菩萨

第 173 页：1. 𗼃𗼃𗼃𗼃𗼃𗼃𗼃𗼃𗼃𗼃𗼃𗼃 2. 𗼃𗼃。𗼃𗼃𗼃𗼃𗼃𗼃𗼃𗼃𗼃𗼃𗼃𗼃𗼃𗼃 3. 𗼃𗼃𗼃𗼃𗼃，𗼃《𗼃𗼃𗼃𗼃𗼃𗼃》𗼃𗼃 4. 𗼃𗼃𗼃，𗼃𗼃𗼃𗼃𗼃𗼃𗼃𗼃𗼃𗼃 5. 𗼃[21]𗼃，𗼃𗼃𗼃𗼃𗼃𗼃𗼃𗼃。𗼃𗼃𗼃𗼃[22]，𗼃

对译：1. 又复是如十方虚空界尽三宝一切〈〉2. 依归愿慈悲力以〈〉三界六道四生众生 3.〈〉救护摄受今慈悲道场忏法以心 4. 发愿发德功因缘以各各德功智慧具 5. 足令神通力以心随自在愿发已竟次

第 174 页：1. 𗼃𗼃𗼃𗼃𗼃。

对译：1. 应嘱累流通

意译、注释（中藏本第 169 页第 3 行—174 页第 1 行）

诸行法门

又愿十方尽虚空界四生六道一切众生，今此发愿之后，各得具足诸行法门。爱敬法门，笃信三宝；坚固法门，不怀疑惑；勤忏法门，欲断起恶；念悔法门，发愿清净；护身法门，自心清净；护口法门，永净四业；护意法门，不触三业；菩提法门，具足如愿；悲心法门，第一不害；慈心法门，化（使）立德；欢喜法门，不毁他人；至心法门，不欺他人；三宝法门，灭三恶道；真实法门，终不虚妄；舍害法门，为不自慢；弃结法门，无有疑惑；无诤法门，无争斗心；奉行平等，应正法门。

又愿众生具足如是无量法门。心趣法门，观心如幻；意断法门，舍不善本；神足法门，身心自在；信根法门，无悔改心；进根法门，不舍善轭；念根法门，善造道业；定根法门，摄心正道；慧根法门，观无常空；信力法门，越魔威力；进力法门，真去不还；念力法门，未曾忘舍；定力法门，灭众妄想；慧力法门，周旋往来；进觉法门，积行佛道；正定法门，遍得三昧；净性法门，不乐余乘。

愿诸众生悉具菩萨摩诃萨诸如是等八万法门，为清净佛土劝贪悭嫉妒之人，悉使度众恶八难之中。摄诸净讼、嗔恚之人；勤行众善，摄懈怠者；禅定神通，摄诸乱想之人。

发愿已竟，相与至心，五体投地，归依世间大慈悲主。

南无弥勒佛！南无释迦牟尼佛！南无法天敬佛！南无断势力佛！南无极势力佛！南无慧华佛！南无坚音佛！南无安乐佛！南无妙义佛！南无爱净佛！南无惭愧颜佛！南无妙髻佛！南无欲乐佛！南无楼志佛！南无药王菩萨！南无药上菩萨！南无无边身菩萨！南无观世音菩萨！

又复归依如是十方尽虚空界一切三宝。愿以慈悲力救护摄受，令三界六道四生众生以今《慈悲道场忏法》发心发愿，以功德因缘各各具足功德智慧，以神通力随心自在。发愿已竟，次应嘱累流通。【参见《大正藏》[0966b22—0967a02]】

［1］𗣼𗏟：今此，即《大正藏》作"从今"。

［2］"𗊱𘒛𗣗𗤋，𗣼𗼻𗏟𗒘"："爱敬法门，笃信三宝"，《大正藏》作"笃信三宝爱敬法门"。西夏文自本页图版至图版第170页第5行先列出法门，再进行阐释。汉文则与之相左。下同。

［3］𗊱𗣖：发愿，《大正藏》作"欲愿"。

［4］𘆄𘓷：四业，《大正藏》作"四事"。

［5］𗤁：触，《大正藏》作"毁"。

［6］𗊱𘒛：如愿，即《大正藏》作"所愿"。

［7］𗢲：化，《大正藏》作"化使"。

［8］𗆀𗢳：诚心、至心，即《大正藏》作"至诚"。

［9］𗉁𗆈𗡊𗫨：灭三恶道，《大正藏》作"欲灭三途"。

［10］𗣼𗆉𗣊𗤀：为不自慢，《大正藏》作"不慢彼我"。

［11］𗤱𗣩：疑惑，《大正藏》作"犹预"。

［12］𗤭𗣣𗆀𗤧：无争斗心，《大正藏》作"断鬪讼意"。

［13］𗣼𗬗：自在，《大正藏》作"轻便"。

［14］𗤊𗤱𗆀𗤧：无悔改心，《大正藏》作"不愿退根"。

［15］𗏇𗫨：威力，《大正藏》作"威势"。

［16］𗕥𗫐：真去，《大正藏》作"一去"。

［17］𗫨𗉮：遍得，《大正藏》作"逮得"。

［18］"𗆀𗤱𗢲𗣼𗣩𗤭𗡊𗢳𗫨𗲠𗲥，𗥫𗫾𗆈𗇋𗯃𗱈𗏹𗫶𗬬"："为清净佛土劝贪悭嫉妒之人，悉使度众恶八难之中"，《大正藏》作"清净佛土劝化悭嫉。悉度众恶八难之处"。

［19］𗫡𗤧：禅定，《大正藏》作"定意"。

［20］𗫱𗧁𗤄𗤀：诸乱想（之）人，《大正藏》作"诸乱想"。

［21］𗷅𗣀𗫙𗫵𗆉𗣼𗉂𗷅𗣊𗕿𗤢𗇋：以功德因缘各各具足功德智慧，《大正藏》作"功德因缘各各具足功德智慧"。

［22］𗢲：竟，《大正藏》作"意"，形误。

录文、对译（中藏本第 174 页第 2 行—179 页第 5 行）

第 174 页：2. **𗆀𗤓𗫙𗣊𗫐**3. 𗯃𗫙𗡊𗲥𗣩𗤭𗆈𗫾，𗥫𗲠𗫶𗫙𗡊𗫨𗲥4. 𗤱𗫙𗤓𗫐[1]𗡊𗢲，𗲤𗱈𗤱𗣊𗬗𗫱𗤓𗆉5. 𗫵𗤔𗦓𗤭𗆀𗤓[2]。𗲤𗷅𗕥𗆀𗣊𗇋𗤭𗡊𗪵𗤄，6. 𗫙𗥫𗤱𗤱𗡊𗷅𗫙𗫵。𗤱𗷅𗕥𗲠𗫨𗣊[3]，7. 𗤭𗱈𗝗𗝗𗤄𗥫𗥫𗫾𗱈𗫙𗲤𗬗𗝗[4]。𗆀𗤄8. 𗴟𗤼𗤓𗴟𗣊𗫱𗫐𗱈𗗁，[5]𗤭𗱈𗝗𗝗𗤢9. 𗆀𗲤𗮃𗫨𗤓𗴟𗫙𗤓𗫶𗱈𗗁𗯃。𗲤𗤭10. 𗷅𗝗𗝗，𗫱𗣣𗫡[6]𗉂𗤱𗫶𗆀𗤧，𗆈𗴟𗤢𗇋

对译：2. 嘱累四十第3. 今日道场业同大众相与前六道四生4. 众生为愿发已竟次诸众生等诸大5. ［菩萨］〈〉付嘱嘱累愿慈悲心以6. 今忏悔愿发德功因缘又慈悲念力以7. 众生一切〈〉悉皆无上福田求乐佛〈〉8. 施无量报有深信

令得众生一切9. 心佛〈〉向无量清净果报具得令愿10. 众生一切诸如来于悭

吝心无大施具足

第175页：1. 𗾔𗫻𗟲𗕤。𘄒𗪮𗥃𗔇𗙵𗙵，𗼻𗄊𗫂𗤒𗴟2. 𗦜𘃡𗗙𗴦𗡆，

𗦜𗷟𘄒𗷖𗥃𗨞𗴟，𗼻𗄊3. 𗫂𗸐𗫣𗟲𘃡𗷖𗙵𗙵𗤻𗤹𗄻𗫒。𘄒𗪮𗥃4. 𗔇𗙵

𗙵，𗼻𗄊�2𘄒𗵒𗻰𗱠𘃝𘃡，𗼻𗸐5. 𗕢𗢳𗟲𗟻𗤹𗥃𗄻𗫒。𘄒𗪮𗥃𗔇𗙵𗙵𗦜

6. 𗥃𗄻�2[7]，𗣼𗴦𗴟𗦜𗄻𗕳𗯾𗠱。𘄒𗪮𗥃𗔇7. 𗙵𗙵𗴦𗔇[8]𗏁𗧘，𗼻𗄊𗸐

𗙵𗙵𗥃𗨞�{�}8. 𗟲𗣼𗻰𗄻�2。𘄒𗪮𗥃𗔇𗙵𗙵𗤒𗵒𗸐�9. �{[9]，𗕢𗢳𗤹𗤻𗧉𗠀

𘋤𘄒𗠱𗄻�2。𘄒𗪮𗥃10. 𗔇𗙵𗙵𗟲𘙌𗪮𗗙𗯀𗽈𗄻�{[10]，𗙵𗙵𗤹𗤈

对译：1. 爱惜所无又愿众生一切诸如来于无2. 上福田所修二乘愿离菩

萨道行诸如3. 来〈〉碍无解脱一切种智〈〉得又愿4. 众生一切诸如来于无尽

善根〈〉种佛〈〉5. 无量德功智慧〈〉得又愿众生一切深6. 慧〈〉得清净无上智

王具足又愿众生7. 一切游处自在诸如来〈〉一切处至碍8. 无神力〈〉得又愿

众生一切大乘〈〉深9. 信无量种智而安住不动〈〉得又愿10. 众生一切上等福

田具足〈〉成一切智地

第176页：1. 𗵒𗨞𗺐𗄻𗵋。𘄒𗪮𗥃𗔇𗙵𗙵𗤻𗙵𗙵�{2. 𗬱𗤹[11]𗄻𗟲，𗼻

𗴦𗪠𗤹𗤻𗄻𗨞𗵋。𘄒𗪮𗥃3. 𗔇𗙵𗙵𗫜𗔏𗤹𗣼𗣼𗤹𗤻𘋤𗙵𗙵𗵒𗺩4. 𗯾�{，𗽼

𗭴𗵒𗺄[12]𗯒𗳙𗽈𗴦��𗄻𗟲。𘄒5. 𗪮𗥃𗔇𗙵𗙵�{𗟲𗑗𗄻�2，𗊲𗵈𗼻𗑗𗺐

6. �{𗭴𗵋𘃛𗤹𗄻𗟲。𘄒𗪮𗥃𗔇𗙵𗙵𗟲�{7. 𗑗𗄻�{𗳐𗸴𗱠𗄻�2，𗤻𗙵𗙵𗸐𗤹

�{�{8. 𗤹𗄻�2𗤻𗴦𗛱𗩠�. �{𗭴𗵒𗺄𗄊𗸐9. 𗸐𗏁𗧘𗤹𗤻𗕳𗺩𗠱，�<�<𗑗𗤻

�<𗄻�2[13]。𗸼10. 𘆜𗄊𗪮�<𘋤𗣼，𗤹𗣼𗯒𗷅𘆜，𗤻𗣼�<�<

对译：1. 皆出生〈〉能又愿众生一切佛一切于2. 嫌恨〈〉无诸善根种佛智

乐求又愿3. 众生一切妙方便以庄严佛刹一切处皆4.〈〉诣一念之时法界深入

疲倦〈〉无又5. 愿众生一切比无身〈〉得十方世界尽6. 遍游能疲厌〈〉无又愿

众生一切广大7. 身〈〉成意随行〈〉得佛一切〈〉神力庄8. 严〈〉得究竟彼岸〈〉

至一念之时如来9.〈〉自在神力显现虚空界遍满〈〉得是10. 如大愿发已竟广

大法性如究竟虚空

第177页：1. 𘆜。𗪮𗥃𗔇𗙵𗙵𗪮𘃛𗄻�2，𗤓𗤹𗪮�<。𗵒2. 𗬥𗷟𗫻，𘄒

𗴟𗒹𗵋，（𗟛𗟲）𗤤�0𗤃𗴒�2𗪮𗥃3. 𗸐𗵈𗕢𗵋，𗄊𗼻𗪮𗥃𗤤：4. 𗕢𗢳𗷰𗟲�<

�<𗴦𗬥�0𗟛𗯒𗳐𗪮𗵋！5. 𗕢𗢳𗷰𗟲�<�<𗴦𗬥𗵈𗟲𗵋𗳐𗪮𗵋！

对译：1. 如愿众生一切愿如〈〉得[菩提]愿满2. 相与心至五体地投某甲

等若苦报受众生3.〈〉救不能则诸众生等4. 无量边无虚空界尽生无法身菩萨5. 无量边无虚空界尽漏无色身菩萨

第178页：1. 𗫡𗫥𘛽𘃏𘟣𗩾𗣼𗣼𗏨𗗙𗹬！2. 𗫓𗉢𗭪𗫂[14]𗣼𗗙𗬓𗬻𗗙𗹬！3. 𗭫𗉢𗭪𗫂𘟣𘟙𗬓𗬻𗗙𗹬！4. 𘀗𗫥𘛽𘃏𘟣𗩾𗣜𘃏𘛽�I𗹬！5. 𘀗𗫥𘛽𘃏𘟣𗣜�‹𗬓𘟙�‹𗹬！6. 𗿽𗆌𘉒𗴿𗹬！𗤒𗏇𗹬！7. �504𗾒�183𗹬[15]！�504𘓺𗹬！8. �504𗬓𗹬！𘓺𘃒𗧁𗏨𗹬！9. 𗴟𗆛𗴳𗹬！�813𗹬！𗤒𗼣𗹬！10. 𗴳𗫗𗹬！�134𘏞𘗲𗹬！𗺌𗪟𗹬！

对译：1. 无量边无虚空界尽心发菩萨2. 正法兴使者马鸣大师菩萨3. 像法兴使者龙树大师菩萨4. 十方虚空界尽身边无菩萨5. 十方虚空界尽苦救世音观菩萨6. [文殊师利]菩萨普贤菩萨7. 狮子迅奋菩萨狮子幡菩萨8. 狮子作菩萨坚勇进精菩萨9. 金刚慧菩萨阴盖弃菩萨根寂菩萨10. 慧上菩萨常世不离菩萨药王菩萨

第179页：1. 𗴳𗫗𗹬！𘛽𘃏𗼣𗹬！𗴟𗆛𗼣𗹬！2. 𘓺𘃒𗧁𗹬！𗆠𘔊𗜓𗹬！𗙷𗏇𗹬！3. 𗙷𗭪𗹬！𘞔𘞵𗹬！𘞵𘂤𗹬！4. 𗭪𘄿𘀗𘟙𗹬！𗣜𘃏𗬓𗹬�‹𗵙5. 𘟙𗸐𗹪𗮔。[16]

对译：1. 药上菩萨虚空藏菩萨金刚藏菩萨2. 常进精菩萨不休息菩萨妙音菩萨3. 妙德菩萨宝月菩萨月光菩萨4. [萨陀波轮]菩萨三界越菩萨等〈〉5. 付嘱嘱累为

意译、注释（中藏本第174页第2行—179页第5行）

嘱累第四十

今日道场同业大众，相与前已为六道四生众生发愿竟，次以众生付嘱嘱累诸大菩萨。愿以慈悲心同加摄受，以今忏悔发愿功德因缘。又以慈悲念力乐求众生一切悉皆无上福田。令深信布施佛得有无量报，令一切众生一心向佛具得无量清净果报。

愿一切众生于诸如来（所）无悭吝心，具足大施无所爱惜。

又愿一切众生于诸如来所修无上福田，离二乘愿行菩萨道，得诸如来无碍解脱一切种智。

又愿一切众生于诸佛所种无尽善根，得佛无量功德智慧。

又愿一切众生得深慧，具足清净无上智王。

又愿一切众生游处自在，得诸如来至一切处无碍神力。

又愿一切众生深信大乘，得无量种智安住不动。

又愿一切众生具足成上等福田，皆能出生一切智地。

又愿一切众生于一切佛无嫌恨，种诸善根乐求佛智。

又愿一切众生以妙方便，（往）诣一切庄严佛刹处，于一念之时深入法界（而）无疲倦。

又愿一切众生得无比身，尽能遍游十方世界而无疲厌。

又愿一切众生成广大身得随意行，得一切佛神力庄严至究竟彼岸。于一念之时，得显现如来自在神力遍满虚空界。

发如是大愿已竟，广大如法性，究竟如虚空。愿一切众生得如所愿，满菩提愿。相与至心，五体投地，（某甲）等若受苦报不能救众生，则为诸众生等付嘱嘱累：

无量无边尽虚空界无生法身菩萨！无量无边尽虚空界无漏色身菩萨！无量无边尽虚空界发心菩萨！使正法兴者马鸣大师菩萨！使像法兴者龙树大师菩萨！十方尽虚空界无边身菩萨！十方尽虚空界救苦观世音菩萨！文殊师利菩萨！普贤菩萨！狮子奋迅菩萨！狮子幡菩萨！狮子作菩萨！坚勇精进菩萨！金刚慧菩萨！弃阴盖菩萨！寂根菩萨！慧上菩萨！常不离世菩萨！药王菩萨 药上菩萨！虚空藏菩萨！金刚藏菩萨！常精进菩萨！不休息菩萨！妙音菩萨！妙德菩萨！宝月菩萨！月光菩萨！萨陀波轮菩萨！越三界菩萨！等。【参见《大正藏》[0967a03—0967b13]】

［1］𗏁𘝶：发愿，《大正藏》作“发誓愿”。

［2］𗝆𗅲𗏇𘘤：字面意为“付嘱嘱累”，《大正藏》作“付嘱”。下同。

［3］𗗚𗼨𗀔𗖵𗮔𗴈：又以慈悲念力令，《大正藏》乙本同。

［4］𗊢𗗟𗵆𗵆𗦀𗄈𗄈𘜶𗼊𗫂𗗔𘝦𘘤：乐求众生一切悉皆无上福田，《大正藏》作“一切众生悉皆乐求无上福田”。

［5］𗢃𗤋�253𗄯𘝞𗳦𗁣𗤅𘉑𗈜𗹦：令深信布施佛得有无量报，即《大正藏》作“深信施佛有无量报”。

［6］𗤋𗾟：如来，《大正藏》作“佛”。图版第175页第1行，同。

［7］ 𗏁𗣼：得、当得、令得，《大正藏》作"摄取"。

［8］ 𗾈𗬻：游处，即《大正藏》作"所游"。

［9］ 𗏵𗣤：深信"，《大正藏》作"摄取"。

［10］ 𗅲𗣮𗧯𗌭𗟲𗰛𗏁𗣼：具足成上等福田，《大正藏》作"成就第一"。𗅲𗣮，上等、上限，在此对应汉文"第一"。

［11］ 𗏵𗗥：嫌根，《大正藏》作"嫌恨心"。

［12］ 𗷅𗷪：之时，即《大正藏》作"中"。图版第 176 页第 8 行，同。

［13］ "……𗏿𗫔𗏁𗣼"："得……遍满"，《大正藏》作"遍"。

［14］ 𗏵𗫨𗗐𗏵𗥤：使正法兴者，即《大正藏》作"兴正法"。下同。

［15］ 𗷣𗷪𗵑𗣦𗪤𗭪：狮子奋迅菩萨，《大正藏》作"师子游戏菩萨师子奋迅菩萨"。

［16］ "𗵒𗾈𗪤𗥟𗷣……𗷣𗥦𗾈𗣫𗒹𗷅𗆨"："则为诸众生等付嘱嘱累……等"，《大正藏》作"……者，以众生嘱累"。

录文、对译（中藏本第 179 页第 6 行—182 页第 1 行）

第 179 页：6. 𗾟𗴭𗏵𗬻𗊤𗏵𗾈𗷪𗬑𗹼𗪤𗭪𗏵𗏵𗥦 7. 𗼷𗫔[1]。𗷣𗾈𗥦𗣤𗴭𗒹𗣤𗒖𗏶𗷣[2]𗫐、𗪤𗥟 8. 𗵟𗫐𗒹，𗊤𗏵𗷅𗷪𗾈𗭪𗪤𗥟𗏵𗏵𗥦𗫶 9. 𗬑。𗷣𗥦𗣤𗴭𗒹𗣤𗪤𗥟𗏵𗏵𗾟𗫶，𗵒𗴭 10. 𗴮𗥦𗾈𗵑𗏵[3]𗲆。𗷣𗪤𗥟𗏵𗏵𗪤𗭪𗥦𗫲

对译：6. 又复是如十方虚空界尽菩萨一切〈　〉7. 付嘱愿诸［菩萨摩诃萨］本誓愿力众生 8. 度力以十方无量边无众生一切〈　〉摄 9. 受愿［菩萨摩诃萨］众生一切不舍善知 10. 识同分别想无愿众生一切菩萨〈　〉

第 180 页：1. 𗧯𗏁𗾈[4]，𗵒𗙉𗧗𗷣𗷅𗷩[5]。𗷣𗾈𗪤𗭪𗾈𗪤 2. 𗥟𗥦𗰚𗌭𗵒𗬑，𗏵𗗥𗵮𗏁𗣼，[6]𗪤𗭪𗼷𗾈 3. 𗷩𗷅[7]𗭪𗷅。𗷣𗪤𗥟𗏵𗏵𗪤𗭪𗒹𗵑𗴭𗌰 4. 𗷅𗻹，𗲜𗗥𗵮𗏁𗣼。𗵒𗴭𗴮𗷅𗷅𗷅，𗣢𗏵𗏵 5. 𗏵𗷅，𗵮𗒖𗷅𗲆。𗪤𗥟𗏵𗏵𗥦𗵒𗴭𗴮𗒹[8]6. 𗣫𗴭𗾈𗹼，𗏵𗏵𗾈𗫶𗒹𗷅𗷅𗬟。𗪤𗥟𗏵 7. 𗏵𗒹𗰚𗴭𗼷𗒹𗒖𗾈𗩁𗏁𗷅，𗒖𗏵𗫨𗒹 8. 𗾈𗬑𗷪𗷪。𗻹𗾈𗪤𗥟𗾈𗪤𗭪𗷅𗵒𗭬𗼋 9. 𗖝𗷅𗴭[9]，𗪤𗭪𗵑𗷣𗫦𗗥𗷅𗷐，𗵮𗵒�[靠]𗲆 10. 𗏵𗫔𗰛𗵒。𗻹𗷅𗻹𗵑𗼋𗵚𗾟[10]、

𗹣𗟲𗫷𗴟、

对译：1. 恩〈 〉知亲近供养愿为愿诸菩萨诸 2. 众生〈 〉慈愍摄受正直心令得菩萨随逐 3. 永不远离愿众生一切菩萨教随违反 4. 不生坚固心〈 〉得善知识与不舍垢 5. 一切离心坏可不众生一切〈 〉善知识为 6. 身命不惜一切悉舍教与不违众生 7. 一切大慈〈 〉修习令诸恶〈 〉离佛正法闻 8. 悉受持能其诸众生诸菩萨与善根业 9. 报令同菩萨行愿究竟清净神通具足 10. 意随自在其大乘行修于起乃至究竟

第181页：1. 𗰣𗰣𗴟𗫀𗰆𗫷[11]，𗹣𗈧𗈧𗆶𗰆𗭪𗫦𗹏𗬉[12]。2. 𗫀𗤋𗦻𗴙𗰡𗫼𗫷，𗫼𗢸𗦻𗧾𗫷𗴟𗣗 3. 𗰤。𗫼𗆫𗰆𗫷𗴍𗤺𗤫𗪮𗰏、𗺠𗫄𗤧𗤋、𗢵 4. 𗺷𗩱𗤋、𗵢𗄼𗇁𗫼、𗝰𗪵𗰏、𗢤𗢫𗣗𗤺、𗶷 5. 𗴍𗩾𗽺，𗹣𗫷𗰪𗫱，𗫫𗅋[13]𗫈𗦞𗹦𗑾𗹙𗰪 6. 𗊦𗨙𗪙𗫱𗰣𗰣𗴍𗔆𗄓。𗤁𗅏𗵾𗫷𗴟[14]7. 𗬦𗫅[14]，𗹦𗑾𗍁𗈪𗲲𗆜𗵮𗺿，𗺷𗤬𗶷𗤬𗴍 8. 𗻀𗫺𗝤。𗶷𗪙𗎼𗫷𗲲𗺃𗗿𗨨𗴍𗸟𗕈𗏆 9. 𗸯，𗫫𗁦𗆜𗴟𗫀𗵢𗻀𗫺[15]。𗫼𗹨𗍁𗵫𗊝[16]𗤛 10. 𗤁𗹨𗵙𗫺，𗫫𗅋𗫀𗫦𗰣𗰣𗵙𗅚𗫱。𗪙𗍁

对译：1. 一切种智于至其两两间于懈怠不为 2. 智慧乘随安隐处至碍无乘得究竟自 3. 在始从末至三宝〈 〉依归疑断信生忏 4. 悔心发果报显现地狱出怨解自庆愿 5. 发回向乃至嘱累德功以悉十方虚空 6. 界尽众生一切〈 〉布施[弥勒]世尊我于 7. 明证十方诸佛哀愍覆护悔所愿所皆 8. 当成就愿诸众生慈悲主同俱此国〈 〉9. 生共一佛〈 〉化所〈 〉成初会中〈 〉入法 10. 闻道〈 〉悟德功智慧一切〈 〉具足诸

第182页：1. 𗹣𗹏𗆧𗧘𗦗𗹙[17]，𗹩𗵘𗇁𗤍𗹣𗹏𗶅𗺿。

对译：1. 菩萨与差异无有金刚心入正等觉成

意译、注释（中藏本第 179 页第 6 行—182 页第 1 行）

又复付嘱，如是十方尽虚空界一切菩萨。愿诸菩萨摩诃萨以本誓愿力、度众生力，摄受十方无穷无尽一切众生。愿菩萨摩诃萨不舍一切众生，同善知识无分别想。

愿一切众生知菩萨恩，愿为亲近供养。

愿诸菩萨慈愍摄受诸众生，令得正直心，随逐菩萨永不远离。

　　愿一切众生随菩萨教不生违反，得坚固心。不舍善知识，离一切垢，心不可坏。为一切众生善知识不惜身命，悉舍一切不违其教。令诸众生修习大慈离诸恶，闻佛正法悉能受持。同令诸众生与诸菩萨善根业报，菩萨行愿究竟清净，具足神通随意自在。起于修其大乘行、乃至究竟、至于一切种智，于其中间不为懈怠。乘智慧随至安隐处，得无碍乘究竟自在。

　　从始至未归依三宝、断疑生信、忏悔发心、显果报、出地狱、解怨自庆、发愿回向乃至嘱累，功德悉以布施十方尽虚空界一切众生。弥勒世尊于我证明，十方诸佛哀愍覆护，所悔所愿皆当成就。愿诸众生同慈悲父俱生此国，共一成所化佛。入在初会闻法悟道，功德智慧一切具足。与诸菩萨无有差异，入金刚心成等正觉。【参见《大正藏》[0967b14—0967c07]】

　　[1] 𘟙𗂧：付嘱，《大正藏》作"嘱累"。

　　[2] 𗣼𗎫：誓愿，《大正藏》作"愿"。

　　[3] 𗫂：想，《大正藏》丽本作"相"，乙本作"想"。

　　[4] 𗡮𗼺𗤉𗡼𗋽𗾞𗫂：知菩萨恩。"𗡼𗋽𗾞"3字，西夏文底本或模糊不清或残存左部、右部笔画，据残存和汉文意补。下同。

　　[5] 𗧀𘊞：愿为，《大正藏》无。

　　[6]"𗰖𗡮𗼺𗰖𗡮𗫂𗤉𗊋𗣊𗧀𘕘，𗫂𗤊𗰉𗾞𘓚"："诸菩萨慈愍摄受诸众生，令得正直心"，即《大正藏》作"诸菩萨慈愍摄受。令诸众生得正直心"。

　　[7] 𗭴𗻛：永不，《大正藏》作"不相"。

　　[8] 𗡮𗼺𗅲𗅲𗤉𗒟𗫂𗳦𘟙：为一切众生善知识，《大正藏》作"令诸众生为善知识"。𗅲𗅲，一切、诸。下同。

　　[9] 𗳦𗥦：同令，《大正藏》作"令"。

　　[10] 𘏞𗤊𗦎𗥢𗼊𗤎𗟲：起于修其大乘行，《大正藏》作"乘于大乘"。

　　[11] 𗅲𗅲𗤗𗥻𘏝𗼺：至于一切种智，《大正藏》作"一切种智"。

　　[12] 𘏞𗪸𗪸𗦺𗼊𗫟𗫂𗥦𘊞：字面意为"于其两两间不为懈怠"，《大正藏》作"于其中间无有懈怠"。疑"𗪸𗪸"（两两），衍一"𗪸"字，应删除。"𗪸𗦺"（两间），即"中间"，参看卷一（图版第154页第4行，注[27]）。

　　[13] 𗫂𘟙：功德，《大正藏》作"所有功德"。"𗫂𘟙"（功德）及其下6字西夏文残缺，据汉文意补。

［14］𗰖𗗙𗼋𗗙：于我证明，即《大正藏》作"现为我证"。"𗰖𗗙𗼋𗗙"（于我证明）及其上 3 字西夏文残缺，据汉文意补。

［15］𗼋𗗙𗴒𗗙𗱽𗱾𗼁𗗙：共一所化成佛，《大正藏》无。

［16］𗴒：入，《大正藏》作"预"。预，动词，通"与"，参与、干。

［17］𗁬𗖻𗁬𗭪：无有差异，即《大正藏》作"等无有异"。

录文、对译（中藏本第 182 页第 1 行—183 页第 10 行）

第 182 页：1. 𗴒 2. **𗱾𗴒𗱽**　𗼋𗁬𗗙𗼋𗁬、𗗙𗴒𗱽、𗼋𗱾𗼋𗱾 3. 𗁬𗴒𗼋[1]𗼋𗁬，𗱾𗗙𗱾𗁬𗖻𗼋𗱾𗗙𗱾。𗼋𗱾 4. 𗼋𗴒𗗙𗁬𗱾�Ო𗰖𗱾�Ო𗗙，�ᲝᲚᲝ𗱾𗁬�Ო 5. �Ო�Ო，�Ო𗱾𗱽𗗙𗱾𗗙�Ო𗁬�Ო𗱾。（𗁬�Ო）𗱾 6. �Ო𗱾𗗙�Ო𗱾[2]，𗱾𗱽�Ო𗱾𗁬𗱾𗴒𗱾�9 7. 𗱾、𗁬�ᲝᲚᲝ�,�Ო[3]�Ო�9。𗁬𗴒�ᲝᲚᲝ�Ო[4]�Ო 8. �Ო�,𗰖�Ო�Ო�Ო��Ო[5]。���Ო𗁬 9. 𗴒，𗰖����Ო，�Ო𗖻���Ო��Ო[6]。�Ო 10. �Ო�Ო�Ო𗰖，�Ო𗰖�Ო�Ო[7]�Ო�Ო𗰖；𗁬𗴒�Ო�Ო

对译：1. 佛 2. 赞咒愿［多陀阿伽度］［阿罗诃］［三藐三佛 3. 陀］十号具足无量人度死生苦拔今忏 4. 悔佛〈〉礼德功因缘以愿诸众生自 5. 各具足愿如〈〉得［菩提］愿圆〈〉满某甲等 6. 今日所愿者悉十方虚空界尽诸佛 7. 一切诸大菩萨愿与同诸佛菩萨愿者穷 8. 尽可不我等愿亦皆彼犹如广大法性 9. 如究竟虚空如未来世穷劫一切经 10. 众生尽可不则我等愿尽可不世界尽可

第 183 页①：1. 𗰖，�Ო𗖻���Ო��Ო；���Ო��Ო，� 2. �Ო���Ო�Ო��Ო；�Ო�����Ო，�Ო𗖻� 3. ���Ო��Ო；�Ო�����Ო，�Ო𗖻���� 4. ���Ო；𗴒𗁬�����Ო，�Ო𗖻���� 5. ��Ო；𗁬𗴒�Ო����Ო，�Ო𗖻����� 6. ��Ო；�Ო�9𗁬[8]���Ო，�Ო𗖻���� 7. ��Ო；�����Ო，�Ო𗖻������Ო；8. 𗁬𗴒�Ო�Ო�Ო�Ო���Ო�Ო�Ო ▢��Ო，� 9. �Ო𗖻�����Ო。��� ▢�[9]，�Ო𗖻� 10. �����[10]，��Ო ▢������[11]。

---

① 中藏本第 183 页之下的第 184—186 页，无刻字内容，经背分别为手抄"𗖻������"（慈悲道场起始竟）、"�������"（不忘苦则获大罪）等内容，应删除。依体例和汉文意，第 183 页之下的第 184 页第 1 行，应为已佚缺的该卷刻本结尾："《𗖻�������》���"（《慈悲道场忏法》卷第十）。

对译：1. 不则我等愿亦尽可不虚空尽可不则 2. 我等愿亦尽可不法性尽可不则我等 3. 愿亦尽可不[涅槃]尽可不则我等愿亦 4. 尽可不佛世出尽可不则我等愿亦尽 5. 可不诸佛智慧尽可不则我等愿亦 6. 可不心之境界尽可不则我等愿亦尽 7. 可不智起尽可不则我等愿亦尽可不 8. 世间道种法道种智慧道种尽可不则 9. 我等愿亦尽可不若十种尽有则我 10. 等愿亦方尽三乘圣众一切〈　〉依归

意译、注释（中藏本第 182 页第 1 行—183 页第 10 行）

赞佛咒愿

多陀阿伽度、阿罗诃、三藐三佛陀，十号具足，度人无量，拔生死苦。今以功德因缘忏悔礼佛，愿诸众生各自具足，得如所愿圆满菩提。

（某甲）等今日所愿者，悉同十方尽虚空界一切诸佛、诸大菩萨愿。

诸佛菩萨愿者不可穷尽，我等愿亦皆犹如彼。广大如法性，究竟如虚空，穷未来世经一切劫。

众生不可尽，则我等愿不可尽；

世界不可尽，则我等愿亦不可尽；

虚空不可尽，则我等愿亦不可尽；

法性不可尽，则我等愿亦不可尽；

涅槃不可尽，则我等愿亦不可尽；

佛出世不可尽，则我等愿亦不可尽；

诸佛智慧不可尽，则我等愿亦不可尽；

心之境界不可尽，则我等愿亦不可尽；

起智不可尽，则我等愿亦不可尽；

世间道种法道种智慧道种不可尽，则我等愿亦不可尽。

若有十种尽，则我等愿亦方尽，归依三乘一切圣众。

【参见《大正藏》[0967c08—0967c24]】

[1] 𗍫𗵘：十号，《大正藏》作“三德”。

[2] 𘝵𘂞𗇋：所愿者，《大正藏》作“所发誓愿”。

[3] 𗏁：愿，《大正藏》作"所有誓愿"。

[4] 𗼇𗼃𗏁𗦻𗏁𗏁：诸佛菩萨愿者，《大正藏》甲乙本作"诸佛菩萨所有誓愿"。

[5] 𗏁𗊀𗏁𗀂𗏁𗏁𗦎：我等愿亦皆犹如其，《大正藏》作"今誓愿亦复如是"。

[6] 𗬼𗬼𗄈𗭂𗭂𗏁𗏁𗩾：穷未来世经一切劫，《大正藏》作"穷未来际尽一切劫"。

[7] 𗫂𗼇𗊀𗏁：则我等愿，《大正藏》作"我愿"。下页（图版第 183 页）6 处 "𗫂𗼇𗊀𗏁𗀂"（则我等愿亦），对应汉文本"我愿"。

[8] 𗊀𗪲𗫄𗎝：心之境界，《大正藏》作"心缘"。心缘，起心而攀缘外境。

[9] 𗬼𗈆𗈆𗭂𗩾：若有十种尽，《大正藏》作"若十种可尽"。"𗭂"（尽）底本残缺，据汉文意补。

[10] 𗈪𗭂：方尽，《大正藏》作"乃可尽"。

[11] 𗄈𗬼𗤀𗫄𗏁𗏁𗪲𗬼𗦻：依归三乘一切圣众，《大正藏》作"一切和南三乘圣众"。和南，梵语讹音，正音作"盘那寐、盘谈、烦淡、畔睇、婆南、伴题、伴谈、畔惮南、末捺南"。意译"我礼、归礼、敬礼、恭敬、度我、稽首"。此是佛教礼法之一，指对长上问讯之语。在此，西夏文以"𗬼𗦻"对应。此句西夏文第 3 至第 9 字底本残缺，据汉文意补。

叁

主要参考文献

(一)夏汉典籍

[丹]格林斯蒂德（Grinstead, E. D.）：《西夏文大藏经》（9 卷），新德里 1973 年版（*The Tangut Tripitaka*, 9ps, New Delhi, 1973）。

俄罗斯科学院东方研究所圣彼得堡分所（俄罗斯科学院东方文献研究所）、中国社会科学院民族研究所（中国社会科学院民族学与人类学研究所）、上海古籍出版社编：《俄藏黑水城文献》（多册本，目前出版至第 1—25 册），上海古籍出版社 1996—2016 年版。

宁夏社会科学院、中国国家图书馆、上海古籍出版社编：《中国国家图书馆藏西夏文文献》（第 2 册），上海古籍出版社 2005 年版。

宁夏大学西夏学研究中心、中国国家图书馆、甘肃五凉古籍整理研究中心编：《中国藏西夏文献》（第 4—5、16—17 册），甘肃人民出版社、敦煌文艺出版社 2005—2006 年版。

西北第二民族学院、上海古籍出版社、英国国家图书馆编：《英藏黑水城文献》（第 1—5 册），上海古籍出版社 2005—2010 年版。

西北第二民族学院、上海古籍出版社、法国国家图书馆编：《法国国家图书馆藏敦煌西夏文文献》，上海古籍出版社 2007 年版。

武宇林、[日]荒川慎太郎主编：《日本藏西夏文献》（上、下），中华书局 2011 年版。

《永乐北藏》整理委员会编：《永乐北藏》第 152 册，线装书局 2000

年版。

《中华大藏经》编辑局编：《中华大藏经》第 105 册（汉文部分），中华书局 1996 年版。

［日］高楠顺次郎等编：《大正新修大藏经》第 45 册 1909 号《慈悲道场忏法》，财团法人佛陀教育基金会 1990 年版。

《高丽大藏经》编辑委员会编：《高丽大藏经》（影印本）第 80 册（域外汉籍珍本文库），线装书局 2004 年版。

内蒙古自治区文物考古研究所、宁夏大学西夏学研究中心、甘肃省古籍文献整理编译中心编：《中国藏黑水城汉文文献》第 8 册，国家图书馆出版社 2008 年版。

（西夏）骨勒茂才著，黄振华、聂鸿音、史金波整理：《番汉合时掌中珠》，宁夏人民出版社 1989 年版。

史金波、聂鸿音、白滨译注：《西夏改旧新定律令》（中国传世法典），法律出版社 2000 年版。

（宋）李焘撰：《续资治通鉴长编》，中华书局（校点本）2004 年第 2 版。

（元）脱脱等撰：《宋史》，中华书局（校点本）1977 年版。

（元）脱脱等撰：《金史》，中华书局（校点本）1977 年版。

（元）脱脱等撰：《辽史》，中华书局（校点本）1974 年版。

（明）宋濂等撰：《元史》，中华书局（校点本）1976 年版。

林明珂、申国美编辑：《中国佛教常用忏法六种》，全国图书馆文献缩微复制中心 2003 年版。

（二）现代撰著

1. 著作

王静如：《西夏研究》（3 辑），"中央"研究院历史语言研究所单刊甲种之八、十一、十三，1932—1933 年版。

《国立北平图书馆馆刊》编辑部：《国立北平图书馆馆刊》第 4 卷第 3 号《西夏文专号》，北平京华印书局 1932 年版。

［俄］聂历山（Н. А. Невский）：《西夏语文学》（1—2 卷），东方文学出版

社莫斯科 1960 年版 (*Тангутская филология*. 1. 2. Москв：1960. Издательст во Восточной литературы)；载李范文主编《西夏研究》(第 6 辑)，中国社会科学出版社 2007 年版。

[日]西田龙雄：《西夏文华严经》(3 册)，京都大学文学部，1975—1977 年版；

——《西夏文〈妙法莲华经〉(鸠摩罗什译对照)写真版》，日本创价学会 2005 年版 (《ロシア科学アカテミー东洋学研究所サソクトペテルブルク支部所藏西夏文〈妙法莲华经〉写真版》，IOS RAS · Soka Gakkai 2005)。

[俄]戈尔巴切娃、克恰诺夫 (З. И. Горбачева，Е. И. Кычанов)：《苏联科学院东方学研究所藏西夏文写本与刊本》，《东方学研究所学术论丛》第 9 期，1963 年 (*Тангутские рукописи и ксилографы*，Москва：Издательство восточной литературы，1963)；白滨、黄振华中译本，载中国社会科学院民族所历史室编译《民族史译文集》(第 3 集)，1978 年。

史金波：《西夏佛教史略》，宁夏人民出版社 1988 年版。

——《史金波文集》，上海辞书出版社 2005 年版。

——黄润华：《中国历代民族古文字文献探幽》，中华书局 2008 年版。

——《西夏文教程》，社会科学文献出版社 2013 年版。

林英津：《夏译〈孙子兵法〉研究》，"中央"研究院历史语言研究所单刊之二十八，1994 年版。

——《西夏文〈真实名经〉释文研究》(《语言暨语言学》专刊甲种之八)，"中央"研究院语言学研究所 2006 年版。

李范文：《夏汉字典》，中国社会科学出版社 1997 年版；《简明夏汉字典》，中国社会科学出版社 2012 年版。

——主编：《西夏语比较研究》，宁夏人民出版社 1999 年版。

——韩小忙：《同义研究》，中国社会科学出版社 2005 年版。

[俄]克恰诺夫 (Е. И. Кычанов)：《俄罗斯科学院东方学研究所西夏佛教文献目录》，日本京都大学 1999 年版 (*Каталог тангутских буддийских памятников*. Киото：Университет Киото，1999)。

龚煌城：《西夏语言文字研究论集——祝贺龚煌城教授七十华诞纪念文集》，民族出版社 2005 年版。

聂鸿音:《西夏文〈德行集〉研究》,甘肃文化出版社 2002 年版。

——《西夏文〈新集慈孝传〉研究》,宁夏人民出版社 2009 年版。

——《西夏文献论稿》,上海古籍出版社 2012 年版。

——《古代语文论稿》,中国社会科学出版社 2014 年版。

——《西夏佛经序跋译注》,上海古籍出版社 2016 年版。

——《中国少数民族古籍总目提要（西夏卷)》(待刊稿)。

景永时编:《西夏语言与绘画研究论集》,宁夏人民出版社 2008 年版。

韩小忙:《〈同音文海宝韵合编〉整理与研究》,中国社会科学出版社 2008 年版。

——《〈同音背隐音义〉整理与研究》,中国社会科学出版社 2011 年版。

孙伯君编:《国外早期西夏学论集》(1—2 册),民族出版社 2005 年版。

——著:《西夏新译佛经陀罗尼对音研究》,中国社会科学出版社 2010 年版。

——《西夏文献丛考》,上海古籍出版社 2015 年版。

李华瑞:《宋夏关系史》,河北人民出版社 1998 年版。

杨富学:《回鹘文献与回鹘文化》,民族出版社 2003 年版。

——《西夏与周边关系研究》,甘肃民族出版社 2012 年版。

胡玉冰:《传统典籍中汉文西夏文献研究》,中国社会科学出版社 2007 年版。

杜建录:《中国藏黑水城文献整理研究》,人民出版社 2016 年版。

彭向前:《西夏文〈孟子〉整理研究》,上海古籍出版社 2012 年版。

贾常业编著:《新编西夏文字典》,甘肃文化出版社 2013 年版。

段玉泉:《西夏〈功德宝集偈〉跨语言对勘研究》,上海古籍出版社 2014 年版。

杨志高:《西夏文〈经律异相〉整理研究》,社会科学文献出版社 2014 年版。

孙昌盛:《西夏文〈吉祥遍至口合本续〉整理研究》,社会科学文献出版社 2015 年版。

王培培:《西夏文〈维摩诘经〉整理研究》,社会科学文献出版社 2015 年版。

圣凯：《中国佛教忏法研究》，宗教文化出版社 2004 年版。

——《佛教忏悔观》，宗教文化出版社 2012 年版。

［日］中村元：《佛教语大辞典》，书籍株式会社 1981 年版。

蔡运辰：《二十五种藏经目录对照考释》，新文丰出版公司 1983 年版。

梁晓虹：《佛教词语的构造与汉语词汇的发展》，北京语言学院出版社 1994 年版。

黄征、吴伟编校：《敦煌愿文集》，岳麓书社 1995 年版。

童玮编：《二十二种大藏经通检》，中华书局 1997 年版。

李小荣：《敦煌密教文献论稿》，人民文学出版社 2003 年版。

李维琦：《佛经词语汇释》，湖南师范大学出版社 2004 年版。

严耀中：《佛教戒律与中国社会》，上海古籍出版社 2007 年版。

王志远：《中国佛教表现艺术》，中国社会科学出版社 2006 年版。

张践：《中国历史民族宗教政策》，中国社会科学出版社 2007 年版。

何梅：《历代汉文大藏经目录新考》（上、下），社会科学文献出版社 2014 年版。

李逸友编著：《黑城出土文书》（汉文文书卷），科学技术出版社 1991 年版。

孙继民等：《俄藏黑水城汉文非佛教文献整理与研究》，北京师范大学出版社 2012 年版。

2. 论文

周叔迦：《馆藏西夏文经典目录》，载《国立北平图书馆馆刊》第四卷第三号（西夏文专号），京华印书局 1932 年版。

史金波、黄润华：《北京图书馆藏西夏文佛经整理记》，载《文献》1985 年第 4 期。

史金波、王菡、全桂花、林世田：《国内现存出土西夏文献简明目录》，载《国家图书馆学刊》（西夏研究专号），2002 年增刊。

史金波：《中国藏西夏文献新探》，载杜建录主编《西夏学》（第 2 辑），宁夏人民出版社 2007 年版。

聂鸿音：《西夏文〈新集慈孝传〉考补》，载《民族语文》1995 年第 1 期。

——《西夏活字本研究述评》，载《民族研究动态》1996 年第 4 期。

——《西夏文〈新集慈孝传〉释读》，载《宁夏大学学报》1999 年第 2 期。

——《黑城所出〈续一切经音义〉残片考》，载《北方文物》2001 年第 1 期。

——《西夏文曹道乐〈德行集〉初探》，载《文史》2001 年第 3 期。

——《俄藏 5130 号西夏文佛经题记研究》，载《中国藏学》2002 年第 1 期。

——《西夏佛教术语的来源》，载《固原师专学报》2002 年第 2 期。

——《重读〈西夏文字的分析〉》，载《书品》2002 年第 5 期。

——《明刻本西夏文〈高王观世音经〉补议》，载《宁夏社会科学》2003 年第 2 期。

——《西夏译本〈持诵圣佛母般若多心经要门〉述略》，载《宁夏社会科学》2005 年第 2 期。

——《西夏文藏传〈般若心经〉研究》，载《民族语文》2005 年第 2 期。

——《西夏的佛教术语》，载《宁夏社会科学》2005 年第 6 期。

——《西夏遗文录·慈悲道场忏法序》，载杜建录主编《西夏学》（第 2 辑），宁夏人民出版社 2007 年版。

——《西夏"寺院"解诂》，载甘肃省古籍文献整理编译中心编《文献研究》（第 2 辑），学苑出版社 2011 年版。

韩小忙：《西夏文正字研究》，陕西师范大学博士学位论文 2004 年。

［日］松泽博：《西夏文献拾遗》（3），载《龙谷史坛》第 122 号，2005 年。

王菡：《元代杭州刊刻〈大藏经〉与西夏的关系》，载《文献》2005 年第 1 期。

杨志高：《英藏西夏文〈慈悲道场忏罪法〉误定之重考》，载《宁夏社会科学》，2008 年第 2 期；《英藏西夏文〈慈悲道场忏法〉误定之重考》①，载杜建录主编《西夏学论集》，上海古籍出版社 2012 年版。

---

① 笔者早期对西夏文《慈悲道场忏法》经名沿用学界当时的译法，有机会在入选的《西夏学论集》中得到了修正。后期的论文中采用今名，特此说明。

——《西夏文〈慈悲道场忏罪法〉残卷二研究》，载《民族语文》2009年第1期。

——《俄藏本和印度出版的西夏文〈慈悲道场忏罪法〉叙考》，载《图书馆理论与实践》2009年第12期。

——《西夏文〈慈悲道场忏罪法〉第七卷两个残品的补证译释》，载《西南民族大学学报》2010年第4期。

——《中英两国的西夏文〈慈悲道场忏罪法〉藏卷叙考》，载《宁夏师范学院学报》2010年第1期。

——《国图藏西夏文〈慈悲道场忏法〉卷八译释（一）》，载杜建录主编《西夏学》(第5辑)，上海古籍出版社2010年版。

——《国家图书馆藏西夏文〈慈悲道场忏法〉卷八译释（二）》，载中国社会科学院民族学与人类学研究所编《薪火相传——史金波先生70寿辰西夏学国际学术研讨会论文集》，中国社会科学出版社2012年版。

——《国家图书馆藏西夏文本〈慈悲道场忏忏法〉卷八之译释（三）》，载薛正昌主编《西夏历史与文化——第三届西夏学国际学术研讨会论文集》，甘肃人民出版社2010年版。

——《中国国家图书馆藏西夏文〈慈悲道场忏法序〉译考》，载杜建录主编《西夏学》(第8辑)，上海古籍出版社2011年版。

——《〈慈悲道场忏法〉西夏译本卷一"断疑第二"译注》，载《宁夏师范学院学报》2012年第5期。

吴超：《中国藏黑水城汉文文献所见〈慈悲道场忏法〉考释》，载《赤峰学院学报》2011年第8期。

张铁山：《吐鲁番柏孜克里克出土两叶回鹘文〈慈悲道场忏法〉残叶研究》，载《民族语文》2011年第4期；又载李肖主编《语言背后的历史——西域古典语言学高峰论坛论文集》，上海古籍出版社2012年版。

——《莫高窟北区B128窟出土回鹘文〈慈悲道场忏法〉残叶研究》，载《民族语文》2008年第1期。

徐立强：《〈梁皇忏〉初探》，载《中华佛学研究》第2期中华佛学研究所1998年3月。

——《〈梁皇忏〉未见载于隋唐经录的因缘》，载《华严专宗学院佛学研究所论文集》(九)，2008 年。

　　钱汝平：《大正藏本〈梁皇忏〉标点校勘举误》，《图书馆理论与实践》
2007 年第 5 期。

　　李秀花：《〈慈悲道场忏法〉成书考》，载《东方论坛》2008 年第 2 期。

　　释圣凯：《论中国佛教忏法的理念及其现代意义》，载佛源主编《大乘
佛教与当代社会》，东方出版社 2003 年版。

　　黄夏年：《〈中国佛教忏法研究〉评述》，载《世界宗教研究》2005 年第
1 期。

肆

索　引

（一）西夏文首字角号序索引

本索引所收西夏文词语，按《简明夏汉字典》以其首字的四角号码从低到高编排。其后开列其相关的汉文字意和所在已刊布《中国藏西夏文献》第四、五册和未刊布的俄藏本图版位置。

其中部分汉文底本意与西夏字意不同者在夏译汉文意后加（　）标注，极少量人物词语之后圆括号内标以"人名"者例外。另外，（　）内也包括首次出现的相关异体字。出处按所在中藏本的册数、页码、行数排列。俄藏本标:（俄）卷数、行数。各标注项、独立项、意同异词项之间分别用"·""/""、"隔开。微调之角号和《简明夏汉字典》不同者，以脚注表示。

如"薐胹"位列首字"薐"四角号码为"274122"之下，夏汉对照语义为"众园"，在本文献中又对译汉文之"寺、塔寺、精舍"，此5字则标注于（　）内。出处分别见"4·176·2/（俄）7·19/……"，表示在中藏本第4册176页第2行，俄藏本第7卷第19行。

101000 聂
聂豝：习气
4·122·5/4·334·7/；
101100 罷
罷豵蝌緒：大姨小叔（姑姨伯叔）

4·286·4/；
罷焱蝌豵蝌緒：姑姨大伯小叔（姑姨伯叔）
4·288·1/；

102120　𗏨

𗏨𗙏𗋔𗹙：楚毒无量

4·255·9/；

102122　𗹙

𗹙𗳐：总持

5·54·2/5·120·5/；

𗹙𗳐𗌆：总持门

5·120·5/；

𗹙𗸒𗺏𗣼：俱成正觉（俱登正觉）、
　皆成正觉

4·117·10/4·126·5/4·174·6/
　4·197·1/；

𗹙𗸒𗟻𗺏𗣼：俱成正等觉

4·362·1/；

𗹙𗮀𗗙𗴺：相与归心、相与志心、
　相与诚心

4·112·6/4·116·1/4·137·
　5/4·171·8/4·204·1/4·
　277·4/5·15·8/5·131·3/；

𗹙𗺱𗰜𗱇：皆无灾难（初无留难）

5·51·7/；

102124　𗭑

𗭑𗸒：悟道

4·290·6/4·311·1/；

𗭑𗸣：得道

4·93·9/4·124·4/4·252·
　8/5·85·1/5·98·4/；

𗭑𗫣𗣼𗄼：广宣道法

4·171·4/；

𗭑𗴳𗼰𗿒：横道偷窃

4·187·3/；

102140①　𘉷

𘉷𗉅：导师

4·98·7/4·218·10/5·67·7/；

102222　𗤛

𗤛𗤛𗨳𗷒：利益一切

4·108·7/4·114·7/；

𗤛𗤛𗵘𗿧：舍施一切

4·334·5/；

𗤛𗤛𗤡𗥤：一切天佛

5·45·4/；

102224　𘂣

𘂣𗤁：浓厚

4·114·10/；

102444　𘀄

𘀄𗰜𗮀𗴦：顶垂肉髻

（俄）2·19/；

𘀄𗰊𗵒𗠇：顶戴奉行

4·203·2/；

104122　𗿒

𗿒𗪡：龙王

4·102·7/4·107·7/4·115·
　5/4·125·3/4·253·1/4·
　364·9/5·18·4/5·43·3/；

𗿒𗤿：龙神

---

①　《简明夏汉字典》编号为712140，第541页。

4・107・7/4・115・5/4・125・
3/4・364・9/5・9・1/5・18・5/
5・44・2/5・49・9/5・111・
4/5・131・8/；

𪚥𪚥𪚥𪚥：龙神八部

4・107・7/4・115・5/4・125・
3/4・364・9/5・9・1/5・18・
5/5・49・9/5・111・4/5・
131・8/；

𪚥𪚥：龙树

4・164・7/4・178・3/；

𪚥𪚥𪚥𪚥：龙树菩萨

4・164・7/；

𪚥𪚥𪚥𪚥：龙树大师

（俄）2・12/4・178・3/；

104200 𪚥

𪚥𪚥、𪚥𪚥𪚥𪚥：一拜、一次礼拜
（一拜一礼）

4・107・10/4・108・1/4・112・7/
4・126・5/4・138・6/4・267・
5/5・12・5/5・30・6/、（俄）
2・16/4・231・2/4・279・8/5・
92・1/5・120・6/；

𪚥𪚥𪚥𪚥：一心劝课

4・123・6/；

𪚥𪚥𪚥𪚥：祈一功德

4・95・10/；

104200 𪚥

𪚥𪚥：长夜

4・132・4/4・275・10/4・281・1/

4・336・8/5・86・2/；

104220 𪚥

𪚥𪚥：供养

4・106・7/4・135・5/4・136・
3/4・221・8/4・222・1/4・
223・10/4・361・5/4・363・
1/5・27・6/；

𪚥𪚥𪚥𪚥：兴起供养

4・362・5/；

𪚥𪚥𪚥𪚥：兴显供养

4・135・5/；

104248 𪚥

𪚥𪚥：成就

4・117・9/4・140・3/4・145・
8/4・155・5/4・195・8/4・
227・6/4・289・8/5・28・
10/5・114・1/5・137・5/5・
138・6/5・181・8/；

109200 𪚥

𪚥𪚥：金刚

4・119・2/4・51・38/4・144・
5/4・173・2/4・211・8/4・
229・7/4・255・2/4・267・
5/4・311・3/4・316・2/4・
334・10/4・359・4/5・9・9/；

𪚥𪚥𪚥：金刚心

4・138・5/4・205・6/4・267・
5/4・311・3/4・316・2/5・9・
9/5・22・8/；

𪚥𪚥𪚥：金刚身

4·211·8/4·255·2/4·334·10/
　4·359·4/5·22·8/；

𘄒𘃰𘎴：金刚佛
4·229·7/；

𘄒𘃰𘌆𘍏：金刚不坏
4·144·5/；

𘄒𘃰𘉼𘅥𘊰𘉈：金刚般若经
4·119·2/；

112125　𘅏

𘅏𘆌：土地、土境
4·107·5/5·8·7/；

𘅏𘆌𘅭𘊰：土地人民、土境人民
4·107·5/5·8·7/；

112222　𘃜

𘃜𘊰：增上、殊胜
4·98·1/4·110·7/5·68·5/；

𘃜𘊰𘅔：增上慢
4·98·1/；

𘃜𘊰𘎴：增上心
4·110·7/；

𘃜𘌱：胜业、业胜
4·105·10/4·161·5/5·85·2/；

𘃜𘌱𘅥𘌝：乖于胜业
4·161·5/；

𘃜𘊰𘎴：殊胜佛
5·68·5/；

𘃜𘉈𘊰𘉈：胜鬘经
5·139·3/；

𘃜𘎲𘋮𘉓：胜妙果报
5·15·1/；

𘃜𘎲𘅥𘎳：求胜妙法
4·227·8/；

𘃜𘉻𘌩𘎆𘍝：优劣皎然
5·86·2/；

112250　𘅹

𘅹𘅹、𘉻𘊧：亲缘、眷属、亲族、
　骨肉、近亲、朋友
4·98·9/4·124·10/4·175·
　9/4·204·2/4·259·10/4·
　260·2/4·281·8/4·282·
　2/4·285·7/4·299·3/4·
　305·4/4·312·9/4·332·
　5/4·350·3/5·14·7/5·65·
　9/、4·170·3/4·198·4/4·
　209·8/4·228·3/4·253·
　10/4·276·8/4·281·2/4·
　288·3/4·289·2/4·332·
　4/4·353·7/5·14·8/；

𘅹𘅹𘉻𘊧：亲戚眷属
4·204·2/4·281·8/4·288·
　3/4·289·2/4·342·5/；

114100　𘄎

𘄎𘏣：安乐、康念
4·100·6/4·114·3/4·116·
　7/4·123·2/4·136·6/4·
　143·2/4·144·1/4·145·
　5/4·148·1/4·171·10/4·
　180·5/4·183·7/4·278·
　9/4·295·10/4·305·5/4·
　324·1/4·364·1/5·23·4/5·

25·10/5·27·8/5·47·5/5·
56·6/5·57·4/5·69·6/5·
77·10/5·110·10/5·122·
8/5·123·8/5·128·5/5·
158·2/5·172·5/；

􀀀􀀀􀀀􀀀：令得安乐
4·100·6/4·180·5/4·116·
7/4·145·5/4·171·10/；

114114　􀀀

􀀀􀀀：妄想
4·136·7/4·287·9/；

􀀀􀀀􀀀􀀀：妄想颠倒
4·287·9/；

114174　􀀀

􀀀􀀀、􀀀􀀀􀀀：忏主
4·102·1/、（俄）7·22/；

114220　􀀀

􀀀􀀀：柔软
4·288·9/5·23·4/5·127·9/；

􀀀􀀀􀀀：柔软心
4·288·9/5·127·9/；

􀀀􀀀􀀀：柔软口
5·23·4/；

114220　􀀀

􀀀􀀀：孤独
4·100·5/；

􀀀􀀀􀀀􀀀：孤独幽系
4·100·5/；

􀀀􀀀􀀀􀀀：侵凌孤老
4·199·3/；

114224　􀀀

􀀀􀀀：膝跪（胡跪、互跪）、跪膝
4·116·1/4·134·2/4·175·
1/4·128·7/；

􀀀􀀀􀀀􀀀：膝跪合掌、跪膝合掌
4·116·1/4·134·2/4·175·
1/4·128·7/；

114420　􀀀

􀀀􀀀􀀀􀀀：千劫万劫
4·112·1/；

115252　􀀀

􀀀􀀀：疲劳、疲厌（苦）、疲倦、捍劳、困乏
4·141·10/4·193·8/4·289·
9/4·305·6/4·361·3/5·
117·10/5·176·4/；

􀀀􀀀􀀀􀀀：捍劳受苦
4·305·6/；

􀀀􀀀􀀀􀀀：无有疲倦
4·289·9/；

117120　􀀀

􀀀􀀀：往业、宿业
4·119·1/4·146·2/4·232·7/；

􀀀􀀀􀀀􀀀：往业植因
4·119·1/；

􀀀􀀀􀀀􀀀：宿业随显（宿预严持）
4·232·7/；

􀀀􀀀􀀀􀀀：宿报因缘
4·161·7/；

117121　􀀀

􀀀􀀀􀀀：某甲等

4·101·1/4·105·10/4·111·
3/4·131·6/4·149·8/4·
283·6/4·309·7/4·356·
7/5·19·9/5·182·5/;

117122 𗴈

𗴈𗾟：归命、归依（归向、和南）
4·90·2/4·98·6/4·101·5/4·
101·6/4·104·10/4·107·10/
4·108·4/4·109·9/4·116·
5/4·117·3/4·125·4/4·
133·2/4·134·2/5·183·10/;

𗴈𗾟𗗙𗿒：归依敬礼（敬礼）
（俄）2·7/；

𗴈𗴿：应供
（俄）2·24/4·365·7/；

117140 𗼷

𗼷𘜶：契经、经本、经、经典
4·92·5/4·96·5/4·97·3/4·
109·1/4·113·10/4·119·
2/4·12·9/4·128·2/4·130·
1/4·177·10/4·183·2/4·
255·10/4·273·7/4·294·
2/5·12·3/5·115·10/5·
139·3/5·167·7/；

𗼷𘜶𗝟𗾔：契经中言、经言
4·109·1/4·138·8/4·255·10/4·
273·7/5·50·5/5·115·10/；

𗼷𘜶𗀔𗣜：译行契经
4·92·5/；
5·167·7/；

𗼷𘜶𘑾𗵐：搜索契经
4·96·5/；

𗼷𘜶𘀛𗵐：诵读契经
4·123·9/；

𗼷𘜶�𘝙：赞诵经典
5·167·7/；

𗼷𘜶𗣼𗴈：如经所说
4·130·1/4·294·2/5·12·3/；

𗼷𘀛、𗼷𗵐：诵经
4·136·1/、4·121·5/；

𗼷𗑱：写经
4·136·2/；

117145 𗼩

𗼩𗾟𗣼𗼷𘜶：长阿含经
4·256·8/；

119140 𗢭

𗢭𗿒：法施
4·137·3/5·69·5/5·77·10/；

𗢭𗿒𗷌𗿒：法施财施（财法二施）
4·137·3/

𗢭𗿒𘌙𗤎：法施无尽
5·69·5/5·77·10/；

𗢭𗴈：说法
4·109·9/4·114·7/4·149·
4/4·170·9/4·293·9/5·22·
7/5·128·6/5·146·2/5·
150·7/；

𗢭𗴈𗇋𗊊：说法教化
4·109·9/；

𗢭𗴷𗴮𘉞：闻法悟道

4・311・1/；

𘫀𘫁𘫂：法说非法
4・293・9/；

𘫀𘫃𘫄𘫅：沐浴法流
5・142・8/；

𘫀𘫆𘫇𘫈：如法修行
4・295・3/；

𘫀𘫉：法师
5・106・4/；

𘫀𘫉𘫊𘫋：法师王佛
5・106・4/；

𘫀𘫌：法席
4・106・6/；

𘫀𘫌𘫍𘫎：法席有期
4・106・6/；

𘫀𘫏：法界
4・354・7/5・44・1/5・176・4/；

𘫀𘫐：法门
4・106・9/4・138・7/5・51・
8/5・169・3/5・170・1/；

𘫀𘫑𘫒：法云地
4・205・6/5・46・6/5・151・4/；

119550 𘫓

𘫓𘫔：邪见（邪）
4・140・4/4・240・5/4・243・
7/4・260・3/4・333・3/5・
140・9/5・165・8/；

𘫓𘫔𘫕：邪见之色
5・140・9/；

𘫓𘫔𘫖𘫗𘫘𘫙：邪见自傲无道（邪

慢无道）
4・240・5/；

𘫓𘫔𘫚𘫛：邪见外道
5・165・8/；

𘫓𘫔：邪道
4・149・4/4・356・1/5・113・2/；

𘫓𘫔𘫜𘫝：诽谤邪见
4・243・7/；

𘫓𘫔𘫞𘫟：随逐邪见
4・333・3/；

𘫓𘫔𘫠𘫡：不还邪道
5・113・2/；

𘫓𘫢：淫、邪淫、奸淫
4・274・6/4・287・8/5・160・7/；

122127 𘫣

𘫣𘫤：屠杀、杀、杀生
4・118・8/4・274・6/5・149・4/；

𘫣𘫤𘫥𘫦：屠杀人者（屠杀之人）
4・118・8/；

𘫣𘫤𘫧𘫨：杀生滋味
5・149・4/；

122422 𘫩

𘫩𘫪：触恼
4・281・7/；

122422 𘫩

𘫩𘫫𘫬：小疲劳（小苦）
4・141・10/；

𘫩𘫭𘫩𘫮：小疮小病
4・148・4/；

122442 𘫯

𘫯𘫰：皇帝（帝主、君）

4·92·2/4·94·4/4·95·1/4·
97·3/4·107·5/4·115·2/4·
346·10/5·53·9/；

𗼨𗿦：皇后
4·94·4/4·95·2/；

𗼨𘂨𗿦：皇太后
4·92·2/；

𗼨𗾆𗿳：皇太子
5·54·7/5·56·5/；

𗼨𗾆𗿳𗾅𗿝：皇太子殿下
5·54·7/5·56·5/；

122457　𗾆

𗾆𗾆：教化（奖谕）、训诲（诱
进）、教诲
4·108·8/4·109·9/4·113·
8/4·114·4/4·291·4/4·
292·3/4·295·3/4·297·
2/4·305·4/5·50·9/5·57·
5/5·66·3/5·94·1/；

124172　𗿸

𗿸𗿔：奉行
4·203·2/5·170·5/；

124345　𗿊

𗿊𗾑：蛾、蝴蝶
4·132·3/4·275·9/；

124400　𗾅

𗾅𗾆：仁王、人王
5·8·7/5·16·5/5·18·8/5·
49·10/5·129·3/；

𗾅𗾆𘃦𘈩：仁王国主（国王帝主）
5·8·7/；

124400　𗾅

𗾅𗾆：严警、庄严、严
4·94·10/4·110·3/4·128·
5/4·205·6/4·301·7/5·13·
5/5·61·2/5·176·3/；

𗾅𗾆𗾊：庄严佛
4·301·7/5·63·7/；

𗾅𗾆𗿆𗾊：庄严王佛
5·53·1/；

𗾅𗾆𗾛𗾊：庄严辞佛
5·63·10/；

𗾅𗾆𗾊𘈙：庄严佛刹
5·176·3/；

𗾅𗾆𗿑𗿗𗾊：庄严劫千佛
4·250·9/；

𗾅𗾅：端丽、端正、端庄（姝好）、
端严
4·96·9/4·163·6/4·163·
10/5·68·2/5·75·10/；

𗾅𗾅𗾊：端严佛
5·68·2/；

124440　𗾏

𗾏𗿳𗾝：须弥山
5·112·3/；

124440　𗾅

𗾅𗿮：寿命（妙算）
4·279·2/5·56·6/5·69·6/5·
77·10/5·85·8/5·123·7/5·
124·5/；

𗙴𗀱𘊭𘕖、𗙴𗀱𗴿𘊭：寿命无穷、
　寿命无尽
4·279·2/5·56·6/5·69·6/5·
　77·10/、5·124·5/；

𗙴𗙴𗸛𗸛：世世生生
（俄）2·16/（俄）2·22/（俄）
　2·26/；

124442 𗙲
𗙲𗐯𗼻𗟲、𗙲𗐯𗼻𘊿：文殊师利
4·196·2/5·127·1/、4·315·
　2/5·178·6/；

125450 𗙵
𗙵𘄎：觉悟
（俄）3·20/；

127100 𗙐
𗙐𗨁：饿鬼
4·104·1/4·110·1/4·111·
　7/4·148·7/4·162·8/4·
　203·6/4·303·5/4·332·
　9/5·105·3/5·156·7/；

𗙐𗨁𗸐𗀱𘝯𘄄：济度饿鬼力
4·310·5/；

132141 𗟪
𗟪𘅷：加、加助、佑助、助营（扶
　卫）、助、重担
4·132·9/4·138·2/5·28·
　10/5·29·1/5·116·6/5·
　121·1/5·137·9/5·138·1/；

134124 𗣼
𗣼𗼻：建立（启运）、构起、兴起、
　建、立
4·90·1/4·135·4/4·151·
　4/4·355·7/4·362·5/4·
　363·1/5·14·8/5·14·9/5·
　170·1/；

134140 𗤦
𗤦𘕖：颠倒
4·119·6/4·138·3/4·149·
　3/4·151·8/4·199·1/4·
　273·9/4·287·9/4·337·
　7/4·357·6/；

134222 𗤜
𗤜𗤜𘄄𘄎：反复寻省
（俄）7·10/；

135124 𗥺
𗥺𘋨：饶益
4·97·9/5·22·7/；

𗥺𗼖：安慰
4·92·3/4·108·5/4·117·
　2/4·114·10；

137100 𗧋
𗧋𗨁：地狱（泥犁）
4·109·5/4·111·7/4·129·
　9/4·135·3/4·141·7/4·167·
　1/4·169·7/4·182·1/4·204·
　1/4·216·3/4·231·3/4·233·
　3/4·235·1/4·246·5/4·250·
　1/4·254·1/4·262·5/4·267·
　1/4·293·1/4·294·4/4·310·
　4/4·333·10/4·336·4/4·

360・6/5・20・5/5・77・6/5・84・5/5・90・9/5・98・6/5・101・8/5・149・8/5・181・4/;

▯▯▯▯：地狱头领（地狱狱卒）、地狱头主
4・169・7/4・175・2/4・182・1/;

▯▯▯▯：显现地狱
4・231・3/;

▯▯▯▯▯：解脱地狱力
4・310・4/;

▯▯：狱主（狱卒）
4・192・2/4・226・6/4・235・10/4・240・8/4・259・9/4・305・7/5・19・1/5・116・7/;

▯▯▯▯：狱主罗刹
4・247・4/4・305・7/5・116・7/;

▯▯▯▯：狱主答言
4・259・9/;

137400　▯

▯▯▯▯：灰河铁丸
4・103・7/5・92・2/;

142122　▯

▯▯▯▯：今日道场
4・99・2/4・105・1/4・118・2/4・130・1/4・141・9/4・161・3/4・180・8/4・203・3/4・220・9/4・335・3/5・10・2/5・17・7/;

142124　▯

▯▯：礼、礼敬、礼拜、稽首、顶礼
4・96・4/4・97・4/4・102・3/4・103・1/4・104・1/4・121・5/4・132・1/4・144・2/4・173・6/4・203・9/4・228・2/4・292・10/4・305・10/4・324・6/5・25・5/;

142142　▯

▯▯▯▯：轮轮相次
4・237・4/;

142422　▯

▯▯：般若
4・119・2/4・243・7/5・147・2/;

▯▯▯：般涅槃
4・252・9/;

▯▯▯▯▯：般若波罗蜜
4・153・2/;

144120　▯

▯▯：边际
4・117・4/;

▯▯▯▯：无有边际
4・117・4/;

▯▯：无边、无尽、无际
4・115・6/4・125・3/4・132・4/4・134・9/4・146・5/4・218・2/4・286・8/5・53・10/;

144122　▯

▯▯：秉意
4・126・7/;

▯▯▯▯：名称意佛

154142 𗫉

𗫉𗤶𘝶𗰗：永不退失

4·112·1/4·112·3/；

𗫉𗆟𗐓𗆫：永离灾厄

5·123·8/；

171000 𗤁

𗤁𗤧：真谛

4·123·4/；

𗤁𗣼𗪘𗧓：真实法门

5·170·3/；

𗤁𗣼：诚恳、真实

4·204·4/5·10·8/5·23·5/5·

155·2/5·170·3/；

𗤁𗣼𗑱𘈷：诚恳至心

4·204·4/；

𗤁𗆢𗤶𗆫：虚实不绝

5·93·1/；

172122 𗨁

𗨁𗫨𗭪𗗏：空有执著

4·93·1/；

172124 𗫊

𗫊𗫨：嗔怒、嗔恚（瞋恚）、恚恨、

忿恚、忿责、忿憾

4·95·3/4·109·3/4·145·

10/4·164·2/4·260·2/4·

282·4/4·286·10/4·296·

3/4·342·2/4·349·3/4·

355·4/5·11·2/5·140·6/5·

160·6/5·171·8/；

𗫊𗫨𗨵𗤴：嗔恚斗诤

5·140·6/；

𗫊𗱈𗭺𗾖：嗔罪怨报

4·355·5/；

𗫊𗫨𗭺𗴣：心生恚恨

4·109·3/4·349·4/4·349·5/；

172140 𗫋

𗫋𗫢𗤶𘓳：通达万法

4·140·2/；

𗫋𗫨：万劫

4·120·9/4·226·9/5·62·1/；

𗫋𗫨𗤶𗰗：万劫不见

4·120·9/；

𗫋𗣼𗤶𗾞：万物无常

4·105·4/；

172140 𗫌

𗫌𗴢𗴦𗴤𘎟：等诸佛心

4·101·2/4·112·5/4·283·

7/4·289·9/；

𗫌𗴢𗭜𗤴𗪘：劝请诸佛

4·171·6/；

𗫌𗴢𗧆𗗟𗧓𗧓：亲侍诸佛

4·315·9/5·60·10/；

𗫌𗴢𗸦𗸦：一切诸佛

4·107·10/4·112·7/4·154·

9/4·178·6/4·253·3/5·19·

10/5·113·4/；

𗫌𗫢𗪹𗝢：勤求诸法

5·87·6/；

𗫌𗫢𗤴𗨁：显示诸法

5·23·7/；

𗾔𗸅𗯟𗯟：十方三宝
4·116·9/5·8·5/；

𗾔𗸅𗯟𗾀：十方十佛
4·250·7/；

𗾔𗸅𗧺𗹢：十方众生
4·190·5/4·255·7/4·332·9/5·
23·2/5·62·9/5·156·4/；

𗾔𗸅𗤋𗵃：十方八部
5·40·1/；

𗾔𗸅𗾀𗯟𗢍：十方佛弟子
5·129·7/；

𗾔𗸅𗼃𗦲：十方世界
5·150·4/5·176·5/；

𗾔𗸅𗰹𗺉：十方独觉
5·150·10/；

172412 𗨙

𗨙𗪙𗨒：未来世（未来际）
4·123·5/4·178·2/4·288·
6/4·359·10/5·14·6/5·
111·6/5·182·9/；

172420 𗨭

𗨭𗰜：十地（十住）
4·138·5/4·231·1/4·255·
6/4·267·4/4·304·1/4·
359·7/5·91·10/5·147·2/；

𗨭𗰜𗤋𗗊：十地行愿
4·304·1/；

𗨭𗰜𗥀𗦲：十地补处
5·147·2/；

𗨭𗰜𗤋𗸦：满十地行

4·231·1/4·255·6/4·267·
4/4·359·7/5·91·10/；

𗨭𗧋：十恶
4·149·10/4·230·5/4·254·
10/4·274·6/4·346·7/5·
111·8/5·165·9/；

𗨭𗧋𗰹𗹩：十恶五逆
4·230·5/4·254·10/4·346·
7/5·111·8/5·165·9/；

𗨭𗦳𗮾𗯟：十二因缘
5·151·7/；

𗨭𗦳𗮾𗯟𗾀：十二因缘观（十二缘
观）
5·151·7/；

𗨭𗤋𗢔𗱈：十八狱主
4·235·10/4·256·6/5·19·1/；

172420 𗨒

𗨒𗢍：弟子
4·129·6/4·206·3/4·293·
6/4·295·5/4·296·2/4·
303·1/5·129·7/；

172420 𗤛

𗤛𗜓：影响
4·118·2/4·130·5/4·143·
5/4·232·7/5·114·6/；

𗤛𗜓𗷪𗥇𗗆：影响无差
4·143·5/；

𗤛𗜓𗼑𗾊：舍离影响
4·130·5/；

𗤛𗜓𗻱𗯺：犹如影响

𗧼𗖰、𗧼𗧠：欢娱、游戏、调戏

4・120・4/4・284・4/4・353・
2/5・90・6/5・112・9/5・150・
8/5・168・8/、4・133・9/；

𗧼𗖰𗹰𗺸：欢娱歌笑

4・120・4/；

𗧼𗖰𗆀𗆻：弃捐调戏

5・112・9/；

174224 𗴻

𗴻𗾔𗙼𗹰𗼽：多陀阿伽度

5・182・2/；

174224 𗈰

𗈰𗆻：焦烂

4・182・3/4・207・9/4・257・
5/4・360・10/5・156・8/；

174240 𗙄

𗙄𗤩：无垢

4・144・9/4・314・8/5・103・
6/5・122・10/；

𗙄𗤩𗏵：无垢佛

4・144・9/4・314・8/5・103・
6/5・122・10/；

174272 𗧅

𗧅𗄵：限量（限齐）、期度、期限、
年期

4・99・4/4・143・4/4・298・1/；

𗧅𗄵𗧓𗊅：无有期限（无有年期）

4・298・1/；

174400 𗗣

𗗣𗕿：幢幡

4・185・2/；

174420 𗨁

𗨁𗑣：摧伏、折伏、降伏、调伏

4・98・1/4・100・7/4・310・
3/4・358・8/；

174420 𗙴

𗙴𗙗、𗺽𗙗：守护、覆护

4・101・1/4・126・1/4・180・
2/4・354・1/5・9・6/5・20・
3/5・28・4/5・110・8/、4・
97・10/4・107・3/4・115・
5/4・364・8/5・18・3/5・
128・1/；

𗙴𗙗𗹖𗺝：覆护拯接、守护救拔

4・126・1/4・180・2/5・9・6/5・
64・10/；

𗙴𗙗𗷦𗖆：覆护摄受

5・110・8/5・160・1/5・169・1/；

174420 𗨁

𗨁𗤫：爱惜

4・105・9/；

𗨁𗨁：爱护

5・25・3/；

𗨁𗷋𗼻𗈾：爱敬法门

5・169・6/；

174422 𗨊

𗨊𗙥：空过（空掷）

4・123・4/4・123・8/；

174424 𗤚

𗤚𗆀、𗤚𗤀、𗤚𗖜：尔时（彼时、

1/4・214・1/4・273・1/4・
323・1/5・39・1/5・84・1/5・
173・3/；

𗹦𘄷𗴀𘝶：慈心和合
5・25・3/；

𗹦𗰗𗹙𗭪：慈恩无际（慈霼无际）
5・53・10/；

𗹦𗤀：悲念、哀愍、慈愍、慈哀、
怜愍、愍念、慈善
4・109・1/4・113・4/4・113・
7/4・116・8/4・131・6/4・
154・7/4・174・10/4・249・
2/4・259・7/4・263・5/4・
333・6/4・348・8/4・354・
1/5・10・4/5・156・1/5・164・
10/5・180・2/5・181・7/；

𗹦𗊨𘄡𘒣𗳂𗰜：建立慈悲道场
4・363・1/；

177100 𗴭

𗴭𗧻𘑨𘃽：结习恼气（结习烦恼）
4・334・7/；

177142 𘜶

𘜶𘈩：僧伽
4・173・4/4・180・1/4・185・
6/4・219・10/；

177322 𗶷

𗶷𗦜：回施
4・130・4/4・130・8/；

𘓍𗶷𘕞、𗶷𘕞：回向、回趣
4・191・5/、4・101・8/4・104・

6/5・20・9/5・125・3/5・128・
6/5・129・10/5・137・4/5・
181・5/；

𗶷𘕞𘄡：回向心
4・101・8/4・104・6/5・124・10/；

𗶷𘕞𘄡𘜶：发回向心
4・101・8/4・104・6/5・124・10/；

𗶷𘕞𘙣𗤋：说回向法
5・128・6/；

177550 𘎑

𘎑𗥃：如来
（俄）2・24/4・107・4/4・113・
5/4・114・10/4・115・1/4・
196・10/4・221・5/4・252・
3/4・276・6/4・290・5/4・
347・7/4・362・1/4・365・
7/5・50・10/5・166・10/；

𘎑𗥃𗤕𘝵：如来大圣
4・347・7/；

𘎑𗥃𘄡𘟙𗟲：等如来心
4・276・6/4・288・10/；

𘎑𘏨𗭪𗯪：现前受记、现前授记
5・60・10/5・142・6/；

𘎑𘅏：现受
4・194・5/；

𘎑𗧓𘔊𘄽：现受苦者
4・196・6/；

𘎑𘏨�var𘐔𘃡：现前显明
4・231・7/；

178200 𗋽

𗋽𗰜：身命、形命

4 · 111 · 6/4 · 121 · 9/4 · 295 ·
1/4 · 363 · 7/5 · 28 · 6/5 ·
43 · 9/；

𘚥𘚦：身体、身形、躯体、体、
形骸

4 · 175 · 8/4 · 176 · 6/4 · 206 ·
6/4 · 245 · 6/4 · 279 · 5/5 · 85 ·
6/5 · 111 · 7/5 · 116 · 3/；

𘚥𘚦𘚧𘚨：身体皆痹
4 · 175 · 8/；

𘚥𘚦𘚩𘚪：身体长大
4 · 176 · 6/4 · 224 · 1/；

𘚥𘚦𘚫𘚬：身体膨胀
4 · 105 · 8/；

𘚥𘚦𘚭𘚮：身体为冷（身虚体冷）
5 · 116 · 3/；

𘚥𘚯𘚰：身口意
4 · 146 · 7/4 · 147 · 9/4 · 173 ·
9/4 · 274 · 6/4 · 347 · 8/5 ·
139 · 4/；

𘚥𘚯𘚰𘚱：身口意业
（俄）10 · 19/；

𘚥𘚲𘚳𘚴：身三恶业
4 · 152 · 3/4 · 331 · 3/；

𘚥𘚵𘚶𘚷：身心清凉
5 · 107 · 9/；

𘚥𘚵𘚸𘚹：洗浣身心
4 · 130 · 8/；

𘚥𘚺𘚶𘚷：身常清凉
5 · 157 · 9/；

𘚥𘚻𘚼𘚽𘚾𘚿𘛀：身杀盗邪淫（身
杀盗淫）
4 · 274 · 6/；

𘚥𘛁𘛂𘛃：徒丧身命
4 · 121 · 9/；

𘚥𘛄：形状
4 · 128 · 3/4 · 305 · 8/；

𘚥𘛄𘛅𘛆：形状丑恶
4 · 128 · 3/；

𘚥𘛄𘛇𘛈：形状殊异
4 · 305 · 8/；

𘚥𘛉𘛊𘛋：形色端丽（容仪端丽）
4 · 96 · 9/；

𘚥𘚦𘛌𘛍：化形现体（分形散体）
4 · 360 · 5/；

𘚥𘛎𘛏𘛐𘛑：无边身菩萨
4 · 125 · 9/4 · 173 · 3/4 · 190 ·
3/4 · 219 · 9/4 · 251 · 2/4 ·
285 · 4/4 · 302 · 1/4 · 340 ·
2/5 · 14 · 5/5 · 53 · 6/5 · 100 ·
9/5 · 137 · 2/5 · 153 · 2/5 ·
164 · 8/；

182120 𘛒
𘛒𘛓：声闻、听声
4 · 170 · 3/4 · 202 · 4/；

𘛒𘛓𘛔𘛕：声闻眷属
4 · 170 · 3/；

𘛒𘛓𘛖𘛗：声闻缘觉
4 · 202 · 4/；

𘛒𘛘𘛙𘛚：举声号哭

4・129・10/;

182140 𗦲

𗦲𗖵：兴显、设置

4・135・5/4・362・4/;

182144 𗦳

𗦳𗧀：具足（满足）、具作

4・180・7/4・191・4/4・196・

10/4・243・6/4・255・5/4・

289・8/4・304・1/4・334・

9/4・360・1/5・28・1/5・91・

9/5・104・10/5・113・5/;

𗦳𗧀𗫨𗆟：具足庄严

4・191・4/4・304・1/;

𗦳𗧀𗫻𗫩：具足成就

4・289・8/5・23・1/;

𗦳𗧀𗣼：具足戒

5・66・9/;

𗦳𗧀𗣼𗤟：受具足戒

5・66・9/;

182152 𗦴

𗦴𗎆：畜生（六畜）

4・104・2/4・110・1/4・111・

7/4・117・7/4・148・8/4・

150・2/4・162・1/4・170・

6/4・180・3/4・192・4/4・

203・7/4・220・2/4・228・

1/4・248・2/4・258・5/4・

262・6/4・283・2/4・303・

5/4・310・5/4・327・7/4・

332・9/4・338・7/4・358・

1/5・77・7/5・85・9/5・108・

5/5・111・1/5・145・4/5・

156・8/;

𗦴𗎆𗰗：畜生道

4・104・2/4・111・7/4・117・

7/4・148・8/4・203・7/4・

220・2/4・228・1/4・283・

2/4・303・5/4・327・7/4・

332・9/5・77・7/5・108・5/5・

111・1/;

𗦴𗎆𗫨𗇁𗬩：救拔畜生力

4・310・5/;

182400 𗦸

𗦸𗙴𗣩：忉利天

4・97・1/;

𗦸𗙴𗣩𗫂𗏹：生忉利天

4・97・1/;

182420 𗦽

𗦽𗗙：清净

4・101・2/4・145・6/4・162・

2/4・196・10/4・216・5/4・

254・4/4・303・10/4・311・9/;

𗦽𗗙𗏵𗧀：清净自在

4・196・10/;

𗦽𗗙𗊢𗤽：清净赞佛

4・365・9/;

𗦽𗗙𗫨𗫩𗬇：清净修多罗

4・116・3/;

𗦽𗘪：清凉

4・245・2/5・23・5/5・107・

10/5・157・9/；

譏蒂龀：清凉池

4・245・2/；

譏蒂慨龀叛：清凉不虚口

5・23・5/；

譏龊龀祇：令得清净

4・254・2/；

184120　靴

靴齋：报恩

4・99・4/4・107・2/4・202・
1/4・300・3/4・361・5/5・29・
8/5・50・1/5・51・3/5・58・
1/5・62・10/5・66・6/；

靴龀靴齋：知恩报恩

（俄）7・24/5・29・9/5・51・3/；

184240　㣺

㣺娓：涅槃（潜辉、泥洹、灭度、
涅盘）

4・114・8/4・139・5/4・145・
5/4・221・6/4・230・8/4・
252・9/4・255・3/4・261・
2/4・267・1/4・291・7/4・
359・5/5・91・1/5・95・1/5・
154・8/；

㣺娓霂：涅槃乐

4・230・8/4・255・3/4・267・
1/4・291・7/4・359・5/5・91・
1/5・95・1/；

㣺娓薉：涅槃道

5・98・4/5・108・3/5・111・2/；

㣺娓瑴薇：涅槃经

5・117・2/；

㣺娓慨㣺：涅槃之后；

4・221・6/；

184400　㤴

㤴鞛：志公（人名）

4・96・4/；

184440　㤳

㤳耋：智慧

4・110・4/4・134・7/4・137・
4/4・196・10/4・230・2/4・
276・7/4・310・2/5・20・2/5・
108・1/5・112・2/；

㤳耋纖：智慧力

4・110・4/4・230・2/4・310・
2/5・20・2/；

㤳耋脈：智慧业

4・134・7/；

㤳耋弃：智慧身

5・22・7/5・23・1/；

㤳耋絆：智慧心

5・24・3/；

㤳耋狝骹：智慧方便

4・137・4/；

㤳耋敧禩：智慧大法

5・112・2/；

㤳耋報绬：秉智慧弓

4・276・7/；

㤳耋巤絤：开智慧眼

5・108・1/；

□□□□：修习智慧
4·289·7/；

□□□□：种智慧道
5·183·8/；

□□□□：具足智慧
4·196·10/4·255·5/4·360·
1/5·23·1/5·91·9/5·104·
10/5·138·4/；

184525 □

□□：趣向
4·126·7/；

□□□□：自然在前
4·257·2/；

185450 □

□□□□：其余四维
（俄）2·26/；

187141 □

□□：读诵、诵读
4·119·3/4·123·9/4·130·
1/5·130·1/；

187400 □

□□□□：灯烛幡盖
（俄）7·19/；

187420 □

□□：苦切、詈骂（可悲）、辱骂、
瞋骂、呵责、责骂
4·113·8/4·123·1/4·238·
10/4·248·6/5·166·3/；

187422 □

□□：尊长

4·99·7/4·176·4/4·199·2/；

□□：尊法
4·108·1/4·253·4/5·113·
5/5·161·8/；

□□：尊贵、尊崇、尊重
4·165·2/4·167·4/5·23·6/；

189420 □

□□：彼岸
4·122·9/5·9·8/5·66·3/5·
176·8/；

192124 □

□□□：优婆塞
4·170·3/5·70·5/5·75·2/5·
77·5/；

□□□：优婆夷
4·170·4/5·70·5/5·75·3/5·
77·5/；

□□□□：优昙钵罗
5·150·5/；

194127 □

□□□□：疥癞痈疽
4·197·8/；

194244 □

□□、□□：除灭、灭除、消灭
4·132·9/4·143·10/4·178·
5/4·180·4/4·185·10/4·
191·2/4·230·4/4·277·
4/4·303·9/4·315·6/4·
327·10/4·353·9/5·65·
3/5·94·9/5·101·3/、4·

359・7/5・91・10/5・101・5/5・105・1/；

𗅳𗏇𗏇𗵃：非法说法
4・149・4/4・293・9/；

𗅳𗤁：无常
4・104・4/4・139・4/4・201・2/5・114・3/5・114・5/5・114・9/；

𗅳𗤁𗩾𗫨：无常苦空
5・146・2/；

𗅳𗤁𗑰𗆨：警念无常
4・104・4/5・114・3/；

𗅳𗤁𗏇𗑰：觉悟无常
5・114・9/；

𗅳𗤁𗵃𗬦：欲现无常
4・139・4/；

210222 𗪱

𗪱𗫾：布施
4・121・4/4・134・5/4・135・9/4・163・5/4・165・4/4・201・7/5・24・8/5・174・8/5・181・8/；

210222 𗄊

𗄊𗅳：忆念、思念
4・100・9/4・305・3/；

210255 𗐀

𗐀𗾦：勇猛
4・106・10/4・114・5/4・142・4/4・174・1/4・211・9/4・230・10/4・276・5/4・311・

6/4・359・7/5・78・3/5・87・8/；

𗐀𗾦𗫨：勇猛心
4・106・10/4・142・4/4・276・5/4・311・6/；

𗐀𗾦𗩈𗰱：勇猛精进
4・211・9/4・230・10/4・255・5/4・280・1/4・359・7/5・78・3/；

𗐀𗧘：猛焰
4・128・4/；

𗐀𗫀：猛利、威猛
5・24・4/5・88・3/；

𗐀𗫀𗫨：猛利心
5・24・4/；

𗐀𗫀𗐀：猛威力
5・88・3/；

𗐀𗫼𗅳𗄊𗰱：翘勤不懈
4・121・3/；

210550 𗈳

𗈳𗄈𗧉：兴起痴业
4・355・7/；

210950 𗧠

𗧠𗁬：修、修习
4・261・10/4・289・7/4・311・2/5・180・7/；

𗧠𗈍：修行
4・127・2/4・141・10/4・202・1/4・295・3/5・120・4/；

212100 𗀠

𗀠𗪘：沙门

4·149·6/；

𘜸𘜲𘝀𘝁：出生死海

5·66·3/；

212144 𘝂

𘝂𘝃𘝄𘝅：檀波罗蜜

4·153·1/；

212144 𘝆

𘝆𘝇𘝈𘝉：屎尿污秽

4·221·1/4·244·3/；

212147 𘝊

𘝊𘝋：嫉妒（嫉妬）、憎疾

4·95·2/4·134·5/4·140·
4/4·260·2/4·333·2/4·
343·6/5·171·7/5·171·7/；

𘝊𘝌：嫌恨

5·176·2/；

𘝊𘝍𘝎𘝏：不起妒心

4·99·10/；

212150 𘝐

𘝐𘝑𘝒𘝓：自然蔬食

4·363·3/；

𘝐𘝑𘝔𘝕：自然温饱

4·363·7/；

𘝐𘝑𘝖𘝗：自然饮食

5·154·3/；

𘝐𘝑𘝘𘝙：自然火起

4·182·2/；

𘝐𘝚𘝛𘝜：以自庄严

4·110·3/4·163·1/；

𘝐𘝝𘝞𘝟：摄其精神

4·340·7/；

212222 𘝠

𘝠𘝡：贫乏、贫穷

4·106·1/4·118·10/4·141·
3/4·282·2/；

𘝠𘝡𘝢𘝣：贫穷饥渴

4·166·3/；

𘝠𘝤：穷尽

4·137·3/；

212420 𘝥

𘝥𘝦、𘝥𘝧：施主（檀越）

4·115·3/4·125·1/4·195·
1/5·70·6/5·73·5/、4·
224·5/4·243·7/5·8·8/5·
50·7/5·131·5/；

214122 𘝨

𘝨𘝩：无上、最、顶、最上

4·96·3/4·117·9/4·201·
3/4·365·8/5·10·7/5·154·
8/5·163·3/5·174·7/5·
175·6/；

𘝨𘝩𘝪：无上士

（俄）2·25/4·365·8/；

𘝨𘝩𘝫：无上果

5·163·3/；

𘝨𘝩𘝬𘝭：无上菩提

4·117·9/4·289·10/5·112·3/；

𘝨𘝩𘝮𘝯：无上福田

5·174·7/；

𘝨𘝩𘝰𘝱：无上智王

5·175·6/；

▯▯▯▯：归无上道

5·129·4/5·130·4/；

▯▯▯▯：得无上果

5·163·3/；

▯▯▯▯：证无上道

5·10·7/；

▯▯▯▯▯：最上殊胜味

4·154·8/；

▯▯▯▯▯：顶礼无上尊

4·201·3/；

▯▯▯▯：无不究竟

4·304·2/；

▯▯▯▯：究竟解脱

4·145·8/5·138·4/；

214122　▯

▯▯▯▯：忏悔往罪、忏悔前罪

4·110·8/4·132·7/；

▯▯▯▯▯▯：前经说者（如经所说）

4·177·10/4·183·2/4·188·7/；

▯▯▯▯：如前修行（彼进如故）

4·127·1/；

▯▯▯▯：进退高下

4·106·3/；

▯▯：无始

4·131·7/4·134·10/4·287·2/4·329·7/4·350·1/74·1/；

▯▯▯▯：无始以来、无始已来、

从无始来

4·134·10/4·287·2/4·328·7/4·329·7/4·350·1/5·74·1/；

214142　▯

▯▯▯▯：式叉摩那

5·70·3/5·73·2/5·77·4/；

214142　▯

▯▯：显现、显明、显示、皎然

4·97·1/4·101·8/4·161·3/4·214·2/4·227·3/4·231·7/5·23·7/5·86·3/；

214144　▯

▯▯：眷思、思虑、寻省

4·96·6/4·123·5/（俄）7·10/；

▯▯：警缘、缘念、缘思

4·101·10/5·10·1/5·10·3/5·11·9/；

214144　▯

▯▯：解脱（免离）

4·114·7/4·117·7/4·121·3/4·122·10/4·130·7/4·145·8/4·162·10/4·266·2/4·275·8/4·310·4/4·360·1/5·41·10/；

▯▯▯▯：解脱德佛

5·41·10/5·75·10/；

▯▯▯▯：令得解脱

4·199·8/4·266·2/5·137·10/；

214150　▯

▯▯▯▯▯：役驱险难

5·85·10/；

214172 □

□□：恒伽

4·152·4/4·214·6/；

□□□：恒伽水（恒水）

4·214·6/；

□□□□：恒伽沙数（恒沙）

4·152·4/；

214222 □

□□：悲悼、悲痛、悲情

4·120·7/4·123·6/；

214224 □

□□：四趣、四向

4·138·4/4·289·5/4·303·10/4·310·9/5·60·9/5·151·1/；

□□□：四趣业

4·138·4/；

□□□□：长辞四趣

5·60·9/；

□□□□：绝四趣恶

4·289·5/；

□□□□：舍四趣业

4·138·4/；

□□□□：无四趣苦

4·310·9/；

□□□□：四果四向

5·151·1/；

□□：四谛

5·162·5/；

□□□□：四谛平等

5·162·5/；

□□□□：四生六道

4·299·4/4·310·8/4·323·4/4·334·3/4·345·2/4·353·7/5·22·10/；

□□□□：四无碍智

4·126·3/5·61·1/5·69·7/5·78·2/5·91·8/5·108·2/5·111·1/；

□□□□：四无碍辩

5·46·4/5·54·1/5·98·3/；

□□□□：四无所畏

5·151·8/；

□□：四维

4·235·7/5·44·1/5·46·10/5·107·6/5·108·7/5·110·6/；

□□□□：四维上下

5·44·1/5·46·10/5·107·6/5·108·7/5·110·6/；

□□□□：四重五逆

4·331·4/；

□□：四魔

4·310·3/；

□□：四事

4·134·4/；

□□：四果

5·147·1/5·162·6/；

□□□：四果之声

痛切、衔悲、惨恼

4・96・1/4・112・6/4・115・
1/4・120・7/4・124・8/4・
133・1/4・143・6/4・145・
8/4・171・8/4・178・3/4・
183・9/4・188・8/4・194・
3/4・204・3/4・209・6/4・
217・7/4・227・10/4・250・
4/4・277・4/4・288・8/4・
292・6/4・305・3/4・307・
3/4・313・4/4・324・7/4・
351・3/5・8・6/5・30・3/5・
51・10/5・58・1/5・66・10/5・
88・4/5・118・3/5・138・2/；

𗙦𗙩𗙖𗗆：等痛切心（等一痛切）、
等忧思心

4・112・6/4・124・8/4・133・
1/4・171・8/4・209・6/4・
307・3/5・51・10/5・118・3/；

217250 𗙦

𗙦𗗆：孝子

4・169・6/4・232・4/5・27・7/；

218124 𗙴

𗙨𗙴：利益、利

4・108・7/4・113・9/4・114・
7/4・170・9/4・284・4/4・
291・9/4・362・5/5・12・3/5・
15・5/5・66・4/5・66・6/5・
125・6/5・165・7/；

𗙴𗙼：得益

4・105・9/4・121・9/4・227・
7/4・306・9/5・62・4/；

218220 𗛷

𗛷𗗛：方便

4・113・9/4・137・4/4・139・
1/4・153・4/4・203・10/5・
22・9/5・150・9/5・176・3/；

218224 𗛧

𗛧𗛫：福田

4・222・1/4・332・3/5・174・7/；

𗛧𗛫𗗡𗛪：福田难遇

4・222・1/；

𗛧𗛪：福德

4・100・2/4・296・6/4・326・
4/5・33・3/5・57・10/5・69・
5/5・77・10/；

𗛧𗛪𗛬𗛾：福德无尽

5・69・5/5・77・10/；

𗛧𗛪𗛸𗛹：福德明佛

5・33・3/5・143・7/；

𗛧𗛳𗛲𗛴：助营福业

5・121・1/；

220422 𗝜

𗝜𗝗：佛陀

4・173・4/4・180・1/4・185・6/；

220422 𗝝

𗝝𗝘：思议

4・116・10/4・142・5/4・230・
2/4・284・1/5・9・6/5・23・
3/5・43・5/；

3/4・214・2/；

224028 𗀉

𗀉𗄊：朝夕、日夜、昼夜

4・106・7/4・129・8/4・176・

8/4・257・2/4・355・2/5・26・

5/5・54・1/5・117・4/；

𗀉𗄊𗗙𗴠：昼夜受苦

4・176・8/；

𗀉𗄊𗀔𗗷：昼夜三时

4・257・2/；

𗀉𗄊𗐨𗟲：昼夜常行

5・117・4/；

𗀉𗄊𗴟𗖨：日夜增明

5・54・1/；

224055 𗀓

𗀓𗀤：兄弟

4・98・8/4・281・10/4・288・

1/4・312・10/5・115・6/；

𗀓𗀤𗰗𗋽𗩾𗗆：兄弟姊妹

4・281・10/4・288・1/4・312・10/；

224420 𗀘

𗀘𗋽：莲花、净花

4・131・2/4・179・2/4・189・

8/4・242・6/4・278・8/4・

352・4/5・90・2/5・109・8/5・

141・10/；

𗀘𗋽𗖨𗗆：莲华经（净华经、法

华经）

4・131・2/；

𗀘𗋽𗗆：莲华佛

4・278・8/4・352・4/5・90・

2/5・109・8/；

𗀘𗋽𗲠𗗆：莲华军佛

4・179・2/；

𗀘𗋽𗙴𗗆：莲华响佛

4・179・2/；

𗀘𗋽𗴟𗗆：莲华步佛

4・189・8/；

224422 𗀚

𗀚𗴉：流离（瑠璃）

4・195・9/；

𗀚𗴉𗥑𗗆𗰗𗗆：瑠璃光最丰佛

4・195・9/；

224422 𗀛

𗀛𗴠：坚固、牢固

4・112・4/4・229・2/4・304・

6/4・346・7/4・361・10/5・

23・7/5・53・9/5・169・6/；

𗀛𗴠𗴏𗴠：坚固法门

5・169・6/；

𗀛𗰗：坚强、坚勇

4・305・6/5・24・4/5・178・8/；

𗀛𗰗𗗆：坚强心

4・305・6/4・24・4/；

𗀛𗰗𗩴𗵀𗕿𗰷：坚勇精进菩萨

5・178・8/；

𗀛𗪊𗵀𗑗：甲胄兵器

（俄）2・14/；

224440 𗀟

𗀟𗃬：黑暗（黑闇）、冥黑（难晓）

4・278・8/4・352・4/5・90・

4·233·3/4·247·9/4·336·

7/5·88·6/；

□□□□：黑暗地狱

4·233·3/5·88·6/；

224450 □

□□：惭颜、惭愧、愧、羞愧

4·115·1/4·290·9/5·24·7/；

224455 □

□□□□：常生净土

5·46·3/5·77·9/；

□□□□：常得现前

4·126·3/4·174·4/4·230·

9/4·255·4/4·267·2/4·

359·6/5·42·10/5·46·4/5·

49·4/5·56·8/5·69·7/5·

74·5/5·91·8/5·98·3/5·

108·2/；

224472 □

□□：阻挡、障碍（留难）、妨碍、

碍、阻碍、阻障、拘碍

4·95·9/4·118·1/4·126·

8/4·126·10/4·127·5/4·

135·5/4·174·5/4·285·

9/4·340·6/；

□□：无碍

4·122·10/4·138·10/4·302·

7/4·312·7/5·8·4/5·42·

9/5·67·7/5·98·3/5·126·

4/5·181·2/；

□□□□：无碍自在

4·122·10/；

□□□□：无碍藏佛

5·67·7/；

□□□□：无碍赞佛

5·72·8/；

□□□□：无碍相佛

5·126·4/；

□□□□：修无碍道

5·42·9/；

□□□□：得无碍乐

4·312·7/；

□□□□：得无碍乘

5·181·2/；

224570 □

□□□□：至心谛听、归心谛听、

诚心谛听

4·118·2/4·174·8/4·186·4/；

□□□□：至心修习

4·311·2/；

□□□□：归心随喜

5·14·6/；

□□□□：劝请归心（劝请殷勤）

4·170·10/；

□□□□：摄心谛听

4·112·10/；

□□□□：调伏心意（折意挫情）

4·110·7/；

□□□□：心念口言

4·116·1/4·327·3/；

□□：心喜、欢喜、欢心

4·98·5/4·200·3/4·203·
2/4·221·7/4·264·9/4·
300·2/5·20·8/；

𗗿𗙨𗮺𗗣：心意清净
4·311·9/；

𗗿𗙨𗤶𗩾：心意勇猛
5·112·10/；

𗗿𗵒𗙏𗘡：心无染著
（俄）10·26/；

225000 𗘉
𗘉𗧾：奋迅
4·133·9/4·173·1/4·219·
8/4·353·3/5·90·6/5·119·
6/5·168·8/5·178·7/；

227442 𗙪
𗙪𗦜：怖畏、惭惧、畏惧、恐惧、
恐怖、悚然、遑怖
4·106·5/4·130·1/4·143·
5/4·148·5/4·174·7/4·
178·1/4·183·3/4·188·
8/4·189·4/4·191·3/4·
194·2/4·203·3/4·205·
5/4·208·6/4·208·10/4·
210·7/4·220·4/4·294·
3/4·337·1/4·345·10/5·
65·4/5·74·4/5·116·3/5·
117·7/；

227450 𗐓
𗐓𗾩：人道
4·102·9/4·111·8/4·148·

8/4·162·4/4·220·3/4·
303·6/4·361·1/5·18·8/5·
49·7/5·57·9/5·84·2/；

𗐓𗾩𗲠𗻔：人道人王
5·18·8/；

𗐓𗼝：人类
5·70·7/5·74·1/5·75·3/；

𗐓𗾺𗫻𗰖、𗐓𗾺𗫻𗱸𗰖：人生世间
4·124·3/、4·168·4/；

𗐓𗏩𗿝𗳒𗭪𗩾：害人而死（损物害人）
4·95·4/；

228000 𗦎
𗦎𗐓：圣人
4·93·6/4·122·9/4·138·
10/4·362·4/；

𗦎𗐓𗡺𗭩：圣人居处
4·362·4/；

228420 𗴂
𗴂𗴲：神咒
4·88·3/；

229400 𗣋
𗣋𗰞𗬺𗷺：杂藏经
4·205·9/；

230420 𗑇
𗑇𗰚：毫厘、毫许（一毫）
4·136·5/4·362·9/4·363·
1/5·125·4/；

230422 𗰷
𗰷𗵒𗧾𗹏：偷劫盗窃

𗱲𗷕𗾧𗏹𗫂、𗱲𗷕𗯿𗏹𗫂：亲近善知识（亲近友）、近善知识
5·161·2/、5·167·7/；

𗱲𗀔：善恶
4·107·6/4·115·3/5·118·4/4·125·1/4·139·2/4·163·1/4·169·8/4·195·1/4·218·1/4·227·3/4·228·2/4·262·3/4·290·7/5·70·6/5·73·5/5·131·5/5·166·6/；

𗱲𗀔𗰗𗵘：善恶迭用
4·118·4/；

𗱲𗀔𗥤𗙏：善恶二轮、善恶二环
4·163·1/4·262·3/；

𗱲𗀔𗗙𗧓：善恶多少
4·169·8/；

𗱲𗀔𗥤𗌽：善恶二种
4·227·3/；

𗱲𗀔𗥤𗌜：善恶二缘
5·114·7/；

𗱲𗀔𗧘𗰗：善恶杂糅
4·290·7/；

𗱲𗀔𗀄𗖟：善恶果报
5·166·6/；

𗱲𗾧：善根
4·98·2/4·128·1/4·149·9/4·196·9/4·199·9/4·246·7/5·20·9/5·112·1/5·138·4/5·180·8/；

𗱲𗾧𗒃𗖟：善根业报
5·180·8/；

𗱲𗾧𗮅𗾧：具足善根
5·138·4/；

𗱲𗍫𗢼𗥤：善心浓厚
4·114·10/；

𗱲𗷕𗤋𗴺：善思议佛
4·284·1/；

𗱲𗱩𗱩𗴺：善端严佛
5·75·10/；

𗱲𗤋𗥤：求善心
5·24·5/；

𗱲𗵘：行善
4·122·9/4·201·5/4·308·5/4·350·9/5·86·4/；

𗱲𗵘𗫤𗴺：善行意佛
4·308·5/；

𗱲𗣼𗄙𗢟𗤋𗯿𗵘𗾧：问善之最
4·96·3/；

𗱲𗣼𗱲𗀔：主善罚恶
4·107·7/4·115·5/4·125·2/4·364·8/5·8·10/5·18·3/5·42·7/5·131·7/；

234282 𗁽

𗁽𗷕、𗁽𗁬：名称（流布、名闻）
4·101·1/、4·210·8/4·284·2/4·333·3/5·13·2/5·45·6/5·55·4/5·59·6/5·68·2/5·93·10/5·99·8/；

𗁽𗁬𗰗𗥤𗴺：名称远闻佛

4 · 363 · 3/；

𘀉𘀉：正觉

4 · 108 · 9/4 · 117 · 10/4 · 126 ·
5/4 · 174 · 6/4 · 197 · 1/4 ·
255 · 7/5 · 124 · 8/5 · 128 · 10/；

𘀉𘀉𘀉：正等觉（正遍知）

（俄）2 · 24/4 · 138 · 6/4 · 180 ·
7/4 · 191 · 5/4 · 205 · 7/4 ·
267 · 5/4 · 290 · 1/4 · 304 ·
3/4 · 316 · 2/4 · 335 · 2/4 ·
362 · 2/4 · 365 · 7/5 · 25 · 4/5 ·
43 · 2/5 · 54 · 4/5 · 61 · 3/5 ·
65 · 7/5 · 92 · 1/5 · 111 · 2/5 ·
120 · 6/5 · 182 · 1/；

𘀉𘀉𘀉𘀉：成等正觉

4 · 138 · 6/4 · 180 · 7/4 · 191 ·
5/4 · 205 · 7/4 · 267 · 5/4 ·
290 · 1/4 · 304 · 3/4 · 311 ·
3/4 · 316 · 2/4 · 335 · 2/4 ·
362 · 2/5 · 25 · 4/5 · 43 · 2/5 ·
54 · 4/5 · 61 · 3/5 · 65 · 7/5 ·
92 · 1/5 · 111 · 2/5 · 120 · 6/5 ·
182 · 1/；

𘀉𘀉𘀉𘀉：方等经

4 · 246 · 6/；

𘀉𘀉：平等（无偏）、正等、方等

4 · 136 · 7/4 · 147 · 9/4 · 201 ·
9/4 · 205 · 7/4 · 246 · 6/4 ·
267 · 5/4 · 280 · 10/4 · 283 ·
6/4 · 289 · 1/4 · 298 · 4/4 ·

362 · 2/5 · 9 · 9/5 · 120 · 6/5 ·
168 · 3/；

𘀉𘀉𘀉：平等心

5 · 10 · 6/；

𘀉𘀉𘀉𘀉：奉行平等

5 · 170 · 5/；

𘀉𘀉𘀉𘀉：平等摄受

4 · 298 · 4/；

244140 𘀊

𘀊𘀊：救拔、拯接

4 · 92 · 4/4 · 100 · 6/4 · 126 ·
2/4 · 220 · 3/4 · 266 · 1/5 · 94 ·
8/5 · 107 · 8/；

𘀊𘀊：救护、覆护

4 · 100 · 3/4 · 107 · 3/4 · 185 ·
9/4 · 263 · 5/4 · 334 · 3/5 · 43 ·
1/5 · 173 · 3/；

𘀊𘀊𘀊𘀊：救护摄受

5 · 97 · 9/5 · 173 · 3/；

𘀊𘀊：济度

4 · 310 · 5/4 · 335 · 1/；

244150 𘀋

𘀋𘀋𘀋𘀋：百味饮食

4 · 227 · 7/；

248124 𘀌

𘀌𘀌：精进、坚进

4 · 106 · 7/4 · 121 · 4/4 · 128 ·
10/4 · 134 · 6/4 · 144 · 6/4 ·
163 · 7/4 · 174 · 1/4 · 179 ·
4/4 · 201 · 8/4 · 211 · 9/4 ·

254122　□

□□：疾病

4·123·10/；

□□□□：远离痛苦

（俄）7·9/；

254125　□

□□：出家

4·135·8/4·291·1/4·295·9/4·296·4/4·299·1/4·336·5/5·51·6/5·57·9/5·66·8/；

267222　□

□□：懈倦、疲厌、疲剧

4·108·7/4·137·3/4·162·7/；

□□：厌离

5·24·4/；

□□：厌倦

5·176·6/；

270122　□

□□：进退

4·106·3/；

270124　□

□□□□：那罗延佛

4·278·8/4·352·6/；

□□□：那由他

（俄）2·23/；

270150　□

□□□：毗沙门

4·256·8/；

□□□□：毗沙国王

4·256·2/；

□□□□□：毗沙门天王

4·256·8/；

□□□□□：毗梨耶波罗蜜

4·153·2/；

270222　□

□□□：贪嗔嫉妒

4·134·5/4·140·4/；

□□□□□：贪嗔痴三毒

4·169·2/；

□□：贪爱

4·118·9/4·151·4/4·286·10/4·328·4/；

□□□：贪爱心

4·151·4/；

□□：贪欲

4·260·2/4·346·8/4·354·6/5·11·2/5·160·5/；

□□□：贪欲心

4·354·6/；

□□□□：贪欲欺诈

4·346·8/；

270224　□

□□：国王

4·107·5/4·115·2/4·163·4/4·256·2/4·361·6/5·50·2/5·51·4/5·52·1/5·131·4/；

□□□□：国王皇帝

4·107·5/4·115·2/5·131·4/；

3/4·295·8/5·115·6/

□□□□：九亲眷属
4·276·8/4·288·3/5·115·6/；

274122 □

□□：众园（寺、塔寺、精舍）
4·176·2/（俄）7·19/4·215·
2/4·221·6/4·222·2/4·
223·8/；

□□□□：众魔外道
4·112·5/5·112·5/；

□□□□：众恶怨报（众恶怨怼）
4·358·4/；

□□□□：造作众园
（俄）7·19/；

□□：众苦
4·117·6/4·138·3/4·202·2/4·
306·1/5·49·3/5·138·6/；

□□□□：众苦根本
4·311·5/；

□□□□：断除众苦
4·204·6/；

274142 □

□□：厄难、灾害、殃祸、灾难、
灾厄
（俄）2·25/4·105·7/4·293·
2/5·51·7/5·123·8/；

□□□□：灾害卒至
4·105·7/；

274220 □

□□：兜率、知足

5·147·3/5·150·7/；

□□□：兜率宫
5·147·3/；

□□□□：兜率天宫
5·150·7/；

274220 □

□□：句要（嘱累）
4·104·9/5·174·1/5·174·
2/5·174·5/5·179·4/5·
181·5/；

□□□□：嘱累流通
5·174·1/；

274220 □

□□：六道
4·99·4/4·101·3/4·104·
3/4·116·6/4·145·6/4·
150·3/4·174·9/4·183·
10/4·203·8/4·230·3/4·
274·1/4·282·10/4·299·
4/4·299·4/4·310·8/4·
323·4/4·334·3/5·9·3/5·
22·10/；

□□□□：六道四生
4·101·3/5·173·2/5·174·3/；

□□□：六宫
4·95·2/；

□□□□□：六宫皇后
4·95·2/；

□□□：六趣
（俄）2·25/；

8/5·180·9/；

[西夏文]：神通力

4·116·10/4·126·1/4·185·9/4·253·7/4·358·7/5·9·6/；

[西夏文]：神通智慧

4·139·5/；

[西夏文]：神通天眼

4·161·8/5·62·1/；

[西夏文]：神通三世

4·277·1/；

[西夏文]：神通无碍

4·304·2/4·316·1/；

[西夏文]：神通法门

5·170·8/；

[西夏文]：具足神通

5·180·9/；

[西夏文]：神圣、贤圣、圣贤

4·106·2/4·108·2/4·176·3/4·337·9/4·340·7/5·20·1/；

[西夏文]：神圣大人

4·106·2/；

[西夏文]：圣贤之高下

4·337·9/；

274420 [西夏文]

[西夏文]：呜呼感激

4·96·1/；

274420 [西夏文]

[西夏文]：广大、极大

4·207·2/4·223·5/5·24·

5/5·128·3/5·176·6/5·182·8/；

[西夏文]：广大心

5·24·5/；

[西夏文]：广大如法性

5·182·8/；

274422 [西夏文]

[西夏文]：有学无学

5·151·1/；

274422 [西夏文]

[西夏文]：因缘、缘

4·99·3/4·122·4/4·142·2/4·146·2/4·161·7/4·169·9/4·214·8/4·231·3/5·111·5/；

[西夏文]：因缘果报

4·231·3/；

[西夏文]：因果

4·118·2/4·243·7/4·262·3/5·160·9/；

[西夏文]：因果相生

4·262·3/；

[西夏文]：因果影响

4·118·2/；

[西夏文]：不识因果

4·243·7/；

[西夏文]：依因缘生

4·142·2/；

[西夏文]：依因缘灭

4·142·2/；

𗾫𗾫𗧅𘃊𗤋：明了因缘法
5・129・9/；

274422 𗋽

𗋽𗱚𗗙𗴖：仰愿大众、唯愿大众
（惟愿大众、仰屈大众）
4・106・8/（俄）2・3/5・15・
3/5・150・3/；

274440 𗀜

𗀜𗥠：夫妻
5・116・8/；

𗀜𗥠𗣼𗗟：夫妻恩爱
5・116・8/；

274450 𗾶

𗾶𗀔：摄受、摄取
4・100・8/4・101・1/4・126・
1/4・191・4/4・253・7/4・
263・5/4・298・4/4・362・
6/5・9・6/5・21・3/5・104・
4/5・107・8/5・160・1/5・
173・3/；

𗾶𗀔𗔅𘀄：摄受救拔
5・107・8/；

𗾶𗗚：摄化
4・310・6/5・20・4/5・56・10/；

𗾶𗗚𗏁：摄化力
4・310・6/；

274455 𗸜

𗸜𗤁𘃪𗤵：随喜运力
5・121・1/；

274500 𗅁

𗅁𗩾：辩才

4・93・6/4・140・3/4・316・
1/5・13・4/5・23・8/5・99・
8/5・103・4/5・168・3/；

274525 𘏞

𘏞𗤋：同加、共同、同
4・101・1/4・112・3/4・126・
1/4・132・9/4・143・7/4・
253・6/4・263・5/4・277・2/；

𘏞𗤋𗾶𗀔：同加摄受、共同摄受
4・101・1/4・112・4/4・126・
1/4・155・8/4・315・5/5・9・
6/5・46・1/；

𘏞𗤋𗂧𗑠：同加守护、同加覆护
4・101・1/4・277・2/5・42・
5/5・48・10/5・127・4/；

𘏞𗤋𗸣𗗟：同加哀愍
4・143・7/；

𘏞𗤋𗘅𗊪：共同加助
4・132・9/4・138・2/；

𘏞𗤋𗸣𗗟：共同慈悲
4・253・6/；

274620 𗤹

𗤹𗼣：号哭、号泣、啼哭、哭泣、
悲泣
4・129・10/4・199・7/4・279・
4/4・305・9/5・63・1/5・116・
3/5・144・8/；

𗤹𗼣𗼑𘊰：号泣动地
4・199・7/；

𗤹𗼣𗢳𗍫：啼哭地狱

4·234·4/；

[西夏字]：啼泣、悲泣、哽恸、衔悲、悲畅

4·94·5/4·114·2/4·115·1/4·120·8/4·201·4/4·311·10/；

277442　[西夏字]

[西夏字]：惭、惭愧

4·106·5/4·110·7/4·111·4/4·130·8/4·132·7/4·135·2/4·137·1/4·143·1/4·146·5/4·154·8/4·176·5/4·178·4/4·196·1/4·217·8/4·240·6/4·243·9/4·260·10/4·287·6/4·306·10/4·309·10/4·311·10/4·312·8/4·324·5/4·349·1/4·351·1/4·354·4/4·356·5/5·24·8/5·172·7/；

[西夏字]：惭愧畏惧（惭惧）

4·106·5/；

[西夏字]：无惭无愧

4·241·3/；

[西夏字]：不知惭愧

4·243·9/；

[西夏字]：殷重、奉、稽颡、仰滄、奉敬、敬礼、奉敬

4·106·10/4·107·4/4·115·2/4·132·7/4·277·5/4·

299·1/4·305·3/4·361·7/5·8·7/5·30·4/5·39·5/5·40·2/；

278120　[西夏字]

[西夏字]：谛听

4·112·10/4·118·2/4·170·1/4·174·8/4·186·4/4·205·8/；

[西夏字]：谛听思念

4·205·8/；

278420　[西夏字]

[西夏字]：报恩

4·291·9/5·28·6/5·62·3/；

278520　[西夏字]

[西夏字]：虔敬、稽颡、恭敬

4·97·4/4·164·1/4·186·4/4·296·10/4·300·3/4·352·1/5·23·7/5·27·6/；

[西夏字]：虔敬礼忏

4·97·4/；

[西夏字]：起恭敬心

4·214·7/；

[西夏字]：恭敬佛

4·352·1/；

[西夏字]：恭敬供养

5·27·6/；

[西夏字]：恭敬尊重

5·23·7/；

[西夏字]：稽首礼

4·144·2/；

280124 𢖶

𢖶𢖵：去来、展转、来往、往来

4·123·3/4·260·7/4·274·
1/5·171·3/；

𢖶𢖵𡃏𢖶：去来自在（去来适意）

4·123·3/；

𢖶𢖵𢖵𢖵：展转轮回、周旋往来

4·260·7/5·171·3/；

280124 𢤲

𢤲𢤲：新刻

4·87·1/4·213/5·3/；

280142 𢤽

𢤽𢤽：肉髻

（俄）2·19/5·141·8/；

280151 𢤼

𢤼𢤼𢤼𢤼：暗识相传（闇识相传）

4·274·3/；

280420 𢤾

𢤾𢤾：弊恶、粗恶（麁恶）、惨毒、
凶虐、粗犷（麁犷）

4·95·3/4·113·8/4·128·
10/4·259·5/4·297·2/4·
337·4/；

280422 𢤿

𢤿𢤿：疑想

4·111·2/；

𢤿𢤿𢤿𢤿：断除疑想

4·111·2/；

𢤿𢤿：疑惑（犹预）、疑异、惑

4·118·1/4·122·5/4·231·

8/4·290·10/5·86·3/5·
169·6/；

𢤿𢤿𢤿𢤿：疑惑习气

4·122·5/；

𢤿𢤿𢤿𢤿：未离疑惑

4·118·1/；

𢤿𢤿：断疑

4·101·6/4·118·1/4·210·
6/4·314·1/4·341·3/5·20·
8/5·181·3/；

𢤿𢤿𢤿𢤿：断疑生信

5·20·8/5·181·3/；

280424 𢤻

𢤻𢤻：禅定（定意）

4·131·10/4·201·8/4·214·
6/5·24·9/5·142·5/5·
171·9/；

𢤻𢤻：坐禅

4·123·9/4·134·7/4·136·1/；

𢤻𢤻𢤻𢤻：坐禅苦行

4·123·9/；

𢤻𢤻：出禅

5·130·2/；

𢤻𢤻𢤻𢤻：入禅出禅

5·130·2/；

𢤻𢤻𢤻𢤻：禅波罗蜜

4·153·2/；

280440 𢤼

𢤼𢤼𢤼𢤼：臣吏庶民（臣民）

5·18·8/5·51·5/；

280450 □

□□□□：天上天下
4·105·4/4·248·10/；

□□□□：天上塔
4·252·10/；

□□□□□：天上及人间
5·130·5/；

□□□□：天上人中
5·162·1/；

□□：天子
4·350·6/5·26·3/；

□□□：天人师
（俄）2·25/4·365·8/；

□□□□：天地虚空
4·115·4/5·8·10/5·18·2/5·
39·7/5·42·7/5·131·7/；

□□：天宫
4·279·3/4·334·8/；

□□□□：天宫宝殿
4·334·8/；

□□□□：天宫净土
4·279·3/；

282400 □

□□：和尚
4·124·10/4·332·3/4·363·
2/5·67·1/5·68·10/；

282442 □

□□：恶业
4·132·2/4·134·5/4·139·
2/4·152·3/4·182·10/4·

226·2/4·243·9/4·323·
5/4·331·4/4·350·10/5·
87·1/；

□□□：恶业果报
4·143·4/；

□□□□：恶业因缘
4·340·9/4·354·2/；

□□：恶道（恶趣）、恶途
4·110·2/4·122·2/4·161·
6/4·169·1/4·191·2/4·
196·8/4·205·4/4·230·
6/4·254·9/4·273·5/4·
305·1/4·357·9/5·84·3/；

□□□□：恶道恶报
4·304·9/；

□□：恶心
4·131·8/4·181·9/4·280·
9/4·350·2/5·14·10/；

□□□□：悔恶作善
4·261·10/；

284122 □

□□：洞彻、通达、悟达（远达）
4·106·3/4·127·5/4·140·
2/4·163·8/；

□□□：洞彻之识
4·106·3/；

284140 □

□□：豪强、贵富（升进）
4·129·1/4·163·2/4·167·
4/4·170·6/4·201·2/4·

305・4/4・333・2/5・48・5/；

□□□□：尊崇贵富

4・167・4/；

284152　□

□□：药王

4・190・2/4・309・4/4・341・

9/5・107・2/5・172・9/5・

178・10/；

□□□：药王佛

4・341・9/；

□□□□：药王菩萨

4・190・2/4・309・4/5・107・

2/5・172・9/5・178・10/；

284171　□

□□、□□：觉悟

4・309・10/4・314・2/5・114・

9/、4・105・1/4・111・3/4・

273・9/4・340・5/5・76・5/；

□□□：觉悟佛

4・314・2/；

284240　□

□□：达摩

4・173・4/4・180・1/4・185・

6/4・219・10/；

284400　□

□□：眼目

4・114・2/4・249・3/；

284420　□

□□：鞭打、挞拷、楚挞、打扑

4・148・4/4・165・7/4・167・

4/4・244・1/4・329・5/4・

348・9/4・350・8/5・140・1/；

284420　□

□□：相生、生出、生、出生

4・118・3/4・163・3/4・262・

3/5・116・2/；

□□□□：出生俱灭

5・116・2/；

284440　□

□□：亲附、亲近、亲、近

4・197・9/4・281・7/4・315・

9/4・329・8/4・349・8/5・60・

10/5・138・5/5・161・2/5・

167・8/；

284900　□

□□：塔（佛图）

4・131・3/（俄）3・7/4・176・

2/4・196・1/4・252・3/；

□□□□：塔精舍（塔庙）

4・131・3/；

□□□□：扫塔

（俄）3・7/；

□□□□□□：破塔坏众园（破塔

坏寺）

4・176・2/；

287152　□

□□□□：发愿回向

5・20・9/5・181・5/；

□□□□：如愿期度

4・143・4/；

𘃌𘃫𘃋𘃥𘃦：誓等佛心

5·128·2/；

287420 𘃤

𘃤𘃬：奉戒、持戒

4 · 118 · 7/4 · 121 · 4/4 · 128 ·
　10/4 · 129 · 7/4 · 134 · 5/4 ·
　150 · 9/4 · 163 · 6/4 · 361 ·
　4/5 · 142 · 4/；

𘃤𘃬𘃮𘃯：持戒精进

4·128·10/；

287452 𘃭

𘃭𘃫：信心、直心

4 · 110 · 4/4 · 112 · 4/4 · 115 ·
　3/4 · 125 · 1/4 · 4 · 195 · 1/4 ·
　243 · 6/5 · 8 · 8/5 · 73 · 5/；

𘃭𘃫𘃰𘃱：信心坚固

4·112·4/；

𘃭𘃫𘃲𘃳、𘃭𘃫𘃲𘃴：信心施主
　（信施檀越、信施坛越、信施）

4 · 115 · 3/4 · 125 · 1/4 · 195 ·
　1/5 · 70 · 6/5 · 73 · 5/、4 ·
　243 · 6/5 · 8 · 8/5 · 131 · 5/；

𘃭𘃵：信门

4·110·9/4·126·7/；

𘃭𘃵𘃶𘃷：入信门

4·110·9/4·126·7/；

289400 𘃸

𘃸𘃹：相续、连环、相次、相传、
　相寻

4 · 100 · 10/4 · 163 · 2/4 · 231 ·

3/4 · 237 · 4/4 · 274 · 3/4 ·
　311 · 4/4 · 364 · 6/；

𘃸𘃹𘃺𘃻：相续不断

4·100·10/4·364·6/；

294274 𘃼

𘃼𘃽𘃾𘃿：不知长幼（不别尊卑）

4·193·6/；

302422 𘄀

𘄀𘄁𘄂𘄃：付嘱嘱累（付嘱）

5·174·5/5·179·4/；

302900 𘄄

𘄄𘄅𘄆：王舍城

4 · 170 · 2/4 · 214 · 5/4 · 220 ·
　10/4 · 223 · 5/；

𘄄𘄇𘄈𘄉：王基坚固

5·53·9/；

𘄄𘄊：王子

4·102·10/5·54·5/；

307520 𘄋

𘄋𘄌：放逸（懒惰）

4 · 107 · 1/4 · 130 · 6/4 · 140 ·
　5/4 · 249 · 9/4 · 260 · 3/5 ·
　118 · 2/；

𘄋𘄌𘄍𘄎：放逸懈怠

4·140·5/；

312140 𘄏

𘄏𘄐𘄑𘄒：行住坐卧

4·135·1/4·193·8/；

314122 𘄓

𘄓𘄔：饱满

4・226・2/；

𗏇𗥦𗰜𗦀：三藏比丘

4・226・2/；

504420 𗏇

𗏇𗥪：道场

4・90・1/4・92・1/4・94・3/4・
97・7/4・161・1/4・214・1/4・
273・1/4・323・1/5・39・1/5・
84・1/；

𗏇𗥪𗭪𗭊：兴置道场

4・362・4/；

𗏇𗆪：行道

4・136・4/；

505152 𗢭

𗢭𗢭：差舛

4・118・3/；

505520 𗧾

𗧾𗘰：执著、执、耽著

4・93・1/4・231・10/5・24・
8/5・132・2/；

507140 𗴿

𗴿𗱦：火井

5・98・9/；

𗴿𗱦𗜓𗱦：火井地狱

5・98・9/；

𗴿𗋹𗾫𗔪：火城刀山

4・103・10/5・101・8/；

𗴿𗐱𗰔𗊬：然火自爆

4・239・5/；

579400 𗙴

𗙴𗭪：大众

4・99・2/4・101・1/4・102・
1/4・110・5/4・126・6/4・
168・4/4・180・8/4・203・
1/4・220・9/4・232・6/4・
255・8/4・279・9/4・292・
1/4・304・4/4・335・3/4・
351・2/4・362・3/5・8・2/5・
2・17/5・138・10/5・156・
4/5・174・3/；

𗙴𗰔：大乘

4・279・6/4・346・1/4・361・
9/5・42・9/5・56・7/5・123・
10/5・175・8/5・180・10/

𗙴𗤞𗙴𗥤：大慈大悲

4・108・6/4・180・2/4・185・
8/4・211・4/4・220・1/；

𗙴𗤞𗥤𗄽：大慈悲主（大慈悲父）

4・101・5/4・125・4/4・184・
1/4・188・10/4・195・2/4・
228・5/4・264・1/4・277・
6/4・283・8/4・313・6/5・12・
5/5・15・8/5・30・6/5・32・
3/5・47・2/5・52・1/5・54・
8/5・63・3/5・70・9/5・75・
6/5・89・1/5・95・10/5・118・
4/5・125・9/；

𗙴𗤋𗤻𗥣：大神咒力

4・88・3/；

𗙴𗴿𗟻𗟻：大千世界

4・232・9/；

① 《简明夏汉字典》编号为587452，第536页。

2/4·247·3/4·289·6/4·293·7/4·302·7/4·334·6/5·103·1/5·159·7/5·179·1；

[西夏字]：虚空界
5·176·9；

[西夏字]：虚空音佛
5·159·7；

[西夏字]：虚空藏菩萨
4·211·2/5·155·8/5·179·1；

[西夏字]：等如虚空
4·289·6；

[西夏字]：犹如虚空
4·302·7/4·334·6；

[西夏字]：尽虚空界
4·107·10/4·108·1/4·112·7/4·115·8/4·125·10/4·134·1/4·145·3/4·171·9/4·185·7/4·190·4/4·253·3/4·280·3/4·309·6/4·326·10/4·360·3/5·17·5；

712242 [西夏字]

[西夏字]：念宣、颂誉、称叹、赞叹（讚叹）、奖、赞仰、赞诵
4·129·7/4·130·9/4·146·10/4·147·1/4·274·8/4·293·8/4·311·8/5·28·2/5·54·1/5·147·7/5·166·5/5·167·7；

712242 [西夏字]

[西夏字]：饥渴困乏
4·361·3；

712440 [西夏字]

[西夏字]：阿阇犁
4·124·10/4·295·2/4·299·2/4·363·2；

[西夏字]：阿舍犁
5·67·1；

[西夏字]：阿鼻（无间）
4·103·6/4·109·5/4·141·7/4·234·5/4·235·1/4·237·5/4·238·7/4·241·2/4·242·2/4·245·14/4·247·8/4·250·1/4·254·1/4·294·1/5·90·9；

[西夏字]：阿鼻地狱
4·141·7/4·234·5/4·235·1/4·237·5/4·238·7/4·241·2/4·242·2/4·245·14/4·247·8/4·250·1/4·254·1/4·294·1/5·90·9；

[西夏字]：阿鼻城
4·236·5/4·237·6/4·238·5/4·240·2；

[西夏字]：满阿鼻城
4·237·8/4·238·9/4·240·2；

[西夏字]：阿育王
4·251·4/4·252·10；

[西夏字]：阿罗汉、阿罗诃

5·160·8/5·182·2/；

𗇕𗆫𗇋𗋂𗅲𗆻𗅲𗏹𗏴：阿耨多罗三藐三菩提

4·202·3/4·304·3/5·78·4/；

𗇕𗋂𗋂𗊱：阿修罗道

4·102·6/4·148·8/4·303·4/4·326·6/4·332·8/4·338·6/5·39·3/；

𗇕𗿂𗆟：阿閦佛

（俄）2·20/；

732142 𗆬

𗆬𗆟：斋会

4·136·3/；

732442 𗅳

𗅳𗇋：光明

4·143·10/4·165·1/4·177·7/4·178·8/4·195·6/4·249·4/4·278·6/5·52·5/；

𗅳𗇋𗆟：光明佛

4·278·6/5·55·7/；

𗅳𗇋𗊱𗆟：开光明佛

4·178·8/；

732442 𗅴

𗅴𗆻𗆈：摩尼珠

4·222·2/；

732442 𗅴

𗅴𗆻𗆬𗇋：诽谤他善

4·129·4/4·132·6/；

772144 𗆡

𗆡𗆈：誓愿（愿）

4·155·6/5·15·7/5·20·1/5·179·7/；

772240 𗈁

𗈁𗆱：八难

4·196·9/4·202·6/4·310·10/4·348·3/5·62·6/5·77·8/5·171·7/；

𗈁𗆡𗆈𗆤：八万四千

4·147·6/4·150·1/4·233·1/4·235·6/4·238·1/4·240·9/4·242·2/4·245·10/4·246·3/4·252·10/4·274·10/5·88·8/5·146·3/5·151·9/5·162·10/；

𗈁𗆱𗆩𗆲：离八难苦

4·196·9/；

𗈁𗆱𗆷𗆬：受八福生

4·196·9/5·77·9/；

772242 𗈂

𗈂𗇄：甘露

4·276·7/4·301·6/5·23·4/5·96·3/5·106·10/5·126·9/；

𗈂𗇄𗇋𗆟：甘露明佛

5·96·3/；

772440 𗇕

𗇕𗇕：歌笑

4·120·4/；

772444 𗇖

𗇖𗇕𗆟：迦叶佛

4・91・2/4・125・8/4・218・
7/4・226・1/5・52・3/；

𗹬𗟻𗥑𗩾𗵈：迦阑陀竹园
4・214・5/；

777224① 𗹬

𗹬𗘂：现示、示现
4・290・6/5・23・9/；

784244 𗾑

𗾑𗥰𗟭：阎浮提
4・129・5/4・256・9/；

𗾑𗪺𗀀：阎罗王
4・169・7/4・240・3/4・256・
2/5・9・2/；

784442 𗱲

𗱲𗄑：毁灭、毁陷、沮坏
4・112・5/4・260・1/5・112・5/；

802124 𗷝

𗷝𗧫：深信、笃信
4・119・5/4・295・10/5・169・6/；

802140 𗼓

𗼓𗤒：世尊
4・170・5/4・170・9/4・186・
5/4・225・8/4・249・7/4・
365・1/；

𗼓𗤒𗙏𗟲：世尊说法
4・170・9/；

𗼓𗤒𗄹𗟲：世尊问言
4・225・9/；

𗼓𗰜、𗼓𗴲：世间、世界
4・108・4/4・108・5/4・113・
1/4・124・3/4・168・4/4・
171・1/4・232・9/5・40・2/5・
114・5/5・150・4/5・176・
5/5・183・8/、4・365・8/5・
115・4/；

𗼓𗴲𗭼：世间解
（俄）2・25/4・365・8/；

𗼓𗰜𗰭𗰈：世界虚假
4・113・1/；

𗼓𗰜𗫂𗉇：世间无常
5・114・5/；

𗼓𗴲𗰭𗫵：世间幻惑
5・115・4/；

𗼓𗰜𗡇𗡇：一切世间
5・40・2/5・44・3/5・47・2/5・
121・8/；

𗼓𗥰𗣨𗭼：执著世解（执世解）
4・231・10/；

𗼓𗈜：出世
4・120・10/4・136・8/4・311・
1/5・183・4/；

𗼓𗈜𗣼：出世心
4・136・8/；

𗼓𗫂𗉇𗏆：念世无常
4・105・2/；

𗼓𗴂𗡪𗀀：护世四王

〇〇〇〇：七觉净华
5·141·10／；

802440　〇
〇〇：战斗（战闘）
（俄）2·14／；
〇〇：斗乱、争斗（纷然、斗讼）、
　斗诤（粉扰）
4·226·5/4·296·4/4·296·
　8/4·350·8/5·140·6/5·
　170·5／；
〇〇〇〇：争斗乱起（纷然乱起）
4·296·4／；
〇〇〇〇：弃舍战斗
（俄）2·14／；

804100　〇
〇〇：铜狗
4·235·7/4·237·5/4·239·
　1/4·239·10/4·247·5／；
〇〇〇〇：铜狗张口
4·237·5/4·239·1／；
〇〇〇〇：铜狗大吼
4·239·10／；
〇〇〇〇：铜狗啗心
4·247·5／；
〇〇〇〇：饮铜炭坑
4·103·8/5·95·3／；

804120　〇
〇〇〇〇〇〇：感应相生
4·118·3／；
〇〇〇〇：相与不知

4·313·2／；

804420　〇
〇〇〇〇：若大若小
4·111·9/5·108·8／；

804440　〇
〇〇〇：铁枝杈
4·240·1/4·245·1／；
〇〇：铁钉
4·182·2/4·223·5/4·238·9／；
〇〇：铁网
4·233·5/4·235·4/4·240·
　2/5·85·3/5·92·5／；
〇〇：铁丸
4·103·7/4·225·2/4·233·5/4·
　236·1/5·85·3/5·92·2／；
〇〇〇〇：铁丸迸散
4·236·1／；
〇〇：铁床
4·233·9/4·258·1/5·102·2／；
〇〇：铁机
4·233·4/5·92·5／；

805450　〇
〇〇：见闻、视听
4·137·4/4·150·4/5·14·10／；
〇〇〇：弥勒佛
4·125·5/4·133·3/4·144·
　4/4·172·2/4·178·7/4·
　184·3/4·189·1/4·195·
　3/4·210·2/4·218·5/4·
　228·6/4·300·6/5·13·1/5·

𗏁𗣫𗏁𗹙：洗除罪垢
4·254·2／；

𗏁𘆤：灭罪
5·87·7／；

𗏁𘆤𘕿𗣈：灭罪生福
（俄）7·1／；

𗏁𗤑𗣫𗏀：忏悔罪业
4·142·1／；

812224　𗤑

𗤑𗗙：明解、明了
4·361·9/5·10·9/5·24·5/5·
113·3/5·129·9／；

𗤑𗗙𗼩：明了心
5·24·5／；

𗤑𗱕：明证
4·362·3/4·364·9/5·181·7／；

𗤑𘚛𗏁𗼍：明行足
（俄）2·24/4·365·7／；

812250　𗐜

𗐜𗗙：调伏、折伏、调和、调御
4·110·7/4·277·2/4·288·
9/4·347·3/4·288·9/4·
365·8/5·14·1/5·59·1／；

𗐜𗗙𗼩：调和心
4·288·9/4·288·9／；

𗐜𗗙𘝵𘟀：折伏摄受
4·277·2／；

812454　𗖰

𗖰𗣫：忏、忏悔、悔过、悔责、
忏谢

4·87·1/4·90·1/4·96·4/4·
101·6/4·110·8/4·134·
9/4·138·7/4·161·1/4·
214·1/4·273·1/4·323·
1/4·327·3/5·39·1/5·
84·1／；

𗖰𗣫𗼍：忏法
4·87·1/4·90·1/4·94·3/4·
96·6/4·97·7/4·99·2/4·
161·1/4·214·1/4·273·
1/4·323·1/5·21·5/5·39·
1/5·84·1/5·173·3／；

𗖰𗣫𘃽𘝵：忏悔归依
4·143·3／；

𗖰𗣫𗊱𗙸𗣜：忏悔礼佛
5·182·3／；

𗖰𗣫𗊱𗣈：发忏悔心
5·17·8／；

𗖰𘆤：罪过（是非）、过患、咎罪、
罪失、罪患

4·127·2/4·161·5/4·280·
10/4·290·8/4·292·4/4·
297·4/4·356·4／；

𗖰𘆤𗊱𗷆：罪患怨报（是非怨怼）
4·297·4／；

𗖰𘆤𗊱𗬉：构起是非
4·356·4／；

812552　𗱷

𗱷𘃽：牢狱、狱牢（狱户）
4·165·9/4·261·5/5·121·2／；

𗣼𗣼𗣼𗣼：牢狱囹圄

5・121・2/；

814100 𗣼

𗣼𗣼：分离（一别）、隔绝、舍离、
　别离、割辞、相离、免离

4・98・10/4・106・6/4・110・
　10/4・113・7/4・134・4/4・
　169・10/4・305・4/4・324・
　4/4・351・5/5・14・7/5・113・
　3/5・145・8/；

814120 𗣼

𗣼𗣼：满足

4・128・7/4・186・1/4・346・
　1/5・64・6/；

814120 𗣼

𗣼𗣼𗣼𗣼：鹿宫苑园（鹿苑）

（俄）7・25/；

814144 𗣼

𗣼𗣼：剑林

4・233・4/4・235・6/5・88・
　7/5・92・4/；

𗣼𗣼𗣼𗣼：剑林地狱

4・233・4/5・88・7/5・92・4/；

814442 𗣼

𗣼𗣼：人民、庶民、百姓、民

4・107・5/4・115・3/4・177・
　3/4・192・5/4・328・8/5・8・
　8/5・18・8/；

822122 𗣼

𗣼𗣼：圆满（早圆）、足

4・138・5/4・365・7/；

822127 𗣼

𗣼𗣼𗣼：散乱心

4・131・3/；

822170 𗣼

𗣼𗣼：脓血

4・128・5/4・181・6/5・11・
　4/5・149・9/；

𗣼𗣼𗣼𗣼：脓血诸苦

4・128・5/；

𗣼𗣼𗣼𗣼：脓血气味

5・11・4/；

822170 𗣼

𗣼𗣼𗣼𗣼：疥癞痈疽

4・248・3/；

822420 𗣼

𗣼𗣼：一一

4・95・6/4・236・3/4・237・
　1/4・245・10/4・249・10/；

824020 𗣼

𗣼𗣼𗣼𗣼：一日一夜

4・240・10/4・241・2/5・50・5/；

824080 𗣼

𗣼𗣼：强弱、凌势、贵贱

4・105・8/4・169・8/4・351・1/；

824400 𗣼

𗣼𗣼：夜叉

4・236・1/；

832142 𗣼

𗣼𗣼：缘觉、独觉（辟支）

4・202・4/5・129・8/5・141・
8/5・147・1/；

832142 𘝿

𘝿𗼻𗧡𗰛：如是我闻
4・170・1/；

𘝿𗥃𗰛𗧡：因兹悟道
4・290・5/；

𘝿𗰚𗧡𗓽：依此经本
4・97・3/；

𘝿𗰚𗰛𗴱𘝈：建此法会
5・14・8/；

834142 𗧥

𗧥𗼟：害、损害、伤害、伤、加害、
残害
4・95・4/4・128・1/4・209・
3/4・337・8/4・361・3/5・84・
10/5・157・6/5・165・8/；

834170 𗧐

𗧐𗰛𗥼𗧡：次应嘱累
5・173・10/；

𗧐𗰛𗱜𗱜：依次相续
4・231・3/；

834220 𗧚

𗧚𗰛：足迹
4・175・10/；

834400 𗧉

𗧉𗾟𘝈：修多罗
4・116・3/；

834400 𗧉

𗧉𗱠：目连

4・205・9/4・206・2/4・206・
9/4・207・2/4・207・9/4・
214・5/4・215・1/4・216・3/；

𗧉𗱠𗰛𗰉：目连答言
4・206・2/4・206・9/4・207・
9/4・215・1/；

𗧉𗧜𗱠：目犍连
5・168・6/；

834520 𗱕

𗱕𗰙：授记、受记
4・304・7/4・315・10/5・60・
10/5・142・6/；

842122 𗋒

𗋒𗴼：无明
4・109・8/4・119・6/；

𗋒𗴼𗰛𗰛：无明覆慧
4・109・8/；

𗋒𗴼𗰛𘝈：无明所蔽
4・119・6/；

𗋒𗰛𗧡𗐫：聪明正直
4・115・4/5・8・9/5・18・2/5・
39・7/5・131・7/；

𗋒𗰛𗰛𗰛：聪明悟达（才明远达）
4・163・8/；

842122 𗋟

𗋟𗈛：多世（经生、久远）
4・299・1/5・58・2/5・62・8/；

𗋟𗈛𗧡𗰛、𗰙𗧉𗧡𗰛：多世父母
（经生父母）
5・58・2/、4・124・9/；

𭣗𮓰𮐖𮐖：多世出家（经生出家）

4·299·1/；

𮐖𮋶𮊗𮑮：多起斗诤

4·296·8/；

𭣗𮑮𮏞𮖀：专求多闻

5·128·4/；

842124 𮓰

𮓰𮖀：参差、殊异、异处、差别、
差异

4·118·6/4·232·7/4·305·
8/4·307·9/5·182·1/；

844100 𭣗

𭣗𮋶𮓰𮐖：生老病死

4·150·3/5·138·2/；

𭣗𮑮𮖀𮓰：证悟无生

5·163·1/；

844122 𮓰

𮓰𮑮𮏞𮐖：尸波罗蜜

4·153·1/；

854142 𮑮

𮑮𮓰：疾病、病疾、疾患、疾疹

4·100·5/4·124·2/4·141·
3/4·163·10/4·349·7/5·
57·7/5·124·1/；

872142 𮐖

𮐖𮋶：舍利

4·252·5/4·332·3/；

𮐖𮋶𮖀𮑮：舍利塔

4·252·5/；

872450 𮑮

𮑮𮏞：苦海

4·113·3/4·146·2/；

𮑮𮓰：疾苦

4·113·9/；

𮑮𮏞：苦恼、烦苦（苦受）

4·114·6/4·119·9/4·120·
1/4·162·8/4·169·5/4·
171·10/4·240·7/4·248·
8/4·351·3/4·363·9/5·
116·2/5·140·6/5·156·9/；

𮑮𮑮：苦行

4·122·7/4·123·9/4·136·4/；

𮑮𮑮𮏞𮐖：勤行苦行

4·123·9/；

𮑮𮑮𮐖𮖀：俱修苦行

4·122·7/；

𮑮𮋶𮏞𮑮：灭除苦报

4·191·1/；

872525 𮑮

𮑮𮐖：维那（知事）

4·215·8/4·224·5/；

𮑮𮋶𮖀：维卫佛

4·221·6/；

874120 𮑮

𮑮𮑮𮏞𮐖：明了观察

5·113·3/；

874150 𮑮

𮑮𮏞：行愿

4·138·5/4·220·7/4·304·
2/4·306·10/5·65·7/5·
138·6/；

𔖡𔖱𔖴𔖵：行愿圆满

4·138·5/；

𔖡𔖱𔖶𔖵：行愿速圆（行愿早圆、

行愿早登）

4·220·7/5·9·9/5·65·7/；

𔖡𔖱𔖷𔖸：行愿双行（心事俱行）

4·306·10/；

𔖡𔖹：修行（行道）

4·122·7/4·123·7/5·50·

8/5·87·6/；

𔖡𔖺𔖻𔖹：勤修行业

5·114·9/；

𔖡𔖼𔖽𔖾：随行生出

4·163·3/；

874150 𔖿

𔖿𔗀：舍弃、舍施、弃捐

4·305·4/4·334·5/5·112·9/；

𔖿𔗁：退失

4·112·1/4·112·3/；

874200 𔗂

𔗂𔗃𔗄𔖸：如说修行

5·120·4/；

874220 𔗅

𔗅𔗆𔖹：努力修行

4·123·7/；

874222 𔗇

𔗇𔗈：同学

4·297·5/4·303·1/4·332·

4/4·344·3/5·131·5/；

𔗇𔗈𔗉𔗊：同学共住

4·297·5/；

𔗇𔗈𔗋𔗌：同学弟子

4·303·1/；

𔗇𔗈𔗍𔗎：同学眷属

4·332·4/；

𔗇𔗈𔗏𔗐𔗑：触恼同学

4·344·3/；

𔗇𔗒𔗓𔗌：同化十方

4·126·4/；

𔗇𔗔𔗕𔗖𔗗：同归正觉道

5·128·10/；

874400 𔗘

𔗘𔗙：无量

4·109·6/4·117·1/4·126·

2/4·132·4/4·133·6/4·

204·6/4·230·2/4·295·7/；

𔗘𔗙𔗚𔗛𔗜：无量自在力

4·117·1/4·230·2/4·253·6/；

𔗘𔗙𔗝𔗞：无量无边

4·132·4/4·134·9/4·146·

5/4·218·2/4·286·8/；

𔗘𔗙𔗟𔗠：无量明佛

4·133·6/；

𔗘𔗙𔗡𔗢：无量法门

4·139·1/；

𔗘𔗙𔗣𔗢：无量众苦

4·204·6/；

𔗘𔗙𔗤𔗥：无量罪恶

4·209·1/；

𔗘𔗙𔗤𔗦：无量罪业

4·217·6/；

𮨫𮨫𮨫𮨫：受无量苦

4　·　109　·　6/4　·　162　·　4/4　·
275·10/；

𮨫𮨫𮨫𮨫：度人无量

4·365·9/5·182·3/；

𮨫𮨫：不识、不知

4　·　146　·　3/4　·　193　·　6/4　·　240　·
6/4·243·9/4·313·2/；

𮨫𮨫𮨫𮨫：无敬自傲、无敬自恣
（憍慢）

4·135·2/4·140·5/；

𮨫𮨫𮨫𮨫𮨫：憍慢自养

4·140·5/；

874420　𮨫

𮨫𮨫：宝轮

（俄）2·23/；

𮨫𮨫𮨫𮨫𮨫𮨫𮨫：宝光明塔度佛

4·196·1/；

𮨫𮨫：财宝

4　·　193　·　9/4　·　333　·　8/5　·　51　·
5/5·57·6/5·115·8/；

874520　𮨫

𮨫𮨫：怨结、结怨（结怨恨）

4　·　101　·　9/4　·　260　·　3/4　·　273　·
2/4　·　276　·　9/4　·　285　·　9/4　·
304　·　4/4　·　323　·　3/4　·　331　·
7/4·335·9/5·24·7/；

𮨫𮨫𮨫𮨫：怨结牢固

4·304·6/；

𮨫𮨫𮨫𮨫：令怨结解（解怨释结）

4·276·9/；

𮨫𮨫：怨亲

4　·　201　·　9/4　·　280　·　10/4　·　283　·
6/4·289·1/4·310·9/；

𮨫𮨫𮨫𮨫：怨亲平等

4　·　201　·　9/4　·　280　·　10/4　·　283　·
6/4·289·1/4·310·9/；

𮨫𮨫：怨报（怨怼）

4　·　148　·　10/4　·　262　·　3/4　·　273　·
5/4　·　286　·　1/4　·　297　·　4/4　·
304　·　9/4　·　331　·　2/4　·　355　·
6/4·358·5/；

𮨫𮨫𮨫𮨫：怨报相寻

4·311·4/；

𮨫𮨫𮨫𮨫：怨报劫数

4·288·6/；

𮨫𮨫𮨫𮨫：怨报无量

4　·　295　·　7/4　·　297　·　6/4　·　328　·
9/4　·　329　·　6/4　·　330　·　2/4　·
355·6/；

𮨫𮨫𮨫𮨫：忏悔怨报

4·312·3/；

𮨫𮨫𮨫𮨫：断除怨报

4·313·5/；

𮨫𮨫𮨫𮨫：断除怨结

4·324·7/；

𮨫𮨫：怨主（怨怼）

4　·　275　·　5/4　·　277　·　2/4　·　279　·
1/4　·　281　·　4/4　·　282　·　6/5　·

154·1/；

874900 𗘂

𗘂𗗙：菩提

4·100·9/4·101·3/4·101·
7/4·111·5/4·117·9/4·
126·2/4·132·5/4·136·
7/4·138·7/4·151·1/4·
289·10/4·296·1/4·298·
5/4·302·8/5·22·5/5·88·
10/5·169·9/；

𗘂𗗙𗥜：菩提心

4·100·9/4·101·7/4·132·
5/4·138·7/4·151·1/4·
203·5/4·230·9/4·249·
1/5·88·10/；

𗘂𗗙𗙴：菩提愿

4·101·3/4·132·5/4·298·
5/5·88·10/5·144·4/；

𗘂𗗙𗪒：菩提行

4·132·5/4·151·2/5·88·10/；

𗘂𗗙𗸰：菩提道

4·136·7/4·296·1/；

𗘂𗗙𗩾𗖰：菩提法门

5·169·9/；

𗘂𗗚𗯿𗣼𗗙：菩萨摩诃萨

4·202·8/4·251·1/4·276·
3/4·298·3/5·12·1/5·29·
2/5·111·10/5·179·7/；

𗘂𗗙𗥜𗷾：发菩提心、起菩提心

4·138·7/4·203·5/4·230·

9/4·249·1/5·95·1/5·
101·4/；

𗘂𗗙𗙴𗪹：满菩提愿

4·101·3/4·155·9/5·144·4/；

𗘂𗗙𗷂𗌺：修菩提业

5·129·3/；

𗘂𗗙𗹙𗪒：障菩提行

4·132·5/4·151·2/；

𗘂𗗙𗲻𗤅：至于菩提、而至菩提

4·111·5/4·126·2/4·302·
8/4·359·2/4·360·2/；

𗘂𗟻𗤈：波罗蜜

4·126·3/4·298·6/4·304·
1/4·334·9/4·345·10/5·
42·10/5·46·4/5·49·4/5·
61·1/5·69·7/5·74·5/5·
78·1/5·91·8/5·98·2/5·
108·1/；

882170 𗙸

𗙸𗖕：恶疮

4·165·6/4·197·7/；

𗙸𗖕𗙸𗫼：恶疮脓血

4·197·7/；

884122 𗙶

𗙶𗜖：东西

4·128·7/4·186·7/5·39·
9/5·43·10/5·46·10/5·
108·7/；

𗙶𗜖𗲢𗫈：东西南北

5·39·9/5·43·10/5·46·

5·62·6/；

𘊩𘟙𗹲𗹲：离三恶途、舍三途苦
4·180·4/4·202·2/；

𘊩𘟙�󠀁𘞌𗹧：轮转三恶途
4·124·5/；

𘊩𗹲：三毒
4·108·8/4·145·4/4·152·
5/4·169·2/4·274·4/4·
328·4/；

𘊩𗹲𗎆𗂲：三毒炽盛
4·149·10/；

𘊩𗹲𗎖𗂲：三毒四取
4·152·5/；

𘊩𗂲：三世
4·90·2/4·276·8/4·282·
6/4·283·5/4·289·3/4·
299·4/4·303·7/4·304·
4/5·162·8/；

𘊩𗂲𘟣𘞌：三世诸佛
4·90·2/；

𘊩𗂲𘟙𘞌：三世众怨
4·276·8/4·283·5/4·299·
4/4·303·7/；

𘊩𗂲𗗙𘟙：三世怨主
4·282·6/；

𘊩𗂲𗗙𗹲：三世怨结
4·289·3/4·304·4/；

𘊩𗂲𘌽𗹧：三世因果
5·162·8/；

𘊩𗂲𗗙𘞌：三世怨报

4·262·2/4·342·1/；

𘊩𘟎：三乘
4·133·7/5·130·3/5·183·9/；

𘊩𘟎𘄙𗽻：三乘行佛
4·133·7/；

𘊩𘟎𘌽𘞌：三乘圣众
5·183·9/；

𘊩𗙛：三界（三有）
4·111·8/4·122·5/4·146·
1/4·150·7/4·161·9/4·
274·1/4·327·10/4·345·
9/5·9·3/5·173·2/；

𘊩𗙛𗗙𘞌：三界六道
5·9·3/5·9·7/5·173·2/；

𘊩𗙛𗗙𘟣𘞌：三界众生
4·161·9/；

𘊩𗙛𗹲𗹧：三界苦报
4·327·10/；

𘊩𗙛𗗙𗹧：三界果报
4·345·9/；

𘊩𗙛�󠀁𗹧：轮回三界、经历三界
4·146·1/4·153·7/；

𘊩𘞢：三密
4·289·10/4·346·2/；

𘊩𗽻𘎑：三体
4·279·4/；

𘊩𘟣𗂲𗹧、𘊩𘟣𗂲𘌽：除三障业、
断三障业
4·205·4/4·220·4/4·345·9/、
4·191·3/；

942154 𮊩

𮊩𮊩𮊩𮊩𮊩：同菩萨行
4·338·9/；

𮊩𮊩𮊩𮊩：修菩萨行（行菩萨道）
4·279·6/5·87·6/5·123·9/；

𮊩𮊩𮊩𮊩𮊩：开化菩萨佛
4·189·4/；

𮊩𮊩：众生、有识
4·94·1/4·100·2/4·113·
7/4·161·9/4·201·5/4·
250·2/4·357·8/5·11·9/5·
153·8/；

𮊩𮊩𮊩𮊩𮊩：众生变化
4·113·7/；

𮊩𮊩𮊩𮊩：众生念处（有识念处）
5·11·9/；

𮊩𮊩𮊩𮊩：度脱众生、度众生
4·114·5/4·117·1/4·155·
3/4·310·4/；

𮊩𮊩𮊩𮊩：等视众生
（俄）2·12/；

𮊩𮊩𮊩𮊩𮊩：覆护众生
5·28·3/；

𮊩𮊩𮊩𮊩：回施众生
4·130·4/4·130·8/；

𮊩𮊩𮊩𮊩𮊩：教化众生
4·108·7/；

𮊩𮊩𮊩𮊩𮊩：利益众生
4·170·9/；

𮊩𮊩𮊩𮊩：一切众生
4·98·6/4·107·9/4·118·
1/4·138·2/4·161·9/4·
188·9/4·201·5/4·230·
3/4·273·4/4·300·1/4·
362·1/5·9·8/5·22·1/5·
74·7/5·86·10/5·108·9/5·
125·3/5·138·2/5·165·3/；

𮊩𮊩𮊩𮊩𮊩𮊩：摄取一切众生
4·191·4/；

945122① 𮊩

𮊩𮊩：病死
4·120·6/；

945140 𮊩

𮊩𮊩：袈裟
4·252·5/；

945140 𮊩

𮊩𮊩：远离、长辞
4·136·6/4·349·9/（俄）7·
9/5·60·9/5·112·4/；

972410② 𮊩

𮊩𮊩：轮转、轮回、经历、迷沦、
周旋
4·113·3/4·124·5/4·146·
1/4·153·7/4·260·7/4·

---

① 《简明夏汉字典》编号为955122，第706页。
② 《简明夏汉字典》编号为974410，第708页。

274・1/4・305・1/4・309・
9/4・336・9/4・346・6/5・
162・8/5・162・8/5・171・3/；

𗹟𗹟𗹟𗹟：轮转迁变
4・113・3/；

972452 𗹟

𗹟𗹟𗹟：种智果
4・346・3/5・105・2/；

985240 𗊬

𗊬𗊬：一世（终身）
4・109・2/4・123・4/4・275・
3/4・297・8/5・66・6/；

𗊬𗊬𗊬𗊬：一心欢喜
4・203・1/；

𗊬𗊬𗊬𗊬：一心谛听
4・170・1/；

𗊬𗊬𗊬𗊬：一向坚固
4・361・10/；

𗊬𗊬𗊬𗊬：一遍礼拜、一次礼拜
（俄）2・17/（俄）2・26/4・
173・6/4・313・5/（俄）7・
9/5・43・2/；

𗊬𗊬𗊬𗊬：禁制一处
4・347・4/；

（二）汉文首字拼音序索引

本索引所收汉译西夏文词语，按其首字的汉语拼音顺序编排。

其中多个并列意同词语，一般以较先出现者为首。部分汉文底本字意与夏译汉文音意不同者后加（ ）标注。为便于读者核查汉文原文，（ ）内也包括所涉及到的极少量异体字，并标首次出现，其后则用以通行字。中藏本出处标注：所在图版的册数、页码、行数。俄藏本标注:（俄）卷数、行数。各标注项用"・""/""、"隔开。

如："弊恶、粗恶（麁恶）、惨毒、凶虐、粗犷（麁犷）：𗊬𗊬 4・95・3/4・113・8/4・128・10/4・259・5/4・297・2/4・337・4/"，表示"𗊬𗊬"对译最早出现的"弊恶"等词，依次出现在中藏本的第4册第95页第3行……。阿閦佛：𗊬𗊬𗊬（俄）2・20/，表示出处在俄藏本卷2的第20行。

2/4・363・2；

阿舍犁：𗊬𗊬𗊬
5・67・1/；

A

阿阇犁：𗊬𗊬𗊬
4・124・10/4・295・2/4・299・

阿鼻（无间）：𗊬𗊬

八万四千：𗟩𗣼𗏁𘄴

4·147·6/4·150·1/4·233·
1/4·235·6/4·238·1/4·
240·9/4·242·2/4·245·
10/4·246·3/4·252·10/4·
274·10/5·88·8/5·146·
3/5·151·9/5·162·10/；

百味饮食：𘄂𗣼𗤫𗣼

4·227·7/；

般若：𗙪𗣼

4·119·2/4·243·7/5·147·2/；

般涅槃：𗙪𗣼𘊵

4·252·9/；

般若波罗蜜：𗙪𗣼𗯿𗤋𗣼

4·153·2/；

宝轮：𗓋𘅍

（俄）2·23/；

宝光明塔度佛：𗓋𘅍𗦳𗡪𘅍𗗚𗗚

4·196·1/；

饱满：𗤫𗡩

5·107·10/；

报恩：𘃢𗼕、𗵘𘕣𘟀

4·99·4/4·107·2/4·202·
1/4·300·3/4·361·5/5·29·
8/5·50·1/5·51·3/5·58·
1/5·62·10/5·66·6/、4·
291·9/5·28·6/5·62·3/；

悲华经：𗼝𗟻𗟻𘟀

4·113·4/；

悲念、哀愍、慈愍、慈哀、怜愍、

悯念、慈善：𗼝𗣼

4·109·1/4·113·4/4·113·
7/4·116·8/4·131·6/4·
154·7/4·174·10/4·249·
2/4·259·7/4·263·5/4·
333·6/4·348·8/4·354·
1/5·10·4/5·156·1/5·164·
10/5·180·2/5·181·7/；

悲悼、悲痛、悲情：𗼝𗔟

4·120·7/4·123·6/；

本愿：𗰜𘜶

4·113·5/4·116·10/4·155·
3/4·277·1/4·69·9/5·
137·9/；

本愿力：𗰜𘜶𗟻

4·113·5/4·116·10/4·155·
3/4·277·1/；

本业：𗰜𗴩

4·126·8/；

比丘：𘘥𘝵

4·103·4/4·129·6/4·170·
3/4·221·7/4·223·9/4·
226·1/4·293·5/5·18·9/5·
69·10/5·70·3/5·73·2/5·
74·8/5·75·1/5·129·7/；

比丘尼：𘘥𘝵𗙨

4·103·4/4·170·3/5·18·9/5·
69·10/5·70·3/5·73·2/5·
74·8/5·75·1/5·77·4/；

彼岸：𗤢𘟀

4·122·9/5·9·8/5·66·3/5·176·8/;

弊恶、粗恶（麁恶）、惨毒、凶虐、粗犷（麁犷）：[illegible]

4·95·3/4·113·8/4·128·10/4·259·5/4·297·2/4·337·4/;

弊衲衣（粪扫衣）：[illegible]

4·121·2/;

边际：[illegible]

4·117·4/;

鞭打、挞拷、楚挞、打扑：[illegible]

4·148·4/4·165·7/4·167·4/4·244·1/4·329·5/4·348·9/4·350·8/5·140·1/;

辩才：[illegible]

4·93·6/4·140·3/4·316·1/5·13·4/5·23·8/5·99·8/5·103·4/5·168·3/;

表里、内外：[illegible]

4·100·1/4·110·8/4·126·8/4·233·2/4·286·5/5·116·3/;

秉意：[illegible]

4·126·7/;

秉智慧弓：[illegible]

4·276·7/;

病死：[illegible]

4·120·6/;

波罗蜜：[illegible]

4·126·3/4·298·6/4·304·1/4·334·9/4·345·10/5·42·10/5·46·4/5·49·4/5·61·1/5·69·7/5·74·5/5·78·1/5·91·8/5·98·2/5·108·1/;

不空、不虚：[illegible]

4·137·4/5·76·10/;

不虚行：[illegible]

5·76·10/;

不信：[illegible]

4·110·1/4·110·5/4·119·7/4·135·8/4·136·6/4·141·4/4·175·5/4·177·7/4·248·7/4·275·7/4·286·6/4·293·6/4·297·3/5·160·10/;

不求名利：[illegible]

4·363·4/;

不识、不知：[illegible]

4·146·3/4·193·6/4·240·6/4·243·9/4·313·2/;

不识因果：[illegible]

4·243·7/;

不知长幼（不别尊卑）：[illegible]

4·193·6/;

不知惭愧：[illegible]

4·243·9/;

不还邪道：[illegible]

4·121·4/4·134·5/4·135·9/4·163·5/4·165·4/4·

201・7/5・24・8/5・174・8/5・
181・8/；

不休不息：𗫉𗤓𗫉𗤓

4・174・3/4・205・6/4・230・
10/4・267・3/4・289・8/4・
359・7/5・91・10/5・101・
5/5・105・1/；

不可思议：𗫉𗥦𗥦𗣻

4・142・5/4・230・2/4・263・
4/4・310・2/4・334・2/5・9・
6/5・22・4/5・23・3/5・24・
3/5・25・9/5・43・5/；

不孝父母：𗤁𗢁𗥃𗫉𗣴

4・175・6/4・240・4/；

不起妒心：𗫲𗣿𗫉𗪘

4・99・10/；

不见险难：𗤓𗤓𗫉𗤓

4・140・1/；

布施：𗾟𗰖

4・121・4/4・134・5/4・135・
9/4・163・5/4・165・4/4・
201・7/5・24・8/5・174・8/5・
181・8/；

怖畏、慚惧、畏惧、恐惧、恐怖、
悚然、遑怖：𗭫𗾑

4・106・5/4・130・1/4・143・
5/4・148・5/4・174・7/4・
178・1/4・183・3/4・188・
8/4・189・4/4・191・3/4・
194・2/4・203・3/4・205・

5/4・208・6/4・208・10/4・
210・7/4・220・4/4・294・
3/4・337・1/4・345・10/5・
65・4/5・74・4/5・116・3/5・
117・7/；

C

财施：𗭫𗰖

4・137・3/5・69・5/5・77・9/；

财施无尽：𗭫𗰖𗫉𗣴

5・69・5/5・77・9/；

财宝：𗤭𗭫

4・193・9/4・333・8/5・51・
5/5・57・6/5・115・8/；

慚、慚愧：𗭫𗥃

4・106・5/4・110・7/4・111・
4/4・130・8/4・132・7/4・
135・2/4・137・1/4・143・
1/4・146・5/4・154・8/4・
176・5/4・178・4/4・196・
1/4・217・8/4・240・6/4・
243・9/4・260・10/4・287・
6/4・306・10/4・309・10/4・
311・10/4・312・8/4・324・
5/4・349・1/4・351・1/4・
354・4/4・356・5/5・24・8/5・
172・7/；

慚愧畏惧（慚惧）：𗭫𗥃𗭫𗾑

4・106・5/；

慚颜、慚愧、愧、羞愧：𗥃𗲷

160·6/5·171·8/；

嗔恚斗诤：𗀤𗊱𗁅𗳦
5·140·6/；

嗔罪怨报：𗀤𗍲𗤺𗊢
4·355·5/；

臣吏庶民（臣民）：𗴠𗴠𗊢𗰗
5·18·8/5·51·5/；

陈露、号叩、告诉（冤诉、自申）：
　𗉝𗄽
4·95·10/4·120·6/4·167·
　4/4·193·1/5·121·6/；

成就：𗱈𗣴
4·117·9/4·140·3/4·145·
　8/4·155·5/4·195·8/4·
　227·6/4·289·8/5·28·
　10/5·114·1/5·137·5/5·
　138·6/5·181·8/；

成等正觉：𗣴𗤋𗣫𗱈
4·138·6/4·180·7/4·191·
　5/4·205·7/4·267·5/4·
　290·1/4·304·3/4·311·
　3/4·316·2/4·335·2/4·
　362·2/5·25·4/5·43·2/5·
　54·4/5·61·3/5·65·7/5·
　92·1/5·111·2/5·120·6/5·
　182·1/；

诚恳、真实：𗸪𗄼
4·204·4/5·10·8/5·23·5/5·
　155·2/5·170·3/；

诚恳至心：𗸪𗄼𗤋𗏹

4·204·4/；

持咒（持呪）：𗢳𗆄
4·107·7/4·115·5/4·125·
　2/5·8·10/5·18·3/5·39·
　8/5·42·9/；

持咒守护、守护持咒：𗢳𗆄𗤺𗙴、
　𗢳𗆄𗦎𗙴
4·107·7/4·115·5/5·18·
　3/5·39·8/5·42·9/、4·
　125·2/5·8·10/；

持戒精进：𗤋𗆄𗣫𗵈
4·128·10/；

虫蛆、虫、细虫：𗣷𗣱
4·128·4/4·176·8/4·206·
　7/4·225·10/4·226·4/4·
　238·4/4·259·2/4·329·
　10/5·145·5/；

丑恶：𗤭𗣴
4·128·3/；

出家：𗧾𗐻
4·135·8/4·291·1/4·295·
　9/4·296·4/4·299·1/4·
　336·5/5·51·6/5·57·9/5·
　66·8/；

出禅：𗊢𗐼
5·130·2/；

出世：𗡃𗐼
4·120·10/4·136·8/4·311·
　1/5·183·4/；

出世心：𗡃𗐼𗏹

4・90・1/4・92・1/4・94・3/4・
97・7/4・155 ・ 10/4・161・
1/4・214・1/4・273・1/4・
323・1/5・39・1/5・84・1/5・
173・3/；

慈心和合：𗰱𗣀𗹀𗹬
5・25・3/；

慈恩无际（慈露无际）：𗰱𗱕𗵽𗡩
5・53・10/；

次应嘱累：𗷆𗴺𗤶𗴮
5・173・10/；

聪明正直：𗟲𗤁𗤶𗾞
4・115・4/5・8・9/5・18・2/5・
39・7/5・131・7/；

聪明悟达（才明远达）：𗟲𗤁𗤶𗰌
4・163・8/；

摧伏、折伏、降伏、调伏：𗤁𗤴
4・98 ・ 1/4・100 ・7/4・310・
3/4・358・8/；

畜生（六畜）：𗫆𗒽
4・104・2/4・110・1/4・111・
7/4・117・7/4・148 ・ 8/4・
150・2/4・162・1/4・170・
6/4・180・3/4・192・4/4・
203・7/4・220・2/4・228・
1/4・248 ・ 2/4・258・5/4・
262・6/4・283・2/4・303・
5/4・310・5/4・327・7/4・
332・9/4・338・7/4・358・
1/5・77・7/5・85・9/5・108・

5/5・ 111・ 1/5・ 145・ 4/5・
156・8/；

畜生道：𗫆𗒽𗷅
4・104 ・2/4・111・7/4・117・
7/4・148 ・ 8/4・203・7/4・
220・2/4・228・1/4・283・
2/4・303 ・5/4・327・7/4・
332・9/5・77・7/5・108・5/5・
111・1/；

参差、殊异、异处、差别、差异：
𗤁𗤴
4 ・ 118・6/4・232 ・7/4・305・
8/4・307・9/5・182・1/；

D

达摩：𗤆𗣥
4 ・173・4/4・180・1/4・185・
6/4・219・10/；

大众：𗾞𗫂
4 ・99・2/4・101・1/4・102・
1/4・110 ・5/4・126・6/4・
168・4/4・ 180・8/4・203・
1/4・220・9/4・232・6/4・
255・8/4・279 ・9/4・292・
1/4・304・4/4・335・3/4・
351・2/4・362・3/5・8・2/5・
2・17/5・138・10/5・156・
4/5・174・3/；

大乘：𗾞𗩈
4 ・279・6/4・346・1/4・361・

等如来心：𗪊𗱕𘊥𘎑𗰭
4·276·6/4·288·10/；

等痛切心（等一痛切）、等忧思心：
　𘝞𘊝𘊥𗰭
4·112·6/4·124·8/4·133·
　1/4·171·8/4·209·6/4·
　307·3/5·51·10/5·118·3/；

等如虚空：𘒆𗱜𘎑𘎗
4·289·6/；

等视众生：𘊹𘘡𘎗𘋻
（俄）2·12/；

地狱（泥犁）：𗾇𗼑
4·109·5/4·111·7/4·129·
　9/4·135·3/4·141·7/4·
　167·1/4·169·7/4·182·
　1/4·204·1/4·216·3/4·
　231·3/4·233·3/4·235·
　1/4·246·5/4·250·1/4·
　254·1/4·262·5/4·267·
　1/4·293·1/4·294·4/4·
　310·4/4·333·10/4·336·
　4/4·360·6/5·20·5/5·77·
　6/5·84·5/5·90·9/5·98·
　6/5·101·8/5·149·8/5·
　181·4/；

地狱头领（地狱狱卒）、地狱头主：
　𗾇𗼑𘘡𗡕
4·169·7/4·175·2/4·182·1/；

弟子：𗾭𗤆
4·129·6/4·206·3/4·293·

6/4·295·5/4·296·2/4·
　303·1/5·129·7/；

谛听：𘊷𘊭
4·112·10/4·118·2/4·170·
　1/4·174·8/4·186·4/4·
　205·8/；

谛听思念：𘊷𘊭𘊝𗟟
4·205·8/；

颠倒：𗦖𘟟
4·119·6/4·138·3/4·149·
　3/4·151·8/4·199·1/4·
　273·9/4·287·9/4·337·
　7/4·357·6/；

顶戴奉行：𗼩𘚢𘘣𗤁
4·203·2/；

顶垂肉髻：𗼩𘖎𘃩𗨶
（俄）2·19/；

顶礼无上尊：𘚟𘊭𘘤𗇁𘋽
4·201·3/；

东西：𘜲𘑛
4·128·7/4·186·7/5·39·9/5·
　43·10/5·46·10/5·108·7/；

东西南北：𘜲𘑛𘞐𗵮
5·39·9/5·43·10/5·46·
　10/5·108·7/；

东西驰走：𘜲𘑛𗫱𗾗
4·128·7/4·186·7/；

洞彻、通达、悟达（远达）：𘊭𘊻
4·106·3/4·127·5/4·140·
　2/4·163·8/；

多世父母（经生父母）：□□□□、
　□□□□
/5·58·2/、4·124·9/；
多世出家（经生出家）：□□□□
4·299·1/；
多起斗诤：□□□□
4·296·8/；

E

蛾、蝴蝶：□□
4·132·3/4·275·9/；
厄难、灾害、殃祸、灾难、灾厄：
　□□
（俄）2·25/4·105·7/4·293·
　2/5·51·7/5·123·8/；
恶业：□□
4·132·2/4·134·5/4·139·
　2/4·152·3/4·182·10/4·
　226·2/4·243·9/4·323·
　5/4·331·4/4·350·10/5·
　87·1/；
恶业果报：□□□□
4·143·4/；
恶业因缘：□□□□
4·340·9/4·354·2/；
恶道（恶趣）、恶途：□□
4·110·2/4·122·2/4·161·
　6/4·169·1/4·191·2/4·
　196·8/4·205·4/4·230·
　6/4·254·9/4·273·5/4·

305·1/4·357·9/5·84·3/；
恶道怨报：□□□□
4·304·9/；
恶心：□□
4·131·8/4·181·9/4·280·
　9/4·350·2/5·14·10/；
恶疮：□□
4·165·6/4·197·7/；
恶疮脓血：□□□□
4·197·7/；
饿鬼：□□
4·104·1/4·110·1/4·111·
　7/4·148·7/4·162·8/4·
　203·6/4·303·5/4·332·
　9/5·105·3/5·156·7/；
尔时（彼时、于时）：□□、□□、
　□□
4·232·5/5·117·1/、4·128·
　7/4·129·9/4·170·9/4·
　171·2/4·174·8/4·199·
　6/4·214·5/4·220·10/、4·
　292·9/4·307·2/5·116·9/；

F

发回向心：□□□
4·101·8/4·104·6/5·124·10/；
发忏悔心：□□□
5·17·8/；
发菩提心、起菩提心：□□□
4·138·7/4·203·5/4·230·9/4·

4・98・10/4・106・6/4・110・
10/4・113・7/4・134・4/4・
169・10/4・305・4/4・324・
4/4・351・5/5・14・7/5・113・
3/5・145・8/；

奋迅：𗗟𘄒
4・133・9/4・173・1/4・219・
8/4・353・3/5・90・6/5・119・
6/5・168・8/5・178・7/；

奉戒、持戒：𗣼𗲠
4・118・7/4・121・4/4・128・
10/4・129・7/4・134・5/4・
150・9/4・163・6/4・361・
4/5・142・4/；

奉行：𘄒𗦖
4・203・2/5・170・5/；

奉行平等：𗤗𘃡𘄒𗦖
5・170・5/；

奉敬师长：𗼨𘓓𗼻𗉡𗉝
4・361・6/；

奉持禁戒：𗺧𗣼𗍣𗲠
4・293・9/；

佛陀：𘝵𗏹
4・173・4/4・180・1/4・185・6/；

佛道：𘝵𗊱
4・127・5/4・131・4/4・361・
10/5・129・10/5・171・4/；

佛性：𘝵𗙏
5・9・4/5・19・9/5・22・2/5・
146・6/5・166・9/；

佛世尊：𘝵𗤒𗡪
（俄）2・26/4・199・6/4・249・8/；

佛法僧：𘝵𗣩𗦖
5・160・9/；

佛告阿难：𘝵𗤁𘘣𗙈𗏵
4・234・6/4・235・3/4・238・9/；

佛前授记：𘝵𗤛𗷥𗴺𗾔
4・304・6/；

夫妻：𗼑𗿷
5・116・8/；

夫妻恩爱：𗼑𗿷𗾞𗤶
5・116・8/；

福田：𗷻𘈩
4・222・1/4・332・3/5・174・7/；

福田难遇：𗷻𘈩𗾩𗵳
4・222・1/；

福德：𗷻𘃸
4・100・2/4・296・6/4・326・
4/5・33・3/5・57・10/5・69・
5/5・77・10/；

福德无尽：𗷻𘃸𘗊𗉣
5・69・5/5・77・10/；

福德明佛：𗷻𘃸𗗘𘝵
5・33・3/5・143・7/；

父母：𘝏𗙏
4・98・8/4・103・1/4・107・
5/4・115・3/4・124・10/4・
217・10/4・228・2/4・276・
8/5・8・8/5・49・10/；

父母师长：𘝏𗙏𗼨𗉝

功德因缘：𗿢𗰛𗺉𗺉

4·302·10/4·360·8/4·365·

　10/5·111·5/5·173·4/5·

　174·6/5·182·4/；

供养：𗼨𘝯

4·106·7/4·135·5/4·136·

　3/4·221·8/4·222·1/4·

　223·10/4·361·5/4·363·

　1/5·27·6/；

供养三宝：𗾟𗺉𗼨𘝯

4·363·1/；

供养父母：𘝯𘟠�350𗼨𘝯

4·361·5/；

宫殿严警：𗢰𗣼𗴴𗡝

4·94·9/；

恭敬佛：𗼃𗷠𗓋

4·352·1/；

恭敬供养：𗼃𗷠𗼨𘝯

5·27·6/；

恭敬尊重：𗼃𗷠𗟛𗧗

5·23·7/；

共同加助：𘃽𘊝𘝂𗥦

4·132·9/4·138·2/；

共同慈悲：𘃽𘊝𗏹𗥰

4·253·6/；

构起是非：𘝗𗓱𗷋𗼖

4·356·4/；

构起六识：𗓱𘑓𘑓𗉺

4·151·4/；

姑姨大伯小叔（姑姨伯叔）：𗲣𗏋

𘜶𘟍𘜶𗺬

4·288·1/；

孤独：𗼨𗧘

4·100·5/；

孤独幽系：𗼨𗧘𗧨𘝅

4·100·5/；

乖于胜业：𗼸𗫯𗷋𘄄

4·161·5/；

观四真谛：𘗽𘏨𗧨𘑆

5·162·5/；

观世音菩萨：𗫂𗣼�冫𗼱𗺉

4·125·9/4·133·10/4·173·

　3/4·190·3/4·211·3/4·

　230·1/4·265·7/4·302·

　1/4·326·9/4·353·4/5·

　14·5/；

光明：𗢬𗴽

4·143·10/4·165·1/4·177·

　7/4·178·8/4·195·6/4·

　249·4/4·278·6/5·52·5/；

光明佛：𗢬𗴽𗓋

4·278·6/5·55·7/；

广大、极大：𗺉𗾟

4·207·2/4·223·5/5·24·

　5/5·128·3/5·176·6/5·

　182·8/；

广大心：𗺉𗾟𗼈

5·24·5/；

广大如法性：𗺉𗾟𗷈𗟲𗣼

5·182·8/；

3/4・337・8/4・361・3/5・84・
10/5・157・6/5・165・8/；

害人而死（损物害人）：𗸋𗼕𗼃𗾔
𗼉𗹪
4・95・4/；

捍劳受苦：𗜓𗜓𘃸𘜼
4・305・6/；

毫厘、毫许（一毫）：𗹬𗭘
4・136・5/4・362・9/4・363・
1/5・125・4/；

豪强、贵富（升进）：𗴮𗰖
4・129・1/4・163・2/4・167・
4/4・170・6/4・201・2/4・
305・4/4・333・2/5・48・5/；

号哭、号泣、啼哭、哭泣、悲泣：
𘐼𗏇
4・129・10/4・199・7/4・279・
4/4・305・9/5・63・1/5・116・
3/5・144・8/；

号泣动地：𘐼𗏇𘒏𗊴
4・199・7/；

呵骂驱遣：𗷪𘝵𗰜𗰓
5・223・9/；

和合：𗏇𗏇
4・279・1/4・289・5/4・296・
4/4・302・6/4・345・7/5・
25・1/；

和合水乳：𗏇𗏇𘒩𗺉
4・279・1/4・289・5/4・302・
6/4・345・7/；

和尚：𗷢𗾔
4・124・10/4・332・3/4・363・
2/5・67・1/5・68・10/；

黑暗（黑闇）、冥黑（难晓）：𘗽𗷌
4・233・3/4・247・9/4・336・
7/5・88・6/；

黑暗地狱：𘗽𗷌𘒏𗊴
4・233・3/5・88・6/；

恒伽：𗸕𗹬
4・152・4/4・214・6/；

恒伽水（恒水）：𗸕𗹬𘒩
4・214・6/；

恒伽沙数（恒沙）：𗸕𗹬𗫂𗫂
4・152・4/；

横道偷窃：𗫂𗷚𘓝𗏇
4・187・3/；

横生是非：𘗍𗗙𗰜𗼃
4・292・4/；

护口经：𘒩𘃸𗷌𗴮
4・128・2/；

护世四王：𗼃𘃸𘝵𗼕
4・125・2/4・364・8/5・8・9/5・
131・6/；

华香茵褥：𗿉𗴮𘝨𗴮
（俄）7・20/；

化形现体（分形散体）：𗪊𘝵𗸈𗸈
4・360・5/；

欢娱、游戏、调戏：𗼃𘗍、𗼃𗷌
4・120・4/4・284・4/4・353・
2/5・90・6/5・112・9/5・150・

8/5・168・8/、4・133・9/；

欢娱歌笑：𱫊𱫋𱫌𱫍
4・120・4/；

皇帝（帝主、君）：𱫎𱫏
4・92・2/4・94・4/4・95・1/4・
97・3/4・107・5/4・115・2/4・
346・10/5・53・9/；

皇后：𱫐𱫑
4・94・4/4・95・2/；

皇太后：𱫒𱫓𱫔
4・92・2/；

皇太子：𱫕𱫖𱫗
5・54・7/5・56・5/；

皇太子殿下：𱫘𱫙𱫚𱫛𱫜
5・54・7/5・56・5/；

灰河铁丸：𱫝𱫞𱫟𱫠
4・103・7/5・92・2/；

回施：𱫡𱫢
4・130・4/4・130・8/；

回施众生：𱫣𱫤𱫥𱫦
4・130・4/4・130・8/；

回向、回趣：𱫧𱫨𱫩、𱫪𱫫
4・191・5/、4・101・8/4・104・
6/5・20・9/5・125・3/5・128・
6/5・129・10/5・137・4/5・
181・5/；

回向心：𱫬𱫭𱫮
4・101・8/4・104・6/5・124・10/；

回向佛道：𱫯𱫰𱫱𱫲
5・129・10/；

悔恶作善：𱫳𱫴𱫵𱫶
4・261・10/；

毁灭、毁陷、沮坏：𱫷𱫸
4・112・5/4・260・1/5・112・5/；

毁辱诸亲：𱫹𱫺𱫻𱫼
4・243・9/；

火井：𱫽𱫾
5・98・9/；

火井地狱：𱫿𱬀𱬁𱬂
5・98・9/；

火城刀山：𱬃𱬄𱬅𱬆
4・103・10/5・101・8/；

J

饥渴困乏：𱬇𱬈𱬉𱬊
4・361・3/；

疾病：𱬋𱬌
4・123・10/；

疾病、病疾、疾患、疾疹：𱬍𱬎
4・100・5/4・124・2/4・141・
3/4・163・10/4・349・7/5・
57・7/5・124・1/；

疾苦：𱬏𱬐
4・113・9/；

嫉妒（嫉妬）、憎疾：𱬑𱬒
4・95・2/4・134・5/4・140・
4/4・260・2/4・333・2/4・
343・6/5・171・7/5・171・7/；

济度：𱬓𱬔
4・310・5/4・335・1/；

济度饿鬼力：𗫷𗈪𗺌𗭂𗙊𗰖
4·310·5/；

加、加助、佑助、助营（扶卫）、
助、重担：𗫂𗰖
4·132·9/4·138·2/5·28·
10/5·29·1/5·116·6/5·
121·1/5·137·9/5·138·1/；

迦叶佛：𗫂𗈧𘃈
4·91·2/4·125·8/4·218·
7/4·226·1/5·52·3/；

迦阑陀竹园：𗫂𗈨𗴚𗼻𗼟
4·214·5/；

袈裟：𗭠𗏁
4·252·5/；

甲胄兵器：𗫉𘌩𗫉𗺌
（俄）2·14/；

坚固、牢固：𗫉𗤁
4·112·4/4·229·2/4·304·
6/4·346·7/4·361·10/5·
23·7/5·53·9/5·169·6/；

坚固法门：𗫉𗤁𗩍𗤋
5·169·6/；

坚强、坚勇：𗫉𘎑
4·305·6/5·24·4/5·178·8/；

坚强心：𗫉𘎑𗿂
4·305·6/4·24·4/；

坚勇精进菩萨：𗫉𘎑𘝞𗊱𘒣𗩼
5·178·8/；

见闻、视听：𗣼𗵒
4·137·4/4·150·4/5·14·10/；

建立（启运）、构起、兴起、建、
立：𗰖𗟲
4·90·1/4·135·4/4·151·
4/4·355·7/4·362·5/4·
363·1/5·14·8/5·14·9/5·
170·1/；

建立三宝：𗆖𘔉𗰖𗟲
4·135·4/；

建立慈悲道场：𗈁𗥃𘕿𘏪𗰖𗟲
4·363·1/；

建此法会：𗰖𗩍𗱕𗰖𗟲
5·14·8/；

剑林：𘄒𗰰、𗥦𗰰
4·242·3/、4·233·4/4·235·
6/5·88·7/5·92·4/；

剑林地狱：𗥦𗰰𗫷𗰜
4·233·4/5·88·7/5·92·4/；

焦烂：𗸦𗫫
4·182·3/4·207·9/4·257·
5/4·360·10/5·156·8/；

憍慢懈怠：𗣬𘒣𘘥𗺌
4·135·2/；

憍慢自养：𗆐𗹙𗣬𘒣𗣬𗎫
4·140·5/；

皎然显现：𘀘𘂦𗋽𗰛
4·227·3/；

教化（奖谕）、训诲（诱进）、教
诲：𗀔𗷖
4·108·8/4·109·9/4·113·
8/4·114·4/4·291·4/4·

292・3/4・295・3/4・297・
2/4・305・4/5・50・9/5・57・
5/5・66・3/5・94・1/；

教化众生：𗼃𗼛𗼻𗫡𗥤
4・108・7/；

皆无灾难（初无留难）：𗢺𗘅𗼝𗯿
5・51・7/；

接足礼：𗥫𗫸𗢰
5・27・6/；

劫数、数劫（历劫①）：𗧀𗣼
4・288・4/4・298・2/5・58・
3/5・62・8/5・63・2/5・
65・1/；

结习恼气（结习烦恼）：𗦊𗚜𗤣𗣼
4・334・7/；

解脱（免离）：𗪊𗣥
4・114・7/4・117・7/4・121・
3/4・122・10/4・130・7/4・
145・8/4・162・10/4・266・
2/4・275・8/4・310・4/4・
360・1/5・41・10/；

解脱德佛：𗪊𗣥𗪊𗴪
5・41・10/5・75・10/；

解脱地狱力：𗧵𗂰𗪊𗣥𗰜
4・310・4/；

解诸怨结：𗵭𗳸𗵮𗥤
4・285・9/4・334・4/5・24・7/；

疥癞痈疽：𗵁𗱱𗴡𗴓、𗴓𗴡𗴁𗵁

4・197・8/、4・248・3/；

今日道场：𗊟𗼺𗰦𗼲
4・99・2/4・105・1/4・118・
2/4・130・1/4・141・9/4・
161・3/4・180・8/4・203・
3/4・220・9/4・335・3/5・10・
2/5・17・7/；

金刚：𗼶𗤺
4・119・2/4・51・3 8/4・144・
5/4・173・2/4・211・8/4・
229・7/4・255・2/4・267・
5/4・311・3/4・316・2/4・
334・10/4・359・4/5・9・9/；

金刚心：𗼶𗤺𗪙
4・138・5/4・205・6/4・267・
5/4・311・3/4・316・2/5・9・
9/5・22・8/；

金刚身：𗼶𗤺𗿛
4・211・8/4・255・2/4・334・
10/4・359・4/5・22・8/；

金刚佛：𗼶𗤺𗴪
4・229・7/；

金刚不坏：𗼶𗤺𗰀𗴝
4・144・5/；

金刚般若经：𗼶𗤺𗴽𗰚𗰮𗫵
4・119・2/；

尽虚空界：𗢭𗒅𗟤𗳸
4・107・10/4・108・1/4・112・

---

① 历劫，西夏文又以"𗧀𗤻"对译，见其后"历劫"条。

7/4 · 115 · 8/4 · 125 · 10/4 ·
134 · 1/4 · 145 · 3/4 · 171 ·
9/4 · 185 · 7/4 · 190 · 4/4 ·
253 · 3/4 · 280 · 3/4 · 309 ·
6/4 · 326 · 10/4 · 360 · 3/5 ·
17 · 5/；

进退：𗙵𗣼
4 · 106 · 3/；

进退高下：𗣼𗦀𗣙𗣫
4 · 106 · 3/；

进修满十地行：𗼇𗤶𗄴𗤁𗹲𗤺
4 · 211 · 10/4 · 231 · 1/4 · 255 ·
6/5 · 91 · 10/；

禁戒：𗵙𗡊
4 · 99 · 6/4 · 243 · 6/4 · 293 · 9/；

禁制一处：𘝶𗣽𗵙𗣷
4 · 347 · 4/；

精进、坚进：𗤁𗣳
4 · 106 · 7/4 · 121 · 4/4 · 128 ·
10/4 · 134 · 6/4 · 144 · 6/4 ·
163 · 7/4 · 174 · 1/4 · 179 ·
4/4 · 201 · 8/4 · 211 · 9/4 ·
300 · 10/5 · 24 · 9/5 · 142 · 4/；

精进奉戒：𗤁𗣳𗾓𗡊
4 · 118 · 7/；

精进勇猛：𗤁𗣳𗾞𗼃
4 · 174 · 1/；

精进军佛：𗤁𗣳𘞗𗥃
4 · 144 · 6/4 · 179 · 4/；

精进修行（精勤行道）：𗤁𗣳𗤺𗼇

4 · 221 · 10/；

精神受苦：𗤁𘟂𗜓𗣵
4 · 232 · 5/；

精舍（庙）：𗤁𘄒
4 · 131 · 3/；

警念：𗒹𗒀
4 · 104 · 4/4 · 114 · 3/；

警念无常：𗼄𗥃𗒹𗒀
4 · 104 · 4/5 · 114 · 3/；

警缘、缘念、缘思：𘝦𗒀
4 · 101 · 10/5 · 10 · 1/5 · 10 ·
3/5 · 11 · 9/；

警缘三宝、缘念三宝：𗇋𗦺𘏷𘝦𗒀
5 · 10 · 1/5 · 10 · 2/；

净土：𗐴𘓻
4 · 186 · 1/4 · 230 · 6/4 · 255 ·
1/4 · 266 · 4/4 · 279 · 3/4 ·
359 · 3/5 · 46 · 3/5 · 69 · 4/5 ·
77 · 9/5 · 91 · 5/5 · 167 · 9/；

敬事师长：𘊝𗫂𘏷𗄛𗤋
4 · 201 · 7/；

究竟解脱：𘂆𗧟𗤛𘁨
4 · 145 · 8/5 · 138 · 4/；

九亲：𗣈𗊱
4 · 276 · 8/4 · 287 · 6/4 · 288 ·
3/4 · 295 · 8/5 · 115 · 6/

九亲眷属：𗣈𗊱𗃀𗡝
4 · 276 · 8/4 · 288 · 3/5 · 115 · 6/；

救拔、拯接：𗒀𘜶
4 · 92 · 4/4 · 100 · 6/4 · 126 ·

4·178·8/；

开化菩萨佛：􀀀􀀀􀀀􀀀􀀀
4·189·4/；

开智慧眼：􀀀􀀀􀀀􀀀
5·108·1/；

空过（空掷）：􀀀􀀀
4·123·4/4·123·8/；

空构罪过（空构是非）：􀀀􀀀􀀀􀀀
4·127·2/；

空有执著：􀀀􀀀􀀀􀀀
4·93·1/；

口业怨报：􀀀􀀀􀀀􀀀
4·344·4/；

口四恶业：􀀀􀀀􀀀􀀀
4·152·3/4·331·4/；

苦海：􀀀􀀀
4·113·3/4·146·2/；

苦恼、烦苦（苦受）：􀀀􀀀
4·114·6/4·119·9/4·120·1/4·162·8/4·169·5/4·171·10/4·240·7/4·248·8/4·351·3/4·363·9/5·116·2/5·140·6/5·156·9/；

苦行：􀀀􀀀
4·122·7/4·123·9/4·136·4/；

苦切、詈骂（可悲）、辱骂、嗔骂、呵责、责骂：􀀀􀀀
4·113·8/4·123·1/4·238·10/4·248·6/5·166·3/；

L

劳倦、劳累、劳扰、驱役、劳：􀀀􀀀
4·106·5/4·121·7/4·122·8/4·132·2/4·348·6/5·111·8/5·120·7/；

牢狱、狱牢（狱户）：􀀀􀀀
4·165·9/4·261·5/5·121·2/；

牢狱图圄：􀀀􀀀􀀀􀀀
5·121·2/；

离八难苦：􀀀􀀀􀀀􀀀
4·196·9/；

离三恶途、舍三途苦：􀀀􀀀􀀀􀀀
4·180·4/4·202·2/；

礼、礼敬、礼拜、稽首、顶礼：􀀀􀀀
4·96·4/4·97·4/4·102·3/4·103·1/4·104·1/4·121·5/4·132·1/4·144·2/4·173·6/4·203·9/4·228·2/4·292·10/4·305·10/4·324·6/5·25·5/；

礼佛（礼敬佛）：􀀀􀀀􀀀􀀀
4·96·4/4·102·3/4·103·1/4·104·1/5·25·7/5·30·2/5·39·3/5·43·3/5·46·8/；

历劫（从劫）、数劫：􀀀􀀀
4·124·10/4·129·3/4·249·7/4·260·8/4·324·4/5·62·

4·101·3/5·173·2/5·174·3/；

六波罗蜜（六度）：▢▢▢▢

4·298·6/4·304·1/4·345·
10/5·42·10/5·46·4/5·49·
4/5·61·1/5·69·7/5·74·
5/5·78·1/5·91·8/5·98·
2/5·108·1/5·110·10/5·
118·1/5·120·3/；

六宫：▢▢

4·95·2/；

六宫皇后：▢▢▢▢

4·95·2/；

六趣：▢▢

（俄）2·25/；

六趣厄难：▢▢▢▢

（俄）2·25/；

六度四等：▢▢▢▢

4·174·4/5·123·9/；

龙王：▢▢

4·102·7/4·107·7/4·115·
5/4·125·3/4·253·1/4·
364·9/5·18·4/5·43·3/；

龙神：▢▢

4·107·7/4·115·5/4·125·
3/4·364·9/5·9·1/5·18·
5/5·44·2/5·49·9/5·111·
4/5·131·8/；

龙神八部：▢▢▢▢

4·107·7/4·115·5/4·125·
3/4·364·9/5·9·1/5·18·

5/5·49·9/5·111·4/5·
131·8/；

龙树：▢▢

4·164·7/4·178·3/；

龙树菩萨：▢▢▢▢

4·164·7/；

龙树大师：▢▢▢▢

（俄）2·12/4·178·3/；

鹿宫苑园（鹿苑）：▢▢▢▢

（俄）7·25/；

轮转、轮回、经历、迷沦、周旋：
▢▢

4·113·3/4·124·5/4·146·
1/4·153·7/4·260·7/4·
274·1/4·305·1/4·309·
9/4·336·9/4·346·6/5·
162·8/5·162·8/5·171·3/；

轮转迁变：▢▢▢▢

4·113·3/；

轮转三恶途：▢▢▢▢▢

4·124·5/；

轮回三界、经历三界：▢▢▢▢

4·146·1/4·153·7/；

轮轮相次：▢▢▢▢

4·237·4/；

罗刹：▢▢

4·235·10/4·240·1/4·245·
1/4·247·4/5·116·7/；

罗汉：▢▢

4·128·7/4·291·6//5·141·

名号：𘎑𗧃

4・96・5/5・26・3/5・27・10/；

名利：𘎑𗆟

4・363・4/；

明解、明了：𗤻𗜈

4・361・9/5・10・9/5・24・5/5・

113・3/5・129・9/；

明解大乘：𗠩𗫡𗤻𗜈

4・361・9/；

明了心：𗤻𗜈𗼻

5・24・5/；

明了观察：𗥫𗟲𗤻𗜈

5・113・3/；

明了因缘法：𗤁𗤁𗫨𗤻𗜈

5・129・9/；

明证：𗤻𘈷

4・362・3/4・364・9/5・181・7/；

明行足：𗤻𗹦𗧃𗼺

（俄）2・24/4・365・7/；

摩尼珠：𗾧𗊾𗅠

4・222・2/；

磨灭：𗰔𘄬

4・124・3/；

魔王：𗧾𗩱

4・102・8/5・9・1/5・46・8/5・

49・1/5・131・6/；

某甲等：𗭪𘎑𗏹

4・101・1/4・105・10/4・111・

3/4・131・6/4・149・8/4・

283・6/4・309・7/4・356・

7/5・19・9/5・182・5/；

目连：�

4・205・9/4・206・2/4・206・

9/4・207・2/4・207・9/4・

214・5/4・215・1/4・216・3/；

目连答言：�útú𗗚𗗚

4・206・2/4・206・9/4・207・

9/4・215・1/；

目犍连：�ú𗠶𗴝

5・168・6/；

沐浴法流：𗬻𗗔𗊱𗣼𘅾

5・142・8/；

墓地（穷山）：𗤗𗰪

4・120・8/；

N

那罗延佛：𘓺𗩣𗴴𗼻

4・278・8/4・352・6/；

那由他：𘓺𗾈𗄾

（俄）2・23/；

南无佛：�ú𘊝𗼺

4・131・4/4・248・9/；

念宣、颂誉、称叹、赞叹（讚叹）、

奖、赞仰、赞诵：𘏒𗾓

4・129・7/4・130・9/4・146・

10/4・147・1/4・274・8/4・

293・8/4・311・8/5・28・2/5・

54・1/5・147・7/5・166・5/5・

167・7/；

念世无常：𗤓𗤓𘏒𗼻

4·105·2/;

涅槃（潜辉、泥洹、灭度、涅盘）：
𗼶𗼶

4 · 114 · 8/4 · 139 · 5/4 · 145 ·
5/4 · 221 · 6/4 · 230 · 8/4 ·
252 · 9/4 · 255 · 3/4 · 261 ·
2/4 · 267 · 1/4 · 291 · 7/4 ·
359 · 5/5 · 91 · 1/5 · 95 · 1/5 ·
154 · 8/;

涅槃乐：𗼶𗼶𗾧

4 · 230 · 8/4 · 255 · 3/4 · 267 ·
1/4 · 291 · 7/4 · 359 · 5/5 · 91 ·
1/5 · 95 · 1/;

涅槃道：𗼶𗼶𗿢

5·98·4/5·108·3/5·111·2/;

涅槃经：𗼶𗼶𗿢𗾧

5·117·2/;

涅槃之后：𗼶𗼶𗿢𗾧

4·221·6/;

牛头阿旁：𗿢𗿢𗿢𗿢

4 · 182 · 6/4 · 256 · 7/4 · 259 ·
4/4 · 262 · 10/4 · 266 · 1/4 ·
305 · 8/5 · 116 · 6/;

浓厚：𗿢𗿢

4·114·10/;

脓血：𗿢𗿢

4·128·5/4·181·6/5·11·4/5·
149·9/;

脓血诸苦：𗿢𗿢𗿢𗿢

4·128·5/

脓血气味：𗿢𗿢𗿢𗿢

5·11·4/;

努力修行：𗿢𗿢𗿢𗿢

4·123·7/;

P

疱面平鼻：𗿢𗿢𗿢𗿢

4·197·5/;

膨胀、鼓胀：𗿢𗿢

4·105·9/4·119·10/5·150·2/;

毘沙门：𗿢𗿢𗿢

4·256·8/;

毘沙国王：𗿢𗿢𗿢𗿢

4·256·2/;

毘沙门天王：𗿢𗿢𗿢𗿢𗿢

4·256·8/;

毘梨耶波罗蜜：𗿢𗿢𗿢𗿢𗿢

4·153·2/;

疲劳、疲厌（苦）、疲倦、捍劳、
困乏：𗿢𗿢

4 · 141 · 10/4 · 193 · 8/4 · 289 ·
9/4 · 305 · 6/4 · 361 · 3/5 ·
117 · 10/5 · 176 · 4/;

贫乏、贫穷：𗿢𗿢

4 · 106 · 1/4 · 118 · 10/4 · 141 ·
3/4 · 282 · 2/;

贫穷饥渴：𗿢𗿢𗿢𗿢

4·166·3/;

平等（无偏）、正等、方等：𗿢𗿢

4 · 136 · 7/4 · 147 · 9/4 · 201 ·

9/4 · 205 · 7/4 · 246 · 6/4 ·
267 · 5/4 · 280 · 10/4 · 283 ·
6/4 · 289 · 1/4 · 298 · 4/4 ·
362 · 2/5 · 9 · 9/5 · 120 · 6/5 ·
168 · 3/；

平等心：𗼍𗦎𗴺
5 · 10 · 6/；

平等摄受：𗼍𗦎𗤀𗿒
4 · 298 · 4/；

破塔坏众园（破塔坏寺）：𗿈𗧹𗤢𗬬
𗣲𗹏
4 · 176 · 2/；

菩提：𗩾𗦎
4 · 100 · 9/4 · 101 · 3/4 · 101 ·
7/4 · 111 · 5/4 · 117 · 9/4 ·
126 · 2/4 · 132 · 5/4 · 136 ·
7/4 · 138 · 7/4 · 151 · 1/4 ·
289 · 10/4 · 296 · 1/4 · 298 ·
5/4 · 302 · 8/5 · 22 · 5/5 · 88 ·
10/5 · 169 · 9/；

菩提心：𗩾𗦎𗴺
4 · 100 · 9/4 · 101 · 7/4 · 132 ·
5/4 · 138 · 7/4 · 151 · 1/4 ·
203 · 5/4 · 230 · 9/4 · 249 ·
1/5 · 88 · 10/；

菩提愿：𗩾𗦎𗟲
4 · 101 · 3/4 · 132 · 5/4 · 298 ·
5/5 · 88 · 10/5 · 144 · 4/；

菩提行：𗩾𗦎𗥝
4 · 132 · 5/4 · 151 · 2/5 · 88 · 10/；

菩提道：𗩾𗦎𗀔
4 · 136 · 7/4 · 296 · 1/；

菩提法门：𗩾𗦎𗹙𗤴
5 · 169 · 9/；

菩萨摩诃萨：𗩾𗦎𗤓�970𗦎
4 · 202 · 8/4 · 251 · 1/4 · 276 ·
3/4 · 298 · 3/5 · 12 · 1/5 · 29 ·
2/5 · 111 · 10/5 · 179 · 7/；

普贤菩萨：𗼪𗦎𗈗𗵏
4 · 196 · 2/4 · 315 · 2/5 · 127 ·
1/5 · 178 · 6/；

Q

稽首礼：𗋽𗼮𗥨
4 · 144 · 2/；

七觉：𗼄𗦜
5 · 141 · 10/；

七觉净华：𗼄𗦜𗥺𗔯
5 · 141 · 10/；

其余四维：𗤒𗧣𗥑𗏹
（俄）2 · 26/；

祈一功德：𗟨𗼍𗤁𗸫
4 · 95 · 10/；

起恭敬心：𗥨𗤀𗥨𗤐
4 · 214 · 7/；

起大慈悲：𗋽𘂀𗼾𗤐
4 · 276 · 2/；

起四颠倒：𗏹𗵐𗷲𗤐
4 · 274 · 4/；

起坐游行：𗥨𗍫𗫶𗰕

10/5・138・5/5・161・2/5・167・8/；

亲侍诸佛：𗓰𗼻𗱕𗼟𘜶𘟂
4・315・9/5・60・10/；

亲近善知识（亲近友）、近善知识：
𗿿𗢃𗢑𗼈𘟂、𗿿𗢃𗢑𘔹𗼈𘟂
5・161・2/、5・167・7/；

侵凌、欺：𗤋𗃚
4・199・4/4・207・5/4・330・4/4・332・1/5・170・2/；

侵凌孤老：𘔐𗙴𗤋𗃚
4・199・3/；

勤行、勤修、进修：𗤁𘄡
4・123・9/4・163・7/4・211・10/4・227・9/4・231・1/4・255・6/4・345・10/5・91・10/5・114・9/；

勤行苦行：𗫂𘗐𗤁𘄡
4・123・9/；

勤修行业：𘗐𗤿𗤁𘄡
5・114・9/；

勤求、专求：𗤁𘜶
4・361・10/5・87・6/5・128・4/；

勤求佛道：𗼻𘜶𗤁𘜶
4・361・10/；

勤求诸法：𗓰𘜶𗤁𘜶
5・87・6/；

清净：𘆗𗣼
4・101・2/4・145・6/4・162・2/4・196・10/4・216・5/4・

254・4/4・303・10/4・311・9/；

清净自在：𘆗𗣼𘜶𘕿
4・196・10/；

清净赞佛：𘆗𗣼𗼻𘓱
4・365・9/；

清净修多罗：𘆗𗣼𘔹𘝢𘜶
4・116・3/；

清凉：𘆗𗠁
4・245・2/5・23・5/5・107・10/5・157・9/；

清凉池：𘆗𗠁𗙜
4・245・2/；

清凉不虚口：𘆗𗠁𘑈𗿿𘎑
5・23・5/；

穷尽：𗰜𗴟
4・137・3/；

求善心：𗿿𘜶𗤿
5・24・5/；

求胜妙法：𗤹𘝞𘕘𘜶
4・227・8/；

去来、展转、来往、往来：𗿦𘔅
4・123・3/4・260・7/4・274・1/5・171・3/；

去来自在（去来适意）：𗿦𘔅𘜶𘕿
4・123・3/；

趣向：𘔉𘈷
4・126・7/；

劝请：𗙻𗎽
4・170・10/4・171・6/4・172・1/；

劝请归心（劝请殷勤）：𗴾𘋨𗙻𗎽

如来：〔西夏文〕
（俄）2·24/4·107·4/4·113·
5/4·114·10/4·115·1/4·
196·10/4·221·5/4·252·
3/4·276·6/4·290·5/4·
347·7/4·362·1/4·365·
7/5·50·10/5·166·10/；

如来大圣：〔西夏文〕
4·347·7/；

如是我闻：〔西夏文〕
4·170·1/；

如意自在（优游自在）：〔西夏文〕
4·126·4/4·211·9/4·230·
10/4·267·3/5·49·5/5·61·
2/5·69·8/5·74·6/5·91·
9/5·111·1/；

如经所说：〔西夏文〕
4·130·1/4·294·2/5·12·3/；

如佛所说：〔西夏文〕
4·194·2/4·203·3/；

如愿期度：〔西夏文〕
4·143·4/；

如前修行（彼进如故）：〔西夏文〕
4·127·1/；

如说修行：〔西夏文〕
5·120·4/；

如法修行：〔西夏文〕
4·295·3/；

入禅出禅：〔西夏文〕
5·130·2/；

入生死海：〔西夏文〕
4·149·6/；

入信门：〔西夏文〕
4·110·9/4·126·7/；

若大若小：〔西夏文〕
4·111·9/5·108·8/；

S

三藏：〔西夏文〕
4·226·2/；

三藏比丘：〔西夏文〕
4·226·2/；

三宝（三尊）：〔西夏文〕
4·97·10/4·101·6/4·116·
6/4·125·10/4·134·1/4·
145·3/4·173·5/4·340·
10/5·10·1/5·10·2/5·155·
10/5·170·2/；

三宝神力：〔西夏文〕
4·340·10/；

三宝法门：〔西夏文〕
5·170·2/；

三昧：〔西夏文〕
4·113·10/4·225·9/5·27·
9/5·54·2/5·171·4/；

三昧经：〔西夏文〕
4·113·10/；

三昧总持：〔西夏文〕
5·54·2/；

三恶途、三恶道（三途、恶涂）：

4·327·10/；

三界果报：𗾱𗰜𘃥𘟙

4·345·9/；

三密：𗾱𘉐

4·289·10/4·346·2/；

三体：𗾱𗊱𗣀

4·279·4/；

三藐三佛陀：𘕑𗋽𘕑𗡞𘟀

5·182·2/；

散乱心：𘗘𗬾𗢦

4·131·3/；

扫塔：𗷌𘞶𗬳𗧃

（俄）3·7/；

僧伽：𘔴𗕌

4·173·4/4·180·1/4·185·

6/4·219·10/；

杀生滋味：𗤶𘊧𗤫𗙴

5·149·4/；

沙门：𘉍𗴛

4·96·2/4·116·5/4·128·

9/5·129·8/；

沙弥（沙弥子）：𘉍𘞽

4·216·5/4·225·5/5·18·

10/5·70·3/5·73·2/5·75·

2/5·77·4/；

沙弥尼：𘉍𘞽𘟣

5·18·10/5·70·3/5·73·2/5·

75·2/5·77·4/；

善逝：𘒣𗪛

（俄）2·24/4·365·7/；

善男子：𘒣𗟍𘞽

4·199·10/4·200·3/4·202·9/；

善知识（善友、友）：𘒣𘀄𘝦

4·149·3/4·338·1/5·24·

8/5·29·2/5·66·7/5·138·

5/5·161·2/5·180·4/；

善恶知识：𘒣𘚢𘀄𘝦

4·107·6/4·115·3/4·125·

1/4·195·1/4·218·1/4·

228·2/5·70·6/5·73·5/5·

131·5/；

善恶：𘒣𘚢

4·107·6/4·115·3/5·118·

4/4·125·1/4·139·2/4·

163·1/4·169·8/4·195·

1/4·218·1/4·227·3/4·

228·2/4·262·3/4·290·

7/5·70·6/5·73·5/5·131·

5/5·166·6/；

善恶迭用：𘒣𘚢𗨴𘂧

4·118·4/；

善恶二轮、善恶二环：𘒣𘚢𗍫𘗠

4·163·1/4·262·3/；

善恶多少：𘒣𘚢𘃔𗏆

4·169·8/；

善恶二种：𘒣𘚢𗍫𗏆

4·227·3/；

善恶二缘：𘒣𘚢𗍫𘒆

5·114·7/；

善恶杂糅：𘒣𘚢𗝙𘂧

4·112·10/；

身命、形命：𗵃𗼟

4·111·6/4·121·9/4·295·
1/4·363·7/5·28·6/5·
43·9/；

身体、身形、躯体、体、形骸：
𗵃𗟻

4·175·8/4·176·6/4·206·
6/4·245·6/4·279·5/5·85·
6/5·111·7/5·116·3/；

身体皆痹：𗵃𗟻𗠁𘐙

4·175·8/；

身体长大：𗵃𗟻𘃽𗼨

4·176·6/4·224·1/；

身体膨胀：𗵃𗟻𘅰𘄊

4·105·8/；

身体为冷（身虚体冷）：𗵃𗟻𗏲𗡣

5·116·3/；

身口意：𗵃𘃉𗪤

4·146·7/4·147·9/4·173·
9/4·274·6/4·347·8/5·
139·4/；

身口意业：𗵃𘃉𗪤𘓝

（俄）10·19/；

身三恶业：𗵃𘊜𘒣𘓝

4·152·3/4·331·3/；

身心清凉：𗵃𗷪𘕿𗆀

5·107·9/；

身常清凉：𗵃𘚶𘕿𗆀

5·157·9/；

身杀盗邪淫（身杀盗淫）：𗵃𘉒𘔍
𘈇𘑊𗾺𘋦

4·274·6/；

深信、笃信：𘝞𘛃

4·119·5/4·295·10/5·169·6/；

神咒（神呪）：𗈦𗭼

4·88·3/；

神力：𗈦𗥤

4·117·8/4·132·8/4·265·
8/4·334·2/4·360·1/5·28·
10/5·56·9/5·114·1/5·
124·8/5·176·7/；

神力自在：𗈦𗥤𗤎𘐊

4·360·1/5·56·9/5·124·8/；

神力庄严：𗈦𗥤𗤊𘊝

5·176·7/；

神通：𗈦𗵘

4·116·10/4·126·1/4·139·
5/4·150·10/4·161·8/4·
277·1/4·304·2/4·316·
1/4·358·7/5·9·6/5·170·
8/5·180·9/；

神通力：𗈦𗵘𗥤

4·116·10/4·126·1/4·185·
9/4·253·7/4·358·7/5·
9·6/；

神通智慧：𗈦𗵘𘐀𗪻

4·139·5/；

神通天眼：𗈦𗵘𗤒𘄎

4·161·8/5·62·1/；

神通三世：𰀀𰀀𰀀𰀀
4・277・1/；

神通无碍：𰀀𰀀𰀀𰀀
4・304・2/4・316・1/；

神通法门：𰀀𰀀𰀀𰀀
5・170・8/；

神圣、贤圣、圣贤：𰀀𰀀
4・106・2/4・108・2/4・176・3/4・
337・9/4・340・7/5・20・1/；

神圣大人：𰀀𰀀𰀀𰀀
4・106・2/；

神识（识神、神明）、精神、神情：
𰀀𰀀
4・124・9/4・154・3/4・169・
8/4・232・5/4・282・9/4・
288・2/4・292・6/4・337・
2/4・340・7/5・58・2/5・62・
2/5・85・6/5・116・10/5・
166・6/；

神识自度：𰀀𰀀𰀀𰀀
4・169・8/；

神识不灭：𰀀𰀀𰀀𰀀
5・166・6/；

神识怖乱、神识周憛：𰀀𰀀𰀀𰀀
5・116・10/；

神情惨恼：𰀀𰀀𰀀𰀀
4・292・6/；

生诸善根：𰀀𰀀𰀀𰀀
5・112・1/；

生老病死：𰀀𰀀𰀀𰀀

4・150・3/5・138・2/；

生死、死生：𰀀𰀀
4・93・2/4・113・3/4・122・
9/4・149・6/4・262・7/4・
273・9/4・279・7/4・291・
7/4・358・4/5・9・8/5・117・
8/5・161・5/；

生死果报：𰀀𰀀𰀀𰀀
5・117・8/；

生死酷剧：𰀀𰀀𰀀𰀀
5・161・5/；

生忉利天：𰀀𰀀𰀀𰀀
4・97・1/；

生于四天：𰀀𰀀𰀀𰀀
4・248・10/；

声闻、听声：𰀀𰀀
4・170・3/4・202・4/；

声闻眷属：𰀀𰀀𰀀𰀀
4・170・3/；

声闻缘觉：𰀀𰀀𰀀𰀀
4・202・4/；

胜业、业胜：𰀀𰀀
4・105・10/4・161・5/5・85・2/；

胜鬘经：𰀀𰀀𰀀𰀀
5・139・3/；

胜妙果报：𰀀𰀀𰀀𰀀
5・15・1/；

圣人：𰀀𰀀
4・93・6/4・122・9/4・138・
10/4・362・4/；

圣人居处：刻嫰绶叕
4·362·4/；

圣贤之高下：爻刻孫繍毛
4·337·9/；

尸波罗蜜：瓾猕麓聂
4·153·1/；

师长：髟夎
4 · 91 · 3/4 · 114 · 6/4 · 199 ·
4/4 · 201 · 7/4 · 290 · 2/4 ·
291 · 3/4 · 293 · 6/4 · 297 ·
2/4 · 354 · 3/4 · 361 · 6/5 · 50 ·
9/5 · 65 · 8/；

师长之恩：髟夎孫缓刻
4·291·3/；

师长所说：髟夎瓻爹
4·293·6/；

师长教诲、师长训诲：髟夎簸孩
4·297·2/5·50·9/；

师长同学：髟髟絹缴
5·131·5/；

师子、狮子：靴骉
4 · 133 · 9/4 · 145 · 1/4 · 145 ·
2/4 · 173 · 1/4 · 179 · 3/4 ·
179 · 4/4 · 210 · 8/4 · 219 ·
8/4 · 264 · 10/4 · 285 · 1/4 ·
307 · 10/4 · 325 · 3/4 · 353 ·
3/5 · 16 · 4/5 · 60 · 1/5 · 105 ·
9/5 · 109 · 6/5 · 119 · 6/；

师子吼佛：靴骉帆绊
4·179·3/；

师子音佛：靴骉帆绊
4·179·4/4·307·10/；

师子相佛：靴骉魉绊
4·264·10/4·285·1/4·352·10/；

师子身佛：靴骉豺绊
4·325·3/；

师子分佛：靴骉辙绊
5·16·4/；

师子力佛、狮子力佛：靴骉纎绊
4·48·6/4·105·9/5·105·9/；

师子游戏菩萨、狮子游戏菩萨：靴骉弥庇糀缆、靴骉弥祓糀缆
4·133·9/4·173·1/4·219·8/、4·353·3/5·90·6/5·119·6/；

师子奋迅菩萨、狮子奋迅菩萨：靴骉毿敨糀缆
4 · 133 · 9/4 · 173 · 1/4 · 219 ·
8/4 · 353 · 3/5 · 90 · 6/5 · 119 ·
6/5 · 168 · 8/5 · 178 · 7/；

施主（檀越）：绎豠、绎豩
4 · 115 · 3/4 · 125 · 1/4 · 195 ·
1/5 · 70 · 6/5 · 73 · 5/、4 ·
224 · 5/4 · 243 · 7/5 · 8 · 8/5 ·
50 · 7/5 · 131 · 5/；

十方比丘：赢嫰毦蕿
4·103·4/5·18·9/5·69·10/；

十方三宝：赢嫰敨缴
4·116·9/5·8·5/；

十方十佛：赢嫰敠绊
4·250·7/；

世世生生：𗭴𗭴𗵄𗵄
（俄）2·16/（俄）2·22/（俄）
2·26/；

式叉摩那：𗾪𗏵𗗟𗤧、𗾪𗏵𗗟𗤧
5·18·9/、5·70·3/5·73·
2/5·77·4/；

释迦牟尼：𗾪𗵒𗗟𗒹
4·91·3/4·125·8/4·133·
3/4·144·4/4·172·2/4·
184·3/4·195·3/4·210·
2/4·228·6/4·264·2/4·
300·6/4·341·2/5·13·1/5·
32·5/5·40·4/5·52·2/5·
63·4/5·75·7/5·89·2/5·
96·1/5·105·8/5·125·
10/5·152·4/5·163·10/5·
172·2/；

释迦如来：𗾪𗵒𗣼𗤁
4·113·5/；

释梵四王：𗾪𗤙𗏁𗉖
5·23·6/；

誓愿（愿）：𗷅𗰭
4·155·6/5·15·7/5·20·1/5·
179·7/；

誓等佛心：𗰭𗼃𗣼𘃽𗦺
5·128·2/；

守护、覆护：𗦀𗤓、𗬺𗤓
4·101·1/4·126·1/4·180·
2/4·354·1/5·9·6/5·20·
3/5·28·4/5·110·8/、4·

97·10/4·107·3/4·115·
5/4·364·8/5·18·3/5·
128·1/；

守护持咒：𗪊𗟲𗬺𗤓
4·107·7/4·115·5/4·364·
8/5·18·3/5·131·7/；

守护三宝：𗭴𗴩𗬺𗤓
4·97·10/；

首楞严三昧：𗇃𗰗𗲦𘓩𗉛
5·334·10/5·69·8/；

寿命（妙算）：𗭴𗰜
4·279·2/5·56·6/5·69·6/5·
77·10/5·85·8/5·123·7/5·
124·5/；

寿命无穷、寿命无尽：𗭴𗰜𗙤𗄉、
𗭴𗰜𗏹𗙤
4·279·2/5·56·6/5·69·6/5·
77·10/、5·124·5/；

受具足戒：𗩾𗤋𘐅𗵽
5·66·9/；

受八福生：𘞌𗤊𗵄𗵽
4·196·9/5·77·9/；

受诸苦恼：𗫴𗤥𗴺𗵽
4·162·8/4·248·8/；

受无量苦：𗵮𗫤𗤥𗵽
4·109·6/4·162·4/4·275·10/；

授记、受记：𗸕𗸩
4·304·7/4·315·10/5·60·
10/5·142·6/；

殊胜佛：𗼨𗴮𘃽

四事：𗥃𘄴
4·134·4/；

四果：𗥃𘟂
5·147·1/5·162·6/；

四果四向：𗥃𘟂𗥃𗣼
5·151·1/；

四果之声：𗥃𘟂𗏞
5·147·1/

四真谛：𗥃𗙴𘗶
5·162·5/；

四等六度：𗥃𘟂𗤶𘜔
4·211·8/4·230·9/4·255·4/4·267·2/4·279·7/4·311·2/4·359·6/5·54·1/；

四辩六通：𗥃𗤻𗤶𗤄
4·211·9/4·255·4/4·359·6/5·42·10/5·120·4/；

诵经：𗫔𗅲、𗫔𗺓
4·136·1/、4·121·5/；

诵读契经：𗫔𘏨𗅲𗺓
4·123·9/；

搜索契经：𗫔𘏨𘓄𗺓
4·96·5/；

宿业随显（宿预严持）：𗁠𘈕𘃽𘃽
4·232·7/；

宿报因缘：𗁠𗪚𘜔𘝶
4·161·7/；

随喜：𘃽𘏨
4·131·6/4·134·6/4·312·5/4·333·7/5·14·6/5·121·

1/5·147·5/；

随喜运力：𘃽𗤻𘃽𘏨
5·121·1/；

随意往生：𘃽𘟂𘃽𘟂
4·334·8/；

随行生出：𘃽𘟂𗤢𘟂
4·163·3/；

随逐邪见：𘃽𘈕𘃽𘈕
4·333·3/；

T

调伏、折伏、调和、调御：𗤁𗪚
4·110·7/4·277·2/4·288·9/4·347·3/4·288·9/4·365·8/5·14·1/5·59·1/；

调伏心意（折意挫情）：𗤻𘃽𗤁𗪚
4·110·7/；

调御丈夫：𗵒𘏨𘏨𗤁𗪚
（俄）2·25/4·365·8/；

调和心：𗤁𗪚𗤻
4·288·9/4·288·9/；

塔（佛图）：𗽴𗵒
4·131·3/（俄）3·7/4·176·2/4·196·1/4·252·3/；

塔精舍（塔庙）：𗽴𗵒𘉒𗁠
4·131·3/；

贪爱：𘘣𗤄
4·118·9/4·151·4/4·286·10/4·328·4/；

贪爱心：𘘣𗤄𗤻

4·151·4/；

贪欲：□□

4·260·2/4·346·8/4·354·

6/5·11·2/5·160·5/；

贪欲心：□□□

4·354·6/；

贪欲欺诈：□□□□

4·346·8/；

贪著饮食：□□□□

5·86·6/；

贪嗔嫉妒：□□□

4·134·5/4·140·4/；

贪嗔痴三毒：□□□□□

4·169·2/；

檀波罗蜜：□□□□

4·153·1/；

啼泣、悲泣、哽恸、衔悲、悲畅：

□□

4·94·5/4·114·2/4·115·1/4·

120·8/4·201·4/4·311·10/；

啼哭地狱：□□□□

4·234·4/；

天上天下：□□□□

4·105·4/4·248·10/；

天上塔：□□□□

4·252·10/；

天上及人间：□□□□□

5·130·5/；

天上人中：□□□□

5·162·1/；

天子：□□

4·350·6/5·26·3/；

天人师：□□□

（俄）2·25/4·365·8/；

天地虚空：□□□□

4·115·4/5·8·10/5·18·2/5·

39·7/5·42·7/5·131·7/；

天宫：□□

4·279·3/4·334·8/；

天宫宝殿：□□□□

4·334·8/；

天宫净土：□□□□

4·279·3/；

铁枝权：□□□

4·240·1/4·245·1/；

铁钉：□□

4·182·2/4·223·5/4·238·9/；

铁网：□□

4·233·5/4·235·4/4·240·

2/5·85·3/5·92·5/；

铁丸：□□

4·103·7/4·225·2/4·233·5/4·

236·1/5·85·3/5·92·2/；

铁丸迸散：□□□□

4·236·1/；

铁床：□□

4·233·9/4·258·1/5·102·2/；

铁机：□□

4·233·4/5·92·5/；

通达佛道：□□□□

4·127·5/；

通达万法：𗰜𗊗𗟲𘂤
4·140·2/；

同学：𗾑𗭪
4 · 297·5/4 · 303·1/4 · 332·
4/4·344·3/5·131·5/；

同学共住：𗾑𗭪𗪘𗦇
4·297·5/；

同学弟子：𗾑𗭪𗢤𗙦
4·303·1/；

同学眷属：𗾑𗭪𗐯𗰖
4·332·4/；

同加、共同、同：𗪘𗾑
4 · 101·1/4 · 112·3/4 · 126·
1/4 · 132 · 9/4 · 143·7/4 ·
253·6/4·263·5/4·277·2/；

同加摄受、共同摄受：𗪘𗾑𗦀𗒇
4 · 101·1/4 · 112·4/4 · 126·
1/4·155·8/4·315·5/5·9·
6/5·46·1/；

同加守护、同加覆护：𗪘𗾑𗜍𗠁
4 · 101·1/4 · 277·2/5 · 42 ·
5/5·48·10/5·127·4/；

同加哀愍：𗪘𗾑𗏹𗩾
4·143·7/；

同加神力：𘝏𗰀𗦀𗪘𗾑𗡪𘜶
4·132·8/4·138·2/；

同坛尊证：𗤋𗾑𗺉𗤻
4 · 217·10/4 · 299·2/4 · 303·
1/5·69·1/；

同业大众：𗧟𗾑𗠁𗫼
4 · 105 · 1/4 · 106 · 10/4 · 138 ·
8/4 · 161 · 4/4 · 191 · 6/4 ·
217 · 4/4 · 255 · 8/4 · 279 ·
9/4 · 292 · 1/4 · 311 · 3/4 ·
351·2/5 · 10 · 2/5 · 51 · 2/5 ·
92 · 3/5 · 101 · 9/5 · 156 · 4/5 ·
174 · 3/；

同化十方：𗾑𗢳𗦳𗥦
4·126·4/；

同菩萨行：𗼐𗟀𘃎𘔼𘆚
4·338·9/；

同归正觉道：𗾑𗑚𗧁𘟣𗤷
5·128·10/；

铜狗：𘄄𗒘
4 · 235 · 7/4 · 237 · 5/4 · 239 ·
1/4 · 239 · 10/4 · 247 · 5/；

铜狗张口：𘄄𗒘𗴥𗭪
4·237·5/4·239·1/；

铜狗大吼：𘄄𗒘𗆄𘋧
4·239·10/；

铜狗啮心：𘄄𗒘𘌭𘊛
4·247·5/；

偷盗、偷窃（作贼）：𗤷𘒣
4 · 166·6/4 · 187·4/4 · 199 ·
3/4 · 274 · 6/4 · 287 · 8/5 ·
160 · 7/；

偷劫盗窃：𗧎𗢳𗤷𘒣
4·199·3/；

偷盗奸淫、盗窃邪淫、偷盗邪淫

5·89·5/；

维那（知事）：𗏁𗾟
4·215·8/4·224·5/；

维卫佛：𗏁𗾟𗥃
4·221·6/；

未来世（未来际）：𘚟𗆈𗖵
4·123·5/4·178·2/4·288·6/4·359·10/5·14·6/5·111·6/5·182·9/；

未离疑惑：𗍳𗢳𘚟𗤶
4·118·1/；

文殊师利：𗥩𗑱𗔘𗎝、𗥩𗑱𗔘𗙏
4·196·2/5·127·1/、4·315·2/5·178·6/；

闻佛说法：𗥃𗩾𗙏𗙒
4·170·7/；

闻法悟道：𗩾𗙒𗩾𗆈
4·311·1/；

问善之最：𘝿𘕒𗭤𗆈𘃡𗤋𗥃𗗐
4·96·3/；

呜呼感激：𗢳𗥃𘟣𗠝
4·96·1/；

无量：𘝵𗾟
4·109·6/4·117·1/4·126·2/4·132·4/4·133·6/4·204·6/4·230·2/4·295·7/；

无量自在力：𘝵𗾟𗥃𗴛𗠝
4·117·1/4·230·2/4·253·6/；

无量无边：𘝵𗾟𘍨𗈶
4·132·4/4·134·9/4·146·

5/4·218·2/4·286·8/；

无量明佛：𘝵𗾟𗩈𗥃
4·133·6/；

无量法门：𘝵𗾟𗙒𘝵
4·139·1/；

无量众苦：𘝵𗾟𘝶𘝵
4·204·6/；

无量罪恶：𘝵𗾟𗆀𘟏
4·209·1/；

无量罪业：𘝵𗾟𗆀𗿦
4·217·6/；

无边、无尽、无际：𘍨𗈶
4·115·6/4·125·3/4·132·4/4·134·9/4·146·5/4·218·2/4·286·8/5·53·10/；

无边身菩萨：𘒸𘍨𗈶𗖵𗰜
4·125·9/4·173·3/4·190·3/4·219·9/4·251·2/4·285·4/4·302·1/4·340·2/5·14·5/5·53·6/5·100·9/5·137·2/5·153·2/5·164·8/；

无穷无尽：𘊞𗈶𘍨𗈶
4·107·8/4·115·6/4·125·3/4·263·1/；

无有穷尽：𘊞𗈶𘝵𗈶
4·137·3/；

无有疲倦：𗫂𗫂𘝵𗈶
4·289·9/；

无有期限（无有年期）：𘝵𗆈𘝵𗈶

无上福田：【西夏文】
5·174·7/；
无上智王：【西夏文】
5·175·6/；
无惭无愧：【西夏文】
4·241·3/；
无四趣苦：【西夏文】
4·310·9/；
无不究竟：【西夏文】
4·304·2/；
无敬自傲、无敬自恣（憍慢）：【西夏文】
4·135·2/4·140·5/；
五体投地：【西夏文】
4·107·4/4·111·1/4·133·1/4·149·2/4·171·8/4·204·4/4·250·5/4·313·6/5·8·7/5·70·2/5·125·8/5·147·8/5·158·10/5·171·10/；
五方龙王：【西夏文】
4·107·7/4·115·5/4·364·9/5·18·5/5·131·8/；
五逆：【西夏文】
4·230·5/4·241·3/4·254·10/4·331·4/4·346·7/5·111·8/5·165·9/；
五逆罪人：【西夏文】
4·241·3/；
五逆罪业：【西夏文】

4·254·10/；
五逆四重：【西夏文】
4·357·3/；
五帝：【西夏文】
5·9·1/5·46·10/5·49·1/；
五帝大魔：【西夏文】
5·9·1/5·46·10/；
五帝魔王：【西夏文】
5·49·1/；
五欲：【西夏文】
4·115·1/4·156·5/；
五欲邪媚：【西夏文】
4·156·5/；
五戒十善：【西夏文】
5·150·8/；
悟道：【西夏文】
4·290·6/4·311·1/；

X

降伏四魔力：【西夏文】
4·310·3/；
习气：【西夏文】
4·122·5/4·334·7/；
洗浴、洗浣、沐浴：【西夏文】
4·101·5/4·130·8/5·142·8/；
洗浣身心：【西夏文】
4·130·8/；
洗除罪垢：【西夏文】
4·254·2/；
嫌恨：【西夏文】

5·165·8/；

邪道：𗇁𗊘

4·149·4/4·356·1/5·113·2/；

写经：𗊗𗊰

4·136·2/；

懈倦、疲厌、疲剧：𗓦𗈘

4·108·7/4·137·3/4·162·7/；

懈、懈怠：𗓦𗈘

4·121·4/4·135·2/4·260·
3/5·114·10/5·181·1/；

懈怠放逸：𗓦𗈘𗺉𗄻

4·260·3/；

心念口言：𗼇𗰖𗙈𗤁

4·116·1/4·327·3/；

心生恚恨：𗣼𗤋𗼇𗟻

4·109·3/4·349·4/4·349·5/；

心喜、欢喜、欢心：𗼇𗢳

4·98·5/4·200·3/4·203·
2/4·221·7/4·264·9/4·
300·2/5·20·8/；

心意清净：𗼇𗈦𗤉𗱜

4·311·9/；

心意勇猛：𗼇𗈦𗈥𗣼

5·112·10/；

心无染著：𗼇𗷉𗤋𗧒

（俄）10·26/；

新刻：𗇤𗊱

4·87·1/4·213/5·3/；

信心、直心：𗐯𗼇

4·110·4/4·112·4/4·115·

3/4·125·1/4·195·1/4·
243·6/5·8·8/5·73·5/；

信心坚固：𗐯𗼇𗓰𗓰

4·112·4/；

信心施主（信施檀越、信施坛越、
信施）：𗐯𗼇𗤓𗤶、𗐯𗼇𗤓𗤶

4·115·3/4·125·1/4·195·
1/5·70·6/5·73·5/、4·
243·6/5·8·8/5·131·5/；

信门：𗐯𗄻

4·110·9/4·126·7/；

兴显、设置：𗼷𗗟

4·135·5/4·362·4/；

兴显供养：𗅋𗼷𗗟

4·135·5/；

兴起供养：𗅋𗼷𗄻𗤋

4·362·5/；

兴起痴业：𗋹𗗟𗄻𗤋

4·355·7/；

兴置道场：𗗙𗗟𗗟𗗟

4·362·4/；

行善：𗗐𗗘

4·122·9/4·201·5/4·308·
5/4·350·9/5·86·4/；

行道：𗗙𗰗

4·136·4/；

行愿：𗗘𗗝

4·138·5/4·220·7/4·304·
2/4·306·10/5·65·7/5·
138·6/；

4·110·3/4·163·1/；

忆念、思念：𗣼𗣺

4·100·9/4·305·3/；

役驱险难：𗣼𗗿𗫴𘜶𗣺

5·85·10/；

译行契经：𗤋𗷰𗣼𗣾

4·92·5/；

意三恶业：𗥃𗤄𗤋𗤢

4·152·3/4·331·4/；

因缘、缘：𗰱𗰱

4·99·3/4·122·4/4·142·
2/4·146·2/4·161·7/4·
169·9/4·214·8/4·231·
3/5·111·5/；

因缘果报：𗰱𗰱𗰱𗿒

4·231·3/；

因果：𗰱𗰱

4·118·2/4·243·7/4·262·
3/5·160·9/；

因果相生：𗰱𗰱𗏵𗏵𗏵𗏵𗰱𗤢

4·262·3/；

因果影响：𗰱𗰱𗭪𗼑

4·118·2/；

因兹悟道：𗤄𗰱𗤋𗤢

4·290·5/；

殷重、奉、稽颡、仰飡、奉敬、敬
礼、奉敬：𗗿𗤢

4·106·10/4·107·4/4·115·
2/4·132·7/4·277·5/4·299·
1/4·305·3/4·361·7/5·8·

7/5·30·4/5·39·5/5·40·2/；

淫、邪淫、奸淫：𗨁𗨁

4·274·6/4·287·8/5·160·7/；

饮食：𗢌𗢌

4·119·9/4·120·3/4·121·
1/4·227·7/5·86·6/；

饮食美衣：𗢌𗢌𗤢𗤢

4·121·1/；

饮铜炭坑：𗫴𗫴𗫴𗫴

4·103·8/5·95·3/；

应供：𗈍𗤢

（俄）2·24/4·365·7/；

应名称佛：𗈍𗈍𗈍𗤞

5·13·2/；

影响：𗭪𗼑

4·118·2/4·130·5/4·143·
5/4·232·7/5·114·6/；

影响无差：𗭪𗼑𗳒𗣺𗣺

4·143·5/；

永离灾厄：𘟣𘟣𗰱𗰱

5·123·8/；

永不退失：𘟣𗣺𗰱𗏵

4·112·1/4·112·3/；

勇猛：𗉮𗉮

4·106·10/4·114·5/4·142·
4/4·174·1/4·211·9/4·
230·10/4·276·5/4·311·
6/4·359·7/5·78·3/5·
87·8/；

勇猛心：𗉮𗉮𗤞

自然火起：□□
4·182·2/；

自然在前：□□
4·257·2/；

自然蔬食：□□
4·363·3/；

自然温饱：□□
4·363·7/；

自然饮食：□□
5·154·3/；

总持：□
5·54·2/5·120·5/；

总持门：□□
5·120·5/；

足迹：□□
4·175·10/；

阻挡、障碍（留难）、妨碍、碍、
阻碍、阻障、拘碍：□□
4·95·9/4·118·1/4·126·
8/4·126·10/4·127·5/4·
135·5/4·174·5/4·285·
9/4·340·6/；

最上殊胜味：□□□□
4·154·8/；

罪垢（业尘）：□□、□□
（俄）2·2420/、4·155·1/4·
254·2/；

罪业（罪谪、业累）：□□
4·95·4/4·110·8/4·142·1/4·
199·5/5·74·3/5·137·5/；

罪业灭除（业累既遣）：□□□
（俄）2·25/；

罪业果报（罪业报应）：□□□
（俄）3·10/；

罪业报应教化地狱经：□□□□
□□□□□□
（俄）3·10/4·202·9/；

罪惑俱遣：□□□□□□□□
（俄）7·1/；

罪恶：□□
4·146·5/4·150·8/4·161·4/4·
209·1/4·259·9/4·355·1/；

罪恶过患：□□□□
4·161·4/；

罪恶诸苦：□□□□
4·259·9/；

罪过（是非）、过患、咎罪、罪失、
罪患：□□
4·127·2/4·161·5/4·280·10/4·
290·8/4·292·4/4·297·4/4·
356·4/；

罪患怨报（是非怨怼）：□□□□
4·297·4/；

罪障：□□
4·135·6/4·356·9/；

罪量、罪数：□□
4·136·10/4·333·9/；

罪量多少：□□□□
4·136·10/4·333·9/；

罪因苦果：□□□□

图书在版编目 (CIP) 数据

《慈悲道场忏法》西夏译文的复原与研究 / 杨志高著 . —北京：中国社会科学
出版社，2017.3

（国家哲学社会科学成果文库）

ISBN 978 – 7 – 5161 – 9967 – 1

Ⅰ. ①慈…　Ⅱ. ①杨…　Ⅲ. ①佛教 – 文献 – 研究 – 中国 – 西夏　Ⅳ. ①B948

中国版本图书馆 CIP 数据核字（2017）第 039119 号

出 版 人　赵剑英
责任编辑　任　明
责任校对　冯英爽
封面设计　肖　辉　孙婷筠
责任印制　戴　宽

出　　版　中国社会科学出版社
社　　址　北京鼓楼西大街甲 158 号
邮　　编　100720
网　　址　http://www.csspw.cn
发 行 部　010 – 84083685
门 市 部　010 – 84029450
经　　销　新华书店及其他书店

印刷装订　北京君升印刷有限公司
版　　次　2017 年 3 月第 1 版
印　　次　2017 年 3 月第 1 次印刷

开　　本　710 × 1000　1/16
印　　张　39.75
字　　数　632 千字
定　　价　148.00 元